Torra-Mattenklott · Metaphor

THEORIE UND GESCHICHTE
DER LITERATUR
UND DER SCHÖNEN KÜNSTE

Texte und Abhandlungen

Herausgegeben von

ALEIDA ASSMANN · HERMANN DANUSER
WOLFGANG KEMP · RENATE LACHMANN
HELMUT PFEIFFER · WOLFGANG PREISENDANZ
JURIJ STRIEDTER

Band 104 · 2002

Caroline Torra-Mattenklott

Metaphorologie der Rührung

Ästhetische Theorie und Mechanik
im 18. Jahrhundert

Wilhelm Fink Verlag

Gedruckt mit Unterstützung der Deutschen Forschungsgemeinschaft

Die Deutsche Bibliothek – CIP-Einheitsaufnahme

Torra-Mattenklott, Caroline:
Metaphorologie der Rührung: ästhetische Theorie und Mechanik im
18. Jahrhundert / Caroline Torra-Mattenklott. – München: Fink, 2002
(Theorie und Geschichte der Literatur und der schönen Künste; Bd. 104)
Zugl.: Konstanz, Univ., Diss., 1999
ISBN 3-7705-3630-4

ISBN 3-7705-3630-4
© 2002 Wilhelm Fink Verlag, München
Herstellung: Ferdinand Schöningh GmbH, Paderborn

INHALTSVERZEICHNIS

1. Einleitung

1.1. Zum Thema ›Rührung‹

»Der Geschmack ist jederzeit noch barbarisch, wo er die Beimischung der *Reize* und *Rührungen* zum Wohlgefallen bedarf, ja wohl gar diese zum Maßstabe seines Beifalls macht.«[1] Kants Verdikt über die ästhetische Kategorie der Rührung hat seine Wirkung nicht verfehlt. Für die philosophische Ästhetik, namentlich die deutsche, gehört Rührung bis heute zur obskuren Vorgeschichte der ästhetischen Erfahrung. »Wer über das Wesen der Tonkunst Belehrung sucht«, schrieb Eduard Hanslick 1854, »der wünscht eben aus der dunklen Herrschaft des Gefühls herauszukommen, und nicht [...] fortwährend« auf das Gefühl verwiesen zu werden.«[2] Statt endlich einer objektiven Bestimmung des Schönen zu weichen, so der Musikkritiker, treiben in der Musikästhetik »die ›Empfindungen‹ den alten Spuk bei hellichtem Tage fort«.[3] Spätestens Hanslicks berühmte Polemik setzte dem »Spuk« auch hier ein Ende. Rührungen und Empfindungen mögen zwar für das individuelle Kunsterleben oder im Rahmen der Populärkultur weiterhin eine Rolle spielen – Gegenstand avancierter ästhetischer Theorien sind sie, so scheint es, nicht wieder geworden.

Bei genauerem Hinsehen zeigt sich allerdings, daß die These vom Ende der »Gefühlsästhetik«[4] an ein Verständnis von Rührung geknüpft ist, das weder dem Wortgebrauch des 18. Jahrhunderts noch der damit verbundenen ästhetischen Theorie und Anthropologie in vollem Umfang gerecht wird. Begriffe wie Empfindsamkeit, Zärtlichkeit, Sentimentalismus und Mitleidsästhetik, die im musikwissenschaftlichen ebenso wie im literaturwissenschaftlichen Diskurs über die Ästhetik des 18. Jahrhunderts dominieren, erwecken den Eindruck, als habe man es durchweg mit einem »weinenden Saeculum«[5]

---

1 Immanuel Kant, *Kritik der Urteilskraft*, in: ders., *Werkausgabe*, hrsg. von Wilhelm Weischedel, 12 Bde., Bd. X, Frankfurt/Main [10]1989 (= stw 57), § 13 [Hervorh. im Orig.].

2 Eduard Hanslick, *Vom Musikalisch-Schönen. Ein Beitrag zur Revision der Ästhetik der Tonkunst*, unveränderter ND d. 16. Aufl., Wiesbaden [20]1980, S. 1.

3 Ebd., S. 2-4.

4 Vgl. zum Begriff ›Gefühlsästhetik‹ sowie zur These von deren Ende z. B. Carl Dahlhaus, *Die Idee der absoluten Musik* [[1]1978], Kassel u. a. [2]1987 sowie ders., *Musikästhetik*, Laaber [4]1986 (= Musik-Taschen-Bücher, Theoretica 8).

5 So der Titel eines komparatistischen Sammelbandes: *Das weinende Saeculum*, Colloquium der Arbeitsstelle 18. Jahrhundert, hrsg. von Rainer Gruenter, Heidelberg 1983 (= Beiträge zur Geschichte der Literatur und Kunst des 18. Jahrhunderts 7).

zu tun, das sich von den Künsten nichts als sanfte Empfindungen und tugendhafte Schwärmereien erwarte. Zukunftsweisend erschien die Ästhetik dieser Periode daher vor allem als unmittelbare Vorge-schichte zu Kant, der deutschen Klassik oder der europäischen Ro-mantik.[6] In der Forschung konnten bislang vornehmlich diejenigen ästhetischen Konzepte des 18. Jahrhunderts Aufmerksamkeit bean-spruchen, die sich rückwirkend als Elemente zu emphatischen Theo-rien des Ausdrucks, der Darstellung oder der reinen Form (anders ausgedrückt: der modernen künstlerischen Subjektivität oder des au-tonomen Kunstwerks) interpretieren ließen. Für Rührung treffen diese Bedingungen nicht zu. Um Rührung als ästhetische Kategorie entdecken zu können – und es handelt sich, wie ich meine, um eine der grundlegenden ästhetischen Kategorien des mittleren 18. Jahr-hunderts –, ist es notwendig, sich von einem doppelten Vorurteil zu befreien. Zum einen ist Rührung als eine Form der inneren Bewegung von den Attributen des Sanften und Sentimentalen zu trennen, mit denen sie in den Ästhetiken des genannten Zeitraums gar nicht immer assoziiert wird. Zum anderen muß man von den Ästhetiken der Zeit um 1800 abstrahieren, in denen sich nicht nur der Schwerpunkt der Reflexion zu anderen Konzepten verschoben hat, sondern die auch ein verzerrtes Bild dessen vermitteln, was ›Rührung‹ um 1750 bedeu-tet. Es wird sich zeigen, daß unter dieser Voraussetzung andere Tradi-tionslinien ans Tageslicht treten, die an den genannten hegemonialen Diskursen vorbei die Wirkungsästhetiken des mittleren 18. Jahrhun-derts mit Konzepten der Moderne verbinden.

Liest man Kants *Kritik der Urteilskraft* als Dokument eines Para-digmenwechsels, der Leidenschaften und Sinnesreize zugunsten inter-esseloser Kontemplation aus der Ästhetik entläßt[7], so sieht man sich bereits auf der Ebene des Sprachgebrauchs mit Abgrenzungen und Gegenüberstellungen konfrontiert, die aus präkantianischer Perspek-

---

6 Prägend für die an Kant orientierte Ästhetikgeschichte wirkten u. a. die beiden klas-
   sischen Gesamtdarstellungen zur deutschen Ästhetik des 18. Jahrhunderts: Alfred
   Baeumler, *Das Irrationalitätsproblem in der Ästhetik und Logik des 18. Jahrhunderts
   bis zur Kritik der Urteilskraft* [¹1923], ND d. 2., durchges. Ausg. Tübingen 1967,
   Darmstadt 1975 sowie Armand Nivelle, *Kunst- und Dichtungstheorien zwischen
   Aufklärung und Klassik*, Berlin 1960.

7 Vgl. in diesem Sinne Arno Forchert, *Vom »Ausdruck der Empfindung« in der Musik*,
   in: *Das musikalische Kunstwerk. Geschichte – Ästhetik – Theorie*. FS Carl Dahlhaus
   zum 60. Geburtstag, hrsg. von Hermann Danuser u. a., Laaber 1988, S. 39-50. Forchert rekonstruiert die Differenz zwischen der barocken musikalischen Affektenlehre und der empfindsamen Musikästhetik des 18. Jahrhunderts, der mit Kants
   Kritik der Urteilskraft »das Urteil gesprochen« sei (S. 46).

tive keineswegs einleuchten müssen. »Reize« und »Rührungen« sind
bei Kant begrifflich klar umrissene psycho-physische Erfahrungs-
modi, denen andere, als ›ästhetisch‹ klassifizierte Formen innerer
Bewegung entgegengesetzt werden. Kant definiert Rührung als eine
Empfindung, bei der »Annehmlichkeit nur vermittelst augenblickli-
cher Hemmung und darauf erfolgender stärkerer Ergießung der Le-
benskraft gewirkt wird«[8], und unterscheidet sie von der ästhetischen
Lust, die eine »Belebung«, eine »Tätigkeit« oder ein »Spiel« der Erkenntniskräfte impliziert.[9] Nur insofern sie sich mit dem Bewußtsein
einer subjektiven Überlegenheit oder eines Widerstandes verbindet,
gehört Rührung, subsumiert unter die Kategorie des Erhabenen, für
Kant in die Sphäre der Ästhetik.[10] Abgesehen von Affekten »der
wackern Art«, etwa dem Zorn oder der Entrüstung, haben weder
»*zärtliche* Rührungen« noch »stürmische Gemütsbewegungen« Anteil
am ästhetischen Urteil. Leidenschaften können den Verstand als
Krankheiten zerrütten oder auch, wie eine orientalische Massage, ein
gesundheitsförderndes Gleichgewicht der Lebenskräfte bewirken.
Beide Optionen verweisen das Rührende aus dem Gebiet der Ästhetik
in das der Medizin.[11] Mit seiner Rede vom »pathologischen« Verhalten
schwärmerischer Musikhörer, die »das Elementarische der Musik« –
den Klang und die Bewegung – »in passiver Empfänglichkeit auf sich
wirken« und freudig ihre »wehrlosen Gefühle [...] in Ketten« schlagen
lassen, hat Hanslick diese Einschätzung bestätigt und das Genießen
der Affekte und Sinnesreize als krankhafte Perversion stigmatisiert.[12]

In den Ästhetiken des 18. Jahrhunderts vor Kant ist ›Rührung‹
kein Terminus – die Kantsche Definition erscheint vor dem Hintergrund des älteren Wortgebrauchs sogar ausgesprochen willkürlich.
›Reiz‹ und ›Rührung‹ sind begrifflich nicht scharf getrennt; ›Rührung‹
kann sich gleichermaßen auf Gemütsbewegungen wie auf Bewegungen in den Sinnen oder anderen Körperorganen beziehen.[13] Wenn es

---

8 Kant, *Kritik der Urteilskraft*, § 14.
9 Ebd., § 12, § 23.
10 Ebd., § 24; »Allgemeine Anmerkung zur Exposition der ästhetischen reflektierenden
   Urteile«, S. 199.
11 Ebd., S. 199-201 [Hervorh. im Orig.].
12 Hanslick, *Vom Musikalisch-Schönen*, S. 120-123.
13 In Adelungs Wörterbuch heißt es unter dem Lemma ›Rühren‹: »sich bewegen, be-
   weget werden, wo es ehedem von verschiedenen Arten der Bewegung so wohl im eigentlichen als figürlichen Verstande gebraucht wurde.« Johann Christoph Adelung,
   *Grammatisch=kritisches Wörterbuch der Hochdeutschen Mundart, mit beständiger
   Vergleichung der übrigen Mundarten, besonders aber der Oberdeutschen* [¹1774-
   1786], 2. vermehrte u. verbesserte Ausg., 4 Bde., Leipzig 1798, Bd. III, Sp. 1206.

darum geht, die Unteilbarkeit der bald vorstellenden, bald begehrenden Seele zu akzentuieren, wird bei den Ästhetikern der Wolffschen
Schule sogar die Tätigkeit des Denkens zuweilen als ›Rührung‹ bezeichnet – von Ausdrücken wie ›Belebung‹ und ›Spiel‹, die sich in
ihren allgemeineren Bedeutungen mit ›Rührung‹ überschneiden, ganz
zu schweigen.[14] ›Rührung‹, darin gleicht Kants Wortgebrauch dem
seiner Vorgänger, ist auch nicht notwendigerweise auf ein bestimmtes
Maß an Bewegung festgelegt. Neben dem engeren Wortsinn, der
Rührung mit sanfteren Bewegungen des Herzens oder der Seele assoziiert – der ›empfindsamen‹ Rührungskonzeption – existiert ein weiterer, der auch die heftigsten Leidenschaften nicht ausschließt. Im
ästhetischen Schrifttum des mittleren 18. Jahrhunderts begegnen
beide Varianten nebeneinander. Johann George Sulzer bietet deshalb
in seiner *Allgemeinen Theorie der schönen Künste* zwei Artikel über
das Rührende an, von denen der erste die besondere, der zweite die
allgemeinere Wortbedeutung erschließt. Die sanften, zärtlichen Leidenschaften gelten wegen ihrer universalen Gefälligkeit in allen
Kunstgattungen als erfolgversprechend; die heftigen sind in erster
Linie in der Rhetorik, aber auch in den übrigen schönen Künsten be-
heimatet und bilden ihr stärkstes moralisches Wirkungspotential. Im
Artikel *Rührend (Schöne Künste)* heißt es:

> Eigentlich wird alles, was leidenschaftliche Empfindung erwekt,
> rührend genennt, und in diesem allgemeinen Sinne wird das Wort in
> dem folgenden Artikel genommen; hier aber halten wir uns bey der be-
> sondern Bedeutung desselben auf, nach welcher es blos von dem ge-
> nommen wird, was sanft eindringende und stillere Leidenschaften,
> Zärtlichkeit, stille Traurigkeit, sanfte Freude u. d. gl. erweket. [...] Jeder
> Stand, jedes Alter, und bald jeder Charakter der Menschen findet in
> zärtlichen und sanften Leidenschaften eine Wollust [...]. Neben dem
> Vortheil des allgemeinesten Beyfalles, hat es [das Rührende] noch den,
> daß es am leichtesten zu erreichen ist[.][15]

Und im darauffolgenden Artikel *Rührende Rede (Beredsamkeit)*:

---

14 Unter ›Spiel‹ versteht Adelung »[i]m weitesten Verstande«: »freye Bewegung und
    dann eine jede bestimmte Bewegung überhaupt«; in »engerer und theils figürlicher
    Bedeutung« dann freilich mehr in Kants Sinne »eine Bewegung und Beschäftigung,
    welche aus keiner andern Absicht als zum Zeitvertreibe oder zur Ergetzung des
    Gemüthes unternommen wird.« Ebd., Bd. IV, Sp. 197.
15 Johann George Sulzer, *Allgemeine Theorie der schönen Künste in einzelnen, nach al-
    phabetischer Ordnung der Kunstwörter aufeinanderfolgenden, Artikeln abgehandelt*
    [¹1771-1774], ND d. 2. vermehrten Aufl. Leipzig 1792-1799, m. einer Einleitg. von
    Giorgio Tonelli, Hildesheim 1967-1970 [im folgenden *SATh*], Bd. IV, S. 121 f.

Eine der drey Hauptgattungen der Rede in Absicht auf den Inhalt. Ihr Zwek geht auf Erwekung der Leidenschaften, die nach der Absicht des Redners entweder Entschließungen, oder Unternehmungen befördern, oder hintertreiben sollen. [...] Die schönen Künste sind die eigentlichen Mittel, Leidenschaften zu erweken [...]. Unter den schönen Künsten aber braucht die Beredsamkeit die wenigsten Veranstaltungen dazu. [...] Also wird es ihm [dem Redner] am leichtesten, durch Erwekung heilsamer Leidenschaften den Menschen nützlich zu werden.[16]

Überflüssig anzumerken, daß an dieser Stelle mit der »Heilsamkeit« der Leidenschaften nicht ihr Beitrag zum physischen Wohlbefinden, sondern ihre Eignung zur Beförderung moralischen Handelns gemeint ist. Der ethische Wert, den Rührung in Sulzers Augen besitzt, liegt just in dem »Interesse« und dem »Ernst«, der sie für Kant als ästhetische Kategorie disqualifiziert.[17]

Blickt man eingedenk der hiermit angedeuteten allgemeineren Bedeutung des Wortes ›Rührung‹ (die auch in Sulzers doppelter Definition nicht aufgeht) zurück auf die *Kritik der Urteilskraft*, so relativiert sich der Eindruck, Kant habe das Rührende vollständig aus der Ästhetik eliminiert. Ohne Metaphern mentaler Bewegung – sei es die Belebung oder das Spiel der Erkenntniskräfte beim Gefühl des Schönen, sei es der Widerstreit von Anziehung und Abstoßung beim Gefühl des Erhabenen[18] – kommt Kants Konzeption der ästhetischen Erfahrung nicht aus. In domestizierter Gestalt bleibt die vordergründig verbannte Rezeptionshaltung also zunächst bewahrt. Sie bildet die latente, stets zu kontrollierende Herausforderung des selbstbewußten Subjekts.

Die Theorien, die den Gegenstand der vorliegenden Untersuchung bilden, betreffen das gesamte Bedeutungsspektrum des ästhetischen Begriffs ›Rührung‹: Sie verhandeln sanfte und heftige Bewegungen, Sinnesreize und Leidenschaften, die kontemplative Aktivität des Denkens und die blinde Wut der Begierde. Der ästhetische Diskurs über Rührung, so meine These, thematisiert eine elementare Form physischen und psychischen Erlebens, die an den diversen ästhetischen Spezialkategorien (dem Schönen, dem Erhabenen, dem Wunderbaren etc., aber auch dem Rührenden im engeren Sinne) partizipiert, ohne mit irgend einer von ihnen identisch zu sein.[19] In den

---

16 Ebd., S. 123.
17 Vgl. Kant, *Kritik der Urteilskraft*, § 12, § 23 u. ö.
18 Vgl. hierzu ebd., §§ 23 f.
19 Diese Auffassung richtet sich u. a. gegen die Sichtweise Carsten Zelles, der mit seiner These von der »doppelten Ästhetik der Moderne« den Kantschen Dualismus

mittleren Jahrzehnten des 18. Jahrhunderts ist keine ästhetische Theorie mit Allgemeinheitsanspruch denkbar, die der Erwartung, von den Künsten gerührt zu werden, nicht auf die eine oder andere Weise Rechnung trüge. Einige machen Rührung zu ihrem zentralen Thema und widmen sich auch dem Problem, wie die bewegende Wirkung der Künste auf den Menschen zu erklären sei. Ihnen gilt meine besondere Aufmerksamkeit.

von Erhabenem und Schönem auf das gesamte 18. Jahrhundert projiziert und Rührung unter die Kategorie des Erhabenen subsumiert (Carsten Zelle, *Die doppelte Ästhetik der Moderne. Revisionen des Schönen von Boileau bis Nietzsche*, Stuttgart/Weimar 1995, S. 136, über Breitingers Theorie der ›hertzrührenden Schreibart‹). Zelles These basiert auf der Klaus Dockhorn geschuldeten Annahme, daß die hohe (pathetische) Stillage der klassischen Rhetorik bruch- und restlos in der ästhetischen Kategorie des Erhabenen aufgeht (vgl. z. B. das Kapitel »Pathetische Persuasion des Sublimen und die Schönheit in der Logik von Port-Royal«, S. 36-43). Abgesehen davon, daß die Identifikation des Breitingerschen Rührungskonzepts mit der Kategorie des Erhabenen anfechtbar ist, wäre hier auf die Baumgarten-Meiersche Ästhetik hinzuweisen, die Rührung einschließlich des Pathetischen als Bedingung des Schönen verhandelt (s. u., Kap. 3.).

1.2. Positionen der Forschung

Im Zusammenhang mit seiner These vom Fortleben der Rhetorik hat schon Klaus Dockhorn mit Blick auf das 18. Jahrhundert »die Umschaltung unserer ästhetischen Fragestellung vom Wahrheits- und Wirklichkeitsproblem (Imitation, Mimesis, Verismus, Kosmos- und Organismusästhetik) wie auch vom Ausdrucksproblem (Originalgenie, Schöpfertum, Individualität) auf das Wirkungsproblem« gefordert.[20] Eine solche »Umschaltung« würde, so Dockhorn, nicht zuletzt eine tiefgreifende Revision des geläufigen Romantik-Bildes herbeiführen. Noch Poetiken aus der Zeit um 1800 wie die von William Wordsworth müßten »nicht so sehr an den Anfang der modernen, d. h. subjektiv-romantischen Dichtung [...], sondern an das Ende jener letztlich auf antiken Grundhaltungen basierenden objektiv-klassischen Dichtung« gestellt werden, »die, indem sie die Erregung der Affekte zum höchsten opus des Dichters erklärt, diesem eine essentiell moralische Funktion der Seelenführung, der Psychagogie, zuspricht«.[21] Dockhorn belegt dies u. a. an der rhetorischen Opposition von Ethos und Pathos. Hinter den Antithesen vom »Anmutigen« und »Großen«, vom »Schönen« und Erhabenen«, von »Anmut« und »Würde« und schließlich auch hinter der Sulzerschen Gegenüberstellung von sanft rührenden und heftig erregenden Leidenschaften stehe als »Kernstück der Poetik« die ubiquitäre »ἤθη-πάθη-Formel«, »das ›moeurs et passions‹ der Franzosen, das ›manners and passions‹ der Engländer, das ›Sitten und Leidenschaften‹ der Deutschen«.[22]

Wenngleich u. a. auf Dockhorns Anregung hin einige rhetorikgeschichtliche Arbeiten zum 16. und 17. Jahrhundert entstanden sind[23], hat sich seine Sichtweise nicht durchgesetzt: Das Interesse der Forschung richtete sich auch in den folgenden Jahrzehnten nicht so sehr auf

---

20 Klaus Dockhorn, *Die Rhetorik als Quelle des vorromantischen Irrationalismus in der Literatur- und Geistesgeschichte* [¹1944], in: ders., *Macht und Wirkung der Rhetorik. Vier Aufsätze zur Ideengeschichte der Vormoderne*, Bad Homburg u. a. 1968 (= Respublica Literaria 2), S. 46-95, hier S. 94.

21 Ders., *Wordsworth und die rhetorische Tradition in England*, ebd., S. 9-45, hier S. 43.

22 Ebd., insbes. S. 13-16; ders., *Die Rhetorik als Quelle des vorromantischen Irrationalismus, passim*, zu Sulzer S. 56 f., S. 88; zum Schönen und Erhabenen etc. S. 57.

23 Vgl. hierzu Dockhorns eigene Darstellung *Rhetorik und germanistische Literaturwissenschaft in Deutschland*, in: *Jahrbuch für internationale Germanistik* 3.1 (1971), S. 168-185 sowie seine Sammelrezension *Affekt, Bild und Vergegenwärtigung in der Poetik des Barock*, in: *Göttingische gelehrte Anzeigen* 225 (1973), S. 135-156; weiteres in Kap. 3.1.2.3. der vorliegenden Studie.

die Kontinuität der Überlieferung wie auf die Innovationen und Wandlungsprozesse, die die mittleren Jahrzehnte des 18. Jahrhunderts als eine
Periode des Übergangs erscheinen ließen. Sowohl die ältere, auf die Genese moderner Kreativitätskonzepte hin ausgerichtete Forschung als
auch die semiotisch orientierten Arbeiten der 70er und 80er, zum Teil
auch noch der 90er Jahre versuchten in erster Linie die Ablösung der
Nachahmungs-, Repräsentations- und Wirkungsästhetik durch alternative Zeichenkonzeptionen oder durch Umgewichtungen innerhalb des
ästhetischen Kommunikationssystems zu rekonstruieren.[24]

---

24 Zur Ablösung »mimetischer« und »pragmatischer« Ausrichtungen durch Konzepte
des Ausdrucks in der englischen Poetik und Ästhetik um 1800 vgl. die klassische
Studie von M. H. Abrams, *The Mirror and the Lamp: Romantic Theory and the Critical Tradition* [¹1953], London u. a. 1971; mit Schwerpunkt auf der philosophischen
Ästhetik Lia Formigari, *Sulla genesi del concetto di espressione. Il Settecento inglese*,
in: *Revue internationale de Philosophie* 59 (1962), S. 101-115. Aus germanistischer
Perspektive: Jürgen Stenzel, *»Si vis me flere« - »Musa iocosa mea«. Zwei poetologische Argumente in der deutschen Diskussion des 17. und 18. Jahrhunderts*, in: *DVjs*
48 (1974), S. 650-671; Andreas Käuser, *Physiognomik und Roman im 18. Jahrhundert*, Frankfurt/Main 1989 (= Forschungen zur Literatur- und Kulturgeschichte 24)
sowie Rüdiger Campe, *Affekt und Ausdruck. Zur Umwandlung der literarischen
Rede im 17. und 18. Jahrhundert*, Tübingen 1990 (= Studien zur deutschen Literatur
107). Campe untersucht den Übergang von der Affektenlehre zur Ausdruckspsychologie und parallel dazu die Ablösung des rhetorischen durch ein hermeneutisches
Paradigma; kritische Phase für diesen Prozeß sind seiner Ansicht nach die Jahre um
1740. – Zur Genese des Ausdruckskonzepts in der Musikästhetik vgl. Herbert M.
Schueller, *»Imitation« and »Expression« in British Music Criticism in the Eighteenth
Century*, in: *Musical Quarterly* 34 (1948), S. 544-566; Hans Heinrich Eggebrecht,
Das Ausdrucks-Prinzip im musikalischen Sturm und Drang, in: ders., *Musikalisches
Denken: Aufsätze zur Theorie und Ästhetik der Musik*, Wilhelmshaven 1977 (= Taschenbücher zur Musikwissenschaft 46), S. 69-111; Wilhelm Seidel, *Die Nachahmung der Natur und die Freiheit der Kunst. Zur Kritik deutscher Musiker an der
Ästhetik von Charles Batteux*, in: *Von Isaac bis Bach. Studien zur älteren deutschen
Musikgeschichte*, FS Martin Just zum 60. Geburtstag, hrsg. von Frank Heidelberger
u. a., Kassel u. a. 1991. – Zur Genese der musikalischen Werkästhetik vgl. Wilhelm
Seidel, *Zwischen Immanuel Kant und der musikalischen Klassik. Die Ästhetik des
musikalischen Kunstwerks um 1800*, in: Danuser u. a. (Hrsg.), *Das musikalische
Kunstwerk*, S. 67-84; Ruth Katz/Ruth Hacohen, *»Ut musica poesis«: The Crystallization of a Conception Concerning Cognitive Processes and »Well-Made Worlds«*,
ebd., S. 17-37; zur Ablösung der Nachahmungsästhetik durch »musikalische« Konzeptionen des »leeren Zeichens« in Poetiken des 18. Jahrhunderts vgl. Kevin Barry,
*Language, Music and the Sign. A Study in Aesthetics, Poetics and Poetic Practice from
Collins to Coleridge*, Cambridge u. a. 1987; zur musikalischen Autonomieästhetik
vgl. die genannten Arbeiten von Dahlhaus, s. o., S. 11, Anm. 4, sowie John Neubauer, *The Emancipation of Music from Language: Departure from Mimesis in
Eighteenth-Century Aesthetics*, New Haven/London 1986. – Zur Ablösung des
ästhetischen Repräsentationskonzepts durch Theorien der Darstellung vgl. Winfried
Menninghaus, *»Darstellung«. Friedrich Gottlob Klopstocks Eröffnung eines neuen*

Im Hinblick auf den möglichen Ertrag einer Untersuchung zur ästhetischen Theorie der Rührung im 18. Jahrhundert unterscheiden sich diese Forschungsansätze jedoch nur graduell von Dockhorns Projekt. Konsens ist, daß die Definition der Künste über ihre bewegende Wirkung in eine vormoderne – aus der Sicht einiger Literaturwissenschaftler müßte es sogar heißen: prä-literarische oder prä-ästhetische – Tradition gehört, die in der ersten Hälfte des 18. oder (nach Dockhorn) im Laufe des 19. Jahrhunderts zu Ende geht. Eine Arbeit über Rührung würde sich demzufolge einem zusehends an Aktualität verlierenden Überlieferungsbestand widmen, der sich ebensogut, wenn nicht besser, anhand der rhetorischen Poetiken der Renaissance und des Barock studieren ließe. Zu den Prämissen der vorliegenden Arbeit gehört dagegen die Überzeugung, daß die Ästhetik der Rührung im 18. Jahrhundert eine eigene, ganz spezifische Gestalt annimmt – nicht zuletzt, weil sie diverse, für die anthropologische Diskussion der Zeit hoch aktuelle Probleme aufwirft. Die rührende Wirkung der Künste ist für das 18. Jahrhundert keine fraglos hingenommene Selbstverständlichkeit, sondern eine theoretische Herausforderung. Wer sich ihr stellt, wird mit grundsätzlichen Fragen konfrontiert, die zur selben Zeit auch die Physik, die Medizin und die philosophische Anthropologie beschäftigen. Um diese Dimension der Diskussion über Rührung ins Auge fassen zu können, habe ich den Schwerpunkt meiner Untersuchung weniger auf die Rhetorik und Poetik des 18. Jahrhunderts gelegt als auf die philosophische Ästhetik und ihre anthropologischen Nachbardisziplinen, vor allem die Psychologie.

Wie die Arbeiten zu den Ästhetiken des Ausdrucks, der Darstellung und der reinen Form sucht auch die vorliegende Studie nach theoretischen Alternativen zum Paradigma der Repräsentation. Anders als jene betrachtet sie jedoch den Gegensatz zwischen Repräsentation und ihrem Anderen nicht als eine historische Abfolge, die es nahelegen würde, einen Zeitpunkt oder eine Phase des Übergangs zu beschreiben. Rührung und Repräsentation koexistieren vielmehr im Rahmen derselben ästhetischen und epistemologischen Konfiguration. Der Übergang vom Vorstellen, Erkennen und Anschauen zum Gerührtsein ist im 18. Jahrhundert ebenso Thema der philosophi-

---

Paradigmas, in: *Was heißt »Darstellen«?* Hrsg. von Christian L. Hart Nibbrig, Frankfurt/Main 1994, S. 205-226; Rüdiger Campe, *Vor Augen Stellen. Über den Rahmen rhetorischer Bildgebung*, in: Gerhard Neumann (Hrsg.), *Poststrukturalismus. Herausforderung an die Literaturwissenschaft* (DFG-Symposion 1995), Stuttgart/Weimar 1997, S. 208-225; Inka Mülder-Bach, *Im Zeichen Pygmalions. Das Modell der Statue und die Entdeckung der »Darstellung« im 18. Jahrhundert*, München 1998.

schen Ästhetik und Psychologie, wie die Bewegkraft der Nachahmung zu den Anliegen der rhetorischen Poetik zählt. Trotzdem sind
diese Übergänge auch Einschnitte, vielleicht sogar in einem radikale-
ren Sinne als die historischen, denn sie implizieren im Gegensatz zu
den Theorien des Ausdrucks, der Darstellung und des absoluten (leeren) Zeichens stets einen Ausstieg aus dem semiotischen Denken.[25]
Der Diskurs über Rührung basiert großenteils auf mechanischen Metaphern und Modellen, die der rhetorischen Tradition entstammen
und im 18. Jahrhundert ein neues, zeitspezifisches Gepräge erhalten.
Sie illustrieren entweder das Gerührtsein im Anschluß an den Akt des
Vorstellens oder ersetzen diesen vollständig durch >blinde< psychische
Mechanismen bzw. rein physiologische Abläufe. Solche Metaphern
und Modelle stehen im Zentrum dieser Arbeit.

Natürlich kann die vorliegende Studie auf eine Fülle bestehender
Literatur zurückgreifen. Im folgenden möchte ich zum einen auf an-
grenzende Forschungszusammenhänge hinweisen, deren Gegenstände
– zum Teil, weil sie m. E. bereits hinreichend bearbeitet worden sind –
in den folgenden Kapiteln keine weitere Beachtung finden, obwohl sie
gewissermaßen zum Thema gehören. Zum anderen werde ich auf Untersuchungen eingehen, die sich in ihren Themen, Fragestellungen
oder Sichtweisen mit meiner Arbeit überschneiden. Ich werde diesen
summarischen Forschungsbericht (der sowohl die bereits angeführten
Titel als auch die im weiteren Verlauf der Arbeit hinzugezogene Spe-
zialliteratur größtenteils ausspart) zum Anlaß nehmen, die historische
Spezifik des Themas >Rührung< schärfer zu profilieren.

1.) Zunächst wären einige neuere literaturwissenschaftliche Arbeiten
zur Geschichte der Leidenschaften im 18. Jahrhundert zu nennen,
deren Fokus sich weder auf das Ausdrucks- noch auf das Rührungs-
problem richtet. Gemeinsame Basis dieser Untersuchungen ist die
Frage nach der Diskursivierung der Leidenschaften und folglich die
Einbeziehung nicht-literarischer (und zum Teil wenig bekannter)
Quellentexte. Als im engeren Sinne diskursanalytisch kann jedoch
nur Matthias Luserkes Buch *Die Bändigung der wilden Seele* be-

---

25 John Neubauer hat zurecht darauf hingewiesen, daß »expression is actually a species of
    imitation«: »Can one express without expressing, and therebey representing, some-
    thing? [...] the shift from [...] musical representation in the seventeenth and early eight-
    eenth century to what came to be called musical expression in the later eighteenth
    century [...] was [...] a move toward greater verisimilitude in representation, for com-
    posers were now asked to portray finely shaded, individualized, and personal emotions
    instead of stock affects.« Neubauer, *The Emancipation of Music from Language*, S. 6 f.

zeichnet werden, das in expliziter Auseinandersetzung mit Michel Foucault und Norbert Elias die disziplinierende und zivilisatorische Funktion der Literatur untersucht. These ist, daß die Aristotelische Katharsislehre in der Aufklärung aus dem engen Rahmen der Gattungstheorie in einen allgemeinen ästhetischen Grundsatz überführt wird und dabei zur Entfaltung eines Diskurses über die Leidenschaften dient. Die Funktion dieses Diskurses sei die Emanzipation, zugleich aber auch die »Selektion, Kontrolle und Kanalisierung« der Leidenschaften.[26] Um 1800 habe die Literatur diese zivilisatorische Rolle wieder eingebüßt: »Die sich mehr und mehr ausdifferenzierenden Wissenschaftsdiskurse haben den Katharsisdiskurs als ursprünglich genuinen poetologischen Diskurs absorbiert«.[27]

Weitaus verbreiteter als die sozialhistorische Perspektive ist in der aktuellen germanistischen Forschung zum 18. Jahrhundert die Ausrichtung auf die Geschichte der Anthropologie. Im Zusammenhang mit dem gewachsenen Interesse an historischen Körperkonzepten und an der »Rehabilitierung der Sinnlichkeit«, die Panajotis Kondylis als zentrales Anliegen der Aufklärungsphilosophie erkannt hat[28], wurde die Theorie der Leidenschaften und ihrer Körperzeichen Gegenstand von Untersuchungen zur Geschichte des Schauspiels[29] und der Einbildungskraft.[30] Eine umfassende anthropologiegeschichtliche Studie zur Theorie der Affekte und Gemütsbewegungen im 18. Jahrhundert steht noch aus.[31] Die vorliegende Arbeit kann diese Lücke

---

26 Matthias Luserke, *Die Bändigung der wilden Seele. Literatur und Leidenschaft in der Aufklärung*, Stuttgart/Weimar 1995 (= Germanistische Abhandlungen 77), S. 151.

27 Ebd., S. 22.

28 Panajotis Kondylis, *Die Aufklärung im Rahmen des neuzeitlichen Rationalismus* [¹1981], München 1986, S. 19 u. ö.

29 Vgl. Alexander Košenina, *Anthropologie und Schauspielkunst. Studien zur ›eloquentia corporis‹ im 18. Jahrhundert*, Tübingen 1995 (= Theatron 11) sowie aus komparatistischer Sicht Joseph R. Roach, *The Player's Passion. Studies in the Science of Acting*, Newark u. a. 1985. Beide Arbeiten legen mehr Gewicht auf die Tätigkeit des Schauspielers als auf den Aspekt der Rezeption.

30 Vgl. Gabriele Dürbeck, *Einbildungskraft und Aufklärung. Perspektiven der Philosophie, Anthropologie und Ästhetik um 1750*, München 1998 (= Studien zur deutschen Literatur 148).

31 Vgl. jedoch (mit Schwerpunkt auf der Ausdrucksproblematik) Rüdiger Campes *Affekt und Ausdruck*; zur Affektenlehre der Frühaufklärung, mit Ausblicken ins 18. Jahrhundert außerdem Werner Schneiders, *Naturrecht und Liebesethik. Zur Geschichte der praktischen Philosophie im Hinblick auf Christian Thomasius*, Hildesheim/New York 1971 (= Studien und Materialien zur Geschichte der Philosophie 3). Hinweise zur Emanzipation der Leidenschaften im 18. Jahrhundert finden sich auch in der unter 1.3. genannten Literatur.

nicht schließen, beleuchtet aber – stets mit Blick auf die Ästhetik – einzelne Problemfelder, die für die aufklärerische Philosophie der Leidenschaften kennzeichnend sind.

2.) In der bereits beschriebenen sanfteren Variante ist Rührung als ein soziales und moralisches Phänomen beschrieben worden. Dies ist vorwiegend in Untersuchungen zur europäischen Empfindsamkeit geschehen, d. h. zu einem gesellschaftlichen und literarischen Epochenphänomen, das man in England als *sensibility* und in Frankreich als *sensibilité* bezeichnet. Im Zentrum standen dabei Zusammenhänge zwischen nervenphysiologischen Modellen (Sympathie, Sensibilität etc.), bestimmten Praktiken der Sozialisation bzw. des Ausschlusses und Formen der gender- bzw. schichtenspezifischen Subjektkonstitution, die ihre literarische Ausprägung hauptsächlich im Roman und im Drama gefunden haben.[32] An die umfangreiche anglistische Forschung zum Verhältnis zwischen Literatur, Physiologie und Gesellschaft anknüpfend, hat der Germanist Albrecht Koschorke diesen

---

32 Vgl. zur europäischen Empfindsamkeit: Peter Szondi, *Die Theorie des bürgerlichen Trauerspiels im 18. Jahrhundert. Der Kaufmann, der Hausvater und der Hofmeister* [¹1973], hrsg. von Gert Mattenklott, m. einem Anh. über Molière von Wolfgang Fietkau, in: Szondi, *Studienausgabe der Vorlesungen*, hrsg. von Jean Bollack u. a., Bd. I, Frankfurt/Main 1979; Gerhard Sauder, *Empfindsamkeit*, Teil I: *Voraussetzungen und Elemente*, Stuttgart 1974; Gruenter (Hrsg.), *Das weinende Saeculum*; Wolfgang H. Schrader, *Sympathie und Sentiment*, in: *Empfindsamkeiten*, hrsg. von Klaus P. Hansen, Passau 1990, S. 33-42; zu Deutschland: Lothar Pikulik, *»Bürgerliches Trauerspiel« und Empfindsamkeit*, Köln/Graz 1966; Hans-Jürgen Schings, *Der mitleidigste Mensch ist der beste Mensch. Poetik des Mitleids von Lessing bis Büchner*, München 1980; Nikolaus Wegmann, *Diskurse der Empfindsamkeit. Zur Geschichte eines Gefühls in der Literatur des 18. Jahrhunderts*, Stuttgart 1988; Sauder, *Empfindsamkeit – sublimierte Sexualität*, in: Hanser (Hrsg.), *Empfindsamkeiten*, S. 167-177; zu Frankreich: Frank Baasner, *Der Begriff ›sensibilité‹ im 18. Jahrhundert. Aufstieg und Niedergang eines Ideals*, Heidelberg 1988 (= Studia Romanica 69); Anne C. Vila, *The Sensible Body: Medicine and Literature in Eighteenth-Century France*, Diss. Baltimore 1990; David J. Denby, *Sentimental Narrative and the Social Order in France, 1760-1820*, Cambridge u. a. 1994 (= Cambridge Studies in French 47); zu Großbritannien: Christopher Lawrence, *The Nervous System and Society in the Scottish Enlightenment*, in: *Natural Order. Historical Studies of Scientific Culture*, hrsg. von Barry Barnes u. Steven Shapin, Beverly Hills/London 1979, S. 19-40; John Dwyer, *Virtuous Discourse: Sensibility and Community in Late Eighteenth-Century Scotland*, Edinburgh 1987; G.-J. Barker-Benfield, *The Culture of Sensibility: Sex and Society in Eighteenth-Century Britain*, Chicago/London 1992; Ann Jessie Van Sant, *Eighteenth-Century Sensibility and the Novel: The Senses in Social Context*, New York 1993; Maureen Harkin, *MacKenzie's »Man of Feeling:« Embalming Sensibility*, in: *ELH* 61 (1994), S. 317-340; dies., *Smith's »The Theory of Moral Sentiments:« Sympathy, Women, and Emulation*, in: *Studies in Eighteenth-Century Culture* 24 (1995), S. 175-190.

Fragehorizont um medientheoretische Aspekte erweitert: Sein Buch *Körperströme und Schriftverkehr* verhandelt Rührung im Kontext einer Geschichte des Lesens und der Leibesökonomie; dabei geht es einerseits um die physiologischen und sittlichen Funktionen des Weinens, andererseits um Techniken des Zeichentransfers.[33] Insgesamt ist Rührung als ästhetisches Wirkungsziel in diesem Forschungsfeld ein eher sekundäres Thema, das selten unabhängig von seinen moralischen (und damit semantischen) Implikationen zur Sprache kommt.[34]

3.) Als eine Kategorie der Rezeption und als eigenständiges, nicht zu moralischen Zwecken instrumentalisiertes Ziel figuriert Rührung im 18. Jahrhundert vor allem in Theorien der Lyrik sowie in der Musikästhetik. Poetiken und Traktate, die ausgehend von der Aristotelischen Poetik die Geltung des Nachahmungskonzepts für die diversen Künste und Genres diskutieren, stoßen an Grenzen, sobald es um Instrumentalmusik oder um die »musikalischen« (rhythmischen bzw. metrischen) Dimensionen der poetischen Sprache geht. Das Ziel der Musik und des poetischen Rhythmus wird dann alternierend in den Ausdruck oder in die Gemütsbewegung gesetzt. In einigen Fällen führt die Schwierigkeit, Musik und Lyrik auf das Nachahmungskonzept zu reduzieren, zu einer Revision der Nachahmungsästhetik im Ganzen.

Inspiriert von M. H. Abrams' klassischer Studie *The Mirror and the Lamp* hat die Forschung diese Problematik besonders detailliert anhand einer Reihe von englischen Traktaten behandelt, die ausgehend vom Vergleich zwischen bildender Kunst, Musik und Dichtung deren Unterschiede und Gemeinsamkeiten im Hinblick auf Gegenstände, Medien und Wirkungen zu bestimmen suchen.[35] Infolge der

---

33 Albrecht Koschorke, *Körperströme und Schriftverkehr. Mediologie des 18. Jahrhunderts*, München 1999.

34 Eine Ausnahme bildet hier David Marshall, *The Surprising Effects of Sympathy: Marivaux, Diderot, Rousseau, and Mary Shelley*, Chicago/London 1988. Marshall untersucht anhand des Sympathie-Konzepts Konvergenzen zwischen Modellen der Wirklichkeitserfahrung und Modellen der ästhetischen Erfahrung. Giorgia J. Cowart (*Sense and Sensibility in Eighteenth-Century Musical Thought*, in: *Acta musicologica* 56 [1984], S. 251-266) analysiert die Begriffe *sentiment, sensibility*, ›Empfindsamkeit‹ etc. aus musikwissenschaftlicher Perspektive und versteht sie als Bezeichnungen einer Rezeptionshaltung. – Doris Bachmann-Medicks Arbeit *Die ästhetische Ordnung des Handelns. Moralphilosophie und Ästhetik in der Popularphilosophie des 18. Jahrhunderts*, Stuttgart 1989, untersucht u. a. Konzeptionen der Energie, der Sympathie und des Interesses in deutschen und englischen Theoretica, überschneidet sich aber hinsichtlich der Quellenauswahl und aufgrund ihres Schwerpunkts auf der praktischen Philosophie auch thematisch kaum mit der vorliegenden Untersuchung.

35 Gemeint sind in erster Linie die Traktate von James Harris, James Beattie, Sir William Jones, Daniel Webb, Thomas Twining, Adam Smith und John Brown, außer-

wiederholt formulierten Erkenntnis, daß der Ausdrucksbegriff sich
von den Konzepten der Nachahmung und der Rührung in diesen
Texten nicht eindeutig abgrenzen läßt, kann ihr wichtigstes kollekti-
ves Resultat in der Betonung des affektiven Charakters von Musik
und Lyrik gesehen werden.[36] Musikalische, prosodische und auch gedankliche Abläufe werden als Bewegungen aufgefaßt, die den Bewegungen der Leidenschaften ähneln und sie deshalb beeinflussen
können.[37] Sehr prägnant hat Winfried Menninghaus Klopstocks Poetik der »Wortbewegung« als »Erbin der rhetorischen Lehre von Pathos und movere« interpretiert[38] und zugleich kenntlich gemacht,
worin sich Klopstock von der rhetorischen Tradition unterscheidet:
Neu an Klopstocks »Poetik der motio«[39] sei zum einen die Neubewertung der Metrik, die »zur ›Hauptsache‹ des Die-Leidenschaften-
Bewegens« avanciere[40], zum anderen die Loslösung der Bewegung

---

dem der rein musikästhetische *Essay on Musical Expression* von Charles Avison
(London 1753) sowie die künstevergleichenden Abhandlungen von Charles Batteux
und Jean Baptiste Du Bos.

36 Vgl. die Literatur zum Ausdrucksproblem in England, S. 18-20, Anm. 24 und 25,
sowie John W. Draper, *Aristotelian Mimesis in Eighteenth-Century England*, in:
PMLA 36 (1921), S. 372-400; James S. Malek, *The Arts Compared. An Aspect of
Eighteenth-Century British Aesthetics*, Detroit 1974. Zur französischen Odentheo-
rie unter Einbeziehung der genannten englischen Traktate: Herbert Dieckmann, *Zur
Theorie der Lyrik im 18. Jahrhundert in Frankreich, mit gelegentlicher Berücksichtigung der englischen Kritik*, in: ders., *Studien zur europäischen Aufklärung*, München
1974 (= Theorie und Geschichte der Literatur und der schönen Künste, Texte und
Abhandlungen 22), S. 327-371.

37 Vgl. z. B. James Beattie über Musik: »it must be acknowledged, that there is some relation at least, or analogy, if not similitude, between certain musical sounds, and mental affections. Soft music may be considered as analogous to gentle emotions; and loud
music, if the tones are sweet and not too rapid, to sublime ones; and a quick succession
of noisy notes, like those we hear from a drum, seems to have some relation to hurry
and impetuosity of passion.« (James Beattie, *Essay on Poetry and Music, as they Affect
the Mind*, London 1779, S. 133.) Oder Daniel Webb über Musik und Dichtung: »The
circumstances in this description are brought together in a manner so unexpected;
they crowd on each other with such force and rapidity, that our spirits are in one con-
tinued hurry or surprise [...]. We may observe in the progression of sounds, a perfect
correspondence with what has been here remarked concerning our ideas: for, in music,
we are *transported* by sudden transitions, by an impetuous re-iteration of impressions:
on the contrary, we are *delighted* by a placid succession of lengthened tones, which
dwell on the sense, and insinuate themselves into our inmost feelings. The analogy
between Poetry and Music is not confined to these two effects.« (Daniel Webb, *Remarks on the Beauties of Poetry*, London 1762, S. 86-88, Hervorh. im Orig.)

38 Mennighaus, *Dichtung als Tanz – Zu Klopstocks Poetik der Wortbewegung*, in: *Comparatio* 2.3 (1991), S. 129-150, hier S. 130.

39 Ebd., S. 132.

40 Ebd., S. 131.

»vom rhetorischen Ziel der persuasio«.[41] Diese Verabsolutierung des *movere* sei als Antwort auf einen epochalen »›Durst‹ nach Bewegung« zu werten, den zuerst Jean Baptiste Du Bos in seinen *Réflexions critiques sur la poésie et sur la peinture* (1719) zur Sprache gebracht habe. Für die gelangweilten Oberschichten fungiere Dichtung als Therapeutikum gegen Melancholie:

> Dabei hing die Forderung nach möglichst heftigen Bewegungen des Gemüts (grande impression, grande émotion, mouvement) explizit und eng mit dem Syndrom des ennui zusammen, an dem die Oberschichten Frankreichs und Englands litten: das In-Bewegung-Setzen der erstarrten Seele hatte unter diesem Vorzeichen eine Art melancholietherapeutische Funktion.[42]

4.) Diese Entkoppelung von *movere* und *persuasio*, d. h. von Rührung als ästhetischem Wirkungsziel und ethisch-praktischen Zwecken, ist von Herbert Dieckmann und Carsten Zelle – ebenfalls unter Berufung auf Du Bos – auch in bezug auf die Geschichte der Nachahmungsästhetik und der Ästhetik des Schrecklichen beschrieben worden. Laut Dieckmann führte das »Verlangen nach Unmittelbarkeit und Intensität« in Frankreich zu einer Schwächung und Umformung der Nachahmungstheorie sowie zur Abwendung von den Kategorien des Schönen und des ästhetischen Scheins.[43] Zelle, dessen Buch *Angenehmes Grauen* die These widerlegt, die Ästhetik des Schrecklichen sei »eine Entdeckung der schwarzen Romantik und der

---

41 Ebd., S. 133. Mit dem Argument, Klopstock habe sich in seiner metrischen Theorie an den Affektkatalogen der musikalischen Rhetorik orientiert und überdies der semantischen Dimension der Sprache Rechnung getragen, hat Hildegard Benning Menninghaus in diesem Punkte widersprochen (Hildegard Benning, *Ut Pictura Poesis – Ut Musica Poesis. Paradigmenwechsel im poetologischen Denken Klopstocks*, in: *Klopstock an der Grenze der Epochen*, hrsg. von Kevin Hilliard und Katrin Kohl, m. Klopstock-Bibliographie 1972-1992 von Helmut Riege, Berlin/New York 1995, S. 80-96, hier S. 93 f.). Ausschlaggebend für die These von Menninghaus ist jedoch nicht die Abstraktion von semantischen Aspekten der Dichtung oder die Unbestimmtheit der erzielten affektiven Bewegung, sondern die Ablösung der Rührungstheorie von ethisch-praktischen Zielen.

42 Menninghaus, *Dichtung als Tanz*, S. 132.

43 Dieckmann, *Das Abscheuliche und das Schreckliche in der Kunsttheorie des 18. Jahrhunderts*, in: *Die nicht mehr schönen Künste. Grenzphänomene des Ästhetischen*, hrsg. von Hans Robert Jauß, München 1968 (= Poetik und Hermeneutik 3), S. 271-317, hier S. 272; vgl. auch ders., *Die Wandlung des Nachahmungsbegriffs in der französischen Ästhetik des 18. Jahrhunderts*, in: ders., *Studien zur europäischen Aufklärung*, S. 275-311, insbes. S. 289-302 über das »Primat des Gefühls« (S. 301) bei Du Bos und Diderot.

Dekadenz am Fin de Siècle gewesen«[44], sieht in den Ästhetiken von
Du Bos, Dennis, Crousaz und d'Aguesseau einen »emotionalistischen
Neuansatz« beim Versuch, das Phänomen der Lust am Schrecklichen
theoretisch zu bewältigen. Er betont sowohl die immanenten Widersprüche, die sich dabei zur geltenden Mimesistheorie ergeben, als
auch das aporetische Verhältnis zwischen ästhetischen und moralischen Bewertungen des Grauens.[45] Aus meiner Sicht ist Zelles Konstruktion des »emotionalistischen Neuansatzes« (die natürlich aus
dem Kontext seiner Themenstellung heraus verstanden werden muß)
insofern nicht unproblematisch, als sie die grundsätzlich unbe-
schränkte Geltung der Mimesiskonzeption voraussetzt, vor deren
Hintergrund Ästhetiken der Bewegung dann nur als theoretische
Hilfkonstruktionen verstanden werden können.[46]

5.) Dieser Auffassung wäre eine vorwiegend ideengeschichtliche For-
schungstradition entgegenzusetzen, die im Dualismus von Ruhe und
Bewegung die beherrschende Denkfigur des 18. Jahrhunderts gesehen
hat und für die sich folglich die Ästhetik Du Bos' nicht als »Neuansatz«
zur Lösung eines Spezialproblems präsentiert, sondern als radikale
Ausprägung eines universalen Schemas der Wirklichkeitsinterpretation.
Da diese Sicht auf das europäische 18. Jahrhundert größtenteils (aber
nicht ausschließlich) im angelsächsischen und französischen Raum entwickelt wurde und in Deutschland wenig Beachtung gefunden hat,
möchte ich im folgenden detaillierter auf sie eingehen und damit zugleich den mentalitätsgeschichtlichen Hintergrund andeuten, vor dem
m. E. die ästhetische Theorie der Rührung zu verstehen ist.

---

44 Carsten Zelle, »Angenehmes Grauen«. Literarhistorische Beiträge zur Ästhetik des
    Schrecklichen im achtzehnten Jahrhundert, Hamburg 1987 (= Studien zum acht-
    zehnten Jahrhundert 10), S. XV.
45 Ebd., S. 117 f. Zelle geht auch ausführlicher auf die »Psychologie der Langeweile«
    und die Funktion der Rührung als »Melancholieprophylaxe« ein, ebd., S. 118-139,
    zu Dubos S. 139-157.
46 Zelle schreibt z. B.: »Das neronische Vergnügen bleibt die Provokation einer im
    ganzen dem Aristotelischen Mimesispostulat verschriebenen Aufklärungsästhetik.«
    Ebd., S. 201.

1.3. Energien, Sphären, Unruhe: Zur Ideengeschichte des 18. Jahrhunderts

Im Rahmen der ideengeschichtlichen Forschung zum 18. Jahrhundert lassen sich drei typische ›kinetische‹ Deskriptionsmodelle unterscheiden: Das energetische Modell, das Sphärenmodell und das Modell der Unruhe. Wichtigster Exponent des *energetischen Modells* ist Ernst Cassirer, dessen Buch *Die Philosophie der Aufklärung* den Versuch darstellt, in einer Reihe von Kapiteln zu einzelnen philosophischen Disziplinen (Natur und Naturerkenntnis; Psychologie und Erkenntnislehre; Religion; Geschichte; Recht, Staat und Gesellschaft; Ästhetik) die charakteristische »Denkform« der Aufklärung, »die innere Bewegung, die sich in ihr vollzieht, und gewissermaßen die dramatische Aktion ihres Denkens sichtbar werden zu lassen.«[47] Cassirers Erkenntnisinteresse – das Beschreiben einer ›Denkbewegung‹ – und das, worin für ihn »der eigentliche systematische Wert der Aufklärungsphilosophie« besteht, die »Bewegung« oder die »Energie des Denkens, von der sie vorwärtsgetrieben wird«, fallen dabei in eins[48]: Die Stärke des aufklärerischen Denkens liegt nach Cassirer nicht in seinem Lehrbestand oder im »*esprit de système*«, nicht also in »fertigen Gebilden« oder in »irgendeinem bestimmt-angebbaren Gedanken*inhalt*«, sondern in seinen »tätigen Kräften« und ihrem »*Gebrauch*«[49], nicht in »Doktrinen, in Axiomen und Lehrsätzen«, sondern »im Werden des Gedankens«, in einer »hin und hergehenden, [...] unablässig-fluktuierenden Bewegung«.[50] Diesem dynamischen Denkprofil, das Cassirer physiognomisch nachzeichnet, entspricht, so scheint es, die Selbstwahrnehmung und Programmatik der aufklärerischen Philosophen. Das gesamte 18. Jahrhundert begreife Vernunft als ein dynamisches Prinzip:

> Das gesamte achtzehnte Jahrhundert faßt die Vernunft [...] nicht sowohl als einen festen *Gehalt* von Erkenntnissen, von Prinzipien, von Wahrheiten als vielmehr als eine *Energie*; als eine Kraft, die nur in ihrer *Ausübung* und *Auswirkung* völlig begriffen werden kann. [...] ihre wichtigste

---

47 Ernst Cassirer, *Die Philosophie der Aufklärung* [¹1932], m. einer Einl. von Gerald Hartung u. einer Bibliogr. d. Rezensionen von Arno Schubbach, Hamburg 1998 (= Philosophische Bibliothek 513), S. VII.
48 Ebd.
49 Ebd., S. X f. [Hervorh. im Orig.].
50 Ebd., S. XIII.

Funktion besteht in ihrer Kraft zu binden und zu lösen. [...] Diese zweifache geistige *Bewegung* ist es, wodurch sich der Begriff der Vernunft
erst vollständig bezeichnen läßt: als Begriff nicht von einem Sein, sondern von einem *Tun*.[51]

Das Bild, das Cassirer vom aufklärerischen Denken und seinen Moti-
vationen entwirft, impliziert einen Dualismus, der sich bereits im ersten Kapitel seines Buchs (»Die Denkform des Zeitalters der
Aufklärung«) andeutet und später im Ästhetik-Kapitel erneut zum
Tragen kommt: Den Gegensatz von Tun und Leiden. Wie sich bereits
bei Kant und Hanslick gezeigt hat, ist diese Opposition ein Leitmotiv
im Diskurs über Rührung – sie wird im folgenden noch eine wichtige
Rolle spielen. Cassirers Darstellung der aufklärerischen Denkform,
die sich in ihren Metaphern der Sprache des 18. Jahrhunderts bedient,
diagnostiziert diese Problematik im Grundimpuls der aufklärerischen
Philosophie. An Formulierungen d'Alemberts anknüpfend, portrai-
tiert Cassirer den Aufklärer als einen Seefahrer, der den Antrieb der
Elemente nutzen, zugleich aber die Richtung seiner Reise selbst bestimmen will:

> Die Epoche, in der d'Alembert steht, fühlt sich von einer mächtigen Be-
> wegung ergriffen und vorwärts getrieben; aber sie kann und will sich
> nicht damit begnügen, sich dieser Bewegung einfach zu überlassen [...].
> [...] man will nicht bloß in den Strudel und Wirbel der neuen Gedanken
> eintauchen, sondern selbst das Steuer ergreifen und die Fahrt des Gei-
> stes nach bestimmten Zielen hinlenken.[52]

Mit der Seefahrt- und Wassermetaphorik ist ein Bildkomplex angesprochen, der, wie ich zeigen werde, als ein bevorzugtes mechanisches
Anschauungsmodell den Diskurs über Rührung durchzieht.

Die paradigmatischen Gestalten für Cassirers Theorie des aufklärerischen Denkens sind Leibniz und Diderot – Leibniz, weil in seiner
Monadologie die Substanz als ein dynamisches und tätiges Prinzip gedacht wird[53], Diderot, weil sein Denken »nur im Fluge, nur in seiner
steten und rastlosen Bewegung«, »im Fluß«, im »Strudel und Wirbel«
der Dialektik erfaßt werden kann.[54] In den Kapiteln über Psychologie
und Ästhetik tritt Du Bos als exemplarischer Vertreter einer dynamischen Ästhetik hinzu; Cassirer vergleicht ihn u. a. mit Bouhours und

---

51   Ebd., S. 16 [Hervorh. im Orig.].
52   Ebd., S. 3, S. 18.
53   Ebd., S. 38 u. ö.
54   Ebd., S. 120, S. 96.

Shaftesbury.[55] Im Gegensatz zur »Dynamik des reinen Bildens und Formens«, die Cassirer an Shaftesbury beobachtet, präge sich bei Du Bos jedoch eine Dynamik »des Leidens und der Leidenschaften« aus, eine »Ästhetik des ›Pathetischen‹«.[56] Obwohl nun die passive ästhetische Einstellung Du Bos' dem aufklärerischen Selbstbestimmungsdrang zu widersprechen scheint, stimmt sie für Cassirer in ihrem lebensbejahenden Dynamismus mit der Leibnizschen energetischen Psychologie überein:

> So sucht die Vermögenslehre überall – und hierin besteht ihr eigentlicher systematischer Wert – die Psychologie nicht lediglich als eine Lehre von den *Elementen* des Bewußtseins, von den Empfindungen und »Impressionen«, zu behandeln; sie sucht vielmehr nach einer umfassenden Theorie von den seelischen Haltungen und Verhaltungen. Nicht die Inhalte als statische Gegebenheiten, sondern die *Energien* der Seele sollen erkannt und in ihrer Eigenart beschrieben werden. Man begreift unter diesem Gesichtspunkt das nahe Bündnis, das die Psychologie jetzt überall mit der *Ästhetik* eingeht, in der seit *Dubos'* »Réflexions critiques sur la poésie, la peinture et la musique« (1719) der gleiche energetische Gesichtspunkt zur Geltung gebracht worden war. Dubos' Betrachtungen und Beobachtungen ließen sich hier [bei Mendelssohn] als eine unmittelbare Bestätigung der Leibnizschen Grundgedanken brauchen: denn auch sie sahen alle ästhetische Freude in der »Erhöhung des Wesens«, in der Belebung und Steigerung der seelischen Kräfte begründet.[57]

Aus anglistischer Perspektive hat Northrop Frye beim Versuch, die zweite Hälfte des 18. Jahrhunderts als eine literarhistorische Epoche eigenen Rechts zu rehabilitieren, eine vergleichbare energetische Konzeption dieser Periode vorgeschlagen. Ausgangspunkt des Aufsatzes *Towards Defining an Age of Sensibility* (zuerst 1956) ist die Opposition zweier Literaturbegriffe, die nach Frye die Literaturgeschichte durchzieht: Im Rahmen einer Tradition, die Frye als die Aristotelische bezeichnet, habe man Literatur als Produkt (in der Aristotelischen Formulierung: als *érgon*) aufgefaßt, im Rahmen einer zweiten, an Longin anknüpfenden, als Prozeß *(enérgeia)*.[58] Charakteristisch für die zweite Hälfte des 18. Jahrhunderts sei – ebenso wie für

---

55 Ebd., S. 405, S. 433.
56 Ebd., S. 434.
57 Ebd., S. 169.
58 Vgl. Northrop Frye, *Towards Defining an Age of Sensibility* [¹1956], in: *Eighteenth-Century English Literature: Modern Essays in Criticism*, hrsg. von James L. Clifford, New York 1959, S. 311-318, hier S. 312. Zur Aristotelischen Gegenüberstellung von *érgon* und *enérgeia*, auf die Fryes Unterscheidung zurückgeht, s. u., Kap. 3.1.2.2.

die Moderne – der Prozeßcharakter der Literatur, wie er sich exemplarisch an Sternes *Tristram Shandy* beobachten lasse. Anders als im illusionistischen Roman könne der Leser des *Tristram Shandy* gleichsam dem Autor bei der Arbeit zusehen; er werde nicht in eine Geschichte, sondern in den Prozeß des Schreibens eingeführt.[59] Im Bereich der Lyrik sieht Frye das Prozeßhafte in unregelmäßigen, von der assoziativen Logik des Traums gelenkten metrischen Strukturen, hypnotisierenden Repetitionen, unvorhersehbaren Koinzidenzen und fragmentarischen Formen verwirklicht.[60] Auch die Ästhetik der Rührung gehört für Frye zum energetischen Paradigma: Auf kommunikativer Ebene favorisiert die Produkt-Ästhetik eine scharfe Trennung zwischen Werk und Rezipienten, während die Prozeß-Ästhetik zwischen beiden eine psychologische Verbindung herzustellen sucht. Die Affekte der Aristotelischen Tragödie z. B. seien auf bestimmte Gegenstände gerichtet; die empfindsame Dichtung versetze den Zuschauer dagegen in objektlose Seelenzustände und involviere ihn dergestalt ins aktuelle ästhetische Geschehen.[61]

Ein drittes Beispiel für das energetische Deskriptionsmodell ist Michel Delons Studie *L'idée d'énergie au tournant des Lumières (1770-1820)*, deren Untersuchungszeitraum sich allerdings nur partiell mit dem der vorliegenden Arbeit deckt. Delons Ideengeschichte der Energie ist anders als die Entwürfe Cassirers und Fryes nicht von einer starken These zur Denkform oder zum Stil einer Epoche getragen, sondern konstatiert eine diskursübergreifende »Mode«, die anhand eines Netzes von Ausdrücken und Bildern rekonstruiert werden soll.[62] Dementsprechend gewinnt die weitgespannte *thèse d'état* weder die Konsistenz eines Epochenportraits, noch ist ihr Gegenstand klar zu umreißen; jeder Ansatz zu einer These löst sich sofort wieder auf in die immanenten Ambivalenzen der Zeit und des Begriffs. In Delons eigenen Worten:

> Si, dans une perspective très générale, l'énergie, avec le mouvement, participe d'une nouvelle vision du monde qui aux essences substitue des devenirs et des existences, le terme se trouve dans les domaines les plus divers, dans la production scientifique aussi bien que littéraire, dans

---

59 Frye, *Towards Defining an Age of Sensibility*, S. 312.
60 Ebd., S. 313-315.
61 Ebd., S. 316.
62 Michel Delon, *L'idée d'énergie au tournant des Lumières (1770-1820)*, Paris 1988; zum ›Modewort‹ *énergie* vgl. S. 22, zum »réseau d'expressions, d'images et de métaphores« S. 21.

l'approche physiologique aussi bien que psychologique de l'homme. Les rationalistes de la sensation l'ont en commun avec les apôtres du sentiment. L'ambiguïté de la sensibilité est directement liée à cette ambivalence de l'énergie.[63]

Für die Präsenz des energetischen Deskriptionsmodells in der französischen Forschung zum 18. und frühen 19. Jahrhundert kann Delons Studie trotz der Vagheit ihres Themas als repräsentativ gelten, denn sie baut auf einer Reihe von Arbeiten auf, die die ›Energie‹ unter konziseren Rahmenbedingungen schon früher als einen fruchtbaren Leitbegriff für die Geschichte der französischen Literatur und Ästhetik entdeckt haben – zu nennen wären hier Jean Fabre, Jacques Chouillet und Jean Starobinski.[64] Ihr gemeinsames Augenmerk richtet sich auf eine Kategorie, die einerseits in der Philosophie und den Naturwissenschaften die Gestalt eines Begriffs annimmt (Aspekte dieser Begrifflichkeit werde ich weiter unten verhandeln), andererseits eine ausschließlich literarisch vermittelte Dynamizität und Intensität des Weltzugangs markiert – Chouillet spricht in bezug auf Diderot vom »operativen Wert« des Energie-Begriffs, der metaphorologisch auf eine dahinterliegende Erfahrung hin zu überschreiten sei.[65] Als eine solche Kategorie der Erfahrung und der begrifflichen Erkenntnis steht ›Energie‹ für ein Bild vom 18. Jahrhundert, das weniger das Rührselige und Sanfte als das Kreative, Vorwärtsdrängende, Tätige und Lebenshungrige, zuweilen aber auch Aggressive hervorhebt.

Das *Sphärenmodell* ist französischer und angelsächsischer Provenienz. Sein Paradigma ist das neue physikalische Weltbild des 17. und 18. Jahrhunderts, für dessen imaginative Erschließung Alexandre Koyré die Formel »from the closed world to the infinite universe« gefunden hat.[66] Im Unterschied zum energetischen Deskriptionsmodell, das seine Kategorien (*érgon* – *enérgeia*, Kraft – Tätigkeit, Streben – Verwirklichung etc.) aus einer stets mitgedachten philosophischen Tradition bezieht, basiert das Sphärenmodell auf einem geometrischen Schema, das in verschiedene diskursive Kontexte integriert und jeweils neu interpretiert werden kann. Im Rahmen der französischen Litera-

---

63 Ebd., S. 31.

64 Jean Fabre, *Lumières et Romantisme, Énergie et Nostalgie, de Rousseau à Mickiewicz*, Paris 1963; Jacques Chouillet, *La formation des idées esthétiques de Diderot, 1745-1763*, Paris 1973; ders., *Diderot, poète de l'énergie*, Paris 1984; Jean Starobinski, *L'invention de la liberté*, Genf 1987.

65 Chouillet, *Diderot*, S. 6.

66 Alexandre Koyré, *From the Closed World to the Infinite Universe*, Baltimore 1957.

turwissenschaft findet dieses Modell seine programmatische Ausprägung in Georges Poulets Studie *Les métamorphoses du cercle*, die das
Motiv des Kreises als »symbole ou figure interprétative au moyen des-
quels les écrivains ont exprimé leur rapport à eux-mêmes et au monde
extérieur« (Starobinski[67]) durch die gesamte abendländische Literaturgeschichte verfolgt. Charakteristisch für die Bildersprache des 18.
Jahrhunderts ist nach Poulet die Dynamisierung der Kreis-Figur. An
die Stelle des statischen Verhältnisses von Zentrum und Zirkumferenz
treten variable Konfigurationen, allen voran die unregelmäßig ge-
schlängelte *line of beauty*. Sie steht nicht nur für eine Ästhetik der
Grazie, der Vielfalt und des Wechsels oder, wie bei Laurence Sterne,
der Freiheit und des Kapriziösen[68], sondern auch für das Denken des
Menschen im allgemeinen: »car, depuis Locke, la philosophie et la littérature décrivent cette pensée comme une série de mouvements dont
la courbe change sans cesse.«[69] Die Form des Kreises selbst wird als
Bewegung gedacht wie die Bahn der Planeten oder öffnet sich zur Unendlichkeit des dezentrierten Universums, in der die Einbildungskraft
sich verliert.[70] Der Ort des Menschen in dieser unendlichen Sphäre ist
ebenfalls variabel geworden. Im Bewußtsein seiner Perfektibilität sieht
der Mensch des 18. Jahrhunderts die Kette der Lebewesen als beweg-
lich und progressiv; er strebt danach, Grenzen zu überschreiten und
die Sphäre seiner Erkenntnis auszudehnen.[71] Poulets bevorzugte Metapher für diese exzentrische Bewegung ist das Bild der sich kreisför-
mig ausbreitenden Wellen, die ein ins Wasser geworfener Kieselstein
verursacht. Es steht auch für das lückenlos gefüllte Universum, in dem
jede Bewegung sich bis ins Unendliche fortpflanzt, und für die Macht
der Leidenschaften, die als bewegendes Prinzip alles um sich her in
einen Strudel der Aktivität zu ziehen vermögen.[72]

Ein eigenes, gewichtiges Kapitel widmet Poulet der Konzeption
des Wirkungskreises bei Jean-Jacques Rousseau. Mittelpunkt des

---

67 Jean Starobinski, *Préface*, in: Georges Poulet, *Les métamorphoses du cercle* [¹1961],
    Paris 1979 (= collection Champs 76), S. 7-21, hier S. 17.
68 Poulet, *Les métamorphoses du cercle*, S. 118-120.
69 Ebd., S. 120.
70 Ebd., S. 128-133.
71 Ebd., S. 133 f. Poulet beruft sich hier auf Arthur Lovejoy (*The Great Chain of Being.
    A Study of the History of an Idea* [¹1936], Cambridge 1966), der überdies die Hal-
    tung zu den Möglichkeiten menschlicher Erkenntnis im 18. Jahrhundert ebenfalls in
    sphärischen Metaphern beschrieben hat: Eines der Grundmotive aufklärerischen Phi-
    losophierens sei »[t]he limitation of the scope of activity of man's interest and even of
    the ranging of his imagination«. Lovejoy, *The Great Chain of Being*, S. 9.
72 Poulet, *Les métamorphoses du cercle*, S. 137 f.

Rousseauschen Sphärenmodells ist das Individuum, dessen Leben sich in einer dialektischen Abfolge expansiver und konzentrischer Bewegungen vollzieht. Am Anfang ist die Seele des Kindes auf einen Punkt eingeschränkt und strebt danach, sich im Einklang mit der Ausbildung der Sinne in einem exzentrischen Schwung zu entfalten[73], bis ein Ungleichgewicht zwischen der weit schweifenden Einbildungskraft und der beschränkten Reichweite der Sinne den inzwischen Herangewachsenen dazu zwingt, sich auf sich selbst zurück zu wenden und seine Kräfte um seinen Mittelpunkt herum zu konzentrieren.[74] Das Individuum – etwa Julie im zweiten Teil der *Nouvelle Héloïse* – versammelt die Elemente seines Lebens auf kleinstem Raum und erlebt das Glück der vollkommenen Übereinstimmung seines äußeren Wirkungskreises mit seinen mentalen Projektionen.[75] Dieser Wechsel von Expansion und Konzentration, der sich in verschiedenen Varianten wiederholen kann, durchzieht, wie Poulet zeigt, Rousseaus Gesamtwerk und strukturiert die verschiedensten Kontexte – das Liebesleben des Romanhelden Saint-Preux ebenso wie Rousseaus Wahrnehmung seiner eigenen mondänen Frustrationen. Sie läßt am Ende das Zentrum des Kreises als ein einsames und die Selbstbeschränkung als Abgrund oder Gefängnis erscheinen.[76]

Prägend für die anglistische Version des Sphärenmodells wirkten die Arbeiten von Marjorie Hope Nicolson über das Verhältnis von Naturwissenschaft und Einbildungskraft im 17. und 18. Jahrhundert. Noch vor Koyré und Poulet hat Nicolson in ihrem Buch *The Breaking of the Circle. Studies in the Effect of the »New Science« upon Seventeenth-Century Poetry* (1950) die literarischen Reaktionen auf die großen Innovationen der Astronomie – die Theorie von der Unendlichkeit des Universums, die Erfindung des Teleskops und ihre Folgen – am Leitfaden der Kreis-Metapher untersucht.[77] Ausgehend von der Beobachtung, daß im 17. Jahrhundert »the ›metaphor of the circle,‹ the most persistent and the most loved figure of the earlier writers, almost disappears from literature for more than a century«[78],

---

73 Ebd., S. 143-145.
74 Ebd., S. 148-153.
75 Ebd., S. 153-155.
76 Ebd., S. 163.
77 Zur tiefgreifenden Veränderung der Raumerfahrung durch die Erfindung des Teleskops und des Mikroskops vgl. Marjorie Hope Nicolson, *Science and Imagination* [¹1956], ND d. Ausg. von 1962, Ithaca/New York 1976.
78 Dies., *The Breaking of the Circle. Studies in the Effect of the »New Science« upon Seventeenth-Century Poetry*, Evanston 1950, S. xxi.

entwirft Nicolson eine Typologie poetischer Weltbilder. Ihre Leitdif-
ferenz ist die Unterscheidung zwischen dem geschlossenen Zirkel,
Metapher für die Vollkommenheit des sphärischen Analogienkosmos,
und dem fehlenden oder gebrochenen Zirkel, Metapher für die unendliche, mittelpunktlose Ausdehnung des modernen Universums.
Im 17. wie im 18. Jahrhundert gab es laut Nicolson »romantische«
Autoren, die sich dem Studium der »neuen Wissenschaft« mit Begeisterung hingaben und sich zu imaginären Erkundungsreisen durch
den unendlichen Raum emporschwangen, und »klassizistische«, die
ängstlich an der geschlossenen Sphäre der Vormoderne festhielten
oder den abhanden gekommenen Schutzraum auf Erden zu rekonstruieren suchten:

> One group of our seventeenth-century ancestors – if I may use modern
> psychological idiom – had suffered from agarophobia [sic], another
> from claustrophobia. Fearful of the waste, the unlimited, the un-
> patterned, the first were at home in Cowley's »very little House« [...].
> Bounded in a nutshell, they welcomed their bonds. Others had been
> restless in their »well furnished tents.« They were by nature kings of in-
> finite space, but their thoughts that wandered through eternity had
> never before had space in which to expand. Since men have always been
> by nature »classicists« and »romanticists,« each temperament responded
> to the vastness of the new universe as might be expected.[79]

Ausdruck des »klaustrophobischen« Temperaments ist eine Ästhetik,
die das 18. Jahrhundert mit dem Begriff des Erhabenen assoziiert und
die Nicolson auch als »the aesthetics of the infinite« bezeichnet – die
Tradition führt von Henry More, Thomas Traherne und Fontenelle
zu Addison, Akenside und Young. Die Einbildungskraft dieser Dichter expandiert im Einklang mit der Expansion des Universums[80];
nichts ist ihr angemessener als der rasante Flug durch den Kosmos
oder seine irdische Variante, das Dahinschweben über schroffen Ge-
birgshängen und über der Weite des Ozeans.[81] Mit der Faszinations-
kraft der neuen astronomischen Erkenntnisse verbindet sich der alte
Traum vom Fliegen einschließlich seiner traditionellen Metaphorik zu
Science-Fiction-Erzählungen von Reisen auf den Mond oder zur ly-
rischen Ekstase körperloser Höhenflüge:

---

79 Ebd., S. 148.
80 Ebd., S. 144 u. ö.
81 Vgl. zum Erhabenen, zur Ästhetik des Unendlichen sowie zur Übertragung der kos-
    mischen Raumerfahrung auf die irdische Natur dies., *Mountain Gloom and Mountain
    Glory: The Development of the Aesthetics of the Infinite* [¹1959], New York ²1963.

The old Muse of Poetry, while still with us, undergoes a change. Conventional in some respects, she becomes a muse whose flight is much more rapid – often she travels with the speed of light – whose interstellar space is much vaster, who is called upon by the poet not only to bear him aloft, but to aid him in discovering new worlds.[82]

Angeregt durch Foucaults sozialhistorische These vom »grand renfermement« um 1650, dem epochalen Einschnitt in der Geschichte des Wahnsinns[83], hat Walter B. Carnochan den Dualismus, den Poulet und Nicolson mit der Gegenüberstellung von *expansion* und *resserrement* bzw. mit der abstrakten Metaphorik der geschlossenen und zerbrochenen Kreise beschrieben hatten, an das konkretere Thema von Gefangenschaft und Flucht (oder, die Doppeldeutigkeit des englischen *flight* nutzend, Flug) geknüpft. Carnochans Essay *Confinement and Flight* ist von derselben Ausgangsthese getragen wie Nicolsons *The Breaking of the Circle*, überträgt jedoch die kosmischen Raumstrukturen in innerweltliche.[84] Agoraphobie und Klaustrophobie äußern sich in den von Carnochan zitierten Texten als ambivalente Fixierungen auf Gefängnis- und Fluchtszenarien, deren Strukturen sich ihrerseits in einer Reihe analoger Erlebnisformen wiederholen. Reale Gefangenschaft und das Gefängnis des Selbst, einsame Inseln und innere Isolation, die imaginären Flüge der *prospect poetry* und Tristram Shandys Flucht vor dem Tod, die Architektur Piranesis, das Sehen ohne gesehen zu werden im Benthamschen Panoptikum und die Beobachterrolle des gefangenen Erzählers in Defoes *Journal of the Plague Year*, die Erfindung des Fesselballons und des Panoramas erweisen sich als Varianten einer einzigen Grundfigur: der Dialektik von Raum und Beschränkung, von Begrenzung und Grenzenlosigkeit.[85] Carnochan zufolge hat die gedankliche Akzeptanz des neuen Universums mentale Energien ausgelöst, die sich

---

82 Dies., *Voyages to the Moon*, New York 1960, S. 204.
83 Vgl. Michel Foucault, *Histoire de la folie à l'âge classique* [¹1972], o.O. [Paris] 1989 (= collection tel 9), Kap. 2 (S. 56-91).
84 »The seventeenth-century intuition of infinitude and the invigoration of its paradoxes brought to a pitch the double feelings of wanting to soar and not wanting to, of hating confinement and cherishing it, of being fixed in place and being lost in a great nowhere with nothing to hang on to. [...] The record of eighteenth-century thought is one of strategies and adjustments brought on by this new recognition of our nature. [...] There are no great chains of being here. There is instead a persistent, if not quite universal, recognition of doubleness: [...] the obsession with space and the obsession with confinement.« Walter B. Carnochan, *Confinement and Flight. An Essay on English Literature of the Eighteenth Century*, Berkeley u. a. 1977, S. 8.
85 Ebd., S. 9, S. 24.

zu einem guten Teil in »acts of confinement and self-confinement«
erschöpfen.[86]

Das *Deskriptionsmodell der Unruhe*, so benannt nach Jean Depruns ideengeschichtlicher Studie *La philosophie de l'inquiétude en
France au XVIIIe siècle*, bezieht seine Plausibilität in erster Linie aus
religiösen und moralistischen Traditionen: Seine Extremitäten sind
die Seelenruhe des Gott ergebenen Christen und die tätige Unruhe
des ehrgeizigen Weltmanns. Wichtigster Gegenstand des Diskurses
über die Unruhe sind die Leidenschaften, Ziel ist das Glück. Ruhe
und Bewegung, so lautet die gemeinsame These Depruns und seines
Vorgängers Robert Mauzi, Autor der monumentalen Studie *L'idée du
bonheur dans la littérature et la pensée françaises au XVIIIe siècle*,
sind die Pole, zwischen denen sich im 18. Jahrhundert die Suche nach
dem Glück ereignet. Wenngleich Mauzi damit ein universales Prinzip
der menschlichen Selbstwahrnehmung angesprochen sieht, hebt er
seine besondere Bedeutung für »die Seele des 18. Jahrhunderts« hervor und vermittelt zugleich einen Eindruck von den psycho-physischen Befindlichkeiten, in denen sich der elementare Gegensatz von
Ruhe und Bewegung ausprägt:

> Cette dualité symbolique qui partage l'homme entre la tentation du
> vertige et le rêve du repos est sans doute éternelle. Mais le XVIIIe
> siècle l'exprime avec une particulière transparence. Peu d'époques
> ont exalté, avec une égale ferveur, le repos et le vertige, rêvant simul-
> tanément de délicieuses torpeurs, d'alanguissements raffinés, de sa-
> gesses fortes et solides, d'équilibres minutieux, et d'autre part, de
> sensations inouïes, d'exatiques [sic] délires, de frénésies et de trans-
> ports. L'âme du XVIIIe siècle est faite de ces alternances ou de ces
> mélanges entre les plaisirs tranquilles, les langueurs molles, et les ivres-
> ses démesurées.[87]

Der Ausdruck ›Unruhe‹ ist in diesem Rahmen doppelt konnotiert.
Zum einen bezeichnet er eine morbide Geistesverfassung, das nervöse
Gegenstück zum *ennui*[88], zum anderen einen notwendigen Antrieb
zur Tätigkeit, die das Wesen des Menschen ausmacht. Laut Deprun ist
im 18. Jahrhundert keine Glückskonzeption jenseits dieses »physio-
zentrischen« Dualismus denkbar:

---

86 Ebd., S. 15.
87 Robert Mauzi, *L'idée du bonheur dans la littérature et la pensée françaises au XVIIIe
   siècle* [¹1960], Paris ⁴1969, S. 127.
88 »Les maladies de l'âme se réduisent à deux symptômes opposés: l'ennui et l'inquiétude«. Ebd., S. 27.

que le siècle des lumières ait été aussi celui de l'inquiétude ne devrait [...]
étonner qu'à demi. Et d'abord, parce que les hommes des lumières
eurent pour but l'instauration rationnelle d'une vie heureuse [...]. Or, de
deux choses l'une: ou ce bonheur est conçu comme un repos ou un équi-
libre, et dans ce cas [...], l'inquiétude ferme les portes du temple du bonheur: définition, conquête et défense de ce bonheur supposeront donc la
détection, l'analyse et l'éviction de son principal adversaire. Si au contraire on juge avec Locke et Leibniz que »l'inquiétude est essentielle à la
félicité des créatures« [...], celle-ci se confondra avec le bonheur lui-
même et d'obstacle deviendra fin. L'inquiétude est-elle le négatif de la félicité ou sa condition? Quelque réponse qu'on donne à cette question, le
nom de l'inquiétude doit y figurer.[89]

Während Deprun in einem Parcours durch die Künste und die philosophischen Disziplinen einschließlich der Medizin Gebrauch und
Funktion des Wortes *inquiétude* untersucht (ohne sich jedoch auf die
enger gesteckten Grenzen der Begriffsgeschichte einzulassen), entwirft Mauzi am Leitfaden des Dualismus von Ruhe und Bewegung
ein Raster sich überschneidender Glückstypologien, das sich über
eine Vielzahl philosophischer, literarischer und moralistischer Quellentexte legt.[90] Die prägnanteste Typologie umfaßt vier psychologische Glückskonzeptionen, die sich zum Teil mit den von mir
unterschiedenen drei Deskriptionsmodellen decken. Die erste dieser
Konzeptionen, vertreten u. a. von La Mettrie und Montesquieu, begreift das menschliche Bewußtsein energetisch als ein Werden (»un
pur *devenir*«) und das Glück als die Summe aller momentanen Vergnügungen.[91] Eine zweite Auffassung – Mauzi nennt Voltaire, d'Hol-
bach, d'Helvétius und »la plupart des Philosophes« – setzt die
synthetische Entfaltung aller physischen und psychischen Vermögen
voraus und identifiziert das Glück mit der Befriedung aller gegenstre-
bigen Tendenzen und Begierden in einem Zustand des Gleichgewichts.[92] Das dritte Modell entspricht der klaustrophilen Variante der
Rousseauschen Sphärenkonzeption: »Il consiste en un resserrement

89 Jean Deprun, *La philosophie de l'inquiétude en France au XVIIIe siècle*, Paris 1979,
    S. 9 f.; zum Physiozentrismus des 18. Jahrhunderts: »Explicitement ou implicite-
    ment, la philosophie des lumières a substitué au théocentrisme augustinien et male-
    branchiste un physiocentrisme de l'inquiétude.« Ebd., S. 11.
90 Zu den gewichtigsten Teilen des Buchs gehören Kapitel über »L'immobilité de la vie
    heureuse«, »Le mouvement et les plaisirs« und »Le mouvement et la vie de l'âme«.
    Als Tiefenstruktur und Leitmotiv durchzieht der Dualismus von Ruhe und Bewe-
    gung jedoch auch die übrigen Abschnitte.
91 Mauzi, *L'idée du bonheur*, S. 144, S. 116 f. [Hervorh. im Orig.].
92 Ebd., S. 114.

de tout l'être autour d'un point unique, que l'on appellera le *moi*«.[93]
In der totalen Beschränkung und Bewegungslosigkeit entdeckt das
zurückgezogene Individuum sich selbst als Einheit und Fülle.[94] Der
vierte Glückstypus schließlich besteht in einer Intensivierung des
Seinsgefühls. Er ist dem Rousseauschen Immobilismus diametral entgegengesetzt und impliziert ein emphatisches Verhältnis zur Bewegung und zur Sinnlichkeit:

> La dernière image du bonheur est liée à l'acuité de la conscience et à
> l'exaltation des sentiments. Etre heureux, c'est *être averti de son exi-
> stence*. Celle-ci cesse d'être savouré en état de repos. Le bonheur dé-
> pend, cette fois, de *l'existence en mouvement*. Il n'est plus dans les
> voluptés, quasi extatiques et immobiles, d'une âme délivrée sinon de
> tout son poids terrestre, du moins des contradictions et des exigences
> qui forcent à sortir de soi. Il devient une avidité terrible, trop forte pour
> se payer de banales jouissance, qui réclame des émotions inouïes, des
> états d'une tension extrême, recherchés non pour leur valeur propre,
> mais pour accroître à l'infini la conscience d'exister vertigineusement.[95]

Mauzi hat an dieser Stelle die Romangestalten Prévosts und de Sades
im Kopf – mit Deprun ließe sich Du Bos als einschlägigster Vertreter
einer »poétique de l'inquiétude« hinzufügen. Depruns Du Bos-Inter-
pretation – und mit ihr möchte ich meinen Ausflug in die Ideengeschichte beschließen – verhält sich genau komplementär zu Zelles
These vom »emotionalistischen Neuansatz«: Sie enthält den Vorschlag zu einer Neubewertung der klassischen französischen Poetik,
deren zentrale Kategorie, die Mimesis, laut Deprun im Dienste der
Unruhe steht. Nicht nur beziehe sich das Nachahmungspostulat auch
und vor allem auf die Leidenschaften. Die Aristotelische Poetik,
Grundpfeiler der klassizistischen, sei auch sowohl hinsichtlich des
Epos als auch hinsichtlich der Tragödie eine Poetik der Unruhe. Infolgedessen lasse sich die klassizistische Ästhetik als eine Vorbereitung der emotionalistischen verstehen:

> l'esthétique dite »classique« ne préparait-elle d'aucune manière cette dé-
> couverte de la subjectivité? La poétique classique ignorait-elle le lecteur,
> l'auditeur, le spectateur, bref le »consommateur« inquiets ou tenait-elle
> leur inquiétude pour secondaire et négligeable? En fait, la production de

---

93 Ebd. [Hervorh. im Orig.].
94 Ebd., S. 114, S. 119-122.
95 Ebd., S. 114 [Hervorh. im Orig.]. Vgl. zum selben Thema auch Georges Poulet, *Le
    sentiment de l'existence et le repos*, in: *Reappraisals of Rousseau. Studies in Honor of
    R. A. Leigh*, hrsg. von Simon Harbey u. a., Manchester 1980, S. 37-45.

l'inquiétude est plus qu'implicitement prescrite au poète par la théorie classique de l'art. [...] L'art doit être une imitation de la nature; or celle-ci contient l'inquiétude comme l'un de ses modes: les passions humaines sont nécessairement et naturellement inquiètes. [...] Mais ce n'est pas tout; la poésie a pour but d'instruire et de plaire [...]. Or il est difficile de plaire sans inquiéter à quelque degré: d'abord parce que l'acte de plaire est identique (en art du moins) à celui d'émouvoir, d'arracher l'âme à sa léthargie, de l'ébranler et donc de l'inquiéter au sens objectif du mot; ensuite, parce que les genres littéraires les plus nobles – la tragédie et l'épopée – ont pour but d'éveiller la terreur et la pitié, passions dont l'inquiétude [...] forme la trame commune.[96]

Im Vergleich zu Zelles These müssen vor diesem Hintergrund Bewegung und Fiktion bei Du Bos ihre Plätze tauschen. Nicht das Problem des angenehmen Grauens soll durch den Hinweis auf den Bewegungsdurst des Menschen gelöst werden, sondern das Moment des Fiktiven soll einen immanenten Konflikt der Affektästhetik beheben: Daß Unruhe und Leidenschaft bei übermäßigem Genuß in Unannehmlichkeiten umschlagen, kann verhindert werden, wenn ihr Gegenstand ein fiktiver bleibt.[97] Primär ist das Bedürfnis nach Bewegung und sinnlicher Intensität. *Inquiétude* erscheint hier als ein Synonym für Rührung.

Einige der auf den letzten Seiten angeführten Autoren haben die von ihnen skizzierte Ästhetik der Bewegung in einer Linie mit Ästhetiken der Moderne gesehen. Für Menninghaus resonieren im »Schneller, weiter, größer, höher« der Klopstockschen »Konjunktur von Sport und Metaphysik« die Schlagworte gesellschaftlicher Modernität: »In der Poetik Klopstocks schreibt sich damit geradezu ein Reklametext der Industrialisierung«.[98] Die Metaphern, die ich in den Kapiteln 3. bis 5. dieser Arbeit verfolgen werde, sprechen vielfach eine ähnliche Sprache. Northrop Frye sieht in Sternes *Tristram Shandy* Eigenschaften des modernen Romans und spricht von den traumartigen Strukturen der empfindsamen Lyrik in psychoanalytischen Termini. Auch meine Studie kann in gewisser Hinsicht als ein

---

96 Deprun, *La philosophie de l'inquiétude*, S. 65 f. Auch Mauzi reinterpretiert die klassizistische Ästhetik in den Kategorien Ruhe und Bewegung: Primäres Anliegen der Vollkommenheitsästhetik sei nicht der Aspekt der Ordnung und ihrer Anschauung, sondern die Ruhe, die diese im Betrachter zu bewirken vermag, vgl. Mauzi, *L'idée du bonheur*, S. 94, S. 130 und S. 545.
97 Diese Gedankenfigur kehrt bei Lessing wieder, vgl. dazu mein Kap. 2.5.3. (über den *Trauerspiel-Briefwechsel*).
98 Menninghaus, *Dichtung als Tanz*, S. 144.

Versuch betrachtet werden, Aspekte der Freudschen Psychoanalyse ins 18. Jahrhundert zurück zu verfolgen – nicht anhand poetischer Verfahrensweisen, sondern anhand einer Psychologie, die sich das dunkle Begehren einschließlich seiner unkontrollierbaren Auswirkungen durch Maschinenmodelle verständlich macht. Mit einem Hinweis auf die bekannte Affinität zwischen de Sade und Baudelaire hat Deprun in seinem Kapitel zur »poétique de l'inquiétude« auf eine weitere literarische Traditionslinie hingewiesen, die er mit dem »Intensivismus« Dubos', Diderots und anderer in Verbindung bringt.[99] Ein letzter Weg in die Moderne wäre den genannten hinzuzufügen: Sowohl in ihren praktischen Ansprüchen als auch in ihrer Metaphorik bieten bestimmte Theorien der Rührung Anknüpfungspunkte für die engagierten Ästhetiken des 20. Jahrhunderts. Mindestens bei Lesern, die solche Ästhetiken nicht aufgrund Kantischer Motive verwerfen, kann diese latente Affinität vielleicht als ein weiteres Argument für die Rehabilitierung der Wirkungsästhetik gelten.[100]

In der nicht unpolemischen Absicht, seine »Archäologie des Wissens« gegen die Ideengeschichte abzugrenzen, hat Michel Foucault ein kritisches Bild dieser – aus seiner Sicht traditionellen – Form der Historiographie gezeichnet, das einige ihrer prominenten Vertreter, Robert Mauzi, Jean Ehrard und Michel Delon, zum Anlaß einer erneuten Standortbestimmung genommen haben.[101] Ergebnis dieser Reflexion sind Selbstdarstellungen, die die Foucaultsche Charakterisierung der ideengeschichtlichen Fragestellungen und Methoden im Großen und Ganzen akzeptieren, einzelne Kritikpunkte als methodologische Anregungen integrieren und den »archäologischen« Standpunkt als eine Variante in das Spektrum ideengeschichtlicher Konzeptionen aufnehmen.[102] Ohne sich über die theoretische Eigenart und Sperrigkeit von Foucaults Position hinwegsetzen zu wollen, ist die vorliegende Untersuchung Ausdruck einer ähnlich pragmati-

---

99 Deprun, *La philosophie de l'inquiétude*, S. 76.

100 Diese Verbindungen zwischen den Ästhetiken des mittleren 18. Jahrhunderts und der Moderne werden hier nicht weiter verfolgt. Vgl. jedoch auch meine Hinweise am Ende von Kap. 3.1.3.

101 Vgl. Michel Foucault, *L'archéologie du savoir* [¹1969], o.O. [Paris] 1994, insbes. S. 177-194; Robert Mauzi, *Thèmes et antinomies du bonheur dans la pensée du XVIIIᵉ siècle*, in: *Bulletin de la Société française de Philosophie* 65 (1970), S. 121-143; Jean Ehrard, *Histoire des idées et histoire littéraire*, in: *Problèmes et méthodes de l'histoire littéraire. Colloque 18 novembre 1972*, hrsg. von der Société d'histoire littéraire de la France, Paris 1974, S. 68-88; Delon, *L'idée d'énergie*, S. 13-33.

102 Vgl. vor allem Mauzi, *Thèmes et antinomies*, S. 125-127 und Delon, *L'idée d'énergie*, S. 14-16.

schen Haltung. Nicht zuletzt aufgrund eines allgemeinen Vorbehalts
gegen das, was Foucault selbst eine »bizarre machinerie« genannt
hat[103] – die Errichtung eines schwerfälligen Methodenapparats, der
dann vermeintlich selbstgesteuert das eingegebene Datenmaterial zu
wissenschaftlichen Erkenntnissen verarbeitet – sehe ich mich der
post-archäologischen und post-diskursanalytischen Ideengeschichte
in stärkerem Maße verpflichtet als irgendeiner ›harten‹ Theorie, sei es
auch derjenigen Foucaults. Indessen hat vielleicht niemand treffender
als Foucault zusammengefaßt, wodurch Ideengeschichte sich auszeichnet. Hier mag es genügen, einen Aspekt herauszugreifen, der
m. E. für die Geschichte der Ästhetik und der Anthropologie von
Wichtigkeit ist:

> l'histoire des idées s'adresse à toute cette insidieuse pensée, à tout ce jeu
> de représentations qui courent anonymement entre les hommes; dans
> l'interstice des grands monuments discursifs, elle fait apparaître le sol
> friable sur lequel ils reposent. [...] Analyse des opinions plus que du sa-
> voir, des erreurs plus que de la vérité, non des formes de pensée mais des
> types de mentalité. [...] Elle prend en charge le champ historique des
> sciences, des littératures et des philosophies: mais elle y décrit les con-
> naissances qui ont servi de fond empirique et non réfléchi à des formali-
> sations ultérieures; elle essaie de retrouver l'expérience immédiate que le
> discours transcrit[.][104]

Wenn es stimmt, daß Rührung im 18. Jahrhundert ein mächtiges und
ubiquitäres Alternativkonzept zur Nachahmungsästhetik und zugleich, wie Deprun suggeriert, eines ihrer Fundamente ist, dann liegt
ein wesentlicher Grund für die Plausiblität ästhetischer Rührungstheorien in einem »type de mentalité«, den die Ideengeschichte, kondensiert in den Modellen der Energie, der Sphäre und der Unruhe,
schon seit längerem beschrieben hat. Die oben referierten Untersuchungen liefern, mit Foucault gesprochen, gleichsam den »empirischen und unreflektierten Hintergrund« für die diskursive »Gestalt«
(»des formalisations ultérieures«), die die »Idee« der inneren Bewegung in den ästhetischen Theorien der Rührung annimmt. Man muß
sich jedoch die Dualismen von Gestalt und Hintergrund oder von
Baugrund und Monument, die Foucault den Ideenhistorikern in den
Mund legt, nicht zu eigen machen: Auch »Denkformen« (Cassirer),
»mentale Schemata« oder »Interpretationsmodelle« (Starobinski über

---

103 Foucault, *L'archéologie du savoir*, S. 177.
104 Ebd., S. 179 f.

Poulet[105]), »implicit or incompletely explicit *assumptions*, or more or less *unconscious mental habits*« (Lovejoy[106]) sind zuallererst Themen und strukturelle Eigenschaften von Texten.[107] Ob man glaubt, über sie an eine prädiskursive Schicht des Denkens oder Fühlens heranreichen zu können, hängt nicht zuletzt davon ab, was für einen Diskursbegriff man solchen Annahmen zugrundelegt. Hans Blumenberg z. B., dessen Metaphorologie erklärtermaßen das Ziel verfolgt, einen »Untergrund« oder eine »Substruktur des Denkens« zugänglich zu machen, meint mit diesen Metaphern der Tiefe und des Prädiskursiven eine Schicht der Sprache jenseits des Cartesischen Logos, die für den Literaturwissenschaftler ein Oberflächenphänomen darstellt.[108] Und dem Foucaultschen Diskursbegriff lassen sich selbst die sinnlichen Erfahrungen (»l'expérience immédiate«) und die Obsessionen oder Begierden (»les hantises«[109]) subsumieren, deren Rekonstruktion eine weniger philosophisch ausgerichtete Ideengeschichte sich zum Ziel setzen könnte.

---

105 Frz. »schèmes *mentaux*« bzw. »modèles interprétatifs«, Starobinski, *Préface*, in: Poulet, *Les métamorphoses du cercle*, S. 20 [Hervorh. im Orig.].
106 Lovejoy, *The Great Chain of Being*, S. 7 [Hervorh. im Orig.].
107 In diesem Sinn fordert Ehrard eine Rückkehr zur eingehenden Textlektüre, die das französische Bildungssystem unter der Bezeichnung *explication de texte* institutionalisiert hat, vgl. Ehrard, *Histoire des idées*, S. 75.
108 Zu Blumenberg und Foucault vgl. auch Kap. 2.1., hier insbes. S. 68 f.
109 Foucault, *L'archéologie du savoir*, S. 182.

1.4. Zur Anlage der Arbeit

Obwohl sich die vorliegende Arbeit immer wieder von der Ideengeschichte und ihrer Foucaultschen Reinvention als »Archäologie des
Wissens« hat anregen lassen, identifiziert sie sich mit keinem dieser
beiden Modelle. Zweifellos wäre es möglich – nach welchen Kriterien
auch immer – eine ›Idee‹ der Rührung zu isolieren und ihre Omni-
präsenz in den literarischen und gelehrten Diskursen des 18. Jahrhunderts nachzuweisen. Ich gehe davon aus, daß dies, wenn auch nicht in
monographischer Form, bereits geleistet ist. In den vorangehenden
Abschnitten habe ich eine (keineswegs erschöpfende) Auswahl von
Forschungsbeiträgen zusammengestellt, aus denen sich eine Ideengeschichte der Rührung im 18. Jahrhundert kompilieren ließe. Ich habe
mich gegen einen solchen Rundumschlag für ein kleinteiligeres und
spezialisierteres Konzept entschieden. Der Hauptteil des Buchs, umfassend die Kapitel 3. bis 5., ist der Rekonstruktion eines einzigen Erklärungsmodells gewidmet, das sich aus einem Begriff (›lebendige
Erkenntnis‹), einer Gruppe typischer Metaphern (vor allem ballistischer und hydraulischer Art) und einer mechanischen Theorie (der
Leibnizschen Methode zur Berechnung der lebendigen Kraft) zusammensetzt. In Kapitel 3. wird dieses Modell anhand von Texten Chr.
Wolffs, A. G. Baumgartens und G. F. Meiers exponiert und auf die religiösen, rhetorischen und mechanischen Begriffs- bzw. Metaphern-
traditionen hin analysiert, aus denen es sich speist. Die Kapitel 4. und
5. beschreiben unter Einbeziehung weiterer Quellendiskurse (der mechanistischen Philosophie Descartes', der Ballistik und Experimentalphysik des 18. Jahrhunderts u. a.) die Rezeption und Umgestaltung
des Modells bei Sulzer, Mendelssohn und Herder. Diese im Vergleich
zu den *tours d'horizon* der Ideengeschichte und einiger neuerer Arbeiten zur historischen Anthropologie mikroskopisch anmutende
Untersuchungsperspektive hat den Vorteil, einzelnen Texten und in-
tertextuellen Zusammenhängen ungleich mehr Aufmerksamkeit
schenken zu können. Dadurch geraten Argumentationsstrategien,
Metaphern, Gedankenfiguren und Detailverschiebungen in den Blick,
die, so meine Überzeugung, irreduzible Bestandteile des hier untersuchten Diskurses sind. Es wird im folgenden also nicht nur darum
gehen, theoretische Konzepte zur Erklärung des Phänomens
›Rührung‹ zu präsentieren, sondern auch darum, die Genese solcher
Konzepte als eine Denk- und Argumentationspraxis mit spezifischen
Formen und Problemstellungen zu rekonstruieren. Auf theoretischer

Ebene und anhand einzelner Beispiele (die nicht in den engeren Kontext der Kapitel 3. bis 5. gehören) werden in Kapitel 2. einige dieser
Probleme und Denkformen ausführlicher diskutiert: Abschnitte über
die Funktion der Analogie und der Metapher im Rahmen der Epistemologie des 18. Jahrhunderts, über das Verhältnis von Mechanik und
Psychologie, über das Problem des Einflusses und über den Begriff
der Kraft stecken die Grundkoordinaten für die folgende Detailstudie
ab. Um trotz des mikrologischen Hauptteils eine repräsentative
Übersicht über die kursierenden Rührungstheorien zu bieten, werde
ich dabei in exemplarischen Textlektüren alternative Erklärungsmodelle vorstellen.

Eines der Probleme, die die vorliegende Studie mit der Ideengeschichte und der Diskursanalyse teilt, ist die Uneinheitlichkeit des
Quellenkorpus. In den folgenden Kapiteln werden sowohl kanoni-
sierte Texte zur philosophischen Ästhetik gelesen wie Baumgartens
Aesthetica und Herders *Kritische Wälder* als auch, z. B., die Dissertation eines unbekannten Schülers von G. F. Meier. In einer zum *close
reading* tendierenden Arbeit wie der meinigen sind Heterogenitäten
dieser Art nicht durch Masse zu kompensieren. Eine der Chancen, die
eine solche Textauswahl bietet, liegt in der gesteigerten Tiefenschärfe:
Je engmaschiger das diskursive Netz geknüpft wird, desto klarer tritt
sein Muster hervor – sei es auch nur punktuell. Zum anderen kann die
extreme Verschiedenheit der Antworten auf engverwandte Fragestellungen – die Differenz etwa zwischen einer philosophischen Abhandlung Moses Mendelssohns über die Empfindungen und dem
medizinischen Traktat eines französischen Arztes über die Wirkungen der Musik – als ein Indiz für die innere Spannweite der verhandelten Problematik genommen werden. Gewisse vordergründige
Diskrepanzen könnten sich beim Nachvollzug eines heute fremd gewordenen Problembewußtseins in Luft auflösen.

2. Spielarten der Analogie

2.1. Überlegungen zur historischen Metaphorologie

Das *acumen*, schreibt der polnische Manierist Maciej Kazimierz Sarbiewski, beruht keineswegs immer auf einer Metapher oder Allegorie. Vielmehr resultiere die Pointe häufig gerade umgekehrt aus einer Zerstörung des metaphorischen Ausdrucks – dann nämlich, wenn »ein Wort aus dem übertragenen und metaphorischen Sinn auf die eigentliche und gewöhnliche Bedeutung zurückgeführt wird«.[1] Sarbiewski illustriert dieses Verfahren an einem Beispiel aus den Epigrammen des Jesuiten Bernardus Bauhusius, bei dem der rhetorische Begriff des *movere* im Sinne körperlicher Bewegung interpretiert wird. Der Redner »bewegt« nicht die Gemüter der Zuhörer, sondern ihre Beine, indem er das Publikum – wider seine Intention – in die Flucht schlägt:

> Quis neget orando populum te, Flacce, movere,
> Orantem quando contio tota fugit?

> Wer wird bestreiten, daß du, Flaccus, beim Reden das Volk bewegst,
> da dir doch, wenn du redest, die ganze Volksversammlung davonläuft?[2]

Seine ironische Spitze bezieht das Epigramm nicht nur daraus, daß die Doppeldeutigkeit einer zum Terminus verfestigten Metapher wieder aktualisiert wird, sondern auch aus der impliziten Antithese zwischen Vordersatz und Nachsatz. Die Übereinstimmung von eigentlicher und uneigentlicher Wortbedeutung wird dabei als Scheinidentität entlarvt: Während der Vordersatz des Epigramms mit dem konventionalisierten Begriff des *movere* suggeriert, daß Flaccus das höchste Ziel der Redekunst erreicht hat, insinuiert die wörtliche Interpretation im Nachsatz das Gegenteil. Destruiert wird folglich über die einfache,

---

1 »Deinde tantum abest, ut metaphora aut allegoria acumen sit, ut potius in destructione allegoriae vel metaphorae acumen saepe consistat, dum verbum a translatione et sensu metaphorico ad propriam et simplicem significationem reducitur«. Maciej Kazimierz Sarbiewski, *De acuto et arguto sive Seneca et Martialis*, in: ders., *Wykłady poetyki (Praecepta poetica)*, lat./poln., hrsg. und übers. von Stanisław Skimina, Wrocław/Kraków 1958 (= Biblioteka pisarzów polskich, Ser. B, Bd. 5), S. 1-41, hier S. 8. Sarbiewskis Traktat wurde erstmals 1623 in Rom vor Jesuiten vorgetragen und 1627 niedergeschrieben, vgl. Renate Lachmann, *Die Zerstörung der schönen Rede. Rhetorische Tradition und Konzepte des Poetischen*, München 1994 (= Theorie und Geschichte der Literatur und der schönen Künste, N. F., Reihe A, 8), S. 102 sowie zu Sarbiewskis Begriff des *acumen* S. 107-125.

2 Sarbiewski, *Praecepta poetica*, S. 8. Sofern nicht anders vermerkt, stammen alle deutschen Übersetzungen von mir, C. T.-M.

dem Begriff *movere* zugrundeliegende Metapher hinaus auch deren
Rückführung auf körperliche Bewegung, die ihrerseits bereits zum
Standard der klassischen lateinischen Rhetorik gehört. Cicero etwa
beschreibt die Rhetorik als eine »Kraft, mit der man [...] imstande ist,
die Hörer in jede Richtung, zu der man neigt, zu treiben«.[3] Und
schon seit Aristoteles wird die Rede als ein Spaziergang oder eine
Reise vorgestellt, zu der man den Zuhörer einlädt, um ihn zu führen,
wohin es einen beliebt.[4]

In den Poetiken und Ästhetiken des 18. Jahrhunderts begegnen solche ›eigentlichen‹ Interpretationen der Begriffe *movere*, ›bewegen‹
oder ›rühren‹ bzw. ihrer anderssprachigen Äquivalente allenthalben.
Kaum je verläuft jedoch die Grenze zwischen eigentlicher und uneigentlicher Bedeutung so klar, wie Sarbiewski mit Blick auf Bauhusius
suggeriert. Ohne die Übertragung des psychologischen Rührungsbegriffs auf körperliche Bewegungen erweist sich ein differenzierter Diskurs über Rührung und ihre anthropologischen Voraussetzungen als
nahezu impraktikabel. Bezieht man *movere* auf die Erregung der Leidenschaften, so sieht man sich unausweichlich mit Denktraditionen
konfrontiert, die den Affekt im Körper lokalisieren oder ihn zumindest als handlungsauslösende Seelenregung definieren. Selbst wenn
man also mit Sarbiewski davon ausgeht, daß der rhetorische, vom
Körper auf die Seele übertragene Begriff des *movere* im gegebenen
Kontext vorgängig ist und seine Anwendung auf Körperliches demnach auf einer Rückübertragung basiert, bleibt offen, ob diese Rückübertragung einen primären, ›eigentlichen‹ Sinn restauriert oder ob sie
ihrerseits eine oder mehrere neue Übertragungen vollzieht. Unabhängig davon, ob ihr materialistische oder dualistische Anthropologien
zugrunde liegen und ob sie amüsieren, belehren oder erforschen will,
ist die Rede über Rührung mit Notwendigkeit metaphorisch.

Die konkreten Formen, die diese Metaphorik im 18. Jahrhundert
annimmt, sind so vielfältig wie die Rührungskonzeptionen selbst. Sie
reichen von vagen, der Imagination durch ihre Inkonsistenz entglei-

---

3   »haec vis, quae scientiam complexa rerum sensa mentis et consilia sic verbis explicat,
     ut eos, qui audiant, quocumque incubuerit, possit impellere«. Marcus Tullius Cicero,
     De oratore. Über den Redner, lat./dt., übers. u. hrsg. von Harald Merklin, Stuttgart
     ²1991 (= Reclams Universal-Bibliothek 6884), III, 55.

4   Vgl. Aristoteles, *Rhetorik* (gr.: *Ars rhetorica*, hrsg. von Rudolfus Kassel, Berlin 1976;
     dt.: übers., m. einer Bibliographie, Erläuterungen u. einem Nachw. von Franz G. Sie-
     veke, München 1980 [= UTB 159]), 1409b, 6. Vgl. auch Quintilian, *Institutio orato-
     ria (Institutionis oratoriae libri XII. Ausbildung des Redners. Zwölf Bücher*, lat./dt.,
     hrsg. u. übers. von Helmut Rahn, 2 Bde., Darmstadt ²1988), IV, 5, 22 f.; VI, 1, 52 u. ö.

tenden Ansätzen der Verräumlichung[5] bis hin zu ausgefeilten und methodisch reflektierten mechanischen Modellen.[6] Die Bewegung kann sich, wie bei Bauhusius, auf den Menschen als ganzen beziehen, aber auch einzelne Körperteile, psychische Instanzen oder in die Seele projizierte Gegenstände betreffen. In der Regel sind solche Metaphern Teilaspekte übergeordneter Denkmodelle, von deren Konstruktionsprinzipien sie abhängig sind. Die enthusiastischen Flüge der Einbildungskraft z. B., durch die Shaftesburys Moralisten ebenso wie Theokles in Moses Mendelssohns Briefen *Über die Empfindungen* sich die Mannigfaltigkeit der göttlichen Natur vor Augen führen[7], gehen auf das Platonische Seelenmodell aus dem *Phaidros* zurück, das die Seele als zusammengewachsene »Kraft eines befiederten Gespannes und seines Führers« konzipiert.[8] Im Rahmen der materialistischen Psychologie von Thomas Hobbes gehorchen dagegen alle inneren Vorgänge mechanischen Gesetzen; Vorstellungen sind physische Bewegungen, die durch Kohäsionskräfte zusammenhängen und die geführt werden können, wie Wasser dem zeichnenden Finger auf einer Tischplatte folgt.[9] Andere Traditionen – zu ihnen gehört die Leibnizsche Monadenlehre – imaginieren die Seele explizit oder im-

---

5 Hier ist gedacht an Formulierungen wie diese: »Es darf aber ein blosser Treffer wohl nicht auf die wahrhaften Verdienste desjenigen Ansprüche machen, der mehr das Ohr als das Gesicht, und mehr das Hertz als das Ohr in eine sanfte Empfindung zu versetzen und dahin, wo er will, zu reissen vermögend ist.« Carl Philipp Emanuel Bach, *Versuch über die wahre Art das Clavier zu spielen. Erster und zweiter Teil*, ND der 1. Aufl., Berlin 1753 und 1762, hrsg. von Lothar Hoffmann-Erbrecht, Wiesbaden [6]1986, 1. Teil, S. 115.

6 Auf solche Modelle wird in den Kapiteln 3. bis 5. dieser Arbeit eingegangen.

7 Anthony Earl of Shaftesbury, *The Moralists, A Philosophical Rhapsody*, in: ders., *Characteristics of Men, Manners, Opinions, Times, etc.*, hrsg. von John M. Robertson, Gloucester, Mass. 1963, Bd. II, S. 3-153, hier S. 98, 114 u. ö.; Moses Mendelssohn, *Über die Empfindungen (1755)*, in: ders., *Ästhetische Schriften in Auswahl*, hrsg. von Otto F. Best, Darmstadt [3]1994, S. 29-110, hier S. 37-39.

8 Platon, *Phaidros* (in: ders., *Werke in acht Bänden*, gr./dt., Sonderausgabe, hrsg. von Gunther Eigler, Bd. V: *Phaidros, Parmenides, Briefe*, bearb. von Dietrich Kurz, gr. Text von Léon Robin u. a., dt. Übers. von Friedrich Schleiermacher u. Dietrich Kurz, Darmstadt 1990, S. 1-193), 246a, 6 ff.

9 »All Fancies are Motions within us, reliques of those made in the Sense: And those motions that immediately succeeded one another in the sense, continue also together after Sense: In so much as the former comming again to take place, and be prædominant, the later followeth, by coherence of the matter moved, in such manner, as water upon a plain Table is drawn which way any one part of it is guided by the finger.« Thomas Hobbes, *Leviathan. Authoritative Text, Backgrounds, Interpretations*, hrsg. von Richard E. Flathman u. David Johnston, New York/London 1997 (A Norton Critical Edition), I, III, S. 16.

plizit als Raum mit verschiedenen Regionen, in dem wechselnde
Zustände herrschen. Das alltagssprachliche Konzept der inneren Bewegung wird in diesem Fall häufig mit dem Abwechseln der Vorstellungen identifiziert (die Leibniz als Spiegelbilder, Locke als Gäste in
einem Haus oder auch als Bilder in einem Lagerraum beschreibt[10]),
kann aber, wie sich noch zeigen wird, auch in ganz andere, vom visuellen Paradigma des Vorstellens abgelöste Metaphern gefaßt werden. – Die Liste der Beispiele ließe sich fortsetzen. Hinzuweisen wäre
vor allem auch auf Modelle der Leidenschaften, die sich an der Cartesischen Theorie von den Lebensgeistern orientieren und diese als
Flüssigkeiten, Feuerwesen oder Winde verbildlichen, sowie auf die
verschiedenen nervenphysiologischen Konzeptionen, deren privile-
gierte Metapher das Saiteninstrument ist.[11] Daniel Webb z. B. hielt die
Assoziationstheorie für ungeeignet zur Erklärung musikalischer Affekterregung und vertrat die These, die Musik teile den »nerves and
spirits« ähnliche Vibrationen mit, wie sie für gewöhnlich durch die
Leidenschaften hervorgerufen werden.[12] Angesichts der Vielfalt
der Modelle und ihrer theoretischen Implikationen – bezüglich ihrer
supponierten Relation zur Wirklichkeit, bezüglich der Materialität
bzw. Immaterialität der Seele etc. – läßt sich erahnen, mit welcher
Komplexität sich das Problem der Metaphorizität für die Theorie der
Rührung und ihre Geschichte stellt.

Eingedenk dieser Komplexität wäre nun Sarbiewskis Blick auf das
Wörtlichnehmen des Rührungsbegriffs neu zu reflektieren: Handelt es
sich bei der Interpretation des rhetorischen *movere* im Sinne körperlicher Bewegung, wie in Sarbiewskis Beispiel, um ein Gebiet rhetorischen bzw. poetischen Scharfsinns? Oder steht die Kreation und
Destruktion von Metaphern im Diskurs über Rührung primär im

---

10 Vgl. Gottfried Wilhelm Leibniz, *Principes de la Nature et de la Grace, fondés en raison*, in: ders., *Die philosophischen Schriften*, hrsg. von C. I. Gerhardt, 7 Bde., ND d.
Ausg. Berlin 1875-1890, Hildesheim/New York 1978 [im folgenden *LGP*], Bd. VI,
S. 598-606, § 12 sowie John Locke, *An Essay concerning Human Understanding*,
hrsg. von Peter H. Nidditch, Oxford 1975, II, III, § 1 und II, XI, § 17.

11 Vgl. hierzu auch den Überblick über verschiedene traditionelle Seelenmodelle von
der Antike bis ins 17. Jahrhundert bei Max Dessoir, *Geschichte der neueren deutschen Psychologie*, ND d. Ausg. Berlin ²1902, Amsterdam 1964, S. 1-32.

12 »We are then to take it for granted, that the mind, under particular affections, excites
certain vibrations in the nerves, and impresses certain movements on the animal spirits. I SHALL suppose, that it is in the nature of music to excite similar vibrations, to
communicate similar movements to the nerves and spirits.« Daniel Webb, *Observations on the Correspondence between Poetry and Music*, London 1769, S. 6 [Hervorh.
im Orig.]. Zur Assoziationstheorie ebd., S. 2 f.; zu Webb vgl. auch S. 81, Anm. 134.

Dienste rationalen Erkenntnisgewinns, wie es die philosophische Provenienz der angeführten Modelle suggeriert? Das Problem berührt sich mit der grundsätzlicheren Frage nach den Funktionen analogischen Denkens für die Philosophie des 18. Jahrhunderts. Mit Blick auf die Autoren, deren Texte im Zentrum der vorliegenden Arbeit stehen – Chr. Wolff, A. G. Baumgarten, G. F. Meier, J. G. Sulzer und J. G. Herder – sollen hierzu einige Überlegungen folgen.

Im Anschluß an Michel Foucaults These, daß Mitte des 17. Jahrhunderts (mit dem Einsetzen des französischen *âge classique*) eine *epistémè* der Ähnlichkeit durch eine *epistémè* der Repräsentation abgelöst wird[13], sind die Metapherntheorien des Manierismus – u. a. die Sarbiewskis – als Ausdruck einer »Krise der bestehenden Ähnlichkeitsvorstellungen«[14] interpretiert worden. Nach Gerhart Schröder entsteht die manieristische Ästhetik als »Abraumhalde des Rationalismus«.[15] Teleologische und analogische Denkformen werden aus der Sphäre der Erkenntnis in die Sphäre des dichterischen Ingeniums verbannt, wo sie »nicht als Wahrheit [...], sondern als Monumente eines Verlusts« überdauern: Sie werden zu »Figuren von Bedürfnissen des Ich, denen der Erfahrungsbegriff des Rationalismus nicht Rechnung trägt«.[16] Renate Lachmann hat außerdem den fiktiven Charakter des concettistischen *acumen* betont, das im Unterschied zum ›präklassischen‹ Analogiedenken keine vermeintlich naturgegebenen Ähnlichkeiten mehr bestätigt, sondern neue erfindet. »Der Verlust der Ähnlichkeit wird in ihrer Fiktion aufgehoben.«[17]

Entschiede man sich dafür, die Metaphern und Modelle, die im 18. Jahrhundert zur Beschreibung oder Erklärung von Rührung dienten, als literarische Fiktionen zu werten – der Hallesche Arzt und Philosoph Johann Gottlob Krüger z. B. sprach von der Gefahr, »die edelste Wissenschaft in ein leichtes Gedankenspiel« zu verwandeln, indem man »einen Roman von dem menschlichen Cörper« oder »eine Fabel

---

13 Michel Foucault, *Les mots et les choses. Une archéologie des sciences humaines*, o.O. [Paris] 1992 (= collection tel 166), insbes. S. 60-91.

14 Lachmann, *Die Zerstörung der schönen Rede*, S. 102.

15 Gerhart Schröder, *Logos und List. Zur Entwicklung der Ästhetik in der frühen Neuzeit*, Königstein/Ts. 1985, S. 26.

16 Ebd., S. 30. Schröder folgt Foucault, der die Rolle des Dichters im *âge classique* darin sieht, jenseits des Alltäglichen die verborgenen Verwandtschaften zwischen den Dingen wahrzunehmen: »Sous les signes établis, et malgré eux, il entend un autre discours, plus profond, qui rappelle le temps où les mots scintillaient dans la ressemblance universelle des choses«. Foucault, *Les mots et les choses*, S. 63.

17 Lachmann, *Die Zerstörung der schönen Rede*, S. 102 f.

von der Seele« ersinnt[18] –, dann läge es nahe, sie nach einem ähnlichen Schema zu deuten, wie Schröder und Lachmann es an den Manieristen erprobt haben. Metaphern in psychologischen und ästhetischen Theorien könnten dann als kompensatorische Enklaven innerhalb eines diskursiven Herrschaftsgebiets verstanden werden, dessen reguläre *epistémè* ihre Auflösung in ein System von Identitäten und Differenzen vorsieht. In der bildhaften bzw. analogischen Rede würde sich – nostalgisch oder subversiv – ein verdrängtes Begehren des Subjekts artikulieren.

Durch das Verfahren, textanalytische Beobachtungen mit einem unterstellten theoretischen (epistemischen) Programm zu konfrontieren, begäbe sich eine derartige Sichtweise in die Nachbarschaft dekonstruktivistischer Lektürestrategien. Belegen läßt sich diese Affinität an Paul de Mans eigener Praxis. Sein Aufsatz *Epistemologie der Metapher* von 1978 soll zeigen, daß Locke, Condillac und Kant gegen ihre ausdrückliche Absicht die Unmöglichkeit demonstrieren, »eine klare Trennungslinie zwischen Rhetorik, Abstraktion, Symbol und allen anderen Formen der Sprache aufrechtzuerhalten«.[19] Um dieses Resultat zu erzielen, muß man laut de Man »so tun, als läse man ihn [Locke] ahistorisch«, d. h. man muß ihn einerseits »gegen ihn oder ohne Rücksicht auf seine ausdrücklichen Behauptungen lesen« und andererseits »die Gemeinplätze außer acht lassen, die als gängige Münze über seine Philosophie [...] zirkulieren«.[20] Nichtsdestoweniger unterbricht de Man sein *close reading* des Lockeschen *Essay concerning Human Understanding* durch eine Bemerkung, die nicht nur auf eine latente Epochenkonstruktion bezüglich der Epistemologie des 18. Jahrhunderts schließen läßt, sondern auch durch die Gegenüberstellung zweier Metaphern (der des Kindes, »das das Figürliche nicht vom Eigentlichen zu scheiden weiß« und der von »Blumen und Schmetterlingen, die man zumindest hoffen kann, festzustecken und in einer sauberen Taxonomie anzuordnen«), die den Leser indirekt auf Foucaults Archäologie des Wissens verweisen[21]:

---

18 Johann Gottlob Krüger, *Naturlehre. Zweyter Theil, welcher die Physiologie, oder Lehre von dem Leben und der Gesundheit der Menschen in sich fasset. Nebst Kupfern und vollständigem Register. Dritte vermehrte und verbesserte Auflage*, Halle 1763, § 11.

19 Paul de Man, *Epistemologie der Metapher*, vom Verf. autorisierte Übers. von Werner Hamacher, in: *Theorie der Metapher*, hrsg. von Anselm Haverkamp, Darmstadt 1983, S. 414-437, hier S. 434 f.

20 Ebd., S. 417.

21 Foucault versteht *mathesis, taxinomia* und *genèse* als die grundlegenden Ordnungsverfahren der *épistémè classique*. In der Naturgeschichte erstellt die Taxonomie auf

Wie der Blinde, der die Idee des Lichts nicht verstehen kann, taucht das Kind, das das Figürliche nicht vom Eigentlichen zu scheiden weiß, in der Epistemologie des gesamten 18. Jahrhunderts immer wieder als kaum verhüllte Figur unserer universalen Unzulänglichkeit auf. Denn nicht nur sind Tropen, wie ihr Name sagt, in stetiger Bewegung – eher dem Quecksilber vergleichbar als Blumen oder Schmetterlingen, die man zumindest hoffen kann, festzustecken und in einer saubereren Taxonomie anzuordnen –, sie können auch gänzlich verschwinden oder doch zu verschwinden scheinen.[22]

Ungeachtet ihrer prinzipiellen methodologischen Differenzen stimmen Foucault und de Man darin überein, daß metaphorisches Denken in der Philosophie und den Wissenschaften des 18. Jahrhunderts nur gegen starke erkenntnistheoretische Vorbehalte stattfinden konnte. Von Seiten der Herder-Forschung ist dieser Sichtweise entschieden widersprochen worden. Wolfgang Proß bemängelt an Foucaults Kategorie der *épistémè*, daß sie das Individuelle zugunsten eines anonymen Konstrukts entwertet. Die »Metaphysizierung der ›Episteme‹« verstelle den Blick auf interne Antagonismen des 18. Jahrhunderts (z. B. auf den Streit zwischen Rationalismus und Empirismus), auf Kontinuitäten zwischen den vermeintlich monolithischen Epochenkonfigurationen (z. B. auf die Rückkehr zu platonischen Ordnungsvorstellungen im 18. Jahrhundert) sowie auf epistemologische Entwürfe, die wie Herders Hypothesen zum Sprachursprung den logischen oder taxonomischen Ordnungsprinzipien des Foucaultschen *âge classique* zuwiderlaufen.[23] Daran anschließend hat Ulrich Gaier gegen die von Foucault generalisierte »szientifische ›Episteme‹« die »Traditionen der Logosmystik und des Sprachhumanismus« hervorgehoben, »die gerade für die von Foucault ›archäologisch‹ beschriebenen Humanwissenschaften so bedeut-

---

der Basis einer Analyse partieller Identitäten und Differenzen ein *tableau* der Lebewesen (vgl. Foucault, *Les mots et les choses*, insbes. S. 86-91, zur Naturgeschichte S. 140-176). Zu den Aufgaben der klassischen Sprachkritik gehört laut Foucault »l'examen des formes de la rhétorique: analyse des *figures*, c'est-à-dire des types de discours avec la valeur expressive de chacun, analyse des *tropes*, c'est-à-dire des différents rapports que les mots peuvent entretenir avec un même contenu représentatif« (ebd., S. 94 f.). Bei Foucault sind es anders als bei de Man die Verrückten und die Dichter, die gegen die herrschende *épistémè* eine Welt der Ähnlichkeiten bewohnen: »Dans la perception culturelle qu'on a eu du fou jusqu'à la fin du XVIIIᵉ siècle, il n'est le Différent que dans la mesure où il ne connaît pas la Différence« (ebd., S. 63).

22 De Man, *Epistemologie der Metapher*, S. 421.

23 Wolfgang Proß, *Kommentar*, in: Johann Gottfried Herder, *Abhandlung über den Ursprung der Sprache. Text, Materialien, Kommentar*, hrsg. von W. Proß, München/Wien o.J., S. 111-178, hier S. 150-153 und S. 164.

sam waren.«[24] Gaier spricht von einem »neue[n] Analogiedenken« im
18. Jahrhundert, das u. a. neuplatonische Traditionen und die Leibnizsche Theorie der prästabilierten Harmonie in sich vereinigt.[25] Bei Herder konstatiert Gaier eine erkenntnistheoretisch und anthropologisch
reflektierte Konzeption des analogischen Denkens. Auf die moder-
nitätsspezifische Erfahrung der Selbstentfremdung reagiere Herder mit
einem holistischen Humanitätskonzept, dem auf epistemologischer
und stilistischer Ebene eine Struktur der »Dreiköpfigkeit« entspricht:

> Herder hat, wie er mehrfach sagt, als »triceps« gedacht und geschrieben,
> dreiköpfig als Historiker, Philosoph und Dichter oder als Sensualist, Ra-
> tionalist und Analogiedenker und seine Gedankenschritte oft gleichzei-
> tig mit empirischen, rationalen und analogischen Argumenten gestützt.[26]

Analogisch ist diese von Gaier beschriebene Denkform insofern, als
sie zum einen die Metaphern produzierende »Logik der Einbildungskraft« zu ihrem Recht kommen läßt und zum anderen Wahrheit in
das subjektive Zusammenstimmen (»Konsensus«) der menschlichen
Erkenntnis- und Empfindungsvermögen setzt.[27] Je mehr Zusammenhänge ein Begriff durch Analogie zu stiften vermag, desto »beque-
mer« oder »behaglicher« ist er für den Menschen als ganzen.[28]
Erkenntnistheoretisch betrachtet erfüllt das holistische Denken für
Herder die Funktion, die »Einsicht des prinzipiell unzergliederlichen
Gegenstandes durch die größtmögliche Zahl und den proportionier-
testen Zusammenhang von Beziehungen« zu kompensieren, »in die er
uns zu dem unerkannt bleibenden Gegenstand setzt«.[29]

Ohne sich ausdrücklich gegen Foucault abzusetzen, hat auch Hans
Dietrich Irmscher den zentralen Stellenwert der Analogie für Herders
Denken betont. Weniger unter anthropologischer als unter erkenntnis-
theoretischer Perspektive untersucht Irmscher Herders Analogiever-
ständnis im wissenschaftstheoretischen Kontext des 18. Jahrhunderts

---

24 Ulrich Gaier, *Herders Sprachphilosophie und Erkenntniskritik*, Stuttgart-Bad Cann-
    statt 1988 (= problemata 118), S. 15 f.
25 Ebd., S. 22.
26 Ebd., S. 11. Vgl. zur Konzeption des *triceps* auch Gaier, *Poesie als Metatheorie. Zei-
    chenbegriffe des frühen Herder*, in: *Johann Gottfried Herder 1744-1803*, hrsg. von
    Gerhard Sauder, Hamburg 1987 (= Studien zum 18. Jahrhundert 9), S. 202-224.
27 Vgl. Gaier, *Poesie oder Geschichtsphilosophie? Herders erkenntnistheoretische Ant-
    wort auf Kant*, in: *Johann Gottfried Herder. Geschichte und Kultur*, hrsg. von Mar-
    tin Bollacher, Würzburg 1994, S. 1-17, hier S. 4 f.
28 Ebd., S. 8.
29 Ebd., S. 16.

und stellt dabei die heuristische Funktion der Analogie in den Vordergrund. Indem Herder der Analogie die Funktion zuweise, neue Erkenntnisbereiche zu erschließen und somit der begrifflichen Erkenntnis vorzuarbeiten, knüpfe er an ältere Bemühungen um eine philosophische Heuristik *(ars inveniendi)* an – Irmscher nennt Descartes, Leibniz, Wolff, Carl Friedrich Flögel und Lichtenberg.[30] Im Rahmen dieser Tradition sei »die Idee einer *ars inveniendi* eng mit dem Prinzip der schönen Wissenschaften, dem *Witz* verbunden«, d. h. mit dem »Vermögen, die Übereinstimmung der Dinge zu entdecken«.[31] Besonders wichtig für Herder sei die Möglichkeit, Erkenntnisse aus einem Gegenstandsbereich in einen anderen, unerforschten zu übertragen. Irmscher nennt dieses Verfahren »Paradigmawechsel«[32] und sieht darin ein Indiz für Herders unreflektierte Annahme einer »einheitlichen Gesetzlichkeit der ganzen Schöpfung«: »Wenn Herder also von der ›Analogie der Natur‹ redet, so ist im Einzelnen nicht immer leicht zu entscheiden, ob er sie als *analogia heuristica* oder als *analogia entis* versteht.«[33]

Zweifellos bezieht Herder in der Analogiediskussion des 18. Jahrhunderts eine Extremposition, wenn auch keine ganz isolierte. »Angstspuren« angesichts der »wuchernde[n] und erschütternde[n] Macht der figürlichen Sprache«, wie sie de Man in den Texten von Locke, Condillac und Kant detektiert hat[34], lassen sich bei Herder jedenfalls nicht verzeichnen – eine dekonstruktivistische Herder-Lektüre müßte andere Argumentationsfiguren finden als die Opposition zwischen Begriff und Metapher, Differenz und Analogie. In anderen Fällen – ich denke besonders an Christian Wolff, dessen methodologischer Rigorismus für Baumgarten, Meier und Sulzer gewisse, allerdings nicht unkritisch übernommene Standards setzte – werden so umständliche Rituale zur Beherrschung des Metaphorischen angestellt, daß der dekonstruktivistische Lektüregestus sich dem Leser beinahe aufdrängt. Wie man noch sehen wird, führt bei Wolff und seinen Schülern nicht zuletzt das szientifische Methodenideal selbst dazu, daß scheinbar kontrollierbare Analogiekonstruktionen sich zu

---

30 Vgl. Hans Dietrich Irmscher, *Beobachtungen zur Funktion der Analogie im Denken Herders*, in: *DVjs* 55 (1981), S. 64-97, hier S. 89-93.

31 Ebd., S. 89-91.

32 Ebd., S. 93.

33 Ders., *Aneignung und Kritik naturwissenschaftlicher Vorstellungen bei Herder*, in: *Texte, Motive und Gestalten der Goethezeit*, FS Hans Reiss, hrsg. von John L. Hibberd und H. B. Nisbet, Tübingen 1989, S. 33-63, hier S. 53. Vgl. auch ders., *Beobachtungen zur Funktion der Analogie*, S. 67 und 95.

34 De Man, *Epistemologie der Metapher*, S. 435 und 437.

poetischen Fiktionen entfalten. Zwischen Wolff und Herder, zwischen Metaphern-Angst und »Poesie als Metatheorie« (Gaier) sind auf dem Gebiet der Psychologie und Ästhetik eine Reihe von Zwischenstufen zu beobachten, deren poetische und theoretische Fruchtbarkeit mit den konfligierenden Ansprüchen des aufklärerischen Rationalismus und des »ganzen Menschen« eng zusammenhängt. Welche Spielarten des analogischen Denkens in den mittleren Jahrzehnten des 18. Jahrhunderts »erlaubt« sind, ist immer nur individuell und relational zu bestimmen. Insofern können die folgenden Überlegungen zu den Metapherntheorien Wolffs und Sulzers keine programmatische Folie bereitstellen, im Verhältnis zu der sich dann die Textpraxis als abweichend oder übereinstimmend beurteilen ließe. Ziel ist vielmehr zu erkunden, welche Metareflexionen den metaphorischen Diskurs über Rührung im 18. Jahrhundert begleiten und inwieweit eine metaphorologische Untersuchung zur Profilierung ihrer Thesen auf zeitgenössische Reflexionskategorien zurückgreifen kann.

2.1.1. Heuristische Verkehrung: Christian Wolffs Aufsatz *Von den fruchtbaren Begriffen*

Wie schon in bezug auf Herder erwähnt, spielte der Begriff der Ähnlichkeit eine wichtige Rolle im Zusammenhang mit den Bemühungen um eine philosophische Erfindungskunst *(ars inventionis)*. Wolff hat verschiedentlich seine Absicht bekundet, »die Erfindungskunst in gewisse Regeln zusammen zu bringen, und einen zusammenhangenden Lehrbegriff daraus zu machen«[35]; er plante sogar, sein philosophisches Gesamtwerk mit einer systematischen Heuristik abzuschließen.[36] Zu dieser »Fertigkeit unbekannte Wahrheiten aus andern bekannten heraus zu bringen«[37], gehören, so heißt es in der *Deutschen Metaphysik*,

---

35 Christian Wolff, *Glückwunschschreiben an Herrn Professor Cramer, darinnen untersucht wird, ob es nützlich sey, wenn die Erfindungskunst in einen zusammenhangenden Lehrbegriff gebracht würde?* [1733], in: ders., *Gesammelte Werke*, hrsg. von Jean École u. a., Hildesheim/New York 1965 ff. [im folgenden *WGW*], 1. Abt. dt. Schr., Bd. XXI.II: *Gesammelte kleine philosophische Schriften II*, ND d. Ausg. Halle 1737, Hildesheim/New York 1981, S. 310-338, hier S. 310 f.

36 Vgl. hierzu sowie zu Wolffs Theorie der Erfindungskunst im allgemeinen: Cornelis-Anthonie van Peursen, *Ars inveniendi im Rahmen der Metaphysik Christian Wolffs. Die Rolle der ars inveniendi*, in: *Christian Wolff 1679-1754. Interpretationen zu seiner Philosophie und deren Wirkung*, hrsg. von Werner Schneiders, 2., durchges. Auflage, Hamburg 1986 (= Studien zum achtzehnten Jahrhundert 4), S. 66-88, hier S. 68.

37 Christian Wolff, *Vernünfftige Gedancken von Gott, der Welt und der Seele des Men-*

neben der »Kunst zu schliessen« auch »einige Regeln, dadurch man in
den Stand gesetzt wird einen Anfang im Schliessen zu machen«.[38] Die
einzige von Wolff angeführte Regel dieser Art ist ein Verfahren, das er
im Lateinischen als *reductio heuristica*, im Deutschen als »Verkehrung«
bezeichnet[39] und das darin besteht, »daß man das Unbekannte, so man
suchet, in etwas gleichgültiges, so einem bekannt ist, zu verkehren suchet«.[40] Grundlage dieser Operation – Wolff spricht vom »Grund der
Verkehrung« – ist die Ähnlichkeit zwischen dem Bekannten und dem
zu entdeckenden Unbekannten. Das geistige Vermögen, das benötigt
wird, um solche Ähnlichkeiten zu entdecken, ist der ›Witz‹ oder
›Scharfsinn‹ (lat. *ingenium* oder *acumen*):

> Man siehet [...], daß man einen Fall in den anderen verkehret wegen der
> Aehnlichkeit, die sie mit einander haben [...]. Und gehöret demnach zu
> hurtigem Gebrauche des Grundes der Verkehrung, daß man die Aehn-
> lichkeit leicht wahrnehmen kan. Wer hierzu aufgeleget ist, den nennet
> man *sinnreich*. Und die Leichtigkeit die Aehnlichkeiten wahrzunehmen,
> ist eigentlich dasjenige, was wir *Witz* heissen. Also gehöret ausser der
> Kunst zu schliessen zum Erfinden auch Witz[.][41]

Gleich eingangs sei festgehalten, daß Wolffs Begriff der Ähnlichkeit
(den er in Anlehnung an eine Leibnizsche Definition entwickelt),
ganz im Sinne der Foucaultschen These aus *Les mots et les choses*,
keine dunkle Wesensverwandtschaft, sondern eine partielle Identität
bezeichnet. In der *Deutschen Metaphysik* definiert Wolff: »Zwey
Dinge A und B sind einander *ähnlich*, wenn dasjenige, woraus man
sie erkennen und von einander unterscheiden soll, oder wodurch sie
in ihrer Art *determiniret* werden, beyderseits einerley ist«.[42] Was dies

schen, auch allen Dingen überhaupt (Deutsche Metaphysik) [[1]1720], in: *WGW*, 1.
Abt. dt. Schr., Bd. II, ND d. Ausg. Halle [11]1751, hrsg. von Charles A. Corr, Hildes-
heim/Zürich/New York 1983, § 362.

38 Ebd., § 364. Zur doppelten Verankerung der *ars inventionis* in der Logik und in der
    Psychologie bzw. Erkenntnistheorie bei Wolff und in der protestantischen Schullo-
    gik des 17. Jahrhunderts vgl. Hans Werner Arndt, *Einführung des Herausgebers*, in:
    WGW, 1. Abt. dt. Schr., Bd. I: *Vernünftige Gedanken von den Kräften des mensch-
    lichen Verstandes und ihrem richtigen Gebrauche in Erkenntnis der Wahrheit (Deut-
    sche Logik)*, hrsg. u. bearb. von H. W. Arndt, Hildesheim 1965, S. 7-102, hier insbes.
    S. 31-92.

39 Wolff, *Psychologia empirica* [[1]1732], in: *WGW*, II. Abt. lat. Schr., Bd. V, ND d. Ausg.
    Frankfurt/Leipzig 1738, hrsg. von Jean École, Hildesheim 1968, § 471 bzw. ders.,
    Deutsche Metaphysik, § 364.

40 Ebd.

41 Ebd., § 366 [Hervorh. im Orig.]; vgl. ders., *Psychologia empirica*, § 476 und § 481.

42 Ders., *Deutsche Metaphysik*, § 18 [Hervorh. im Orig.]. Vgl. hierzu ausführlich Hans
    Poser, *Die Bedeutung des Begriffs ›Ähnlichkeit‹ in der Metaphysik Christian Wolffs*,

konkret bedeutet und wie das Auffinden solcher Ähnlichkeiten zur
Erweiterung des Wissens beitragen kann, führt Wolff exemplarisch in
einer Studie *Von den fruchtbaren Begriffen* vor.[43]
   Dieser kurze, zuerst in lateinischer Sprache unter dem Titel *De
Notionibus fœcundis* publizierte Text wurde von seinem zeitgenössischen Übersetzer zu Recht »unter die sinnreichsten und anmuthig-
sten« der *Marburgischen Nebenstunden* gerechnet.[44] Als »sinnreich
und anmuthig« ist die Studie insofern treffend charakterisiert, als
sie gewissermaßen den Übergang von der »anmuthigen« Sphäre der
dichterischen Einbildungskraft zur philosophischen Sphäre des
»Sinns« beschreibt. Indem Wolff am »fruchtbaren Begriff« exemplifiziert, wie aus einer Metapher ein Terminus wird, möchte er nicht nur
einen Vorgeschmack seiner geplanten *ars inveniendi* geben[45], sondern
auch einen methodologischen Beitrag zur Dichtkunst und zur Schrift-
exegese leisten.[46] Sowohl Wolff als auch sein Übersetzer sind sich der
Tatsache bewußt, daß Poesie und Wissenschaft auf dem Gebiet der *inventio* zusammentreffen.[47] Vor allem aber benennt das Adjektiv
»sinnreich« das Seelenvermögen, das beim Finden von Ähnlichkeiten
zur Ausübung kommt, den Witz. Die Metaphernanalyse, die Wolff
am Beispiel der fruchtbaren Begriffe demonstriert, macht von dieser
Fähigkeit Gebrauch.
   Der Aufsatz *Von den fruchtbaren Begriffen* verfolgt genau genommen zwei Themen: Zunächst möchte Wolff eine Bezeichnung, die er

---

in: *Studia Leibnitiana* 11 (1979), S. 62-81. Nach Poser ist Wolffs Begriff der Ähnlichkeit insofern bemerkenswert, als innerhalb der Cartesischen Tradition »unter
dem Stichwort der Analyse allein eine Betrachtung der Unterschiedenheit gängig
ist«; Wolffs Betonung der Identität stelle insofern ein Gegengewicht dar (ebd., S. 75).

43   Weder van Peursen noch Poser gehen in ihren Untersuchungen zu Wolffs *ars inven-
     tionis* bzw. zu seinem Ähnlichkeitsbegriff auf diesen Text ein.

44   Wolff, *Von den fruchtbaren Begriffen*, in: ders., *Gesammelte kleine philosophische
     Schriften II*, S. 80-107, hier S. 80, Anm. 1. Im folgenden wird nach dieser deutschen
     Fassung zitiert, die auf die wichtigsten lateinischen Termini in Klammern verweist.
     Die lateinische Originalversion *De notionibus fœcundis* von 1730 steht in *WGW*, II.
     Abt. lat. Schr., Bd. XXXIV.II: *Horæ subsecivæ Marburgenses II*, ND d. Ausg. Frank-
     furt/Leipzig 1731-1732, hrsg. von Jean École, Hildesheim/Zürich/New York 1983,
     S. 150-166.

45   Wolff, *Von den fruchtbaren Begriffen*, § 2, S. 83.

46   Ebd., § 2, S. 88.

47   Vgl. hierzu auch ders., *Psychologia empirica*, § 477: »*Notio ingenii, quam dedimus,
     non abhorret ab usu loquendi.* Constat enim præ ceteris ingeniosos dici Poëtas, Ora-
     tores ac Histriones. Ac Poëtis quidem ob tropicam dicendi rationem id nominis tri-
     buitur. Utuntur allegoriis & metaphoris, quæ in similitudine rerum fundantur«
     [Hervorh. im Orig.], sowie Poser, *Die Bedeutung des Begriffs ›Ähnlichkeit‹*, S. 78-80.

bereits an verschiedenen Stellen verwendet hat, auf Wunsch seiner
Schüler »in einem deutlichen Begriffe erklären«. Diese Erklärung
nimmt er dann zum Anlaß genereller Bemerkungen über die Funktion der Metapher bei der Begriffsbildung.

Was es mit einem fruchtbaren Begriff auf sich hat, können wir, wie
Wolff feststellt, auch ohne Definition aus dem Kontext erschließen.
Indem wir die Metapher innerlich in einen Vergleich überführen, erhalten wir einen undeutlichen Begriff des Gemeinten, der zum Verständnis hinreichend ist:

> In dieser Benennung [den ›fruchtbaren Begriffen‹] ist etwas uneigentli-
> ches, in soferne nehmlich eine Aehnlichkeit zwischen den fruchtbaren
> Begriffen und einem fruchtbaren Saamen anzutreffen ist, welche Ver-
> gleichung einen undeutlichen Begriff in dem Gemüth erreget, vermöge
> dessen es das Wort *(terminum)* eines fruchtbaren Begriffes verstehet, ob
> es schon an einer deutlichen Erklärung fehlet.[48]

Weiterer intellektueller Nutzen läßt sich aber erst dann aus einer Metapher ziehen, wenn man durch sie zu einer Begriffsdefinition gelangt,
d. h. wenn die undeutliche oder »ausschweiffende Aehnlichkeit« *(similitudo vaga)* durch Vergleich und Abstraktion in eine »bestimmende«
(determinata) verwandelt wird.[49] Dabei gilt es, die Gemeinsamkeit
zwischen den beiden Begriffen zu entdecken, die der metaphorische
Ausdruck zueinander in Beziehung setzt, das *tertium comparationis*:

> Bey einer jeden verblümten Redensart *(metaphora)* haben wir zwey Be-
> griffe, deren einer ohne dem andern seyn kan, aus deren Vergleichung
> aber durch die (Abstraction) Absonderung ein gewisser dritter Begriff
> entstehet, welcher etwas vorstellet, das in beyden zugleich befindlich ist,
> und deßwegen die Sache, worinn die Vergleichung geschiehet *(tertium*

---

48 Wolff, *Von den fruchtbaren Begriffen*, § 2, S. 81.
49 Ebd., § 2, S. 87. In voller Schärfe formuliert Wolff seine Konzeption der philosophi-
    schen, auf eindeutigen Definitionen und Lehrsätzen beruhenden Methode in den
    Abschnitten »De methodo philosophica« (§§ 115-139) und »De stylo philosophico«
    (§§ 140-150) seines *Discursus praeliminaris* zur *Philosophia rationalis sive logica*. In
    den §§ 149 f. (»Styli philosophici simplicitas« und »Cur stylus oratorius ex philoso-
    phia proscribendus«) werden die »uneigentlichen« und »mehrdeutigen« Ausdrücke
    (verba impropria und *ambages)* des *stylus oratorius* ausdrücklich aus der Philosophie
    verbannt. Vgl. Wolff, *Discursus praeliminaris de philosophia in genere. Einleitende
    Abhandlung über Philosophie im allgemeinen. Historisch-kritische Ausgabe*, übers.
    u. hrsg. von Günter Gawlick u. Lothar Kreimendahl, Stuttgart-Bad Cannstatt 1996
    (= Forschungen und Materialien zur deutschen Aufklärung: Abt. 1, Texte, Bd. 1). Zu
    Wolffs philosophischer Methode und ihrer Darstellungsform vgl. auch Christiane
    Schildknecht, *Philosophische Masken. Literarische Formen der Philosophie bei Pla-
    ton, Descartes, Wolff und Lichtenberg*, Stuttgart 1990, S. 85-122.

comparationis), genennet wird, auser welchem die Aehnlichkeit, darauf die verblümte Redensart *(metaphora)* sich gründet, sich nicht erstrecket.[50]

Wolffs Metaphernbegriff setzt voraus, daß sich die Ähnlichkeitsrelation, auf der die Metapher beruht, von vornherein auf ein einziges Merkmal beschränkt. Wer eine Metapher in einen Begriff überführt, expliziert also lediglich eine durch die Metapher schon erkannte partielle Identität. Wenn Wolff annimmt, daß die Metapher dazu verhilft, deutliche Begriffe zu entdecken, »welche sich sonsten leicht unserer Aufmerksamkeit entziehen würden, oder zu welchen wir ohne Beyhülffe des Begriffes von einem anderen Dinge, mit welchem die Vergleichung angestellet ist, nicht einmahl gelangen würden«[51], so stellt sich die Frage nach dem spezifischen Erkenntnisgewinn, den der Weg von der Metapher zum Begriff noch verspricht: Eine Metapher, deren Leistung sich darin erschöpft, auf die Übereinstimmung zweier Gegenstände in einem einzigen Merkmal hinzuweisen, unterscheidet sich von einem deutlichen Begriff dieser partiellen Identität nur geringfügig.

Im Falle der Metapher vom fruchtbaren Begriff liegt das *tertium comparationis* in der Fruchtbarkeit, ist aber mit der alltäglichen Vorstellung, die wir mit der organischen Fruchtbarkeit – etwa der eines Samenkorns – verbinden, nicht identisch. Es gilt, einen abstrakten Begriff von Fruchtbarkeit zu finden, der auf Begriff und Samenkorn gleichermaßen anwendbar ist. Dazu definiert Wolff die organische Fruchtbarkeit als ein »Vermögen zu sprossen« und fragt nach den allgemeinen Bestimmungen, die dieses Vermögen impliziert:

> Wenn der Saame sprosset, so kommt etwas heraus, das von ihm unterschieden ist, mit ihm aber sich auf ein Geschlecht *(genus)* bringen lässet, in soferne nehmlich sowohl der Saame, als auch was daraus hervor sprosset, zu dem Geschlechte der Erdgewächse *(vegetabilium)* gehöret.[52]

Diese Definition der Fruchtbarkeit wird dann in eine abstrakte Formulierung überführt:

> In einer generalen Bedeutung muß man also etwas fruchtbar nennen, in welchem solche Dinge enthalten sind, woraus andere von ihm zwar verschieden herfür kommen können, die sich aber damit zu einem Geschlechte rechnen lassen.[53]

---

50 Wolff, *Von den fruchtbaren Begriffen*, § 2, S. 81 f.
51 Ebd., § 2, S. 82 f.
52 Ebd., § 2, S. 85 f.
53 Ebd., § 2, S. 86.

Das Procedere mündet in eine Definition der fruchtbaren Begriffe, die die erhaltene abstrakte Definition wieder konkretisiert: »Die Begriffe sind also in soferne fruchtbar, in soferne sich aus ihnen nach richtigen Schlußregeln andere Beschaffenheiten (*praedicata*) eines Dinges herleiten lassen.«[54] Ungesagt bleibt jedoch, auf welchem Wege die näheren Bestimmungen dieser Definition gewonnen wurden. Daß das Herleiten »nach richtigen Schlußregeln« organischen Wachstumsprozessen eher entspricht als beispielsweise das freie Assoziieren, läßt sich aus Wolffs abstrakter Definition der Fruchtbarkeit nicht mit Notwendigkeit schließen. Während Wolff beim Übergang von der Metapher zur abstrakten Definition des *tertium comparationis*, »über welches sich die Aehnlichkeit nicht hinaus erstrecken lässet, und davon man nicht einen Finger breit abgehen darff«[55], äußerste Strenge walten läßt, braucht die Begriffsdefinition selbst sich offenbar nicht auf die Implikationen der Metapher zu beschränken.

Wolffs Einstellung zu Metaphern erweist sich als ambivalent. Einerseits sind sie dienlich bei der Entdeckung neuer Wahrheiten, andererseits sind sie es nur dann, wenn sich leicht ersehen läßt, auf welcher Vergleichsgrundlage sie ausgewählt wurden. Selbst Redner und Dichter, von den Auslegern der Heiligen Schrift ganz zu schweigen, »verstossen sich ungemein hierinnen«, wenn sie »auf dasjenige, um deswillen die Vergleichung geschiehet, und welches die allgemeine Bedeutung ausmachet, nicht acht geben«.[56] Es kann daher kaum überraschen, daß Wolff am Ende nur »genaue Erklärungen«[57] und »bestimmte Sätze«[58] zu den fruchtbaren Begriffen rechnet, die Metapher dagegen mit keinem Worte mehr erwähnt. »Unfruchtbar« sind Disziplinen, in denen es »an genauen Erklärungen fehlet«[59]; die Philosophie kann nicht fruchtbar und »zum Nutzen im Leben eingerichtet« sein, wenn »sie nicht auf genaue Erklärungen und bestimmte Säze gebracht wird«.[60] Die Fruchtbarkeit der Disziplinen aber bemißt sich nach der Zahl ihrer Entdeckungen. Fruchtbare Begriffe sind heuristisch wertvolle Begriffe; sie haben »vornehmlich den Nuzen, daß sich die Wahrheiten durch Schlüsse (*a priori*) heraus bringen lassen, und man also in einer jeden Wissenschaft immerfort weiter gehen, und neue, bisher unbekannte Wahrheiten erfinden

---

54 Ebd.
55 Ebd., § 2, S. 87.
56 Ebd., § 2, S. 88.
57 Ebd., § 3, S. 92.
58 Ebd., § 4, S. 101.
59 Ebd., § 3, S. 92.
60 Ebd., § 4, S. 101.

kan.«[61] Nachdem die Metapher in einen Begriff »verkehrt« worden ist, spielt Wolff den Anteil des Witzes an der *ars inventionis* herunter: Die Metapher durfte in der Tat nicht mehr als einen »Anfang« machen und das systematische Schlußfolgern vorbereiten. Suggerierte der Aufsatz zunächst, daß Metaphorizität und Fruchtbarkeit zwei Seiten derselben Sache sind, so wird die Erinnerung an die heuristische Leistung der Metapher in der zweiten Hälfte des Textes von Wolffs Lob der Definition verdrängt.

2.1.2. »Dem Verstande unbegreiflich«: Metaphorologie bei Sulzer und Blumenberg

Sulzers Auffassung von der Funktion der Metapher im Erkenntnisprozeß unterscheidet sich vordergründig nur graduell von der Wolffschen – und doch ist sie Ausdruck eines fundamental anderen Verhältnisses zur Sprache. Zwischen Wolffs Abhandlung *Von den fruchtbaren Begriffen* und Sulzers *Anmerckungen über den gegenseitigen Einfluß der Vernunft in die Sprache, und der Sprache in die Vernunft* (1767) erschienen die sprachphilosophischen und anthropologischen Hauptwerke von Condillac und Diderot, die im Anschluß an Locke und Berkeley das Problem der Metapher als ein Problem der Sinneswahrnehmung und des Sprachursprungs verhandelten. Figuren und Tropen wurden in diesem Zusammenhang als notwendige, »ursprüngliche« Denkoperationen des empfindenden, erkennenden und sprachschaffenden Menschen kenntlich gemacht.[62] An der Berliner Académie Royale des Sciences et des Belles-Lettres, deren Sitzungen Sulzer seit 1747 besuchte, diskutierte man die Fragen nach dem Ursprung der Sprache und nach der Wechselwirkung zwischen Sprache und Vernunft seit langem.[63] Nur zwei Jahre nach

---

61 Ebd., § 5, S. 103.
62 Vgl. z. B. Étienne Bonnot de Condillac, *Essai sur l'origine des connaissances humaines* [1746], in: ders., *Œuvres philosophiques*, hrsg. von Georges le Roy, Bd. I, Paris 1947, S. 1-118, II, I, x und II, I, xiv sowie Denis Diderot, *Lettre sur les aveugles à l'usage de ceux qui voient* [1749], in: ders., *Œuvres complètes*, hrsg. von Roger Lewinter, Bd. II, o.O. 1969, S. 157-233, hier insbes. S. 188 f. und ders., *Lettre sur les sourds et muets à l'usage de ceux qui entendent et qui parlent* [1751], ebd., S. 513-602.
63 Vgl. hierzu Hans Aarsleff, *The Tradition of Condillac: The Problem of the Origin of Language in the Eighteenth Century and the Debate in the Berlin Academy before Herder*, in: ders., *From Locke to Saussure. Essays on the Study of Language and Intellectual History*, Minneapolis 1982, S. 146-209.

dem ersten Erscheinen von Sulzers Text in den Jahrbüchern der Akademie erfolgte die Ausschreibung der berühmten Preisfrage, auf die Herder mit seiner *Abhandlung über den Ursprung der Sprache* antwortete. Überdies greift Sulzers Aufsatz, der sich ebenfalls mit dem Thema des Sprachursprungs befaßt, bereits im Titel ein Thema auf, das die Akademie 1757 als Preisfrage gestellt hatte und für dessen Bearbeitung Johann David Michaelis preisgekrönt worden war.[64]

Michaelis betrachtet die Sprache als ein Archiv des Wissens. Etymologien und »expressions fécondes« (worunter er keine Begriffsdefinitionen, sondern aussagekräftige Worte der Alltagssprache versteht) bilden für ihn eine – wenn auch zuweilen trügerische – Quelle der Erkenntnis.[65] Analogien und Metaphern bestimmen nicht selten die Grundstrukturen der Sprachen und sind Ausdruck des »esprit humain qui aime les analogies, & qui voudroit mouler la Nature entiere dans le même moule«.[66] Müßig, dem Menschen den Gebrauch uneigentlicher Rede zu verbieten: Unserer natürlichen Neigung zur Metapher (»le penchant que nous avons pour le langage figuré«) können wir uns nicht erwehren.[67] Noch emphatischer hatte Sulzers Kompatriot Merian, gleichfalls Mitglied der Berliner Akademie, in seinen *Réflexions philosophiques sur la ressemblance* von 1751 die Analogie als »l'ame de nos raisonnemens, & le véhicule de toutes nos connoissances réelles« bezeichnet[68] und gegen die ›Metaphern-Angst‹ der Philosophen deren gesamtes Denken auf Ähnlichkeitsoperationen zurückgeführt:

> Que le Philosophe se pique de précision tant qu'il voudra; qu'il abandonne les sentiers fleuris recherchés par l'Orateur & le Poëte; qu'il méprise le bel-esprit, & que par une marche mesurée il tâche de se mettre à couvert des séductions du stile figuré; j'ose pourtant le défier de pouvoir faire un seul pas dans sa carrière sans l'aide de la ressemblance.[69]

---

64 Die Frage der Akademie lautete: »Quelle est l'influence réciproque des opinions d'un peuple sur le langage et du langage sur les opinions«. Vgl. Johann David Michaelis, *De l'influence des opinions sur le langage et du langage sur les opinions*, hrsg. von Helga Manke, ND d. Ausg. Bremen 1762, Stuttgart-Bad Cannstatt 1974 (= Grammatica universalis 9), Einf. d. Hrsg., S. XXVIII.

65 Ebd. (Haupttext), S. 22-67.

66 Ebd., S. 19.

67 Ebd., S. 87.

68 [Johann Bernhard] Merian, *Réflexions philosophiques sur la ressemblance*, in: *Histoire de l'Académie Royale des Sciences et des Belles-Lettres, Année 1751*, Berlin 1753, *Classe de philosophie spéculative*, S. 30-56, hier S. 31.

69 Ebd.

Freilich ist hier – genau wie bei Wolff – von einer domestizierten Ähnlichkeit die Rede. Im Rahmen einer detaillierten Auseinandersetzung mit Leibniz' Theorie der Indiszernablen definiert Merian Ähnlichkeit als partielle oder vollkommene Identität.[70] Dennoch zeugt der sinnenfrohe Eingangspassus der *Réflexions* von einer gewachsenen Bereitschaft, Gemeinsamkeiten zwischen Philosophie und Dichtung zu akzeptieren, die Wolff nur unter Warnungen ins Gespräch bringen mochte.

Die Konjunktur anthropologisch-holistischen Denkens hat die Figuralität der Sprache in den mittleren Jahrzehnten des 18. Jahrhunderts zu einem erstrangigen Gegenstand philosophischer Reflexion avancieren lassen. Mit Foucault kann diese Tendenz zweifellos als Teilaspekt einer allgemeineren diskursiven Ordnungsmaßnahme gesehen werden, die sich um die Rhetorizität der Sprache nur bemühte, um sie desto besser beherrschen zu können.[71] Nimmt man jedoch die Einwände der Herder-Forscher ernst und begreift Herders anthropologisches Analogiedenken als Gegenentwurf zum Cartesianismus, so wird die Tradition, aus der sich Herders Sprachphilosophie speist, zugleich als eine Bewegung zur erkenntnistheoretischen Emanzipation der Metapher kenntlich. Gerade die anthropologische Sprachphilosophie, die in der Analogie nicht mehr ein kosmisches Ordnungsprinzip, sondern eine subjektive Bedingung der Welterkenntnis wahrnimmt, muß in ihrer radikalsten Konsequenz den Analogienkosmos als einen subjektiven rekonstruieren.

In diesem Kontext sind Sulzers metapherntheoretische Bemerkungen zu sehen, die sich ebenfalls primär auf die heuristische Funktion des Entdeckens von Ähnlichkeiten beziehen. Wie nach ihm Herder sieht Sulzer diese Form der *ars inventionis* schon bei der Erfindung der ersten Sprachen am Werk.[72] Überzeugt davon, daß es den ersten Men-

---

70 Ebd., S. 48-51.

71 Signifikant in diesem Zusammenhang ist die Tatsache, daß die französische Denktradition, die Tropen und Figuren als natürlichen Ausdruck der Leidenschaften interpretiert, auf die Rhetorik (*L'art de parler* von 1675) des Cartesianers Bernard Lamy zurückführt. Vgl. hierzu Rudolf Behrens, *Problematische Rhetorik. Studien zur französischen Theoriebildung der Affektrhetorik zwischen Cartesianismus und Frühaufklärung*, München 1982 (= Reihe Rhetorik 2), S. 115-160 sowie Ulrich Ricken, *Sprache, Anthropologie, Philosophie in der französischen Aufklärung. Ein Beitrag zur Geschichte des Verhältnisses von Sprachtheorie und Weltanschauung*, Berlin 1984 (= Sprache und Gesellschaft 18), S. 51-57.

72 Herder spricht in der *Abhandlung über den Ursprung der Sprache* wiederholt von »Erfindungskunst«, und zwar vornehmlich im Zusammenhang mit der Funktion der Analogie für die Bezeichnung stummer Gegenstände (der »Metapher des Anfangs«); vgl. Herder, *Abhandlung über den Ursprung der Sprache* [¹1772], in: ders., *Werke in*

schen »niemals habe in die Gedanken kommen können, eine Sache durch ein bloß willkührliches Zeichen auszudrücken«, schreibt Sulzer die Entstehung aller nicht-onomatopoetischen Bezeichnungen einer angeborenen analogischen Fähigkeit zu.[73] Indem bereits bestehende, auf mimetischem Wege gefundene Bezeichnungen nach Maßgabe von Ähnlichkeitsbeziehungen von den ursprünglichen Signifikaten auf andere übertragen wurden, konnte laut Sulzer »aus einer kleinen Anzahl [...] nachgeahmter natürlicher Laute eine Sprache, welche Dinge, die nicht in die Sinne fallen, ausdrücket [...] entstehen«.[74] Mit der Erfindung von Worten geht die Erkenntnis der bezeichneten Gegenstände Hand in Hand.

> Denn ohne die Hülfe der Wörter haben wir bloß eine *anschauende* Kenntniß der Dinge, und empfinden das, was zu derselben gehöret, nur auf eine verworrene Art. Die Wörter, welche die Theile eines Gedankens oder eines Begriffs bezeichnen, bringen denselben in Ordnung und setzen uns in den Stand, ihn genau zu entwickeln. [...] Man sieht hieraus, von welcher Wichtigkeit der Reichthum einer Sprache für die Beförderung und Gewißheit der menschlichen Kenntnisse ist, und daß Wörter erfinden eben so viel heißt, als diese Kenntnisse und ihre Gewißheit befördern.[75]

Auf dieses bewußtseinserweiternde Potential der Wortschöpfung stützt sich Sulzers Wertschätzung der Metapher für die Philosophie und die Wissenschaften. Durch die Entdeckung von Ähnlichkeiten zwischen Bekanntem und Unbekanntem vermag der Scharfsinnige dunkle Vorstellungen in klare zu verwandeln; die Metapher hält diese Entdeckungen fest und macht sie für andere nachvollziehbar.[76] Darüber hinaus eröffnen aber Metaphern auch Erkenntnismöglichkeiten, die dem Verstand ohne Anschauung versagt blieben. Wie die Figuren in der Geometrie,

> welche dem Verstande Ideen, die sonst ganz verworren und unbrauchbar blieben, genau und richtig bestimmen helfen, [...] hilft uns die Meta-

---

zehn Bänden, hrsg. von Martin Bollacher u. a. (im folgenden *HW*), Bd. I: *Frühe Schriften 1764-1772*, hrsg. von Ulrich Gaier, Frankfurt/Main 1985, S. 695-810, hier S. 743 und S. 754 f., s. hierzu auch S. 234, Anm. 18.

73 Johann George Sulzer, *Anmerkungen über den gegenseitigen Einfluß der Vernunft in die Sprache, und der Sprache in die Vernunft*, in: ders., *Vermischte philosophische Schriften. Zwei Teile in einem Band*, ND d. Ausg. Leipzig 1773-1781, Hildesheim/New York 1974 [im folgenden *SVS*], Teil I, S. 166-198, hier S. 175 f.

74 Ebd., S. 176.

75 Ebd., S. 184, S. 186 [Hervorh. im Orig.].

76 Ebd., S. 188.

pher Ideen, welche ohne diese Hülfe mit der Masse unsrer Vorstellungen vermengt bleiben würden, absondern und festsetzen, und machet
dasjenige, was dem Verstande unbegreiflich zu seyn scheint, sichtbar
und fühlbar.[77]

Der Nutzen der Metapher verschmilzt an dieser Stelle mit den
Erkenntnisleistungen der Sinne und der Einbildungskraft, geht also
über die Merkmalsfindung hinaus und nähert sich der Kategorie der
Erfahrung.[78]

Was Sulzers Metaphernkonzeption von der Wolffschen grundsätzlich unterscheidet, ist die Bereitschaft, Metaphern als dauerhafte Re-
positorien vorbegrifflichen und wesentlich unbegrifflichen Wissens
anzuerkennen. Zwar sieht auch Sulzer ihre Funktion zunächst im
»vorlaufenden Erschließen« (Irmscher[79]) verborgener Wahrheiten. Er
ist sich jedoch der Tatsache bewußt, das es lange dauern kann, bis der
Verstand den schnelleren Witz eingeholt hat. Daß Scharfsinn und
Einbildungskraft die »Schranken« der menschlichen Erkenntnis
durch eine »glückliche Metapher [...] weiter hinaus« rücken[80], bedeutet nicht, daß der Verstand leichtes Spiel haben wird, diese »Wahrheiten [...], welche man nur halb gesehen oder von weitem erblickt
hat«[81], in deutliche Begriffe zu bringen. Im Gegenteil kann es Wahrheiten geben, die der logischen Zergliederung prinzipiell widerstehen.
Das bedeutendste Wirkungsfeld der Metapher ist die Sphäre dessen,
was nur empfunden, nicht erwiesen werden kann:

> Es ist aber unleugbar, daß jeder Mensch weit mehr Wahrheiten empfin-
> det, als er zu beweisen im Stande ist. Denn so, wie es Ideen giebt, die
> man nur auf eine anschauende Art fasset, so giebt es auch anschauende
> oder unentwickelte Schlußreden. Oft empfindet man die Gewißheit
> eines Schlusses, und kann doch die Vordersätze, woraus er folgt, nicht
> entwickeln. Dieß ereignet sich in zweyerley Fällen, entweder, wenn die
> zu einem solchen Vernunftschlusse gehörigen Begriffe zu einfach sind,

---

77 Ebd., S. 189.
78 Zur Funktion der Einbildungskraft für die *ars inveniendi* nach Wolff vgl. van Peur-
    sen, *Ars inveniendi*, S. 71-74. Zur Rolle der Begriffe Ähnlichkeit und Analogie in der
    Geometrie und in der Mathematik allgemein, auf die hier nicht eingegangen werden
    kann, vgl. Poser, *Die Bedeutung des Begriffs ›Ähnlichkeit‹*, S. 64-66; Eberhard Kno-
    bloch, *Analogie und mathematisches Denken*, in: *Berichte zur Wissenschaftsge-
    schichte* 12 (1989), S. 35-47 sowie W. Kluxen, Art. *Analogie I*, in: *Historisches
    Wörterbuch der Philosophie*, hrsg. von Joachim Ritter, Bd. I, Basel 1971, Sp. 214-227.
79 Irmscher, *Aneignung und Kritik*, S. 40 (mit Bezug auf Lichtenberg).
80 Sulzer, *Anmerkungen über den gegenseitigen Einfluß*, S. 189.
81 Ebd., S. 190.

als daß sie entwickelt werden könnten, oder wenn ihre Zahl zu groß ist, als daß sie der Verstand auf einmal mit Klarheit fassen könnte. Solche Wahrheiten können also andern nicht erwiesen werden; aber ein glückliches Bild kann sie ihm zu empfinden geben.[82]

Infolge dieser Einsicht erhalten Witz und Einbildungskraft einen neuen Platz in der Hierarchie der Erkenntnisvermögen. Die Metapher ist als ein irreduzibles Instrument und Ausdrucksmedium der Wahrheit rehabilitiert; der »schöne Geist« tritt gleichberechtigt neben den Philosophen; die Dichtung und Essayistik aller Zeiten offenbart sich als einzigartige Schatzkammer menschlicher Weisheit:

> Die Einbildungskraft ist zuweilen eben so tiefdenkend als der scharfsinnigste Verstand. Ihr hat man jene glücklichen Ausdrücke zu danken, welche selbst aus der Finsterniß glänzende Lichtstralen hervorbrechen lassen. Der witzige Kopf sieht die feinsten und verborgensten Aehnlichkeiten, und sein glückliches Genie findet Mittel, sie auszudrücken. Die Schriften der besten ältern und neuern Dichter, und der philosophischen schönen Geister, enthalten Schätze in dieser Art. [...] Die Erfindung eines Ausdruckes oder eines Bildes kann also oft eben so viel werth seyn als eine Entdeckung. [...] Der Philosoph suchet stets die Wahrheit, und verfehlet sie oft; der schöne Geist findet sie oft, ohne sie zu suchen.[83]

Sulzers Neubewertung der Metapher führt ihn schließlich zur Artikulation eines Desiderats, das bis heute nicht eingelöst wurde: »Ich wollte, daß sich ein Philosoph des übermäßigen Ansehens, in welchem die Wörterbücher stehen, dazu bediente, ein Wörterbuch von den reichsten Metaphern zu liefern.«[84] Noch zweihundert Jahre später bekannte Joachim Ritter, Herausgeber des *Historischen Wörterbuchs der Philosophie*, von einer solchen – gleichwohl wünschenswerten – Aufgabe überfordert zu sein. »Der Herausgeberkreis« habe, »nicht leichten Herzens, darauf verzichtet, Metaphern und metaphorische Wendungen in die Nomenklatur des Wörterbuches aufzunehmen«, denn »bei dem gegebenen Stand der Forschungen in diesem Felde« sei es besser, »einen Bereich auszulassen, dem man nicht gerecht werden« könne.[85] Adres-

---

82 Ebd.
83 Ebd., S. 191. Die erkenntnistheoretische Würdigung der Dichtkunst wird am Ende des Aufsatzes (S. 198) fortgesetzt.
84 Ebd., S. 190.
85 Joachim Ritter, *Vorwort*, in: *Historisches Wörterbuch der Philosophie*, Bd. I, S. V-XI, hier S. VIII f.

sat dieser Selbstrechtfertigung ist Hans Blumenberg.[86] Dessen *Paradigmen zu einer Metaphorologie*, erschienen 1960 im *Archiv für Begriffsgeschichte*, verfolgen mit Vico und gegen Descartes die These, daß Metaphern »auch *Grundbestände* der philosophischen Sprache sein« können, »>Übertragungen<, die sich nicht ins Eigentliche, in die Logizität zurückholen lassen.«[87] Am Vorkommen dieser »absoluten Metaphern« breche sich die »cartesische Teleologie der Logisierung« als ganze, denn das Auseinanderfallen der angenommenen Einheit von übertragener und uneigentlicher Rede setze Phantasie und Logos in ein neues Verhältnis zueinander. Der Bildervorrat der Phantasie ist für Blumenberg eine »katalysatorische Sphäre«, die zur Begriffsbildung beiträgt, ohne in ihr aufzugehen.[88]

Bei Sulzer wie bei Blumenberg und Ritter ist es die Entdeckung der Irreduzibilität metaphorischen Ausdrucks, die den Wunsch nach einer Enzyklopädie der philosophischen Metaphern motiviert. Und sicher gehören die Beispiele, mit denen Sulzer seine Ausführungen zur Funktion der Metapher für das Denken illustriert – die nautische Daseinsmetaphorik und die Erkenntnismetaphorik des Lichts –, nicht von ungefähr auch zu den bevorzugten Untersuchungsgegenständen Blumenbergs.[89] Die Genese des Metaphorologie-Projekts, das Blumenberg charakteristischerweise anhand des historischen Gegensatzes zwischen Descartes und Vico profiliert, reicht bis ins 18. Jahrhundert zurück. Erste Initiativen zur philosophischen Rehabilitation der Metapher folgen mit nur geringer Verzögerung auf ihre Disqualifikation und bedienen sich desselben sprach- und erkenntnistheoretischen Diskurses, der sie zugunsten terminologischer Deutlichkeit ausschloß. Man könnte behaupten, das aufgeklärte Bewußtsein einer problematischen Denkform wende sich gegen sich selbst. Auf diese Weise wird das Verhältnis zwischen >Metaphern-Angst< und >neuem Analogiedenken< nach dem Schema einer bewährten dialektischen Denkfigur interpretierbar, die den Vorteil hat, das kritische Wechselspiel zwi-

---

86 Vgl. auch Blumenbergs Reflexion über das Verhältnis zwischen Begriffsgeschichte und Metaphorologie in Reaktion auf Ritter: Hans Blumenberg, *Beobachtungen an Metaphern*, in: *Archiv für Begriffsgeschichte* 15 (1971), S. 161-214, hier bes. S. 161-171.

87 Hans Blumenberg, *Paradigmen zu einer Metaphorologie*, in: *Archiv für Begriffsgeschichte* 6 (1960), S. 7-142, hier S. 9 [Hervorh. im Orig.].

88 Ebd., S. 9 f.

89 Vgl. Sulzer, *Anmerkungen über den gegenseitigen Einfluß*, S. 189-191; Blumenberg, *Licht als Metapher der Wahrheit. Im Vorfeld der philosophischen Begriffsbildung*, in: *Studium generale* 10 (1957), S. 432-447 u. a.; zur Schiffahrtmetaphorik: ders., *Beobachtungen an Metaphern*, S. 171-190 (u. a.).

schen Metapher und Begriff bzw. zwischen Einbildungskraft und Verstand als ein prinzipiell unabgeschlossenes erscheinen zu lassen.

Um den Vergleich mit Blumenbergs Metapherntheorie tatsächlich aushalten zu können, fehlt Sulzer natürlich das hermeneutische Erkenntnisinteresse, aufgrund dessen der Metaphorologe des 20. Jahrhunderts die historischen Formen und Begriffe (oder Metaphern) der Erkenntnis selbst zum Gegenstand seiner Forschung erklärt. Deshalb liegt die Metareflexion auf den jeweiligen methodologischen Rahmen des Metapherngebrauchs (die Frage, ob Metaphern im Kontext ihres Auftretens theoretisch »erlaubt« sind) außerhalb seines Horizonts.[90] Dasselbe gilt für die historische Spezifik der Metaphern, für das, was Blumenberg als ihren »imaginative[n] Hintergrund« und ihre »lebensweltlichen Leitfäden« bezeichnet hat.[91] Insofern der Übergang von der Metapher zum Begriff immer mit dem Verlust solcher imaginativen Qualitäten verbunden ist, muß, wie Harald Weinrich zu Recht angemerkt hat, jede Metapher als eine »absolute Metapher« betrachtet werden.[92] Die Hoffnung, auf dem Wege der Metaphorologie an diese imaginative »Substruktur des Denkens heranzukommen, an den Untergrund, die Nährlösung der systematischen Kristallisationen«[93], bildet den inneren Antrieb der vorliegenden Untersuchung.

---

90 Und es scheint, als bezöge die Metaphorologie ihre heimliche Legitimation aus der aggressiven Lust, mit der sie – wie die Dekonstruktion – »verbotene« Metaphern ans Tageslicht zerrt: »es wird sich der eigentümliche Sachverhalt zeigen, daß die *reflektierende* ›Entdeckung‹ der authentischen Potenz der Metaphorik die daraufhin produzierten Metaphern als Objekte einer historischen Metaphorologie entwertet. Einer Analyse muß es ja darauf ankommen, die logische ›Verlegenheit‹ zu ermitteln, für die die Metapher einspringt, und solche Aporie präsentiert sich gerade dort am deutlichsten, wo sie theoretisch gar nicht ›zugelassen‹ ist« (Blumenberg, *Paradigmen*, S. 9). Demgegenüber fühlt sich die Verfasserin der vorliegenden Studie von dem zuweilen mutwilligen Spiel mit Metaphern angezogen, das sich im Zwielicht von Verbot und Emanzipation, aber zuweilen auch zwischen seriöser Philosophie und alberner Schöngeisterei entspinnt.

91 Blumenberg, *Beobachtungen an Metaphern*, S. 163.

92 Harald Weinrich, *Hans Blumenberg, Paradigmen zu einer Metaphorologie* (Rezension), in: *Göttingische Gelehrte Anzeigen* 219 (1967), S. 170-174, hier S. 174.

93 Blumenberg, *Paradigmen*, S. 11.

2.2. Die Erfindung der Seele:
Mechanik und Psychologie

Der heuristische Nutzen der fruchtbaren Begriffe erstreckt sich für Wolff nicht zuletzt auf die Erfindung neuer Wissenschaften. Besonders in der Mathematik und hier vor allem auf dem Gebiet der Mechanik werden dank fruchtbarer Definitionen und Lehrsätze »immer fort fast täglich neue Wahrheiten entdecket«.[94] »Daß ganze Wissenschaften dazu gekommen seyen«, belegt Wolff an Keplers »Dioptric« und an seiner eigenen Neuerung, der »Lufftmeßkunst« *(Aërometria)*.[95] In einer Fußnote macht der Übersetzer des Aufsatzes *Von den fruchtbaren Begriffen* außerdem auf die »Meßkunst der Seele«, die »Psycheometrie« aufmerksam[96], die ebenfalls zu den Wolffschen Innovationen gerechnet werden kann. Unter den Bezeichnungen *Psychologia rationalis* und *Psychologia empirica* etablierte Wolff die Seelenlehre als eine philosophische (Lehr-)Disziplin, die sich in ihren Methoden und Darstellungsformen an den mathematischen Wissenschaften orientieren sollte. Am Beispiel der Psychologie läßt sich das Funktionieren der zweigliedrigen *ars inventionis* mustergültig nachvollziehen: Zuerst wird das unbekannte Forschungsgebiet durch analogische »Verkehrung« namhaft gemacht, anschließend sollen fruchtbare Definitionen und Sätze zur Ermittlung neuen Spezialwissens führen.[97] Allerdings, das wird sich im folgenden zeigen, bleibt die heuristische Analogie, die zur Erfindung der »Seelenphysik« führte, als ein unerschöpflicher »Katalysator« auch in deren Spezialdiskurs erhalten. Trotz aller Bestrebungen, physikalische Metaphern durch Definitionen in psychologische Termini umzuwandeln, erweist sich die materielle Imagination als übermächtig; die Erschließung

---

94 Wolff, *Von den fruchtbaren Begriffen*, § 5, S. 103.

95 Ebd., S. 105.

96 Ebd.

97 A. G. Baumgartens *Sciagraphia Encyclopaediae philosophicae*, 1769 posthum in Halle erschienen, präsentiert eine Fülle solcher noch unbekannten Wissenschaften, die auf demselben analogischen Wege eruiert wurden. Als einen Teil der »Topologie« erfindet Baumgarten z. B. die philosophische Bewegungslehre, zu der neben der theologischen und kosmologischen auch die psychologisch-pneumatische gehört: »Topologiae metaphysicae pars potior est scientia motus philosophica s. OTHOSOPHIA [die Lehre von der Bewegung] tractans I. de motu in genere ONTOLOGICA II. de motu A) substantiae infinitae s. THEOLOGICA, scientia primi motoris B) substantiarum finitarum 1) in genere, COSMOLOGICA 2) in specie spirituum PSYCHOLOGICO-PNEUMATICA.« § 134 [Hervorh. im Orig.].

psychologischer *Terra incognita* verlangt stets von Neuem den analogisierenden Rekurs auf physische Phänomene.[98] Daß dies zum Problem wird, liegt an der Cartesischen Zwei-Substanzen-Theorie, die für Wolff und seine Schüler die unhintergehbare Voraussetzung allen Philosophierens darstellt. Wenn die Seele das Andere des Körpers ist, d. h. Unsichtbarkeit und Immaterialität zu ihrem Wesen gehören, kann nur in Abstrakta von ihr gesprochen werden – diese aber generieren sich letztlich aus der konkreten, körperbezogenen Alltagssprache. Jeder psychologische Terminus ist eine Katachrese, das Resultat der Übertragung eines gegebenen Ausdrucks auf etwas, wofür keine eigentliche Bezeichnung existiert. Die ›Metaphern-Angst‹, von der im Rahmen der Wolffschen Tradition die meisten psychologischen Worterklärungen getragen sind, ist zugleich – und vielleicht vor allem – die Angst vor dem Materialismus-Verdacht.

Auf methodologischer Ebene gilt die Mechanik in der ersten Hälfte des 18. Jahrhunderts für alle Wissenschaften als vorbildlich. Unter die Bezeichnung ›mechanisch‹ fällt im allgemeinen jede philosophische Praxis, die unter Verzicht auf die Aristotelische und scholastische Lehre von den Formen und Qualitäten alle körperlichen Phänomene auf Korpuskelbewegungen zurückführt und diese nach den Gesetzen der modernen Mechanik erklärt. Assoziiert ist diese Denktradition mit Namen wie Gassendi, Descartes und Boyle; im Bereich der Physiologie gelten Boerhaave und – in Wolffs Halleschem Umfeld – Friedrich Hoffmann als zwei ihrer wichtigsten und einflußreichsten Vertreter.[99] Bei

---

98 Max Dessoir hat bereits mit Blick auf die griechische Antike die »Seelenphysik« von der »Seelenkunst« und der »Seelentheologie« unterschieden und damit »drei Gebiete des Nachsinnens« genannt, in deren jeweiligem Kontext psychologische Reflexionen angestellt wurden: »praktische Menschenkenntnis, religiös-moralische Bestrebungen und naturwissenschaftliche Forschungen.« (Dessoir, *Geschichte der neueren deutschen Psychologie*, S. 1 f.) Diese Traditionsstränge werden dann ins 18. Jahrhundert hinein weiterverfolgt (vgl. ebd., S. 23, S. 28 f. u. ö.). Über die Seelenphysik im 18. Jahrhundert heißt es: »Die Seelenphysik nahm im Lauf der Zeiten verschiedene Formen an: Gleichsetzung des Bewusstseins mit dem Körperlichen (materialistische Psychologie); Erklärung der als eigenartig anerkannten Innerlichkeit aus materiellen, namentlich physiologischen Vorgängen; Übertragung der naturwissenschaftlichen Methode auf die aus sich selber zu begreifende innere Erfahrung.« (Ebd., S. 28.)

99 Zur mechanischen Philosophie bis Newton vgl. Marie Boas, *The Establishment of the Mechanical Philosophy*, in: *Osiris* 10 (1952), S. 412-541. Zur Iatromechanik vgl. die knappe Überblicksdarstellung in Karl E. Rothschuh, *Konzepte der Medizin in Vergangenheit und Gegenwart*, Stuttgart 1978, S. 224-252 sowie ausführlicher Charles Daremberg, *Histoire des sciences médicales. Comprenant l'anatomie, la physiologie, la médicine, la chirurgie et les doctrines de pathologie générale*, ND d. Ausg. Paris 1870, Graz 1974, Bd. II: *Depuis Harvey jusqu'au XIXᵉ siècle*, S. 753-953.

Wolff hängt der Begriff der mechanischen Philosophie eng mit dem mathematischen bzw. geometrischen Methodenideal zusammen, bezieht sich darüber hinaus jedoch auch auf die speziellen methodischen Implikationen seines mechanistischen Weltbildes. In einem Glückwunschschreiben an den Mediziner Simon Daniel Diezen *Von dem richtigen Gebrauche der mechanischen Philosophie* (1710) erklärt Wolff die Mechanik zum Gegenstandsbereich der Mathematik und verpflichtet sie auf deren Definitions-, Beweis- und Schlußverfahren.[100] Er definiert sie als »das Gesezbuch der Natur, oder der Bewunderungs würdigen Geseze der Bewegung« und knüpft das mechanische Philosophieren an die Anwendung der Bewegungsgesetze auf alles, was unter den Begriff der Maschine rubriziert werden kann – darunter die »lebenden Maschinen«, d. h. die Körper der Tiere und Menschen:

> Da nun also die Mechanic das Gesezbuch der Natur, oder der Bewunderungs würdigen Geseze der Bewegung ist; so kan man nur allein von jemanden sagen, daß er *mechanisch philosophire*, wenn er die Wirckungen nach denen wahren Bewegungs-Gesezen der Natur erkläret, und ihre Möglichkeit dem Verstande begreiflich vorstellet. Nun aber werden alle Cörper insges. Maschinen genennet, deren Würckungen aus ihrer Zusammensezung nach denen ewigen und unveränderlichen Gesezen der Natur erfolgen: indem wir in der Kunst ein jegliches eine Maschine zu nennen pflegen, worauf sich dieser Begriff schicket.[101]

Vergleichbare Definitionen finden sich in Wolffs *Anfangs=Gründen der Mechanick*, in A. G. Baumgartens *Metaphysica* und in Zedlers *Universal-Lexikon*.[102]

---

100 Wolff, *Von dem richtigen Begriffe der mechanischen Philosophie*, in: WGW, I. Abt. lat. Schr., Bd. XXI.III: *Gesammelte kleine philosophische Schriften III*, ND d. Ausg. Halle 1737, Hildesheim/New York 1981, S. 723-736, hier S. 724. Weitere Ausführungen zur »mathematischen Lehrart« der Philosophie, auf die Wolff in diesem Aufsatz verweist (auf S. 730 f.), finden sich in der kleinen Schrift *Von der Weltweisheit und Naturlehre* (dt. Übers. der Vorrede zu den *Aerometriae elementa* von 1709), in: ders., *Gesammelte kleine philosophische Schriften II*, S. 3-21, hier S. 16 f.

101 Wolff, *Von dem richtigen Begriffe der mechanischen Philosophie*, S. 730 [Hervorh. im Orig.]; zu den »lebenden Maschinen« S. 731-734.

102 Wolff, *Anfangs=Gründe der Mechanick oder Bewegungs=Kunst*, in: ders., *Der Anfangs=Gründe aller Mathematischen Wissenschaften Anderer Theil [...]* [¹1710], in: WGW, I. Abt. dt. Schr., Bd. XIII, ND d. neuen, verbesserten u. vermehrten Ausg. Halle 1757, Hildesheim/New York 1973, S. 741-838, hier S. 747 f.; Baumgarten, *Metaphysica*, ND d. Ausg. Halle 1779, Hildesheim 1963, §§ 433-435; Art. *Mechanisch (Mechanice) philosophiren und Mechanische Philosophie*, in: Johann Heinrich Zedler, *Grosses vollständiges Universal-Lexikon aller Wissenschaften und Künste*, Bd. XX, ND d. Ausg. Halle/Leipzig 1739, Graz 1961, Sp. 20 f. bzw. Sp. 23.

Die Erwartungen, die sich für Wolff und seine Zeitgenossen mit
der Mechanik als philosophischer Leitdisziplin verbanden, lassen sich
vor allem auf den enormen Erkenntniszuwachs zurückführen, den
die Experimentalphysik des 17. und 18. Jahrhunderts verzeichnen
konnte. Physikalisches Wissen galt als sicheres, experimentell und rational überprüfbares sowie rasch expandierendes Wissen, das sich im
Leben durch zahlreiche konkrete Anwendungsmöglichkeiten verdient machte. Dies allein genügte, um den Vorbildcharakter der Mechanik zu einem philosophischen Gemeinplatz werden zu lassen –
erst recht im Rahmen einer sich erst konstituierenden Wissenschaft
wie der Psychologie. Wolff selbst artikulierte in der Vorrede seiner
Psychologia empirica von 1732 die Hoffnung, die Gesetze der Seele
ließen sich ebenso folgerichtig und verständlich darbringen wie die
der Körper. Das Ziel dieses Unterfangens sah er darin, analog zur angewandten Physik einen Beitrag zur ausübenden Sittenlehre zu leisten. Ähnlich wie die Maschine durch ihre zweckmäßige Struktur
»die Kraft vermögend macht, eine vortheilhafte Bewegung hervor zu
bringen«[103], sollte die Psychologie den Menschen in die Lage versetzen, seine Seelenkräfte dem freien Willen gemäß zu dirigieren:

> Und keine andere Ursache ist auch, warum die Weltweisen die ganze
> Ausübung der Tugenden und Sitten bisher noch nicht zu einer Kunst ge-
> macht haben, als weil sie nicht einsahen, wie durch die Geseze, nach wel-
> chen sich die Vermögen der Seele richten, solche unter unsere Gewalt
> kommen, und durch ihren Gebrauch die freyen Handlungen dahin ge-
> richtet werden, wohin sie zielen sollen, daß sich also die Bestimmungen
> und Einrichtungen aller menschlichen Handlungen, nach gewissen be-
> ständigen Gesezen, nicht minder auf eine verständliche Art erklären, und
> aus der Natur der menschlichen Seele aus Gründen herleiten lassen, als
> die Würkungen der Cörper, und die darauf beruhenden Veränderungen
> in der Welt, in der Naturlehre heutzutage erkläret zu werden pflegen.[104]

Daß Wolff die Untergliederung der Psychologie in einen empirischen
und einen rationalen Teil einschließlich der Methoden, die dieser
Gliederung entsprechen sollten, nach dem Muster der Physik vornahm, ist bekannt. Im *Discursus praeliminaris* werden Physik und

---

103 Wolff, *Anfangs=Gründe der Mechanick*, S. 747. Zu den Anwendungsgebieten der
     Psychologie zählten für Wolff neben der praktischen Philosophie auch die Logik
     und die Erfindungskunst, vgl. ders., *Discursus praeliminaris*, § 111.

104 Wolff, *Von dem Nutzen und der Lehrart, in der erfahrenden Lehre von der Seele* [dt.
     Übers. d. Vorrede zur *Psychologia empirica*], in: *Gesammelte kleine philosophische
     Schriften III*, S. 222-256, hier S. 225 f.

Psychologie symmetrisch als »scientia eorum, quae per corpora pos-
sibilia sunt« bzw. als »scientia eorum quae per animas humanas pos-
sibilia sunt« definiert.[105] Genau wie die experimentelle Physik durch
Beobachtungen und Experimente die Grundsätze der dogmatischen
erarbeitet und deren Theorien überprüft, sammelt die empirische
Psychologie Erfahrungsdaten, um sie der rationalen zur Begründung
a priori vorzulegen bzw. um deren Sätze zu verifizieren.[106]

Die psycho-physische Analogie beschränkt sich bei Wolff jedoch
nicht auf eine heuristische Konstruktion, die sich abstreifen ließe, sobald die neue Wissenschaft und ihre Methoden einmal etabliert sind.
Sie gehört, wie Hans-Jürgen Engfer gezeigt hat, im Gegenteil zu den
ontologischen Fundamenten der Wolffschen Philosophie. Bedingung
der Möglichkeit, die Seele mittels physikalischer Methoden zu erforschen, ist die Annahme einer vorgängigen, in den Gegenständen
selbst gegründeten Übereinstimmung, die Wolff durch eine Umdeutung Leibnizscher Kategorien in seiner Monadenlehre verankert.
Laut Engfer hatte Leibniz »die Rettung eines Reichs der Zweckursa-
chen vor dem kausalen Denken der neuzeitlichen Naturwissenschaft«
angestrebt, indem er die Welt der Körper als eine Sphäre bloßer Phä-
nomenalität interpretierte.[107] Wolff dagegen verhandelt elementare
Körperpartikel und Seelen auf derselben ontologischen Ebene und
legt »beiden Bereichen den Begriff der Einheit und den Begriff der
Kraft in gleicher Weise« zugrunde.[108] Anders als Leibniz meint Wolff,
daß die vorstellende Kraft der Monade ebenso wie die Bewegungen
der Körper erkennbaren kausalen Regeln gehorcht. Die Leibnizsche
These von der prästabilierten Harmonie erfüllt in diesem Rahmen

---

105 Wolff, *Discursus praeliminaris*, §§ 58 f.
106 Ebd., § 111 sowie ders., *Psychologia rationalis* [¹1734], in: *WGW*, II. Abt. lat. Schr., Bd.
     VI, ND d. Ausg. Frankfurt/Leipzig 1740, hrsg. von Jean École, Hildesheim/New
     York 1972, §§ 4 f. Zum Verhältnis zwischen empirischer und rationaler Psychologie
     bei Wolff vgl. Charles E. Corr, *Christian Wolff's Distinction between Empirical and
     Rational Psychology*, in: *Akten des II. internationalen Leibniz-Kongresses*, hrsg. von
     Kurt Müller u. a., Bd. III: *Metaphysik – Ethik – Ästhetik – Monadenlehre*, Wiesbaden
     1975 (= Studia Leibnitiana Supplementa 14), S. 195-215; Jean École, *En quels sens peut-
     on dire que Wolff est rationaliste?* In: *Studia Leibnitiana* 11 (1979), S. 45-61; Hans Wer-
     ner Arndt, *Rationalismus und Empirismus in der Erkenntnislehre Christian Wolffs*, in:
     Schneiders (Hrsg.), *Christian Wolff 1679-1754*, S. 31-47 sowie Hans-Jürgen Engfer,
     Von der Leibnizschen Monadologie zur empirischen Psychologie Wolffs, in: *WGW*,
     Materialien und Dokumente, Bd. XXXI: *Nuovi studi sul pensiero di Christian Wolff*,
     hrsg. von Sonia Carboncini und Luigi Cataldi Madonna, Hildesheim/Zürich/New
     York 1992, S. 193-215.
107 Engfer, *Von der Leibnizschen Monadologie*, S. 199.
108 Ebd., S. 200.

nicht mehr die Funktion, »die Einheit der Welt« zu garantieren, sondern reduziert sich auf die Erklärung des Verhältnisses zwischen Leib und Seele. Die prästabilierte Harmonie gewährleistet, daß die Vorstellungen der Seele den Bewegungen der Körper, genauer: den Veränderungen in den menschlichen Sinnesorganen entsprechen.[109]

Erschien die Analogie zwischen Physik und Psychologie bei Wolff zunächst als eine bloß heuristische, so zeigt sich bei näherem Hinsehen, daß die Parallelkonstruktion eine weitergehende Annahme über das Verhältnis von Körper und Seele impliziert. Die Hoffnung, in der Psychologie ähnlich verläßliche Gesetzmäßigkeiten wie in der Mechanik zu entdecken, hängt uneingestandenermaßen mit einem mechanistischen Konzept der Seele zusammen. Diese Tendenz zeigt sich zum einen in Wolffs Technik, psychische Abläufe kausal zu beschreiben, zum anderen in seinem Wissenschaftsziel, die Kräfte der Seele nach zweckrationalen Prinzipien zu nutzen.[110]

---

109 Ebd., S. 208 f.
110 Ebd., S. 203. Engfer betont, daß der Wolffsche Regelbegriff »beständig zwischen [empirisch-psychologischer] Deskription und [logischer] Präskription« schwankt (ebd., S. 206).

2.3. Einfluß

Bis hin zu Karl Philipp Moritzens *Magazin zur Erfahrungsseelen-kunde* (1783-1793) bewahrt die Psychologie den methodischen Bezug zur Physik und zieht weitere Konsequenzen aus der von Wolff gestifteten interdisziplinären Analogie.[111] Auch die Ambivalenz zwischen dem Bestreben, der Seele eine Eigengesetzlichkeit gegenüber der Körperwelt zuzugestehen, und der gegenläufigen Tendenz, körperliche und seelische Phänomene analog auf einander zu beziehen, bleibt für die empirische Psychologie charakteristisch. Die Spannung, die Engfer anhand einer Gegenüberstellung von Leibniz und Wolff demonstriert hat, läßt sich, wie noch deutlich werden wird, auch innerhalb der beiden philosophischen Systeme beobachten. Insofern der Diskurs über die Seele sich im 18. Jahrhundert mit der Frage nach dem *commercium mentis et corporis* konfrontiert sieht – und die Cartesische Zwei-Substanzen-Theorie warf diese Frage als eine »Folgelast« auf[112] –, stellt sich im Hintergrund das Problem des analogischen Denkens stets in seiner kosmischen Tragweite. Ich möchte dies im folgenden mit Blick auf das Spezialproblem ›Rührung‹ näher erläutern.

2.3.1. Die Seele im Spiegel des Körpers: Johann Gottlob Krügers *Versuch einer Experimental=Seelenlehre*

Johann Gottlob Krüger plädiert in seinem *Versuch einer Experimental=Seelenlehre* (1756) dafür, das empirische Verfahren der Psychologie nicht auf die Beobachtung zu beschränken, sondern durch Versuche zu ergänzen. Da jedoch der Begriff des Experiments nach dem bisherigen Wortgebrauch lediglich auf physikalische Gegenstände anwendbar sei, müsse zunächst eine spezifisch psychologische Technik des Experimentierens entwickelt werden:

---

111 Über das *Magazin zur Erfahrungsseelenkunde* mit Bezug auf die hier und im folgenden diskutierten Aspekte (zur Analogie zwischen Psychologie und Experimentalphysik, zum *commercium mentis et corporis* und zur Metaphernproblematik) vgl. Hans Joachim Schrimpf, *Karl Philipp Moritz*, Stuttgart 1980, S. 35-48; Raimund Bezold, *Popularphilosophie und Erfahrungsseelenkunde im Werk von Karl Philipp Moritz*, Würzburg 1984 (= Epistemata 14), insbes. S. 116-149 sowie Lothar Müller, *Die kranke Seele und das Licht der Erkenntnis. Karl Philipp Moritz' Anton Reiser*, Frankfurt/Main 1987, insbes. S. 60-75.

112 S. u., S. 234.

Man wird es vielleicht für einen bloßen Scherz halten, wenn ich sage, daß ich mir vorgesetzt habe, zu zeigen, wie man die Seele durch Experimente solle kennen lernen. Experimente, wird man sprechen, laßen sich nur mit Körpern anstellen. Wird man aber wohl die Geister unter die Luftpumpe bringen, ihre Gestalten durch Vergrößerungsgläser erblicken und ihre Kräfte abwägen können? [...] Meines Erachtens sollte man vielmehr so schließen: ist die Seele von denen Sachen, welche man in der Naturlehre betrachtet, so sehr verschieden; so werden auch ganz andere Experimente mit ihr vorgenommen werden müßen.[113]

Unter psychologischen Experimenten versteht Krüger »ausserordentliche Veränderungen die man mit dem Leibe vornimmt«.[114] Ganz ohne Blutvergießen lasse sich Untersuchungsmaterial dieser Art im Rahmen der ärztlichen Praxis gewinnen und aus bestehenden medizinischen Fallbeschreibungen zusammentragen. Als Experimente zur Erforschung der Seele betrachtet Krüger solche medizinischen Protokolle deshalb, weil »nicht nur aus den Veränderungen der Seele, Veränderungen des Leibes, sondern auch aus Veränderungen des Leibes, Veränderungen der Seele erkannt werden können.«[115] Durch die unlösbare Verbindung von Leib und Seele »wird der Körper ein Spiegel, darinnen sich die Seele selber erblickt, und zu einer Erkänntniß gelanget, welche ihr die Natur außer dieser Verbindung [...] versagt« hätte.[116] Physische Krankheiten und Verletzungen gehen oft mit seelischen Extremzuständen einher, aus denen der aufmerksame Arzt nicht weniger lernen kann als jener Naturforscher, der Tiere »in die Nothwendigkeit versetzet, im luftleeren Raum zu sterben, in welches Unglück sie ohne seine Lehrbegierde nimmermehr gerathen seyn würden«.[117]

Bezüglich der *commercium*-Frage vertrat Krüger eine pragmatische Zwischenposition. Dem Mediziner, der die mechanistische Theorie seines Lehrers Friedrich Hoffmann mit dem Animismus Georg Ernst Stahls zu vermitteln suchte[118], schien der »Einfluß der Affecten in die zum Leben nöthigen Bewegungen des Leibes [...] so offenbar und so gewiß [...], daß er von keinem Menschen in Zweifel

---

113 Johann Gottlob Krüger, *Versuch einer Experimental=Seelenlehre*, Halle/Helmstedt 1756, § 1.
114 Ebd., § 7.
115 Ebd.
116 Ebd., § 4.
117 Ebd., § 6.
118 Vgl. Stefan Bilger, *Üble Verdauung und Unarten des Herzens. Hypochondrie bei Johann August Unzer (1727-1799)*, Würzburg 1990, S. 47.

gezogen werden kan«.[119] Er verstand seine Auffassung als Gegenposition zur Meinung derer, »die den Leib als eine solche Maschine ansehen, mit welcher das in unserm Kopfe befindliche denkende Wesen gar nichts zu schaffen hätte.«[120] Krügers Schüler Johann August Unzer schlug in diesem Sinne ein Konzept der »Gemeinschaft« zwischen Leib und Seele vor, das sowohl mit dem Begriff der Harmonie als auch mit dem des *influxus* vereinbar sein sollte.[121] Wichtig war für die Ärzte des Halleschen ›psychomedizinischen Kreises‹ (dem neben Krüger und Unzer auch G. F. Meier und E. A. Nicolai angehörten) weniger die Entscheidung für eines der drei metaphysischen Systeme Influxionismus, Okkasionalismus oder Harmonismus als die Einsicht in den phänomenalen Zusammenhang zwischen Leib und Seele. Krüger begriff diesen Zusammenhang als Wechselwirkung: Stets entspricht einer Empfindung der Seele eine proportionierte Bewegung des Körpers und umgekehrt.[122] Daß Körper und Seele sich spiegelbildlich auf einander beziehen und es möglich erscheint, »aus denen Veränderungen des Leibes und sonderlich den Gesichtszügen die Veränderungen der Seele zu bestimmen«[123], ist unter dieser Bedingung nur folgerichtig.

Angesichts des mechanistischen Körperkonzepts, das Krügers physiologische Arbeiten charakterisiert, kann allerdings im Spiegel, den er der Seele vorhalten möchte, nichts anderes als eine Maschine sichtbar werden. Unter Berufung auf Wolff befand Krüger es als »seltsam« zu behaupten, »es liessen sich von den in dem menschlichen Cörper vorgehenden Veränderungen keine mechanischen Ursachen angeben«[124], und bekannte eingedenk des Stahlschen Animismus: »Wenn also gleich alle Bewegungen von der Seele ihren Ursprung hätten: so würde man doch von dem Cörper mechanisch philoso-

---

119 Krüger, *Naturlehre*, Teil II, § 301.

120 Ebd.

121 Vgl. hierzu Carsten Zelles Nachwort in: Johann August Unzer, *Neue Lehre von den Gemüthsbewegungen, mit einer Vorrede vom Gelde begleitet von Herrn Johann Gottlob Krügern*, hrsg. von Carsten Zelle, Halle 1995 (= Schriftenreihe zur Geistes- und Kulturgeschichte: Texte und Dokumente), S. 70-96, hier S. 79-84. Zum Halleschen ›psychomedizinischen Kreis‹ vgl. außerdem Johanna Geyer-Kordesch, *Die Psychologie des moralischen Handelns. Psychologie, Medizin und Dramentheorie bei Lessing, Mendelssohn und Friedrich Nicolai*, masch. Diss., Amherst 1977 sowie neuerdings Dürbeck, *Einbildungskraft und Aufklärung*.

122 Krüger, *Versuch einer Experimental=Seelenlehre*, § 24. Vgl. dazu auch Kap. 4.1., S. 239.

123 Ebd., § 4.

124 Ders., *Naturlehre*, Teil II, § 9.

phiren müssen.«[125] Von der mechanistischen Seelenkonzeption, die sich spiegelbildlich aus diesem Verständnis des Körpers ergibt, zeugt Krügers *Dissertatio philosophico-mathematica de determinatione mentis per motiva* von 1734. Krüger analysiert in dieser Schrift mentale Entscheidungsprozesse (die »Bestimmung des Willens durch Beweggründe«), indem er die Relation zwischen dem Willen, den Beweggründen und den Annehmlichkeiten bzw. Schwierigkeiten in der Ausführung durch mathematische Gleichungen ausdrückt.[126] Wie bei Wolff entspricht der methodologische Parallelismus zwischen Physik und Psychologie also bei Krüger einem anthropologischen. Die Doppelkonstruktion bildet eine wesentliche Voraussetzung für die empirische Erkenntnis der Seele, die sich zwar auch vermittels der inneren Sinne, vor allem aber »aus ihren Würkungen« erfahren läßt.[127]

Schon aus der Spiegel-Metaphorik läßt sich ersehen, daß die Physiognomik für Krüger die klassische, hier als Modell zitierte Form des psychologischen Körper-Studiums ist. Der Kontext, in den er sie stellt, kann als symptomatisch für die Gratwanderung gelten, die das aufklärerische Denken mit dem Projekt der Erfahrungsseelenkunde beschreitet. Immer wieder droht das unvermeidlich analogische Denken in die Nähe vormoderner Weltmodelle zu geraten, die für das 18. Jahrhundert mit dem Ruch des Aberglaubens behaftet sind. So flankiert Krüger seine Ausführungen zur Physiognomik mit zwei Beispielketten, von denen die erste anhand mathematischer und physikalischer Methoden die szientifische Angemessenheit proportionaler und analogischer Verfahren demonstriert, die zweite dagegen eine Reihe obsoleter Praktiken anführt, von denen Krüger die seinige unterschieden wissen will. Zu den ersteren gehören die Methoden, die »unausgedehnten Größen [...] mit den ausgedehnten zu vergleichen,

---

125 Ebd., § 10.
126 Ein Paragraph aus Krügers *Dissertatio* sei hier der Anschaulichkeit halber zitiert: »Si motiua A & B sunt æqualia: appetitus A ad appetitum B Se habet, vt difficultates mediorum B ad difficultates mediorum A; &, si mediorum difficultates sunt æquales, vt motiua A ad motiua B.
1) motiua A = 8 = motiua B = 8.
difficult. medior. A = 4. difficult. medior. B = 2
Appetitus A – appetit. B = 4 – 6. (§. 26.)
4 – 6 = 2 – 4
2 – 4 = difficult. medior. B. – difficult. medior. A.
Appetitus A – appetit. B = diffic. med. B – diffic. med. A« usw. Krüger, *Dissertatio philosophico-mathematica de determinatione mentis per motiva [...] praeside M. Christophoro Andrea Bvttnero [...]*, Halle 1734, § 30.
127 Ders., *Versuch einer Experimental=Seelenlehre*, § 5.

und in eine Verhältniß zu setzen«, die Geschwindigkeit eines Körpers nach Maßgabe des von ihm durchlaufenen Raums zu ermitteln sowie »die Kräfte der Körper durch die Menge der Hinderniße« auszumessen, »welche sie in einer gegebenen Zeit überwunden haben.«[128] Unbekanntes wird in den mathematischen Wissenschaften durch Bekanntes, Abstraktes durch Konkretes, Komplexes durch Einfaches, Ursachen werden durch Wirkungen erklärt, und gerade so verhält es sich in der Psychologie.

Die zweite Beispielkette stellt dem zukunftsweisenden einen überkommenen Wissenschaftsbegriff gegenüber: Durch Astrologie, Eingeweideschau, Chiromantie und Kaffeesatzlesen haben die Menschen nicht nur versucht, die »zukünftigen Begebenheiten«, sondern auch, wie in der Physiognomik, »die Neigungen und Gedancken der Menschen zu erkennen«.[129] »Thorheit und Aberglaube verbanden sich mit der eiteln Begierde, das Buch der Schicksale durchzublättern«; Neugierde überwand die Vernunft und brachte die Menschen »dahin, willkührliche Sätze für ausgemachte Wahrheiten, und Erdichtungen für Erfahrungen anzusehen.«[130] Krüger hält es »für ein Zeichen unserer durch die Vernunft aufgeklärten Zeiten, daß man auf den Universitäten keine Lehrer der Sterndeuterkunst mehr hat«, denn die Astrologen »lasen diese Schriften der Natur mit der grösten Aufmerksamkeit, ohne zu bedencken, daß sie sich das Alphabet dazu selbst gemacht hatten.«[131] Wenngleich die »Kenntniß der Gesichtszüge« in dieselbe Tradition gehört wie die verschiedenen Wahrsagekünste, sieht der Verfasser der *Experimental=Seelenlehre* sie zu Unrecht aus dem Kanon der Wissenschaften verbannt: Ihre Triftigkeit ist durch Erfahrung verbürgt.

Keineswegs also kann der Selektionsprozeß, der die Wissenschaft vom Aberglauben trennt, in der Mitte des 18. Jahrhunderts als abgeschlossen gelten.[132] Die Probleme und Methoden der empirischen Psychologie liegen zu einem guten Teil in einer epistemologischen Grauzone, über deren disziplinäres Schicksal noch nicht entschieden ist. Die Frage, wie und warum die Künste den Menschen zu rühren vermögen, trifft ins Zentrum dieser Grauzone: Sie teilt wesentliche

---

128 Ebd., § 4.
129 Ebd.
130 Ebd.
131 Ebd.
132 Vgl. zur Kritik der Aufklärung am Aberglauben Martin Pott, *Aufklärung und Aberglaube. Die deutsche Frühaufklärung im Spiegel ihrer Aberglaubenskritik*, Tübingen 1992 (= Studien zur deutschen Literatur 119), zum Verhältnis zwischen Aberglauben und mechanischer Philosophie S. 337-412.

Voraussetzungen mit der Physiognomik, aber auch mit der Astrologie. Das übergreifende Problem, bei dessen Lösung die modernen Wissenschaften Physik, Medizin, Metaphysik und Ästhetik den obsoleten mantischen und magischen Künsten begegnen, läßt sich am treffendsten mit dem Begriff des Einflusses bezeichnen. Betrachtet man den Diskurs über Rührung in seinem weiteren wissenschaftsgeschichtlichen Kontext, so wird er sich als Bestandteil einer transdisziplinären Serie paralleler Diskussionszusammenhänge herausstellen, zu denen neben der Astrologie und dem Thema des *commercium mentis et corporis* auch das medizinische Problem der Ansteckung und das physikalische der Krafteinwirkung zählen.[133] In der Wissenschaftssystematik des mittleren 18. Jahrhunderts gehören diese Themenkomplexe zusammen; Erklärungsmodelle – insbesondere mechanische – können aufgrund der analogen Problemstellung von einer Disziplin in die anderen übertragen werden.[134]

---

133 Erika Fischer-Lichte hat mit Blick auf Quellen zur Semiotik des Theaters und zur Schauspielpraxis sowie auf Beschreibungen gerührter Zuschauer in Theaterkritiken des 18. Jahrhunderts darauf hingewiesen, daß Affekterregung häufig als ein Phänomen der ›Ansteckung‹ dargestellt wird. Aus dem Befund, daß in den von ihr berücksichtigten Quellen keine Versuche unternommen werden, solche Vorgänge zu erklären, schließt sie, daß im 18. Jahrhundert für Rührung kein Erklärungsbedarf bestand und vertritt die These, »daß die ästhetische Illusion hier Funktion und Vermögen des magischen Bewußtseins übernimmt« (Erika Fischer-Lichte, *Der Körper als Zeichen und Erfahrung. Über die Wirkung von Theateraufführungen*, in: *Theater im Kulturwandel des 18. Jahrhunderts. Inszenierung und Wahrnehmung von Körper – Musik – Sprache*, hrsg. von E. Fischer-Lichte u. Jörg Schönert, Göttingen 1999 [= Das achtzehnte Jahrhundert Supplementa 5], S. 53-68, hier S. 67). Hinsichtlich der funktionalen und strukturellen Konvergenz von Rührung, Ansteckung und Magie ist dieser Auffassung zuzustimmen; was den Erklärungsbedarf angeht, hoffe ich, im Rahmen dieser Untersuchung Gegenteiliges zeigen zu können.

134 Vgl. zur Funktion mechanistischer Erklärungsmodelle für die Ästhetik auch Ingrid Kerkhoffs luzide Einleitung zum Nachdruck von Daniel Webbs ästhetischen Schriften (Ingrid Kerkhoff, »Einleitung«, in: Daniel Webb, *Ästhetische Schriften*, ND d. Ausg. von 1761, 1762 u. 1769 m. einer einleitenden Abhandlung von Ingrid Kerkhoff, München 1974 [= Theorie und Geschichte der Literatur und der schönen Künste, Texte und Abhandlungen 23], S. VII-LXXIII). Kerkhoff stellt Webbs physiologische Wirkungstheorie in den Kontext der englischen Newton-Rezeption um 1750 und führt die »physikalische Analogie« als »Erklärhilfe ästhetischer Phänomene« (ebd., S. LI) auf ein neues, empirische Beweisverfahren erforderndes Wissenschaftsverständnis zurück, dem sich auch die Ästhetik zu stellen hatte (ebd., S. XIII, S. LIII).

2.3.2. Astrale, meteorologische und musikalische Einflüsse: Menuret de Chambaud, Boissier de Sauvages, Joseph-Louis Roger

Unter dem Stichwort *influence* nennt die *Encyclopédie* drei Hauptbedeutungen, von denen die erste dem Fachgebiet der Metaphysik, die zweite der Physik und die dritte der Medizin entstammt. In der Metaphysik bezeichnet der Terminus eines der Modelle zur Erklärung des *commercium mentis et corporis*. Dem Verfasser Jean-Jacques Menuret de Chambaud zufolge handelt es sich um das älteste und populärste der drei kursierenden Modelle, das eine unmittelbare Einwirkung der Seele auf den Körper behauptet und dem Geist nichts als eine »qualité occulte« darbietet. Eine direkte physische Einwirkung der Seele auf den Körper sei, wie Leibniz im Zusammenhang mit seiner Theorie der prästabilierten Harmonie mittels verschiedener schlagender Argumente bewiesen habe, ebenso undenkbar wie das dritte kursierende Erklärungsmodell, die *causes occasionnelles*.

Die zweite und dritte Bedeutung des Terminus *influence* sind praktisch deckungsgleich: Sie betreffen den Einfluß der Sterne auf die Erde und die irdischen Körper. Menuret widmet diesem Thema eine lange Erörterung mit der Zwischenüberschrift »Influence ou Influx des Astres«, die in funktionaler Hinsicht den Ausführungen Krügers über die mantischen Praktiken ähnelt. Zwischen den Extremen des Aberglaubens und der pauschalen Verwerfung jeglicher Form astralen Einflusses gilt es einen Mittelweg zu finden, der dem aktuellen Forschungsstand gerecht wird. »Enfin, après que le pendule, emblème de l'esprit humain, eut vibré dans les extrémités opposées, il se rapprocha du milieu«...[135] In Anlehnung an den Physiologen Boissier de Sauvages unterscheidet Menuret zwischen moralischem, physischem und mechanischem Einfluß. Unter *influence morale* sei die geheimnisvolle Macht (»la vertu mystérieuse«) über Schicksale, Sitten und Charaktere zu verstehen, die die traditionelle Astrologie den Planeten und Fixsternen zuschrieb; mit *influence physique* ist die in ihrem Mechanismus ungeklärte, in ihrer Faktizität jedoch unübersehbare Einwirkung der Sterne auf die Atmosphäre und indirekt auf die Luft gemeint. *Influence méchanique* bezeichnet das Phänomen der Gravitation, das Descartes auf Wirbel und Newton auf die Anziehungs-

---

135 [Jean-Jacques] Menuret [de Chambaud], Art. *Influence*, in: *Encyclopédie, ou Dictionnaire raisonné des sciences, des arts et des métiers, par une société de gens de lettres* [hrsg. von Denis Diderot und Jean le Rond d'Alembert], Bd. VIII, ND d. Ausg. Neuchâtel 1765, Stuttgart-Bad Cannstatt 1967, S. 728-738, hier S. 732.

kraft zurückgeführt hatte.[136] Menurets Artikel prüft im Detail, was für Einflüsse von Seiten welcher Gestirne nachweisbar sind und kennzeichnet – besonders mit Blick auf medizinische Hypothesen – die Zweifelsfälle.

Obwohl die verschiedenen Arten des astralen Einflusses für Menuret nicht das gleiche Maß an Plausibilität beanspruchen können, ist das Schema ihrer Darstellung signifikant, denn es stellt die astrologischen Hypothesen prinzipiell auf dieselbe hierarchische Stufe wie die meteorologischen, medizinischen und mechanischen. Die Subsumption der genannten Forschungsgebiete einschließlich der Metaphysik unter das gemeinsame Stichwort des Einflusses zeugt von einem Problembewußtsein, dessen Gültigkeit heute geschwunden ist: Beziehungen zwischen Dingen universalisierend als Einflüsse zu deuten, gilt für uns als Ausdruck eines magischen Weltbildes, das man nur noch Kindern, Paranoikern und Wilden zugesteht. Nicht zuletzt aufgrund seines metaphorischen Charakters ist in den Kulturwissenschaften der bloße Gebrauch des Ausdrucks ›Einfluß‹ problematisch geworden.[137] Die kritische Phase für diesen Umschwung fällt ins 18. Jahrhundert und betrifft auch den Diskurs über Rührung.

Dem Hinweis Menurets nachgehend, läßt sich das zunächst an einer Schrift des Mediziners Boissier de Sauvages belegen. Dessen *Dissertation où l'on recherche comment l'air, suivant ses différentes*

---

136 Ebd., S. 733.

137 »Jeder Zusammenhang – sei es von Menschen, von Texten auf Bilder, von Ideen auf Bilder usf. – gilt schlicht als ›Einfluß‹. Dabei sind wir uns nicht im klaren, daß wir mit ›Einfluß‹ ein ursprünglich astrologisches Bild – die Vorstellung eines astralen Influx und seiner Wirkung auf die Menschen – auf das Verhältnis von Geschichte und Subjekt übertragen. Das künstlerische Subjekt soll nach unserer Vorstellung so lange Einflüsse erleiden, bis es selber dazu kommt, vom Himmel der Geschichte der Kunst herab Macht auszuüben auf gerade tätige künstlerische Subjekte. [...] Was ich verlange, ist die kritische Prüfung eines historischen Zusammenhangs. [...] Das kritische Bewußtsein der Künstler verbietet schlicht den unreflektierten Gebrauch des Begriffs ›Einfluß‹.« (Oskar Bätschmann, *Einführung in die kunstgeschichtliche Hermeneutik. Die Auslegung von Bildern* [¹1984], 3., durchges. Aufl., Darmstadt 1988, S. 112.) Foucault verwirft den Begriff des Einflusses als eine »obskure Kraft«, weil er magische Zusammenhänge suggeriert, die sich der Analyse entziehen: »s'affranchir de tout un jeu de notions qui diversifient [...] le thème de la continuité. [...] Telle aussi la notion d'influence qui fournit un support – trop magique pour pouvoir être bien analysé – aux faits de transmission et de communication; qui réfère à un processus d'allure causale (mais sans délimitation rigoureuse ni définition théorique) les phénomènes de ressemblance ou de répétition; qui lie, à distance et à travers le temps – comme par l'intermédiaire d'un milieu de propagation – des unités définies comme individus, œuvres, notions ou théories.« (Foucault, *L'archéologie du savoir*, S. 31 f.)

qualités, agit sur le corps humain von 1754 verfolgt ein ähnliches Interesse wie die von Menuret zitierte ältere Arbeit über den Einfluß der Sterne und behält auch die dort getroffene Unterscheidung zwischen mechanischen und physischen Einflüssen bei. Die Kategorie des moralischen Einflusses spielt in der *Dissertation* keine Rolle mehr. Stattdessen enthält die Schrift neben Kapiteln über den mechanischen Luftdruck und -stoß (letzterer kommt im Zusammenhang mit dem Wind ins Gespräch), über Wärme- und Kälteeinwirkung sowie über die Atmung und den schädlichen Einfluß mysteriöser Ausdünstungen[138] auch einen Abschnitt über die Wirkungen der Musik.[139]

Die Luftvibrationen, die Boissier de Sauvages für die körperlichen und seelischen Folgen musikalischen ›Einflusses‹ gleichermaßen verantwortlich macht, werden zu den physischen Wirkungen gezählt, denn im Gegensatz zu den Wirkungen großer Luftmassen, die mechanisch erklärbar sind, entziehen sich die Bewegungen einzelner Moleküle, darunter ihre Vibrationen, der sinnlichen Wahrnehmung – sie können nur auf rationalem Wege erschlossen werden:

> il est souvent difficile de rendre de pareilles raisons [mécaniques] de l'action de leurs molécules, dont on ignore souvent la figure, la densité, &c. & dont on ne connoît guères les effets que par expérience, & c'est ce que nous appellons leur action Physique en l'opposant à l'action Mécanique. [...] L'action physique des molécules de l'Air sur nous, est de deux sortes; sçavoir, leur *vibration* & leur *adhésion*, ni l'une ni l'autre ne tombe sous les sens; mais on les découvre par le raisonnement.[140]

Die Unterscheidung zwischen ›mechanischen‹ und ›physischen‹ Wirkungen impliziert also weniger ein Urteil über die konkrete Modalität als eines über den epistemologischen Status der zu erklärenden Phänomene. Im Falle physischer, d. h. auch im Falle musikalischer Wir-

---

138 Vgl. hierzu Alain Corbin, *Le miasme et la jonquille. L'odorat et l'imaginaire social. XVIIIe-XIXe siècles* [¹1982], o.O. [Paris] 1986 (= collection Champs 165), S. 25-39 u. ö.

139 Die Spekulation über die Frage, auf welchem Wege die Musik Körper und Seele beeinflußt, ist vermutlich so alt wie die Allianz von Musik und Medizin, erlangt aber im Kontext der mechanischen Philosophie des 17. und 18. Jahrhunderts besondere Aktualität, vgl. hierzu Hans-Jürgen Möller, *Musik gegen »Wahnsinn«. Geschichte und Gegenwart musiktherapeutischer Vorstellungen*, Stuttgart 1971, S. 18 f. (mit einer Aufstellung der zwischen 1672 und 1799 gedruckten iatromechanischen Traktate über Musik). Zur Geschichte der ›Iatromusik‹ vgl. die umfassende und quellenreiche Darstellung von Werner Friedrich Kümmel, *Musik und Medizin. Ihre Wechselbeziehungen in Theorie und Praxis von 800 bis 1800*, München 1977 (= Freiburger Beiträge zur Wissenschafts- und Universitätsgeschichte 2).

140 [François] Boissier [de la Croix] de Sauvages, *Dissertation où l'on recherche comment l'air, suivant ses différentes qualités, agit sur le corps humain*, Bordeaux 1754, S. 19.

kungen wissen wir aus Erfahrung nicht mehr, als daß sie stattfinden.
Trotz dieser luziden Einsicht bleibt in Boissier de Sauvages' Darstellung vage, wie weit im einzelnen die experimentell verbürgte
Erkenntnis reicht und wo die intellektuelle Spekulation beginnt. Daß
die Wirkungen der »Luftmoleküle« letztlich auf mechanische Vorgänge zurückgeführt werden können (d. h. auf ihre Bewegung, Figur,
Ausdehnung etc.), steht nicht in Frage.[141] Über die »vibrierenden«
elektrischen Fluida, die den Sinnen und sogar der Einbildungskraft
unzugänglich sind, heißt es z. B. zuversichtlich: »L'imagination se
perd à considerer la prodigieuse subtilité & élasticité de ces forces
[müßte wohl heißen ›sortes‹] de fluides; mais les expériences & les
démonstrations nous forcent de les admettre.«[142] Obwohl nicht
minder spekulativ als die möglichen Hypothesen über Figur und Bewegung einzelner Luftpartikel, besitzt das Korpuskelmodell als
ganzes die Dignität einer »zwingenden« Interpretationsgrundlage
für – aus heutiger Perspektive – so disparate Phänomene wie Musik
und Elektrizität.

Um zu erklären, wie sich die Schwingungen der Luftmoleküle auf
Körper und Seele übertragen, bemüht Boissier de Sauvages eine ganze
Batterie von Erklärungsmodellen. Ihre gemeinsame Basis ist eine Struk-
turanalogie zwischen den harmonisch vibrierenden Luftkorpuskeln
(»les vibrations isochrones ou simultanées de ces molécules élastiques
de l'Air qui ont différentes grosseurs«[143]) und dem menschlichen Körper, dessen pulsierende flüssige und feste Teile sich zu einer komplexen
und kaum wahrnehmbaren Harmonie vereinen:

> Tout bat dans le Corps Humain, le cœur, les oreillettes, les arteres qui se
> répandent dans tous les points sensibles du Corps, & en conséquence les
> meninges & apparament les fluides élastiques qui se trouvent par tout.
> On sent les cadences du battement des artéres, sur-tout de la tête; pour
> peu qu'on y fasse attention durant le silence de la nuit; mais outre ce bat-
> tement il y a une harmonie plus confuse, plus sourde, qu'on sent aussi
> dans l'intérieur de la tête dans les maladies de cette partie, & plus claire-
> ment dans l'oreille si on vient à augmenter le ressort de l'Air renfermé
> en bouchant le conduit auditif. Nous sommes trop accoûtumés à ces im-
> pressions pour en être affectés clairement; un Meunier ne s'apperçoit pas
> de l'harmonie bizarre, mais bruyante de la machine dans laquelle il ha-
> bite depuis long-tems.[144]

---

141 Zur mechanistischen Theorie der Luft im 18. Jahrhundert vgl. S. 259, Anm. 95.
142 Boissier de Sauvages, *Dissertation des effets de l'air*, S. 24.
143 Ebd., S. 25.
144 Ebd., S. 25 f.

Zu dieser generellen Übereinstimmung zwischen Mensch und Musik, die gewissermaßen die abstrakte Voraussetzung aller weiteren Erklärungen bildet, tritt eine Reihe von Detailanalogien. Die erste besteht in der strukturellen Identität von Luft und Nervenfluidum. Beide enthalten Spiralfedern *(ressorts)* verschiedener Stärke. Die vibrierende Luft setzt die Nervenflüssigkeit in Bewegung, so daß sich zwischen den beiden schwingenden Medien ein Zusammenklang ergibt. Um diesen Vorgang zu veranschaulichen und zu plausibilisieren, verweist Boissier de Sauvages auf zwei analoge Fälle: Auf das bekannte Phänomen der Saite, die mitschwingt, wenn eine andere, gleichgestimmte Saite zum Erklingen gebracht wird, und auf die Flüssigkeit in einem Wasserglas, die erzittert, wenn man mit dem Finger über den Rand eines anderen Glases streicht.

> Le fluide nerveux a, comme la lumiere & l'Air, des ressorts de différentes grosseurs & de différens dégrés de force. Il doivent être mis en jeu par ceux de l'Air mis en vibration, & faire des espéces d'accords avec le fondamental, ou avec quelques-uns de ses harmoniques. C'est ainsi que l'on voit la corde d'une Basse de Viole raisonner à même tems qu'une autre éloignée de quelques toises quand elles sont montées sur le même ton, & que l'on pince l'une des deux. C'est ainsi que l'on excite des fremissemens dans l'eau que contient un verre, si on vient à faire fremir les bords d'un autre verre en glissant le doigt dessus.[145]

Die Modelle, namentlich die ersten beiden, sind klassisch. Kaum einer der zahlreichen Texte des 17. und 18. Jahrhunderts über die Wirkungen der Musik auf den menschlichen Körper kommt ohne sie aus; die mitschwingende Saite gehört auch im literarischen und poetologischen Diskurs über Rührung zu den geläufigsten Topoi. In genau derselben Kombination wie bei Boissier de Sauvages (aber in Gesellschaft diverser Alternativen) begegnen die drei Modelle – Luft und Nervenflüssigkeit, mitschwingende Saite und Wassergläser – schon bei Athanasius Kircher, der in seiner *Neuen Hall= und Thon=Kunst/ Oder Mechanische Gehaim=Verbindung der Kunst und Natur* (dt. 1684) »gründlich darthun und eröffnen« will, was er »von dieser an sich=ziehenden *Music*-Krafft/ und Gemühts=Zwang« hält.[146] Als ana-

---

145 Ebd., S. 26.
146 Vgl. Athanasius Kircher, *Neue Hall= und Thon=Kunst/ Oder Mechanische Gehaim=Verbindung der Kunst und Natur [...]*, ND d. Ausg. Nördlingen 1684, Hannover 1983, S. 125; zu den drei Modellen S. 126-137. Kircher schreibt der Musik magnetische Anziehungskraft zu, oder auch »eine absonderliche grosse Gemühts=bewegende Krafft«, die »gleichsam als ein Wax/ wohin/ und wie man

logische »Kunst=Wercke« gewährleisten die Experimente mit schwingenden Saiten und Flüssigkeiten für Kircher einen unmittelbaren Zugang zur Erkenntnis des seinerseits analogisch strukturierten Kosmos; sie sind Nachahmungen der göttlichen Kreativität und bilden dergestalt eine Form »methodischer wissenschaftlicher Welterschließung«.[147] Bei Boissier de Sauvages haben sie diesen Status verloren. Entbehrlich sind sie dennoch nicht geworden. Sie sind Teil eines diskursiven Vexierbildes, das sie bald als adäquate mechanische Modelle für einen ebenfalls mechanischen Vorgang, bald als Substrat ingeniöser Spielerei erscheinen läßt. Eine weitere Analogienkette im selben Abschnitt der *Dissertation* kann dies illustrieren.

Auch dieser nächste Modellkomplex ist im 18. Jahrhundert topisch. Physiologische Basis ist hier nicht, wie oben, das Nervenfluidum, sondern die Spannung, der »Tonus« der Nervenfibern. Er variiert von Mensch zu Mensch und steht in enger Wechselbeziehung mit den Temperamenten und Leidenschaften. Boissier de Sauvages hat dabei ein doppeltes Einfluß-Problem zu lösen: Erst ist das Verhältnis zwischen Musik und Nerventonus, dann die Wirkung des letzteren auf das Gemüt zu erklären. Der Einfluß der bewegten Luft auf die Nervenspannung geschieht, wie die Bewegung des Nervenfluidums, durch die Übertragung von Vibrationen. Daß aber der organische Tonus überhaupt als eine Schwingung gedacht werden kann, ist auf die Doppeldeutigkeit des Wortes *ton* zurückzuführen; die Homonymie verwandelt Nerventonus und musikalischen Ton in dasselbe vibratorische Phänomen.[148] Mit dieser Bezeichnungsanalogie ist

---

will/ das Gemüht ziehe und *formire*«, vergleicht sie mit einem Feuerstein und einem Blasebalg etc. (ebd., S. 124).

147 Vgl. Thomas Leinkauf, *Mundus combinatus. Studien zur Struktur der barocken Universalwissenschaft am Beispiel Athanasius Kirchers SJ (1602-1680)*, Berlin 1993, S. 161; zu Kirchers Analogik S. 161-174.

148 Dieselbe – bei Boissier de Sauvages zugegebenermaßen schwach ausgeprägte – Analogiekonstruktion steht im Zentrum einer Schrift von Ernst Anton Nicolai (*Die Verbindung der Musik mit der Artzneygelahrtheit*, ND d. Ausg. Halle 1745, m. einem Nachw. von Christoph Schwabe, Kassel u. a. 1990 [= Bibliotheca musica-therapeutica 2]), der sich seinerseits auf Johann Wilhelm Albrechts *Tractatus physicus de effectibus musices in corpus animatum* (Leipzig 1734), auf Johann Gottlob Leidenfrosts Traktat *De motibus corporis humani qui fiunt in proportione harmonica [...]* (Halle 1741) sowie auf Johann Gottlob Krügers *Naturlehre* berufen kann. Basis dieser iatromusikalischen Tonus-Theorie ist der medizinische Tonus-Begriff, der in der mechanistischen Physiologie Friedrich Hoffmanns von zentraler Bedeutung ist (vgl. Ingo Wilhelm Müller, *Iatromechanische Theorie und ärztliche Praxis im Vergleich zur galenistischen Medizin [Friedrich Hoffmann – Pieter van Foreest, Jan van Heurne]*, Stuttgart 1991 [= Historische Forschungen 17], S. 99-111). Nicolai nutzt das Bedeutungsspektrum des Wortes ›Ton‹ weit ausgiebiger als Boissier de Sauvages

es jedoch nicht getan. Ein wirklich spielerisches Moment erhält der
Absatz durch eine zweite Homonymie, die das Thema des gesamten
Aufsatzes einen Augenblick lang in Frage stellt:

> Les Hommes vifs, tels qu'en général sont les Italiens, les Languedociens,
> se plaisent à des Airs dont le mouvement est rapide, la cadence prompte,
> parce que les vibrations promptes de l'Air impriment un pareil mouve-
> ment à leurs organes, ce qui les entretient dans un état qui leur est natu-
> rel. Une Musique languissante les endort ou les fatigue, parce qu'elle ne
> s'accorde pas avec le ton de leurs organes. Or les vibrations qui ne sont
> pas harmoniques se gênent mutuellement.[149]

Das Wortspiel, das die lebhafte Arie *(air)* in die rasche Bewegung der
Luft *(air)* verwandelt, hat auf inhaltlicher Ebene keine tragende Funktion. Es ermöglicht zwar die Einbindung einer weiteren, für die ästhetische Erfahrung zweifellos wesentlichen musikalischen Dimension,
entfernt sich aber damit vom Gegenstand der Untersuchung. Das Ziel
der kleinen analogischen »Verkehrung« erschöpft sich darin, diesen
spielerisch zur Disposition zu stellen.

Die letzte Analogiekonstruktion von Boissier de Sauvages, die hier
verhandelt werden soll, trägt das größte philosophische Gewicht: Es
handelt sich um das berühmte Uhrengleichnis, anhand dessen Leibniz
das Problem des *commercium mentis et corporis* exponiert und die
verschiedenen Theorien zu seiner Lösung erläutert hatte. Man stelle
sich zwei Uhren vor, die in ihrer Zeitanzeige vollkommen übereinstimmen. Nach Leibniz kann diese Isochronie auf drei verschiedenen
Wegen zustande kommen. Erstens, gemäß einer von Huygens erwie-
senen Gesetzmäßigkeit, können sich die Pendelschwünge der Uhren
durch Vibrationsübertragung angleichen, »à peu pres comme deux
cordes qui sont à l'unisson«.[150] Zweitens kann einem geschickten Ar-
beiter die Aufgabe zufallen, den Gleichstand der Uhren permanent zu
kontrollieren und Abweichungen durch gelegentliche Eingriffe zu
beheben. Die dritte und eleganteste Möglichkeit besteht darin, die
Uhren von vornherein so kunstvoll und präzise zu konstruieren, daß
sie ganz von selbst die anfängliche identische Geschwindigkeit beibe-
halten. Betrachtet man diese drei Möglichkeiten nun als Modelle für

---

und kann auf diese Weise verschiedene Diskurse über Rührung zusammenführen.
Vgl. zu dieser Tradition auch Möller, *Musik gegen »Wahnsinn«*, S. 27-37.

149 Boissier de Sauvages, *Dissertation des effets de l'air*, S. 26 f.

150 Leibniz, *Eclaircissement du nouveau systeme de la communication des substances,
pour servir de reponse à ce qui en est dit dans le Journal du 12 Septembre 1695*, in:
LGP IV, S. 493-500, hier S. 498.

die Übereinstimmung oder »Sympathie« zwischen Körper und Seele (»leur accord ou sympathie«[151]), so entspricht dem Huygensschen Modell (*»voye de l'influence«*) die popularphilosophische Influxustheorie, dem Modell der ständigen Überwachung und Nachbesserung (*»voye de l'assistance«*) das System des Okkasionalismus und dem Modell des zuverlässigen Präzisionsinstruments die Leibnizsche Hypothese von der prästabilierten Harmonie (*»voye de l'harmonie préétablie«*).[152] Gegen die Influxustheorie spricht die Tatsache, daß weder materielle Korpuskeln noch immaterielle Qualitäten vorstellbar sind, die von der einen auf die andere Substanz wirken könnten; gegen die Theorie des Okkasionalismus spricht, daß sie zur Erklärung eines natürlichen und alltäglichen Sachverhalts einen *Deus ex machina* bemühen muß. Bleibt die dritte Hypothese, die der göttlichen Vollkommenheit am angemessensten ist, weil sie die Schöpfung als Werk eines geschickten und umsichtigen Uhrmachers konzipiert.[153]

Boissier de Sauvages bedient sich des Leibnizschen Gleichnisses, ohne das System der prästabilierten Harmonie zu übernehmen. Sein Modell, das pauschal sowohl für die Wirkung der Musik auf den Körper als auch für das *commercium* zwischen Körper und Seele steht, ist das des physischen Einflusses. Ideen, Begierden und Abneigungen werden durch den Nerventonus determiniert; dieser unterliegt dem Einfluß der musikalischen Vibrationen. Das Uhrengleichnis illustriert den Vorgang in seiner Gesamtheit:

> La plûpart de nos idées sont déterminées par le ton des fibres nerveuses, ou du fluide élastique qu'elles contiennent, à ces idées répondent des desirs ou des aversions, & par conséquent des passions, quand ces desirs ou ces aversions sont puissantes: & si on vient à imprimer un autre ton à ces fibres, ou des vibrations différentes à leur fluide, on imprime aussi d'autres idées & on efface les premieres. C'est ainsi que deux Pendules dont les vibrations sont éthérochrones après un certain tems s'ils sont attachés au même mur, acquiérent des vibrations isochrones: c'est ainsi que certains Airs reveillent des hommes d'un assoupissement, les tirent de la mélancolie, les rendent gai, s'ils sont vifs & animés, ou bien moderent leur vivacité, & les font tomber dans une douce reverie s'ils sont tendres & languissans.[154]

---

151 Ebd.
152 Ebd., S. 498 f. [Hervorh. im Orig.].
153 Ebd., S. 499. Vgl. zur Geschichte der Uhrwerk-Metapher bzw. zur Konzeption der Welt als Maschine Blumenberg, *Paradigmen*, S. 69-83, sowie mit direktem Bezug zur *commercium*-Problematik: Wilhelm Schmidt-Biggemann, *Maschine und Teufel. Jean Pauls Jugendsatiren nach ihrer Modellgeschichte*, Freiburg/München 1975.
154 Boissier de Sauvages, *Dissertation des effets de l'air*, S. 27.

Joseph-Louis Roger, ebenso wie Boissier de Sauvages Mediziner in Montpellier, widmete dem Einfluß der Musik auf den menschlichen Körper einen ganzen Traktat. Die zuerst 1758 in lateinischer Sprache, dann 1803 in französischer Übersetzung erschienene Schrift *Tentamen de vi soni et musices in corpus humanum* bzw. *Traité des effets de la musique sur le corps humain* erhebt den Anspruch, auf der Basis akustischer Tatsachen, physiologischer Theorien und überlieferten empirischen Materials das medizinische Potential der Musik zu erkunden und dabei nicht nur den unmittelbaren mechanischen, sondern auch den komplexeren psycho-physischen Wirkungen der Töne Rechnung zu tragen. Wer angesichts des ersten, beinahe die Hälfte der gesamten Abhandlung (in der französischen Fassung 114 Seiten von 253) umfassenden akustischen Teils, der mit einem Kapitel zur Anatomie des Gehörs endet, eine ausgearbeitete, physiologisch fundierte Theorie der musikalischen Heilkunst erwartet, hat sich jedoch getäuscht: Die akustische Propädeutik mündet in eine lose Sequenz mehr oder weniger kurioser Berichte über die Wirkungen der Musik in Geschichte und Gegenwart. Rogers Argumentation basiert weder auf einem ausgefeilten physiologischen Modell noch auf eigenen Beobachtungen aus der medizinischen Praxis. Sie verwendet vielmehr die diversen verfügbaren Informationen aus der physikalischen Akustik, der Musikgeschichte bzw. -theorie und der zeitgenössischen Physiologie wie Bausteine, die nur durch das Band der Analogie zusammengehalten werden. Der naturwissenschaftliche Anspruch des Autors, der verspricht »de ne donner pour vraies que des observations confirmées par des témoignages certains et dignes de toute confiance«[155], sein Vorsatz, »auf klare und methodische Weise« zu verfahren[156], und das tatsächlich aufgewendete methodische Instrumentarium stehen in keinem Verhältnis zueinander.

Der zweite Teil des *Traité des effets de la musique* beginnt mit einer Kritik des magischen Denkens. Von den alten Hebräern über die Griechen bis ins 17. Jahrhundert hinein sei die Lehre von der Macht der Musik mit dem Glauben an übernatürliche Kräfte sowie mit der Ausübung religiöser und magischer Praktiken verbunden gewesen. Das Bedürfnis nach Erklärungen für die wunderbaren Wirkungen der Musik, deren Kunst und Geschichte die Griechen von den Hebräern übernahmen, habe bei jenen mangels physikalischer Kenntnisse zu

---

155 Joseph-Louis Roger, *Traité des effets de la musique sur le corps humain* [lat. Version ¹1758], übers. u. annotiert von Étienne Sainte-Marie, Paris/Lyon 1803, § 153.
156 Ebd., § 154.

einer problematischen, machtpolitisch funktionalisierten Allianz von Musik und Magie geführt:

> dans ces siècles barbares, où l'on n'avoit aucune notion de la physique, on vouloit, à toutes forces, sans règles ni principes, découvrir et expliquer les causes de tous les phénomènes sensibles. Quant aux effets de la musique, ceux qui passoient pour les plus sages parmi ces peuples que le vrai Dieu des Hébreux n'éclairoit point encore de sa divine lumière, attribuoient ces effets au pouvoir surnaturel de la magie: cette explication étoit d'autant plus heureuse, qu'elle paroissoit plus vraisemblable, et qu'elle offroit d'ailleurs à ces prétendus sages un moyen fort simple pour contenter l'ignorante curiosité de la multitude, et paroître savans à ses yeux.[157]

In ihrem theoretischen Eifer errichteten die Griechen – allen voran Pythagoras – auf der Grundlage ihres magischen Musikverständnisses ganze Weltsysteme, die in den Augen Rogers nichts als fruchtlose Delirien darstellen. Da die unverkennbaren »Sympathien« und »Antipathien« unter den Gegenständen der Natur nicht besser begründbar zu sein schienen, verbreiteten sich unter der leichtgläubigen Bevölkerung anstelle gesicherter Prinzipien Ammenmärchen über die musikalischen »enchantements« und »sortilèges«.[158] Selbst nachdem die Vernunft das »Szepter der Magie« gebrochen habe, sei das Wahre nicht in befriedigender Weise vom Falschen getrennt worden.[159] Noch im 17. Jahrhundert habe man sich über die Stichhaltigkeit der Orpheus-Fabel (einer »simple fiction des poëtes«) streiten[160] und das Repertoire der musikalischen Wundererzählungen um neue, durch »falsche Experimente« gestützte »apokryphe Geschichten« erweitern können, z. B. um die des Rattenfängers von Hameln.[161] Roger, der bezeugt, nach der Lektüre zahlreicher Berichte dieser Art beinahe an der wahren Macht der Musik zu zweifeln begonnen zu haben, distanziert sich pauschal vom musikalischen Wunderglauben: »Afin d'épargner à mes lecteurs un pareil dégoût, je rejetterai non-seulement tous ces prodiges absurdes

---

157 Ebd., § 145.
158 Ebd., § 146.
159 Ebd.
160 »*Martin Del-Rio* [...] soutient que la musique n'a aucune influence sur les corps qui sont privés du sens de l'ouïe, et ainsi n'a point pu remuer les rochers et les forêts. Il se sert du même argument contre *Amphion*, pour prouver qu'il n'a pu bâtir les murs de Thèbes au son de sa lyre. *Athanase Kircher*, au contraire, prétend qu'*Orphée* ayant été astrologue, mage, et un très-grand philosophe, a bien pu, par le concours de ces trois qualités, attirer toutes choses, à peu près comme on le dit«. Ebd., § 147.
161 Ebd., § 148, § 150.

qui appartiennent à la magie, mais encore tous ceux qui ne trouveroient pas leur explication dans les principes que j'ai établis ci-dessus.«[162]

Nach einem Kapitel über den Einfluß der Musik auf die Seele, das wir in diesem Zusammenhang übergehen können[163], wendet sich Roger dem menschlichen Körper zu. Er nähert sich dem Verhältnis zwischen Musik und Physiologie jedoch nicht auf direktem Wege, sondern über den Umweg der unbelebten Materie. Der Schwierigkeit, den Einfluß der Musik auf die inneren Körperorgane experimentell zu erforschen, soll durch die Untersuchung vergleichbarer Materialien der Außenwelt Abhilfe geschaffen werden. Läßt sich beweisen, daß die Musik auf Luft, Flüssigkeiten und Festkörper außerhalb des menschlichen Körpers Wirkungen ausübt, so kann ihr Einfluß auf die verschiedenen inneren Organe – Knochen, Nerven-, Muskel- und Sehnenfibern, Knorpel, die diversen Körpersäfte einschließlich der in ihnen enthaltenen Luft – daraus analog erschlossen werden:

> Mais je dois principalement examiner l'influence des sons sur la matière dont le corps humain est composé. Cette considération, jointe à l'impossibilité d'étendre nos expériences jusqu'aux organes intérieurs, m'engagera donc à choisir dans la nature les corps qui, par leur composition, leur figure et leur organisation, ont quelque ressemblance avec les parties de l'économie animale, afin de conclure ensuite par analogie; car lorsque j'aurai démontré par des faits que le son agit réellement sur tous ces corps, on pourra croire avec quelque fondement que les différentes parties du corps humain ne sont pas plus insensibles à son action.[164]

Einer Reihe von Beispielen über die Wirkungen der Töne auf die Luft – u. a. verweist Roger auf die Beobachtung, daß läutende Glocken den Blitzschlag auf Kirchen lenken können, indem sie die Luft verdünnen[165] – folgen in großer Ausführlichkeit die Experimente mit Flüssigkeiten und schwingenden Saiten, die uns schon aus Boissier de Sauvages' *Dissertation* bekannt sind.[166] Anders als dieser versäumt Roger es nicht, die

---

162 Ebd., § 152.
163 Aus medizinhistorischer Perspektive (und auch im Hinblick auf die *commercium*-Problematik) ist die Betonung des psychischen Aspekts bei Roger zweifellos von Interesse. Sie gehört in den Zusammenhang einer Tradition des psychosomatischen Denkens, die sich auf Georg Ernst Stahl beruft und zu deren Vertretern u. a. Boissier de Sauvages zu rechnen ist. Vgl. hierzu François Duchesneau, *La physiologie des Lumières. Empirisme, Modèles et Théories*, The Hague/Boston/London 1982 (= Archives internationales d'histoire des idées 95), S. 418 u. ö.
164 Roger, *Traité des effets de la musique*, § 183.
165 Ebd., § 186.
166 Auch das Uhrengleichnis findet sich bei Roger in verkürzter Form wieder: Es soll erklären, warum sich Musiker für die Heilwirkungen der Musik empfänglicher zei-

Quelle dieser »sehr ingeniösen« Versuche zu nennen: Die *Musurgia* des Athanasius Kircher, der sich weiter oben in Rogers Traktat durch seine »magische« Weltsicht disqualifiziert hatte (Kircher hatte die Erzählungen über Orpheus' musikalische Wunderwirkungen mit dem Hinweis auf dessen magische Fähigkeiten für glaubwürdig erklärt).[167] Aus Kirchers Versuchen mit verschiedenen Flüssigkeiten, in denen ein schwingendes Glas zitternde Bewegungen verschiedener Heftigkeit hervorruft, folgert Roger, daß die menschlichen Körpersäfte durch Töne ebenfalls mehr oder weniger stark in Vibration versetzt werden müssen und daß dabei das Nervenfluidum als der subtilste Körpersaft am heftigsten in Wallung gerät.[168] Ähnlich könne aus Experimenten mit schwingenden Saiten auf die akustische Erregbarkeit von Nerven- und Muskelfibern geschlossen werden:

> Parmi les solides, ceux qui ont le plus de ressemblance avec les parties du corps humain, sont les cordes, qui, comme les fibres, deviennent solides ou sonores par la tension, et les tables des instrumens qui, semblables aux muscles en contraction, sont formées de fibres jointes ensemble et tendues [...]. Tout le monde sait avec quelle facilité ces corps résonnent aux différens sons. Qui est-ce qui n'a pas vu des ses propres yeux le résonnement des fibres à l'unisson, ou qui n'a pas senti en mettant la main sur les tables des instrumens, le frémissement qui leur est communiqué par un son produit à quelque distance et même au-dehors?[169]

Weitere Experimente und Beobachtungen unterschiedlicher Provenienz belegen die Wirkung der Töne auf Stein (Fundamente, Mauern, Kirchenpfeiler), Glas (Wassergläser, Fensterscheiben, Spiegel) und Hühnereier.[170] Auf dieser Grundlage, schreibt Roger, lassen sich die

---

gen als andere Leute. Rogers These ist, daß die Resonanzfähigkeit der Körperorgane durch den kontinuierlichen Einfluß der Töne gesteigert wird, ähnlich wie eine Uhr die andere durch ihre Vibrationen beeinflußt: »le corps présente d'autant plus de fibres propres à résonner aux différens sons, qu'il a été exercé plus long-temps par la musique. C'est par un principe tout-à-fait semblable qu'on voit deux pendules placés contre le même mur devenir isochrones au bout d'un certain temps.« Ebd., § 252.

167 Ebd., § 191. Zu Kircher und Orpheus s. o., S. 91, Anm. 160.

168 »Prenez cinq verres à l'unisson et de même grandeur; emplissez chacun d'eux d'un fluide différent, d'eau-de-vie, du meilleur vin, d'eau distillée, d'huile, et d'eau commune. Promenez ensuite votre doigt sur la surface d'un de ces verres jusqu'à ce qu'il résonne. Ce son agitera toutes les autres liqueurs, et d'autant plus vivement qu'elles seront plus légères. [...] Nos humeurs sont donc plus ou moins troublées par le son suivant leur degré de ténuité; et il suivroit de là que le fluide nerveux, comme la plus subtile de toutes, devroit éprouver le plus d'agitation.« Ebd, § 191.

169 Ebd., § 192.

170 Ebd., §§ 193-201.

Erschütterungen der Eingeweide, die innere Aufgebrachtheit, die verworrenen Schmerz- und Lustempfindungen erklären, die gewisse
Töne in uns auslösen.[171] Bevor Roger diese Möglichkeit nutzt und die gewonnenen Erkenntnisse auf den menschlichen Körper überträgt, fügt er eine weitere Gruppe überlieferter Erfahrungen ein, die abermals einen
Analogieschluß vorbereitet: Beobachtungen an Tieren sollen den Einfluß der Töne auf die beseelte Natur umso sicherer erweisen, als es
sich hier um vorurteilsfreie, allein ihrem Instinkt und ihrer »wahren
und natürlichen Sensibilität« unterworfene Lebewesen handelt.[172]
Indem so die Stufenleiter der Natur von der toten Materie über das
Tierreich bis hin zum Menschen durchschritten wird, offenbart sich
am Leitfaden der Musik und ihres »Zaubers« die universale Übereinstimmung der gesamten belebten und unbelebten Kreatur:

> Ayant ainsi parcouru toute la nature, et ayant vu les rapports admirables
> de la musique avec tous les corps de l'univers, personne ne doutera plus
> de son pouvoir sur l'homme, et on conviendra avec *Macrobe, que tout
> ce qui respire se laisse prendre au charme de la musique.*[173]

Nicht nur der Neuplatoniker Macrobius, sondern auch andere antike
Autoren wie Aristoteles, Plinius und Plutarch kommen hier als verläßliche Autoritäten wieder zu Wort. Das ganze Reich der Tiere von
Spinnen und Schlangen über Fische, Vögel, Bären und Elefanten bis
hin zu Hunden, Pferden und Affen präsentiert sich dem staunenden
Leser als empfindsam und musikliebend. Selbst Ratten – Roger hatte
zuvor die Geschichte des Rattenfängers von Hameln als ein Ammenmärchen abgetan – wurden beim andächtigen Belauschen eines Lau-
tenisten beobachtet; wilde Tiere können durch Flötentöne besänftigt,
zahme durch Trompetenschall zum Krieg ermuntert werden.[174]
Wenn Roger nun endlich auf den Hauptgegenstand seiner Abhandlung, den Menschen zu sprechen kommt, verflechten sich die Strukturen des Analogienkosmos untrennbar mit aktuellen physikalischen
und medizinischen Theorien. Messungen und Berechnungen zum
Luftdruck in verschiedenen Höhenlagen finden Anwendung auf die
menschlichen Fibern und Eingeweide, deren Resonanzfähigkeit durch
das Gewicht der Atmosphäre begünstigt wird. Wie die gespannten Sai-

---

171 Ebd., § 201.
172 Ebd., § 202.
173 Ebd. [Hervorh. im Orig.].
174 Ebd., §§ 204-216.

ten eines Musikinstruments sind die Organe des Menschen bei erhöh-
tem Luftdruck besonders reizbar. Auch trägt die Dichte der Atmosphäre zur Klangtransmission und folglich zur Erregungsintensität bei:

> Supposons donc que cet air soit agité par le son; aussi-tôt les fibres et les
> parties molles qui entourent nos grandes cavités, celles du bas-ventre,
> par exemple, acquièrent autant de solidité, de ressort, de tension, et de
> vibratilité, que les cordes et les tables des instrumens de musique, et
> cèdent plus facilement à l'ébranlement sonore. [...] Comme les fibres de
> notre corps sont molles, elles manquent d'élasticité, et ne sont pas sus-
> ceptibles de résonnement; mais l'atmosphère, par son poids, leur donne
> cette faculté, et les rend même d'autant plus propres à résonner, qu'elle
> est plus pesante. [...] Plus le poids de l'atmosphère est considérable, plus
> l'air est dense, et plus le son a d'intensité. Or, plus le son est fort, plus il
> ébranle les fibres.[175]

Zur auditiven oder haptischen Klangempfindung befähigt sind allerdings nach Roger nur solche Fasern des menschlichen Organismus,
deren Eigenfrequenz mit der Frequenz des jeweils erklingenden Tons
(bzw. seiner drei ersten Obertöne) identisch ist *(à l'unisson)* oder zu
ihr in einem einfachen proportionalen Verhältnis steht.[176] Nur bei
hinreichend starken Erschütterungen werden auch die übrigen Fasern
in Mitleidenschaft gezogen.[177] Durch die Vibration der Membranen,
von denen die elastischen Nervenfibern umgeben sind und die den
gesamten Körper durchziehen *(meninges)*, können sympathetische
nervliche Erregungen in den entferntesten Körperteilen hervorgerufen werden.[178] Die Empfindung im Magen beispielsweise, die das

---

175 Ebd., § 220. Der Vergleich des Menschen mit einem Saiteninstrument durchzieht die
     gesamte Abhandlung. Rogers Übersetzer greift das Bild auf und nennt Bacon als Ur-
     heber: »Le corps humain, dit *Bacon*, ressemble, par son organisation compliquée et
     délicate, à un instrument de musique très-parfait, mais qui se dérange avec la plus
     grande facilité. Toute la science du médecin se réduit donc à savoir accorder et tou-
     cher la lyre du corps humain, de manière qu'elle rende des sons justes et agréables.«
     Ebd., »Préface du traducteur«, S. viii.
176 Ebd., §§ 229 f.
177 Ebd., § 231.
178 Zur iatromechanischen Theorie der ›Sympathie‹ (auch unter der Bezeichnung *con-
     sensus*) vgl. Daremberg, *Histoire des sciences médicales*, Bd. II, S. 806 f. (über Baglivi)
     und S. 931 (über Hoffmann); zusammenfassend im Kontext der Kritik von Robert
     Whytt: Duchesneau, *La physiologie des Lumières*, S. 178; in bezug auf Whytt: Law-
     rence, *The Nervous System and Society*, S. 19-40, hier S. 27 f.; über Hoffmann außer-
     dem Müller, *Iatromechanische Theorie*, S. 172 f. Zur Theorie der sympathetischen
     Verbindung von Gehirn und Magengegend bei den Ärzten der Schule von Montpel-
     lier s. u., S. 245 f.

unerwartete Detonieren einer Bombe verursachen kann, ist auf die Sympathie der Trommelfellmembran mit diesem Organ zurückzuführen.[179] Dank der Sympathien, die den Magen seinerseits mit allen übrigen Körperregionen verbinden, sei eine Hysterikerin durch das Abfeuern eines Gewehrs an ihrem Bettrand geheilt worden.[180]

Die Gleichklänge und Proportionen, die solche und viele andere musikalische Heilwirkungen ermöglichen, können, so scheint es Roger, nur als Manifestationen eines universalen Ordnungsprinzips verstanden werden. In den immer gleichen Zahlenverhältnissen, die zweifellos sowohl die Elastizität der Luftpartikel als auch die Struktur der organischen Fibern kennzeichnen, äußert sich eine stets identische, Identisches schaffende Natur, von deren Wirksamkeit uns ein dunkles musikalisches Selbstgefühl überzeugt:

> En formant l'air, la nature a placé dans ce fluide des particules qui ont différens degrés d'élasticité. Parmi ces particules, celles dont l'élasticité est comme 2 : 1, 3 : 1, 5 : 1, participent à l'ébranlement qu'éprouve la particule 1. Ne pourroit-on pas soupçonner, par ce principe d'identité auquel la nature revient toujours dans ses différens ouvrages, qu'elle a aussi placé dans le corps humain, par rapport à chaque fibre, d'autres fibres, qui sont à cette première comme 1 : 2, comme 1 : 3, etc.? Ce soupçon semble converti en certitude par la sensation obscure de musique et de consonance que nous éprouvons quelquefois en nous.[181]

Nachdem Rogers akustische Untersuchungen die Wunderwirkungen der orphischen Gesänge, die Tiere, Bäume und Steine zu rühren vermochten, als Ergebnis mechanischer Erschütterungen bestätigt haben, wird nun auch die anfangs verworfene pythagoräische Proportionslehre wieder in ihre Rechte gesetzt. Um aus der Sphäre der Magie und des Aberglaubens in das Reich gesicherter naturwissenschaftlicher Erkenntnis übernommen werden zu können, bedürfen die musikalischen Wundererzählungen nur geringfügiger Modifikationen. Was in der Sprache der spekulativen (auch im 18. Jahrhundert uneinheitlichen und umstrittenen) nervenphysiologischen Modelle reformuliert werden kann, findet Aufnahme ins Repertoire des Wissens. Einmal vom Ruch des magischen Denkens befreit, können die Wirkungen der Töne auch wieder als »effets prodigieux« bestaunt werden: Sie erscheinen als Zaubereien einer anderen, epistemologisch qualifizierten

---

179   Roger, *Traité des effets de la musique*, § 237.
180   Ebd., § 238.
181   Ebd., § 240.

Art.[182] Es verwundert daher nicht, wenn Roger im letzten Abschnitt
des Traktats seine anfängliche Reserve gegenüber den antiken Berichten über die Wirkungen der Musik revidiert:

> Quoiqu'on puisse douter avec raison de la vérité d'un grand nombre de
> faits rapportés par les anciens sur le pouvoir de la musique, on ne peut
> cependant nier absolument que cet art n'ait opéré parmi eux un grand
> nombre de prodiges, ni révoquer en doute tous leurs récits à cet égard.
> Car on trouve dans les saintes écritures quelques exemples semblables,
> qui sont revêtus du sceau de la vérité, et qui sont confirmés d'ailleurs par
> des faits analogues arrivés dans des siècles plus rapprochés de nous.[183]

2.3.3. Zauberisches Gemurmel und bewegte Luft: Der Artikel *Wort* in Zedlers *Universal-Lexikon*

Der enge Zusammenhang zwischen der Theorie der Rührung und den
verschiedenen Aspekten des Einfluß-Begriffs einschließlich seiner magischen Dimension beschränkt sich im 18. Jahrhundert keineswegs auf
das medizinische und musiktheoretische Schrifttum. Ähnlich wie bei
Krüger, Boissier de Sauvages, Menuret und Roger findet sich auch im

---

182 Kümmel geht in einem kurzen Kapitel auf die Frage nach der Abgrenzung zwischen
magischen und medizinischen Theorien der musikalischen Wirkung ein. Alle Theorien und Heilpraktiken, die die affektive Wirksamkeit der Musik in den Vordergrund
stellen, sind für ihn der magischen Sphäre enthoben (was auch bedeuten kann, daß
»ein ursprünglich wohl magischer Brauch im Sinne der Affektwirkung der Musik
umgedeutet wurde«, Kümmel, *Musik und Medizin*, S. 212). Eine magische Funktion
der Musik liegt nach Kümmel dort vor, »wo Begriffe wie ›epode‹, ›carmen‹, ›canta-
tio‹, ›incantatio‹, ›cantio‹ usw. begegnen. Ferner ist magischer Zusammenhang anzunehmen, wenn die Heilung mit Hilfe der Musik augenblicklich und vollständig
geschieht oder wenn Musikinstrumente ausdrücklich über der kranken Körperstelle
gespielt werden« (ebd.). Daß dieser Abgrenzungsversuch hinter der Komplexität des
Problems (das in diesem Rahmen nicht angemessen diskutiert werden kann) weit
zurückbleibt, wird deutlich, sobald man einerseits über die Definition des Magischen selbst nachzudenken beginnt und sich andererseits die Erklärungsversuche für
affektive Wirkungen genauer ansieht, die Kümmel geschlossen (einschließlich der
pythagoräischen Traditionen) als rational und diätetisch bewertet. Sehr auf-
schlußreich ist in diesem Zusammenhang die musikethnologische Studie von Gilbert
Rouget, *La musique et la transe. Esquisse d'une théorie générale des relations de la
musique et de la possession* [¹1980], durchges. u. erw. Ausg., o.O. [Paris] 1990. Rouget, der gleichermaßen abendländische und außereuropäische Traditionen untersucht, unterscheidet zwischen Trance und Magie und gelangt auf diesem Wege auch
zu einer sehr differenzierten Sicht »affektiver« und »medizinischer« musikalischer
Wirkungstheorien der Neuzeit (vgl. insbes. S. 409-433).
183 Roger, *Traité des effets de la musique*, § 270.

Artikel *Wort* des Zedlerschen *Universal-Lexikons* ein Versuch, unter
Einbeziehung ästhetischer Phänomene Schneisen in das Dickicht von
abergläubischen und wissenschaftlich-empirischen Einflußlehren zu
schlagen. Neben einer »Philosophische[n]«, einer »Theologische[n]«
und einer »Heraldische[n] Abhandlung« enthält der Artikel auch eine
»Physicalische«, die sich in einen ersten Abschnitt »Von der Krafft der
Worte überhaupt« und einen zweiten Abschnitt »Von gefrornen und
eingeschlossenen Worten« gliedert – eine Materie, die, schreibt der
Verfasser, »so wenig Gründliches und so viel Ungereimtes bey sich
führt, als die vorige«.[184]

Gegenstand der »Physicalische[n] Abhandlung« ist die Frage,
»*Ob Worte in der Natur Würckungen hervor bringen können.*«[185] Die
Bandbreite der vermeintlich durch Worte bewirkten Wunder ist nicht
weniger umfassend als das Spektrum derer, die noch im späten 18. Jahr-
hundert in musikhistorischen und iatromusikalischen Schriften auf den
Einfluß der Musik zurückgeführt wurden. Der Verfasser des *Wort*-
Artikels nennt neben einer Vielzahl medizinischer Fälle auch die Kraft,
durch Beschwörungen Töpfe zu zerbrechen, Schlangen zu zerreißen,
Feldfrüchte zu verderben, Feuersbrünste zu besiegen sowie den Lauf
der Flüsse und Gestirne zu lenken. Blutflüsse sollen durch das
Schlucken unbekannter Worte in einer Rosine gestillt worden, Hyänen
durch Zurufe ins Netz ihrer Jäger gegangen sein, Flüche sollen die
Petersilienernte begünstigen und das Rückwärtssprechen bestimmter
Wortfolgen das Betrunkenwerden verhindern können.[186] Solche vermeintlich »natürlichen« Kräfte des Wortes sind für den Zedler Fantas-
men heidnischen Aberglaubens, »ein Gedichte der Poeten, und leicht-
gläubiger Weiber«.[187] Allerdings besitzen sie eine reale Grundlage in der
Rhetorik, deren bewegende Wirkungen auf die menschlichen Gemüter
man irrtümlicherweise auf andere Gegenstände übertragen hat:

> Nachdem man wahrgenommen, daß die Worte einer wohlgesetzten und
> gehaltenen Rede die Krafft hätten, die Menschen zu überreden, und
> mancherley Gemüths-Neigungen in ihnen zu erwecken: so schrieb man
> solches den Worten selbst zu, und gerieth auf die Gedancken [sic], daß
> die Worte auch wohl andere wunderbare Würckungen haben könnten.[188]

---

184   Art. *Wort*, in: Zedler, *Universal-Lexikon*, Bd. LIX, ND d. Ausg. Leipzig/Halle 1749,
      Graz 1963, Sp. 265-339, hier Sp. 301.
185   Ebd., Sp. 289 f. [Hervorh. im Orig.].
186   Ebd., Sp. 290-292.
187   Ebd., Sp. 293.
188   Ebd., Sp. 290.

Statt sich also an die überprüfbaren Leistungen rhetorischer Techniken zu halten, betrieben die heidnischen Gelehrten abstruse Beschwörungspraktiken und erfanden überdies die skurrilsten Erklärungen für deren angebliches Funktionieren. Antike Autoren leiteten die Macht der Worte »von den Geistern her, die sie als Götter verehreten« und assoziierten diese mit den Sternen; im Zeitalter des Christentums trat der Teufel an ihre Stelle.[189] Neuere Theorien führten die Wirkung der Worte auf die Lebensgeister zurück, »welche die Personen, so sie aussprechen, von sich spriehen‹«, und auf den Eindruck »welchen eben diese auf eine gewisse Art ausgesprochene Worte in der Lufft und um die Cörper, die sie berühret machen‹«.[190] In Anlehnung an die musiktheoretische Affektenlehre berief man sich auf die Bewegung der Luft, die sich auf das Gefühl auswirken sollte, postulierte eine Übereinstimmung zwischen den Organen der Stimmerzeugung und den Temperamenten, die durch das Einsaugen der bewegten Luft zum Tragen käme, oder schrieb die Kraft der Worte, besonders bei gereimten Sprüchen, der Erhitzung des Atems zu.[191] Nicht weniger abwegig als diese mechanistischen und humoralpathologischen Erklärungsmodelle erscheinen dem Autor des *Wort*-Artikels schließlich die mystischen Geheimlehren, denen zufolge Worte Ausflüsse oder lebendige Abbilder der Gegenstände sind und deren Wirkkräfte noch in sich tragen.[192] Das einzige vom Zedler akzeptierte Modell der Sprache ist das semiotische. Nur als Zeichen vermögen Worte zu rühren, indem sie den Willen des Hörers beeinflussen. Ein solcher Einfluß aber sei nicht als »physisch«, sondern als »moralisch« zu bezeichnen und mit der angenehmen Wirkung der Musik auf das Ohr nicht zu vergleichen:

> Was ist es aber, das die Gemüther der Zuhörer in Bewegung setzt? Gewiß nicht die Worte an und vor sich, welche nur eine gewisse Bewegung der Lufft sind; sondern in so fern dieselben eine gewisse Bedeutung haben, und den Sinn des Redners kundmachen. Man siehet also wohl, daß hier eine moralische und nicht physische Würckung vorgehe, wenn ein Redner Gemüths-Bewegungen erweckt. Er bringt in seiner Rede Bewegungs-Gründe bey, die nach ihrer Beschaffenheit den Willen so und so lencken [...]. Hiervon ist aber nicht auf die physischen Würckungen ein Schluß zu machen. Alles, was die Musick würcket, ist eine angenehme Empfindung im Gehör: wie will man hieraus schliessen,

---

189 Ebd., Sp. 293 f.
190 Ebd., Sp. 295.
191 Ebd., Sp. 295 f.
192 Ebd., Sp. 297 f.

daß Worte die theils nichts heissen, theils nicht die geringste Annehmlichkeit haben, solten so grosse Dinge thun?[193]

Anders als die astralen Einflüsse, die Menuret in seinem *Encyclopédie-*
Artikel »moralisch« genannt hatte, bezieht sich diese Kategorie
im Zedler auf das intellektuelle Vermögen des Zeichengebrauchs.
Rührung ist hier, insofern sie durch Sprache bewirkt wird, eine mentale
Angelegenheit, zu deren Erklärung mechanische Theorien unnötig
sind. Dem aufklärerischen Unterfangen der Scheidung von Aberglauben und Wissenschaft scheint es sogar förderlich zu sein, Rhetorik,
Sprachphilosophie und Erkenntnistheorie explizit und konsequent aus
der Nachbarschaft fragwürdiger physikalischer Hypothesen zu isolieren. In den folgenden Kapiteln wird jedoch deutlich werden, daß diese
exakte Trennung von Physik und Psychologie – man könnte hinzufügen: von traditionellen musikalischen und semiotischen Erklärungsmodellen – sich im Rahmen der Psychologie des 18. Jahrhunderts nicht
durchhalten ließ. Selbst Herder, der mit ähnlicher Emphase wie der
Zedler die Kraft des Wortes mit seiner Repräsentationsfunktion identifiziert und sogar die Musiktheorie nach dem Prinzip des sprachlichen
Zeichens reformieren will, operiert mit physikalischen Modellen.[194]

2.3.4. Ansteckung, Schwerkraft und die Ursachen des Schönen und Erhabenen: Die empiristische Wende der Einfluß-Theorien

Die Nähe zum »heydnischen Aberglauben«, in die das mechanistische
Denken im *Wort*-Artikel des Zedlerschen *Universal-Lexikons* gerückt
ist, mag überraschen. Wie indessen schon in Boissier de Sauvages'
Dissertation des effets de l'air deutlich wurde, waren selbst überzeugte
Anhänger der mechanischen Philosophie sich der Tatsache bewußt,
daß die Korpuskulartheorie zur Spekulation verführte. Die prinzipielle Plausibilität mechanistischer Erklärungsmodelle machte sie für
die abwegigsten Hypothesen funktionalisierbar – also auch für solche,
die ihrer Herkunft nach dem aufklärerischen Wissenschaftsideal zu-
widerliefen. In einem Aufsatz über die medizinische Diskussion zur
Pestübertragung im 18. Jahrhundert hat Jean Ehrard gezeigt, daß paradoxerweise gerade die nach heutigem Ermessen falsche These

---

193 Ebd., Sp. 296.
194 Vgl. Kap. 5, vor allem meine Ausführungen zum *Vierten kritischen Wäldchen*
     (Kap. 5.2.2.).

der »anti-contagionistes«, die Pestepidemien statt auf Ansteckung auf die schädlichen Einflüsse von Leidenschaften, schlechter Luft oder schlechter Ernährung zurückführten, von einer modernen kritischen Einstellung getragen war, die nur gelten ließ, was die Erfahrung hinreichend bestätigte.[195] Demgegenüber erschienen die verbreiteten mechanistischen Ansteckungstheorien bereits im 18. Jahrhundert fragwürdig: Daß sich die Pest durch gefährliche Ausdünstungen oder durch importierte, die Elastizität der Luft ungünstig modifizierende Feuerpartikel übertragen sollte, klang für skeptische Ohren nicht minder phantastisch als die ebenfalls nach wie vor geläufigen astrologischen Theorien.[196] Mit Bezug auf kritische Äußerungen Pierre Bayles im *Journal des savants* und auf Formeys Artikel *Corpusculaire* in der *Encyclopédie*[197] beschreibt Ehrard sowohl die Vereinnahmung der Korpuskularphilosophie für Magie und Aberglauben als auch die Warnungen der Aufklärer gegen solchen intellektuellen Mißbrauch.[198] In den mechanistischen Fiktionen der Mediziner manifestiert sich laut Ehrard eine präszientifische Mentalität, die unter dem Deckmantel der Physik ihrem Glauben ans Wunderbare, aber auch einer ungezügelten Einbildungskraft und dem Vergnügen an ingeniösen Erfindungen Ausdruck verschafft.[199]

---

195 Jean Ehrard, *Opinions médicales en France au XVIIIe siècle. La peste et l'idée de contagion*, in: *Annales. Économies – Sociétés – Civilisations* 12 (1957), S. 46-59, hier S. 52-54.

196 Ebd., S. 48 f.; S. 54 f.

197 Jean-Henri-Samuel Formey schließt seinen emphatischen Artikel zur Korpuskularphilosophie mit einem Zitat aus Christian Wolffs *Cosmologia generalis*, das am Beispiel des Boyleschen Modells der Luft den fiktiven Charakter mechanistischer Spekulation betont: »*nihil enim frequentius est, quàm ut figuras & molem corpusculorum ad libitum fingant, ubi eas ignorantes in ipsis phœnomenis acquiescere debebant. Exempli gratiâ, nemo hucusque explicuit qualia sint aëris corpuscula, etsi certum sit per eorum qualitates elasticitatem aëris explicari. [...] Enim verò non desunt philosophi qui cùm corpuscula principia essendi proxima corporum observabilium esse agnoscant, elaterem quoque aëris per corpuscula ejus explicaturi, figuras aliasque qualitates pro arbitrio fingunt, etsi nullo modo demonstrare possint corpusculis aëris convenire istiusmodi figuras & qualitates, quales ipsis tribuunt.*« Formey, Art. *Corpusculaire*, in: *Encyclopédie*, Bd. IV, ND d. Ausg. Paris 1754, Stuttgart-Bad Cannstatt 1966, S. 269 f., hier S. 270 [Hervorh. im Orig.]. Vgl. auch Wolff, *Cosmologia generalis*, in: *WGW*, II. Abt. lat. Schr., Bd. IV, hrsg. von Jean École, ND d. Ausg. Frankfurt/Leipzig ²1737, Hildesheim 1964, § 236.

198 Ehrard, *Opinions médicales*, S. 55. Ehrard verweist auf mechanistische Erklärungen von Phänomenen wie der Wünschelrute, Lichterscheinungen über Gräbern, Hexerei und schwärmerischen Konvulsionen, für die sich auf dem Wege der Korpuskularphilosophie »natürliche« Erklärungen finden ließen (ebd.).

199 Ebd., S. 51 und S. 56.

Das Problem der Pestübertragung konnte im Verlauf des 18. Jahrhunderts nicht geklärt werden – lediglich die grundsätzliche Frage, ob die Pest ansteckend sei, galt für den Autor des *Encyclopédie*-Artikels *Peste* von 1765 als entschieden. Ehrard bringt den Willen zum strikten Empirismus, der diese Entscheidung begünstigte, mit einem generellen Wandel des Wissenschaftsverständnisses in Zusammenhang. Das Zugeständnis, daß das gegenwärtige Wissen über die Pest sich auf ihren ansteckenden Charakter beschränkte, wäre laut Ehrard wenige Jahrzehnte früher für die meisten Mediziner einer intellektuellen Kapitulation gleichgekommen.[200] In ihrer scheinbar universalen Anwendbarkeit suggerierte die Cartesische Mechanik die Erklärbarkeit der Welt. So gesehen bedeutete die Aufgabe des Korpuskularmodells in der Medizin einen ähnlichen Verzicht, wie ihn in der Physik die Cartesianer angesichts der Newtonschen Theorie der Anziehungskraft zu leisten hatten.[201]

Descartes hatte die Kategorie der Kraft, die er als eine animistische *qualitas occulta* empfand, aus der Physik eliminiert, mit dem Ziel, das Universum als ein geometrisches intelligibel zu machen.[202] Die Schwerkraft hielt er für das Resultat von Luftwirbeln, zu deren Erklärung die Kategorien Ausdehnung, Figur und Bewegung hinzureichen schienen. Indem er das Universum als lückenlos gefülltes imaginierte, konnte Descartes auf die Annahme von Fernkräften verzichten; die Wechselwirkungen zwischen Festkörpern ließen sich ausnahmslos als Stöße konzipieren. Newton sprach dagegen der Materie eine Reihe aktiver bzw. passiver Kräfte zu. Kraft war für ihn ein intuitiver, letztlich in Analogie zur Muskelkraft gebildeter Begriff.[203] Entscheidend für das Empirismus-Verständnis, das sich mit der Newtonschen Mechanik verbindet und das nach Ehrard die moderne, »bescheidene« Position des *Encyclopédie*-Artikels *Peste* in der Diskussion über Ansteckung charakterisiert, ist die Ablösung der physikalischen Größe der Kraft von der Frage nach ihrem Wesen und ihrer Ursache. Nicht der Weg der Kraftübertragung, sondern die mathematische (quantitative) Bestimmbarkeit der Kräfte stand für Newton im Vordergrund. Für seine mathematische Kräftelehre war es deshalb sekundär, ob Zentrifugal- und Zentripetalkräfte über ein Vakuum

---

200 Ebd., S. 57.
201 Ebd., S. 58.
202 Vgl. hierzu Max Jammer, *Concepts of Force. A Study in the Foundations of Dynamics*, Cambridge/Mass. 1957, S. 103-108.
203 Ebd., S. 124.

hinweg als Fernkräfte wirken oder ob ein materielles oder immaterielles Medium sie überträgt. Hypothesen über solche Modalitäten finden in der Experimentalphysik keinen Raum:

Ich habe bisher die Erscheinungen der Himmelskörper und die Bewegungen des Meeres durch die Kraft der Schwere erklärt, aber ich habe nirgends die Ursache der letzteren angegeben. [...] Ich habe noch nicht dahin gelangen können, aus den Erscheinungen den Grund dieser Eigenschaften der Schwere abzuleiten, und Hypothesen erdenke ich nicht. Alles nämlich, was nicht aus den Erscheinungen folgt, ist eine *Hypothese* und Hypothesen, seien sie nun metaphysische oder physische, mechanische oder diejenigen der verborgenen Eigenschaften, dürfen nicht in die Experimentalphysik aufgenommen werden. In dieser leitet man die Sätze aus den Erscheinungen ab und verallgemeinert sie durch Induction. Auf diese Weise haben wir die Undurchdringlichkeit, die Beweglichkeit, den Stoss der Körper, die Gesetze der Bewegung und der Schwere kennen gelernt. Es genügt, dass die Schwere existire, dass sie nach den von uns dargelegten Gesetzen wirke, und dass sie alle Bewegungen der Himmelskörper und des Meeres zu erklären im Stande sei.[204]

Die quantitativen Aspekte der Kraft sind experimentell erwiesen; ihr Wesen bleibt ungeklärt und darf es für den Mechaniker auch bleiben.[205]

---

204 »Hactenus Phænomena cælorum & maris nostri per vim gravitatis exposui; sed causam gravitatis nondum assignavi. [...] Rationem verò harum Gravitatis proprietatum ex Phænomenis nondum potui deducere, & hypotheses non fingo. Quicquid enim ex phænomenis non deducitur, *Hypothesis* vocanda est; & hypotheses, seu Metaphysicæ, seu Physicæ, seu Qualitatum Occultarum, seu Mechanicæ, in *Philosophiâ Experimentali* locum non habent. In hâc Philosophiâ Propositiones deducuntur ex phænomenis, & redduntur generales per inductionem. Sic impenetrabilitas, mobilitas, & impetus corporum, & leges motuum & gravitatis innotuerunt. Et satis est quòd Gravitas reverâ existat, & agat secundum leges à nobis expositas, & ad corporum cælestium & maris nostri motus omnes sufficiat.« Isaac Newton, lat.: *Philosophiæ naturalis principia mathematica*, in: ders., *Opera quæ exstant omnia*, ND d. Ausg. von Samuel Horsley, London 1779-1785, Stuttgart-Bad Cannstatt 1964, Bd. II u. III, hier Bd. III, S. 173 f. [Hervorh. im Orig.]; dt.: *Mathematische Prinzipien der Naturlehre*, hrsg. von J. Ph. Wolfers, ND d. Ausg. Berlin 1872, Darmstadt 1963, S. 511 [Hervorh. im Orig.]. Vgl. dazu die differenziertere Darstellung von Max Jammer, der auch den Newtonschen Hypothesen über »aethereal spirits« Rechnung trägt und Newtons Verhältnis zu Jacob Böhme erörtert (Jammer, *Concepts of Force*, S. 116-146).

205 Jammer, *Concepts of Force*, S. 141. Mit Blick auf den Cartesianismus merkt Jammer an: »It is important to note that this implied for Newton's contemporaries that gravitation remains an unexplained phenomenon. For to explain a physical phenomenon, at that time, still meant to give its mechanical causes, that is, to account for it in terms of the fundamental qualities of matter, impenetrability, extension, inertia, together with the laws of motion.« Ebd.

Für die moderne Physik ist die – unbeantwortete – Frage nach der Ursache der Schwerkraft inaktuell geworden.

Ähnliches ließe sich vom Problem der Rührung behaupten. Der Erklärungsbedarf für das Phänomen, das man als ›ästhetischen Einfluß‹, aber auch, mit Sulzer und anderen, als ›ästhetische Kraft‹ bezeichnen kann, erschöpft sich gegen Ende des 18. Jahrhunderts. Spuren des Newtonschen Empirismus sind indessen im ästhetischen und psychologischen Schrifttum schon früher auszumachen, z. B. in den ästhetischen Kraft-Theorien, die Gegenstand der folgenden Kapitel sein werden. Exemplarisch sei an dieser Stelle auf Edmund Burke verwiesen, der den vierten Teil seiner *Philosophical Enquiry into the Origin of our Ideas of the Sublime and Beautiful* (1757) mit einer Reflexion über Newtons Theorie der Anziehungskraft einleitet.

Im Zentrum dieses vierten Teils, dessen erster Abschnitt die Überschrift »Of the efficient cause of the SUBLIME and BEAUTIFUL« trägt, stehen sinnesphysiologische Überlegungen: Die Kategorien des Schönen und Erhabenen werden mit nervösen Spannungs- und Erschlaffungszuständen korreliert, die von bestimmten Eigenschaften der ästhetischen Objekte (z. B. Größe oder Sukzession von Eindrücken, Dunkelheit, Glätte) abhängig sind. Burkes These ist, daß das Verhältnis zwischen Affektionen des Körpers und mentalen ästhetischen Erfahrungen empirisch ermittelbaren Gesetzmäßigkeiten gehorcht. Ein Wissen über das Verhältnis zwischen Körper und Seele – etwa die Entscheidung für eine der drei gängigen *commercium*-Theorien – ist zur Erkenntnis dieser Gesetze nicht vonnöten. Genau wie Newton die Gesetze der Anziehungskraft formulieren konnte, ohne die Ursache der Krafteinwirkung als solcher zu kennen, ist es im Rahmen der Ästhetik legitim, Wechselwirkungen zwischen Körper und Seele zu beschreiben, ohne einzusehen, warum sie möglich sind.

> When I say, I intend to enquire into the efficient cause of sublimity and beauty, I would not be understood to say, that I can come to the ultimate cause. I do not pretend that I shall ever be able to explain, why certain affections of the body produce such a distinct emotion of mind, and no other; or why the body is at all affected by the mind, or the mind by the body. [...] But I conceive, if we can discover what affections of the mind produce certain emotions of the body; and what distinct feelings and qualities of body shall produce certain determinate passions in the mind, [...] a great deal will be done [...]. When Newton first discovered the property of attraction, and settled its laws, he found it served very well to explain several of the most remarkable phænomena in nature;

but yet [...] he could consider attraction but as an effect, whose cause at that time he did not attempt to trace.[206]

Das Verhältnis zwischen mentalen und physischen Vorgänge kann mit dem gleichen Recht nach dem Schema von Ursache und Wirkung behandelt werden, wie man von der Schwerkraft als einer Ursache des Fallens oder von Stößen als Ursachen von Bewegungen sprechen kann:

> So that when I speak of cause, and efficient cause, I only mean, certain affections of the mind, that cause certain changes in the body; or certain powers and properties in bodies, that work a change in the mind. As if I were to explain the motion of a body falling to the ground, I would say it was caused by gravity, and I would endeavour to shew after what manner this power operated, without attempting to shew why it operated in this manner; or if I were to explain the effects of bodies striking one another by the common laws of percussion, I should not endeavour to explain how motion itself is communicated.[207]

Burkes empiristischer Ansatz ähnelt im Kern den Vorstellungen des Halleschen psychomedizinischen Kreises um Krüger und Unzer, kann sich aber von der metaphysischen *commercium*-Diskussion ungleich müheloser distanzieren als die Philosophen im unmittelbaren Wirkungskreis der Wolffschen Philosophie. Der Kraft-Begriff z. B., der für die Psychologie und die ästhetische Theorie der Rührung in den akademischen Zentren Halle und Berlin sowohl für das Verständnis der Seele selbst als auch für die Konzeptualisierung ästhetischer Erfahrung eine unverzichtbare Kategorie darstellt, wird hier, anders als bei Burke, nicht in Anlehnung an Newton, sondern im Rückgriff auf Leibnizsche und Wolffsche Definitionen gebraucht. Kraft ist in diesem Kontext nicht nur ein mechanischer, sondern auch und in erster Linie ein metaphysischer Terminus, der mit der Hypothese von der prästabilierten Harmonie untrennbar verknüpft ist. Die doppelte, mechanische und metaphysische Bedeutung des Begriffs ›Kraft‹ impliziert für seine psychologische Verwendung eine gewisse Offenheit hinsichtlich der Frage nach ›eigentlichem‹ oder ›analogischem‹ Wortgebrauch. Darüber hinaus halten die metaphysischen Implikationen des Leibniz-Wolffschen Kraft-Begriffs die Einfluß-

---

206 Edmund Burke, *A Philosophical Enquiry into the Origin of our Ideas of the Sublime and Beautiful*, in: *The Writings and Speeches of Edmund Burke*, hrsg. von Paul Langford, Bd. I: *The Early Writings*, hrsg. von T. O. McLoughlin u. James T. Boulton, Oxford 1997, S. 185-320, hier S. 283.

207 Ebd., S. 283 f.

Problematik auf verschiedenen Ebenen stets präsent. Die Burkesche radikal empiristische Position steht deshalb in Berlin und Halle zunächst nicht zur Verfügung; vielmehr richten sich die Anstrengungen innerhalb der ästhetischen und psychologischen Theoriebildung zu einem nicht unwesentlichen Teil auf die Rekonstruktion von Einflüssen und Übergängen. Die Hauptlast dieser Konstruktionen wird von Analogien, Metaphern und mechanischen Modellen getragen.

2.4. Die Seele als Vorstellungskraft

Grundlegend für die Psychologie Christian Wolffs sowie seiner direkten und indirekten Schüler ist die Definition der Seele als Kraft. Sie geht zurück auf Leibniz' Konzeption der einfachen Substanzen (auch als ›Entelechien‹, ›substantielle Formen‹ oder ›Monaden‹ bezeichnet), zu denen sowohl die immateriellen Grundelemente der Körper als auch die Seelen zu rechnen sind. Die einfache Substanz ist eine ursprüngliche aktive Kraft *(vis activa primitiva)*, eine allgemeine Ursache von Veränderungen, die zur Erklärung körperlicher Phänomene nicht ausreicht – sie ist mit der quantitativ bestimmbaren mechanischen Größe ›Kraft‹ (den abgeleiteten aktiven und passiven Kräften) nicht identisch.[208] Ihre Tätigkeit besteht in der Hervorbringung von Vorstellungen *(Perception)* und im Übergehen von einer Vorstellung zur nächsten *(Appetition)*.[209] Bei den Seelen kann die Perzeption zu größerer Deutlichkeit gelangen als bei den übrigen Monaden und ist von Erinnerung begleitet.[210] Im Unterschied zur bloßen Fähigkeit oder Möglichkeit *(facultas)* enthält die Kraft eine Tendenz zur Verwirklichung, die in Aktion tritt, sofern sie nicht durch einen Widerstand behindert wird.[211] Die vorstellende und übergehende Tätigkeit der Monade ist mit der Bewegung von Körpern vergleichbar[212], läßt sich aber durch mechanische Kategorien (Figuren und Bewegungen) nicht erklären. Umgekehrt ist es nach Leibniz unmöglich, sich eine Maschine – etwa eine Mühle – vorzustellen, die so etwas wie Empfindungen oder Gedanken enthielte.

> la *Perception* et ce qui en depend est *inexplicable par des raisons mecaniques,* c'est à dire par les figures et par les mouvemens. Et feignant, qu'il y ait une Machine, dont la structure fasse penser, sentir, avoir perception, on pourra la concevoir aggrandie en conservant les mêmes proportions, en sorte qu'on y puisse entrer comme dans un moulin. Et cela posé, on ne trouvera en la visitant au dedans que des pieces qui poussent

---

208 Vgl. Leibniz, *Specimen Dynamicum*, lat./dt., hrsg. u. übers. von Hans Günter Dosch u. a., Hamburg 1982, S. 6 f. Siehe hierzu auch Kap. 3.1.3.

209 Ders., *Ohne Ueberschrift, enthaltend die sogenannte Monadologie*, in: *LGP* VI, S. 607-623, § 14 f.

210 Ebd., § 19.

211 Ders., *Specimen Dynamicum*, S. 2 f.

212 »car une perception ne sauroit venir naturellement que d'une autre perception, comme un mouvement ne peut venir naturellement que d'un mouvement.« Ders., *Monadologie*, § 23. Vgl. auch ebd., § 79.

les unes les autres, et jamais de quoy expliquer une perception. Ainsi c'est dans la substance simple et non dans le composé, ou dans la machine, qu'il la faut chercher.[213]

Körper und Seele gehorchen je eigenen Gesetzmäßigkeiten.[214]

Wolff schließt sich der Leibnizschen Kraft-Konzeption an und definiert die Seele als eine in steter Tätigkeit begriffene Kraft, sich die Welt vorzustellen. Eingeschränkt wird sie durch die Lage des ihr zugehörigen Körpers im Universum sowie durch die Eigenschaften ihrer Sinnesorgane.[215] Wie bereits erwähnt, ebnet Wolff jedoch den Unterschied zwischen ursprünglichen und abgeleiteten (phänomenalen) Kräften ein und akzentuiert im Vergleich zu Leibniz die Gemeinsamkeiten zwischen den Gesetzen der Bewegung und denen des Denkens. Zwar haben Wolffs Vergleiche zwischen materieller und geistiger Welt im einzelnen entweder illustrative oder heuristische Funktion. Gestützt werden sie aber von einer abstrakten ontologischen Definition des Kraft-Begriffs, die suggeriert, daß Erkenntnisse über Körperkräfte sich auf die Seele übertragen lassen und umgekehrt.[216] Auf diese Weise füllt sich der immateriell gedachte unbekannte Innenraum mit Bildern.

In der *Deutschen Metaphysik* z. B. erläutert Wolff die Konzeption der Seele als Kraft mit Hinweisen auf elementare physikalische Sachverhalte. Daß für die verschiedenen Operationen der Seele nur eine einzige Kraft verantwortlich sei, wird mit der Unteilbarkeit der einfachen Substanz begründet, die, ähnlich wie ein Körper in Bewegung, ihr Bemühen nicht in mehrere Richtungen gleichzeitig lenken könne:

> Unterdessen, da sie [die Seele] ein einfaches Ding ist [...], in einem einfachen Dinge aber keine Theile seyn können [...]; so können auch nicht in der Seele viele von einander unterschiedene Kräfte anzutreffen seyn, indem sonst jede Kraft ein besonderes für sich bestehendes Ding erforderte, dem sie zukäme [...]. Nehmlich eine Kraft bestehet in einer Bemühung etwas zu thun [...] und also erfordern verschiedene Kräfte

---

213 Ebd., § 17 [Hervorh. im Orig.].

214 Ebd., § 78.

215 »*Essentia animæ consistit in vi repræsentativa universi situ corporis organici in universo materialiter & constitutione organorum sensoriorum formaliter limitata.*« Wolff, *Psychologia rationalis*, § 66 [Hervorh. im Orig.].

216 So z. B. in der *Deutschen Metaphysik*: »Die Quelle der Veränderungen nennet man eine *Kraft*; und solchergestalt findet sich in einem jeden vor sich bestehenden Dinge eine Kraft, dergleichen wir in den durch andere bestehenden Dingen nicht antreffen.« Wolff, *Deutsche Metaphysik*, § 115 [Hervorh. im Orig.]. Diese allgemeine Definition wird erst auf die Körper (§ 623), dann auf die Seele angewendet (§ 744).

verschiedene Bemühungen. Es gehet aber nicht an, daß ein Ding, was einfach ist, verschiedene Bemühungen zugleich haben kan, indem es eben so viel, als wenn ein Cörper, der in seiner Bewegung als ein untheilbares Ding anzusehen ist [...], sich nach verschiedenen Gegenden zugleich bewegen solte. Und also ist in der Seele nur eine einige Kraft, von der alle ihre Veränderungen herkommen[.]²¹⁷

In den *Anmerkungen zur deutschen Metaphysik* wird dieser Vergleich aufgegriffen und variiert. Wolff erinnert den Leser an die haptische Erfahrung beim Festhalten einer gespannten Feder, um ihm begreiflich zu machen, wie die denkende Seele nach der Veränderung ihres Zustandes strebt.²¹⁸ Das Übergehen der Vorstellungskraft von einem Gedanken zum nächsten ähnelt dem Ortswechsel des Körpers, und beide Arten der Veränderung werden von vergleichbaren Kräften bewirkt:

> Es folget aus der Beschaffenheit einer Krafft, daß [...] in dem gegenwärtigen Zustande der Seele, eine Bemühung vorhanden diesen Zustand zu ändern. Wir finden auch dergleichen bey der cörperlichen Krafft, die der Cörper in der Bewegung hat: denn diese bringet eine beständige Veränderung des Ortes hervor. Und wenn man etwas, so sich bewegen will, zurücke hält, als eine gespannte Feder mit der Hand, indem sie zurücke schnappen will, so fühlet man diese Bemühung gantz eigentlich. Gleichwie nun aber aus der Krafft des Cörpers die Veränderung des Ortes erfolget [...]; eben so erfolgen aus der Krafft der Seele andere [...] Vorstellungen, wie es die Erfahrung zeiget, und ist demnach jederzeit bey der [...] gegenwärtigen Vorstellung [...] eine Bemühung, die gegenwärtige Vorstellung zu ändern.²¹⁹

---

217 Ebd., § 745.
218 Tastsinn und Körpergefühl gelten bei Wolff und im 18. Jahrhundert allgemein als Quellen des Kraftbegriffs, vgl. auch Wolff, *Psychologia rationalis*, § 107 (über die *vis inertiæ*). Im Artikel *Force* der *Encyclopédie* heißt es: »ce mot a été transporté du simple au figuré. *Force* se dit de toutes les parties du corps qui sont en mouvement, en action; la *force* du cœur, que quelques-uns ont fait de quatre cent livres, & d'autres de trois onces; la *force* des visceres, des poumons, de la voix; à *force* de bras. On dit par analogie, faire *force* de voiles, de rames; rassembler ses *forces*; connoître, mesurer ses *forces*; aller, entreprendre au-delà de ses *forces* [...]. La métaphore qui a transporté ce mot dans la Morale, en a fait une vertu cardinale.« (Voltaire, Art. *Force*, in: *Encyclopédie*, Bd. VII, ND d. Ausg. Paris 1757, Stuttgart-Bad Cannstatt 1966, S. 109 f.) Der Gedanke findet sich noch in Engels Abhandlung *Über den Ursprung des Begriffs der Kraft* (in: Johann Jakob Engel, *Schriften*, ND d. Ausg. Berlin 1801-1806, Bd. X, Frankfurt/Main 1971, S. 209-257); vgl. zu diesem Thema auch Kap. 5 der vorliegenden Untersuchung (über Herders Kraft-Begriff).
219 Wolff, *Der vernünfftigen Gedancken von Gott, der Welt und der Seele des Menschen, auch allen Dingen überhaupt, anderer Theil, bestehend in ausführlichen Anmerckungen (Anmerkungen zur deutschen Metaphysik)* [¹1724], in: *WGW*, I. Abt.

Ebenso wie er die Theorie der seelischen Kraft anhand bewegter Körper und gespannter Stahlfedern illustriert, erörtert Wolff in der *Psychologia rationalis* auch die Abfolge von Gedanken mit Blick auf den
physikalischen Begriff der Geschwindigkeit. In Anwendung seines
Verfahrens der heuristischen Verkehrung beschreibt er Sukzession und
Koexistenz verschiedener Vorstellungen in der Seele analog zu Raum-
Zeit-Relationen in der äußeren Natur. Wenn man umgangssprachlich
von der ›Geschwindigkeit‹ *(celeritas)* der Gedanken spreche, geschehe
dies aufgrund einer Analogie zwischen dem gleichzeitigen Vorhanden-
sein diverser, teils mehr, teils weniger lang andauernder Vorstellungen
und der Geschwindigkeit körperlicher Bewegungen. »Richtig verstanden«, habe diese Übereinstimmung durchaus nichts Widersinniges:

> Wegen ihrer unterschiedlichen Dauer wird den Gedanken umgangs-
> sprachlich Geschwindigkeit zugesprochen [...]. Dieser Begriff der Ge-
> schwindigkeit wird aus der Analogie der Koexistenz von Gedanken mit
> der Geschwindigkeit, die in der Bewegung der Körper beobachtet wird,
> hergeleitet und hat durchaus nichts Widersinniges, wenn er richtig ver-
> standen wird.[220]

Die Analogie zwischen physischer und mentaler Geschwindigkeit
richtig zu verstehen, bedeutet gemäß der Methode der heuristischen
Verkehrung vor allem, das *tertium comparationis* korrekt zu bestimmen. Zu diesem Zweck entwirft Wolff zunächst eine Naturszene, die
veranschaulicht, in welchem Sinne hier von Sukzessivität, Koexistenz,
Bewegung und Geschwindigkeit die Rede sein soll. Ein Fluß fließt an
einem Baum vorbei. Je schneller die einzelnen Wasserteilchen auf einander folgen, desto mehr von ihnen befinden sich innerhalb einer gegebenen Zeitspanne auf gleicher Höhe wie der Baum am Ufer:

> Richten wir nun die Augen auf einen Fluß, der beständig vorbeifließt,
> und auf einen Baum, der an diesem Fluß steht. Wegen der Bewegung des
> Wassers entsprechen demselben Baum in einem gewissen gegebenen
> Zeitraum beständig andere und wieder andere Teile des fließenden Was-
> sers und koexistieren gleichsam mit ihm. Und je schneller die Bewegung
> ist, desto mehr verschiedene Teile des Wassers koexistieren zur selben
> Zeit mit dem Baum in diesem Teil des Flußbetts.[221]

---

dt. Schr., Bd. III, hrsg. von Charles A. Corr, ND d. Ausg. Frankfurt/Main ⁴1740,
Hildesheim/Zürich/New York 1983, § 329.

220 »Ob diversitatem durationis cogitationibus tribuitur vulgo celeritas [...]. Hæc celeritatis notio ab analogia coëxistentiæ cogitationum cum celeritate, quæ in motu corporum conspicitur, derivatur, nec quicquam absurdi habet, si rite intelligatur.« Ders.,
Psychologia rationalis, § 30.

221 »Convertamus jam oculos in flumen, quod continuo decurrit, & in arborem prope

Nach diesem Modell lassen sich auch in der Seele beständigere und rascher vorübergehende Vorstellungen unterscheiden. Aus dem Vergleich zwischen der Fluß-Szene und dem psychologischen Sachverhalt, den sie erhellen soll, entwickelt Wolff einen abstrakten Begriff der Geschwindigkeit, das *tertium comparationis*, der das körperliche und das seelische Phänomen gleichermaßen erfaßt:

> Wir haben hier eine Reihe verschiedener Wasserteile, die beständig auf einander folgen, während unterdessen der Baum an derselben Stelle unbeweglich stehen bleibt und sich mit irgendeinem von ihnen am selben Ort befindet. Genauso gibt es in der Seele eine kontinuierliche Reihe von Perzeptionen, von denen eine auf die andere folgt, während unterdessen eine gleichsam unbeweglich feststeht und sich zu verschiedenen Zeitpunkten mit jeweils anderen gemeinsam in der Seele befindet. Von dieser Ähnlichkeit wird die allgemeine Bedeutung des Wortes Geschwindigkeit abgeleitet, kraft derer diese sowohl den Gedanken als auch den beweglichen Dingen zugeschrieben werden kann [...]. Natürlich wird bei dieser äußerst allgemeinen Bedeutung die Geschwindigkeit dasjenige sein, durch das während einer ganzen Zeitdauer fortlaufend andere und wieder andere aufeinanderfolgende Dinge sich mit einem bestimmten gegebenen Ding an derselben Stelle befinden.[222]

Durch die Geschwindigkeit bestimmter Gedanken können in einem kurzen Zeitraum mehrere von ihnen mit einer anderen dauerhafteren Vorstellung in der Seele zusammentreffen. Der abstrakte Geschwindigkeitsbegriff, der zu dieser Aussage berechtigt, ist jedoch, wie Wolff sich anzufügen beeilt, mit dem physikalischen Begriff der Geschwindigkeit nicht identisch. Wäre er es, so könnte daraus die Materialität der Seele abgeleitet werden, und diese Option schließt Wolff aus. Im

---

ripam positam. Propter motum aquarum eidem arbori dato quodam spatio temporis continuo aliæ aliæque aquæ currentis partes respondent & veluti coëxistunt. Et quo motus rapidior est, eo plures partes diversæ aquæ eodem tempore arbori in ista parte alvei coëxistunt.« Ebd.

222 »Habemus adeo seriem quandam partium diversarum aquæ sibi continuo succedentium, dum interea arbor in eodem loco immota præstat & cum una quælibet earum in eodem loco existit. Similiter in anima est quædam continua perceptionum series, quarum una alteri succedit, dum interea una quasi immota perstat, & cum ceteris singulis diversis temporis articulis in anima coëxistit. Ab hac similitudine significatus quidam generalis vocabuli celeritatis derivatur, vi cujus & cogitationibus, & mobilibus tribui potest [...]. Erit nimirum in significatu hoc admodum generali celeritas id, per quod existentia alia successiva dato cuidam existenti toto durationis tempore continuo alia coëxistunt.« Ebd. (Im Original vertauschte Zeilen sind im Zitat berichtigt wiedergegeben worden. Beim letzten Satz folgt die Übersetzung des auseinandergezogenen »alia...alia« mit »andere und wieder andere« den Parallelstellen in §§ 30 f.)

Gegensatz zu Körpern in Bewegung haben Vorstellungen außerhalb des Bewußtseins keinen Bestand. Auch läßt sich die Analogie zwischen Fluß und Gedankenkette keineswegs auf alle anderen bewegten Gegenstände ausdehnen: Die Übereinstimmung basiert auf der Abfolge der Wasserteilchen, die nicht als einzelne, sondern als gleichförmig fließendes Aggregat betrachtet werden. Das Denken analog zur linearen Bewegung einer Kugel durch den Raum zu konzipieren, scheint Wolff demgegenüber abwegig – niemand wird in der Lage sein, sich eine Linie vorzustellen, die von einem Gedanken beschrieben wird:

> Dazu kommt noch, daß nur in einigen Fällen die Geschwindigkeit des Gedankens in irgendeiner Beziehung für ähnlich wie die Geschwindigkeit der beweglichen Dinge gehalten wird, nämlich bei der Bewegung flüssiger oder fester einigermaßen langer Gegenstände; wenn aber das Bewegliche irgendwie anders ist, wie z. B. eine Kugel, die durch einen Raum bewegt wird, besteht jene Ähnlichkeit nicht mehr. [...] Da durch die Geschwindigkeit ein bewegliches Ding in die Lage versetzt wird, einen gegebenen Raum in einer gegebenen Zeit zu durchlaufen [...], der Raum jedoch eine Linie ist, die das bewegliche Ding, als Punkt betrachtet, während der ganzen Zeit beschreibt, während der die Bewegung andauert [...], muß auch der Gedanke während seiner gesamten Zeitdauer eine Linie beschreiben. Freilich kann sich niemand eine Linie vorstellen, die von einem Gedanken beschrieben wird: was jedem, der seinen Geist auf die eigenen Gedanken richtet, deutlich ist. Den Gedanken kann also eine Geschwindigkeit von dieser Art nicht zukommen. Selbst wenn man aus einer solchen Geschwindigkeit, wie sie den Körpern zukommt, die Materialität dessen schließen könnte, dem sie zukommt, kann folglich aus der Geschwindigkeit der Gedanken nicht die Materialität der Seele abgeleitet werden.[223]

Die Phantasie späterer, von den Kategorien der Wolffschen Philosophie ausgehender Psychologen reichte weiter. In seiner preisgekrönten

---

223 »Accedit quod in aliquo tantummodo casu celeritas cogitationis simile quidpiam cum celeritate mobilis habeat, scilicet in motu fluidi aut solidi cujusdam longi; dum vero mobile quoddam aliud, veluti globus quidam per spatium quoddam movetur, similitudo illa non amplius subsistat. [...] Quoniam per celeritatem mobile aptum redditur ad datum spatium dato tempore percurrendum [...] spatium vero linea est, quam mobile instar puncti consideratum toto illo tempore describit, quo motus durat [...]; cogitatio quoque lineam describere debet toto durationis suæ tempore. Enimvero linea a cogitatione descripta ne fingi quidem potest: id quod unicuique animum ad proprias cogitationes advertendi manifestum est. Cogitationibus itaque celeritas istiusmodi competere nequit, qualis corporibus convenit, consequenter si vel maxime ex istiusmodi celeritate, qualis corporibus competit, colligi possit entis, cui ea convenit, materialitas; non tamen ex celeritate cogitationum colligi potest animæ materialitas.« Ebd., § 31.

Untersuchung über die Neigungen von 1767 bestimmte der Potsdamer Hofprediger Leonhard Cochius den »wesentliche[n] Trieb« der Seele als eine »ausdehnende Kraft«, die sich aufgrund der menschlichen Beschränktheit immer nur als »Bewegung von einem Ort zum andern« realisiert.[224] Da die Seele »nicht alle Vorstellungen zugleich haben kann«, muß sie *nolens volens* alte Gedanken verlassen, wenn neue hinzukommen – »wie man eine gute Wohnung verläßt, wenn sie baufällig wird«.[225] In besonderem Maße gilt dies, wenn der Mensch von einer Leidenschaft erregt wird. Die heftige Neigung, deren Theorie Cochius in Analogie zur Anziehungskraft der Sonne entwickelt[226], führt dann dazu, daß die Seele alle vernünftigen »Neben-Vorstellungen« vergißt und geradlinig auf das Objekt ihrer Begierde zurast:

> Sie flieget durch das Gebiete der Vorstellungen, wie der *Licht-Strahl* durch den weiten Raum, dessen Geschwindigkeit *durch keinen Wiederstand* des Mittels aufgehalten, noch ausgebreitet wird, und daher keinen Gegenstand und kein Auge berührt, als das er in gerader Linie trifft[.][227]

Daß Cochius sich so leichtfertig über Wolffs analogietheoretische Vorsichtsmaßnahmen hinwegsetzt und die Regeln seelischer Bewegung nach dem Vorbild der körperlichen bestimmt, hängt mit einer Vorentscheidung zusammen, die der Wolffschen Seelenkonzeption zuwiderläuft: Nach Cochius zeigt sich die leidenschaftlich bewegte Seele »nicht, durch Ueberlegung und Entschliessung, thätig«[228], sondern wird vom Gegenstand ihrer Begierde angezogen wie ein Planet von der Sonne. Für Wolff ist Tätigkeit dagegen eine wesentliche Eigenschaft der Seele, die ihr in der Leidenschaft ebenso zukommt wie beim Denken. Affekte sind starke Begierden oder Abneigungen, die sich auf zukünftige Vorstellungen richten, und resultieren aus dem Vermögen der Seele, von einer Vorstellung zur nächsten überzugehen.[229] Die Fähigkeit der Seele, ihre Kraft auf die Hervorbringung einer bestimmten, als gut erkannten Vorstellung hin auszurichten, bezeichnet Wolff

---

224 [Leonhard] Cochius, *Untersuchung über die Neigungen, welche den von der Königl. Akademie der Wissenschaften zu Berlin für das Jahr 1767. ausgesezten Preiß erhalten hat. Nebst andern dahin einschlagenden Abhandlungen*, Berlin 1769, S. 1-90, hier § 5.
225 Ebd.
226 Ebd., § 11.
227 Ebd., § 14 [Hervorh. im Orig.]. Zu Herder, der das Denken ähnlich wie Cochius als geradlinige Bewegung eines Körpers imaginiert, vgl. Marion Heinz, *Sensualistischer Idealismus. Untersuchungen zur Erkenntnistheorie des jungen Herder (1763-1778)*, Hamburg 1994 (= Studien zum achtzehnten Jahrhundert 17), S. 81-83.
228 Cochius, *Untersuchung über die Neigungen*, § 14.
229 Vgl. Wolff, *Psychologia rationalis*, §§ 495-498, § 504, §§ 506 f.

analog zum Erkenntnisvermögen *(facultas conoscendi)* als Begehrungsvermögen *(facultas appetendi)*.[230] Da die Seele aus eigenem Antrieb ständig nach der Veränderung ihres Zustandes strebt, sind nach
Wolff alle diese Zustandsänderungen einschließlich der Affekte als
Aktivitäten zu betrachten:»*Affectus* sunt actus animæ, quibus quid ve-
hementer appetit, vel aversatur, vel sunt actus vehementiores appetitus
sensitivi & aversationis sensitivæ.«[231] Hierin liegt für Wolff eine wesentliche Differenz zwischen Körper und Seele, die der Analogisierung von Mechanik und Psychologie eine Grenze setzt. Während
Körper infolge des Trägheitsgesetzes in einem gegebenen Zustand der
Ruhe oder Bewegung verharren, solange keine Manipulation von
außen sie zur Beschleunigung, Verlangsamung oder zum Richtungs-
wechsel zwingt, ist die Seele frei, ihre Vorstellungen, Begierden und
Abneigungen unabhängig von äußeren Zwängen zu ändern.[232] Allen
Übereinstimmungen zum Trotz verlangen also physische und psychische Kräfte bei Wolff genau wie bei Leibniz separate Definitionen und
unterliegen von Grund auf verschiedenen Gesetzmäßigkeiten:

> du wirst jedoch im oben genannten Gesetz der Einbildungen nichts
> entdecken, womit die Geschwindigkeit bei der Veränderung der be-
> weglichen Dinge erklärt werden könnte: Vielmehr steht dem das Be-
> wegungsgesetz entgegen, von dem wir eben gezeigt haben, daß es nicht
> auf die Seele übertragen werden kann, da es ja die Veränderung oder
> Verminderung der Geschwindigkeit bei einem bewegten Ding nicht
> ohne äußere Ursache zuläßt, welche bei der Hervorbringung von Vor-
> stellungen nicht benötigt wird [...]. Es ist folglich vollkommen klar, daß
> die Vorstellungskraft keineswegs an die Stelle der Bewegkraft gesetzt
> werden kann, noch die Bewegkraft an die der Vorstellungskraft, ohne
> daß die Regeln der Veränderungen verletzt werden.[233]

Wiederum hat sich Wolffs Haltung zum analogischen Denken als ambivalent herausgestellt. Einerseits bedient sich die Psychologie als

---

230 Ders., *Psychologia empirica*, § 579, § 584.
231 »*Affekte* sind Handlungen der Seele, durch die sie heftig nach etwas strebt oder
etwas verabscheut, oder auch heftigere Handlungen des sinnlichen Begehrens und
des sinnlichen Abscheus.« Ebd., § 603 [Hervorh. im Orig.]. Vgl. auch ders., *Psychologia rationalis*, § 504.
232 Ebd., § 79.
233 »nihil tamen in lege imaginationis præsidii deprehendes ad celeritatum in mobili mu-
tationem explicandam: immo obstat lex motus, de qua modo ostendimus, quod ad
animam transferri nequeat, quippe quæ celeritatis immutationem seu diminutionem
in mobili non admittit sine causa externa, qualis in phantasmatis producendis non requiritur [...]. Abunde igitur patet vim motricem substitui minime posse vi percep-
tivæ, nec vim perceptivam vi motrici salvis modificationum regulis.« Ebd.

philosophische Disziplin physikalischer Begriffe und Methoden, um ihren Gegenstandsbereich zu konstituieren. Der zentrale psychologische Terminus ›Kraft‹ bleibt eine leere Abstraktion, solange der Vergleich mit mechanischen Kräften ihn nicht anschaulich macht, und die These, der zufolge psychische Phänomene verläßlichen Regeln gehorchen, basiert auf der Kenntnis physikalischer Gesetzmäßigkeiten. Andererseits muß das analogische Denken in Schranken gehalten werden, denn die konsequente Übertragung mechanischer Konzepte auf die Seele droht, die Zwei-Substanzen-Theorie zum Kollabieren zu bringen, die sowohl das mechanische Weltbild als auch die Daseinsberechtigung einer eigenständigen psychologischen Disziplin fundiert. Für Wolffs Philosophie ist der Konflikt zwischen analogischer Heuristik und Metaphern-Angst deswegen unhintergehbar.

Die paradox anmutende Definition der Leidenschaften als Handlungen der Seele hängt mit dieser Ambivalenz zusammen. In der Cartesischen Tradition sind Affekte im wörtlichen Sinne ›Passionen‹; die Seele erfährt Veränderungen, die im Gegensatz zu denen des Willens nicht von ihr selbst, sondern von den Lebensgeistern verursacht werden.[234] Das Prinzip der prästabilierten Harmonie schließt die Möglichkeit solcher wechselseitigen Einflüsse aus. Dennoch behält Wolff auf praktischer Ebene die Konzeption des Affekts als »*Sclaverey* des Menschen« bei: Da der Mensch im Affekt »nicht bedencket, was er thut [...], und er demnach seine Handlungen nicht mehr in seiner Gewalt hat; so wird er gleichsam gezwungen zu thun und zu lassen, was er sonst nicht thun, noch lassen würde, wenn er deutlich begriffe, was es wäre«.[235] Die in der *Psychologia rationalis* betonte Freiheit der menschlichen Seele kennt also Grenzen. Sie liegen jedoch für den konsequenten Metaphysiker nicht in der Fremdbestimmung der Seele durch äußere Kausalitäten, sondern in der Beeinträchtigung des Erkenntnisvermögens, die der Affekt stets impliziert. Leidenschaftliche Begierden und Abneigungen sind sinnlich, d. h. sie gehen einher mit verworrener Erkenntnis. Leibniz sah in der Verworrenheit eine Unvollkommenheit der Seele, die ihr Verdruß bereiten muß und folglich als ein Leiden zu gelten hat. Die *Nouveaux Essais* enthalten eine Zusammenfassung dieses komplexen Verständnisses von Tun und Leiden, die auch auf Wolffs Psychologie Licht zu werfen vermag:

---

234 René Descartes, *Les passions de l'âme* [¹1649], in: ders., *Œuvres*, hrsg. von Charles Adam u. Paul Tannery, 11 Bde., nouvelle présentation, Paris 1974-1986 [im folgenden *DAT*], Bd. XI, S. 291-497, I, Art. XXIX.
235 Wolff, *Deutsche Metaphysik*, § 491 [Hervorh. im Orig.].

dans la rigueur metaphysique, prenant l'action pour ce qui arrive à la substance spontainement et de son propre fond, tout ce qui est proprement une substance ne fait qu'agir, car tout lui vient d'elle même aprés Dieu; n'estant point possible, qu'une substance creée ait de l'influence sur une autre. Mais prenant *Action* pour un exercice de la *perfection* et la *passion* pour le contraire il n'y a de l'*Action* dans les veritables substances, que lorsque leur perception (car j'en donne à toutes) se developpe et devient plus distincte, comme il n'y a de *passion* que lorsqu'elle devient plus confuse. En sorte que dans les substances capables de plaisir et de douleur, toute action est un acheminement au plaisir, et toute passion un acheminement à la douleur[.][236]

Leibniz' Theorie der seelischen Aktivität und Passivität, die zugleich eine Theorie von Schmerz und Vergnügen ist, bewahrt bei Wolff ihre Gültigkeit. Auch für die deutschen Ästhetiken des mittleren und späten 18. Jahrhunderts ist sie fundierend, denn sie enthält die anthropologische Grundlage einer Schönheitsdefinition, von der erst Kant sich ausdrücklich distanzieren wird.[237] Schönheit ist bei Leibniz und Wolff an Lust, Lust an die undeutliche Erkenntnis einer subjektiven (der eigenen Seele oder dem eigenen Körper zukommenden) oder objektiven (dem ästhetischen Gegenstand eigenen) Vollkommenheit geknüpft.[238] Gegen diese erkenntnistheoretische Konzeption ästhetischer Erfahrung, die das Vergnügen an Lust und Vollkommenheit auf ihrer Seite hat, ist eine ästhetische Theorie der Rührung nur mit Mühe durchzusetzen. ›Rührung‹ bedeutet in erster Linie ›leidenschaftliche Bewegung‹, ist also assoziiert mit Körperlichkeit (den mechanischen Bewegungsgesetzen), Passivität, Verworrenheit und demnach Unvollkommenheit. Die Anhaltspunkte, auf die sich die Wolffianer bei ihren Bemühungen um ein Erklärungsmodell für Rührung und für

---

236 Leibniz, *Nouveaux Essais sur l'entendement humain*, in: ders., *Sämtliche Schriften und Briefe*, unter d. Ltg. von Kurt Müller hrsg. von der deutschen Akademie der Wissenschaften zu Berlin, 6. Reihe: *Philosophische Schriften*, hrsg. von der Leibniz-Forschungsstelle der Universität Münster, Bd. VI, bearb. von André Robinet u. Heinrich Schepers, Berlin 1962, S. 39-527, II, 21, § 72 [Hervorh. im Orig.].

237 Vgl. Kant, *Kritik der Urteilskraft*, § 15.

238 Vgl. Leibniz, *Von der Weisheit*, in: ders., *Hauptschriften zur Grundlegung der Philosophie*, hrsg. von Ernst Cassirer, 2 Bde., Hamburg ³1966 (= Philosophische Bibliothek 107/108), Bd. II, S. 491-496 sowie Wolff, *Psychologia empirica*, § 536, §§ 543-545, § 550 (im Orig. fälschlich als § 450), § 555. Die Bezeichnungen ›subjektiv‹ und ›objektiv‹ sind in diesem Zusammenhang von Moses Mendelssohn entlehnt; Mendelssohn bringt damit einen bereits von Leibniz und Wolff beschriebenen Sachverhalt auf den Punkt. Vgl. Mendelssohn, *Rhapsodie oder Zusätze zu den Briefen über die Empfindungen (1761)*, in: ders., *Ästhetische Schriften*, S. 127-165, hier S. 136 f.

das Vergnügen, das sie erfahrungsgemäß bereitet, stützen konnten, liegen dagegen zum einen in der »metaphysischen Strenge«, die es erfordert, Leidenschaften als Handlungen der Seele zu definieren, zum anderen in Wolffs Analogiebildungen: Der Vergleich von Seelenkraft und Stahlfeder sowie der Vergleich der Denkgeschwindigkeit mit der Geschwindigkeit strömenden Wassers bilden für die psychologischen und ästhetischen Reflexionen der Folgezeit ergiebige heuristische Schemata, die weit über Wolffs analogiekritische Einschränkungen hinaus zu multifunktionalen Seelenmodellen entfaltet werden. Nicht zuletzt das von Wolff verworfene Bild der fliegenden Kugel gelangt dabei ausgiebig zur Anwendung.

2.5. Die Seele als Zuschauerin[239]

Einige der Möglichkeiten und Widerstände, die sich aus der Leibniz-Wolffschen Psychologie für die ästhetische Theorie der Rührung ergaben, möchte ich im folgenden an einer bekannten und vielfach gewürdigten ästhetischen Debatte demonstrieren: Am Briefwechsel zwischen Nicolai, Mendelssohn und Lessing über das Trauerspiel sowie an den Abhandlungen Sulzers, Mendelssohns und Nicolais, die den Briefwechsel anregten bzw. in seinem Kontext entstanden. Dieses Textkorpus ist für die hier ins Auge gefaßte Problematik deshalb besonders ertragreich, weil in den Personen Sulzers und der drei Briefpartner gegensätzliche, aber aufeinander bezogene Positionen zu Wort kommen, für die Wolffs Seelen- und Schönheitskonzeptionen ein unterschiedliches Maß an Autorität beanspruchen. Während für Lessing und Nicolai, sei es im Gefolge des Abbé Du Bos, sei es aus spezifisch dramentheoretischen Erwägungen (etwa in Rücksicht auf die Aristotelische Katharsis-Theorie), der Anteil leidenschaftlicher Bewegung an der ästhetischen Erfahrung außer Frage steht und die Suche nach einem überzeugenden Erklärungsmodell nicht von vornherein an eine einzige philosophische Tradition gebunden ist, bildet für Sulzer und Mendelssohn die Wolffsche Ästhetik den autoritativen Hintergrund des eigenen Theoretisierens. Der daraus resultierende, größtenteils zwischen Lessing und Mendelssohn ausgetragene Dissens provoziert Argumentationsstrukturen und Kompromisse, die in ihrer kombinatorischen Ingeniosität als weitere Beispiele für die lustvolle Poetizität metaphorischer Inventio in der Theorie gelten können.

2.5.1. Sulzers *Untersuchung über den Ursprung der angenehmen und unangenehmen Empfindungen*

Sulzer erhoffte sich von der mechanischen Philosophie großen Erkenntnisgewinn für die »*metaphysische Theorie* des Menschen«, die er auch als »*Physik der Seele*« bezeichnete.[240] Er hatte »bemerkt, daß

---

239 Dieses Unterkapitel ist eine überarbeitete Version meines Aufsatzes *Die Seele als Zuschauerin. Zur Psychologie des ›movere‹*, in: Fischer-Lichte/Schönert (Hrsg.), *Theater im Kulturwandel des 18. Jahrhunderts*, S. 91-108.

240 Sulzer, *Von dem Bewußtseyn und seinem Einflusse in unsre Urtheile*, in: SVS I, S. 199-224, hier S. 199 [Hervorh. im Orig.].

Leute, welche mechanische Künste treiben, sich sehr glücklicher Metaphern bedienen, welche von den unter ihnen gebräuchlichen [...] Kunstwörtern hergenommen sind«, und forderte die »Philosophen und die schönen Geister« dazu auf, diese zu »sammeln, sie [zu] veredeln, und ihnen allgemeinere Bedeutungen [zu] geben«.[241] In verschiedenen Aufsätzen stellte er nach Wolffschem Vorbild detaillierte Vergleiche zwischen der unzerstörbaren Kraft der Seele und den diversen, sich teils erhaltenden, teils in ihrer Wirkung aufzehrenden Kräften der Materie an. Nur eine dieser Textstellen, die im Kontext ästhetischer Überlegungen steht, soll uns hier interessieren.[242]

Sulzers *Untersuchung über die angenehmen und unangenehmen Empfindungen*, von der sich Mendelssohn zu Reflexionen über das Vergnügen an der Vollkommenheit inspirieren ließ[243], kann als ein Versuch beschrieben werden, Wolffs Vollkommenheitsästhetik als eine Ästhetik der Rührung zu rekonstruieren und dabei intellektuellen, sinnlichen und moralischen Vergnügungen gleichermaßen Rechnung zu tragen. Ausgangspunkt ist eine Seelenkonzeption, die sich im großen und ganzen mit der Wolffschen deckt: Die Seele ist eine Kraft, deren »natürliche Thätigkeit« darin besteht, »Ideen hervorzubringen, oder wenn man will, Ideen aufzunehmen und mit einander zu vergleichen; das heißt zu denken«.[244] Im Vergleich zu Wolff verschiebt Sulzer allerdings den Akzent von der Vorstellung und Anschauung hin zur Tätigkeit des Begehrens und Übergehens. Um genauer zu erläutern, was es mit der Kraft der Seele auf sich habe, verweist Sulzer auf die »Bewegungen« und »Erschütterungen« der Leidenschaft. In keinem Zustand scheint die Tätigkeit der Seele sich so deutlich zu manifestieren wie im Affekt:

> Zuvörderst ist zu bemerken: daß der Name *Kraft*, den man diesem im Menschen wirksamen Principium beygelegt hat, ein ohnablässiges Bestreben anzeigt, das gleichsam alles zur Hervorbringung von Ideen in Bewegung setzt. Um die Natur dieser Kraft recht kennen zu lernen, darf man sich dieselbe nur in Fällen, wo sie besonders lebhaft ist, als z. B. in einer starken Leidenschaft vorstellen. Man weiß, wie heftig da

241 Ders., *Anmerkungen über den gegenseitigen Einfluß*, S. 192.
242 Vgl. aber auch ders., *Von dem Bewußtseyn*, S. 202-205 sowie ders., *Gedanken über einige Eigenschaften der Seele, in sofern sie mit den Eigenschaften der Materie eine Aehnlichkeit haben, zur Prüfung des Systems des Materialismus*, in: SVS I, S. 348-376, hier S. 352 und S. 363.
243 Vgl. Mendelssohn, *Über die Empfindungen*, S. 41 f., S. 56.
244 Sulzer, *Untersuchung über den Ursprung der angenehmen und unangenehmen Empfindungen*, in: SVS I, S. 1-98, hier S. 5.

der Mensch von der Gewalt der Begierde gedrängt und getrieben wird. In dem gewöhnlichen ruhigern Zustande der Seele bleibt diese wesentliche Kraft einerley, nur daß sie mit weniger Stärke wirkt; sie erregt allemal, in stärkerm oder in schwächerm Grade, Bewegungen, die mit den Erschütterungen der Leidenschaft übereinkommen. Dieß ist die wahre Bedeutung des Ausdrucks: *wesentliche Kraft der Seele*.[245]

Hinsichtlich der Kraftanstrengung wird zwischen Denken und Leidenschaft nicht unterschieden. Wenn Sulzer nun das Vergnügen der Seele in ihre ungehinderte Tätigkeit setzt und das Mißvergnügen auf Zwänge zurückführt, die ihre Kraftentfaltung behindern, muß dies zunächst auf die prinzipielle Gleichwertigkeit intellektueller und leidenschaftlicher Bewegung für den psychischen Lusthaushalt hinauslaufen. Zur Begründung seiner These verwendet Sulzer ein hydraulisches Seelenmodell, das uns bereits von Wolffs Theorie der Denkgeschwindigkeit her vertraut ist. Ohne weitere Einschränkungen (die beispielsweise den aktiven und spontanen Charakter der seelischen Tätigkeit betonen würden) vergleicht Sulzer die Seele mit einem bald ruhig dahinfließenden, bald wütend anschwellenden Fluß, dessen Bewegungsformen zu Sinnbildern psychischer Verfaßtheiten werden. Zwischen Kraft und Bewegung, Denken und Leidenschaft muß dabei nicht eigens differenziert werden:

> Die natürliche Thätigkeit der Seele rühret von einer ihr inwohnenden Kraft, oder einem beständigen Bestreben zu denken her. Findet diese Kraft eine Hinderniß sich zu entwickeln, oder entspricht die Wirkung nicht der Größe ihres Bestrebens; so muß es ihr nothwendig zuwider seyn; sie muß diesen Zustand des Zwanges hassen, der ihrer Natur so gerade entgegen steht. [...] Je lebhafter nun eine Seele, oder je größer das Hinderniß ist, das ihrer Wirkung im Wege steht, desto größer ist auch das daher entspringende Mißvergnügen; ja diese Empfindung kann so hoch steigen, daß sie die ganze Natur des Menschen gleichsam über den Haufen wirft. Die Seele gleicht einem Flusse, der so lange ruhig fortfließt, als sein Lauf durch nichts gestört wird; der aber anschwillt und tobt, sobald man seinem Strome einen Damm entgegen setzt. Dieß ist der Ursprung der unangenehmen Empfindungen oder des Mißvergnügens.[246]

Solange Sulzers Blick allein auf die subjektiven Bedingungen des Vergnügens gerichtet ist, scheint sich dessen Ausmaß proportional zum Grad der Tätigkeit oder Bewegung zu verhalten. Je ungehemmter die Seele ihre Gedanken entwickeln kann, desto größer der Lust-

---

245 Ebd., S. 9 f. [Hervorh. im Orig.].
246 Ebd., S. 11 f.

gewinn. Der Gleichgewichtszustand, den die Seele nach Locke und Leibniz stets herzustellen bestrebt ist – Sulzer nennt ihn auch *aisance*, im Deutschen mit ›Behäglichkeit‹ wiedergegeben[247] – ist dementsprechend als ein Zustand der Ruhe erst der »Anfang des Vergnügens«[248], so wie der Zwang den Beginn des Mißvergnügens markiert. Unruhe bildet nicht nur einen Antrieb zur Geschäftigkeit, sondern ist mit dem Glücksgefühl selbst identisch:

> Das Vergnügen scheint sich von der bloßen Zufriedenheit dadurch zu unterscheiden, daß es etwas Lebhafters und Reitzenders hat. Bey der bloßen Zufriedenheit ist die Seele gleichsam in Ruhe; bey dem Vergnügen scheint sie in einer angenehmen aber lebhaften Unruhe zu seyn. Diese größere Lebhaftigkeit, die das Vergnügen von der bloßen Zufriedenheit unterscheidet, kann daher rühren, daß alsdann die Wirksamkeit der Seele geschwinder ist: sie hält nicht mehr ihren gewöhnlichen Lauf; sie wird eine Menge von Dingen gewahr, die sie mit mehr Leichtigkeit und Schnelligkeit bearbeiten kann, als sie im Stande der bloßen Behäglichkeit zu haben pfleget.[249]

Sobald Sulzer jedoch zu den Gegenständen übergeht, die dem Menschen das meiste Vergnügen bereiten, wird ersichtlich, wo das vergnügliche Maß an Bewegung seine Schranken findet: Dort nämlich, wo Bewegung ihrerseits in Zwang umschlägt. Im Einklang mit Wolffs Vollkommenheitsdefinition (»Die Zusammenstimmung des mannigfaltigen machet die *Vollkommenheit* der Dinge aus«[250]) bestimmt Sulzer Schönheit als Einheit in der Mannigfaltigkeit. Vom Mannigfaltigen wird die Seele zum Denken angeregt; je mehr Teile sie vorfindet, desto mehr Perzeptionen kann sie zur Deutlichkeit entwickeln, desto stärker und angenehmer, so drückt Sulzer es aus, wird sie »bewegt« oder »gerührt«.[251] Wenn indessen die Vielfalt des Wahrgenommenen die

---

247 Anna Tumarkin, von der eine der wenigen ausführlicheren Arbeiten zu Sulzer stammt, führt seinen Begriff der *aisance* auf Leibniz zurück, ohne eine präzise Quelle zu nennen (Anna Tumarkin, *Der Ästhetiker Johann Georg Sulzer*, Frauenfeld/Leipzig 1933, S. 78); ihr Leibniz-Zitat scheint aber aus den erst 1765 erschienenen *Nouveaux Essais sur l'entendement humain* zu stammen. Leibniz übernimmt dort den Begriff von John Locke. Dessen französischer Übersetzer Pierre Coste hatte *uneasiness* mit *inquiétude* wiedergegeben und in einer Anmerkung als »le manque d'*aise* et de tranquilité dans l'ame« erläutert (zit. nach Leibniz, *Nouveaux Essais*, II, 20, § 6; Hervorh. im Orig.). Es ist eher anzunehmen, daß Lockes *Essay Concerning Human Understanding* selbst, vermutlich in Pierre Costes Übersetzung, Sulzers Quelle war.
248 Sulzer, *Untersuchung*, S. 11.
249 Ebd., S. 12 f.
250 Wolff, *Deutsche Metaphysik*, § 152 [Hervorh. im Orig.].
251 Sulzer, *Untersuchung*, S. 22.

intellektuelle Fähigkeit des Menschen übersteigt, das Vielfältige sich ihm also als unauflösbar Verworrenes darbietet, wird »seine Wirksamkeit [...] aufgehalten, und er wendet den Blick davon ab«.[252] Erst die intelligible Ordnung, d. h. für Sulzer die Möglichkeit, die Gesamtheit der Vorstellungen mühelos zur Deutlichkeit zu entwickeln, macht das Mannigfaltige angenehm und den Gegenstand zu einem schönen. Das Prinzip der Einheit setzt der Denkaktivität eine notwendige Grenze; sie bewahrt die Seele vor dem hemmenden Gefühl der Überforderung.

Was für die intellektuellen Vergnügungen gilt, soll auch auf die sinnlichen zutreffen. Einem Leibnizschen Gedanken folgend, demzufolge wir Musik als schön empfinden, weil wir unbewußt die harmonischen Schwingungen der Klangkörper zählen[253], erklärt Sulzer die undeutlich erkannte Schönheit von Schwingungsfolgen zur Grundlage aller sinnlichen Annehmlichkeiten.[254] Anhand einfacher Intervalle und Akkordrepetitionen demonstriert er die Ordnung in der Mannigfaltigkeit verschiedener gleichzeitig erklingender Töne und überläßt es dem Leser, die gewonnenen Prinzipien auf die übrigen Sinne zu applizieren: »Man kann die Töne vieler verschiedener Saiten auf einmal hören; die Salze, die den Geschmack geben, können aus verschiedenen Arten zusammengesetzt seyn, dessen jede anders wirkt: und eben so auch bey den übrigen Sinnen.«[255]

Wäre die Erkenntnis solcher elementaren Ordnungsstrukturen in der Tat die einzige Quelle der Lust am Sinnlichen, so müßten die intellektuellen Vergnügungen in jeder Hinsicht den sinnlichen vorzuziehen sein, schließlich gewähren sie ein höheres Maß an Deutlichkeit. Sulzer führt jedoch in seiner Analyse der sinnlichen Perzeption ein weiteres Kriterium ein: Die Lebhaftigkeit der Wahrnehmung, die

---

252 Ebd., S. 38.
253 Leibniz, *Principes de la Nature*, § 17.
254 Sulzer, *Untersuchung*, S. 65.
255 Ebd., S. 67. Wie Alexander Altmann gezeigt hat, synthetisiert Sulzers Theorie des Vergnügens die Wolffsche Theorie des Schönen mit der *Théorie des sentimens agréables* von Levesque de Pouilly (vgl. Alexander Altmann, *Moses Mendelssohns Frühschriften zur Metaphysik*, Tübingen 1969, S. 92-100). Pouilly hatte diejenigen Gegenstände als angenehm bestimmt, die den Intellekt oder die Sinnesorgane in Tätigkeit setzen, ohne sie zu ermüden (»*Il y a un agrément attaché à ce qui exerce les organes du corps sans les affoiblir*« bzw. »*Il y a un agrément attaché à ce qui exerce l'esprit sans le fatiguer.*« Vgl. [Louis Jean] Levesque de Pouilly, *Théorie des sentimens agréables*, ND d. Ausg. Genf 1747, Genf 1971, S. 16, S. 27, Hervorh. im Orig.) Nach einem ähnlichen Prinzip erklären Pouilly und Sulzer dann auch die moralischen Vergnügungen. Pouillys Theorie läßt sich ihrerseits mit Descartes' Musikästhetik in Verbindung bringen, vgl. hierzu die knappe Zusammenfassung in Deprun, *La philosophie de l'inquiétude*, S. 68 f.

mit der Lebhaftigkeit der Seelentätigkeit nicht identisch ist. Sie hängt von der Empfindlichkeit der Nerven und von der Heftigkeit des physischen Eindrucks ab und ist bei den gröberen Sinnen stärker als bei den feineren.[256] Obwohl Sulzer ihr zunächst keinen Anteil an der Annehmlichkeit oder Unannehmlichkeit der Empfindungen zugestehen möchte, bildet sie im abschließenden Vergleich von sinnlichen und intellektuellen Vergnügungen den einzigen Vorteil der ersteren. Rührung oder Bewegung und Leidenschaftlichkeit, anfangs als wesentliche Begleiterscheinungen unserer denkenden Tätigkeit eingeführt, können mit einem Male nur noch von den sinnlichen Genüssen, und zwar durch die lebhafte Erregung der Nerven hervorgerufen werden. Die großen pragmatischen Vorteile des intellektuellen Vergnügens, die den ephemeren Gewinn des sinnlichen weitaus überwiegen, liegen in der Tatsache, daß die deutlichen Ideen durch ihre bessere mentale Reproduzierbarkeit dem Menschen ständig verfügbare Besitztümer sind und sich von ihm kontrollieren lassen, statt ihn, wie die sinnlich erregten Leidenschaften, ihrerseits zu kontrollieren. Was nur mäßige Lust erregt, kann auch nur in Maßen schmerzhaft sein. Intellektuelles Vergnügen ist Tätigkeit, sinnliches Vergnügen ist Leiden; intellektuelles Vergnügen beruhigt und sinnliches bewegt:

> Zweytens verlieren die sinnlichen Vergnügungen von ihrem ersten Vorzuge [daß sie eine stärkere Empfindung erwecken] auch dadurch, daß sie starke und gefährliche Leidenschaften erwecken, die zuweilen sogar in Wuth ausarten: welches bey der Lebhaftigkeit dieser Vergnügungen nicht anders seyn kann. [...] Hingegen die sanftern, und wenn ich sie so nennen darf, die unschuldigern Vergnügungen des Verstandes, ertheilen der Seele eher Stille und Ruhe, als daß sie Leidenschaften in ihr erwecken sollten, die sie zu schändlichen Ausschweifungen erniedrigten.[257]

Tätigkeit und Bewegung, zu Beginn der *Untersuchung* gleichgesetzt und zur wesentlichen Bestimmung der Seele erklärt, stehen sich am Ende als Denken und Empfinden, Stille und Erregung, Beherrschung und Leidenschaft gegenüber. Anstelle lebhafter Bewegung ist stoische Ruhe zur Voraussetzung der Glückseligkeit geworden; das eingangs postulierte Vergnügen der Seele an heftiger Regsamkeit bricht sich an einer Ästhetik, in deren Zentrum Vollkommenheit als Einheit des Mannigfaltigen steht.

---

256 Vgl. hierzu Kap. 4.1.
257 Sulzer, *Untersuchung*, S. 74 f.

2.5.2. Moses Mendelssohns Briefe *Über die Empfindungen*

Die Abwertung der Bewegung, die sich im Laufe von Sulzers *Untersu-chung* aus seinem klassizistischen Schönheitsbegriff ergibt, ist für Moses Mendelssohns Briefe *Über die Empfindungen* (1754/55) durch-gängig charakteristisch. Auch Mendelssohn, der sich explizit auf Sulzer bezieht, möchte intellektuelle und sinnliche Vergnügen aus einem ein-zigen Prinzip herleiten, aber er identifiziert dieses Prinzip nicht mit der Seelentätigkeit, sondern mit der Vollkommenheit des Erkenntnisge-genstandes. Eine Vorstellung ist angenehm, wenn wir sie »lieber haben, als nicht haben wollen«[258]; als ein Ebenbild Gottes muß die Seele stets das Gute und Vollkommene wünschen und das Böse und Unvollkom-mene ablehnen. Alles Vergnügen, so setzt Mendelssohn mit Wolff und Leibniz fest, entspringt aus der anschauenden Erkenntnis einer Voll-kommenheit; was für den Menschen die Anschauung im Verhältnis zur diskursiven Erkenntnis an Deutlichkeit entbehrt, das macht die Leb-haftigkeit des Sinnlichen wett. Während nun Sulzer, von einem dyna-mischen Seelenmodell ausgehend, das Sinnlich-Lebhafte nach seiner Heftigkeit beurteilt und implizit die starke Reizung der gröberen Sinne zum Ausgangspunkt seiner Abwertung der sinnlichen Vergnügungen genommen hatte, ist bei Mendelssohn das Sehen Paradigma für intel-lektuelle wie für sinnliche Vergnügungen. Einerlei, ob es sich um Musik, um Gerüche oder um wissenschaftliche Systeme handelt: Der innere Sinn, auf den allein sie wirken, ist das Vermögen der Anschau-ung; weder die lebhafte Seelentätigkeit noch die Empfindlichkeit des Nervenbaus sind für den Grad des Vergnügens von Bedeutung. Ent-scheidend ist vielmehr, das sich die mannigfaltigen Teile des vollkom-menen Gegenstandes dem Menschen gleichzeitig darbieten, denn nur so ist ihre Harmonie zu überblicken. Daher setzt Mendelssohn das in-tellektuelle Vergnügen nicht in den sukzessiven Erkenntnisprozeß selbst, sondern in die anschließende Gesamtschau, bei der »[d]ie be-sonderen deutlichen Begriffe [...] gleichsam wie in Schatten« zurück-weichen und die Mannigfaltigkeit, in »Ebenmaße und Verhältnisse« gebracht, faßlich erscheint.[259] Nur wenn sie dergestalt sinnlich erkenn-bar wird, ist Vollkommenheit schön.

Tritt in Mendelssohns Theorie des intellektellen Vergnügens die Seelentätigkeit zugunsten der Kontemplation in den Hintergrund, so gilt Analoges für die sinnliche Wollust. Nervenbewegungen und ihre

---

258 Mendelssohn, *Über die Empfindungen*, S. 92.
259 Ebd., S. 36.

Abfolge als solche tragen zur sinnlichen Annehmlichkeit nicht bei.
Was zählt, ist auch hier das Vollkommene als simultan überschaubares
Ganzes. Dieses Vollkommene aber ist der menschliche Körper selbst.
Wird nämlich das Nervensystem an einer Stelle »von einem sinnli-
chen Gegenstand sanft gereizt«, schreibt Mendelssohn,

> so pflanzt sich die Wirkung davon bis auf die entferntesten Gliedmaßen
> fort. Alle Gefäße ordnen sich in die heilsame Spannung, in den harmo-
> nischen Ton, der die Thätigkeit des menschlichen Körpers befördert,
> und seiner Fortdauer zuträglich ist. Nach dem Genusse einer mäßigen
> Wollust, gehet das Spiel aller Lebensbewegungen freyer und lebhafter
> von statten; die heilsame Ausdünstung, der Thau des menschlichen
> Körpers, wallt ungehindert fort, und wirket in diesem Augenblicke [...]
> die größten Wunder.[260]

Es wäre verfehlt, in dieser harmonischen Spannung der Nervenfasern, in dieser Wallung der Lebensgeister einen Zustand leidenschaftlicher Erregung, ja selbst, in Sulzers Worten, einen Zustand
»angenehmer, aber lebhafter Unruhe« zu sehen. Was Mendelssohn
beschreibt, ist eben jene Ausgewogenheit oder *aisance*, in der schon
Leibniz den seelischen Idealzustand sah und die Sulzer als »Anfang
des Vergnügens« betrachtete. Zu einer »angenehmen Empfindung«
wird die Behaglichkeit des Körpers natürlich erst, wenn die Seele sie
sich vorstellt:

> Rufe nunmehr die Zuschauerinn deiner körperlichen Handlungen, rufe
> die Seele herbey. Wie wird sie sich verhalten? Sie wird einen behägli-
> chern Zustand ihres treuen Gatten, ihres Körpers, gewahr werden; einen
> Zustand, der ihm eine längere Fortdauer, eine thätigere und wirksamere
> Realität zu versprechen scheint [...] sie wird eine *undeutliche aber leb-*
> *hafte Vorstellung von der Vollkommenheit ihres Körpers* erlangen.[261]

Sinnliche Wollust, die hier, wie Mendelssohn betont, nur als gegenwärtige, nicht in Anbetracht ihrer möglichen unangenehmen Folgen
untersucht wird, ist von Gesundheit nicht zu unterscheiden.

Das Vergnügen an der Leidenschaft ist kein Thema in Mendelssohns Briefen *Über die Empfindungen*. Im Gegenteil könnte man von
einer systematischen Vermeidung des Themas ›Leidenschaften‹ sprechen – selbst dort, wo sie dem Anschein nach verhandelt werden.
Dies läßt sich an Mendelssohns Ausführungen zum »angenehmen Affekt« und zum Mitleid belegen.

---

260 Ebd., S. 64.
261 Ebd., S. 65 [Hervorh. im Orig.].

Christian Wolff hatte den Affekt als einen »merckliche[n] Grad der sinnlichen Begierde und des sinnlichen Abscheues« definiert, der »entweder durch eine Bemühung angenehme Empfindung hervorzubringen oder widrige zu hindern sich äussern« muß.[262] Diese Bemühung beruht auf einer undeutlichen, aber starken Vorstellung und ist nicht Ergebnis einer Willensentscheidung. Ihr korrespondieren stets »ausserordentliche Bewegungen« des Leibes.[263] Angenehme Affekte entstehen durch »undeutliche Vorstellungen vieles Guten«, unangenehme Affekte durch »undeutliche Vorstellungen vieles Bösen«.[264] Im Affekt steht der Mensch unter der Herrschaft seiner Sinne und seiner Einbildungskraft, die ihn zu unüberlegten Handlungen hinreißen.[265]

Mendelssohns Bestimmung des angenehmen Affekts nimmt ihm genau jenen Grad der »Merklichkeit«, der ihn bei Wolff von der angenehmen Empfindung abhob. Zugleich entfällt die Tendenz zur unwillkürlichen Handlung und in eins damit die heftige physische Reaktion. Mendelssohns Affekt ist nichts als das Gegenstück zu seiner domestizierten Version der sinnlichen Wollust; statt sich wie diese von den Nerven auf die Seele zu übertragen, geht jener von einer Vorstellung aus und wirkt auf den Körper. Mit dem Prinzip der Vollkommenheit bzw. seiner leiblichen Variante, der Behaglichkeit, läßt dieser genetisch und nicht quantitativ definierte Affekt sich ebensogut vereinbaren wie das sinnliche Vergnügen:

> Die Vorstellung einer *geistigen* Vollkommenheit, die Erinnerung einer genossenen sinnlichen Lust, und die Einbildung, die uns bey dieser Gelegenheit tausend andere angenehme Empfindungen in das Gedächtniß zurück führt, ordnen die Fasern des Gehirns in den gehörigen Ton, beschäftigen sie, ohne sie zu ermüden: das Gehirn theilt diese harmonische Spannung den Nerven der übrigen Gliedmaßen mit: der Körper geräth in den Zustand der Behaglichkeit: der Mensch geräth in einen angenehmen Affekt.[266]

Um seine Theorie des Vollkommenen als Quelle aller Annehmlichkeiten unter Beweis zu stellen, setzt Mendelssohn sie in den Briefen *Über die Empfindungen* der Prüfung durch verschiedenste Einwände aus. Der letzte dieser Prüfsteine sind die sogenannten »schmerzhaftangenehmen Empfindungen«, darunter das Mitleid. An Stierkämpfen, öf-

---

262 Wolff, *Deutsche Metaphysik*, § 881.
263 Ebd., § 882.
264 Ebd., § 441.
265 S. o., S. 115.
266 Mendelssohn, *Über die Empfindungen*, S. 71 [Hervorh. im Orig.].

fentlichen Folterungen und Trauerspielen hatte Du Bos die These exemplifiziert, »daß die Seelen sich nur bewegt zu werden sehnen, und
sollten sie auch von unangenehmen Vorstellungen bewegt werden«[267]
– eine Erklärung, die dem Vollkommenheitsprinzip zuwiderläuft. Um
zu zeigen, daß auch in diesen Fällen das Vergnügen des Zuschauers auf
Vollkommenheit gegründet ist, beschränkt Mendelssohn seine Analyse auf den schmerzhaftangenehmen Gegenstand. Das Unangenehme
an diesem, so Mendelssohn, wird entweder durch die Bewunderung
oder durch die Liebe überwogen, die wir der handelnden Person ent-
gegenbringen. Denn die Beimischung einer Unannehmlichkeit – einer
Gefahr oder eines unverschuldeten Unglücks, das der geliebten Person
widerfährt – vermag unsere angenehmen Empfindungen noch zu steigern. Nicht das Unangenehme als solches vergnügt uns also, sondern
die angenehme Empfindung, zu der es nur begleitend hinzutritt. Die
Erregung der Leidenschaften im engeren Sinne durch die Tragödie
gerät nicht ins Zentrum der Aufmerksamkeit.

Im Vergleich zu Sulzers *Untersuchung* sind Mendelssohns *Briefe*
kohärent. Noch die Abwandlung des Wolffschen Affekt-Begriffs erscheint legitimierbar angesichts der konsequent verfolgten Intention,
jedes Vergnügen auf das Prinzip der Vollkommenheit zurückzuführen.
Spätestens in der Auseinandersetzung mit dem Theater-Praktiker Lessing wird allerdings unübersehbar, daß Mendelssohns philosophische
Strenge mit einem erheblichen Verlust an empirischer Aussagekraft er-
kauft ist. Den Erfordernissen einer Trauerspieltheorie, zu deren wesentlichen Errungenschaften der gemischte Charakter gehört, kann
eine Theorie des Affekts, die diesen nur als sanfte Empfindung kennt
und die seine Annehmlichkeit von einer objektiven Vollkommenheit
abhängig macht, unmöglich genügen.

2.5.3. Der *Briefwechsel über das Trauerspiel*

Zum Ausgangspunkt seiner *Abhandlung vom Trauerspiele*, an der
sich der berühmte *Briefwechsel über das Trauerspiel* entzündet, wählt
Friedrich Nicolai wiederum Du Bos' These vom Bewegungsdurst der
Seele. Und wie schon Sulzer beginnt auch Nicolai mit der Gleichsetzung von geistiger Tätigkeit und leidenschaftlicher Bewegung. Der
Mensch liebt die Erschütterung, und sei sie auch mit Schmerz verbunden. Das Trauerspiel, dessen Zweck Nicolai in der Erregung hef-

---

267 Zit. nach Mendelssohn, ebd., S. 87.

tiger Leidenschaft sieht, gestattet uns dieses Vergnügen in besonders reiner Form.[268]

Bekanntlich nahm Lessing an Nicolais Definition des Trauerspiels Anstoß, weil sie die Besserung der Sitten nicht als notwendiges Ziel, sondern nur als eine untergeordnete Möglichkeit der Tragödie auffaßte. In der Überzeugung, daß das Trauerspiel Leidenschaften erregen müsse und daß die wichtigste, wenn nicht einzige dieser Leidenschaften das Mitleid sei, waren sich Lessing und Nicolai jedoch einig. Hiervon galt es Mendelssohn zu überzeugen.

Mit den »schönen Künsten und Wissenschaften« hatte sich dieser in den Briefen *Über die Empfindungen* nur beiläufig auseinandergesetzt. Die Debatte über das Trauerspiel gab ihm nun die Gelegenheit, seine Ästhetik der Vollkommenheit in detaillierterer Anwendung auf das Drama zu erproben und weiter zu entwickeln. Vor dem Hintergrund der Briefe erstaunt es nicht, daß Mendelssohn gegen Lessing und Nicolai die Bedeutung der Bewunderung betont – und es überrascht ebensowenig, daß der Theoretiker der »anschauenden Erkenntnis« dabei die griechische Bildhauerkunst als Modell für das Drama vorschlägt. An die Stelle leidenschaftlicher Bewegung soll »*die Natur in Ruhe*« treten, die Empfindung des Mitleids soll »mit einem Firnisse von Bewunderung und Ehrfurcht überzogen« werden.[269] Analog zum heroischen dramatischen Charakter ist denn auch das Kunstwerk als ganzes der Volkommenheit verpflichtet; ihr dient die Erregung der Leidenschaften nur als ein Mittel zum Zweck. Mendelssohn begreift Kunst als Nachahmung und sieht ihre Vollkommenheit in ihrer Übereinstimmung mit dem Urbild. »Das beste Mittel, uns intuitive von dem Werthe der Nachahmung zu überzeugen, ist, wenn vermittelst der Illusion unangenehme Leidenschaften in uns erregt werden.«[270]

Lessing begegnet Mendelssohns pikturaler Dramentheorie mit einem rhetorischen Taschenspielertrick. Er scheint anzunehmen, daß Mendelssohn sich von der Dignität des Mitleids nicht durch eine Theorie des Affekts überzeugen lassen wird, die auf dem Du Bosschen Konzept der Bewegung beruht. Daher beginnt er sein persuasives Unterfangen mit einem logischen Schluß, dessen Prämissen der

---

268 Friedrich Nicolai, *Abhandlung vom Trauerspiele*, in: ders./Gotthold Ephraim Lessing/Moses Mendelssohn, *Briefwechsel über das Trauerspiel*, hrsg. u. komm. von Jochen Schulte-Sasse, München 1972, S. 11-44.

269 Mendelssohn an Lessing, Dezember 1756, ebd., S. 73 [Hervorh. im Orig.].

270 Mendelssohn, *Von der Herrschaft über die Neigungen (Beykommende Blätter)*, ebd., S. 100.

Wolffsche Affektbegriff und das Streben der Seele nach Vollkommenheit sind. Nicht das Moment der Seelentätigkeit macht Lessing hier zur subjektiven Voraussetzung des Vergnügens, sondern den Aspekt der Perzeption als Vermehrung der durch die Seele vorgestellten Realität. Je größer der Wirklichkeitsausschnitt, dessen sich die Seele bewußt ist, desto höher ist ihr Grad an Vollkommenheit. Insofern auch Begierde und Abscheu Perzeptionen sind, haben sie an der Vollkommenheit der Seele Anteil und sind demzufolge angenehm:

> Darinn sind wir doch wohl einig, liebster Freund, daß alle Leidenschaften entweder heftige Begierden oder heftige Verabscheuungen sind? Auch darinn: daß wir uns bey jeder heftigen Begierde oder Verabscheuung, eines größern Grads unsrer Realität bewußt sind, und daß dieses Bewußtseyn nicht anders als angenehm seyn kann? Folglich sind alle Leidenschaften, auch die allerunangenehmsten, als Leidenschaften angenehm.[271]

Da aber, so argumentiert Lessing weiter, bei der unangenehmen Leidenschaft die Unlust über den Gegenstand die Lust an der sie begleitenden seelischen Bereicherung überwiegt, sind wir uns dieser im wirklichen Leben nur selten bewußt. Ganz anders in der Kunst:

> Die unangenehmen Affekten in der Nachahmung gefallen deswegen, weil sie in uns ähnliche Affekten erwecken, die auf keinen gewissen Gegenstand gehen. Der Musikus macht mich betrübt; und diese Betrübniß ist mir angenehm, weil ich diese Betrübniß blos als Affekt empfinde, und jeder Affekt angenehm ist. Denn setzen Sie den Fall, daß ich während dieser musikalischen Betrübniß wirklich an etwas Betrübtes denke, so fällt das Angenehme gewiß weg.[272]

Mit dem Verweis auf die Musik, die rührt, ohne dabei etwas Bestimmtes abzubilden, eliminiert Lessing den Gegenstand, der doch als Grundlage der Perzeption von Begierde und Abscheu zu seinen logischen Prämissen gehört hatte. Nur die gegenstandslose Leidenschaft ist selbst als unangenehme angenehm. Und daß Begierde oder Abscheu tatsächlich an dieser angenehmen Leidenschaft nicht partizipieren, wird im nächstem strategischen Schritt deutlich. Ein weiteres musikalisches »Exempel« – es ist uns bereits von Kircher und Boissier de Sauvages her bekannt – führt auf bildlicher Ebene den Bewegungsaspekt wieder ein, den Lessing anfangs vorsichtshalber ausgeblendet hatte:

> Ein Exempel aus der Körperwelt! Es ist bekannt, daß, wenn man zwey Saiten eine gleiche Spannung giebt, und die eine durch die Berührung er-

---

271 Lessing an Mendelssohn, 2. Februar 1757, ebd., S. 101.
272 Ebd., S. 102.

tönen läßt, die andere mit ertönt, ohne berührt zu seyn. Lassen Sie uns den Saiten Empfindung geben, so können wir annehmen, daß ihnen zwar eine jede *Bebung*, aber nicht eine jede *Berührung* angenehm seyn mag, sondern nur diejenige Berührung, die eine gewisse Bebung in ihnen hervorbringt. Die erste Saite also, die durch die Berührung erbebt, kann eine schmerzliche Empfindung haben; da die andre, der ähnlichen Erbebung ungeachtet, eine angenehme Empfindung hat, weil sie nicht (wenigstens nicht so unmittelbar) berührt worden. Also auch in dem Trauerspiele. Die spielende Person geräth in einen unangenehmen Affekt, und ich mit ihr. Aber warum ist dieser Affekt bey mir angenehm? Weil ich nicht die spielende Person selbst bin, auf welche die unangenehme Idee unmittelbar wirkt, weil ich den Affekt nur als Affekt empfinde, ohne einen gewissen unangenehmen Gegenstand dabey zu denken.[273]

Wenn Lessing nun in einem letzten Schachzug den Begriff des Affekts durch den des Mitleids ersetzt, der beim Trauerspiel als einziger Affekt in uns »ursprünglich aus der Wirkung der Gegenstände auf uns« entsteht[274], dann hat er damit unter dem Deckmantel schulphilosophischer Terminologie ein mechanistisches Modell des Mitleidens eingeführt, für das Bewegung, nicht Perzeption wesentlich ist.[275] Musik statt Bildhauerkunst, Erschütterung statt Anschauung, der leidende statt des tätigen Menschen sind die Paradigmen der hier exponierten ästhetischen Anthropologie.

Mendelssohn zeigt sich von Lessings Argument beeindruckt. In seinem Resümee der »streitigen« und »ausgemachten Punkte«, mit dem der Briefwechsel abbricht, bleiben jedoch die grundlegenden Differenzen zwischen seiner und Lessings Position unübersehbar. Mendelssohn akzeptiert letztlich nicht mehr als die beiden schulphilosophischen Prämissen des Lessingschen Gedankengangs und läßt sich von der prinzipiellen Annehmlichkeit der Leidenschaften nicht überzeugen. Weder ist er dazu bereit, für das »Vermögen, zu den Vollkommenheiten eine Zuneigung zu haben, und Unvollkommenheiten zu fliehen«[276], das Wort »Leidenschaft« einzusetzen, noch

---

273 Ebd., S. 102 f. [Hervorh. im Orig.].

274 Ebd., S. 103.

275 Hans-Jürgen Schings hat diesen Mitleidsbegriff auf Rousseaus Gesellschaftstheorie zurückgeführt (Hans-Jürgen Schings, *Der mitleidigste Mensch ist der beste Mensch. Poetik des Mitleids von Lessing bis Büchner*, München 1980, S. 34-45). Wie bereits gezeigt, ist das Modell der schwingenden Saite im Kontext der Musikästhetik älter; denkbar ist allerdings, daß es erst im Zusammenhang empfindsamer Mitleidstheorien in den literarisch-philosophischen Diskurs eindringt.

276 Beilage zum Brief Nicolais an Lessing vom 14. Mai 1757, in: Lessing/Mendelssohn/Nicolai, *Briefwechsel*, S. 111.

kann er der Subsumption aller durch das Drama erregbaren Affekte unter das gegenstandslose Mitleid zustimmen. Affekte bleiben für Mendelssohn an die undeutliche Objekterkenntnis gebunden.

2.5.4. Mendelssohns *Rhapsodie*

Nichtsdestoweniger waren es gutenteils Lessings Anregungen aus dem *Briefwechsel*, die Mendelssohn 1761 zur Revision einiger seiner früheren Standpunkte in Form einer *Rhapsodie* bewogen. In zwei entscheidenden Punkten gelangt Mendelssohn hier über die in den Briefen *Über die Empfindungen* vertretenen Positionen hinaus. Zum einen erweitert er sein Repertoire schmerzhaftangenehmer Empfindungen ausdrücklich um bestimmte Affekte oder Leidenschaften. Ihre Annehmlichkeit erklärt er jedoch wie gehabt über Vollkommenheit auf Seiten des Gegenstandes. Lessings Theorie des Mitleids ist ihm dabei insofern behilflich, als sie es erlaubt, alle theatralisch erregten Affekte auf Mitleid und somit auf die Vollkommenheit der handelnden Person zurückzuführen. Zum anderen räumt Mendelssohn mit explizitem Verweis auf Du Bos einen subjektiven Grund des Vergnügens ein, der nicht in der Vollkommenheit des Erkenntnisobjekts, sondern in der Vorstellung als Bestimmung der Seele liegt. Ohne das Thema der Leidenschaften zu berühren und ohne sich auf Grenzbegriffe wie ›Rührung‹ oder ›Bewegung‹ einzulassen, spricht er – wie vor ihm Sulzer – von »Aeusserungen der Geisteskräfte in Erkennen und Begehren« sowie davon, daß »die Erkenntniß und Begehrungskräfte der Seele beschäftiget« werden wollen.[277]

Wie ihr Name verrät, ist Mendelssohns *Rhapsodie* ein heterogenes Gebilde, eher »mannigfaltig« als »zusammenstimmend«, eher mäandernd als anschaulich. Erkenntnisse über das Verhältnis des Menschen zu den Leidenschaften, die auf empirisch-deskriptiver und dramentheoretischer Ebene zugelassen werden können, haben im Kontext der philosophischen Anthropologie noch keinen Ort. So koexistieren in einem einzigen Text verschiedene Bewußtseinsstufen und Diskurse, um deren Synthese Mendelssohn sich nicht einmal bemüht: Für den skrupulösen Metaphysiker scheinen die Abgründe zwischen lebensweltlicher Erfahrung und philosophischer Exaktheit so unüberwindlich zu sein wie der Gegensatz zwischen Leib und Seele, zwischen

---

277 Mendelssohn, *Rhapsodie*, S. 130.

Erkenntnis und Rührung. Ein einziges Mal, im Zusammenhang einer
sehr sinnenfreudigen Auslegung von Baumgartens Konzept der ästhetischen Übung, erlaubt sich Mendelssohn die Übertragung des Bewe-
gungsbegriffs auf Seelisches:

> Von der Sinnenlust habe ich gesagt, sie bestehe in einem Gefühle von
> der verbesserten Beschaffenheit des Körpers, das der Seele angenehm ist.
> Ich habe also die Bewegungen in [sic] Körper, als den Gegenstand, die
> Seele aber blos als eine Zuschauerinn betrachtet, die sich an dieser Vor-
> stellung vergnüget [...]. Es giebt aber noch eine andere Quelle des Ver-
> gnügens bey der Sinnenlust [...]. Die Seele genießt das Wohlseyn ihres
> Körpers nicht bloß als Zuschauerinn, [...] sondern es erwächse ihr selbst
> durch die Sinnenlust kein geringer Grad der Vollkommenheit zu [...].
> Den harmonischen Bewegungen in den Gliedmaßen der Sinne entspre-
> chen harmonische Empfindungen in der Seele, und da bey einer sinnli-
> chen Wollust das ganze Nervengebäude in eine harmonische Bewegung
> gebracht wird; so muß der ganze Grund der Seele, das ganze System
> ihrer Empfindungen und dunkeln Gefühle auf eine gleichmäßige Art
> bewegt, und in ein harmonisches Spiel gebracht werden. Dadurch wird
> jedes Vermögen der sinnlichen Erkenntniß, jede Kraft des sinnlichen
> Begehrens auf die ihr zuträglichste Weise in Beschäftigung gebracht,
> und in Uebung erhalten, das ist, die Seele selbst in einen bessern Zu-
> stand versetzt.[278]

Die Reduktion der heftigen Bewegung auf ein harmonisches Mittel-
maß ermöglicht Mendelssohn hier zum ersten Mal die Beschreibung
eines Vergnügens ohne Anschauung. Kraft einer gewissen Unschärfe
öffnet der Begriff des Spiels, der in Analogie zur Tätigkeit des Denkens auf die unteren Erkenntnisvermögen angewendet wird, die Sicht
auf ein neues Terrain der ästhetischen Exploration. Zwischen der
blinden Wut der Leidenschaft und der zielgerichteten Tätigkeit des
Denkens, zwischen Mangel und Vollkommenheit ist mit einem Male
ein Mittelzustand vorstellbar. Erst Schiller wird in diesem Zustand
des Spiels das Wesen des Menschen und des Ästhetischen entdecken.

---

278 Ebd., S. 136.

3. Lebendige Erkenntnis
(Begriffe, Metaphern, Modelle)

Im Fragment eines »Denkmals« für A. G. Baumgarten hat Herder Baumgartens ersten Ästhetik-Entwurf, die *Meditationes philosophicae de nonnullis ad poema pertinentibus* (1735), einen »Grundriß zu seiner Metapoetik« genannt, mit dem, wie mit der Vergilschen Kuhhaut, »eine ganze Königsstadt der Dido, eine wahre philosophische Poetik umzirkt werden könnte«[1]: eine Ästhetik *in nuce* also, aus der sich durch sorgsames Zergliedern und Ausbreiten ihrer Begriffe das Programm einer kompletten philosophischen Disziplin gewinnen ließe. Baumgartens Grundsätzen »voll von Gedanken und Aussichten« sind nach Herder »die Worte mit spartanischer Hand zugewäget worden«; die Rede des Philosophen ist »immer barbarisch, aber auch immer so schwanger von Gedanken«, daß sein Leser und Nachfolger »kein ander Wort, keine Umschreibung dagegen mag.«[2] Gerade weil sie »mit wenigem das meiste«[3] sagen, haben Baumgartens Definitionen für Herder ihre Aktualität bewahrt; ihre Kürze, die nicht ohne Dunkelheit ist, gibt viel zu denken.

Die »Prägnanz«, das »Fruchtbare« oder auch »Körnigte« der Vorstellungen und Begriffe, ist im 18. Jahrhundert sowohl ein poetisches als auch ein philosophisches Stilideal. In der Poetik impliziert es den Reichtum der evozierten sinnlich-verworrenen Vorstellung bzw. die Vielfalt an Assoziationen, die durch Worte oder Beschreibungen ausgelöst werden[4]; in der Philosophie können aus einem fruchtbaren Begriff sämtliche Prädikate des Bezeichneten a priori geschlossen werden.[5] Baumgarten, der in seinen ästhetischen Schriften der sinnlichen, also poetischen Prägnanz einen wesentlichen Anteil an der Vollkommenheit des Gedichts zuschrieb[6], ist als philosophischer Autor Herder zufolge selbst ein Meister des prägnanten Stils.

---

1 Johann Gottfried Herder, <*Begründung einer Ästhetik in der Auseinandersetzung mit Alexander Gottlieb Baumgarten*> [1767], in: *HW* I, S. 651-694, hier S. 682. In der Suphan-Ausgabe bildet die zitierte Stelle einen Teil des Aufsatzes *Von Baumgartens Denkart in seinen Schriften* (Herder, *Sämmtliche* Werke, hrsg. von Bernhard Suphan, 33 Bde., Berlin 1877-1891 [im folgenden *SWS*], Bd. XXXII, S. 178-192, hier S. 184), Gaier ediert sie unter dem Titel <*Bruchstück von Baumgartens Denkmal*> (*HW* I, S. 681-694). Vgl. hierzu Gaiers Kommentar zur Neuausgabe nach den Manuskripten in *HW* I, S. 1233-1237 und S. 1269.

2 Ebd., S. 689 f.

3 Ebd., S. 688.

4 Zum Begriff der Prägnanz in der Ästhetik des 18. Jahrhunderts und zu seinen metaphysischen Implikationen in der Leibnizschen Philosophie vgl. Hans Adler, *Die Prägnanz des Dunklen. Gnoseologie – Ästhetik – Geschichtsphilosophie bei Johann Gottfried Herder*, Hamburg 1990 (= Studien zum 18. Jahrhundert 13), insbes. S. 93-97.

5 Vgl. Wolffs Abhandlung *Von den fruchtbaren Begriffen*, s. o., Kap. 2.1.1.

6 Vgl. Adler, *Prägnanz des Dunklen*, S. 94.

Auch das Rührende wird in der Baumgartenschen Ästhetik mit einem solchen fruchtbaren Begriff bezeichnet: als »lebendige Kraft der Erkenntnis«, »lebendige Erkenntnis« oder auch »Leben der Erkenntnis« *(vis viva cognitionis, cognitio viva, vita cognitionis)*. Daß die ästhetische Kategorie der lebendigen Kraft tatsächlich mit Herder als ein Stück Kuhhaut betrachtet werden kann, das, von Baumgartens geistigen Schülern bis hin zu Herder selbst analytisch zerlegt und somit gleichsam in dünne Streifen geschnitten, einen nicht unwichtigen Teil der frühen philosophischen Ästhetik fundieren wird, möchte ich im folgenden nachweisen. Drei Thesen über den Verlauf dieser Rezeptionsgeschichte, die zugleich eine Reihe variierender Interpretationen ist, werden meine Darstellung leiten.

1.) Zur Emanzipation der Metaphorik: Baumgartens lakonische Definitionen der lebendigen Erkenntnis verweisen implizit auf mehrere Prä-Diskurse, aus denen sich die Ästhetik als neue Wissenschaft speist. Im Laufe der Rezeption werden diese verschwiegenen Implikationen nicht nur aufgedeckt, sondern auch – auf diskursiver wie auf metaphorischer Ebene – experimentell entfaltet. In Herders *Kritischen Wäldern*, dem Endpunkt meiner Untersuchung, gelangt das bei Baumgarten angelegte metaphorische Potential zu einer regelrechten Explosion. Dieser Prozeß geht einher mit einer Neubestimmung des Status metaphorischer Rede in der Philosophie (vgl. Kapitel 2.1.). Während Baumgarten den methodologischen Prinzipien Christian Wolffs verpflichtet blieb, denen zufolge Metaphern zwar von heuristischem, illustrativem und persuasivem Nutzen sind, in ihrem Verweisungsspektrum aber durch Begriffsdefinitionen eingeschränkt werden müssen, erfährt das Denken in Analogien bei Herder eine epistemologische Aufwertung. Die Überzeugung von der Irreduzibilität metaphorischen Sprechens verbindet sich mit einem Sprach- und Denkstil, der philosophische und poetische Prägnanz zusammenschließt. Unter diesen Bedingungen gewinnt der Begriff der lebendigen Kraft an Vielschichtigkeit. Sein theoretisches Leistungsvermögen basiert nun ganz auf seiner semantischen Überdetermination.

2.) Zum Wandel des mechanistischen Denkens: Eine der Komponenten, aus denen Baumgarten und Meier ihr Konzept der lebendigen Erkenntnis synthetisieren, ist die Leibnizsche Formel zur Schätzung der lebendigen Kraft. Bei Sulzer und Herder tritt dieses mechanische Prinzip in den Dienst sinnesphysiologischer Überlegungen; die psychologische und dichtungstheoretische Rührungskonzeption Baumgartens wird zu holistischen, den Körper und die übrigen Künste integrierenden Erklärungsmodellen ausgebaut. Sein gesteigertes metaphorologisches Bewußtsein führt Herder schließlich dazu, der Physik ihren Status als vermeintlich nicht-metaphorische Leitdisziplin der psychologischen Ästhetik abzuerkennen: Das Verhältnis der Begriffsanleihen zwischen Physik und Psychologie erweist sich als zirkulär. Abermals im Rückgriff auf Leibniz rekonstruiert Herder die mechanische Theorie der lebendigen Kraft als eine metaphysische.

3.) Zur Stellung der Rührung in der ästhetischen Theorie: In dem Maße, in dem sich Ästhetik als eigenständige philosophische Disziplin konsolidiert, gewinnt die ästhetische Kategorie der Rührung Autonomie gegenüber praktischen Funktionen.[7] Damit verliert sie jedoch einen Teil ihrer philosophischen Dignität: Die aufklärerische Rehabilitation der Affekte stützte sich nicht zuletzt auf ihre ethische Funktionalisierbarkeit. Während die unmittelbare Anbindung der Ästhetik an die ethische Praxis bei Baumgarten, Meier und partiell auch in den frühen Schriften Sulzers mit der Bevorzugung heftiger Gemütsbewegungen und Sinnesreizungen einherging, ist in der zweiten Hälfte des 18. Jahrhunderts eine Tendenz zur Distanzierung von starken Empfindungen zu beobachten, die sich in ihrer ästhetischen Disqualifikation und in ihrer historischen Relativierung äußert.[8] Sulzer ersetzt die starken Leidenschaften durch sanfte seelische Regungen, die den Menschen langfristig bessern sollen, statt ihn unbedingt und mit sofortiger Wirkung zum Handeln anzutreiben; Herder be-

---

7 Man kann diesen Prozeß als einen »Übergang« zur Autonomieästhetik verstehen, sofern man diese nicht mit Werkästhetik identifiziert und die weiterhin beibehaltene Wirkungsintention nicht unterschlägt. Sehr überzeugend hat Lothar Bornscheuer vorgeschlagen, zwischen »Wirkungsrhetorik« und »Wirkungsästhetik« zu unterscheiden. Letztere ziele »nicht mehr auf bestimmte sozialfunktionale – situationsspezifische und handlungssteuernde – Wirkungen in der konkreten Lebenspraxis, sondern auf einen ›ästhetischen Zustand‹ bzw. eine ›ästhetische Stimmung‹« (Lothar Bornscheuer, Rhetorische Paradoxien im anthropologiegeschichtlichen Paradigmenwechsel, in: Rhetorik 8 [1989], S. 13-42, hier S. 36 f.). Wenn man diese Unterscheidung mitvollzieht, bleibt, wie Bornscheuer mit Blick auf Schiller zeigt, auch die Autonomieästhetik des späten 18. Jahrhunderts mit ihren »intensiven geistig-emotionalen Wirkungsabsichten [...] produktionstheoretisch eine ›Wirkungsästhetik‹.« (Ebd., S. 35.)

8 Diese Sichtweise deckt sich mit einer Beobachtung von Alain Corbin, der im Rahmen seiner Geschichte des Geruchsinns die Entstehung einer »hyperesthésie collective«, einer zunehmenden kollektiven Aversion gegen strenge Ausdünstungen und intensive Düfte während der zweiten Hälfte des 18. Jahrhunderts konstatiert. Vgl. Alain Corbin, Le miasme et la jonquille, passim, hier S. I.

trachtet die Fähigkeit zu rühren und gerührt zu werden ebenso wie das direkte Ineinanderwirken von Dichtung und Lebenspraxis als ein unverfügbar gewordenes Privileg des Altertums. Mit dem Newtonschen Erkenntnisverzicht (vgl. Kapitel 2.3.4.), dem Geltungsverlust der Mechanik im Rahmen der ästhetischen Theorie und der sittlich-philosophisch wie mentalitätsgeschichtlich beschreibbaren Abkehr von der Gewalt des Affekts entfallen die diskursiven Grundlagen für Theorien der Rührung in Baumgartens Sinne. Zu ermitteln, inwiefern Elemente dieser Theorien dennoch in den postkantianischen Ästhetiken fortbestehen, wäre eine lohnendes Ziel weiterer Untersuchungen.

3.1. Der Begriff der lebendigen Erkenntnis in Baumgartens Ästhetik

Im Rahmen von Baumgartens Schriften zur Ästhetik existiert keine ausführliche Bestimmung der ›lebendigen Erkenntnis‹. In den *Meditationes philosophicae*, dem ersten Ästhetik-Entwurf von 1735, fehlt der
Begriff ganz, und die große *Aesthetica*, deren erster Teil 1750, der zweite
1758 erschien, blieb durch Baumgartens frühzeitigen Tod unvollendet.
Eine Ironie des Schicksals wollte es, daß das Werk unmittelbar vor dem
geplanten, in der Gliederung des ersten Bandes mit der Kapitelüber-
schrift *Vita* angekündigten Abschnitt über das Leben der ästhetischen
Erkenntnis abbricht. Immerhin erteilt das Vorhandene Auskunft über
den systematischen Ort, den der Begriff in Baumgartens ästhetischer
Theorie einnehmen sollte: Nach dem Reichtum *(ubertas)*, der Größe
(magnitudo), der Wahrheit *(veritas)*, der Klarheit *(claritas)* und der
Gewißheit *(certitudo)* ist das Leben *(vita)* der Erkenntnis die letzte von
sechs Qualitäten, aus deren harmonischem Zusammenwirken die Vollkommenheit und Schönheit der sinnlichen Erkenntnis und damit des
poetischen Erzeugnisses entspringt.[9] Neben diesem Hinweis, aus dem
zwar keine konkretere inhaltliche Bestimmung, wohl aber das Gewicht
ersichtlich wird, das Baumgarten der lebendigen Erkenntnis in der
Ästhetik zumaß, besitzen wir drei weitere Quellen, die über den Begriff
Auskunft erteilen: Baumgartens *Metaphysica* von 1739, seine *Ethica
philosophica* von 1740 und nicht zuletzt die erweiterte und populari-
sierte Übersetzung der Baumgartenschen Ästhetik-Vorlesungen, Georg
Friedrich Meiers *Anfangsgründe aller schönen Wissenschaften* (1754).

Der Systematik entsprechend, die Christian Wolff für die Metaphysik entwarf[10], umfaßt Baumgartens *Metaphysica* neben einer Ontologie,
einer Kosmologie und einer natürlichen Theologie auch eine Psychologie, unterteilt in *Psychologia empirica* und *Psychologia rationalis*. Die lebendige Erkenntnis wird innerhalb der *Psychologia empirica* im
Rahmen des XVI. Abschnitts über das Begehrungsvermögen *(facultas
appetitiva)* verhandelt.[11] Sie kann als eine Art Scharnier betrachtet wer-

---

9 Alexander Gottlieb Baumgarten, *Aesthetica*, ND d. Ausg. Frankfurt 1750 (Bd. I)
   bzw. Frankfurt 1758 (Bd. II), Hildesheim 1961, § 22.

10 Wolff, *Discursus praeliminaris*, § 79.

11 Baumgarten unterteilt wie Wolff die Kraft der Seele in Erkenntnis- bzw. Vorstel-
   lungs- und Begehrungsvermögen und übernimmt im großen und ganzen die
   Wolffschen Definitionen. Zu Wolffs Theorie der Seele s. o., Kap. 2.4.

den, das den Übergang vom Erkennen zum Begehren ermöglicht. Eine Erkenntnis ist rührend oder lebendig im weiteren Sinne, wenn sie Begierden oder Abneigungen auslöst, und tot, wenn sie keinerlei Gründe aufweist, die das Begehrungsvermögen in Gang setzen würden:

> Wer begehrt und verabscheut, beabsichtigt, irgendeine Perzeption hervorzubringen, also sind Perzeptionen, die den Grund dieser Absicht enthalten, die bewegenden Ursachen (Trieb) der Begierden und Abneigungen, weswegen sie TRIEBFEDERN DES GEMÜTS genannt werden. EINE ERKENNTNIS, insofern sie Triebfedern der Seele enthält, wird EINE RÜHRENDE, bewegende, tätige, wirksame Kenntnis (eine anregende bzw. ergreifende, berührende, brennende, pragmatische, praktische und lebendige im weiteren Sinne) genannt, insofern nicht, EINE KALTE, LEBLOSE (untätige, kraftlose, theoretische und tote im weiteren Sinne)[.][12]

Um lebendig im engeren Sinne zu sein, muß eine Erkenntnis jedoch mehr als den Grund einer Absicht enthalten. Die durch sie ausgelösten Begierden und Abneigungen müssen heftig genug sein, um eine Handlung auszulösen, die bestenfalls den angestrebten Zustand herstellt bzw. den gefürchteten verhindert:

> Da eine Perzeption leichter als eine andere hervorgebracht wird, wird nicht durch jede beliebige Begierde jede beliebige Perzeption hervorgebracht, sondern zu jeder ist ein gewisser Grad der Seelenkräfte notwendig. Wenn die BEGIERDE oder der ABSCHEU groß genug ist, um ihren Gegenstand oder dessen Gegenteil hervorzubringen, sind sie WIRKEND. Wenn sie nicht groß genug sind, sind sie OHNE WIRKUNG. Eine ERKENNTNIS, die wirkende Begierden und Verabscheuungen BEWEGT, sowie ihre BEWEGENDE KRAFT, ist LEBENDIG (im strengeren Sinne entzündend, ausreichend zum Handeln). Eine ERKENNTNIS UND IHRE BEWEGENDE KRAFT, die Begierden und Abneigungen ohne Wirkung bewegt, ist TOT und höchstens in bloßen Reizungen und Rührungen bestehend (im strengeren Sinne nicht ausreichend zum Handeln). [...] Die lebendige Erkenntnis ist, unter sonst gleichen Umständen, größer als die tote[.][13]

---

12 »Appetens & auersatus intendit productionem alicuius perceptionis, hinc perceptiones intentionis eiusmodi rationem continentes caussae impulsiuae sunt appetitiones auersationesque, vnde ELATERES ANIMI vocantur. COGNITIO, quatenus elateres animi continet, MOVENS (afficiens, tangens, ardens, pragmatica, practica & viua latius), quatenus minus, INERS (theoretica et mortua latius) [...] dicitur.« Baumgarten, *Metaphysica*, § 669 [Hervorh. im Orig. Hier und im folgenden werden die Übersetzungsvorschläge, die Baumgarten in seinen Fußnoten angibt, in die Übersetzungen integriert und in den lateinischen Zitaten ohne spezielle Kennzeichnung weggelassen. Ebenfalls ausgelassen werden Querverweise auf andere Paragraphen.]

13 »Quum vna perceptio facilius, quam altera, producatur, non quouis appetitu quaeuis perceptio actuatur, sed ad quamlibet certus virium animae gradus requiritur. Si tanta

Die Bezeichnungen »Rührung«, »Bewegung«, »Feuer« und »Leben«
stehen demnach bei Baumgarten synonym für die Erregung mehr oder
weniger heftigen Begehrens. Je unbedingter die rührende Vorstellung
zum Handeln antreibt, desto vollkommener ist sie. Ihre Vollkommenheit liegt in der größeren Menge an Information (in Leibnizscher Terminologie: positiver Realität), die sie im Vergleich zur toten Erkenntnis
vermittelt: Erstens impliziert die Aktivierung des Begehrungsvermögens mindestens scheinbare »gute« oder »böse« Eigenschaften des vorgestellten Gegenstandes.[14] Zweitens verweist die lebendige Erkenntnis,
ähnlich wie der »prägnante Begriff«, über sich selbst hinaus auf eine
andere, zukünftige Vorstellung. Allerdings unterscheidet sie sich vom
Konzept der Prägnanz sowohl durch die »Bewegungskraft«, mit der
sie die Seele zum Hervorbringen neuer Perzeptionen antreibt, als auch
durch den praktischen Aspekt: Das in ihr enthaltene Zukünftige läßt
sich nicht allein denkend oder phantasierend entfalten, sondern setzt
zu seiner Verwirklichung eine Veränderung der Außenwelt durch den
Erkennenden voraus. Drittens beschäftigt die lebendige Erkenntnis
nicht nur das Erkenntnis-, sondern auch das Begehrungsvermögen und
erfüllt auf diese Weise die ganze Seele.[15]

Aufgrund von Baumgartens gedrängtem Stil, der eine Definition
auf die nächste folgen läßt, müssen alle näheren Bestimmungen der
lebendigen Erkenntnis aus dem Kontext geschlossen werden. Da

---

fuerit APPETITIO vel AVERSATIO, quantam obiecti eius aut illi oppositi productio requi-
rit, sunt EFFICIENTES. Si tantae non fuerint, sunt INEFFICIENTES. [...] COGNITIO MOVENS
appetitiones auersationesue efficientes, & VIS EIUS MOTRIX, est VIVA (strictius incen-
dens, sufficiens ad agendum). COGNITIO & VIS EIUS MOTRIX, appetitionum auersionumue inefficientium est MORTVA (strictius insufficiens ad agendum, sollicitatio). [...]
Cognitio viua, caeteris paribus, maior est mortua«. Ebd., § 671 [Hervorh. im Orig.].

14 Diese Denkfigur entwickelt Baumgarten bereits in den *Meditationes philosophicae de
nonnullis ad poema pertinentibus*, s. u., S. 175.

15 Vgl. zur Vollkommenheit der lebendigen Erkenntnis neben dem Angeführten auch
Baumgarten, *Metaphysica*, § 669 sowie Georg Friedrich Meier, *Anfangsgründe der
schönen Wissenschaften*, Bd. I, ND d. Ausg. Halle 1754, Hildesheim/New York
1976: »In so ferne eine Erkentnis nicht lebendig ist, in so ferne ist sie TODT, und eben
deswegen unvolkommen. Denn in der lebendigen Erkentnis ist einmal mehr Mannigfaltigkeit, weil sie eine anschauende Vorstellung des guten und bösen enthält, welche in der todten Erkentnis nicht angetroffen wird; und zum andern eine grössere
Uebereinstimmung, weil die Theile derselben, den hinreichenden Grund der Bewegung der Begehrungskraft, enthalten. [...] Eine Erkentnis, die nicht lebendig ist, nimt
nur die halbe Seele, die Erkentniskraft, ein; die lebendige beschäftiget aber zugleich
die Begehrungskraft, die andere Helfte der Seele, und sie erfült demnach das ganze
Gemüth.« § 35 [Hervorh. im Orig., Zitierweise hier und im folgenden wie bei Baumgarten, vgl. S. 140, Anm. 12].

Georg Friedrich Meier in seinen *Anfangsgründen* manches bei seinem
Lehrer nur Angedeutete weiterentwickelt, ohne wesentlich von den
Implikationen der Baumgartenschen Begriffe abzuweichen, seien hier
– wie eben in Hinsicht auf die Vollkommenheit der lebendigen Er-
kenntnis schon geschehen – einige Ergänzungen im Rückgriff auf
Meier angefügt.

Baumgarten hatte das Begehrungsvermögen analog zum Erkenntnisvermögen in ein oberes, rationales, und ein unteres, sinnliches ein-
geteilt. Deutliche Vorstellungen lösen vernünftige Begierden (das
Wollen), verworrene Vorstellungen sinnliche Begierden aus.[16] Entsprechend wird zwischen sinnlichen Triebfedern *(stimuli)* und rationalen Bewegungsgründen *(motiva)* unterschieden.[17] Nach Meier läßt
sich, in Fortführung der gleichen Einteilung, verworrenen Vorstellungen, die sinnliche Triebfedern enthalten, ein »sinliche[s] Leben«
zusprechen, deutlichen Vorstellungen, die den Willen determinieren
dagegen ein »vernünftiges Leben«. Nur das erstere hat, sofern es an
einen schönen Gegenstand geknüpft ist, in der Ästhetik seinen
Platz.[18] In Abhängigkeit vom Grad der Rührung, die sie auslöst, wird
die lebendige Erkenntnis nun von neuem, nach dem Prinzip der allgemeineren Unterteilung in Baumgartens *Metaphysica*, in verschiedene Stufen gegliedert. Die unterste bildet das bloße Vergnügen, das
notwendigerweise aus der Betrachtung einer Schönheit entspringt.
Auf der Grundlage dieser Verknüpfung erhebt Meier die Rührung
apodiktisch zur *conditio sine qua non* des Schönen. Indem er nicht
nur, in Übernahme der schulphilosophischen Lehre, das Vergnügen
auf die Schönheit als sinnlich erkannte Vollkommenheit folgen läßt,
sondern in einem Umkehrschluß Rührung zu ihrem Indikator und
ihrer Voraussetzung deklariert, gelangt er zu einer Umgewichtung in
der Hierarchie der ästhetisch involvierten Vermögen. Begehren wird
anstelle von Erkenntnis zur grundlegenden Instanz des wirkungsästhetischen Schönheitsbegriffs:

> Wenn eine Erkentnis gar nicht rührt, und die Schuld davon liegt nicht in
> dem unempfindlichen und steinern Herzen des Zuhörers, so mus sie
> nicht vermögend seyn, ein Vergnügen, oder eine anschauende Erkentnis
> einer Schönheit zu erwecken. Wäre sie nun selbst schön, so würde man
> wenigstens ein Vergnügen über sie selbst empfinden. Ist sie also gar
> nicht rührend, so mus sie auch gar nicht schön seyn. Es ist demnach

---

16 Baumgarten, *Metaphysica*, § 689, § 676.
17 Ebd., § 677, § 690.
18 Meier, *Anfangsgründe*, Bd. I, § 178.

ohne Widerrede klar, daß das Leben der Erkentnis eine unentberliche und nothwendige Schönheit sey.[19]

Dieser Aufwertung des Begehrens zum psychischen Fundament der ästhetischen Erfahrung korrespondiert sowohl Meiers Einschätzung der höheren Grade affektiver Wirkung als auch der Stellenwert, den er dem Rührenden im Vergleich mit den übrigen Qualitäten des schönen Denkens zuschreibt. Das »aesthetische Leben der Erkentnis« ist für Meier einerseits, wie in Baumgartens unvollendeter *Aesthetica*, eine von sechs Bedingungen für die Vollkommenheit des ästhetischen Gegenstands. Andererseits ist es deren krönende Vollendung, »die allergröste Schönheit der Gedanken«[20], zu der alle anderen (Reichtum, Größe, Wahrscheinlichkeit, Lebhaftigkeit – Baumgartens *claritas* – und sinnliche Gewißheit) das Ihrige beitragen müssen. Infolgedessen nimmt das Kapitel »Von dem sinnlichen Leben der Gedanken« noch einmal auf die bereits abgehandelten übrigen Schönheiten der Erkenntnis Bezug und erklärt, wie sie in den Dienst der Rührung gestellt werden können.

Auch in sich selbst ist das Leben der Erkenntnis im Verhältnis zum bloßen Vergnügen noch steigerbar. Mit dem Maß an Bewegung, das die sinnliche Rede erzielt, wächst zugleich ihre Schönheit:

Diejenigen schönen Gedanken, welche in einem höhern Grade rühren, sind BEWEGENDE ODER BEWEGLICHE GEDANKEN *(cogitatio movens)* und wenn sie in dem Grade bewegen, daß dadurch Leidenschaften entstehen, so sind sie PATHETISCH *(cogitatio pathetica).* [...] Da man nun mit

---

19 Ebd. Bereits Ernst Bergmann (*Die Begründung der deutschen Ästhetik durch Alexander Gottlieb Baumgarten und Georg Friedrich Meier. Mit einem Anhang: Meiers ungedruckte Briefe*, Leipzig 1911) hat darauf hingewiesen, daß Meier in den *Anfangsgründen* »die Andeutung einer Ästhetik auf Grund der unteren Begehrungskraft, genauer der Lust- und Unlusttheorie« entworfen habe. Meier könne somit als ein Vorläufer Kants gesehen werden, der die ästhetische Urteilskraft dem Gefühl der Lust und Unlust als einer dritten Instanz zwischen Erkenntnis- und Begehrungsvermögen zuordnet (S. 167). Allerdings habe Meier den entscheidenden Schritt, die Abtrennung des entsprechenden dritten Vermögens, nicht vollzogen. M. E. konnte Meier an diesem Schritt, der ihm die anthropologische Basis für die ästhetische Dignität heftiger Affekte genommen hätte, nicht gelegen sein. In bezug auf Baumgarten hat Horst-Michael Schmidt richtig bemerkt, daß »das pragmatische Moment des sinnlichen Vergnügens [...] noch nicht zugunsten des ›interesselosen Wohlgefallens‹ aufgehoben« ist – dies gilt für Meier ebenso. Vgl. Horst-Michael Schmidt, *Sinnlichkeit und Verstand. Zur philosophischen und poetologischen Begründung von Erfahrung und Urteil in der deutschen Aufklärung. Leibniz, Wolff, Gottsched, Bodmer und Breitinger, Baumgarten*, München 1982 (= Theorie und Geschichte der Literatur und der schönen Künste 63), S. 242.

20 Meier, *Anfangsgründe*, Bd. I, § 35.

Grunde annehmen kan, daß das Leben der Erkentnis die gröste Schönheit sey, weil sie alle übrigen Schönheiten voraussetzt, so ist das Pathetische (παθος), weil es der höchste Grad des sinlichen Lebens der
Erkentnis ist, gleichsam die Krone des schönen Denkens.[21]

Um Meiers *cogitatio pathetica*, den höchsten Grad des Rührenden,
mit Baumgartens lebendiger Erkenntnis *im engeren Sinne* zu identifi-
zieren, die ja durch ihre handlungsauslösende Wirkung gekennzeichnet war, erinnere man sich an Christian Wolffs Definition des Affekts,
der sich »entweder durch eine Bemühung angenehme Empfindung
hervorzubringen oder widrige zu hindern« äußern muß.[22] Leidenschaft ist demnach immer an Handlung geknüpft.[23] Das Verschwei-
gen dieses Aspekts in Meiers *Anfangsgründen* kann, auch wenn die
Kenntnis des Wolffschen Affektbegriffs bei Meier und seinen Lesern
vorausgesetzt werden muß, als ein erster Schritt zur Emanzipation
des ästhetischen Rührungsbegriffs aus praktischen Zusammenhängen
gesehen werden. Ob Baumgarten selbst den ästhetischen Begriff der
lebendigen Erkenntnis schon von dem in der Metaphysik definierten
(und in der *Ethica philosophica* übernommenen[24]) unterschied, entzieht sich unserer Kenntnis – seine Herkunft aus der Ethik und sein
ursprünglicher Bezug zur Praxis liegen indessen auf der Hand.[25]

Die ästhetische Kategorie des Lebens, wie sie von Baumgarten und
Meier entworfen wurde, hat in der Forschung zur Anthropologie und
Ästhetik des 18. Jahrhunderts bisher kaum Beachtung gefunden. Dies
mag zunächst daran liegen, daß sie sich als Bestandteil der Dichtungstheorie erst bei Meier ausgeführt findet, dessen *Anfangsgründe* als eine
bloße (zuweilen verfälschende) Übersetzung der Baumgartenschen
Ästhetik rezipiert wurden. Vielleicht schien es deshalb nicht vielver-

---

21 Ebd., § 178 [Hervorh. im Orig.].

22 S. o., S. 126.

23 Dies betrifft nicht nur die im engeren Sinne metaphysische Affektdefinition, die Lei-
    denschaft als Handlung der Seele qualifiziert (vgl. dazu Kap. 2.4, insbes. S. 114 f.),
    sondern auch den empirischen Aspekt der körperlichen Affektsymptome, die als
    Versuche wirklichkeitsverändernden Agierens im Dienste von Begierde und Ab-
    scheu interpretiert werden. Meier schreibt in diesem Sinne: »Diejenigen Gemüths-
    bewegungen also, die natürlicher Weise entstehen, werden insgesamt Handlungen
    der Seele seyn. [...] Wenn eher sind wir wohl munterer, lebhafter, und geschäftiger als
    mitten in den Gemüthsbewegungen? [...] Ein Mensch dessen Temperament zu star-
    cken Leidenschaften geschickt ist, ist ein Geist voller Feuer, Leben und Thätigkeit.«
    Meier, *Theoretische Lehre von den Gemüthsbewegungen überhaupt*, ND d. Ausg.
    Halle 1744, Frankfurt/Main 1971, § 34.

24 Vgl. Baumgarten, *Ethica philosophica* [¹1740], ND d. Ausg. Halle ³1763, Hildesheim
    1969, §§ 66-70.

25 Vgl. dazu Kap. 3.1.1.

sprechend, bei Meier nach Konzepten zu suchen, die bei Baumgarten selbst nicht ins Auge springen.[26] Darüber hinaus hängt aber die Vernachlässigung des Affektiven in der Baumgartenschen Ästhetik auch mit einem Forschungsinteresse zusammen, das sich fast ausschließlich auf Aspekte des Vorstellens und Erkennens richtete[27] und Baumgartens Ausführungen über das Begehrungsvermögen als Überreste einer im Veralten begriffenen Affektenlehre in den Hintergrund drängte. Da Baumgartens und Meiers Theorien der Rührung in vielen Punkten auf traditionelle rhetorische Regeln zurückgreifen und sich in die Geschichte der Ausdrucks- und Autonomieästhetik wegen ihrer wirkungsästhetischen Ausrichtung nicht als progressive Tendenzen integrieren ließen, konnten sie von Seiten einer Germanistik, der es um die Vorläufer des Geniegedankens ging, keine Aufmerksamkeit beanspruchen.[28]

---

26 Eine ausführliche Darstellung und Würdigung der ›lebendigen Erkenntnis‹ auf der Grundlage von Meiers Darstellung gibt jedoch die bereits genannte Arbeit von Ernst Bergmann, S. 166-172. Bergmann findet das in Baumgartens *Aesthetica* fehlende und von Meier ausgearbeitete Kapitel über das sinnliche Leben der Gedanken »wohl das interessanteste der ganzen Ästhetik« und bemängelt, daß es »bisher in allen Darstellungen ignoriert worden« sei (S. 166). Auf der Suche nach einer Vorgeschichte zu Kants drittem – ästhetischem – Seelenvermögen, dem Gefühl von Lust und Unlust, hält er die Definition der Ästhetik als »Theorie der niederen Erkenntniskraft« in Baumgartens *Aesthetica* für einen Rückschritt gegenüber der »Skizze der Urästhetik in der Metaphysik«, die »durch beide Vermögen hindurch« gehe (S. 167). Auch Bergmann ist jedoch, wie oben (S. 143, Anm. 19) schon angedeutet, aufgrund seines Kantischen Blicks nicht darauf aus, eine Rehabilitation des Affekts zu konstatieren. – In jüngster Zeit hat Joachim Jacob wieder auf die Bedeutung der ›lebendigen Erkenntnis‹ für die Poetik und Erkenntnisphilosophie der Aufklärung hingewiesen (s.u., S. 149, Anm. 35).

27 Dies trifft generell für die wenigen einschlägigen Monographien über Baumgarten zu: Ursula Franke, *Kunst als Erkenntnis. Die Rolle der Sinnlichkeit in der Ästhetik des Alexander Gottlieb Baumgarten*, Wiesbaden 1972 (= Studia Leibnitiana Supplementa 9); Hans Rudolf Schweizer, *Ästhetik als Philosophie der sinnlichen Erkenntnis. Eine Interpretation der »Aesthetica« A. G. Baumgartens mit teilweiser Wiedergabe des lateinischen Textes und deutscher Übersetzung*, Basel/Stuttgart 1973. Schweizer geht auf Baumgartens Affekttheorie überhaupt nicht ein. Mario Casula, *La metafisica di A. G. Baumgarten*, Milano 1973 betont (nicht zu Unrecht) die Abhängigkeit des Baumgartenschen Begehrungsvermögens vom Erkenntnisvermögen (S. 177-180) und den im Vergleich zu Wolffs *Psychologia empirica* drastisch reduzierten Umfang der Paragraphen über das untere Begehrungsvermögen (S. 181).

28 Baeumler und Nivelle versuchen Baumgarten vor Meier zu retten, indem sie die Bedeutung der *vita cognitionis* für die Baumgartensche Ästhetik geradezu leugnen: Nivelle referiert Meiers Theorie der lebendigen Erkenntnis, sieht explizitermaßen keinen Grund, Meier an dieser Stelle Untreue gegenüber seinem Lehrer vorzuwerfen und bestimmt doch an anderer Stelle das Ziel der Baumgartenschen Ästhetik dahingehend, »das ästhetische Phänomen der Vormundschaft des Willens zu entziehen und es der Erkenntnis anzuschließen« – Meier habe diese Intention mißverstanden

Für die jüngste, allgemeiner auf die Rehabilitation des Sinnlichen ausgerichtete Forschung zur Ästhetik und Anthropologie des 18. Jahrhunderts mag es ein Hindernis dargestellt haben, daß Baumgartens
ästhetische Schriften nur zum Teil in neueren Übersetzungen greifbar
sind. Abgesehen von der ja ohnehin unvollendeten *Aesthetica* selbst, die
Rudolf Schweizer partiell zweisprachig ediert hat[29], liegen, ebenfalls
von Schweizer besorgt, in einer *Texte zur Grundlegung der Ästhetik* be-
titelten Edition Auszüge der *Metaphysica* in deutscher Übersetzung vor
– sie enthalten signifikanterweise lediglich diejenigen Paragraphen der
Psychologia empirica, in denen vom unteren Erkenntnisvermögen sowie
vom Bezeichnungsvermögen *(facultas characteristica)* die Rede ist.[30]

(Nivelle, *Kunst- und Dichtungstheorien*, S. 13, vgl. dagegen S. 42-46). Baeumler
konstatiert mit Erleichterung, daß Baumgartens *Aesthetica* vor dem angekündigten
Kapitel über die *vita cognitionis* abbricht: »Vielleicht hat nicht nur Krankheit Baum-
garten an der Fortsetzung gehindert [...]. Aber gleichviel, wie weit sich Baumgarten
noch in Abhängigkeit von der Rhetorik begeben hätte: ausschlaggebend blieb seine
Begründung der Schönheit auf das *Erkenntnis*vermögen. In dieser Isolierung des
Schönen gegenüber der Ansteckung durch das Begehrungsvermögen [...] steckt
Baumgartens historische Leistung.« (Baeumler, *Das Irrationalitätsproblem*, S. 124;
Hervorh. im Orig.) Auch anderswo erwähnt Baeumler die Gefährlichkeit und
»schädliche Wirkung der rhetorischen Theorie« durch »die Hereinnahme eines
äußerlichen *Zweckes*« in die Sphäre der Ästhetik (ebd., S. 210; Hervorh. im Orig.) –
sollte Baumgarten sich hieran tödlich infiziert haben? – Weniger euphemistisch sieht
H.-M. Schmidt in der funktionalen Bindung der heftigen Affekte eine Kontinuität
von Gottsched bis zu Baumgarten und den Schweizern, in der sich weder autono-
mieästhetische noch subjektivistische, also keine innovativen Tendenzen abzeichnen
(*Sinnlichkeit und Verstand*, S. 242-246). Die pragmatische Dimension der *cognitio
viva* sieht Schmidt als »Resultat des allgemeinen ›ästhetischen Mißverständnisses‹
der Baumgartenschen ›Aesthetica‹« (S. 243). Eine gegensätzliche Deutung, die allerdings die Kategorie der lebendigen Erkenntnis ignoriert und die (im folgenden noch
ausführlicher darzulegende) praktisch-ethische Dimension der Baumgartenschen
Ästhetik gänzlich unterschlägt, bietet Hans Carl Finsen an: Bei Baumgarten sei »ein
selbstreflexiver Prozeß zu verzeichnen, der die Grenzen der rhetorischen Zivilisa-
tion sprengt. An die Stelle des auf praktische Resultate eingestellten ›vir bonus‹ tritt
ein neues, in sich selbst eingefaltetes Subjekt, das sich, statt der Welt, eigenen Stimmungen hingibt«; hinter Baumgartens *felix aestheticus* spüre man »die Konturen der
neuen Figur, des großen Einsamen.« Hans Carl Finsen, *Evidenz und Wirkung im
ästhetischen Werk Baumgartens. Texttheorie zwischen Philosophie und Rhetorik*, in:
DVjs 70 (1996), S. 198-202, hier S. 211 f.

29 Vgl. Schweizer, *Ästhetik als Philosophie der sinnlichen Erkenntnis*, sowie den Wie-
    derabdruck der dort vorgelegten Übersetzung: A. G. Baumgarten, *Theoretische
    Ästhetik. Die grundlegenden Abschnitte aus der »Aesthetica« (1750/58)*, lat./dt.,
    übers. u. hrsg. von H. R. Schweizer, Hamburg ²1988.

30 A. G. Baumgarten, *Texte zur Grundlegung der Ästhetik*, lat./dt., übers. u. hrsg. von
    H. R. Schweizer, Hamburg 1983, S. 1-65. Meiers Übersetzung der *Metaphysica* ist
    bisher nicht als Nachdruck oder Neuedition erhältlich.

Die Abschnitte zum Begehrungsvermögen, die neben dem Begriff der lebendigen Erkenntnis u. a. auch eine kurze Affektenlehre und die Begründung einer »ästhetischen Pathologie« *(pathologia aesthetica)* enthalten, bleiben ausgespart.

Gegen die implizite Annahme der Baumgartenforschung, daß die Affektenlehre in Baumgartens ästhetischer Theorie einen marginalen Zusatz ohne innovativen Wert darstellt, sollen hier einige Argumente dafür ins Feld geführt werden, daß Baumgarten sich im Gegenteil darum bemühte, ihr einen eigenständigen Part innerhalb seiner Lehre zuzuteilen – ein Vorhaben, das von seinen Schülern (Meier sowie dessen Schüler Johann Jacob Plitt) und indirekten Nachfolgern (Sulzer, Mendelssohn, Herder) verstanden und weitergeführt wurde. Ideeller Kontext einer solchen Emanzipation der historischen Affektenlehre wäre eine Geschichte der Ästhetik, die sich weniger an Kant als an Freud orientiert. Um zu zeigen, welchen Beitrag Baumgarten zur Konstruktion des psychischen Apparats als einer ›Wunschmaschine‹ geleistet hat, möchte ich nun, wie angekündigt, auf die prä-ästhetischen Theorieelemente eingehen, die Baumgarten zu seinem Begriff der lebendigen Erkenntnis synthetisiert.

3.1.1. Theologie und Praktische Philosophie: ›Lebendige Erkenntnis‹ und ›lebendiger Glaube‹ im Pietismus und in der Wolffschen Philosophie

Bei Baumgarten begegnet der Begriff ›lebendige Erkenntnis‹ zum ersten Mal in der *Metaphysica* von 1739. Wie ich noch entwickeln werde, ist der Terminus, so wie er von Baumgarten und Meier verwendet wird, aus mehreren diskursiven Kontexten sinnvoll abzuleiten – dies ist ein Grund für seine »Prägnanz«. Zunächst jedoch erscheint es angebracht, einem Hinweis Christian Wolffs zu folgen, der die lebendige Erkenntnis bereits 1720 in seiner Deutschen Ethik definierte:

> Diejenige *Erkäntniß* wird *lebendig* genennet, welche einen Bewegungs=Grund des Willens abgiebet, entweder das Gute zu vollbringen, oder das Böse zu lassen. Hingegen die *Erkäntniß ist tod*, welche keinen dergleichen Bewegungs=Grund abgiebet.[31]

---

31 Christian Wolff, *Vernünfftige Gedancken von der Menschen Thun und Lassen, zu Beförderung ihrer Glückseligkeit (Deutsche Ethik)* [¹1720], in: *WGW*, I. Abt. dt. Schr., Bd. IV, ND d. Ausg. Frankfurt/Leipzig 1733, hrsg. von Hans Werner Arndt, Hildesheim/New York 1976, § 169 [Hervorh. im Orig.].

Lebendige Erkenntnis, so erklärt Wolff im weiteren Verlauf des Paragraphen, setzt voraus, daß wir uns unserer Erkenntnis sicher sind oder es wenigstens zu sein glauben. Wir müssen also von ihrer Richtigkeit entweder auf logischem Wege überführt oder zumindest überredet worden sein. Da aber unsere Überzeugung nur dann andauern kann, wenn sie durch die Überführung des Verstandes erreicht wurde, ist eine durch Überredung erwirkte lebendige Erkenntnis so viel wert wie ein Scheingut; sie ist strenggenommen gar keine lebendige Erkenntnis. Verglichen mit Meiers Definition, die ja dem »vernünftigen« Leben der Erkenntnis ein gleichberechtigtes und dem schönen Denken allein angemessenes »sinnliches« an die Seite stellte, ist die Wolffsche rationalistisch: Der Wille kann »nicht anders als durch den Verstand gebessert werden«.[32] Erst in einem zweiten Schritt ergibt sich dann für Wolff die Notwendigkeit, Sinne, Einbildungskraft und Affekte durch Exempel und Fabeln mit dem bereits gewonnenen Verstand in Übereinstimmung zu bringen.[33]

Beinahe zwanzig Jahre später erläutert Wolff in seiner *Philosophia practica universalis*, gedruckt im selben Jahr wie Baumgartens *Metaphysica*, den Begriff der lebendigen Erkenntnis ausführlicher und geht dabei auch auf seine Herkunft ein. Wolff beansprucht, den Terminus in die Philosophie eingeführt zu haben, und führt die Theologie als seine Quelle an:

> Diese Benennung ist aus dem Gebiet der Theologen übernommen worden, wo sie nach dem Beispiel der heiligen Schrift eingeführt wurde. Jacobus nämlich nennt den Glauben ohne Werke ein totes Ding. Dem Apostel zufolge ist also eine Erkenntnis Gottes und Christi tot, wenn sie nicht Grund des Wollens oder Nichtwollens ist, so daß die Handlungen der Erkenntnis entsprechen. Daher nennt Johannes denjenigen einen Lügner, der behauptet, er kenne Gott, ihn jedoch nicht liebt, deswegen, weil die Erkenntnis Gottes selbst den Menschen zur Liebe antreibt[.][34]

---

32 Ebd., § 373.
33 Ebd.
34 »Denominatio hæc desumta est ex foro Theologorum, ubi scriptura præeunte introducta. Jacobus enim fidem absque operibus rem mortuam appellat. Ex mente igitur Apostoli mortua est cognitio de Deo & Christo, nisi fiat motivum voluntatis & noluntatis, ut actiones tuæ cognitioni isti respondeant. Unde Johannes mendacem vocat, qui affirmat, se nosse Deum, eum tamen non amat, propterea quod ipsa Dei cognitio hominem impellit ad amorem«. Wolff, *Philosophia practica universalis methodo scientifica pertractata. Pars posterior, praxin complectens [...]*, in: *WGW*, II. Abt. lat. Schr., Bd. XI, ND d. Ausg. Frankfurt/Leipzig 1739, Hildesheim/New York 1979, § 244.

Das neue Testament ist reich an Metaphern, auf die eine Theorie mit dem Ziel der Verbindung von diskursiver Erkenntnis und Lebenspraxis zurückgreifen kann. Dies gilt für das semantische Feld der Prägnanz genauso wie für die Metaphorik des Willens und der Leidenschaften; erst recht natürlich für die Wirkmacht der Sprache (das lebendige Wort im Johannes-Evangelium) und der Gotteserfahrung – wir werden darauf zurückkommen. Aber offensichtlich meint Wolff mit der theologischen Herkunft seines Terminus nicht nur die zitierten Absätze im Jakobus-Brief (1, 17-26) und im ersten Brief des Johannes (2, 3-5), sondern zugleich auch eine religiöse Lehrtradition, für die der lebendige, sich in Werken manifestierende Glaube ein akutes praktisches Anliegen mit einem entsprechenden kanonisierten Vokabular darstellt. Ließe sich innerhalb von Wolffs Bildungshorizont eine solche Tradition dingfest machen, so könnte sie möglicherweise auch Licht auf Baumgartens Verständnis des Terminus werfen.

Tatsächlich gehört der lebendige Glaube zu den zentralen Themenkreisen des Pietismus, und zwar sowohl in den klassischen Texten etwa Philipp Jacob Speners und August Hermann Franckes als auch – und dies könnte für Baumgartens Rezeption des Begriffs von Bedeutung gewesen sein – bei Baumgartens älterem Bruder Siegmund Jacob Baumgarten, der in Halle Theologie lehrte und ein »ganzer echter Schüler Wolffs« war.[35] Der Theologe Martin Schmidt hat mit einer Fülle von Beispielen belegt, daß der lebendige Glaube, aufgefaßt als »ethisch fruchtbarer Glaube«[36], von den Pietisten als wesentliches Merkmal der Wiedergeburt, wenn nicht gleichbedeutend mit ihr verstanden wurde[37] und dementsprechend ein vorrangiges Anliegen der pietistischen Erneuerungsbewegung darstellte.

---

35 Emanuel Hirsch, *Geschichte der neuern evangelischen Theologie im Zusammenhang mit den allgemeinen Bewegungen des europäischen Denkens*, Bd. II: *Die neuen philosophischen und theologischen Anfänge in Deutschland*, Gütersloh ⁴1968, S. 373. – Auf die Verbindung zwischen dem pietistischen Begriff der lebendigen Erkenntnis und seiner Verwendung bei Wolff, Baumgarten und Meier hat bereits Joachim Jacob aufmerksam gemacht. In einem überaus prägnanten Kapitel seines Buchs *Heilige Poesie. Zu einem literarischen Modell bei Pyra, Klopstock und Wieland* (Tübingen 1997 [= Studien zur deutschen Literatur 144], S. 43-54) gibt Jacob eine Reihe von Belegen für die Verwendung des Begriffs im pietistischen und ästhetischen Kontext; These ist, daß Klopstocks religiöse Poetik des Lebendigen an die Hallesche Tradition anknüpft.

36 Martin Schmidt, *Luthers Vorrede zum Römerbrief im Pietismus*, in: ders., *Wiedergeburt und neuer Mensch. Gesammelte Studien zur Geschichte des Pietismus*, Witten 1969 (= Arbeiten zur Geschichte des Pietismus 2), S. 299-330, hier S. 302.

37 Ebd., S. 304.

Der Versuch, eine Begriffsprägung Wolffs und Baumgartens auf eine pietistische Tradition zurückzuführen, mag auf den ersten Blick überraschen: Angesichts der erbitterten Auseinandersetzung zwischen Wolff und den pietistischen Theologen, die u. a. Wolffs Vertreibung aus Halle im Jahr 1723 zur Folge hatte, scheint der Gedanke an wechselseitige terminologische Anleihen nicht naheliegend. Gerade Wolffs säkulare Ethik, aus deren Kontext der Begriff der lebendigen Erkenntnis stammt, war für die Halleschen Pietisten ein Stein des Anstoßes, denn sie schien die Unabhängigkeit des guten Handelns von der Frage nach der Existenz Gottes zu implizieren. In seiner Prorektoratsrede *Oratio de Sinarum philosophia practica* (1721) erklärte Wolff mit dem Hinweis auf die konfuzianische Ethik, daß auch jenseits christlicher Dogmatik eine effiziente Morallehre möglich sei. Sittliche Praxis müsse infolgedessen nicht auf den Glauben, sondern auf eine glaubensunabhängige Erkenntnis des Guten und Bösen zurückgeführt werden.[38] Von seiten der Pietisten, insbesondere von Joachim Lange, handelte Wolff sich damit den wiederholt ausgesprochenen Vorwurf des Atheismus ein, obwohl er selbst keine grundsätzlichen Widersprüche zwischen seiner Theorie und der theologischen Dogmatik anerkennen mochte.

Carl Hinrichs' präzise Chronologie des Konflikts zwischen Wolff und den Pietisten beginnt mit der Bemerkung, Wolff habe nicht von vornherein im Gegensatz zu den Pietisten gestanden, ja er habe sogar der protestantischen Theologie einschließlich der pietistischen neue Anstöße gegeben.[39] Anhand der besagten Prorektoratsrede hat Michael Albrecht dies bestätigt: Wolff erkenne die übernatürlichen Kräfte der »Wiedergeborenen« als Wirkung der göttlichen Gnade an, akzeptiere also die Überlegenheit der christlichen Frömmigkeit im Vergleich zur »philosophischen Tugend« der Chinesen.[40] Namentlich in

---

38 Vgl. Hans Poser, *Die Bedeutung der Ethik Christian Wolffs für die deutsche Aufklärung*, in: *Theoria cum praxi. Zum Verhältnis von Theorie und Praxis im 17. und 18. Jahrhundert. Akten des internationalen Leibnizkongresses, Hannover, 12. bis 17. November 1977*, Bd. I, Wiesbaden 1980 (= Studia Leibnitiana Supplementa 19), S. 206-217, hier S. 214-216, sowie ders., *Pietismus und Aufklärung – Glaubensgewißheit und Vernunfterkenntnis im Widerstreit*, in: *Aufklärung und Erneuerung. Beiträge zur Geschichte der Universität Halle im ersten Jahrhundert ihres Bestehens (1694-1806)*, hrsg. von Günter Jerouschek und Arno Sames, Hanau/Halle 1994, S. 170-182, hier insbes. S. 177 f.

39 Carl Hinrichs, *Preußentum und Pietismus. Der Pietismus in Brandenburg-Preußen als religiös-soziale Reformbewegung*, Göttingen 1971, S. 388 f.

40 Der pietistische Begriff der ›Wiedergeborenen‹ fällt in Wolffs Anmerkungen von 1726 zur Prorektoratsrede und bezieht sich auf folgende Stelle im Haupttext (in der Übersetzung von Albrecht): »Zwar weiß ich sehr wohl, daß Männer von übermenschlicher Weisheit – wir verehren sie unter dem Namen der Theologen – mit

den Anmerkungen, die Wolff der 1726 publizierten Fassung seiner Rede hinzufügte, zeigt sich laut Albrecht, daß eine Interpretation Wolffs »in Richtung auf eine Emanzipation der philosophischen Tugend von der Herrschaft religiöser Moralvorstellungen« zu kurz gegriffen ist.[41] Wie Albrecht zeigen kann, schwankt Wolff zwischen einer vollgültigen säkularisierten Ethik und einem philosophischen Tugendbegriff, der im Hinblick auf die Wirkungen der Gnade noch der theologischen Ergänzung bedarf.[42]

Nichtsdestoweniger manifestiert sich in Wolffs Überführung der theologischen Rede vom ›lebendigen Glauben‹ in den Terminus ›lebendige Erkenntnis‹ eine Einstellung zur moralischen Verpflichtung des Individuums, die, wie noch deutlich werden wird, den pietistischen Grundsätzen zuwiderläuft. Nicht durch übernatürlich bewirkten Glauben, sondern durch Erkenntnis soll der Mensch nach Wolff zum guten Handeln bestimmt werden; die freie Determination des Willens setzt die eigenständige, vernunftgeleitete Ermittlung des Handlungsziels voraus. Nur eine äußere Praxis, die mit einer solchen inneren Entscheidung übereinstimmt, ist für Wolff tugendhaft.[43]

Im Gegensatz zur Biographie Christian Wolffs legt A. G. Baumgartens Lebenslauf die Verbindung zum Pietismus nahe.[44] Baumgarten wuchs im pietistischen Milieu auf. Nach dem Tod seines Vaters zog er 1727 von Berlin nach Halle, um sich dort, wie zuvor schon sein Bruder Siegmund Jacob, an der Lateinschule des von Francke ge-

---

gutem Grund behaupten, daß jemand, der von der göttlichen Gnade unterstützt wird, etwas zustande bringen kann, was ersichtlich die Kräfte der Natur übersteigt. Obgleich nun das, was diejenigen erkennen, die vom göttlichen Licht erleuchtet sind, schlechterdings mit der Wahrheit der Sache übereinstimmen muß, so widerspricht das jedoch gar nicht meiner Behauptung.« Vgl. Christian Wolff, *Oratio de Sinarum philosophia practica – Rede über die praktische Philosophie der Chinesen*, übers., eingeleitet und hrsg. von Michael Albrecht, lat./dt., Hamburg 1985 (= Philosophische Bibliothek 369), S. 23; dazu Wolffs Anm. 45 (S. 135) und Albrechts Anm. auf S. 284 zur pietistischen Provenienz des Begriffs *regenitorum*.

41 Michael Albrecht, *Die Tugend und die Chinesen. Antworten von Christian Wolff auf die Frage nach dem Verhältnis zwischen Religion und Moral*, in: Carboncini/Cataldi Madonna (Hrsg.), *Nuovi studi sul pensiero di Christian Wolff*, S. 239-262, hier S. 255.

42 Ebd., insbes. S. 254-262.

43 Vgl. Wolff, *Oratio de Sinarum philosophia practica*, S. 174 f., Anm. 78. Wolff steht hierin dem orthodox lutherischen Protestantismus näher als den Pietisten, s. u., S. 158 und S. 164.

44 Vgl. zu Baumgartens Biographie und seinem kulturellen Umfeld ausführlicher Mario Casula, *La metafisica di A. G. Baumgarten*, S. 29-82 sowie neuerdings: Baumgarten, *Die Vorreden zur Metaphysik*, hrsg., übers. und kommentiert von Ursula Niggli, Frankfurt/Main 1999, Einleitung der Herausgeberin (S. XI-XLV).

gründeten Halleschen Waisenhauses auf ein Theologiestudium vor-
zubereiten. 1730 begann Baumgarten sein Studium der Philosophie,
Theologie und Philologie an der Halleschen Universität und unter-
richtete parallel selbst an der Lateinschule des Waisenhauses. Ab 1734
lebte er im Hause seines Bruders, der gerade zum ordentlichen Professor der Theologie avanciert war. Daß Siegmund Jacob Baumgarten
als Hallescher Theologe vom Pietismus geprägt sein mußte, liegt auf
der Hand – sein Denken hat trotz des grundlegenden Wolffschen
Einflusses bis zum Schluß wesentliche Züge der pietistischen Theologie bewahrt.[45] Eine vergleichbare Synthese pietistischer und Wolffia-
nischer Motive ist auch für das Werk des jüngeren Alexander Gottlieb
Baumgarten kennzeichnend.

Gleichwohl ist seine Ästhetik auf pietistische Motive hin noch
nicht genauer untersucht worden.[46] Dies kann auch hier leider nicht
geschehen; ich werde mich auf den Begriff der *cognitio viva* beschränken. Es sei aber zumindest darauf hingewiesen, daß Baumgartens scheinbar unerschöpflicher, in Begriffsdefinitionen lakonisch zur
Schau gestellter Metaphernreichtum großenteils auf Bibelstellen
zurückgeht, die durch ihren häufigen Gebrauch innerhalb des pietistischen Schrifttums in besonderer Weise kanonisiert sind. Hinzu
kommen Begriffsanleihen aus der mystischen Tradition, die im Rahmen des Pietismus weitergetragen und verbreitet wurden – so z. B.

---

45 Vgl. dazu Hirsch, *Geschichte der neuern evangelischen Theologie*, Bd., II, S. 370-388;
    Albrecht Ritschl, *Geschichte des Pietismus*, Bd. II: *Der Pietismus in der lutherischen
    Kirche des 17. und 18. Jahrhunderts*, 1. Abt., Bonn 1884, S. 560-569 sowie Martin
    Schloemann, *Siegmund Jacob Baumgarten. System und Geschichte in der Theologie
    des Überganges zum Neuprotestantismus*, Göttingen 1974 (= Forschungen zur Kir-
    chen- und Dogmengeschichte 26), S. 65 u. ö.

46 Wolfgang Martens hat pauschalisierend die These vertreten, daß »Fromme Perspica-
    citas« es gewesen sei, die Baumgarten, Moritz und Kant »zur Abstraktion des Schö-
    nen befähigte« (Wolfgang Martens, *Officina Diaboli. Das Theater im Visier des
    halleschen Pietismus*, in: ders., *Literatur und Frömmigkeit in der Zeit der frühen Auf-
    klärung*, Tübingen 1989 [= Studien und Texte zur Sozialgeschichte der Literatur 25],
    S. 24-49, hier S. 45). Angesichts der Ausrichtung meiner Arbeit, die gerade die Affi-
    nität der Baumgartenschen Ästhetik zur Praxis (und folglich ihre Ferne zu einer
    Autonomieästhetik wie der Kantschen) in den Vordergrund stellt, liegt auf der Hand,
    daß ich dieser These nicht zustimmen kann. – Theodor Verweyen betont die Kritik
    Baumgartens und Meiers an der Sinnenfeindlichkeit der Collegia pietatis (Theodor
    Verweyen, »*Halle, die Hochburg des Pietismus, die Wiege der Anakreontik*«. *Über
    das Konfliktpotential der anakreontischen Poesie als Kunst der »sinnlichen Erkennt-
    nis«*, in: *Zentren der Aufklärung I: Halle. Aufklärung und Pietismus*, hrsg. von Nor-
    bert Hinske, Heidelberg 1989 [= Wolfenbütteler Studien zur Aufklärung 15],
    S. 209-238, hier S. 225), geht aber auf die positive Pietismus-Rezeption Baumgartens
    nicht ein.

ein zentraler Begriff der Baumgartenschen Psychologie und Ästhetik,
der des *fundus animae* (Grund der Seele) –, sowie Neuinterpretatio-
nen einzelner programmatischer Elemente pietistischer Theologie,
z. B. der Adiaphora-Lehre. Von ihr wird im folgenden die Rede sein,
weil sie bei Baumgarten zur Theorie der Rührung gehört.

3.1.1.1. Ästhetik und Pietismus am Beispiel der Adiaphora

Abgesehen von Spezialstudien, die religiöse Aspekte im Werk einzelner Autoren untersuchen[47], lassen sich in der Forschung zum Verhältnis zwischen Pietismus und Ästhetik im 18. Jahrhundert zwei
Grundtendenzen feststellen. Zum einen gilt die pietistische Praxis der
Introspektion als wegbereitend für ein neues, sich um 1800 voll aus-
bildendes Bewußtsein emphatischer Subjektivität. Selbstzeugnisse von
Pietisten wie Spener, Francke, Oetinger, Zinzendorf u. a. reflektieren
eine neue, sich im Rahmen pietistischer Gemeinden und darüber hinaus verbreitende Kultur der Selbstbeobachtung und der differenzierten Beschreibung psychischer Zustände. Sie erschließen zu diesem
Zweck ein umfangreiches Vokabular, das der Erfahrungsseelenkunde
und den ihr mehr oder weniger eng assoziierten literarischen Genres
zugute kommt: Die Autobiographie, der psychologische Roman, die
Erlebnislyrik profitieren sowohl von der eingeübten subjektzentrier-
ten Haltung als auch von der ausgearbeiteten Metaphorik und Wort-
bildungspraxis der pietistischen Affektkultur.[48]

---

47 Vgl. z. B. Gerhard Kaiser, *Klopstock. Religion und Dichtung*, Kronberg/Ts. [2]1975
    sowie ders., *Pietismus und Patriotismus im literarischen Deutschland. Ein Beitrag
    zum Problem der Säkularisation*, Frankfurt [2]1973; Friedrich Strack, *Selbst-Erfah-
    rung oder Selbst-Entsagung? Goethes Deutung und Kritik des Pietismus in »Wilhelm
    Meisters Lehrjahre«*, in: *Verlorene Klassik? Ein Symposium*, hrsg. von Wolfgang
    Wittkowski, Tübingen 1986, S. 52-78.
48 Vgl. hierzu an erster Stelle August Langen, *Der Wortschatz des deutschen Pietismus*,
    Tübingen [2]1968, ferner Fritz Stemme, *Die Säkularisation des Pietismus zur Erfah-
    rungsseelenkunde*, in: *Zeitschrift für deutsche Philologie* 72 (1953), S. 144-158; Günter
    Niggl, *Zur Säkularisation der pietistischen Autobiographie im 18. Jahrhundert*, in:
    Prismata. Dank an Bernhard Hanssler, hrsg. von Dieter Grimm u. a., Pullach 1974,
    S. 155-172; Hans-Jürgen Schings, *Melancholie und Aufklärung. Melancholiker und
    ihre Kritiker in Erfahrungsseelenkunde und Literatur des 18. Jahrhunderts*, Stuttgart
    1977, *passim*; Hans Joachim Schrimpf, *Das »Magazin zur Erfahrungsseelenkunde«
    und sein Herausgeber*, in: *Zeitschrift für deutsche Philologie* 99 (1980), S. 161-187,
    zum Pietismus insbes. S. 165, S. 171 f., S. 177-180; Magdalene Maier-Petersen, *Der
    »Fingerzeig Gottes« und die »Zeichen der Zeit«. Pietistische Religiosität auf dem Weg
    zu bürgerlicher Identitätsfindung, untersucht an Selbstzeugnissen von Spener, Francke
    und Oetinger*, Stuttgart 1984 (= Stuttgarter Arbeiten zur Germanistik 141); Helmut

Zum anderen sind in der Forschung wiederholt die Hindernisse hervorgehoben worden, die der sinnenfeindliche und weltabgewandte Pietismus den Künsten in den Weg legte. Literatur, Musik, Tanz und Theater fielen unter die gleiche pauschale Verdammung weltlicher Lustbarkeiten wie Müßiggang, Scherzen, Spielen und Trinken.[49] In diesen Zusammenhang gehört die Auseinandersetzung zwischen Pietisten und orthodoxen Lutheranern um die sogenannten ›Adiaphora‹ (Mitteldinge, lat. *indifferentiae*): Während die Orthodoxie sämtliche menschlichen Handlungen, die Gottes Gesetz nicht widersprechen, für moralisch indifferent erklärte, ließen die Pietisten neben ›gut‹ und ›böse‹ nichts Neutrales gelten. Was nicht ausdrücklich »aus Glauben, zur Ehre Gottes und mit Verleugnung seiner selbst«[50] geschah, fiel unter das Verdikt der Sünde – dies betraf auch alle nicht-religiösen Sinnenfreuden einschließlich der schönen Künste.[51]

Baumgartens *Metaphysica* enthält im Rahmen der Psychologie des Begehrungsvermögens einen Paragraphen über die Adiaphora, der subjektiv, objektiv, absolut und relativ gleichgültige Dinge unterscheidet. Am Ende dieser Zergliederung erweist sich jede Indifferenz als illusorisch: Nur unvollkommen Erkanntes kann dem Subjekt ethisch neutral erscheinen. Baumgartens Begründung hierfür ist allerdings nicht pietistisch, sondern geht auf die Leibniz-Wolffsche Philosophie zurück, die ebenfalls neben Gut und Böse nichts Drittes kennt.[52] Daß jedes Ding ständig entweder vollkommener oder un-

---

Pfotenhauer, *Literarische Anthropologie. Selbstbiographien und ihre Geschichte am Leitfaden des Leibes*, Stuttgart 1987 (= Germanistische Abhandlungen 62), insbes. S. 55-115. Hans R. G. Günthers Aufsatz *Psychologie des deutschen Pietismus*, in: *DVjs* 4 (1926), S. 144-176 ist ein hilfreicher Beitrag zur Vorgeschichte der Erfahrungsseelenkunde im Pietismus, geht aber nicht auf ihre säkulare Rezeption ein.

49 Vgl. Wolfgang Schmitt, *Die pietistische Kritik der Künste. Untersuchungen über die Entstehung einer neuen Kunstauffassung im 18. Jahrhundert*, Diss. Köln 1958, *passim*, sowie Wolfgang Martens, *Literatur und Frömmigkeit*, darin folgende Aufsätze: *Hallescher Pietismus und Rhetorik. Zu Hieronymus Freyers »Oratoria«*, S. 1-23; *Officina Diaboli. Das Theater im Visier des halleschen Pietismus*, S. 24-49; *Hallescher Pietismus und schöne Literatur*, S. 76-181.

50 Hirsch, *Geschichte der neuern evangelischen Theologie*, Bd. II, S. 192.

51 Vgl. dazu, speziell im Hinblick auf den Halleschen Pietismus und sein Verhältnis zur Ästhetik: Verweyen, »*Halle, die Hochburg des Pietismus, die Wiege der Anakreontik*«; zur Adiaphora-Lehre insbes. S. 225-228 sowie Martens, *Hallescher Pietismus und schöne Literatur*, insbes. S. 113-121.

52 Vgl. Anton Bissinger, *Zur metaphysischen Begründung der Wolffschen Ethik*, in: *Christian Wolff 1679-1754. Interpretationen zu seiner Philosophie und deren Wirkung. Mit einer Bibliographie der Wolff-Literatur*, hrsg. von Werner Schneiders, Hamburg ²1986 (= Studien zum 18. Jahrhundert 4), S. 148-160, hier S. 151.

vollkommener werden muß, gehört zu den Bestimmungen der besten
aller Welten:

Ein SUBJEKTIVES ADIAPHORON (etwas, das diesem oder jenem gleichgültig
ist) wird genannt, was von einer bestimmten Vorstellungskraft weder als
gut noch als böse erkannt wird, wie z. B. Dinge, die mir unbekannt sind
oder die ich nur symbolisch klar erkenne. Ein OBJEKTIVES ADIAPHORON
(etwas, das an sich selbst gleichgültig ist), ist etwas, das weder gut noch
schlecht ist, und dieses wiederum wäre entweder SCHLECHTERDINGS
GLEICHGÜLTIG, wenn es überhaupt keine Vollkommenheit oder Unvollkommenheit setzen würde und nichts Seiendes wäre, oder IN GEWISSER
ABSICHT, wenn es zu einer bestimmten Vollkommenheit oder ihrem Gegenteil nichts beitrüge. Solches ist in der besten Welt nicht gegeben.
Wenn man folglich ein Ding so versteht, wie es ist, ist es kein absolut
gleichgültiges Ding[.]^[53]

Aus Baumgartens Einstellung zu der Frage nach den Adiaphora läßt
sich einmal mehr die Bedeutung der lebendigen Erkenntnis innerhalb
seiner Theorie ableiten: Wenn jedes Ding notwendigerweise entweder
gut oder böse ist, muß adäquate Erkenntnis immer lebendig sein,
denn die Erkenntnis des Guten oder Bösen bewegt das Begehrungsvermögen. Der Mensch kann und darf sich moralisch nie gleichgültig
verhalten, auch nicht in der Ästhetik. Baumgarten ignoriert die konkreten lebenspraktischen Implikationen der pietistischen Adiaphora-
Lehre (anderenfalls hätte er keine Ästhetik schreiben können), um ihr
dann in seiner Metaphysik einen Ort zuzuweisen, der sie für die
Ästhetik unumgänglich macht: Die Theorie der lebendigen Erkenntnis basiert auf ihr.[54]
Meier stellt diesen Zusammenhang in seinen *Anfangsgründen*
explizit her. Dabei verlieren sich die theologischen und ethischen
Bezüge des *indifferentia*-Begriffs vollständig zugunsten einer rein

---

53 »SVBIECTIVE (indifferens) ADIAPHORON dicitur, quod certa & determinata vis reprae-
sentatiua nec vt bonum, nec vt malum intuetur, qualia mihi ignota, & symbolice tantum clare cognita. OBIECTIVE ADIAPHORON est, quod nec est bonum, nec malum,
idque iterum vel ABSOLVTE esset INDIFFERENS, quod nullam omnino perfectionem im-
perfectionemque poneret, & non est ens, vel RESPECTIVE, quod ad certam perfectionem aut eius oppositum nihil confert. Tale non datur in mundo optimo. Ergo rem
intuitus, vt est, erga nullam rem est absolute indifferens.« Baumgarten, *Metaphysica*,
§ 654 [Hervorh. im Orig.].

54 Bereits Christian Wolff hat der pietistischen Adiaphora-Lehre widersprochen, ohne
dabei die Existenz von Mitteldingen zuzugestehen: Ihm zufolge sollen sinnliche
Lustbarkeiten (u. a. Komödien, Opern, ergötzliche Speisen und Spiele) gefördert
werden, weil sie den Menschen vollkommener machen, vgl. Hinrichs, *Preußentum
und Pietismus*, S. 394-396.

ästhetischen Auslegung: Nicht mehr die Möglichkeit sittlich gleich-
gültiger Handlungen in der Welt wird bestritten, sondern der Wert
der Gleichgültigkeit im »beweglichen und rührenden Vortrage«. In
Anwendung der Baumgartenschen Systematik verurteilt Meier sowohl die subjektiven Adiaphora – die Indifferenz auf Seiten des Vor-
tragenden und der Zuhörer – als auch die objektiven Adiaphora, d. h.
die Indifferenz auf Seiten des Dargestellten. Ist an einem Gegenstand
nichts Gutes oder Böses auszumachen, so erweckt er in uns weder
Begierde noch Abscheu, und das ästhetische Ziel der Rührung wird
nicht erreicht:

> Endlich mus derjenige, welcher aesthetisch rühren und bewegen wil,
> auch die Gleichgültigkeit *(indifferentia)* auf eine gehörige Art vermei-
> den. In so ferne wir gleichgültig sind, in so ferne haben wir weder eine
> Empfindung vom Vergnügen noch vom Misvergnügen. Folglich ist un-
> sere Erkentnis in so ferne todt. Es kan also, keine grössere Hindernis
> des aesthetischen Lebens, erdacht werden, als die Gleichgültigkeit [...]
> und dahin gehört 1) diejenige, die vornemlich in der Person ihren hin-
> reichenden Grund hat *(indifferentia subiectiva)*. Und da mus man a) die
> gänzliche Gleichgültigkeit *(indifferentia totalis)* aufs sorgfältigste, bey
> sich selbst und bey seinen Zuhörern, zu vermeiden suchen. [...] 2) Man
> mus auch diejenige Gleichgültigkeit verhüten, welche vornemlich in
> dem Gegenstande ihren Grund hat *(indifferentia obiectiva)*. Dahin
> gehört der Fehler, wenn man solche Dinge vorträgt, die weder gut noch
> böse sind, wenigstens die unsern Zuhörern so zu seyn scheinen[.][55]

Meiers Adiaphora-Theorie ist im Gegensatz zu der Baumgartens keinem philosophischen oder religiösen Paradigma verpflichtet, sondern
einem rhetorischen. Daß dies keine grundsätzliche Abkehr von der
Frömmigkeit bedeuten muß, zeigt ein Beispiel zum mißlichen Effekt
relativer Adiaphora in der Praxis der rührenden Rede:

> Wenn z. E. ein Prediger zur Busse ermuntern wil, und er bringt philolo-
> gische Anmerkungen in seiner Predigt an, so sind das in Absicht auf die
> Busse solche gleichgültige Sachen, welche seine Absicht vielmehr hin-
> dern, als daß sie dieselbe befördern solten.[56]

Die Integration homiletischer Fragen in die ›schönen Wissenschaften‹
zeugt einerseits von einer bestehenden Verbindung zwischen Wirkungsästhetik und Religiosität, bezeichnet aber andererseits die neue
Richtung, aus der die vormals theologischen Begriffe nunmehr ihren

---

55 Meier, *Anfangsgründe*, Bd. I, § 186 [Hervorh. im Orig.].
56 Ebd.

Sinn beziehen. Die Praxis, von der Meier in allererster Linie spricht, ist nicht mehr die ethische, sondern die ästhetische – eine ästhetische Praxis freilich, die mit den Bedürfnissen einer toleranten Frömmigkeit vereinbar ist. Wenn davon gesprochen werden kann, daß Baumgarten und Meier die pietistische Lehre von den Mitteldingen aushöhlen, um sie diametral entgegengesetzt zu ihren ursprünglichen Inhalten zu reinstallieren, geschieht dies weniger im Sinne eines militanten Angriffs auf die pietistischen Werte als zugunsten einer Rehabilitierung der Künste im Rahmen des sich seinerseits umgestaltenden pietistischen Diskurses.

Mit diesem kleinen Exkurs zur Säkularisierung des Adiaphora-Begriffs ist der Weg vorgezeichnet, den auch die nachstehenden Ausführungen zum Begriff der lebendigen Erkenntnis verfolgen werden. Neben der pietistischen Konzeption des lebendigen Glaubens bzw. der lebendigen Erkenntnis und ihren säkularisierten Varianten bei Wolff und Baumgarten sollen dabei auch einige Überschneidungen Berücksichtigung finden, im Lichte derer das Verhältnis zwischen Pietismus und Wolffscher Schule weniger starr antagonistisch erscheint, als die äußeren Umstände suggerieren.

3.1.1.2. ›Lebendiger Glaube‹ und ›lebendige Erkenntnis‹ im Pietismus

Anders als Wolffs Begriff der lebendigen Erkenntnis haben die Ausdrücke ›lebendige Erkenntnis‹ und ›lebendiger Glaube‹ im Pietismus keinen streng terminologischen Charakter. ›Erkenntnis‹ *(notitia)* ist im Rahmen der orthodoxen theologischen Schullehre neben Beifall *(assensus)* und Vertrauen *(fiducia)* notwendige Voraussetzung des Glaubens.[57] Die beiden Begriffe werden im Sinne von Gotteserkenntnis häufig synonym verwendet, drücken aber je nach Kontext unterschiedliche Gewichtungen aus. Das Attribut ›lebendig‹ bezeichnet zwar ein ziemlich konstantes Ensemble sachlicher Bestimmungen, erfüllt jedoch gerade in Gegenüberstellung mit dem ›Toten‹ wechselnde argumentative Funktionen. Dabei können verschiedene Aspekte des semantischen Komplexes in den Vordergrund treten.

Die wichtigste durch die Lebensmetapher markierte Eigenschaft des Glaubens bzw. der Erkenntnis ist zweifellos im Pietismus wie bei den

---

57 Vgl. Hirsch, *Geschichte der neuern evangelischen Theologie*, Bd. II, S. 140.

Wolffianern die Kraft, den Willen oder das sinnliche Begehren zu beeinflussen und Handlungen einzuleiten. Dafür stehen die beiden von
Wolff zitierten Bibelstellen (Jacobus 1, 17-26 und 1 Johannes 2, 3-5),
die auch für die Pietisten zu den wichtigsten Belegen für die Metapher
bzw. das mit ihr verbundene ethische Postulat gehören. Vom Bibeltext
abgesehen, beriefen sich pietistische Autoren von Christian Hoburg
über Spener und Francke bis hin zu John Wesley, dem Begründer des
Methodismus, immer wieder auf Martin Luthers Vorrede zum Römerbrief in seiner Übersetzung des Neuen Testaments.[58]

Schmidt zufolge ist die Umsetzung der mystischen Werte des Protestantismus in ethische die bedeutendste Leistung des Pietismus.[59]
Diese Transformation habe die pietistische Luther-Interpretation, namentlich die Auslegung der Römerbrief-Vorrede geprägt. Während
sich Luther in erster Linie »gegen die vermeintlich selbständige Rolle
der guten Werke neben dem Glauben« gewandt habe, verschiebe sich
der Ton bei Spener und Francke auf die Frage nach der Fruchtbarkeit
des Glaubens[60]; die Aufmerksamkeit der Pietisten richte sich nicht
auf Luthers Forderung, »ehe denn gutte odder bose werck geschehen,
als die gutten oder bosen fruchte«, müsse »zuuor im hertzen da seyn,
glawbe odder unglawb, als die wurtzel«, sondern vielmehr auf die
kurz darauf folgenden Sätze, die die unablässige Tätigkeit des wahren
Glaubens hervorheben:

> Glawbe ist nicht, der menschliche whan und trawm, den ettlich fur gla-
> wben hallten [...]. Aber glawb ist eyn gotlich werck ynn vns, das vns
> wandelt vnd new gepirt aus Gott, Johan. 1. vnd todtet den allten Adam,
> macht vns gantz ander menschen von hertz, mut, synn, vnd allen kreff-
> ten, vnd bringet den heyligen geyst mit sich, O es ist eyn lebendig,
> schefftig, thettig, mechtig ding vmb den glawben, das vnmuglich ist, das
> er nicht on vnterlas solt gutts wircken, Er fraget auch nicht, ob gutte
> werck zu thun sind, sondern ehe man fragt, hat er sie than, vnd ist ymer
> ym thun[.][61]

Zitate aus pietistischen Schriften, die diese Worte Luthers übernehmen oder paraphrasieren, ließen sich häufen. Exemplarisch seien hier

58 Vgl. dazu ausführlich den genannten Aufsatz von Schmidt (*Luthers Vorrede zum
    Römerbrief im Pietismus*).
59 Ebd., S. 225.
60 Vgl. zu Spener ebd., S. 311 sowie in bezug auf Francke: Schmidt, *A. H. Franckes Stel-
    lung in der pietistischen Bewegung*, ebd., S. 195-211, hier S. 198 f., S. 205 u. ö.
61 *D. Martin Luthers Werke. Kritische Gesamtausgabe. Die Deutsche Bibel*, Bd. VII,
    ND d. Ausg. Weimar 1931, Graz 1968, S. 8-10.

drei Textpassagen von Hoburg und Spener wiedergegeben. In Hoburgs *THEOLOGIA MYSTICA* heißt es z. B.:

> sein Glaube /welcher in ihm ist ein Licht und Glantz von dem wesentlichen Licht des Geistes in ihm angezündet/wird gleichsam sichtbar durch Liebe/wird in ihm eine lebendige Krafft/wirckende durch die Liebe/ist sehr geschäfftig /und kein tod Ding in der Seele/machet den Menschen lebendig zu allen guten Ubungen[.][62]

Spener, für den die beiden Artikel »von der rechtfertigung und heiligung« sowie »von dem glauben / der die göttliche gnade ergreifft und uns gerecht macht / so dann seiner thätigen und den gantzen menschen verändernden / deswegen von der leeren einbildung sicherer menschen weit entfernten / art« fast den einzigen Inhalt seiner Lehre ausmachen, auf den »alles übrige zöge«[63], schreibt unter Berufung auf den Jacobus-Brief:

> Also kanstu von der warheit deines glaubens/ daran dir ja alles gelegen ist/ aus der redlichkeit der früchten desselben schließen. Dann hiebey müssen wir alle diese regul für eine unfehlbare regul halten/ daß kein glaub der wahre glaube seye/ aus welchem nicht eben diese jetzt beschriebene gerechtigkeit deß gottseligen wandels fleust/ sondern es ist ein todter glaube Jacob. 2, 26.[64]

Eine besondere Färbung erhielt das Postulat des tätigen Glaubens im Halleschen Pietismus unter dem Einfluß Franckes. Hier realisierte sich die Forderung nach frommer Praxis in einer Fülle weltlicher Aktivitäten mit missionarischen, vor allem aber auch sozialen, pädagogischen und nicht zuletzt ökonomischen Zielen. Zu den Einrichtungen, die aus Franckes »Project von einer Universalverbesserung in allen Ständen«[65] hervorgingen, gehörten neben den berühmten Armenschulen und dem Waisenhaus auch verschiedene medizinische Anstalten, eine Reihe von Manufakturen sowie ein eigener Verlag. Franckes Plänen zufolge sollte die fromme Erziehung in Preußen wie

---

62 Christian Hoburg, *THEOLOGIA MYSTICA; oder Geheime Krafft-THEOLOGIA der Alten/...Aus H. Schrifft und den Alt-Vätern mit eigener Erfahrung gezeiget; von CHRISTIAN HOBURGEN, Predigern,* ¹1656, zit. nach Schmidt, *Christian Hoburgs Begriff der »mystischen Theologie«,* in: ders., *Wiedergeburt und neuer Mensch,* S. 52-90, hier S. 62, Anm. 19.

63 Spener, *Wahrhafftige Erzehlung dessen, was wegen des sog. Pietismi vorgegangen,* 1697, zit. nach Schmidt, *Luthers Vorrede zum Römerbrief,* S. 303.

64 Spener, *Erste geistliche Schriften,* 1699, zit. nach Schmidt, *Luthers Vorrede zum Römerbrief,* S. 309, Anm. 30.

65 So Franckes Formulierung, vgl. Martens, *Hallescher Pietismus und Rhetorik,* S. 14.

im Ausland ihre Früchte zeigen und ihren Einfluß auch auf Politik, Wirtschaft und Militär ausdehnen.[66] Der Konzeption nach stand dieses umfassende zivilisatorische Engagement im Zeichen eines tätigen Christentums, dessen Leistungsfähigkeit mit der übernatürlichen Kraft des lebendigen Glaubens identisch war.

Siegmund Jacob Baumgarten schließlich, der die pietistische Theologie mit Wolffs Lehrmethode und ihren erkenntnistheoretischen Grundsätzen zu verschmelzen suchte, handelt wiederholt und ausführlich von ›lebendigem Glauben‹ und ›lebendiger Erkenntnis‹.[67] In seiner 1738 in Halle erschienenen *Theologischen Moral* werden die überlieferten theologischen Formulierungen ähnlich wie bei Wolff und Baumgarten mit schulphilosophischen Termini verknüpft; die ›lebendige Erkenntnis‹ als wesentliche Voraussetzung des ›lebendigen Glaubens‹ erlangt im Verhältnis zu diesem das Übergewicht. Baumgarten bietet hier zwar keine Definition des Begriffs, verbindet ihn aber häufig mit erläuternden Zusätzen, die den Willens- und Praxisbezug der lebendigen Erkenntnis deutlich machen: Gotteserkenntnis kann sich allein in Taten verwirklichen und zeigen. Umgekehrt dringt Baumgarten stärker als in der pietistischen Tradition üblich auf die Pflicht des Christen, seine Erkenntniskräfte auf bestmögliche Weise zu nutzen. Einerseits darf es kein Wissen ohne Werke geben, andererseits keine Werke ohne Wissen.[68] Ich beschränke mich auf zwei Beispiele, von denen das erste die Notwendigkeit des Glaubenserweises durch Tätigkeit, das zweite die Verpflichtung zur Gotteserkenntnis akzentuiert.

zum götlichen Glauben gehört also eine lebendige Erkentnis götlicher Zeugnisse. Die wesentlichen Stücke des Glaubens können auch füglich

---

66   Ebd., S. 14-18. Martens hebt die Widersprüche hervor, die sich in Halle sowie speziell in der Persönlichkeit Franckes zwischen der praktizierten Weltläufigkeit und den pietistischen Idealen der Stille und Innerlichkeit auftun (ebd., *passim*).

67   Vgl. dazu die Überblicksdarstellungen der Baumgartenschen Theologie von Albrecht Ritschl (*Geschichte des Pietismus*, Bd. II, 1. Abt., S. 560-569, zur lebendigen Erkenntnis: S. 562), Emanuel Hirsch (*Geschichte der neuern evangelischen Theologie*, Bd. II, S. 370-388, zur lebendigen Erkenntnis S. 374 f. und S. 382 f.) und Martin Schloemann (*Siegmund Jacob Baumgarten*; zur lebendigen Erkenntnis S. 92-94).

68   Vgl. dazu Hirsch: »Mit der Wolffischen Prägung des Baumgartenschen Denkens zieht der vom Pietismus bekämpfte *Intellektualismus* des orthodoxen Denkens, in verjüngter antischolastischer Gestalt, wieder in die Dogmatik ein. Es wird klar der Grundsatz ausgesprochen, daß *der eigentliche Grund der Bestimmung des Willens die Überzeugung des Verstandes sei.*« Hirsch, *Geschichte der neuern evangelischen Theologie*, Bd. II, S. 374 [Hervorh. im Orig.].

so eingetheilet werden, daß einmal überzeugende Erkentnis dahin gehöre, so den Beifal mit in sich fasset; zweitens Verlangen und Sehnsucht nach einem Antheil an diesen verheissenen Gütern [...] und drittens Zuversicht [...]. In allen diesen Stücken giebts verschiedene Stufen des Glaubens, die sonderlich aus verschiedener Grösse des in göttlichen Versicherungen erkanten Guten und aus der verschiedenen Uberzeugung oder Gewisheit davon entstehen [...]. Die Schrift braucht davon folgende Redensarten: GOtt suchen, nach ihm fragen, sein begeren [...]. Welche Ausdrücke auch anzeigen, daß der Glaube kein blos Geschäfte des Verstandes allein sey, sondern zugleich im Willen vorgehe, und desselben Beschäftigung erfordere, dadurch der lebendige Glaube vom todten unterschieden Jac. 2, 17.[69]

Weil niemand GOtt dienen kan ohne ihn zu erkennen: so ist jederman verbunden nach der möglichsten Erkentnis GOttes zu streben, und alle dazu nötige Mittel zu gebrauchen [...] Röm. I, 28. 2 Thess. I, 8. Joh. 17, 3. Jer. 9, 24; folglich so wol die rechten und eigentlichen Erkentnisquellen dabey zu erwälen, als auch in derselben Gebrauch so zu verfaren, daß dadurch wircklich eine zum Dienst GOttes erforderte, überzeugende und lebendige Erkentnis desselben erhalten werden [sic].[70]

Wie eingangs bemerkt, ist ›Fruchtbarkeit‹ oder ›Tätigkeit‹ nur eine, wenn auch die wichtigste unter mehreren feststehenden Konnotationen des Attributs ›lebendig‹. Seit Hoburg, der Schmidt zufolge »zum ersten Male die prinzipielle und radikale Kritik an der nachreformatorischen Scholastik« übte, für die der Pietismus einsteht und »die sich seit der Aufklärung durchgesetzt hat«[71], ist im pietistischen Schrifttum die Gegenüberstellung eines äußerlichen »toten« Wissens aus Gebetbuch und Theologiestudium mit einer »lebendigen«, durch eigene Erfahrung erlangten Gotteserkenntnis topisch. Als »lebendig« und »tot« werden hier also die Modi des Erkenntnisgewinns qualifiziert; Schriftgelehrsamkeit wird abgewertet zugunsten des »lebendigen Buchs« individuellen Gewissens:

---

69 Siegmund Jacob Baumgarten, *Unterricht vom rechtmäßigen Verhalten eines Christen, oder Theologische Moral, zum academischen Vortrag ausgefertiget* [¹1738], Halle ³1744, § 70 (Anm.). S. J. Baumgartens *Auslegung des Briefes Jacobi* (Halle 1750) enthält, wie zu erwarten, eine recht ausführliche Diskussion der Verse 2, 17-26. Für den hiesigen Kontext ist bemerkenswert, daß Baumgarten das »Zittern« der Teufel in Jakobus 2, 19 auf ihre »mit einiger Rürung des Gemüts verknüpften Erkentnis götlicher Warheiten« zurückführt, die allerdings »ohne heilsame Annemung und Ausübung« unzulänglich, ja schädlich sei (S. 119).

70 S. J. Baumgarten, *Theologische Moral*, § 104.

71 Schmidt, *Christian Hoburgs Begriff der »mystischen Theologie«*, hier S. 57, Anm. 11.

Dann diß mein Hertzen-Buch ist ein lebendiges Buch/welches aus lebendiger [...] Erfahrung mich lehret: jene Bet-Bücher aber sind blind
und tod/ wissen nicht eigentlich und sonderlich wo mich mein Schuch
drücket.[72]

Hier aber bedarff man keiner andern Mittel/Kunst noch Wissen-
schafft/als sich selbst erkennen/bestreiten und besiegen; keine andere
Bücher nebenst heiliger Schrifft/als das Buch eigenen Gewissens; keines
andern Lehr-Meisters /als den Heiligen Geist/welcher ein Buch der eig-
nen Erfahrung /durch seine Salbung/uns diese Warheit inwendig lebendig lehret/ viel leichter und besser/als aus vielen Büchern die Menschen
mit vieler Mühe etwan euserlich fassen und lernen müssen[.][73]

Derselbe Gegensatz zwischen lebendigem Glauben als »wahre hert-
zenstheologie der Schrifft« und totem als »das faule hirn-gespenst
müßiger speculation« findet sich bei Spener und Francke.[74]

Auch Christian Wolff und seine Schüler betonen die Bedeutung
der persönlichen Erfahrung für den Einfluß der Erkenntnis auf das
Begehrungsvermögen, stellen ihr aber das intellektuelle Verständnis
auf der Basis philosophischer Demonstrationen an die Seite. Nur
wenn Übereinstimmung *(consensus)* zwischen oberen und unteren
Seelenvermögen herrscht, die in Frage stehende sittliche Wahrheit
also a priori und a posteriori als bewiesen gelten kann, ist eine Über-
zeugungsarbeit geleistet worden, die beständiges ethisches Verhalten
zu garantieren vermag.[75] Entscheidend für den Erfolg sittlicher Be-
lehrungen ist nach Wolff sowohl das »persönliche Erwägen« *(coram
intueri)* verstandesmäßiger Beweise als auch das sinnliche Nacherle-

---

72 Hoburg, *THEOLOGIA MYSTICA*, zit. nach Schmidt, *Christian Hoburgs Begriff
    der »mystischen Theologie«*, S. 60, Anm. 15.
73 Ebd. Zu Hoburgs Kritik am »historischen« bzw. »buchstabischen« Glauben vgl.
    auch Schmidt, *Speners Pia Desideria. Versuch einer theologischen Interpretation*,
    ebd., S. 129-168, hier S. 159 f.
74 Philipp Jakob Spener, *Erste geistliche Schriften* 1699, zit. nach Schmidt, *Speners Wie-
    dergeburtslehre*, ebd., S. 169-194, hier S. 184 f. Magdalene Maier-Petersen reformu-
    liert die Relation als Gegensatz zwischen Empfindung, sinnlicher Erfahrung und
    Frömmigkeit einerseits und verstandesmäßiger Erkenntnis andererseits; die von ihr
    angeführte Stelle aus *Anfang und Fortgang der Bekehrung A. H. Francke's von ihm
    selbst geschrieben* lautet: »Meine theologiam faßte ich in den Kopf, und nicht ins
    Herz, und war vielmehr eine todte Wissenschaft als eine lebendige Erkenntnis.« Vgl.
    Maier-Petersen, *Der »Fingerzeig Gottes«*, S. 217. Vgl. zu Francke auch Schmidt,
    A. H. Franckes Katechismuspredigten, in: ders., *Wiedergeburt und neuer Mensch*,
    S. 212-237, hier S. 222 und 229, sowie zur Gegenüberstellung von lebendigem Geist
    und totem Buchstaben in Franckes Hermeneutik: Hirsch, *Geschichte der neuern
    evangelischen Theologie*, Bd. II, S. 171-177.
75 Wolff, *Philosophia practica universalis*, Bd. II, § 249, § 323.

ben des Erkannten anhand von *exempla*, oder besser noch anhand der eigenen Erfahrung *(experientia domestica)*.[76] Das Insistieren auf dem individuellen Nachvollzug der Lehre ebenso wie die Einsicht in die Unverzichtbarkeit sinnlicher Erfahrung sind der pietistischen und der Wolffschen Position gemeinsam.[77]

Deutlicher noch als bei Wolff zeigt sich die Nähe zum pietistischen Diskurs in den Formulierungen A. G. Baumgartens. So bezeichnet dieser in seiner *Metaphysica* die Erkenntnis, sofern sie vollkommen ist, aber keine »Triebfedern der Seele« enthält, als *speculatio* und übernimmt damit einen bereits von Spener gebrauchten Ausdruck.[78] Im selben Paragraphen weist er auf die »Leblosigkeit« der symbolischen (d. h. nur durch Zeichen, nicht durch persönliche Intuition erlangten) Erkenntnis hin. Baumgartens 1740 erstmals erschienene *Ethica philosophica*, die im Unterschied zu Wolffs *Philosophia practica universalis* die lebendige Erkenntnis unmittelbar als Gotteserkenntnis verhandelt (das entsprechende Kapitel ist *VIVA DEI COGNITIO* überschrieben[79]), qualifiziert die symbolische Erkenntnis des Göttlichen als leere Spekulation oder toten Buchstaben[80], dem die intuitive Erkenntnis wegen ihrer erbaulichen Qualität allemal vorzuziehen sei.[81] Wie Wolff, so fordert allerdings auch Baumgarten in der Ethik ein Erkenntnisstreben, das sinnliche und intellektuelle Seelenkräfte gleichermaßen beansprucht und selbst die Konsultation komplizierter theologischer Lehrwerke nicht scheut.[82]

Der wesentliche Unterschied zwischen der pietistischen Auffassung von der lebendigen Gotteserkenntnis und ihren verweltlichten Fassungen in Wolffs praktischer Philosophie und Baumgartens Ästhetik

---

76 Ebd., § 249, §§ 273 f., § 323.

77 Der gleiche Gedanke findet sich, ebenfalls mit Bezug auf die Sittenlehre, auch in Leibniz' *Nouveaux Essais sur l'entendement humain*: »La source du peu d'application aux vrais biens, vient en bonne partie de ce que dans les matieres et dans les occasions où les sens n'agissent gueres la pluspart de nos *pensées* sont *sourdes* pour ainsi dire (je les appelle *cogitationes caecas* en latin), c'est à dire vuides de perception et de sentiment, et consistant dans l'employ tout nû des caracteres [...]. On raisonne souvent en paroles sans avoir presque l'objet même dans l'esprit. Or cette connoissance ne sauroit toucher, il faut quelque chose de vif pour qu'on soit emû.« II, 21, § 35 [Hervorh. im Orig.].

78 Baumgarten, *Metaphysica*, § 669. Meier überträgt den Terminus dann als »*schöne Spekulation*« (für eine »todte Erkentnis, wenn sie im übrigen einige Schönheiten besitzt«) in die Ästhetik, vgl. Meier, *Anfangsgründe*, Bd. I, § 179 [Hervorh. im Orig.].

79 Das Kapitel umfaßt die §§ 66 bis 70 der *Ethica philosophica*.

80 Baumgarten, *Ethica philosophica*, §§ 69 f.

81 Ebd., §§ 68 f.

82 Ebd., § 69.

liegt im übernatürlichen Charakter, den die pietistischen Theologen dem lebendigen Glauben stets zusprechen und der wohl auch in Baumgartens Ethik noch mitgedacht ist.[83] Lebendige Erkenntnis bzw. lebendiger Glaube im pietistischen Verstande sind keine natürlichen Ergebnisse intellektueller, sinnlicher oder emotionaler Erfahrungen, die einer kausalen Erklärung zugänglich wären, sondern setzen die befruchtende Einwirkung des Heiligen Geistes voraus. Durch Bibellektüre allein ist folglich die spirituelle Wiedergeburt nicht zu erlangen; Glaube im strengen Sinne ist ein Geschenk der göttlichen Gnade. Martin Schmidt hat diese pietistische Besonderheit anhand eines Vergleichs zwischen Spener und Luther erläutert: Während für Luther »Wort und Geist untrennbar miteinander vereint« seien, rechne Spener »mit der Möglichkeit, daß beides auseinanderfällt. Das Wort kann unfähig sein, zu wirken, es bedarf einer zusätzlichen Kraft, des heiligen Geistes.«[84] Die pietistische Unterscheidung zwischen totem und lebendigem Glauben impliziere die »zwischen einem Verhältnis zum Buchstaben der Bibel, das auf bloßem menschlichem Fleiß beruht, und der Wirkung des Geistes bei dem Schriftstudium«, wohingegen die lutherische »den Unterschied zwischen einem auf menschlicher Einbildung und einem auf dem Wort Gottes beruhenden Verhalten« reflektiere.[85]

Ein Schüler S. J. Baumgartens, Martin Felmer, verteidigte 1742 an der Halleschen Universität eine theologische Dissertation über die natürliche und übernatürliche Wirksamkeit der Heiligen Schrift *(Dissertatio theologica de efficacia S. Scripturae natvrali et svpernatvrali)*, an der sich die Unterschiede und Gemeinsamkeiten zwischen theologischen und weltlichen ethischen bzw. ästhetischen Konzeptionen der lebendigen Erkenntnis dokumentieren lassen. Felmer – wie im übrigen auch S. J. Baumgarten – beschreibt einen Stufengang des Glaubens, der sich von natürlich erlangten Kenntnissen der Heiligen Schrift zu den übernatürlichen Zuständen der Erleuchtung und Wiedergeburt erhebt. Der Terminus ›lebendige Erkenntnis‹ wird dabei auf Wirkungen beider Art angewendet.[86] Blicken wir zurück auf

---

83 Baumgarten verpflichtet seinen Leser zur größtmöglichen *natürlichen* Religiosität, die als das je physisch Mögliche (»tibi physice possibilis«) definiert wird (*Ethica philosophica*, § 29). Der übernatürliche Anteil der Gotteserkenntnis gehört dem Thema nach nicht in eine philosophische Ethik; von ihr handelt z. B. Siegmund Jacob Baumgarten in seiner *Theologischen Moral* (§ 7, § 65 u. ö.).

84 Schmidt, *Speners Pia Desideria*, S. 164.

85 Ebd., S. 164 f. sowie S. 165, Anm. 326. Der Hinweis auf Luthers Konzeption des lebendigen Glaubens bezieht sich wieder auf dessen Vorrede zum Römerbrief.

86 Martinus Felmer, *Dissertatio theologica de efficacia S. Scriptvrae natvrali et svper-*

A. G. Baumgartens Definition der lebendigen Erkenntnis in der *Metaphysica*, so können wir außerdem feststellen, daß sich Felmers *efficacia* mit Baumgartens *cognitio viva* überschneidet: Zu den näheren Bestimmungen der *cognitio viva* gehört das Adjektiv *efficiens*; es bezeichnet die Kraft einer Begierde, ihren Gegenstand hervorzubringen.[87] Felmers Definition, »wirksam« oder »bewirkend« sei etwas, das »mit einer Kraft versehen ist, zweckmäßige Veränderungen zu bewirken«, zielt auf das Gleiche.[88] Es handelt sich also um einen Traktat über die lebendige Kraft des göttlichen Wortes, d. h. über seine Fähigkeit, lebendige Erkenntnis zu bewirken.

Felmers Dissertation ist in zwei Teile gegliedert, von denen der erste die natürlichen, der zweite die übernatürlichen Wirkungen des göttlichen Wortes untersucht. Der erste Teil handelt unter Hinzuziehung logischer und rhetorischer Beschreibungskriterien von der Heiligen Schrift.[89] Zunächst wird der Nachweis geführt, daß die Schrift aufgrund ihrer »logisch-moralischen Kraft« eine klare und deutliche Erkenntnis Gottes vermitteln und den Willen des Menschen »durch klare, deutliche und sichere Vorstellungen des Guten und Bösen, d. h. durch Beweggründe« bestimmen kann.[90] Im folgenden Schritt nimmt Felmer sich des unteren Begehrungsvermögens an und ergänzt die logisch-moralische Kraft des göttlichen Worts, explizit auf Cicero zurückgreifend[91], um eine rhetorische: Da sich Gottes Vollkommenheit nur in einer gleichermaßen vollkommenen Schrift offenbaren konnte, muß die Heilige Schrift notwendigerweise über sämtliche möglichen Mittel natürlicher Überzeugung verfügen. Folglich darf sie bei der Vorbereitung des Menschen auf die Vereinigung mit Gott auch die sinnlichen Kräfte, die Einbildungskraft und Affekte in Bewegung setzen, nicht ungenutzt lassen:

---

natvrali (praes.: S. J. Baumgarten), Halle 1742, § 26, §§ 35 f., §§ 40 f. [Zitierweise im folgenden wie bei Baumgarten, vgl. S. 140, Anm. 12.]

87 Baumgarten, *Metaphysica*, § 671 (s. o., S. 140 f.). Vgl. auch § 197 und § 515.

88 Die vollständige Definition lautet: »*Efficax* dicimus, quidquid vi præditum est actuandi mutationes fini suo conformes, quod idem *efficiens* audit, quando mutationes hasce quibus producendis per finem destinatum est, existentes reddit.« Felmer, *Dissertatio theologica*, § 1.

89 Ebd., §§ 1-26.

90 »Determinatur scilicet hæc [facultas animæ adpetitiva superior] per repræsentationes bonorum vel malorum, claras, distinctas & certas i. e. motiva. (Psych.) Sufficiet itaque verbum divinum, per vim suam Logicomoralem, producendis primum repræsentationibus claris distinctisque veritatum quas continet, & motivorum præsertim revelatorum«. Ebd., § 13.

91 Ebd., § 4.

Die extensiv klaren Ideen, die von dem vorzustellenden Guten und
Bösen erregt werden, spannen und vergrößern die elastische Kraft eines
Wortes. Diese [Ideen] aber entstehen aus sinnlichen Vorstellungen, die
›elastische Reize‹ (Stimuli) genannt werden. (Psychol.) Die Beweggründe
müssen durch hinzutretende Reize also stärker werden. Ein Wort ist also
wirksamer zu nennen, wenn es durch Beweggründe, die ihrerseits durch
Reize intensiviert werden, ausreicht, um zweckmäßige Veränderungen
zu bewirken. Beweggründe bestimmen das obere Begehrungsvermögen,
Reize das untere (Psychol.), jene sind auf die logisch-moralische Kraft
des Wortes, diese auf die rhetorische zurückzuführen. Ein Wort, das mit
logisch- und ästhetisch-moralischer Kraft ausgestattet ist, ist folglich
wirksamer. Da die Hlg. Schrift aufgrund der Vollkommenheit des höchsten Urhebers voll und ganz ausreichend ist, durch ihre natürliche Wirksamkeit natürliche Veränderungen hervorzurufen, und sogar überaus
wirksam sein muß, kann jeder leicht ersehen, *daß sie auch mit der oben
genannten rhetorischen Wirksamkeit ausgestattet sein muß.*[92]

Was an moralischen Veränderungen im Menschen durch logische und
rhetorische Mittel erreicht werden kann, fällt laut Felmer in den Gegenstandsbereich von Ethik und Psychologie. »Das höhere Ziel der
Ethik bildet die Verbesserung der Sitten [...], die Prinzipien der Psychologie aber lehren, diese durch die natürliche Kraft des Wortes zu
erreichen, indem die rechtmäßigen Bestimmungen des Begehrens be-
fördert werden.«[93] Das höchste, religiöse Ziel des Menschen aber, die
Erleuchtung, Wiedergeburt und Heiligung, übersteigt alles auf natürlichem Wege Mögliche und ist nur im Rahmen der Theologie verhan-
delbar.[94] Letztlich ist die Vereinigung mit Gott eine Wirkung seiner
Gnade, die sich auch als »übernatürliche Kraft und Wirksamkeit des

---

92 »Elaterum verbi cuiusdam vim intendunt & augent, extensive clariores bonorum &
    malorum repræsentandorum excitatæ ideæ. Hæ vero enascuntur ex repræsentationi-
    bus sensitivis, qui elateres dicuntur stimuli. (Psychol.) Motiva igitur, stimulis acci-
    centibus evadant fortiora, necesse est. Efficacius igitur verbum dicendum est, quod
    per motiva stimulis intensa, mutationibus fini suo conformius producendis suffici-
    ens est. Motiva facultatem adpetitivam superiorem, stimuli inferiorem, determinant,
    (Psychol.) illa ad vim verbi Logicomoralem, hi ad rhetoricam referendi. Efficacius
    igitur verbum est, præditum vi Logico & Aestheticomorali. Cum igitur S. Scriptura
    ob perfectionem Auctoris summam, mutationibus naturalibus per efficaciam suam
    naturalem producendis sufficientissima, adeoque efficacissima esse debeat, facile inde
    cuivis perspectu esse potest, *Rhetorica etiam efficacia præditam eam esse debere.*«
    Ebd., § 21 [Hervorh. im Orig.].
93 »Nobiliorem in humanis finem constituit morum emendatio [...], obtinendæ autem
    huic per vim verbi naturalem, determinationes adpetitus legitimas inservire, princi-
    pia Psychol. docent.« Ebd., § 5.
94 Ebd., § 31, § 25.

göttlichen Wortes« beschreiben läßt.[95] Felmer unterscheidet zwei Arten solcher Wirksamkeit. Die erste umfaßt die übernatürlichen Zustände der Erleuchtung und der Heiligung im weiteren Sinne. Diese sind in Analogie zu den natürlichen Wirkungen des göttlichen Worts zu verstehen: Erleuchtung ist eine höhere Form der sicheren und lebendigen Erkenntnis, die »die intuitive Erkenntnis der himmlischen Gegenstände« voraussetzt[96]; Heiligung im weiteren Sinne impliziert über die Erleuchtung hinaus die »fromme Neigung«, d. h. das beständige und in steter Steigerung begriffene Annehmen der Heilsordnung.[97] Von grundsätzlich anderer Art sind die Wiedergeburt und die Heiligung im engeren Sinne. Hier handelt es sich um übernatürliche Vorgänge, die nicht in Analogie zu natürlichen begriffen werden können, darunter die Reinigung von der Ursünde und das geistliche Leben.[98]

Zugleich mit dem Übergang von den natürlichen zu den übernatürlichen Wirkungen des göttlichen Wortes wechseln die Autoritäten, auf die Felmers Argumentation sich stützt. Konnte er sich im ersten Teil seiner Abhandlung auf die antike Rhetorik und die moderne Psychologie berufen, so müssen im zweiten Teil Bibelstellen bezeugen, was sich aus den Prämissen der weltlichen Wissenschaften nicht ableiten läßt: Daß »das Wort des Evangeliums nicht nackt und leer sei und nur die natürliche Kraft des Worts ausübe, sondern mit Macht und Geist verbunden, und daß sich dasselbe sogar durch eine übernatürliche Wirksamkeit fühlen lasse«.[99] Nicht zuletzt bemüht Felmer die Bildersprache des Neuen Testaments selbst als Beweis für die übernatürliche Kraft des göttlichen Wortes:

Jene übernatürliche Kraft und Wirksamkeit des göttlichen Wortes bewei-
sen [...] *sodann verschiedene uneigentliche Benennungen des Wortes*, die in erster Linie diese seine Wirksamkeit betonen, z. B. Samen, Jesaia 55, 11; Jac. 1, 18; Luc. 8, 4; Hammer, Jer. 23, 19; durchdringendes Schwert zur Scheidung von Seele und Geist, Hebr. 4, 12; brennendes Feuer, Luc. 24, 32; Jer. 23, 29; vgl. auch Ps. 29, 3-9.[100]

---

95 Ebd., § 30.
96 Ebd., § 35.
97 Ebd., § 36.
98 Ebd., § 37.
99 »verbum Evangelii, non nudum aut inane fuisse [...], vim solum naturalem cuivis verbo communem exercens, sed coniunctum cum potentia et spiritu, adeoque efficacia supernaturali idem se exseruisse«. Ebd., § 30.
100 »*Eandem illam vim & efficaciam verbi divini supernaturalem evincunt* [...] *tum variæ impropriæ verbi denominationes*, hanc imprimis eiusdem efficaciam urgentes, e. g. seminis Iesa. LV, 11. Iac. I, 18. Luc. VIII, 4. mallei Ier. XXIII, 19. gladii pene-

Gerade diese Waffen- und Feuermetaphorik verweist jedoch wieder
zurück auf die rhetorischen Kräfte, von denen Felmer die übernatürlichen eigentlich absetzen wollte: Sie stimmt mit den Bildern überein,
die rhetorische Lehrbücher seit der Antike zur Beschreibung der Bewegkraft menschlicher Rede verwenden.[101] Für einen rhetorisch gebil-
deten Leser können sie deshalb die von Felmer intendierte Leistung,
eine kategoriale Differenz zwischen natürlicher und übernatürlicher
Wirksamkeit zu markieren, nicht erbringen. Felmer macht zwar deutlich, daß die zweifache *efficacia* des göttlichen Wortes für ihn ein un-
verzichtbarer Bestandteil der theologischen Überlieferung ist, vermag
aber die Notwendigkeit dieser Unterscheidung im Rahmen der von
ihm favorisierten demonstrativen Methode nicht zu begründen. Abgesehen von der nicht ausführlich thematisierten Wiedergeburt sind die
übernatürlichen Wirkungen von den natürlichen nur quantitativ unterschieden. Felmer räumt sogar ein, daß das zur Bekehrung benötigte
Maß übernatürlicher Kraft von individuellen mentalen Veranlagungen
abhängt (was beim einen auf natürlichem Wege möglich ist, kann bei
anderen nur durch Wunder gewirkt werden) und insofern nicht durch
eine absolute und intersubjektive Grenze von den natürlichen Seelen-
veränderungen abzutrennen sei.[102]

Psychologisch begründbare religiöse Erlebnisse und Wunder fließen
teils ineinander, teils stehen sie aufgrund der Inkommensurabilität der
ihnen angemessenen Beschreibungssprachen weit voneinander ab.[103]

---

trantis ad divisionem animæ & spiritus Hebr. IIII, 12. ignis urentis Luc. XXIIII, 32.
Ier. XXIII, 29. conf. etiam Psal. XXVIIII, 3-9.« (Ebd., Hervorh. im Orig.) Weitere
Metaphern dieser Art (Schild des Glaubens; Helm des Heils; Schwert des Geistes,
welches ist das Wort Gottes; Lampe; doppelseitiges Schwert; Worte des Lebens) folgen in den §§ 45 f.

101 Henry F. Fullenwider hat auf die patristische und lutherische Tradition der militanten Pfeil-, Schwert- und Hammermetaphern hingewiesen, in der durchdringende
Schärfe *(argutia)* sowohl dem göttlichen Wort als auch dem des Predigers zugesprochen wird (Henry F. Fullenwider, *The Loving Arrow: Pointed Diction in God's
Word*, in: *Rhetorica* 8 [1990], S. 255-274). Fullenwider nennt Matthias Flacius Illyri-
cus' *Clavis Scripturae Sacrae* (1567) als autoritative reformatorische Quelle für die
Verbindung des *efficacia*-Begriffs mit der Waffenmetaphorik (ebd., S. 271-273). Zum
rhetorischen Hintergrund der Rede von der *efficacia* (›Wirksamkeit‹) des Wortes vgl.
meine Ausführungen über die rhetorische *enérgeia* (Kap. 3.1.2.).

102 Felmer, *Dissertatio theologica*, § 33.

103 Albrecht Ritschl hat bei S. J. Baumgarten die Tendenz konstatiert, Metaphern wie
z. B. die der Ehe für die *unio mystica* durch Erklärungen zu ersetzen: Baumgarten
wolle »den Inhalt dieser Formel weder als Geheimniß gelten lassen, noch den sinnlichen Vergleichungen anheim geben« und unterlasse es, »der darauf gerichteten Anstrengung der Phantasie irgend einen Werth beizulegen.« (*Geschichte des Pietismus*,

Verglichen mit dem Übernatürlichen dominiert der Bereich des Erklärbaren, sich den Naturgesetzen Fügenden oder in Analogie zu ihnen Bestimmbaren, zu dem sich die Paragraphen über die Wiedergeburt, überspitzt formuliert, wie ein argumentativ nicht integrierter Appendix verhalten. In diesem Sinne hat Emanuel Hirsch auch die Stellung S. J. Baumgartens im Rahmen der deutschen evangelischen Theologie bestimmt:

> *Baumgarten ist der erste deutsche evangelische Theolog, bei dem der lebendige Gottesglaube sich vom Wunderglauben im engern Sinne zu lösen beginnt und seinen Standort in einer andern höhern Betrachtung des göttlichen Wirkens zu finden sucht,* anders gesprochen, *bei dem die Allmacht nicht in ihrem nackten Zutagetreten (als potentia absoluta), sondern als tragender Grund eines geordneten Welt- und Lebenszusammenhangs (als potentia ordinata) das wahrhaft Ehrfurcht, Andacht und Bewunderung Weckende ist.*[104]

Der von Hirsch beschriebene Ablösungsprozeß des lebendigen Gottesglaubens vom Wunderglauben wird in Felmers Dissertation nicht programmatisch inszeniert; er tritt eher indirekt an der Argumentationsstruktur zutage. Indem Felmer das Evangelium im ersten Teil seiner Dissertation nicht anders liest als einen erbaulichen Text irdischer Provenienz, über dessen Erfolg logische und rhetorische Qualitäten entscheiden, beschreibt er den Weg vom religiösen Konzept der lebendigen Erkenntnis zu einem säkularen ethischen und ästhetischen. Parallel zu dem terminologischen Wandel, den Wolff und A. G. Baumgarten in der philosophischen Ethik, Psychologie und Ästhetik durch eine diskursübergreifende Synthese herbeiführen, vollzieht sich also innerhalb der pietistischen Theologie selbst eine analoge Umstrukturierung; die geistliche Terminologie nähert sich einer weltlichen, gerade in Entstehung begriffenen an. Beide Prozesse können nur aus dieser Wechselwirkung heraus verstanden werden.

Bd. II, 1. Abt., S. 565 f.) Man muß diese Einschätzung Baumgartens nicht teilen, um im Sinne Ritschls den Eindruck zu gewinnen, daß Felmer eher aus Verlegenheit auf biblische Metaphern verweist, und zwar immer nur dann, wenn er von den übernatürlichen, sich dem kausalen Denken entziehenden Wirkungen des göttlichen Wortes handelt. Die psychologisch bzw. rhetorisch fundierten Paragraphen seiner Abhandlung verzichten völlig auf bildhafte Ausdrücke. Ich würde dies allerdings weniger auf eine grundsätzliche Ablehnung bildhafter Rede zurückführen als auf die Bemühung (die Felmer mit beiden Baumgarten-Brüdern teilt), wissenschaftlichen und erbaulichen Stil klar voneinander zu trennen.

104 Hirsch, *Geschichte der neuern evangelischen Theologie*, Bd. II, S. 383 f. [Hervorh. im Orig.].

Die für Felmers Dissertation charakteristische Spannung zwischen dem pietistischen Dogma, dem zufolge Gottes Wort die wahre Bekehrung des frommen Christen auf übernatürliche Weise vollbringt, und der Möglichkeit, die Wirksamkeit der Heiligen Schrift mit logischen und rhetorischen Kategorien zu erklären, läßt sich mit einem Befund von Wolfgang Martens hinsichtlich des generellen Status der Rhetorik in den Institutionen des Halleschen Pietismus in Zusammenhang bringen. Martens konfrontiert die von den Pietisten gehegte Verachtung für die Redekunst und die schönen Wissenschaften allgemein mit der pädagogischen Praxis an den Franckeschen Schulen. Einerseits galt die Rhetorik, für die orthodoxen Lutheraner ein Adiaphoron, als sündhaft, weil sie im Ruf stand, die Wahrheit zu verfälschen und die Sinnenlust zu befördern.[105] Die pietistische Homiletik bevorzugte den *stilus humilis*; der erhabene und der galante Stil schienen den frommen Wahrhaftigkeits- und Schlichtheitsidealen zu widersprechen.[106] Andererseits sahen die Lehrpläne des Halleschen Pädagogiums eine gründliche rhetorische Ausbildung vor. Die Schüler mußten zahlreiche Reden in verschiedenen Sprachen abfassen und vor großem Auditorium präsentieren. Dazu gehörte selbstverständlich das Studium antiker Lehrbücher und Beispielreden.[107] Einen Grund für diese Divergenz zwischen Ideologie und Praxis sieht Martens in den weltlichen Funktionen, auf die das Pädagogium seine überwiegend aristokratischen Zöglinge vorbereitete: Um den Geist des Pietismus in Politik, Wirtschaft und Diplomatie verbreiten zu können, mußten sie die Umgangsformen der guten Gesellschaft ebenso beherrschen wie die Techniken öffentlicher Einflußnahme.[108]

Ähnlich wie am Halleschen Pädagogium verhielt es sich an den Schulen der Waisenhausstiftungen. Der frommen Ächtung der Gelehrsamkeit (des »toten Buchstabens«) korrespondierte in der Praxis eine intensive Förderung der Naturwissenschaften wie auch der Philologie und Theologie mit dem Ziel, hochqualifizierte Lehrkräfte und akademischen Nachwuchs auszubilden.[109] Beide Baumgarten-Brüder haben an der Lateinschule des Waisenhauses eine fundierte humanistische Bildung erhalten. Es verwundert daher nicht, wenn in ihren Werken und in den Arbeiten ihrer Schüler die Rhetorik einen hohen

---

105 Martens, *Hallescher Pietismus und Rhetorik*, S. 10 f.
106 Ebd., S. 12 f.
107 Ebd., S. 7-9.
108 Ebd., S. 16-20.
109 Martens, *Hallescher Pietismus und Gelehrsamkeit*, in: ders., *Literatur und Frömmigkeit*, S. 50-75, hier S. 64-68.

Stellenwert einnimmt: Wer in Halle studierte, mußte mit rhetorischen
Kategorien der Sprachbeschreibung vertraut sein. Leicht konnte sich
bei einem Theologen wie Felmer die Hochschätzung der Leistungsfähigkeit rhetorischer Technik und Systematik mit einer spirituellen
Geringschätzung der »natürlichen« Redewirkungen verbinden.
    Auch A. G. Baumgartens erkenntnistheoretische Rehabilitation der
»sinnlichen Rede« ist gewissermaßen eine paradoxe Konsequenz seiner
pietistischen Erziehung. Daß er sein Anliegen mit dem älteren Bruder
teilte, hat Martens dargelegt: In einer Vorrede zu Samuel Gotthold Lan-
gens *Oden Davids*, 1746 erstmals in Halle erschienen, erörterte S. J.
Baumgarten die »Vortheile und Dienste, welche die so genannten schönen Wissenschaften sowol von der heiligen Schrift erwarten und genießen, als auch derselben wiederum leisten können«.[110] Die Abhandlung empfiehlt Rednern und Dichtern die Bibel als Muster sowie als
Gedanken- und Ausdrucksreservoir. Überdies sei die Kenntnis der
schönen Wissenschaften bei der Bibelauslegung sowie zur Verbreitung
des göttlichen Wortes von großem Nutzen, und der gute Geschmack
befördere die richtige Beurteilung des Guten und Bösen. Vor allem aber
erklärt S. J. Baumgarten die Rhetorizität der Heiligen Schrift zur
Grundlage einer Rechtfertigung der Redekunst: Gott selbst habe den
uneigentlichen Ausdruck durch seinen Gebrauch geheiligt.[111] Damit,
so Martens, ist der »Umgang mit den schönen Wissenschaften [...] jetzt
nicht nur [...] ein Adiaphoron [...], sondern die Übung dieser Fertigkeiten und Künste gehört sogar zu den Obliegenheiten des Menschen«.[112]
    Wie man sieht, erschien einigen Halleschen Theologen um 1740 die
rhetorische Interpretation des Bibelworts naheliegend. Bei A. G.
Baumgarten und G. F. Meier, das wurde schon an ihrer Umdeutung
des theologischen Adiaphora-Begriffs deutlich, zeigt sich eine komplementäre Tendenz: Begriffe aus der religiösen Tradition werden in den
Dienst der Rede- und Dichtkunst gestellt. Sie verschmelzen dabei mit
bestehenden Konzepten, deren Prägnanz sich durch die Begriffskontamination steigert. Naheliegenderweise geschieht die Umformung der
theologischen *cognitio viva* zu einem Begriff der philosophischen
Ästhetik im Rückgriff auf präexistente rhetorische Kategorien. Ihre
Rekonstruktion wird im nachhinein auch weiteres Licht auf Felmers
Theorie der *efficacia* werfen.

---

110 S. J. Baumgarten, zit. nach Martens, *Hallescher Pietismus und schöne Literatur*,
    S. 161.
111 Ebd., S. 162-164.
112 Ebd., S. 163.

3.1.2. Rhetorik

Daß Baumgartens Ästhetik sich über weite Strecken und auf verschiedenen Ebenen (in Hinblick auf ihren Aufbau, die genannten sti-
listischen Regeln, die zitierten Autoritäten, das Ziel der *persuasio
aesthetica* etc.) aus der antiken Rhetorik speist, ist verschiedentlich
festgestellt und auch im einzelnen ausgeführt worden.[113] Da es hier
nicht um eine Gesamtinterpretation der Baumgartenschen Ästhetik
gehen kann, muß darauf verzichtet werden, diese Zusammenhänge im
einzelnen darzustellen. Auch auf die rhetorischen Verfahren, die
Meier in seinen *Anfangsgründen* als Mittel zum Zweck der Rührung
auflistet, kann ich in diesem Rahmen nicht detailliert eingehen: Weniger die technischen Aspekte der ästhetischen Pathologie bilden hier
den Gegenstand der Untersuchung als die theoretischen Modelle, die
zu ihrer Fundierung entwickelt wurden. Dazu soll es genügen, den
rhetorischen Hintergrund des Begriffs ›lebendige Erkenntnis‹ selbst
zu skizzieren, der auch für Baumgartens Nachfolger ein bewußter
Referenzhorizont bleiben wird.[114]

3.1.2.1. *Enárgeia* bei Baumgarten und Quintilian

Schon in den *Meditationes* von 1735 hatte Baumgarten sich bemüht,
den Affekten innerhalb seiner philosophischen Überlegungen zur
Dichtkunst einen Platz einzuräumen. Allerdings existiert für die

---

113 Vgl. vor allem Marie-Luise Linn, *A. G. Baumgartens »Aesthetica« und die antike
Rhetorik*, in: *DVjs* 41 (1967), S. 424-443; Wolfgang Bender, *Rhetorische Tradition
und Ästhetik im 18. Jahrhundert: Baumgarten, Meier und Breitinger*, in: *Zeitschrift
für deutsche Philologie* 99 (1980), S. 481-506 sowie die in diesen Aufsätzen zitierte
allgemeinere Literatur zur deutschen Ästhetik im 18. Jahrhundert.

114 Soweit ich sehe, sind die rhetorischen Kategorien, auf die Baumgartens Begriff der
lebendigen Erkenntnis zurückgeht, bislang nicht korrekt bestimmt worden. Marie-
Luise Linn, die eine rhetorische Deutung einzelner Baumgartenscher Termini versucht, bringt die *vita cognitionis* irrtümlich mit den rhetorischen Termini *ethos* und
mores in Zusammenhang (Linn, *A. G. Baumgartens ›Aesthetica‹*, S. 428, Anm. 17).
Uwe Möller, der in einem Kapitel über »Die Bedeutung der Rhetorik für das ästhetische System in Meiers *Anfangsgründe aller schönen Wissenschaften*« die Bedeutung
der lebendigen Erkenntnis und des *movere* für Baumgartens und Meiers Ästhetik er-
kennt, gelangt nicht über ein kurzes Referat der Meierschen und Baumgartenschen
Definitionen hinaus; eine präzisere Bestimmung der zugrundeliegenden rhetorischen Termini wird nicht versucht. (Uwe Möller, *Rhetorische Überlieferung und
Dichtungstheorie im frühen 18. Jahrhundert. Studien zu Gottsched, Breitinger und
G. Fr. Meier*, München 1983, zum Begehrungsvermögen bei Meier S. 83-88.)

rührenden Vorstellungen noch kein eigener Terminus, und ihre Theorie klebt an der erkenntnistheoretischen Kategorie des ›extensiv Klaren‹. Dies bedarf einiger Erläuterung.

Der Begriff der extensiven Klarheit gehört zu Baumgartens berühmtesten terminologischen Neuerungen. Er bezeichnet diejenige Stufe der Erkenntnis, bei der ein klar vorgestellter, d. h. wiedererkennbarer Gegenstand sich für den Erkennenden durch besonderen Detailreichtum auszeichnet, ohne daß er, wie es bei der »deutlichen« oder »intensiv klaren« Erkenntnis der Fall ist, diese Details ihrerseits klar erkennen und den Gegenstand durch die vollständige Aufzählung seiner Merkmale definieren könnte. Eine extensiv klare Vorstellung bleibt verworren, d. h. in Baumgartens Worten: sinnlich, und deshalb poetisch. Je mehr Verworrenes sie enthält, desto extensiv klarer, desto poetischer ist sie.[115] Gelingt es dem Dichter, eine Einbildung so klar darzustellen, daß sie sich der sinnlichen Empfindung annähert, ähnelt sein Werk der Malerei.[116]

Ihre rhetorische Entsprechung findet die extensiv klare Vorstellung in Begriffen wie *evidentia*, griechisch φαντασία *(phantasía)* oder ἐνάργεια *(enárgeia)*, deren deutsche Übersetzungen ›Anschaulichkeit‹, ›malerischer Ausdruck‹, ›Vergegenwärtigung‹ oder auch, wie bei Baumgarten, ›Lebhaftigkeit‹ lauten.[117] Die bündigste Formulierung dieses Zusammenhangs gibt Baumgarten in seiner *Metaphysica*:

> Also wird die Klarheit durch die Menge der Merkmale erhöht. Die größere Klarheit, die auf der Klarheit der Merkmale beruht, kann intensiv größer, diejenige, die auf der Menge der Merkmale beruht, extensiv größer genannt werden. Die extensiv klarere Vorstellung ist lebhaft. Die

---

115 Baumgarten, *Meditationes de nonnullis ad poema pertinentibus. Philosophische Betrachtungen über einige Bedingungen des Gedichtes*, lat./dt., hrsg. u. übers. von Heinz Paetzold, Hamburg 1983, §§ 13-18.

116 Ebd., §§ 35 f.

117 Daß ›Lebhaftigkeit‹ eine im 18. Jahrhundert gängige Übersetzung von *evidentia* bzw. *enárgeia* ist, belegen A. Kemmans Artikel *Evidentia, Evidenz*, in: Gert Ueding (Hrsg.), *Historisches Wörterbuch der Rhetorik*, Bd. III, Tübingen 1996, Sp. 33-47, hier Sp. 45 sowie Rüdiger Campe, *Vor Augen Stellen*, S. 210 f. Von einem analogen Wortgebrauch im Italienischen zeugt z. B. Muratoris enárgeia-Kapitel in *Della perfetta poesia italiana* (1706), das von Ausdrücken wie *vivaci colori, immagini vive, rappresentare vivamente, dipingere vivissimamente, vivezza, figure vive* etc. nur so wimmelt. Vgl. Lodovico Antonio Muratori, *Della perfetta poesia italiana*, hrsg. von Ada Ruschioni, Bd. I, Milano 1971, 1. Buch, Kap. 14 (S. 166-193) u. ö. – Auf die Übereinstimmung des Baumgartenschen Konzepts der Lebhaftigkeit bzw. extensiven Klarheit mit der rhetorischen *evidentia* hat auch Erich Meuthen hingewiesen: Erich Meuthen, *Selbstüberredung. Rhetorik und Roman im 18. Jahrhundert*, Freiburg im Breisgau 1994 (= Rombach Wissenschaft – Reihe Litterae 23), S. 96-101.

Lebhaftigkeit der Vorstellungen und der Rede ist der Glanz (Frische)
[...]. Beide Arten der Klarheit bedeuten Verständlichkeit. Daher ist die
Verständlichkeit entweder lebhaft oder verstandesgemäß oder beides
zugleich.[118]

In der klassischen Rhetorik ist *enárgeia* Oberbegriff für eine Reihe
von Techniken, die dazu dienen, einen Gegenstand dem Leser oder
Hörer so plastisch darzustellen, daß er ihn gleichsam vor Augen zu
sehen meint.[119] Quintilian z. B., der die *enárgeia* u. a. als Teil des *ornatus* verhandelt und sie von der bloßen Durchsichtigkeit *(perspicuitas)* – Baumgartens »nicht-extensiver« Klarheit – absetzt, schlägt als
Mittel der Veranschaulichung neben der Wahrscheinlichkeit des Dargestellten und dem Gebrauch von Gleichnissen vor, »in Worten ein
Gesamtbild der Dinge abzuzeichnen«, mehrere einzelne Züge zur angestrebten Gesamterscheinung zu kombinieren, allgemeine Ausdrücke durch die in ihnen enthaltenen Einzelaspekte zu ersetzen und
dabei auch beiläufige Details einfließen zu lassen.[120] *Enárgeia* impliziert also Detailreichtum und Lebendigkeit, verstanden als sinnlich
konkretes Vor-Augen-Führen.

Quintilians Verständnis des *enárgeia*-Begriffs beschränkt sich jedoch nicht auf den reinen Aspekt der Darstellung. Vielmehr steht die
lebhafte Vergegenwärtigung im Dienste der Redegewalt; sie besitzt eine
Kraft *(vis)*, die sich zunächst im beschriebenen illusionistischen Effekt[121], darüber hinaus aber auch in der affektiven Wirkung des Phan-
tasiebildes äußert. Diese ist von Nutzen, wenn der Redner in der
peroratio die Leidenschaften seiner Zuhörer erregen will und sich dazu,
gemäß dem Horazischen *si vis me flere*, erst selbst in die gehörige Stimmung versetzen muß:

Das Geheimnis der Kunst, Gefühlswirkungen zu erregen, liegt nämlich,
wenigstens nach meinem Empfinden, darin, sich selbst der Erregung

---

118 »Ergo multitudine notarum augetur claritas. CLARITAS claritate notarum maior IN-
TENSIVE, multitudine notarum EXTENSIVE MAIOR dici potest. Extensive clarior perceptio est VIVIDA. Vividitas COGITATIONUM et ORATIONIS NITOR (splendor) est [...].
Utraque claritas est PERSPICUITAS. Hinc perspicuitas vel est vivida, vel intellectualis,
vel utraque.« Baumgarten, *Metaphysica*, in: ders., *Texte zur Grundlegung der Ästhetik*, § 531 [Hervorh. im Orig.]. Vgl. dazu auch ders., *Meditationes,* §§ 16 f., § 113
sowie ders., *Aesthetica*, §§ 617-619.
119 Kemmann, *Evidentia*, Sp. 39 f.
120 Marcus Fabius Quintilianus, *Institutionis oratoriae libri XII. Ausbildung des Redners. Zwölf Bücher*, hrsg. u. übers. von Helmut Rahn, Darmstadt ²1988, Teil II,
VIII.3, 61-81.
121 Ebd., VIII.3, 62; 88.

hinzugeben [...]. Aber wie ist es möglich, sich ergreifen zu lassen? [...] Jeder, der das, was die Griechen φαντασίαι nennen – wir könnten ›visiones‹ (Phantasiebilder) dafür sagen –, wodurch die Bilder abwesender Dinge so im Geiste vergegenwärtigt werden, daß wir sie scheinbar vor Augen sehen und sie wie leibhaftig vor uns haben: jeder also, der diese Erscheinung gut erfaßt hat, wird in den Gefühlswirkungen am stärksten sein. [...] Daraus ergibt sich die ἐνάργεια (Verdeutlichung), die Cicero ›illustratio‹ (Ins-Licht-Rücken) und ›evidentia‹ (Anschaulichkeit) nennt, die nicht mehr in erster Linie zu reden, sondern vielmehr das Geschehen anschaulich vorzuführen scheint, und ihr folgen die Gefühlswirkungen so, als wären wir bei den Vorgängen selbst zugegen.[122]

In Baumgartens *Meditationes* sind bildhafte Vorstellung und Affekt ebenfalls miteinander verknüpft, und letztlich steht auch bereits hier, wie später in der *Metaphysica* und in Meiers *Anfangsgründen*, die rührende Erkenntnis am höchsten in der Hierarchie der Vorstellungen. Die Argumentation, mit der Baumgarten diese Einschätzung zu rechtfertigen sucht, verläuft aber in umgekehrter Richtung. Nicht die extensive Klarheit (Lebhaftigkeit) wird mit dem rhetorisch-poetologischen Ziel des *movere* begründet, sondern die Poetizität des Affekts von der erkenntnistheoretisch bereits legitimierten Lebhaftigkeit abgeleitet. Deren Vollkommenheit (die sie aufweisen muß, um Baumgartens Definition des Gedichts als *oratio sensitiva perfecta* zu entsprechen) folgt aus der Merkmalsfülle der extensiv klaren Vorstellung. Um rührend zu sein, muß ein Gedanke Gründe der sinnlichen Begierde oder Abneigung enthalten, d. h. er muß auf verworrene Weise Gutes oder Schlechtes vorstellen. Damit steigt die Zahl seiner verworrenen Merkmale und zugleich sein poetischer Wert.[123]

Leidenschaftliche Wirkung – oder, wie Baumgarten in Rückgriff auf Daniel Heinrich Arnoldts Poetik formuliert, die »Kraft« *(vis)* der Dichtung, den Leser zu rühren[124] – ist also in den *Meditationes* nur eine mögliche Implikation besonderer Lebhaftigkeit. Die Tatsache,

---

122 »summa enim, quantum ego quidem sentio, circa movendos adfectus in hoc posita est, ut moveamur ipsi [...] at quo modo fiet, ut adficiamur? [...] quas φαντασίας Graeci vocant (nos sane visiones appellemus), per quas imagines rerum absentium ita repraesentantur animo, ut eas cernere oculis ac praesentes habere videamur; has quisquis bene conceperit, is erit in adfectibus potentissimus. [...] Insequitur enargeia, quae a Cicerone inlustratio et evidentia nominatur, quae non tam dicere videtur quam ostendere, et adfectus non aliter, quam si rebus ipsis intersimus, sequentur.« Ebd., VI.2, 26-32.

123 Diese etwas verkürzende Zusammenfassung bezieht sich auf die §§ 25-27 der *Meditationes*.

124 Ebd., § 113.

daß dabei das Begehrungsvermögen in Gang gesetzt wird, hat an der Poetizität des Rührenden keinen eigenen Anteil, und infolgedessen bedarf Baumgarten hier auch keiner eigenen Psychologie des Affekts.

3.1.2.2. *Enérgeia* bei Baumgarten und Aristoteles

Erst von der *Metaphysica* (1739) an trennt Baumgarten die Kategorie des Rührenden unter der Bezeichnung *vita cognitionis* von der extensiv klaren Erkenntnis ab und integriert sie in die Lehre vom Begehrungsvermögen. ›Lebhaftigkeit‹ und ›Leben‹ sind nun zwei distinkte Kräfte *(vires)* der Erkenntnis und hängen ihrem systematischen Ort nach nicht mehr zusammen. Dennoch bewahren sie eine gewisse Affinität, die Baumgarten mit der Entscheidung für den zweiten Terminus ›Leben‹ eher unterstützt als vermeidet. Zwar warnt er in der *Aesthetica* davor, die beiden Begriffe zu verwechseln, liefert aber im gleichen Atemzug eine Metapher, die sie wie Licht und Feuer ineinander übergehen läßt:

> Die glänzende Lebhaftigkeit des schönen Denkens darf nicht mit dessen Feuer und Leben verwechselt werden, von dem demnächst gehandelt wird. Wenn sie richtig und schön verbunden werden, kann es oft geschehen, daß die Gedanken nicht nur glänzen, sondern auch brennen, vgl. Quint. VIII.3. Da sie aber ihrer Natur nach im schönen Denken getrennt sind, müssen sie für dessen akkurate Theorie getrennt beurteilt werden. Es wird auch nicht selten eine ohne die andere beurteilt. Aus diesem Grund erzählt Cicero von den Gesetzen, Buch 6, daß *Antipater nur durch wenig heftiges Blasen anfeuerte*, wie seine Vorgänger, und daß *er derbe und fürchterliche Kräfte hatte* (denen die Kraft zu bewegen und das Leben nicht fehlten), *jedoch ohne Glanz und Bildung im Reden[.]*[125]

Ähnlich wie ›Leben‹ und ›Lebhaftigkeit‹ sachlich und lautlich verschwistert sind, hat in der Rhetorik auch die *enárgeia* einen terminologischen Zwilling. Er heißt *enérgeia* (ἐνεργεία) und entstammt der Rhetorik des Aristoteles, der ihn im Abschnitt über die *elocutio* als

---

125 »Nitida viuiditas venustae meditationis ne confundatur cum eius ardore ac vita de qua deinceps curatius. Recte pulcreque coniunguntur, quoties fieri potest, vt cogitationes non splendeant solum, sed et ardeant. cf. Quint. VIII.3. Natura tamen sua disiunctae sunt in cogitando veneres, per accuratam harum theoriam separatim expendendae. Deprehenditur etiam vna non raro sine altera. Hac ratione Cicero de legibus l.6. *Antipatrum* narrat *inflasse paullo vehementius*, ac eius antecessores, et *habuisse illum vires agrestes quidem atque* horridas, (vi mouendi vitaque non destitutum) *sine nitore tamen et palaestra.*« Baumgarten, *Aesthetica*, § 620 [Hervorh. im Orig.].

ein Gebiet des ›Esprit‹ (ἀστεῖα, lat. *urbanitas*) einführt (1410b–1413b).
›Esprit‹ bezeichnet sowohl eine Fähigkeit des Redners als auch eine
Qualität der Rede; seine Aufgabe ist die schnelle und angenehme Belehrung der Zuhörer durch Enthymeme, antithetische Figuren oder –
diese beiden sind häufig aneinander gekoppelt – durch Metapher und
›Vor-Augen-Führen‹ (πρὸ ὀμμάτων ποιεῖν). Unter letzterem versteht
Aristoteles, anders als später Cicero und Quintilian, keine Verfahren
der Detaillierung, sondern das Beleben oder Beseelen der darzustel-
lenden Gegenstände: ›Vor-Augen-Führen‹ sei das, was Wirksamkeit
oder Bewegung zum Ausdruck bringt, also *enérgeia*, im Lateinischen
später wiedergegeben mit *actualitas* (Aktualität, Wirksamkeit, wirkliche Tätigkeit).

Auf die ontologische Dimension des rhetorischen *enérgeia*-Begriffs
ist wiederholt hingewiesen worden.[126] Aristoteles entwickelte den Begriff der *enérgeia* zuerst in seiner *Physik* mit Blick auf Werden, Bewegung und Veränderung. Bewegung und Veränderung werden unter
dem Begriff *kinesis* zusammengefaßt; unterscheiden lassen sich qualitative Veränderungen (z. B. Verfärbung), quantitative Veränderungen
(Wachstum und Abnahme) und Ortswechsel.[127] Jede Bewegung bzw.
Veränderung und jedes Werden ist die Verwirklichung *(enérgeia* oder
entelécheia) einer Möglichkeit *(dynamis)*[128] an einem zugrundeliegenden Stoff (ὑποχείμενον, ὕλη)[129], so setzt etwa das Wachsen etwas voraus, das wachsen kann und das Weißwerden etwas, das weiß werden

---

126 Vgl. z. B. Delon, *L'idée d'énergie*, S. 35-37. Rüdiger Campe hat den *enérgeia*-Be-
griffs mit einer ontologisch-dynamischen Sprachauffassung in Verbindung gebracht,
die von der repräsentationslogisch-statischen der römisch-hellenistischen Rhetorik,
der der *enárgeia*-Begriff angehört, abzusetzen sei. Die Annäherung von *enérgeia*
und *enárgeia* habe deshalb »auch immer mit dem Dynamischen in der Zeichenlogik
zu tun.« (Rüdiger Campe, *Affekt und Ausdruck*, S. 230, Anm. 22.) Campes Unterscheidung läßt sich m. E. auch noch für Baumgartens Begriffspaar lebhaft – lebendig
fruchtbar machen, das natürlich, wie ich noch ausführen werde, auf einer historisch
gewachsenen Variante des *enérgeia*-Begriffs beruht.

127 Vgl. Aristoteles, *Physik. Vorlesung über Natur*, gr./dt., übers., m. einer Einleitg. u.
Anm. hrsg. von Hans Günter Zekl, 2 Bde., Hamburg 1987-1988 (= Philosophische
Bibliothek 380/381), III, 201a; V, 225b.

128 »Das Zur-Wirklichkeit-Kommen des Möglichen, insofern es möglich ist, das ist ganz
offenkundig: *Veränderung.*« (»ἡ τοῦ δυνατοῦ, ᾗ δυνατόν, ἐντελέχεια φανερὸν ὅτι
κίνησίς ἐστιν.«) Ebd., III, 201b, 4 f. [Hervorh. im Orig.]. Aristoteles gebraucht die
Begriffe *enérgeia* und *entelécheia* – auch im zitierten Abschnitt der *Physik* – häufig
synonym, wobei *enérgeia* (auch ›Tätigkeit‹, ›Wirksamkeit‹) eher den Vorgang des Ver-
wirklichens und *entelécheia* (auch ›Wirklichkeit‹, ›Vollkommenheit‹, ›Vollendung‹)
eher den Zustand der Verwirklichung meint, vgl. W. Franzen/K. Georgulis, Art. *Entelechie*, in: *Historisches Wörterbuch der Philosophie*, Bd. II, Basel 1972, Sp. 506.

129 Aristoteles, *Physik*, I, 190b.

kann. Mit der Spezifizierung der Veränderung einschließlich des Vermögens, das sie impliziert, werden ihr zugleich ein Ausgangs- und ein Zielpunkt gesetzt (z. B. Nicht-weiß-sein und Weiß-sein); die *enérgeia* ist stets ein Vorgang, der auf das Erreichen eines bestimmten Zustands ausgerichtet ist.[130]

Eben aufgrund ihrer Definition als Verwirklichung eines Ziels *(enérgeia)* kann Bewegung nach Aristoteles nur als ein Ganzes gedacht werden, das sich nicht aus einzelnen unteilbaren Einheiten zusammensetzt, sondern zusammenhängend, d. h. unendlich teilbar ist.[131] Da man von einem Körper sagt, er ruhe, sofern er sich für eine gewisse Zeit an einem bestimmten Ort befindet, kann von einem Körper in Bewegung niemals ohne Widerspruch behauptet werden, er befinde sich für die Dauer eines unteilbaren Zeitelements an einer bestimmten Stelle. Weder Zeit noch Bewegung sind in unteilbare Elemente zerlegbar, deshalb kann sich ein Körper in Bewegung nur unterwegs, niemals aber an einem bestimmten Ort befinden, ohne die Bewegung bereits beendet, ihr Ziel also erreicht zu haben.[132] In dieser Hinsicht müssen Zenons »vier Beweisreihen« – so die Aristotelische Formulierung – zur Nichtexistenz der Bewegung als hinfällig betrachtet werden: Zenons Paradoxa, zu denen neben der Geschichte vom Wettlauf zwischen Achilles und der Schildkröte u. a. auch das Argument gehört, der fliegende Pfeil sei in Wahrheit unbewegt, weil »ein Jedes [...] immer dann im Ruhezustand ist, wenn es ›in dem gleichen‹ (Raumstück) ist, [...] weiter immer das Fortbewegte in dem Jetzt ist«, basieren laut Aristoteles auf der irrtümlichen Annahme, daß Zeit und damit auch Bewegung aus »unteilbaren Jetzten« bestehen.[133]

Lag in der Aristotelischen Physik der Schwerpunkt auf Bewegung und Veränderung, d. h. auf der Verwirklichung von Möglichkeiten bereits existierender Dinge, so rückt in der *Metaphysik* das Seiende als solches ins Zentrum der Betrachtung. Der *dynamis-enérgeia*-Gegensatz erweist sich nun als ein abstraktes Verhältnis, das vom Modellfall der Bewegung auf andere Gegenstände der Theorie übertragbar ist. Diese Übertragung vollzieht sich jedoch nicht in Gestalt einer neuen Begriffsdefinition, sondern indem »das Analoge in einem Blick« zusammengeschaut wird:

---

130 Ebd., V, 224a-b.
131 Ebd., VI, 231b-232a.
132 Ebd. sowie VI, 239a.
133 Ebd., VI, 239b. Vgl. auch F. Kaulbach, Art. *Bewegung*, in: *Historisches Wörterbuch der Philosophie*, Bd. I, Sp. 865.

Wie sich nämlich das Bauende verhält zum Baukünstler, so verhält sich auch das Wachende zum Schlafenden, das Sehende zu dem, was die Augen verschließt, aber doch den Gesichtssinn hat, das aus dem Stoff Ausgegliederte zum Stoff, das Bearbeitete zum Unbearbeiteten. In diesem Gegensatz soll durch das erste Glied die Wirklichkeit, durch das andere das Mögliche bezeichnet werden.[134]

Zum Oppositionspaar Bewegung/Möglichkeit *(kinesis/dynamis)*, das die *enérgeia-dynamis*-Relation auf der Ebene der Physis, d. h. des Veränderlichen und Beweglichen abbildet, tritt hier mit der Gegenüberstellung von Wesen und Form (οὐςία und ὕλη) ein zweites, ontologisches, hinzu: Das Wesen ist die tätige Verwirklichung des im Stoff angelegten Möglichen (die Vereinigung von Stoff und Form).

Zugleich erscheinen aus der Perspektive der Ontologie, die laut Aristoteles anders als die Naturwissenschaft nicht von beweglichen, sondern von »abtrennbaren« und »unbeweglichen Dingen« handelt[135], Bewegung und *enérgeia* in einem anderen Licht. In Absehung von den zeitlichen Bestimmungen des Werdens und der Veränderung wird *enérgeia* in der *Metaphysik* als etwas »von Anfang an vorhanden Seiendes« definiert, das nicht der Möglichkeit, sondern der wirklichen Tätigkeit nach ist (»ἔστι δ᾽ ἡ ἐνέργεια τὸ ὑπάρχειν τὸ πρᾶγμα, μὴ οὕτως ὥςπερ λέγομεν δυνάμει [...] τὸ δὲ ἐνεργείᾳ«[136]). Dieser Definition zufolge muß die *kinesis*, die im Rahmen der Physik als Verwirklichung gelten konnte, differenzierter beurteilt werden: Eine Bewegung, die zwar zu einem Ziel führt, dieses jedoch nicht von Beginn an enthält, ist nach ontologischen Kriterien unabgeschlossen und kann nicht als *enérgeia* gelten. Eine vollendete Handlung (πρᾶξις) dagegen bezieht sich nicht auf ein Ziel außerhalb ihrer selbst, sondern ist mit ihrem Ziel identisch, so daß sie es im Augenblick ihres Eintretens schon erfüllt hat:

So kann man wohl sagen: er sieht und hat zugleich (immer schon) gesehen, er überlegt und hat zugleich (immer schon) überlegt, er denkt und hat zugleich (immer schon) gedacht, aber man kann nicht sagen: er lernt und hat zugleich (immer schon) gelernt, er wird gesund und ist zugleich (immer schon) gesund geworden. Dagegen: er lebt gut und hat zugleich gut gelebt, er ist glücklich und ist zugleich glücklich geworden. Wo

---

134 Aristoteles, *Metaphysik*, gr./dt., in der Übers. von Hermann Bonitz, neu bearb., m. Einleitg. u. Komm. hrsg. von Horst Seidel, gr. Text in der Ed. von Wilhelm Christ, 2 Bde., Hamburg 1978-1980 (= Philosophische Bibliothek 307/308), IX, 1048a-b.

135 Ebd., VI, 1025b-1026a.

136 Ebd., IX, 1048a, 30-35.

nicht, so hätte er einmal damit aufhören müssen, wie wenn einer sich abmagert; nun ist dem aber nicht so, sondern er lebt und hat gelebt. Von diesen Dingen muß man also die einen als Bewegungen, die anderen als wirkliche Tätigkeiten (Wirklichkeiten) bezeichnen.[137]

Verwandt mit der Unterscheidung zwischen Handlung und Bewegung ist die weiter unten getroffene zwischen *enérgeia* und *érgon*. Während jede Handlung im strengen Sinne ihr Ziel und ihre Verwirklichung in sich selbst findet, also selbst *enérgeia* ist, besteht bei der Bewegung in manchen Fällen das Ziel und somit auch die *enérgeia* in einem Werk *(érgon)*. Die Baukunst als *dynamis* z. B. ermöglicht sowohl das Bauen als auch das Haus; das Haus ist als ein *érgon* der Zweck der Baukunst und ihre hauptsächliche Verwirklichung *(enérgeia* oder *entelécheia)*. Zugleich mit dem Haus und »in ihm« wird und ist jedoch auch das Bauen. Verglichen mit dem Vermögen (Baukunst) ist es »mehr Zweck«; verglichen mit dem Gebäude ist es eine Bewegung mit einem Ziel außerhalb ihrer selbst und verwirklicht bzw. vollendet sich (»ist«) erst in diesem (dem Gebäude).[138]

Die Unterscheidung von Handeln, Hervorbringen und Betrachten (πρᾶξις, ποίησις und θεωρία bzw. ἐπιστήμη), die zuerst in der *Nikomachischen Ethik*, dann auch in der *Metaphysik* begegnet, ist ein erweitertes Gegenstück zur *érgon-enérgeia*-Differenz auf der Seite des Verhaltens. Mit Blick auf den *enérgeia*-Begriff mag ein verkürztes Verständnis der drei Kategorien genügen: Mit *praxis* sind Handlungen gemeint, die entsprechend der bereits referierten *praxis*-Definition ihr Ziel in sich selbst tragen, *poiesis* bezieht sich auf Tätigkeiten, die auf ein Resultat (Werk, *érgon*) außerhalb ihrer selbst abzielen, und das Ziel der als *theoria* bezeichneten Tätigkeiten liegt in der Wahrheit.[139]

Der oben angeführte Abschnitt der *Rhetorik* greift verschiedene Aspekte dieser Bestimmungen von *enérgeia* auf. In einer ersten kurzen Erläuterung des Vor-Augen-Führens fordert Aristoteles die Ersetzung von Zukünftigem durch Gegenwärtiges[140] – dies entspricht der Gedankenfigur aus der *Metaphysik*, die das Vollendete, auch als Eigenschaft der Handlung selbst, dem Unvollendeten vorzieht. Die darauf

---

137 Ebd., IX, 1048b, 23-28.
138 Ebd., IX, 1050a, 21-1050b,1.
139 Vgl. Aristoteles, *Nikomachische Ethik* (gr.: *Ethica nicomachea*, hrsg. von I. Bywater, Oxford ¹⁴1962; dt.: *Die Nikomachische Ethik*, übers. u. hrsg. von Olof Gigon, vollst. Ausg. nach dem Text der 2., überarb. Aufl. d. Artemis-Verlags, Zürich/München 1967, München ⁶1986), insbes. VI, 1139a, 14-1140b, 7; ders., *Metaphysik*, II, 993b, 19-21; VI, 1025b, 18-28.
140 Aristoteles, *Rhetorik*, 1410b, 33-35.

folgenden Beispiele und Erklärungen für *enérgeia* konzentrieren sich auf das Moment der Bewegung, das in wechselnden Nuancierungen teils für sich genommen, teils in Verbindung mit Metaphern vorgeführt wird.[141] Am meisten Relief gewinnen zwei Typen von *enérgeia*: Zum einen die Veranschaulichung von Ereignissen und Charakteren durch ihre Inszenierung als Bewegungen bzw. Handlungen, zum anderen die metaphorische Beseelung unbelebter Gegenstände. Besonders der letztere Typ ist für das Konzept der lebendigen Erkenntnis von Bedeutung, denn die Homerischen Beispiele, mit denen Aristoteles diese Art der energetischen Metapher illustriert, werden im Laufe der Rhetorikgeschichte zu Metaphern für Rührung umgeprägt und antizipieren darüber hinaus Komponenten der Baumgartenschen Theorie.

Das erste der fünf Beispiele, in denen »die Dinge in Wirksamkeit begriffen« scheinen, »weil sie beseelt sind«[142], stammt aus der *Odyssee* und bezieht sich auf den Marmorblock des Sisyphos (»*Wiederum zum Boden hinunter entrollte der tückische Marmor*«, XI, 598); die übrigen, Beschreibungen von Pfeilen und Speeren im Fluge, entstammen den Schlachtszenen der *Ilias*:

flog das Geschoß hin (XIII, 587, 592 u. ö.),

[tönte die Sehn und sprang das Geschoß hin,
scharfgespitzt, in den Haufen] hineinzufliegen verlangend (IV, 126),

[aber die Speere...]
Standen empor aus der Erde, voll Gier, im Fleische zu schwelgen (XI, 574; XV, 317),

Daß vorne die Brust das stürmende Erz ihm durchbohrte,
[ungestüm vorstrebend] (XI, 574).[143]

Enérgeia, wirkliche Tätigkeit, läßt sich diesen Körpern mit Aristoteles in mehrfacher Hinsicht zusprechen. Zunächst, im Sinne der *Physik*, insofern sie zielgerichtete Bewegungen vollführen, die als nicht-abgeschlossene dargestellt werden – darin gleichen die Homerischen Pfeile dem fliegenden Pfeil des Zenon in der Aristotelischen Interpretation. Weiter – dies gilt allerdings nur für die Beispiele aus der Ilias –, insofern

---

141 Ebd., 1411a, 26-1412a, 9.
142 »ἐν πᾶσι γὰρ τούτοις διὰ τὸ ἔμψυχα εἶναι ἐνεργοῦντα φαίνεται«, ebd., 1412a, 2-3.
143 Ebd., 1411b, 33-1412a, 2 [Hervorh. in der Übers.]. Ergänzungen in eckigen Klammern: Homer, *Ilias*, aus dem Gr. von Johann Heinrich Voß, Nachw. von Viktor N. Jarcho, Leipzig [12]1988.

sich im Flug auf das Ziel hin das Wesen des Pfeils als Waffe seiner Vollendung (Verwirklichung) nähert, die es im Töten erreicht.[144] Schließlich aber, insofern die unbeseelten und künstlichen Objekte als natürlich und beseelt, d. h. nach Aristoteles, als von sich aus bewegungs- und entscheidungsfähig erscheinen. Der Schein der Lebendigkeit, beruhend auf der analogischen Metapher, macht aus der Bewegung *(kinesis)* eine Handlung *(praxis)*. Ihr Ziel ist zwar nicht, gemäß der Praxis-Definition der *Metaphysik*, im Vollzug selbst gegeben, sie gehorcht aber einem anderen engeren Begriff von Praxis und *enérgeia*, den Aristoteles vor allem in der *Nikomachischen Ethik* sowie in der Schrift *Von der Seele* entwickelt und der letztlich auch den Differenzierungen der *Metaphysik* zugrundeliegt. Dieser Auffassung nach ist zielgerichtete Bewegung aus eigenem Antrieb das Privileg von Lebewesen allgemein, Handlung im strengen Sinne ein anthropologisches Spezifikum.[145] Selbstbewegung setzt ein Strebevermögen (ὄρεξις) sowie Vorstellungskraft (Sinneswahrnehmung oder Vernunft) voraus; zum Handeln bedarf es überdies der vernunftabhängigen Fähigkeit zu Willen und Entscheidung.[146] Mittels des Vorstellungsvermögens wird ein Ziel ins Auge gefaßt, das Aristoteles als »unbewegtes Bewegendes« begreift und mit dem Guten oder scheinbar Guten identifiziert. Das Strebevermögen, sowohl bewegt als auch bewegend, setzt nun auf Seiten des Subjekts die physische Bewegung in Gang. Als tätige Realisierung des Strebevermögens ist diese Bewegung *enérgeia*.[147]

Homers verlebendigende Waffen-Inszenierungen können als Illustrationen eines solchen Handlungsverständnisses dienen, weil sie totes Werkzeug mit genau denjenigen Eigenschaften versehen, die

---

144   In diesem Sinne erläutert Aristoteles in seiner Schrift *Über die Seele* das »Wesen dem Begriffe nach« anhand eines Beils: »Dies ist das wesensmäßige Sein für eine [sic] sobeschaffenen Körper [...] wie wenn eines von den Werkzeugen ein natürlicher Körper wäre, z. B. ein Beil; denn das wesensmäßige Sein des Beiles wäre sein Wesen [...], und dies wäre die Seele. Wenn diese (von ihm) abgetrennt würde, wäre es kein Beil mehr [...]. Wie nun das Spalten und die Sehkraft (in ihren Tätigkeiten), so ist auch das Wachen eine Vollendung (Entelechie)«. Aristoteles, *Über die Seele*, gr./dt., m. Einleitg., Übers. (nach W. Theiler) u. Komm. hrsg. von Horst Seidl, gr. Text in der Ed. von Wilhelm Biehl und Otto Apelt, Hamburg 1995 (= Philosophische Bibliothek 476), II, 412b, 10-413a, 1.

145   Zur Vielschichtigkeit des Aristotelischen Praxis-Begriffs, der bald in sehr allgemeinem Sinne für Bewegung steht, bald in verschiedenen Verengungen bestimmten Formen menschlichen Verhaltens vorbehalten wird, vgl. G. Bien, Art. *Praxis, praktisch*, in: *Historisches Wörterbuch der Philosophie*, Bd. VII, Basel 1989, Sp. 1278-1286.

146   Vgl. Aristoteles, *Nikomachische Ethik*, VI, 1139a, 5-1139b, 5 sowie *Von der Seele*, III, 432a, 15-434a, 21.

147   Ebd., III, 433b, 13-19.

Aristoteles zu Bedingungen autonomen Agierens macht: Pfeile und Speere »verlangen« und »streben«, sie kennen ihr Ziel und stehen auf, stürmen oder springen ihm anthropomorph entgegen. Ihre Bewegung ist *enérgeia* auch, insofern sie ein martialisches Begehren verwirklicht.

Vom Gewicht, das den Pfeil-Beispielen in der *Rhetorik* als Veranschaulichungen des Aristotelischen Praxis-Begriffs zukommt, zeugt nicht nur ihre Verwandtschaft mit dem Zenonischen Paradox des fliegenden Pfeils in der *Physik*, sondern auch die Rekurrenz des Pfeil-Motivs als eine Leitmetapher der *Nikomachischen Ethik*. Dort erläutert Aristoteles gleich zu Beginn die Bedeutung der Frage nach dem Guten und damit das Thema seiner Untersuchung am Bild des zielenden Bogenschützen. Wie dieser das Objekt seines Schusses stets vor Augen haben muß, ist auch für den Menschen die genaue Kenntnis des Guten als Ziel des Handelns notwendig:

> Jede Kunst und jede Lehre, ebenso jede Handlung und jeder Entschluß scheint irgendein Gut zu erstreben. [...] Wenn es aber ein Ziel des Handelns gibt, das wir um seiner selbst willen wollen und das andere um seinetwillen [...], dann ist es klar, daß jenes das Gute und das Beste ist. Wird nun das Erkennen jenes Zieles nicht auch für das Leben ein großes Gewicht haben, und werden wir nicht wie Bogenschützen, wenn wir unser Ziel vor Augen haben, das Gehörige besser treffen können? Wenn dies der Fall ist, müssen wir versuchen, wenigstens im Umriß zu fassen, was es wohl sein mag[.][148]

Die Rede vom Zielen und vom Treffen des Richtigen zieht sich durch die ganze *Nikomachische Ethik*[149] und konkretisiert sich an einigen Stellen in Bildern des Schießens, Schlagens und Stechens. Diese Akte intentionaler Gewalt fungieren einerseits als realistische Beispiele folgenschwerer Taten und erscheinen andererseits als Handlungen *par excellence*, durch die, zuweilen gegen den Willen ihres Urhebers, irreversible Fakten geschaffen werden, also eine objektive Wirklichkeit *sui generis* entsteht. Besonders eindrücklich zeigt sich diese Eigendynamik des Handelns, wenn es im Ansatz ein unfreiwilliges Moment impliziert oder in seinem Verlauf und seinen Folgen der ursprünglichen Intention des Handelnden nicht mehr entspricht:

> Was man tut, das kann man vielleicht nicht wissen, so wie man sagt, es sei einem beim Reden etwas entfallen, oder wenn man nicht weiß, daß es sich um Geheimnisse handelt, wie bei Aischylos die Mysterien; oder

---

148 Aristoteles, *Nikomachische Ethik*, I, 1094a, 1-25.
149 Ebd., II, 1106b, 14-16, 32 f.; II, 1109a, 20-26 u. ö.

man hat etwas zeigen wollen, und es ging los, wie jener mit der Wurf-
maschine; oder man kann meinen, daß der eigene Sohn ein Feind sei,
wie Merope, oder daß die zugespitzte Lanze in einer Kugel endige oder
daß ein Stein ein Bimsstein sei. Oder man schlägt zu, zu seiner Verteidigung, und tötet. Oder man will den anderen berühren wie die Faust-
kämpfer, haut ihn aber nieder. In allen diesen Dingen kann es im Bezug
auf die Handlung Unwissenheit geben.[150]

Wie nämlich einer tätig ist, so wird er selber. [...] Wenn nun einer wis-
send das tut, wodurch er ungerecht werden wird, dann wird er offenbar
freiwillig ungerecht sein; dann wird er auch nicht, wann er will, aufhören können, ungerecht zu sein, und hernach sofort gerecht sein [...] so
wie es auch nicht mehr möglich ist, einen losgelassenen Stein wieder
zurückzuholen; und dennoch hatte man es in der Hand, ihn loszulassen
und zu werfen.[151]

Die Belege aus der *Nikomachischen Ethik* erlauben es, die Pfeil-Bei-
spiele in der *Rhetorik* auf einen sittlichen Hintergrunddiskurs hin zu
lesen. Die Komponenten des Strebens und seiner Erfüllung im zielgerichteten Akt können als wesentliche Aspekte der rhetorischen *enérgeia* verstanden werden – sie bleiben in Baumgartens Theorie der
lebendigen Erkenntnis bestehen. Außerdem sind Streben und Tätigkeit bei Aristoteles wie bei Baumgarten an die Metapher des Lebens
geknüpft, und die Bezeichnung *prò-ommáton-poiein* (›Vor-Augen-
stellen‹) führt bereits bei Aristoteles die Ambivalenz von anschauli-
cher Lebhaftigkeit und lebendiger Tätigkeit ein, der später die
terminologischen Zwillingspaare *enárgeia*/*enérgeia* bzw. ›Lebhaftigkeit‹/›Leben‹ Ausdruck verleihen werden. Indessen bleibt zwischen
Aristoteles und Baumgarten eine Lücke zu schließen: In der Aristotelischen Rhetorik sind Leben und Tätigkeit Qualitäten der Darstellung, bei Baumgarten dagegen betreffen sie das Verhältnis zwischen
Text und Rezipienten. Aus der urbanen Redefigur *enérgeia* bzw. *prò-
ommáton-poiein* wird ein Hauptziel rednerischen bzw. dichterischen
Bemühens – sie verschmilzt mit dem Officium des *movere*. Dieser
Verschmelzungsprozeß vollzieht sich in den Rhetoriken römischer
und neuzeitlicher Aristoteles-Rezipienten. Im folgenden seien dazu
einige exemplarische Belege vorgeführt.

---

150 Ebd., III, 1111a, 8-16.
151 Ebd., III, 1114a, 7-19.

3.1.2.3. Von der aristotelischen *enérgeia* zur *vis movendi* (Quintilian, Tesauro)

Aristoteles verstand die Rhetorik, wie die anderen Künste (τέχναι) und hervorbringenden Wissenschaften (ποιητικαὶ ἐπιστῆμαι) auch, als eine *dynamis*, denn sie alle erschienen ihm als »Prinzipien der Veränderung in einem anderen, oder insofern es ein anderes ist«.[152] Genauer heißt es im zweiten Kapitel der *Rhetorik*, die Theorie der Beredsamkeit sei »das Vermögen [...], bei jedem Gegenstand das möglicherweise *Glaubenerweckende* zu erkennen.«[153] Quintilian kritisierte diese Definition mit dem Argument, sie beschränke die Rhetorik auf die *inventio* und sehe darüber hinaus vom persuasiven Erfolg des Redners ab.[154] Er übernahm jedoch die Bezeichnung *dynamis*, die er mit *vis* übersetzte[155], und ließ »rhetoricen esse vim persuadendi« als gebräuchlichste Bestimmung der Redekunst gelten.[156] Die Verwirklichung *(enérgeia)* des rhetorischen Vermögens wäre also nach Quintilian das Überzeugen selbst. Der Aristotelischen Unterscheidung von betrachtenden, handelnden und bildenden Künsten folgend, läßt er daher zwar die Rhetorik an allen dreien partizipieren, ordnet sie aber primär unter die praktischen Künste ein:

> Wenn indessen nur eine von den drei Kunstarten gelten soll, so soll sie, weil ihre Verwendung vor allem im Handeln sich abspielt und hierin am häufigsten zur Geltung kommt, als Kunst der praktischen Betätigung oder politischen Lenkung bezeichnet werden; denn auch das ist ein anderer Name für dieselbe Sache.[157]

Als einer »Kunst der politischen Lenkung« ist der Rhetorik demnach der Akt des Überzeugens wesentlich; die benötigte *vis* oder *dynamis*

---

152 Aristoteles, *Metaphysik*, IX, 1046b, 3 f.

153 Aristoteles, *Rhetorik*, II, 1355b, 26 f. [Hervorh. vom Übers.].

154 Quintilian, *Institutio*, II, 15, 13. Quintilian mag im Gegensatz zu Aristoteles eine ähnliche Bestimmung der Aufgabe des Redners im Auge gehabt haben, wie sie letzterer in bezug auf die Lehrer formuliert hatte. Deren Ziel nämlich setzt Aristoteles in eine Bewegung *(kinesis)*; sie haben ihre Aufgabe erfüllt, »wenn sie ihren Schüler in wirklicher Tätigkeit [ἐνεργοῦντα] zeigen« (*Metaphysik*, IX, 1050a, 17-19). Nach diesem Modell bestünde das Ziel des Redners im tatsächlichen Bewegen der Zuhörer zu bestimmten Handlungen.

155 »quod ego vim appello, plerique potestatem, nonnulli facultatem vocant: quae res ne quid adferat ambiguitatis, vim dico δύναμιν.« Quintilian, *Institutio*, II, 15, 3.

156 Ebd.

157 »si tamen una ex tribus artibus habenda sit, quia maxime eius usus actu continetur atque est in eo frequentissima, dicatur activa vel administrativa; nam et hoc eiusdem rei nomen est.« Ebd., II, 18, 5.

geht über das bloße Finden von Argumenten weit hinaus und umschließt alle Teile der Rhetorik bis hin zur *actio*.

Gemeinsam mit der persuasiven *enérgeia* gewinnt bei Quintilian
im Rahmen der rednerischen Unterweisung auch das Verhältnis zwischen Redner und Zuhörer an Gewicht. Nicht zuletzt läßt sich dies
an der Metaphorik ablesen, mit der Quintilian die Tätigkeit des Redners umschreibt: Die Redesituation erscheint als Kampf.[158] Sei es, daß
der Redner auf dem Forum gleichsam mit gepolsterten Waffen trai-
niert[159], sei es, daß er seinen Gegner wie beim Fechten mit gekonnten
Täuschungsmanövern in Schach hält[160], sei es, daß er als Heerführer
die geschicktesten Schleichwege und Angriffsstrategien ersinnt[161]
oder dem Feind mit strahlender Rüstung[162] und schwirrenden Ge-
schossen zu Leibe rückt[163] – physische Kraft muß dabei ebenso
aufgeboten werden wie geeignetes Kriegswerkzeug und dessen kunst-
fertiger Gebrauch.[164] Anders als bei Aristoteles betrifft die martiali-
sche Bewegungskunst jedoch nicht die Ebenen des Dargestellten oder
der Darstellung, sondern die Wirkung der Rede auf den Rezipienten.
Rednerische Kraftentfaltung *(vis)*, metaphorisch sowohl im Sinne
körperlicher Stärke als auch im Sinne mechanischer Antriebs- und
Stoßkräfte zur Sprache gebracht, steht im Dienste der *persuasio*, und
zwar vornehmlich auf dem Weg des *movere*. Von den drei Stilarten
(dicendi genera), der feingearbeiteten *(subtile)*, der blühenden *(floridum)* und der großen und kräftigen *(grande atque robustum)*, erfüllt
die letztere die Aufgabe der Gefühlserregung. Während für die ersten
beiden Scharfsinn *(acumen)* bzw. Sanftmut *(lenitas)* vonnöten sind,
verlangt das Bewegen *(movere)* der Leidenschaften Kraft *(vis)*.[165]

---

158 Dies ließe sich auch schon bei Cicero belegen, vgl. z. B. *De oratore*, I, 32; 242; II, 72
      f.; 84; 187; 293 f.; 316 f.; III, 200; 206.

159 Ebd., V, 12, 17.

160 Ebd., IX, 1, 20 f.

161 Ebd., XII, 9, 2-4.

162 Ebd., VIII, 3, 2; 5; X, 1, 30.

163 Ebd., IX, 4, 8; 14; X, 1, 60; X, 3, 6 f.; XII, 10, 48 u. ö.

164 Die Textstellen, an denen Redegewalt mit Körperkraft verglichen wird, sind Legion,
      vgl. z. B. ebd., V, 12, 17-21; VIII, Proömium, 19-22; VIII, 3, 10; X, 1, 33; 76 f. u. ö.
      Zum *aptum* der gewählten Waffen vgl. XI, 1, 44; zu ihrer Qualität IX, 4, 14; X, 1, 30
      u. ö. Zur Bedeutung der Kunst im Waffengebrauch und beim Ringkampf wie in der
      Rede vgl. IX, 1, 20 f.; IX, 4, 7-14; XII, 2, 11-14. Vgl. zur Sport- und Kriegsmetapho-
      rik bei Quintilian auch Gerhard Assfahl, *Vergleich und Metapher bei Quintilian*,
      Stuttgart 1932, S. 38-44 bzw. S. 83-100.

165 »Altera est divisio, quae in tris partis et ipsa discedit, qua discerni posse etiam recte
      dicendi genera inter se videntur. namque unum subtile, quod ἰσχνόν vocant, alterum
      grande atque robustum, quod ἁδρόν dicunt, constituunt, tertium alii medium ex

Ähnlich identifiziert Quintilian im Kapitel über die *actio* deren Kraft
und Macht *(vim ac potestatem)* mit ihrer rührenden Wirkung, bei der
es weniger auf die Qualität des vorweg ausgearbeiteten Textes als auf
den momentanen Eindruck des Hörers und Zuschauers ankomme[166]
– die *vis* oder *dynamis* der Rede erweist sich erst in ihrem wirksamen
Vollzug, der *enérgeia*. Vollständig begegnet die Konstellation von
Kraft, *movere* und Geschoß-Metaphorik im IV. Buch der *Institutio
oratoria* im Abschnitt über die Beweisführung. Argumente bzw. Be-
weisziele müssen gehäuft werden wie Truppen oder Geschosse, wenn
sie einzeln zu schwach und unzuverlässig erscheinen:

> Denn es ist ja nicht nur Sache des Redners zu unterrichten, sondern mehr
> noch kommt die Kraft der Redekunst bei den Gefühlsbewegungen zur
> Geltung. [...] Ja, kommen nicht zuweilen auch an und für sich un-
> bedeutende und schwache Argumente dadurch zur Geltung, daß sie in
> großer Schar herandrängen? Darum rafft man sie dann besser zusammen
> und führt sie wie zu einem Ausfall in den Kampf. [...] Wenn wir dagegen
> bei dem Beweisziel, das die stärkere Schlagkraft besitzt, Befürchtungen
> haben müssen, werden wir uns auf beide stützen; denn der eine pflegt
> sich durch dies, der andere durch jenes stärker beeindrucken zu lassen.
> [...] Wie eine sichere Hand sich mit einem Geschoß zufriedengeben kann,
> so muß eine unsichere eben mehrere versenden, um auch dem Glück
> noch einen Platz einzuräumen.[167]

Ein vergleichbares Ensemble von Theorieelementen und Metaphern
hat Heinrich Plett in seiner Arbeit *Rhetorik der Affekte* mit Blick auf
die englische Wirkungsästhetik der Renaissance beschrieben. Ausgehend von einer Poetik, die sich vornehmlich an Horaz orientierte und

---

duobus, alii floridum (namque id ἀνθηρόν appellant) addiderunt. quorum tamen ea
fere ratio est; ut primum docendi, secundum movendi, tertium illud, utrocumque est
nomine, delectandi sive, ut alii dicunt, conciliandi praestare videatur officium, in do-
cendo autem acumen, in conciliando lenitas, in movendo vis exigi videatur.« Quintilian, *Institutio*, XII, 10, 58 f. Vgl. ebenso Cicero, *De oratore*, II, 128 f.

166 »habet autem res ipsa [pronuntiatio, actio] miram quandam in orationibus vim ac potestatem: neque enim tam refert, qualia sint quae intra nosmet ipsos composuimus,
quam quo modo efferantur: nam ita quisque, ut audit, movetur. quare neque proba-
tio ulla, quae modo venit ab oratore, tam firma est, ut non perdat vires suas, nisi ad-
iuvatur adseveratione dicentis. adfectus omnes languescant necesse est, nisi voce,
vultu, totius prope habitu corporis inardescunt.« Quintilian, *Institutio*, XI, 3, 2.

167 »non enim solum oratoris est docere, sed plus eloquentia circa movendum valet. [...]
quid quod interim quae per se levia sunt et infirma, turba valent? ideoque conge-
renda sunt potius et velut eruptione pugnandum«. Ebd., IV, 5, 6 f. »at si quid in eo,
quod est fortius, temebimus, utraque probatione nitemur. alius enim alio moveri
solet [...]. ut certa manus uno telo potest esse contenta, incerta plura spargenda sunt,
ut sit et fortunae locus.« Ebd., IV, 5, 14.

dessen Bestimmung der poetischen *officia* als *prodesse et delectare*
übernahm, untersucht Plett, wie von der zweiten Hälfte des 16. Jahrhunderts an die verstärkte Aristoteles-Rezeption – insbesondere die
Wiederentdeckung der *Poetik* und die Einbeziehung ihrer Katharsis-
Lehre in die Dichtungstheorie – zu einer Verschmelzung des Horaz-
schen Wirkungsprinzips mit der rhetorischen Effekttrias *(docere,
delectare, movere)* führte. Dabei, so Plett, trat »[d]as *movere* als Ursache und zugleich Wirkung des auf den Leser bezogenen ›teach‹ [...]
an die Spitze der rhetorisch interpretierten Horazischen Dyas«.[168]

Im Zusammenhang mit dieser Entwicklung steht auch die Einbindung des Aristotelischen *enérgeia*-Begriffs in die Poetik und seine
Uminterpretation in Anlehnung an Kategorien der lateinischen Rhe-
torik-Tradition. Zunächst, das bietet sich aus phonetisch-graphischen
wie aus sachlichen Gründen an, wird *enérgeia* häufig mit *enárgeia*
verwechselt bzw. kontaminiert. Dies geschieht Plett zufolge sowohl
in den einschlägigen europäischen Aristoteles-Kommentaren als auch
in Poetiken und Rhetoriken des 16. und 17. Jahrhunderts. Tertium
comparationis der beiden Begriffe ist der Aspekt des lebendigen Vor-
Augen-Führens, um den herum gleichermaßen energetische und en-
argetische Darstellungsqualitäten gruppiert werden:

> Von Energeia und Enargeia heißt es abwechselnd, sie stellten in Worten
> etwas so anschaulich vor Augen, daß dieses nicht tot, sondern lebendig,
> nicht abwesend, sondern gegenwärtig, nicht erzählt, sondern gleichsam
> handelnd vorgeführt erscheine[.][169]

Trotz ihrer beinahe synonymen Verwendung läßt sich aber nach Plett
auch für das 16. und 17. Jahrhundert die Bedeutung der Termini dahingehend differenzieren, daß

---

168 Heinrich F. Plett, *Rhetorik der Affekte. Englische Wirkungsästhetik im Zeitalter der
     Renaissance*, Tübingen 1975 (= Studien zur englischen Philologie, N. F. 18), S. 143.
     Joachim Dyck, der ebenso wie Plett an Klaus Dockhorns starke These von der Per-
     sistenz der Rhetorik in der neuzeitlichen Poetik und Ästhetik anknüpft, hat die Be-
     deutung des *movere* in den deutschen barocken Poetiken betont: Der »sogenannte
     ›Schmuckwille‹ der Barockpoetik« erhalte erst in Verbindung mit dem Ziel der Af-
     fekterregung »eine gewichtige und historisch angemessene Begründung« (Joachim
     Dyck, *Tichtkunst. Deutsche Barockpoetik und rhetorische Tradition. Mit einer Bi-
     bliographie zur Forschung 1966-1986*, 3., erg. Aufl., Tübingen 1991 [= Rhetorik-For-
     schungen 2], S. 16). Anders als Plett verzichtet Dyck darauf, den Geltungszeitraum
     seiner gut belegten These durch eine vergleichende Analyse älterer Poetiken zu prä-
     zisieren, spricht aber Johann Heinrich Alsteds *Encyclopaedia septum tomis distincta*
     (1630) im Rahmen der deutschen Poetik die Vorreiterschaft für die Erweiterung der
     Horazischen Dyas um das *movere* zu (S. 34 f.).
169 Plett, *Rhetorik der Affekte*, S. 135 f.

die Energeia eher die Dynamisierung des Stils durch pathetisch-an-
schauliche Verlebendigung der Darstellung, die Enargeia hingegen eher
die sinnliche Evidenz einer detaillierten Beschreibung bezeichnet. Erstere umfaßt daher besonders die affektischen, letztere besonders die ek-
phrastischen Figuren, darüber hinaus auch alle anderen Mittel der
Amplificatio.[170]

Es ist genaugenommen diese Begriffskontamination aus *enérgeia* und
enárgeia, die im Deutschen mit dem Begriff ›Lebhaftigkeit‹ treffend
wiedergegeben wurde und die Baumgarten durch die Einführung des
Lebens-Begriffs in die Poetologie wieder in ihre Bestandteile zu zer-
legen suchte.

Eine weitere Modifikation erhielt der Aristotelische *enérgeia*-Be-
griff in italienischen und englischen Poetiken des späten 16. Jahrhunderts durch seine Identifikation mit den *vires* bzw. *virtutes* der
lateinischen Rhetorik. Die bei Quintilian noch anklingende Unterscheidung zwischen *vis* bzw. *dynamis* und *enérgeia* wird eingeebnet,
der Wirkungsaspekt des Kraft-Begriffs unmittelbar mit der Figur
enérgeia verknüpft. Damit verschiebt sich das Moment der Belebung
oder Wirksamkeit von der metaphorischen Inszenierung des Dargestellten auf das Verhältnis zwischen Rede und Zuhörer. *Enérgeia* oder
auch *energia* fungieren nun als Sammelbegriffe für Mittel des leidenschaftlichen und dynamischen Stils, deren Funktion die Rührung
ist.[171] Pletts abschließende Charakterisierung der Rolle des *movere*
und der *energia* in Sir Philip Sidneys *Apology for Poetry* (ca. 1581-
1583) wäre durchaus auf Baumgartens Ästhetik der lebendigen Erkenntnis zu übertragen[172]:

---

170 Ebd., S. 183.
171 Ebd., S. 136 f. Die terminologische Gleichsetzung von *enérgeia* und *vis verborum*
   oder *efficacia* findet Plett zuerst bei Scaliger vor, bei dem sie sich aber noch nicht mit
   einer Aufwertung des *movere* verbindet (ebd., S. 116). Als direkte oder indirekte
   Quelle für Baumgarten liegt Scaligers Poetik vermutlich näher als die von Plett untersuchten Engländer.
172 In welchem Maße Baumgartens Ästhetik einer Dynamisierung des Stils das Wort
   redet, die mit der von Plett in bezug auf Sidney beschriebenen vergleichbar wäre, ist
   aufgrund der Unfertigkeit seiner *Aesthetica* nicht mit letzter Sicherheit auszumachen. Das entsprechende Kapitel der Meierschen *Anfangsgründe* endet analog zur
   Abfolge der sechs ästhetischen Hauptvollkommenheiten (Reichtum, Größe, Wahrheit, Klarheit bzw. Lebhaftigkeit, Gewißheit, Leben) mit den »bewegenden und pathetischen Figuren«, zu denen u. a. auch verschiedene Formen der Belebung lebloser
   Dinge gezählt werden. Insgesamt überwiegt bei Meier sicherlich, um Campes Formulierung (s.o., S. 177, Anm. 126) auf die Stilistik zu applizieren, eine »repräsentati-
   onslogisch-statische« Sprachauffassung, nach der die Leidenschaften durch Gegenwart
   oder Abwesenheit von Vorstellungen, nicht durch Rhythmus und Tempo ihrer Auf-

Dem *movere* kommt im Bündnis mit dem *delectare* die zwiefache Aufgabe der Aktivierung der Erkenntnis und des Willens zu. Die stilistische Voraussetzung für eine solche Wirkung bildet die *energia*, die als ein dynamisierender Faktor aus der Rhetorik in die Poetik hineingenommen wird. Durch die *energia* erlangt die dichterische Darstellung jene leidenschaftliche Kraft, die bewegt.[173]

Wie in den Poetiken der englischen Renaissance werden auch bei Baumgarten mit der Einführung des *enérgeia*- bzw. Lebensbegriffs die Ziele der Dichtung neu definiert. Der Rehabilitation des Begehrungsvermögens im Verhältnis zum Erkenntnisvermögen auf psychologischer Ebene korrespondiert auf der rhetorischen die Verschiebung des Akzents vom *docere* hin zum *movere*; Erkenntnis und Vergnügen (*delectare*) treten – so schließlich Meiers Version – gemeinsam in den Dienst der Affekterzeugung. Ohne die Erweiterung der ästhetischen Vermögen um das Begehren und ohne die metaphysische Herleitung einer diesem eigenen Fähigkeit zur Vollkommenheit wäre eine solche Aufwertung der höchsten rhetorischen Affektstufen in der schulphilosophischen Ästhetik jedoch nicht denkbar gewesen: Erst ein System, das für die Dignität der Gemütsbewegung andere als erkenntnistheoretische Kriterien findet, kann die ästhetische Wahrheit, Klarheit und Sicherheit dem obersten Ziel der Rührung unterordnen. Paradoxerweise ist es gerade die fortschreitende Psychologisierung der Dichtungstheorie, die hier eine vollständigere Einbindung rhetorischer Kategorien und somit eine Stabilisierung des rhetorischen Charakters der Ästhetik ermöglicht.

Die rührende ›Kraft‹ oder ›Energie‹ wird in den Poetiken des 17. Jahrhunderts, entsprechend der von Cicero und Quintilian her bekannten Metaphorik, bildlich als Körper- und Kampfeskraft dargestellt. Cesare Ripa stattet in seiner *Iconologia overo Descrittione Delle Imagini uniuersali* (1602) die Allegorie der *Eloquenza* mit Brustpanzer,

---

einanderfolge oder gar durch Dynamik und Agogik des Zeichenmaterials zu beeinflussen sind (anders z. B. als bei Klopstock und auch schon bei Breitinger; vgl. hierzu auch den Abschnitt 3.2. dieses Kapitels über Meiers *Theoretische Lehre von den Gemüthsbewegungen überhaupt*). Als »ontologisch-dynamisch« kann die Baumgarten-Meiersche Sprachtheorie lediglich in bezug auf die performative Funktion bezeichnet werden, die der Dichtung als im wesentlichen wirkender (Erkenntnis produzierender, zur Tat anreizender) zugesprochen wird, nicht in bezug auf ihre Stilistik oder im Sinne einer medialen Interpretation der Aristotelischen Unterscheidung von *érgon* und *enérgeia*, wie Herder sie in seinem Beitrag zur Laokoon-Diskussion und in Anlehnung an James Harris auf die Dichtung anwenden wird (s. u., Kap. 5.2.1.).

173 Plett, *Rhetorik der Affekte*, S. 143.

Stoßdegen und Rute aus, »um die *forza* des *persuadere* zu versinnbild-
lichen.«[174] Eine andere ikonographische Tradition assoziiert die Rhetorik mit der Figur des Hercules Gallicus, der die Zuhörer an goldenen
Ketten nach seinem Belieben umherführt[175]; militärische Formulierungen wie *strike, pierce* und *possess* »sind im Bereich der Effektrhetorik
metaphorische Äquivalente des *movere*.«[176] Bei Baumgarten scheint
diese Bildlichkeit auf den ersten Blick keine Rolle zu spielen. Sie ver-
birgt sich jedoch, so meine These, im Hintergrund der mechanischen
Theorie, auf der seine Konzeption der lebendigen Erkenntnis aufbaut,
und gelangt durch kreative Baumgarten-Leser im Laufe des 18. Jahrhunderts ans Tageslicht. Daher sei hier abschließend noch auf ein Beispiel aus der manieristischen Poetik eingegangen, das aufgrund seiner
Metaphorisierung der leidenschaftlichen Redegewalt als ein besonders
prägnantes Mittelglied zwischen der Aristotelischen *enérgeia* und
Baumgartens mechanischem Modell gelesen werden kann.

Gerhart Schröder hat in seinem Buch *Logos und List. Zur Entwicklung der Ästhetik in der frühen Neuzeit* die These vertreten, in der manieristischen Ästhetik profiliere sich in Abkehr vom Rationalismus der
Versuch, Sprache aus ihrer Solidarität mit der Vernunft zu befreien
und sie dagegen in den Dienst der Wahrnehmungsqualität zu stellen.
Beabsichtigt sei eine Intensität der Erfahrung, die durch den Ereig-
nischarakter stets neuer und überraschender sprachlicher Wendungen
bewirkt werde.[177] Die Funktion der ingeniösen Pointe liegt laut Schröder im ästhetischen Vergnügen; das plötzliche Aufblitzen ungewohn-
ter Bezüge bringt die Wirklichkeit zum Glänzen und belebt die
Sinnesempfindung.[178] Schröder bezeichnet diese Wirkkraft der Sprache – leider ohne nähere Begründungen für die Wahl des Begriffs – als
enérgeia und stellt sie repräsentationslogischen Sprachkonzepten, namentlich dem der *Logique de Port-Royal*, gegenüber.[179] Der Gegensatz zwischen der Auffassung von »Sprache als Energie und Sprache
als vorstellende[m] Instrument der Vernunft« durchzieht Schröder zufolge die literarische Praxis der frühen Moderne bis hin zu Kant.[180]

---

174 Ebd., S. 149 f. [Hervorh. im Orig.]. Plett verfolgt diese Ikonographie bis hin zu Mar-
     tianus Capellas *De Nuptiis Philologiae et Mercurii* zurück. (Vgl. zur rhetorischen
     Waffenmetaphorik im 16. Jahrhundert auch ebd., S. 86 f.)
175 Ebd., S. 151.
176 Ebd., S. 152 [Hervorh. im Orig.].
177 Schröder, *Logos und List*, S. 30, 88, 128 u. ö.
178 Ebd., S. 119-122.
179 Ebd., S. 27, 213 u. ö.
180 Ebd., S. 27, 29, 220-226.

Eines der Beispiele, an denen Schröder seine These exemplifiziert, ist Emanuele Tesauros *Il Cannocchiale Aristotelico* (1654, erweiterte Neuauflage 1670).[181] Im Zentrum dieser manieristischen Poetik, die zugleich eine Ästhetik ist, steht das Konzept der *argutia, argutezza* oder *acutezza* (lat. *acumen*), einer ingeniösen Form des uneigentlichen Ausdrucks, deren Paradigma die gesuchte Metapher darstellt. Es handelt sich in erster Linie also nicht um eine Ästhetik des Affekts, sondern, so könnte man mit Baumgarten sagen, der sinnlichen Erkenntnis. Ihr korrespondieren als Rezeptionshaltungen die *maraviglia* (Bewunderung, Staunen) und das Vergnügen am mühelosen Belehrtwerden.[182] Dennoch behaupten die rhetorischen Verfahren der Affekterregung bei Tesauro als unerläßliche Hilfsmittel ihren Platz. Sie gehören als *figure patetiche* zum dreigliedrigen, nach den Vorbildern Ciceros und Quintilians konstruierten System der Redefiguren, dem drei menschliche Vermögen (Sinne, Leidenschaften, Verstand) und drei Ebenen der Sprache (harmonische Wortfügung, *energia*, ingeniöse Bezeichnungskunst) zugeordnet sind:

> Hora, conciosiache ogni human godimento consista nel satisfare ad alcuna delle tre humane facultà, *Senso, Affetto, Intelligenza*: ancor delle Figure, altre sono indirizzate à lusingare il *Senso* dell'Vdito, con l'Harmonica soauità della Periodo. Altre à commouer l'*Affetto* con la Energia delle Forme viuaci. Et altre à compiacer l'*Intelletto* con la Significatione ingegnosa. Et eccoti tre supremi & adequati Generi, onde si spandono tutte le Rettoriche Figure: cioè, HARMONICO, PATETICO, & INGEGNOSO.[183]

Gemeinsame Aufgabe der drei Figurentypen ist es, die Rede von der alltäglichen Umgangssprache abzuheben, sie mit dem Reiz des Neuen und Fremdartigen auszustatten und auf diese Weise Belehrung mit dem Vergnügen zu verbinden.[184]

---

181   Die dialektische Wendung, mit der Schröder Tesauros Ästhetik schließlich den energetischen Charakter wieder abspricht, kann in unserem Zusammenhang unberücksichtigt bleiben. Schröder bezeichnet das *Cannocchiale Aristotelico* als eine »Maschine, ästhetische Lust zu erzeugen«; die Maschine aber sei dem »Prinzip der Intensität gerade entgegengesetzt, insofern sie auf der Wiederholbarkeit der Operationen beruht. Der Begriff der Intensität meint dagegen die Einmaligkeit des Ereignisses. Die Wiederkehr des Gleichen in den Beispielen, die das *Cannocchiale aristotelico* bringt, zeigt, daß seine ›ars combinatoria‹ an das nicht heranreicht, was sie beschreiben und verfügbar machen möchte: Sprache als ›enérgeia‹.« Ebd., S. 149.

182   Vgl. Emanuele Tesauro, *Il Cannocchiale Aristotelico*, ND d. Ausg. Turin 1670, hrsg. u. eingeleitet von August Buck, Bad Homburg v. d. H./Berlin/Zürich 1968 (= Ars poetica. Texte 5), S. 266 f.

183   Ebd., S. 124 [Hervorh. im Orig.].

184   »Conchiudo, le Figure Rettoriche altro non essere, che *Vn vezzo pellegrino, variante*

Sowohl die *argutezza* als auch die pathetischen Figuren zeichnen sich bei Tesauro durch Lebhaftigkeit bzw. Lebendigkeit aus, und in beiden Fällen werden die Lebensmetaphern mit Bewegung assoziiert. Die *argutezza* ist nicht nur das »chiarissimo lume dell'Oratoria, & Poetica Elocutione«, sondern auch der »spirito vitale delle morte Pagine«[185], die göttliche Stimme im Menschen, durch deren Wunderwirkung alles Unbeseelte zum Leben erwacht:

> per miracolo di lei, le cose Mutole parlano: le insensate viuono: le morte risorgono: le Tombe, i Marmi, le Statue; da questa incantatrice degli animi, riceuendo voce, spirito, e mouimento; con gli Huomini ingegnosi, ingegnosamente discorrono. Insomma, tanto solamente è morto, quanto dall'Argutezza non è auuiuato.[186]

Zu den zahlreichen Synonymen für *argutezza* gehört darum auch *schema*, die griechische Bezeichnung für ›Figur‹, die genauer als ›lebhafte Geste‹ (»vn Gesto viuace«) zu übersetzen sei – weswegen Cicero, um die ›argute‹ Rede von der »Oration quasi morta e senza mouimento« zu unterscheiden, auch von den »*Gesti della Oratione*« gesprochen habe.[187] Auf diese Schattierung des Figur-Begriffs führt Tesauro wiederum den italienischen Terminus *viuezza* zurück (›Lebhaftigkeit‹[188]), der ebenfalls bedeutungsgleich mit *argutezza* verwendet wird.[189]

Die wichtigste der *figure ingegnose* ist, wie bereits angedeutet, die Metapher. Als einer Figur, die durch das Aufdecken verborgener Ähnlichkeiten Entferntes zusammenführt, ist ihr mentale Bewegung inhärent; »wie im Fluge« trägt sie den Geist von einem Schauplatz zum anderen.[190] Eine ihrer Unterarten, die Hypotyposis, erfüllt das

---

la Oratione dallo stile cotidiano & vulgare: accioch'ell'habbia insegnamento congiunto con la nouità: & l'vditore in vn tempo impari godendo, & goda imparando.« Ebd. [Hervorh. im Orig.].

185 Ebd., S. 1.

186 Ebd., S. 2.

187 Ebd., S. 4 [Hervorh. im Orig.]. Die gemeinte Stelle steht in Ciceros *Orator* (Cicero, *Orator*, lat./dt., hrsg. von Bernhard Kytzler, 3., durchges. Aufl., München/Zürich 1988), 25, 83. Bei Quintilian wird die Metaphorisierung der Figur als Geste weiter ausgeführt, vgl. *Institutio*, II, 13, 8-11; IX, 1, 10-13 u. ö.

188 Schröder weist darauf hin, daß *vivezza* in den italienischen Poetiken des 16. und 17. Jahrhunderts beinahe ebenso verbreitet ist wie *acutezza*. Beide Begriffe umschreiben den Wert, den er im Deutschen mit ›Intensität‹ wiederzugeben vorschlägt, vgl. ders., *Logos und List*, S. 88 sowie S. 311, Anm. 98.

189 Tesauro, *Cannocchiale*, S. 4.

190 »trahendo la mente, non men che la parola, da vn Genere all'altro; esprime vn Concetto per mezzo di vn altro molto diuerso: trouando in cose dissimiglianti la simiglianza« (ebd., S. 266); »portando à volo la nostra mente da vn genere all'altro; ci fà

Bedürfnis nach Lebhaftigkeit in besonderem Maße. Sie entspricht der Aristotelischen *enérgeia*[191] und vereinigt in der von Plett als zeittypisch diagnostizierten Weise die Funktionen des Vor-Augen-Führens (»consiste nel rappresentare il Vocabulo con tanta *viuezza*; che la Mente quasi con gli occhi corporali vegga l'obietto«[192]) und des In-Aktion-Zeigens bzw. Belebens (»più viuaci ancora saran le Metafore esprimenti alcun' Attione forzosa: & principalmente *Animata*«[193]) mit der bewegenden Wirkung auf Sinne, Einbildungskraft und Gemüt des Rezipienten (»le circonstanze grandemente indiuiduali & sensibili; sicome assai mouono i sensi esteriori: così ad vdirle mouano altretanto la Imaginatiua: & questa moua la Mente«[194]).

Im Vergleich zu Aristoteles ist schon hier eine anthropologisierende Tendenz zu verzeichnen: Die Normativität der rhetorischen Kategorien wird nicht mehr aus ontologischen Vorannahmen abgeleitet, sondern bemißt sich nach den menschlichen Wahrnehmungs- und Bedürfnisstrukturen. Aristoteles' Behauptung z. B., daß Bewegung dem Vor-Augen-Führen dienlich sei, scheint von Tesauro als erklärungsbedürftig empfunden worden zu sein. Er führt jedoch zur Erläuterung keine metaphysischen Überlegungen über die Verwirklichung des Möglichen durch die Tat an, sondern eine Beobachtung zur Physiologie des Sehens: »il Mouimento è quello che più sensibilmente risueglia la facultà veditiua«.[195] Ähnlich ist die Verbindung zwischen sinnlicher Konkretion und Gemütsbewegung zu werten, die Tesauro im Rückgriff auf die Drei-Vermögens-Psychologie herstellt.

Dem Gesagten kann man entnehmen, daß Tesauro bestrebt ist, unter dem Primat der *argutezza* stets die vollständige rhetorische und anthropologische Trias (*delectare, movere, docere* – Sinne, Affekte, Verstand) im Blick zu behalten und sich dergestalt keinen Bereich der

---

trauedere in vna sola parola più di vn'obietto« (ebd., S. 267); »con veloce tragitto osseruo nella *faccia humana* le Notioni de' *prati* [...]. Et questo è quel veloce & facile insegnamento da cui ci nasce il diletto: parendo alla mente di chi ode, vedere in vn Vocabulo solo, vn pien teatro di merauiglie« (ebd.; Hervorh. im Orig.). Für diese Leistung der Metapher steht auch das Bild des Fernrohrs, das Tesauros Poetik im Titel trägt. Es handelt sich hier um ein Musterbeispiel für Marjorie Nicolsons These von der ästhetischen Tragweite physikalischer Inventionen (s. o., S. 33-35).

191　Der Abschnitt über die Hypotyposis ist ein erweiterter Kommentar des *enérgeia*-Abschnitts in der Aristotelischen *Rhetorik* einschließlich der von dort bekannten Beispiele.

192　Ebd., S. 286 [Hervorh. im Orig.].

193　Ebd. [Hervorh. im Orig.].

194　Ebd., S. 287.

195　Ebd., S. 286.

traditionellen Rhetorik und Poetik entgehen zu lassen. Die Linse des *acumen* bündelt das Disparate zu einem dichten und selbstreferentiellen Theoriekomplex, innerhalb dessen jede Unterkategorie die übergeordneten Differenzen repliziert. Das gilt auch für die Pfeil-Metapher, die nicht nur zu den Aristotelischen Beispielen für die Hypotyposis zählt, sondern auch als Leitmetapher des Diskurses über die leidenschaften Figuren *argutezza* und Pathos in einem einzigen Bild zusammenschweißt. Ohne die pathetischen Figuren, diese »figure agitatrici degli Animi«, liegt jedes noch so geistreiche Sprachgebilde schwach und seelenlos danieder. So spitz *(acuto)* der verbale Pfeil auch sein mag: Erst die *forza* oder *energia* der Leidenschaft vermag dem Geschoß den Antrieb zu geben, der eine einfache Stange mit der Gewalt eines Schwerts, einen Stein mit der Wucht einer Bombe einschlagen läßt. Von starker Hand geschleudert, dringt selbst der stumpfe Pfeil tiefer ein als der wohlgespitzte, aber kraftlose. Zu Recht hat Cicero daher die leidenschaftliche Figur mit jener Sehne *(amentum)* verglichen, die man in der Antike zur Steigerung der Schußwirkung an den Pfeilen befestigte:

> Più alto s'imprime vn dardo imbelle, vibrato da man robusta: che vn dardo robusto lanciato da mano imbelle. In pugno a' nerboruti & furibondi Tirreni, ogni palo era vn brando; ogni sasso vna bomba: & per contrario, vn dardo ben ferrato impuganua Priamo: ma percioch'egli era fieuole;
>
> — — — — — *Telum imbelle sine ictu*
> *Coniecit; rauco quod protinus ære repulsum est.*
>
> Quinci gli arguti Entimemi, vibrati con tai figure Patetiche, fur degnamente chiamati da Cicero AMENTATA IACVLA: da quel neruo chiamato *Amentum*, che si ligaua al dardo per iscoccarlo con maggior forza. Così taluolta vn concetto non grandemente acuto, rotato però con l'*Amento* di vna Patetica Figura, fà maggior colpo, che vn'altro più ingegnoso, ma più rimessamente gittato.[196]

Die Energie der leidenschaftlichen Rede wird also bei Tesauro sowohl im Sinne martialischer Körperkraft als auch, wie die Aristotelische *enérgeia*, im Sinne räumlicher Bewegung interpretiert. Spezifischer noch: Sie entspricht der Kraft, mit der diese Bewegung sich vollzieht; das Pathetische verleiht der Rede Antrieb, Wucht oder Schwung. Als bewegendes Prinzip ist dieser »Impetus«, der an die Gier der Homerischen Pfeile erinnert, bruchlos in eine Metaphorik des Lebens überführbar:

---

196 Ebd., S. 206 f. [Hervorh. im Orig.].

Hor quest'argutezza così con morta mano buttata là; acquistò impeto più virile in man di Gauio Sabino [...]. Dico il medesimo delle Inscrittioni: altre delle quali son così morte, che apunto ti parla vn Marmo priuo di senso: altre così viuaci, che tu vedi in quel marmo l'anima di chi lo espose.[197]

Was hier selbst Grabinschriften zum Leben erweckt, sind leidenschaftliche Exklamationen, Apostrophen und Interrogationen, abermals Figuren, so Tesauro, die Cicero »Gesten der Rede« genannt hätte, weil sie gleichsam deren Lebenszeichen sind.[198] Auf bildlicher Ebene erweisen sich Leidenschaft und *argutezza* als zwei Seiten derselben Sache: Beide Figurentypen dienen der Bewegung und Belebung der Rede und sollen den Rezipienten berühren, schlagen, verwunden. Die fliegenden Pfeile und Steine aus der Aristotelischen *Rhetorik* haben sich, ebenso wie die Lebens- und Energiemetaphern, von der als Hypotyposis interpretierten *enérgeia* über die gesamte Poetik ausgebreitet. Insofern ist Schröders Einschätzung der manieristischen Poetik in bezug auf Tesauro begrifflich gerechtfertigt: Es handelt sich um eine Poetik der *enérgeia*. Allerdings steht sie, anders als bei Baumgarten und seinen Rezipienten des 18. Jahrhunderts, nicht im Zeichen der Rührung, sondern im Zeichen der Metapher und folglich des *docere*. Baumgarten bringt das Aristotelische Vexierbild zum Kippen, indem er anstelle der metaphorischen Übertragungsleistung der *enérgeia* das mechanische Moment des In-Bewegung-Setzens akzentuiert.[199]

---

197 Ebd., S. 208.
198 »Se tu leggessi vn Tumulo di questo tenore: *Gigennæ Verecundæ Caius Cassius Matri suæ benemerenti, quam inuida mors rapuit*: pur' il dourestù laudar di leggiadria: ma più morta che Gigenna è l'Inscrittione. Quanto fù rauuiuata da vna simplice *Sclamatione* per modo di Apostrofe? [...] Laudeuole sarebbe ancor quest'altra [...]. Bella per mia fè: ma ella non hà mouimento. Odila rauuiuata da vna patetica forma per modo di vn tenero *Saluto*. [...] Viuacissima è quella ancora qual tanto lodai; ma tu le torrai l'anima, se tu le togli la *Interrogatione*; Figura fra le Patetiche sommamente gagliarda. [...] Cicerone hora gli appella GESTI della Oratione, quasi faccian conoscere ch'ella è viua«. (Ebd., S. 208 f.; Hervorh. im Orig.) Tesauro führt Ciceros Interpretation des Begriffs *schema* auf die Aristotelische Poetik (Kap. 19) zurück, die die Lehre von den σχήματα in den Bereich der Vortragskunst (nach Tesauro: der *Histrionica*, Schauspielkunst) verweist: »peroche rendono la Oration patetica; & consequentemente alquanto tragica e teatrale.« (Ebd., S. 209.) Hier mag die Verwendung des *enérgeia*-Begriffs in der Aristotelischen Tragödientheorie Tesauros Verständnis beeinflußt haben: Im 3. Kapitel der *Poetik* verlangt Aristoteles, die Figuren »als handelnde und in Tätigkeit befindliche auftreten zu lassen« (»πράττοντας καὶ ἐνεργοῦντας«, Aristoteles, *Poetik*, gr./dt., übers. u. hrsg. von Manfred Fuhrmann, Stuttgart 1982 [= Reclams Universal-Bibliothek 7828], 1448a).
199 Den »Kippeffekt«, der in der Aristotelischen *enérgeia* angelegt ist, hat Rüdiger Campe zum Gegenstand eines (leider wenig transparenten) Aufsatzes gemacht, der

3.1.3. Mechanik und Metaphysik:
Leibniz' Methode zur Schätzung der lebendigen Kraft

Für Aristoteles war es entscheidend, die Gegenstände in Bewegung zu zeigen. Wirksamkeit, Leben und Bewegung wechselten ab als Bezeichnungen für denselben sprachlichen Sachverhalt: die lebendige Metapher, *enérgeia*. »Wiederum zu Boden hinunter entrollte der tückische Marmor«; »[tönte die Sehn und sprang das Geschoß hin, scharfgespitzt, in den Haufen] hineinzufliegen verlangend«; »[aber die Speere.../] Standen empor aus der Erde, voll Gier, im Fleische zu schwelgen« waren die Homerischen Beispiele, anhand derer Aristoteles Bewegtes als Belebtes darzustellen empfiehlt. Homers Dingwelt, so scheint es, führt ein Eigenleben im Kampf gegen die Menschheit.

Anders im europäischen 17. und 18. Jahrhundert. Der Aufklärer macht sich die Dinge untertan. Wenn sie trotzdem zum Leben erwachen, bedient er sich ihrer Kräfte zu seinen Zwecken.[200] So etwa Leibniz, der im Gegensatz zu Sisyphos den einmal von Menschenhand in die Höhe gewälzten Stein nicht wieder entwischen läßt, ohne ihn vorher seinerseits für sich arbeiten zu lassen. Denn dem Physiker ist bekannt,

daß ein schwerer Körper, der von einer bestimmten Höhe herabgefallen ist, dadurch genau die Kraft gewinnt, die erforderlich ist, um ihn zur selben Höhe wieder emporzuheben, vorausgesetzt, daß er auf seinem Wege weder durch Reibung noch durch den Widerstand des Mediums oder eines anderen Körpers an Kraft verloren hat.[201]

---

jedoch im Unterschied zum hier gemeinten Vexierbild auf Konzepte der Darstellung (Hypotyposis vs. Evidentia) abzielt und das Moment der Gemütsbewegung mit der Focussierung von Kants *Kritik der Urteilskraft* gleich zu Beginn ausgrenzt (vgl. ders., *Vor Augen Stellen*, *passim*; zur Loslösung der Hypotyposis von der pathetischen Wirkung bei Kant im Gegensatz zu Adelung: S. 211).

200 Christian Wolff schreibt in der Vorrede zu seinen *Aerometriae elementis*, daß »man aber durch eine genaue Erkentniß der Kräffte die Herrschaft über die Geschöpfe erlanget, indem man sich nehmlich derselbigen zu bestimmten Wirkungen bedienen kan«. Sein Übersetzer von 1737 kommentiert:»Damit will der Herr Verfasser nur so viel sagen: der Mensch, wenn er gleich ein Recht zu den Geschöpfen habe, gebe doch keinen Herrn, sondern offt recht einen Sclaven derselben ab, so lange er nicht weis, wozu er sie zu gebrauchen hat. Von dem natürlichen Rechte aus der Schöpfung zur Beherrschung der Creaturen ist also hier die Rede.« Christian Wolff, *Von der Weltweisheit und Naturlehre*, S. 19 f.

201 »*corpus grave, quod ex aliqua altitudine descendit, exacte vel praecise habere potentiam rursus ad eandem altitudinem assurgendi, si scilicet nihil virium in itinere attritu aliquo aut resistentia ambientis vel alterius corporis perdidisse intelligatur.*« Leibniz, lat: *Brevis demonstratio erroris memorabilis Cartesii et aliorum circa legem natura-*

Dieselbe Kraft des fallenden Körpers läßt sich auch dazu nutzen, andere, mit diesem über Faden und Rollen verbundene Gegenstände anzuheben. Gelingt es, was Sisyphos nicht vermochte, die Gewichte am sofortigen Fallen zu hindern, etwa Wassermengen in einem Stausee zu speichern, so können sie später um so gezielter eingesetzt werden. Erfahrungen dieser Art sammelte Leibniz in den Jahren 1680 bis 1685, als er sich im Harz mit Bergwerksangelegenheiten beschäftigte.[202]

1686 erschien in den *Acta eruditorum* ein Aufsatz, in dem Leibniz anhand von physikalischen Experimenten wie den eben zitierten zu zeigen versuchte, daß das bis dahin gültige, von Descartes aufgestellte Verfahren zur Schätzung der bewegenden Kraft auf einem Irrtum basierte *(Brevis demonstratio erroris memorabilis Cartesii et aliorum circa legem naturalem. Secundum quam volunt a Deo eandem semper quantitatem motus conservari, qua et in re mechanica abutuntur)*.[203] Descartes habe die Bewegungsquantität mit der Kraft verwechselt und auf dieser Grundlage fälschlich die Erhaltung der Bewegungsquantität in der Welt behauptet. Leibniz weist dagegen nach, daß Bewegungsquantität und Kraft nur in Ausnahmefällen identisch sind; dann nämlich, wenn gegenstrebige Kräfte ein Gleichgewicht konstituieren und jede daher nur als Tendenz zur Bewegung, als »tote Kraft« Wirksamkeit erlangt. »Lebendige Kräfte«, die sich erst entfalten, wenn ein Körper sich eine Weile lang ungehindert bewegt und dabei eine Beschleunigung erfährt, aufgrund derer er, in heutiger Terminologie, Arbeit verrichten kann, müssen mit einem anderen Maß gemessen werden. Was in der Welt konstant bleibt, ist die Kraft, nicht die Bewegungsquantität – in die Physikgeschichte wird Leibniz' Erkenntnis als »Energieerhaltungsgesetz« eingehen. Leibniz selbst schloß aus seiner Theorie zum einen die Unmöglichkeit eines *perpetuum mobile* und glaubte zum anderen, auf ihrer Basis das Prinzip der

---

lem, secundum quam volunt a Deo eandem semper quantitatem motus conservari, qua et in re mechanica abutuntur, in: ders., Mathematische Schriften, hrsg. von C. I. Gerhardt, ND d. Ausg. Berlin/Halle 1849-1863, Hildesheim 1962, Bd. VI: Die mathematischen Abhandlungen, S. 117-123, hier S. 121 [Hervorh. im Orig.]; dt.: Kurzer Beweis eines wichtigen Irrtums, den Descartes und andere in der Aufstellung eines Naturgesetzes, nach dem Gott stets dieselbe Bewegungsquantität erhalten soll, begangen haben [1686], in: ders., Hauptschriften zur Grundlegung der Philosophie, Bd. I, S. 246-255, hier S. 252 [Hervorh. im Orig.].

202 Vgl. Norbert Schirra, *Die Entwicklung des Energiebegriffs und seines Erhaltungskonzepts. Eine historische, wissenschaftstheoretische, didaktische Analyse*, Frankfurt/Main 1991 (= Reihe Physik 8), S. 59.

203 Vgl. Anm. 201.

prästabilierten Harmonie beweisen zu können.[204] Dies ist der Kontext, in dem die Begriffe »lebendige« und »tote Kraft« in die Mechanik eingeführt wurden.[205]

Leibniz' Angriff auf Descartes provozierte zwischen den Anhängern der beiden Philosophen einen Jahrzehnte dauernden gelehrten Streit über das wahre Maß der lebendigen Kräfte, an dem sich neben Clarke, Bernoulli, d'Alembert, Bilfinger und Wolff u. a. auch der junge Immanuel Kant beteiligte. Wenngleich die Auseinandersetzung schließlich mit der Diagnose beigelegt wurde, daß Descartes und Leibniz ›Kraft‹ im Hinblick auf unterschiedliche Wirkungen definiert hatten, gelangte der Begriff der lebendigen Kraft durch sie zu einer gewissen Popularität. Die unübersehbare metaphysische Dimension der Leibnizschen Theorie überzeugte zwar letztlich das naturwissenschaftliche Publikum von der Nutzlosigkeit der Diskussion, trug für ihre philosophischen Protagonisten aber zweifellos zur Attraktivität der Fragestellung bei. Auch in der Ästhetik zeitigte die Debatte ihr Echo. Lebendige und tote Kraft, so meine These, bilden eine weitere Schicht in Baumgartens prägnanter Theorie der lebendigen Erkenntnis und wirken im Diskurs über das Rührende bis hin zu den späten Schriften Klopstocks weiter.[206]

Der Ausgangsthese zufolge, mit der Leibniz seine *Brevis demonstratio* antritt, muß die Kraft, die ein Körper durch seine Geschwindigkeit erlangt, nach der Wirkung berechnet werden, die sie hervorbringt, während sie sich verbraucht.[207] Eine solche Wirkung ist z. B. der Anstieg eines schwingenden Pendels, der beendet ist, sobald die durch den

---

204 Leibniz, *Essais de Théodicée sur la bonté de Dieu, la liberté de l'homme et l'origine du mal*, in: *LPG* VI, S. 1-471, I, § 61. Vgl. dazu auch Schmidt-Biggemann, *Maschine und Teufel*, S. 62-68. Schmidt-Biggemann greift aber m. E. zu kurz, wenn er den mechanischen Begriff der lebendigen Kraft mit dem Kraftbegriff der Leibnizschen Substanzmetaphysik identifiziert, s. u., S. 201 f.

205 Leibniz, *Brevis demonstratio*, lat. S. 120 f.; dt. S. 252. In physikhistorischen Darstellungen werden Begriff und Theorie der lebendigen Kraft als eine Etappe in der Geschichte des Energieerhaltungssatzes behandelt; lebendige und tote Kraft gelten als Äquivalente der modernen Termini ›kinetische‹ und ›potentielle Energie‹. Um den Blick auf Leibniz' Denkweise und auf den imaginativen Horizont des 18. Jahrhunderts freizuhalten und um den Sachverhalt nicht unnötig zu verkomplizieren, werde ich weder auf den heutigen Wortgebrauch zurückgreifen noch auf moderne Interpretationen der Leibnizschen Problematik eingehen.

206 Auf Klopstocks Verarbeitung des mechanischen Modells kann in diesem Rahmen nicht mehr eingegangen werden; verwiesen sei insbesondere auf den Dialog *Von der Darstellung* (1779), in: Friedrich Gottlob Klopstock, *Gedanken über die Natur der Poesie. Dichtungstheoretische Schriften*, hrsg. von Winfried Menninghaus, Frankfurt/Main 1989, S. 166-173.

207 Leibniz, *Brevis demonstratio*, lat. S. 118, S. 122; dt. S. 248, S. 255.

Fall des Pendels erlangte Kraft sich erschöpft hat. Die Kraft, mit der das Pendel angehoben wird, berechnet sich in Abhängigkeit von seiner Masse sowie von der Höhe, zu der aufzusteigen es in der Lage ist.

Um nachzuweisen, daß die so verstandene Größe der Kraft mit der Cartesischen Bewegungsquantität nicht übereinstimmt, vergleicht Leibniz die Bewegungsquantitäten zweier unterschiedlich schwerer Körper, die beim Fallen aus verschiedenen Höhen die gleiche Geschwindigkeit und die gleiche Kraft entwickeln.[208] Dabei geht er von einem Satz Galileis aus, nach dem ein fallender Körper am tiefsten Punkt seines Falls genau diejenige Geschwindigkeit erlangt hat, die ausreicht, um ihn wieder auf seine ursprüngliche Höhe zu befördern. Als zweite Voraussetzung nimmt Leibniz an, daß die gleiche Kraft benötigt wird, um einen ein Pfund schweren Körper (A) vier Meter hoch zu heben, wie um einen vier Pfund schweren Körper (B) einen Meter hoch zu heben. In Anwendung der ersten Regel schließt er, daß Körper A durch den Fall aus einer Höhe von vier Metern genau so viel Kraft erhält, wie nötig ist, um einen Körper mit einer Masse von einem Pfund – sich selbst – vier Meter hoch zu heben, während Körper B beim Fall aus einer Höhe von einem Meter genügend Kraft akkumuliert, um sich selbst, d. h. einen Körper mit einer Masse von vier Pfund, einen Meter hoch zu heben. Aus der zweiten Voraussetzung folgt, daß die Kräfte der beiden Körper identisch sind.

Daß dies nicht für ihre Bewegungsquantitäten gilt, zeigt Leibniz ausgehend von einem weiteren Satz des Galilei, dem gemäß sich die Geschwindigkeit eines fallenden Körpers am tiefsten Punkt seines Falls verhält wie die Wurzel aus seiner Fallhöhe. Wendet man diesen Satz auf das obige Beispiel an, so erhält man für den Körper A eine Geschwindigkeit von v = 2, für Körper B eine Geschwindigkeit von v = 1. Berechnet man nun nach dem Descartesschen Kraftmaß »Masse x Geschwindigkeit« (mv) die Bewegungsquantitäten der beiden Körper, so ergibt sich für A eine Bewegungsquantität von 1 x 2 = 2, für B dagegen eine Bewegungsquantität von 4 x 1 = 4. Bei gleichen Kräften können sich also verschiedene Bewegungsquantitäten ergeben.

Die Formel zur Errechnung der Kraft, die den Gewichten während ihres Falles zuwächst, muß, so fordert Leibniz, im Gegensatz zur Cartesischen Formel der Höhe ihres voraussichtlichen Anstiegs, die mit der Fallhöhe identisch ist, Rechnung tragen. In Umkehrung der letztgenannten Formel des Galilei verhält sich die Anstiegshöhe wie das

---

208   Ebd., lat. S. 117-119; dt. S. 246-248.

Quadrat der Fallgeschwindigkeit am Umkehrpunkt; die Formel zur Berechnung der bewegenden Kraft lautet also nicht mv, sondern mv^2. Sie enthält damit nicht allein die aktuell meßbare Geschwindigkeit des Körpers an einem bestimmten Punkt, sondern kalkuliert stets den zukünftigen Weg mit ein, den die bereits erreichte Geschwindigkeit dem Körper zurückzulegen ermöglicht.[209] Wissenschafts- und philosophiegeschichtlich bedeutsam an Leibniz' Formel ist die Tatsache, daß sie Descartes' mathematisch-geometrische Methode um eben jenes Zukünftige übersteigt, das sich ohne experimentelles Wissen nicht erschließt. Leibniz ergänzt die Cartesische *res extensa* um ein potentielles Moment, das dem Körper als seine Kraft schon in der Gegenwart zukommt – ausgedrückt in den Worten von Martial Gueroult:

L'expression mv^2 est sans doute une formule strictement mathématique, il est peut-être même possible de l'illustrer par des constructions géométriques, mais ce qu'elle exprime n'est en soi rien d'immédiatement représenté dans l'intuition cartésienne de l'espace. Elle est donc le substitut d'une réalité qui dépasse cette intuition, réalité qui a pu trouver une expression mathématique, mais que la pensée mathématique livrée à elle seule n'aurait jamais conçue. [...] la force est entièrement définie par sa formule; mais cette adéquation ne l'empêche pas d'impliquer quelque chose qui est plus que de l'espace, du temps et du mouvement, c'est-à-dire d'être irréductible aux éléments abstraits des mathématiques pures. [...] Il faut l'intervention de l'expérience [...] pour [...] inclure dans la formule mathématique mv^2 ce qui dépasse radicalement l'intuition géométrique, c'est à dire *l'effet futur*, ou la capacité actuelle du corps animé de force vive de s'élever *ultérieurement* à la hauteur qui épuisera cette force.[210]

Im 1695 publizierten ersten Teil der Abhandlung *Specimen dynamicum* führt Leibniz seine Theorie der lebendigen Kräfte weiter aus und stellt sie in den Zusammenhang seiner metaphysischen Überlegungen zum Kraftbegriff: »Das Specimen stellt [...] das einschlägige Dokument für die Synthese der Lehre von den einfachen Substanzen und derjenigen von den lebendigen Kräften dar.«[211] Leibniz scheidet hier die ursprünglichen aktiven bzw. passiven Kräfte *(vis primitiva activa* bzw. *passiva)* von den abgeleiteten *(vis derivativa activa* bzw. *passiva)*. Die ursprünglichen aktiven und passiven Kräfte, vermöge derer »jeder Körper aufgrund seiner Form immer agiert und jeder Körper aufgrund seiner

---

209 Ebd., lat. S. 119-121; dt. S. 249, S. 252.
210 Martial Gueroult, *Leibniz. Dynamique et métaphysique*, Paris ²1967, S. 47 [Hervorh. im Orig.].
211 Hans Günter Dosch u. a., *Zur Schrift »Specimen dynamicum«*, in: Leibniz, *Specimen dynamicum*, S. XXI.

Materie immer leidet und widersteht«[212], gehören zur sinnlich nicht
wahrnehmbaren Welt der Substanzen, »zu den allgemeinen Ursachen,
die nicht ausreichen können, um die Phänomene zu erklären.«[213] Die
mechanischen Gesetze, unter ihnen Leibniz' Theorie der lebendigen
Kräfte, sind dagegen Teil der Lehre von den »*abgeleiteten Wirksamkei-
ten und Widerständen* [...], die nicht nur mit der Vernunft erkannt, sondern auch mit der Wahrnehmung selbst durch die Phänomene bewiesen
werden.«[214] Trotz dieser grundsätzlichen Trennung, die primitive und
derivative Kräfte auf zwei unterschiedlichen ontologischen Ebenen an-
siedelt, gehören sie mindestens methodologisch zusammen – in ihrer
Begrifflichkeit wie in den heuristischen Möglichkeiten, die Leibniz als
Mechaniker aus der Metaphysik übernahm. Es war nicht zuletzt das
komplexe Wechselspiel, mit dem bei Leibniz Metaphysik und Mechanik ineinanderwirken, das die Rezeption seiner mechanischen Kategorien in der Psychologie und Ästhetik des 18. Jahrhunderts ermöglichte.
Um dies näher beleuchten zu können, sind zunächst noch einige
Nachträge zur mechanischen Theorie der lebendigen Kraft vonnöten.

Leibniz ergänzt im *Specimen dynamicum* seine Theorie der Bewegung und der Kraft um das Prinzip der infinitesimalen Größen. Zuerst
wird der Begriff der Bewegungsquantität durch den der »Quantität
der Momentanbewegung« (*quantitas motionis*, im Gegensatz zu
motus, Bewegung) ersetzt, worunter die Summe der ›Antriebe‹ (*conatus*) als gegenwärtige oder instantane Elemente der Bewegung (*prae-
sentaneum seu instantaneum motus elementum)* zu verstehen ist. Diese
Bewegungselemente oder Antriebe werden nun ihrerseits in unendlich
kleine Elemente zerlegt:

> Wie ferner die Schätzung der Bewegung über eine Zeitstrecke aus den
> unendich vielen Antrieben geschieht, so wiederum entsteht der Antrieb
> selbst (auch wenn er eine momentane Sache ist) aus unendlich vielen,
> demselben Beweglichen nacheinander eingeprägten Schritten und hat
> ein gewisses Element, woraus er nur dann entstehen kann, wenn es un-
> endlich oft wiederholt wird.[215]

---

212 »ob formam corpus omne semper agere, et ob materiam corpus omne semper pati ac
     resistere«, ebd., S. 8 f.
213 »ad generales causas [...] quae phaenomenis explicandis sufficere non possunt.« Ebd.,
     S. 6 f.
214 »de *virtutibus et resistentiis derivativis* [...], quae non ratione tantum intelliguntur,
     sed et sensu ipso per phaenomena comprobantur.« Ebd., S. 8 f. [Hervorh. im Orig.].
215 »Porro ut aestimatio motus per temporis tractum fit ex infinitis impetibus, ita vicis-
     sim impetus ipse (etsi res momentanea) fit ex infinitis gradibus successive eidem mo-
     bili impressis; habetque elementum quoddam, quo non nisi infinite replicato nasci
     potest.« Ebd., S. 10-13.

Dieses letztere Element, der unendlich kleine Drang, mit dem eine Bewegung beginnt und der erst als unendlich oft wiederholter in ein Streben übergeht, das Leibniz als ›Antrieb‹ bezeichnet, wird *sollicitatio* (Anregung, Rührung, Reizung) genannt. Mit einer *sollicitatio* allein ist noch keine Bewegung verbunden; die *sollicitatio* ist lediglich die Tendenz zur Bewegung. Ihr entspricht die tote Kraft, die für sich noch keine Bewegung wirkt, sondern ein bloßes Potential darstellt, wie das Wasser im Staubecken, der Stein auf der Bergspitze, die gespannte Feder oder der Pfeil, der den Bogen spannt. Löst sich das Projektil, weil der Widerstand (die haltende Hand, der Staudamm...) wegfällt, wird es durch das Insistieren der *sollicitationes* in Bewegung gesetzt. Sobald sich die beginnende Bewegung in eine merkliche verwandelt, erhält das Geschoß durch die eigene Geschwindigkeit einen Antrieb (mv) und eine lebendige Kraft (mv^2). Der Antrieb entspricht der Momentanbewegung; die lebendige Kraft manifestiert sich erst in ihrer Wirkung: im Krater, den der Stein beim Aufschlagen verursacht, im Gewicht, das er heben kann, in der Wunde, die der Pfeil verursacht oder in der Verformung des unelastischen Flugkörpers selbst. Um die Homerischen Beispiele noch einmal zugunsten der Leibnizschen zu vergessen, sei als *conclusio* die Erläuterung der lebendigen und der toten Kraft aus dem *Specimen dynamicum* zitiert:

> Daher ist auch die *Kraft* zweifach: die eine elementar, die ich auch *tot* nenne, denn in ihr existiert noch keine Bewegung, sondern lediglich die Anregung zur Bewegung, wie es die der Kugel in der Röhre ist, oder eines Steins in der Schleuder, solange er noch durch das Band gehalten wird; die andere aber ist die gewöhnliche Kraft, mit wirklicher Bewegung verbunden, die ich *lebendig* nenne. Und ein Beispiel der toten Kraft ist die zentrifugale Kraft selbst, und ebenso die Schwerkraft oder zentripetale Kraft; auch die Kraft, durch die eine gespannte Elastizität anfängt, sich wieder herzustellen. Aber beim Stoß, der sich aus einem schon eine Weile lang fallenden Gewicht ergibt, oder aus einem sich eine Weile lang wiederherstellenden Bogen, oder aus einer ähnlichen Ursache, ist die Kraft lebendig, aus unendlich vielen fortgesetzten Einprägungen der toten Kraft entstanden.[216]

---

216 »Hinc *Vis* quoque duplex: alia elementaris, quam et *mortuam* appello, quia in ea nondum existit motus, sed tantum solicitatio ad motum, qualis est globi in tubo, aut lapidis in funda, etiam dum adhuc vinculo tenetur; alia vero vis ordinaria est, cum motu actuali conjuncta, quam voco *vivam*. Et vis mortuae quidem exemplum est ipsa vis centrifuga, itemque vis gravitatis seu centripeta; vis etiam qua Elastrum tensum se restituere incipit. Sed in percussione, quae nascitur a gravi jam aliquamdiu cadente, aut ab arcu se aliquamdiu restituente, aut a simili causa, vis est viva, ex infinitis vis mortuae impressionibus continuatis nata.« Ebd., S. 12-15 [Hervorh. im Orig.].

Martial Gueroult hat die These vertreten, daß die Theorie der lebendigen Kraft Leibniz die Möglichkeit einer »Spiritualisierung des Universums« eröffnete.[217] Ohne als *qualitates occultae* in die wissenschaftliche Welt projiziert werden zu müssen, ließen sich laut Gueroult im Rahmen der mathematischen Physik selbst Kräfte postulieren, die als »bewegende Ursachen« gleichsam Analoga der immateriellen Substanzen im Reich der Körper sind.[218] Der Antrieb, als infinitesimales Moment eines zeitlichen Kontinuums gedacht, enthält das Vergangene in sich und geht schwanger mit der Zukunft. Darin gleicht die bewegende Kraft des Körpers der perzipierenden und von einer Perzeption zur nächsten übergehenden (d. h. begehrenden) Monade[219], oder anders: *conatus* und *sollicitatio* als elementare Bewegungstendenzen gleichen den Begehrungen *(appétitions)* der Seele, ihren Bestrebungen, von einer Perzeption zur anderen überzugehen. In den *Essais de Théodicée* stellt Leibniz selbst eine Parallele zwischen Bewegungsgesetzen und Monadentätigkeit her:

> L'operation des Automates spirituels, c'est à dire des Ames, n'est point mecanique, mais elle contient eminemment ce qu'il y a de beau dans la mecanique: les mouvemens, developpés dans les corps, y étant concentrés par la representation [...] et toute perception presente tend à une perception nouvelle, comme tout mouvement qu'elle represente tend à un autre mouvement.[220]

Das Verhältnis zwischen perzipierender Seele und Mechanik ist hier als reines Abbildungsverhältnis gedacht; die Monade spiegelt gemäß der prästabilierten Harmonie die Bewegungen der Körper samt ihren Gesetzmäßigkeiten. Was in der einfachen Substanz, die im wesentlichen eine perzipierende ist, vor sich geht, ist, wie es in der *Monadologie* heißt, »*inexplicable par des raisons mecaniques, c'est à dire par les figures et par les mouvemens.*«[221] Dies scheint sich zu ändern, sobald die Begierden anstelle der Vorstellungen ins Zentrum des Interesses rücken: In den *Nouveaux Essais sur l'entendement humain* entwirft Leibniz erstmals ein Modell der begehrenden Seele auf der Basis seiner mechanischen Theorie. Unter der Bezeichnung *sollicitations* werden in Anlehnung an Lockes Begriff der *uneasiness* infinitesimale

---

217 Gueroult, *Leibniz*, S. 161.
218 Ebd., S. 108.
219 Ebd., S. 160 f.
220 Leibniz, *Théodicée*, III, § 403.
221 S. o., S. 107 f.

Begehrungstendenzen beschrieben, die als appetitives Pendant der *petites perceptions* zu verstehen sind:

> Mais pour revenir à *l'inquietude*, c'est à dire aux petites solicitations imperceptibles, qui nous tiennent tousjours en haleine, ce sont des determinations confuses, en sorte que souvent nous ne savons pas ce qui nous manque, au lieu que dans les *inclinations et les passions* nous savons au moins ce que nous demandons, quoique les perceptions confuses entrent aussi dans leur maniere d'agir [...]. Ces impulsions sont comme autant de petits ressorts qui tachent de se debander, et qui font agir nostre machine. [...] On appelle *Unruhe* en Allemand, c'est à dire *inquietude*, le balancier d'un horloge[.]²²²

Gemeinsam mit dem Begriff *sollicitations* kehren an dieser Stelle, integriert in die umfassendere Metapher des Uhrwerks, die Federn und Pendel wieder, anhand derer Leibniz die bewegenden Kräfte erforscht und illustriert hatte. Undefinierbare Unruhe und spürbare Leidenschaften und Neigungen verhalten sich wie die *vis mortua* zur *vis viva*.

Die *Nouveaux Essais* können, da sie bekanntlich erst 1765 erschienen sind, nur als Antizipation, nicht als Quelle für Baumgartens Theorie der lebendigen Erkenntnis betrachtet werden. Nichtsdestoweniger sind die bei Leibniz explizit, bei Baumgarten latent konstruierten mechanischen Modelle vergleichbar: Beide orientieren sich an der Uhrwerkmetapher; beide sprechen von »Triebfedern der Seele« *(ressorts, elateres animi)*, beide verwenden den Begriff der *sollicitationes*, um ein Begehren zu beschreiben, daß zum Handeln nicht ausreicht.²²³ Eine entscheidende Differenz jedoch ist, daß sich, was bei Leibniz im Stand des Metaphorischen verblieb, bei Baumgarten zu einer vollgültigen metaphysischen Terminologie ausgewachsen hat. Baumgarten exponiert den Begriff der lebendigen Kraft bereits im ersten, *Ontologia* überschriebenen Teil der *Metaphysica*. Die Attribute ›lebendig‹ oder ›tot‹ halten hier Einzug in die allgemeine (substantiale) Definition der Kraft, die »zu einer gegebenen bestimmten Handlung entweder ausreichend [ist] oder nicht. Im ersteren Fall wird sie eine lebendige, im letzteren eine tote Kraft (solicitatio) genannt.«²²⁴ In einem weiteren Paragraphen der Ontologie wird die lebendige Kraft dann als Eigenschaft der Wirk-

222 Leibniz, *Nouveaux Essais*, II, XX, § 6 [Hervorh. im Orig.].

223 Bei Baumgarten: »Cᴏɢɴɪᴛɪᴏ & ᴠɪꜱ ᴇɪᴜꜱ ᴍᴏᴛʀɪx, appetitionum auersionumue inefficientium est ᴍᴏʀᴛᴠᴀ (strictius insufficiens ad agendum, sollicitatio).« Baumgarten, *Metaphysica*, § 671 [Hervorh. im Orig.].

224 »Hinc data certa ᴠɪꜱ ꜱᴛʀɪᴄᴛɪᴠꜱ ᴅɪᴄᴛᴀ ad datam certam actionem vel sufficit, vel minus, prior ᴠɪᴠᴀ, posterior ᴍᴏʀᴛᴠᴀ solicitatio dicitur.« Ebd., § 220 [Hervorh. im Orig.].

ursache eingeführt: »Also ist die völlige Wirkung gleich (proportional)
den lebendigen Kräften der wirkenden Ursache.«[225] Der Begriff der bewegenden Kraft *(vis motrix)*, den Leibniz und Wolff nur auf die Kräfte
der physikalischen Bewegungslehre *(vis derivativa)* angewendet und
der vorstellenden Kraft der Seele gegenübergestellt hatten[226], wird von
Baumgarten auf die Erkenntnis appliziert – die Bewegungskraft gesellt
sich zu den übrigen, der Redegewalt und ihren Unterarten nachemp-
fundenen *vires cogitationis*.[227] Damit hat sich ein Zirkel geschlossen:
Der Begriff der Kraft, von Leibniz als »metaphysische« Kategorie in
die Cartesische Mechanik eingeführt, ist in die Metaphysik zurückge-
kehrt, bereichert um die metaphorischen Attribute ›lebendig‹ und ›bewegend‹. Schien sich mit der lebendigen Kraft zunächst auf dem Gebiet
der Mechanik eine animistische Vorstellung heimisch zu machen, so erhält jetzt dasselbe Bild eine tragende Funktion innerhalb eines psychologischen Modells, das die Seele als Maschine rekonstruiert.[228]

Baumgartens Theorie der Rührung stellt der lange etablierten, sich
aus der Optik speisenden Metaphorik der Erkenntnistheorie eine mechanische an die Seite, die das Begehrungsvermögen nicht nur beschreiben, sondern auch, so suggeriert der wolffianische Gestus,
wissenschaftlich erklärbar machen soll.[229] Daß sich etwa die Leiden-

---

225 »Hinc *effectus plenus aequalis* (proportionatus) *est viribus caussae efficientis viuis.«*
Ebd., § 331 [Hervorh. im Orig.].

226 Vgl. z. B. Wolff, *Deutsche Metaphysik*, § 623, §§ 658 ff., § 697.

227 Vgl. Baumgartens Auflistung dieser Kräfte in § 531 der *Metaphysica*.

228 Johann Jacob Plitt, ein Schüler Meiers, von dem die meines Wissens einzige unab-
hängige Arbeit über die lebendige Erkenntnis stammt, hat Baumgartens Begriffs-
transfer verstanden und sah ihn als legitimationsbedürftig an. Er empfand die
Anwendung des Begriffs *vis motrix* auf die Erkenntnis als problematisch, weil er den
Kraftbegriff als Prädikat der einfachen Substanzen, die Erkenntnis aber als Akzidens
der Seele auffaßte. Um den unpräzisen Wortgebrauch zu rechtfertigen, der es ja auch
erlaube, die Veränderungen der Seele ›Bewegungen‹ zu nennen, verweist Plitt auf
seine allgemeine Verbreitung selbst bei den Gelehrten: Diese sprächen »den Körpern, die wirklich Akzidentien sind, Bewegungskraft und Trägheit zu und betrachten ihre Schwere, die ebenfalls ein Akzidens ist, als eine Kraft, durch die die Körper
gegen das Zentrum der Erde gezogen werden«. (»Corporibus, quae tamen vere acci-
dentia sunt, vim motricem & inertiae tribuunt & grauitatem eorum, quae tamen ac-
cidens est, tanquam vim considerant qua corpora versus centrum terrae trahantur.«
Johann Jacob Plitt, *Meditationes Philosophicae de vita cognitionis ab eivs claritate,
veritate et certitvdine non necessario pendente [...]*, Halle 1747, § 5.) Baumgartens er-
kenntnistheoretisch-psychologische Variante des *vis motrix*-Begriffs wird durch
Plitts Analyse als Resultat einer doppelten metaphorischen Operation kenntlich gemacht, bei der Kraft und Bewegung gleichsam die Plätze tauschen – ein Verfahren,
das im Rekurs auf die Mechanik legitimierbar erscheint.

229 Zur optischen Metaphorik des Erkennens s. o., S. 68, Anm. 89. Zum Verhältnis von
Physik, Erkenntnistheorie und Ästhetik bei Baumgarten vgl. Michael Jäger, *Die*

schaften oder Gemütsbewegungen in der praktischen Sittenlehre als handlungsgenerierend erweisen, daß, wie Meier in seiner *Theoretischen Lehre von den Gemüthsbewegungen überhaupt* betonen wird, leidenschaftliche Gemüter tätiger scheinen als unbewegte[230], läßt sich überzeugend anhand einer mechanischen Theorie demonstrieren, die beschreibt, wie durch Bewegung Kraft akkumuliert wird, wie also das passive Gestoßenwerden eines Gegenstands sich in die Fähigkeit zum aktiven Stoß umwandelt. Zugleich mit dem psychologischen entsteht dabei ein ästhetisches Modell, für das der Aspekt der Wirkung von mindestens gleich großer Bedeutung ist wie derjenige der Bewegung. Leibniz' Formel zur Schätzung der lebendigen Kräfte besitzt paradigmatischen Wert für jede Theorie, die die Beschreibung eines gegenwärtig Wirkenden nach dessen zukünftigem Effekt – etwa dem des *movere* – ausrichten will: Um andere rühren zu können, muß der Dichter *(vates)* nicht nur, das Gewünschte antizipierend, sich selbst in Bewegung setzen, sondern er muß auch Begierden nach Gegenständen wecken, deren Erreichbarkeit sich voraussehen läßt.[231] Eine Wirkungsästhetik auf der Suche nach einem philosophischen Äquivalent für die Kriegsmetaphorik, mit der Rhetorik und Poetik traditionellerweise die Wirkmacht ihrer Worte umschrieben, findet darüber hinaus in den Versuchsaufbauten und Beispielen der Experimentalphysik einen reichen Bilderschatz (den Stein in der Schleuder; Pfeil und Bogen etc.), auf den die von Baumgarten übernommene theoretische Begrifflichkeit indirekt verweist.[232] Schließlich – und dies ist

---

Ästhetik als Antwort auf das kopernikanische Weltbild. Die Beziehungen zwischen den Naturwissenschaften und der Ästhetik Alexander Gottlieb Baumgartens und Georg Friedrich Meiers, Hildesheim/Zürich/New York 1984 (= Philosophische Texte und Studien 10). Jäger geht ausführlich auf die Bedeutung astronomischer und optischer Entdeckungen für die Baumgartensche Erkenntnistheorie ein, vernachlässigt aber die Funktion physikalischer Metaphern und berührt demzufolge den Gegenstand meiner Untersuchtung nur am Rande.

230 Meier, *Theoretische Lehre von den Gemüthsbewegungen überhaupt*, § 34.

231 In der Kollegnachschrift zu Baumgartens Ästhetik-Vorlesung heißt es: »Wer schön denken will, muß in die Zukunft sehen. [...] Er muß die Sprache des Herzens reden, das ist rühren, soll er andere rühren, so muß er selbst zuvor gerührt sein. Er kann nicht rühren, wann er nicht Begierden erregt, und er kann nicht Begierden erregen, wann der Gegenstand derselben nicht zukünftig ist.« In: Bernhard Poppe, *Alexander Gottlieb Baumgarten. Seine Bedeutung und Stellung in der Leibniz-Wolffschen Philosophie und seine Beziehungen zu Kant. Nebst Veröffentlichung einer bisher unbekannten Handschrift der Ästhetik Baumgartens*, Diss. Münster, Borna/Leipzig 1907, S. 65-258, § 36. Vgl. auch die lakonische Bemerkung in Baumgartens *Aesthetica*, § 36.

232 Baumgartens wohl expliziteste Anwendung des Leibnizschen Modells auf die Ästhetik findet sich wiederum in der Kollegnachschrift zu seiner Ästhetik-Vorlesung. Dort werden im Abschnitt über die ästhetische Begeisterung Mechanik und

von Bedeutung für eine Wissenschaft, die sich die Erforschung des Sinnlich-Konkreten zur Aufgabe gemacht hat – impliziert die mechanische Kräftelehre, anders als die Lehre von der Monadentätigkeit oder das Konzept der Prägnanz, ein Moment kruder Körperlichkeit. Am Anfang der ästhetischen Theorie der lebendigen Erkenntnis stehen nicht nur die Gebote der pietistischen Sittenlehre, sondern auch – zunächst nur inexplizit – Homers blutige Geschosse. Die Vorstellung von einer Dichtung, die trifft wie Revolverschüsse, gehört noch in das Bildinventar der *littérature engagée*.[233]

Kriegsmetaphorik tatsächlich verbunden: »Es sind [beim schönen Geist, dem die Begeisterung fehlt] tote Kräfte da, die aber nicht lebendig werden [...]. Es kann bei einem Soldaten Herz von Natur und Übung in den Waffen sein, allein dieses alles kann tot bleiben, wann er nicht wirklich mit ins Treffen kommt. Daher erfordern wir ferner zu einem schönen Geist den Zustand, da seine Seele zu dem Vorsatze geht, diese Kräfte lebendig zu machen, und wenn sie bisher z. B. nur in vier Graden gewesen, sie so zu verstärken, daß sie etwa gleich bis sechzehn Grad wachsen, und nach der Handlung wieder zu vieren herunterfallen. Diesen Zustand nennen wir Begeisterung [...]. Wann man untersuchen will, ob diese Begeisterung bei einem schönen Schriftsteller gewesen ist, so lese man ihn genau. [...] Das andere Kennzeichen der Begeisterung ist die Geschwindigkeit. [...] wir verstehen hier den Zustand der Seele, da sie sich entschließt, etwas auszuarbeiten, und indem sie ausarbeitet, spüret, daß es immer geschwinder geht und niemals ins Stocken gerät. [...] Es geht hier so wie bei den Arbeiten des Körpers. Wenn man eine Zeit lang in der Arbeit ist, so geht es viel hurtiger als im Anfange.« Poppe, *Alexander Gottlieb Baumgarten*, §§ 78 f.

233 »Il [l'écrivain engagé] sait que les mots, comme dit Brice Parain, sont des ›pistolets chargés‹. S'il parle, il tire. Il peut se taire, mais puisqu'il a choisi de tirer, il faut que ce soit comme un homme, en visant des cibles et non comme un enfant, au hasard, en fermant les yeux et pour le seul plaisir d'entendre les détonations.« Jean-Paul Sartre, *Qu'est-ce que la littérature?* [¹1948], Paris 1991 (= collection folio/essais 19), S. 29. Zu denken wäre auch an die filmischen Metaphern Harun Farockis: In *Die Worte des Vorsitzenden* (1967) werden aus Mao-Schriften Papierflieger; in *Ihre Zeitungen* (ebenfalls 1967) sieht man Flugzeuge abwechselnd Zeitungsbündel und Bomben abwerfen; protestierende Studenten wickeln Pflastersteine in bedrucktes Papier. So verwandeln sich Steine in Argumente und Worte in Waffen.

3.2. Meiers *Theoretische Lehre von den Gemüthsbewegungen überhaupt* und Plitts *Meditationes philosophicae de vita cognitionis*

3.2.1. Beiträge zur »psychologischen Dynamik«

Bei Baumgarten begegnen die aus der Mechanik übernommenen Begriffe lediglich inkognito. Zum einen verbergen sie sich hinter ontologischen Grundbestimmungen, die dann im konkreteren Kontext der Psychologie und Ästhetik nur noch abgerufen werden müssen, zum anderen sind ihre imaginativen Qualitäten in den lakonischen Definitionen gleichsam stillgestellt. Insgesamt bieten Baumgartens Schriften ein immenses Bildreservoir, das Meier vermutlich am ausgiebigsten genutzt und mit der ihm eigenen Weitschweifigkeit entfaltet hat. Auch in bezug auf die Mechanik der lebendigen Erkenntnis verdanken wir Meier einige Hinweise, obgleich er in seinen eigens der *vita cognitionis* gewidmeten Ausführungen auf ihren physikalischen Hintergrund nicht eingeht. Eine Passage der *Theoretischen Lehre von den Gemüthsbewegungen überhaupt*, in der Meier Gesetzmäßigkeiten der Begehrungskraft erforscht, operiert mit der mechanischen Theorie der lebendigen Kraft und enthält Andeutungen zur methodologischen Problematik der Psycho-Physik.

Das Grundproblem, das Meier hier im Rückgriff auf die Mechanik zu lösen versucht, ist bereits bekannt: Es geht um das Paradox, das sich aus der Leibniz-Wolffschen Bestimmung der Seele als stets handelnder und dem traditionellen Cartesischen Begriff der Leidenschaft als *passion de l'âme* ergibt. Mit einem eleganten Manöver ergreift Meier zugleich Partei im Streit um die wahre Formel zur Schätzung der lebendigen Kraft und für eine Aufwertung der Leidenschaft als Prinzip des Handelns. Gegner ist in beiden Fällen Descartes, argumentatives Vorbild der Leibniz der *Brevis demonstratio*.

Die Erkenntnis, »daß die Leidenschaften die Seele starck machen« der Mensch also »in den Gemüthsbewegungen, mehr Stärcke und Macht hat, als ausser denselben«, ist nur durch Erfahrung zu gewinnen, »weil die Würckungen allezeit den lebendigen Kräften gleich sind, durch welche sie gewürckt werden.«[234] Genau wie die Kraft des

---

234 Meier, *Theoretische Lehre von den Gemüthsbewegungen überhaupt*, § 103.

schwingenden Pendels zeigt sich auch die der leidenschaftlich bewegten Seele erst dann ganz, wenn sie sich erschöpft hat:

> Wenn ein Mensch durch keine Gemüthsbewegungen getrieben wird, so
> scheint er seine eigene Stärcke nicht zu wissen. Die Natur kan ihn mit
> vielen und grossen Kräften versehen haben. Weil er sich aber noch nie
> gehörig angegriffen, und den gantzen Vorrath seiner Kräfte gebraucht
> hat, so weiß er [...] selbst nicht wie starck er ist[.][235]

Untrüglichstes Zeichen für die Stärke, mit der die menschliche Seele
während einer Leidenschaft wirkt, ist daher die Müdigkeit (Erschöp-
fung), die ihn anschließend überfällt.[236] Selbstgefühl wird für den empirischen Psychologen zum Analogon der Beobachterinstanz in der
Experimentalphysik.

Um seine Theorie der leidenschaftlichen Kraft in den Leibnizschen
Ausdruck mv² gießen zu können, konstruiert Meier nun ein psychologisches Äquivalent der Geschwindigkeit. Bedingung dafür scheint
allerdings ein Zugeständnis zu sein, das Meier dieselben Schwierigkeiten bereitet wie vordem Christian Wolff[237]: Geschwindigkeit
setzt Bewegung voraus. Die prinzipielle Unangemessenheit des Be-
wegungsbegriffs für alles Seelische gehört zu Meiers harmonistisch-
antimaterialistischem Credo. Bewegung existiert nur als relative und
präsupponiert Raum, deshalb (verkürzt gesagt) kann sie dem Unausgedehnten nicht zukommen. In aller Ausführlichkeit hatte Meier in
seiner Erstlingsschrift, dem *Beweis: daß keine Materie dencken
könne*, demonstriert, daß sich Gedanken keinesfalls als Bewegungen
begreifen lassen.[238] Nichtsdestoweniger, und dieses Motiv ist in Meiers Arbeiten ebenso präsent wie die These von der prästabilierten
Harmonie, bleibt er fest überzeugt von der Möglichkeit und Ergie-
bigkeit einer Psychologie, die sich nicht nur methodologisch, sondern
auch in der direkten Übernahme einzelner Ergebnisse an der Experimentalphysik orientiert. Seine Lehre von den Gemütsbewegungen ist
von diesem Zwiespalt ganz durchzogen. In Hinblick auf die Theorie
der lebendigen Kraft entkommt er dem Dilemma, ähnlich wie es
Baumgarten in der *Metaphysica* mit der bewegenden Kraft getan
hatte, durch Abstraktion. Um die Seele eines Leidenschaftlichen als

---

235 Ebd.
236 Ebd., § 104.
237 S. o., Kap. 2.4.
238 Meier, *Beweis: daß keine Materie dencken könne* [¹1742], Halle ²1751, §§ 64-78.

»eilfertig« bestimmen zu können, schlägt Meier in Anwendung der
Wolffschen heuristischen Verkehrung eine allgemeinere Definition
der Geschwindigkeit vor, die auf *res extensa* und *res cogitans* gleichermaßen anwendbar ist:

> Wenn eine Kraft sehr viel in weniger Zeit würckt, oder, wenn über der
> Hervorbringung eines gewissen Gegenstandes nicht viel Zeit vorbey
> geht, so beweißt sich eine solche Kraft in ihren Handlungen sehr ge-
> schwind und hurtig. [...] Das Wort Geschwindigkeit schickt sich zwar,
> seiner gewöhnlichen Bedeutung nach, nur zu der Bewegung. Ich sehe
> aber keinen Widerspruch in der allgemeinern Bedeutung, die ich diesem
> Worte gegeben habe.[239]

Da der leidenschaftlich bewegte Mensch »alles mit einemmale be-
werckstelligen« will und »die Zeit nicht erwarten« kann, »in welcher
er des Gegenstandes seiner Leidenschaft theilhaftig werden soll«,
wirkt seine Seele besonders schnell.

Die Berechnung des Effekts solcher seelischen Anstrengungen mit
Hilfe des Kraftmaßes mv^2 gerät zum schwächsten Punkt der Argumentation. Sie scheitert am Mangel eines geeigneten psychischen Kor-
relats der Masse. Meier setzt kurzerhand die »Kraft zu begehren« an
ihre Stelle und bringt sich damit um die Größe, die die Formel eigentlich hatte ergeben sollen. Entsprechend bescheiden ist sein Resultat:

> Wenn die Würckung eines Körpers groß seyn soll, so muß entweder
> seine Masse groß seyn, oder seine Geschwindigkeit, oder beydes zu-
> gleich. Wenn ich nun die Kraft zu begehren für die Masse der Seele an-
> nehme, so erhellet, daß in den Leidenschaften ein grosser Grad dieser
> Kraft gebraucht werde, folglich ist die Masse groß. Gleich jetzo habe ich
> erwiesen, daß auch die Geschwindigkeit sehr groß sey. Man sieht also
> die Uebereinstimmung der Körper mit der Seele in diesem Stücke, und
> ich bin in der Meinung bestärckt worden, daß die Bewegungsgesetze,
> mit den Gesetzen der Veränderungen der Seelen übereinstimmen, und
> also aus einerley entferntern Gründen erwiesen werden. Diese Gründe
> würden, meinem Bedüncken nach, einen schönen Theil der allgemeinen
> DYNAMIC ausmachen.[240]

Signifikanter als der auf zirkulärem Weg erreichte Satz über Kraft und
Geschwindigkeit der Gemütsbewegung ist Meiers Hinweis auf eine
»allgemeine Dynamic«. Leibniz hatte die Dynamik, ohne allerdings
ihren Gegenstandsbereich jemals ausführlich zu exponieren, als eine

---

239 Ebd., § 75.
240 Ders., *Theoretische Lehre von den Gemüthsbewegungen überhaupt*, § 105. [Hervorh.
     im Orig.]

Wissenschaft eingeführt, mittels derer die Physik der Metaphysik unterzuordnen sei.[241] Bindeglied zwischen den beiden Gebieten und Hauptthema der Dynamik bildet die Kategorie der Kraft. In seinem posthum erschienenen umfassenden Plan aller philosophischen Disziplinen, der *Sciagraphia Encyclopaediae philosophicae*, definierte Baumgarten daraufhin die Dynamik als »Wissenschaft von den Kräften« und gliederte sie in die philosophische, ontologische, theologische, kosmologische, physikalische und pneumatisch-psychologische.[242] Daran knüpft Meier an, wenn er Leibniz' Theorie der *vis viva* als psychophysisches *tertium comparationis* wählt, das den Blick auf »entferntere Gründe« der seelischen wie der körperlichen Veränderungen eröffnet.

Mit der Verlagerung des Körper-Seele-Parallelismus von der phänomenalen Analogie auf ein gemeinsames, hier unbestimmt gelassenes ontologisches Fundament ist dann auch Meiers letzter Schritt, seine Descartes-Kritik zu erklären: Sie suggeriert die grundsätzliche Austauschbarkeit von psychologischen und mechanischen Konzeptionen auch in dessen Werk. Meier überträgt nämlich die Leibnizsche Kritik an Descartes' Formel zur Schätzung der lebendigen Kraft direkt auf die Theorie der *passions de l'âme*. Wie die lebendige Kraft der Körper, so habe Descartes auch die Kraft der Leidenschaften zu gering veranschlagt, indem er ihnen lediglich die Fähigkeit zusprach, das Gemüt »an[zu]reizen« und ihm die »blosse Einrichtung *(dispositio)*« oder den »gehörigen Schwung« zum Wollen zu geben, statt ihre Wirkung im Begehren selbst, im Hervorbringen neuer Perzeptionen und im Antrieb zum Handeln zu sehen.[243] Descartes' Auffassung von der Macht der Leidenschaft liest sich für Meier wie die Verwechslung von lebendiger und toter Kraft.

Drei Lektüreergebnisse sind in bezug auf Meiers Text festzuhalten. Erstens verdankt Meier der Leibnizschen experimentellen Methode eine neue Form der Argumentation zugunsten der Irreduzibilität empirischer Erkenntnis. Weder die Wirkungen des Pendelschwungs noch die der Gemütsbewegung sind *more geometrico* zu ermitteln; Erfahrung dient nicht nur dem Beweis *a posteriori*, sondern führt als erster und einziger Weg zur Wahrheit. Zweitens zeigt sich an Meiers mißglückter Analogisierung physikalischer und psychischer Entitäten sowie an seinem Verweis auf die »entferntern Gründe«, die diese Analogisierung möglich machen sollen, daß die beschriebene

241 Vgl. Leibniz, *Specimen dynamicum*, Erläuterungen der Herausgeber, S. 91-93.
242 Baumgarten, *Sciagraphia*, §§ 131 f.
243 Meier, *Theoretische Lehre von den Gemüthsbewegungen überhaupt*, § 106.

Annäherung der Psychologie an die empirische Naturwissenschaft genau wie Leibniz' Dynamik-Projekt Ausdruck metaphysischer Überzeugungen ist und nicht im Sinne modernen Wissenschaftsverständnisses gedeutet werden darf. Die Prämissen, unter denen Meier seine psychologischen Beobachtungen notiert, wurzeln in einer Kosmologie der universalen Übereinstimmung, die letztlich auf neoplatonische Traditionen zurückzuführen ist.

Drittens – und hiermit kehre ich zurück zum ästhetischen Anliegen – erreicht Meier in seiner *Theoretischen Lehre von den Gemüthsbewegungen* ein neues Stadium im Prozeß der Emanzipation der Leidenschaften von der Wolffschen Erkenntnistheorie. Indem er die Kategorie der lebendigen Kraft von der Erkenntnis ablöst, an der sie bei Baumgarten noch haftet, und sie auf die Leidenschaft selbst anwendet, gelangt er zu einer vom Ansatz her stimmigeren psychologischen Interpretation des mechanischen Paradigmas (der Kraftzuwachs wird auf ein psychisches Äquivalent der Bewegung, nicht optischer Phänomene zurückgeführt) und erschließt dadurch ein neues, rein dynamisches Beschreibungsvokabular für seelische Abläufe.

3.2.2. Das Problem der Prägnanz

Der hier diskutierte Abschnitt aus der *Theoretischen Lehre von den Gemüthsbewegungen* sollte nicht darüber hinwegtäuschen, daß im Ganzen gesehen bei Meier wie bei Baumgarten die erkenntnistheoretischen Überlegungen zur Psychologie der Leidenschaften überwiegen. Leidenschaft bleibt an die anschauende Erkenntnis einer Vollkommenheit oder Unvollkommenheit geknüpft; aus der dynamischen Betrachtung des Affekts resultiert keine dynamische Poetik im engeren Sinne. Allenfalls Andeutungen dazu sind zu verzeichnen, und zwar in Meiers Theorie der Prägnanz.

Hans Adler hat darauf hingewiesen, daß Meier in seiner *Vernunftlehre* (1762) die schulphilosophische Klassifikation der Erkenntnis nach dem Grad ihrer Klarheit und Deutlichkeit um eine mehrfache Differenzierung im Bereich des Dunklen erweitert. An der Tatsache, daß das Dunkle mithin zu einem Problem der Erkenntnistheorie geworden ist, macht Adler das Einsetzen einer grundsätzlichen Revision des gnoseologischen Paradigmas fest, die sich auch bei Sulzer ankündigt und schließlich von Herder programmatisch vollzogen wird.[244]

---

244 Adler, *Die Prägnanz des Dunklen*, S. 90 f.

Das Dunkle der Erkenntnis fungiert jetzt nicht mehr als untere Grenze des gnoseologischen Systems, sondern wird zu einem theoretischen Gegenstand *sui generis*. Seine philosophische Erkundung erfordert ein Beschreibungsinstrumentarium, mit dem das Dunkle nicht mehr auf der Basis quantitativer Bestimmungen (nach der Zahl und Deutlichkeit der Merkmale) als defizitär bewertet, sondern qualitativ charakterisiert werden kann.

Auf welcher Ebene Herders Kritik das schulphilosophische gnoseologische System treffen sollte, erwähnt Adler schon in bezug auf Wolffs Kommentar zu den Leibnizschen Begriffen ›klar‹, ›dunkel‹, ›deutlich‹ und ›verworren‹ in der *Deutschen Metaphysik*. Die optische Metaphorik, von der die traditionelle gnoseologische Terminologie getragen ist, impliziert eine Wertehierarchie, die das Dunkle als *privatio* oder *defectus* aller weiteren Analyse entzieht:

> Die ›Schatten‹ haben kein Eigenrecht, sie sind für diese Erkenntnislehre ein Mangel, dem abgeholfen werden muß durch ›Aufklärung‹. [...] Was im Schatten abseits liegt, ist für Wolff amorph und deshalb bedrohlich. Mit dem dunklen Bereich der Seele ist die untere Grenze nicht *der Erkenntnis*, sondern *dieser* Erkenntnis*lehre* erreicht.[245]

Wie Adler ausführt, bedient sich Herder, um das Dunkle in der Philosophie heimisch zu machen, der Metapher der Prägnanz. Sie konnotiert Fruchtbarkeit und Fülle; in der Rhetorik entspricht ihr die *brevitas*, in der Poetik die »Darstellung des konkret Individuellen«. Ihre Attraktivität »verdankt diese Metaphorik dem anschaulichen Ausdruck von Inhärenz und Implikation«.[246] Ich möchte im folgenden zeigen, daß die Emanzipation des Dunklen unter Zuhilfenahme des Konzepts der Prägnanz nicht nur seine Ablösung vom optischen Paradigma bedingt, sondern auch seine Anbindung an eben jenes mechanische Modell, das Baumgarten im Rahmen seiner Theorie des Begehrungsvermögens der Psychologie nutzbar gemacht hatte. Das Ergebnis ist eine Neuinterpretation des gesamten gnoseologischen Systems, die das bisherige Verhältnis von Erkenntnis und Rührung umkehrt: Während Baumgarten die poetische Dignität der Affekte noch in den *Meditationes* von der sinnlichen Vollkommenheit der extensiv klaren Erkenntnis abgeleitet hatte, wird bei Meier die Bewegungskraft ihrerseits zum Kriterium einer Aufwertung des Dunklen. Daran anknüpfend ergänzen dann Sulzer und Herder die traditionelle Stufung

---

245 Ebd., S. 16 f. [Hervorh. im Orig.].
246 Ebd., S. 92.

der Erkenntnisgrade, die von der Dunkelheit über die Klarheit zur
Deutlichkeit fortschreitet, um eine komplementäre Skala, deren Ordnung sich danach richtet, wie stark das Wahrgenommene rührt.

Terminologisch wurden die *perceptiones praegnantes* in Baumgartens *Metaphysica* eingeführt und definiert als »PERCEPTIONES plures in se
continentes«.[247] Baumgarten sprach den prägnanten Vorstellungen als
»Argumenten im weiteren Sinne« eine besondere »Kraft«, »Stärke«,
»Wirksamkeit« oder auch »Energie« zu *(robur, vis, efficacia, energia,
actuitas)*, weil sie durch ihre Merkmalsfülle die Seele beherrschen und
imstande sind, ihren Zustand völlig zu verändern.[248] Zwischen Vorstel-
lungs- und Begehrungskraft wird in diesem Zusammenhang nicht eigens differenziert. Was der Mensch sicher, wenn auch nicht deutlich zu
erkennen glaubt, muß er notwendigerweise entweder begehren oder
verabscheuen, und als Bestreben, von einer Perzeption zur nächsten
überzugehen (also den Zustand der Seele zu ändern), ist das Begehren
am Erkennen ohnehin stets beteiligt. So gefaßt, erfüllen die Begriffe der
Prägnanz bzw. der Stärke die gleiche Funktion wie die Theorie der extensiven Klarheit: Sie ermöglichen es, eine Vorstellung ohne Rücksicht
auf ihre Deutlichkeit nach der Zahl ihrer Merkmale zu bewerten.
Baumgartens Konzept der Prägnanz ist zugeschnitten auf ein Vorstel-
lungssubstrat, dessen Merkmale zwar in sich nicht deutlich, als Merkmale jedoch unterscheidbar und somit quantifizierbar sind. Es eignet
sich für klare und verworrene Vorstellungen, bietet aber letztlich keine
Handhabe für das Dunkle. Dementsprechend hat auch Adler in bezug
auf Baumgarten angemerkt, daß die »Anhäufung sinnlicher Vorstellungen« als »Prozeß der Konkretion des Individuellen«, die Baumgarten in
den *Meditationes* als besonders poetisch bezeichnet hatte, »immer ein
Phänomen der Prägnanz ist.«[249] Wie noch deutlich werden wird, trifft

---

247 Baumgarten, *Metaphysica*, § 517 [Hervorh. im Orig.].
248 Ebd., §§ 515-517, § 197. Vgl. dazu auch Adler, *Die Prägnanz des Dunklen*, S. 94. Ein
      Argument ist nach Baumgartens Definition jede Vorstellung, die den Grund einer
      weiteren Vorstellung in sich trägt. In der *Aesthetica* klassifiziert Baumgarten die Ar-
      gumente analog zu den Vollkommenheiten der Erkenntnis und unterscheidet infol-
      gedessen »argumenta locupletantia, nobilitantia, probantia, illustrantia, persuadentia,
      mouentia« (§ 26). – Vgl. zur Kraft des Verworrenen auch die Kollegnachschrift zu
      Baumgartens Ästhetik-Vorlesung: »Meine deutliche Kenntnis ist nicht so stark als
      die sinnliche. Wenn ich diese letzte von einer gewissen Sache habe, so werden alle
      Schlüsse deutlich und in forma mich nicht vom Gegenteil überführen. Wann wir also
      andere von der Wichtigkeit gewisser Güter überreden wollen, so werden wir die
      Sinnlichkeit zu Hilfe nehmen müssen; und die Regeln davon gibt die Ästhetik.«
      Poppe, *A. G. Baumgarten*, § 3.
249 Adler, *Prägnanz des Dunklen*, S. 94.

diese Gleichung für Meiers Konzept der Prägnanz nicht mehr uneingeschränkt zu.

Meier begrenzt die Vorstellungen, die Leidenschaften auslösen können, auf klare, um sie vom gänzlich dunklen »natürlichen Triebe und Eckel« abzusetzen[250]: Bei den Gemütsbewegungen sind wir uns »desjenigen guten oder bösen bewust [...], dessen Vorstellung uns in Bewegung setzt und erschüttert.«[251] Die Erfahrung lehrt ferner, daß Leidenschaft und deutliche Vorstellungen einander ausschließen. Dem Leidenschaftlichen ist es unmöglich, einen klaren Gedanken zu fassen, und umgekehrt verhindert tiefes Nachdenken die Geburt des Affekts.[252] Soweit stimmt Meiers Auffassung mit der herkömmlichen Gegenüberstellung von Affekt und vernunftgesteuertem Willen überein. Neu an Meiers Affektbegriff ist einerseits die oben schon beschriebene radikale Umwertung der Leidenschaft zu einem Prinzip der Tätigkeit, andererseits die Akzentuierung der »unendlich vielen dunckeln Vorstellungen«, aus denen sich die bewegende Erkenntnis zusammensetzt.[253] Denn im Unterschied zu Leibniz' Theorie der *petites perceptions* und *sollicitations* liegt der Schwerpunkt von Meiers Argumentation nicht auf der Tatsache, daß jede klare Vorstellung, jede Leidenschaft nur als Ergebnis infinitesimaler Einwirkungen gedacht werden kann, weil die Natur keine Sprünge macht, sondern auf der immensen Kraft, die das Verworrene durch die ihm eigene Fülle dunkler Details akkumuliert. Jede einzelne der unendlich vielen Teilvorstellungen wirkt auf das Begehrungsvermögen und leistet dergestalt ihren Beitrag zum Leben der Erkenntnis. Im Stande der Deutlichkeit dagegen muß die Seele abstrahieren und kann ihre Aufmerksamkeit nur auf eine geringe Zahl von Merkmalen richten; entsprechend klein ist deren Bewegungsenergie:

> Wir haben einen überaus eingeschrenckten Verstand, und wenn wir demnach einen deutlichen Begriff machen, so enthält das deutliche unendliche mal weniger als das verworrene in sich. Die verworrenen Begriffe sind demnach ungleich grösser, als die deutlichen, was die Anzal der Begriffe betrifft, die darinn zusammen gefaßt sind. Wenn eine kleinere Vorstellung kleinere Begierden und Verabscheuungen würckt, und grössere grössere, so müssen die verworrenen Vorstellungen mehr Leben bey uns Menschen haben, als die deutlichen, wenn die übrigen Stücke gleich sind.[254]

---

250 Meier, *Theoretische Lehre von den Gemüthsbewegungen überhaupt*, § 40.
251 Ebd., § 38.
252 Ebd.
253 Ebd., § 49.
254 Ebd., § 70.

Den entscheidenden Schritt über Baumgarten hinaus geht Meier mit der Einführung einer zeitlichen Dimension in die Theorie der Prägnanz. Durch die ausdrückliche Identifikation von Prägnanz und *brevitas* entfernt sich jene nämlich vom Konzept der extensiven Klarheit und wird als ihr unausgedehnteres, dunkleres Gegenstück kenntlich. Extensiv klar ist eine Vorstellung, wenn in ihr die Details entfaltet sind, die der – rührendere – prägnante Begriff bloß einen Moment lang aufblitzen läßt.

> Man muß sich hüten, daß man nicht eine jede Vorstellung dieser Vollkommenheiten und Unvollkommenheiten klar mache, und ein jedes einzelne Gut oder Uebel ausdrücklich, mit eigenen Worten, anzeige. Im widrigen Falle wird die Vorstellung entweder deutlich, oder doch so groß und ausschweiffend lang werden, daß sie der andere nicht mit einemmale wird übersehen und fassen können. Er wird das erste schon wieder vergessen haben, wenn er sich das Letzte vorstelt, und die Länge der Zeit, die darüber hingeht, wird die erstern Vorstellungen nach und nach schwächen, und wir werden unsern Zweck nicht erreichen. [...] Die Kürtze drengt die Begriffe zusammen, und überhäuft mit einemmale die Seele mit unzäligen Vorstellungen, wenn sie nur dabey körnigt ist. [...] Ich rede von einer Kürtze, die dabey groß und schwer ist, was den innern Gehalt derselben betrift.[255]

Meiers körnigte Rede herrscht nicht geometrisch durch räumliche Ausdehnung, sondern sie siegt zusammengedrängt wie die Griechen im Trojanischen Pferd oder, in der Sprache der lebendigen Kraft, wie David mit seiner Steinschleuder gegen den Riesen Goliath. Zwar bleibt das Prägnante quantitativ bestimmt, und die Metaphorik der Größe und Weite verschwindet nicht aus der Argumentation. Aber die Geschwindigkeit macht, daß der »innere Gehalt« der Vorstellungen dennoch seine Anschaulichkeit einbüßt:

> man muß die Vorstellungen so enge zusammen drengen, daß sie bey nahe in einen Punct zusammen fallen. Man muß dem andern [...] einen Schauplatz eröfnen, der so weit ist, daß er zwar unendliche Gegenstände entdeckt, und ein weites Feld hat, worauf er herum irren kan, aber doch in der Geschwindigkeit kein Ende desselben erblickt, und in der Geschwindigkeit nicht weiß, wo er zu dencken anfangen und aufhören soll.[256]

Die paradoxe Formulierung, mit der Meier den unendlichen Schauplatz in einem einzigen Punkt versammeln will, läßt sich durch zwei

---

255 Ebd., § 134.
256 Ebd.

physikalische Modelle in sinnfällige Konstruktionen auflösen. Das
eine ist optischer Provenienz und bedient sich des Brennspiegels, um
die Licht-Metaphorik, wie es schon Baumgarten tat, in Feuer-Metaphorik zu überführen[257]; das andere ersetzt Ausdehnung durch Masse
(»ich rede von einer Kürtze, die dabey groß und *schwer* ist«) und
kombiniert sie mit der Geschwindigkeit der Gedankenfolge zu einer
hydraulischen Anwendung des Ausdrucks mv^2:

> Gleichwie ein gewaltiger Strom, so lange er entweder in seinen engen
> Uffern fließt, oder durch eine Schleiffe zusammen gepreßt wird, *sich selbst
> durch seine eigene Last fortwälzt, und mit seiner Gewalt und Geschwin-
> digkeit, die alles was ihr in den Weg kommt mit sich fortreißt, sich selbst
> forttreibt.* So bald er aber sich über seine Uffer ergießt, breitet sich das
> Gewässer über eine weite Gegend aus, und verliehrt mit dem Anwachse
> der Ausdehnung die *Stärcke*. So verhält sichs auch mit der Erkenntniß.
> So lange sie verworren und lebhaft ist, ist sie zusammengepreßt, und *kan
> das Gemüth erschüttern.* So bald sie aber gar zu deutlich oder weitläuftig
> wird, verliehrt sie ihre Gewalt.[258]

Beide Modelle rekurrieren auf Baumgartens Definition der lebendigen Erkenntnis, die neben der mechanischen Metaphorik auch eine
des Feuers *(ardor)* zur Verfügung stellt, und beide partizipieren an der
traditionellen Ikonographie der Leidenschaften, in die die Erkenntnismetaphorik des Lichts und der Extension gleichsam umschlägt.
Die Strommetaphorik im Verbund mit der Stilistik der Kürze und des
»Körnigten« verleiht Meiers schulphilosophischer Affektrhetorik
darüber hinaus eine dynamische Komponente, die an Longins Theorie des Erhabenen und Breitingers Lehre von der »hertzrührenden
Schreibart« gemahnt. Insgesamt manifestiert sie sich allerdings in der
Theoretischen Lehre von den Gemüthsbewegungen außer in der
zitierten Passage nur auf bildlicher Ebene; der großzügig verwende-
ten Wassermetaphorik entspricht keine ausgearbeitete Stilistik, die
Aspekte wie Redefluß, Affektdramaturgie oder affektivische Prosodie
auf die Dynamik der Begehrungskraft abstimmen würde.

---

257 »Man darf manchmal nur eine Vorstellung nennen, so werden dadurch tausend andere aufgeklärt. Gleichwie in einem Zimmer, dessen Wände mit unzäligen Spiegeln
behangen sind, ein einziges Licht, seine Strahlen, die von ihm ausfliessen, durch das
gantze Zimmer ausbreitet. Dieser Ausfluß des Lichts berührt einen jeden Spiegel,
und bricht sich in einem jeden dergestalt, daß das gantze Gemach zu brennen
scheint. So kan auch eine einzige Vorstellung in der Seele, ihr Licht über hundert andere ausbreiten. Diese fangen gleichsam das Licht der Seele auf, schlagen es zu der
Quelle zurück, und erleuchten dadurch die Seele bis zur Verblendung«. Ebd.
258 Ebd. [Hervorh. von mir, C. T.-M.].

Meiers mechanisches Modell der Prägnanz ist zugeschnitten auf eine rhetorische Theorie, die das Dunkle als Eigenschaft sprachlich vermittelter und folglich auf sprachlicher Ebene auch kontrollierbarer Erkenntnis begreift. Sobald sich demgegenüber die Aufmerksamkeit der *psychologia empirica* auf die ganz dunklen, dem Bewußtsein entzogenen Regionen der Seele richtet, versagt die Metaphorik der Prägnanz aus ähnlichen Gründen wie die der Optik: Das Unbewußte offenbart sich in seinen Wirkungen, bleibt aber letztlich der gnoseologischen Klassifikation unzugänglich. Davon zeugen die *Meditationes philosophicae de vita cognitionis ab eius claritate, veritate et certitudine non necessario pendente*, die Johann Jacob Plitt 1747 unter Meiers Vorsitz an der Universität Halle verteidigte und in der er sich darum bemühte, die Lehre von der lebendigen Erkenntnis um eine Theorie der dunklen *stimuli* zu erweitern. Plitts Untersuchung bedient sich sowohl der mechanischen Lehre von der lebendigen Kraft als auch der Baumgartenschen Klassifikation der Vorstellungen nach der Quantität ihrer Merkmale, verzichtet jedoch auf eine Synthese der beiden Modelle.

Der folgende Vergleich, mit dem Plitt seine Abhandlung eröffnet, kann als erstes Indiz für die Präsenz des mechanischen Diskurses in seiner Theorie[259] und zugleich als Exposition der im Titel angekündigten Thematik gelesen werden:

> Das Leben ist eine solche Vollkommenheit der Erkenntnis, daß ohne sie ihre übrigen Vollkommenheiten, mir zumindest, von geringem Nutzen erscheinen. Was ein Schiff ohne Ruder oder Segel, was ein Gefährt ohne Räder ist, das ist eine Erkenntnis ohne Leben.[260]

Die Segelboot-Metapher, die hier zwischen Erkenntnis- und Begehrungsvermögen vermittelt, gehört zu den Topoi der Affekttheorie. Als eine »Lieblingsmetapher Voltaires« hat Ira O. Wade sie u. a. über Pope, Fontenelle, Nicole und Montaigne bis Plutarch zurückverfolgt.[261] Ge-

---

259 An anderer Stelle (§ 9) expliziert Plitt den mechanischen Hintergrund der Lehre von der lebendigen Erkenntnis, indem er in bezug auf den Begriff der *sollicitatio* Jacob Hermanns *Phoronomia* mit der Leibnizschen Mechanik vergleicht. Vgl. dazu außerdem S. 206, Anm. 228.

260 »Vita cognitionis tanta est eiusdem perfectio vt sine ea reliquae ipsius perfectiones parum, mihi quidem, videantur proficuae. Quidquid nauis remis velisque destituta, vehiculum rotis orbatum est, id cognitio est sine vita.« Plitt, *Meditationes*, »Lectori benevolo«, S. 7.

261 Ira O. Wade, *A Favorite Metaphor of Voltaire*, in: *The Romanic Review* 26 (1935), S. 330-334. Zur antiken literarischen Tradition der Schiffahrtsallegorik einschließlich ausgewählter neuzeitlicher Belege vgl. allgemeiner Carlo del Grande, *L'Allegoria della nave*, in: *Studi in onore di Lorenzo Bianchi*, hrsg. von Mario Pensa und Horst Rüdiger, Bologna 1960, S. 61-70. Als ältesten antiken Gewährsmann für die nauti-

meinsam ist den zahlreichen Belegen der Vergleich der Leidenschaften mit den Winden auf hoher See; als reines Vernunftwesen wäre der Mensch so unbeweglich wie ein Segelboot bei Windstille.[262] Einige Autoren setzen außerdem die Vernunft als Kompaß ein und betonen die verheerende Wirkung der Seestürme. Meier griff den Topos in der *Theoretischen Lehre von den Gemüthsbewegungen* mehrfach auf, u. a. in der bereits diskutierten Passage, die anhand des Kraftmaßes mv² den Zusammenhang von Leidenschaft und Tätigkeit darstellt.[263] Wenig passionierte Menschen werden hier mit Schiffen verglichen, die »wegen einer Windstille unmercklich fortgehen«. Weiter unten im Text erfolgt dann eine mechanische Beschreibung desselben phlegmatischen Menschenschlags, die, übrigens in Anlehnung an Wolff und Baumgarten[264], die Seele als Waage im Zustand des Gleichgewichts veranschaulicht:

sche Allegorisierung des leidenschaftlich bewegten Menschen nennt del Grande Aischylos (ebd., S. 63-65); für die Neuzeit steht das 189. Sonett aus Petrarcas *Canzoniere* am Anfang einer Tradition, die Liebesleidenschaft als stürmische Seefahrt imaginiert (ebd., S. 66-68).

262 Vgl. dazu die Interpretation Hans Blumenbergs: »Es ist die Rechtfertigung der philosophisch diskriminierten *passiones*, der Leidenschaften, die in dieser Figur ausgesprochen wird: die reine Vernunft – das wäre die Windstille, die Bewegungslosigkeit des Menschen im Vollbesitz aller Besonnenheit.« Blumenberg, *Schiffbruch mit Zuschauer. Paradigma einer Daseinsmetapher* [¹1979], Frankfurt/Main ⁴1993, S. 30 f. [Hervorh. im Orig.]. Einschlägig für die mechanistische Interpretation des Topos ist wohl auch Descartes' *Traité de l'homme* (1664): Descartes vergleicht die Wirkung der Lebensgeister auf die Nervenfibern im Gehirn mit der des Windes auf die Segel eines Schiffs, vgl. René Descartes, *Traité de l'homme*, in: *DAT* XI, S. 119-215, hier S. 173 u. 199.

263 Meier, *Theoretische Lehre von den Gemüthsbewegungen überhaupt*, § 103. Vgl. auch ebd., §§ 77, 79 u. ö.

264 Baumgarten spricht im Kontext seiner Lust- und Unlusttheorie sowie in bezug auf das Begehrungsvermögen vom »Übergewicht« *(praedominium)* bzw. »Gleichgewicht« *(aequilibrium)* zwischen Vergnügen und Mißvergnügen bzw. Begierde und Abscheu (vgl. ders., *Metaphysica*, §§ 656, 661, 670 ff.). In Christian Wolffs *Deutscher Metaphysik* wird der Vergleich ausgeführt und reflektiert: »Es sind die Redens=Arten, so hier gebrauchet worden, von der Wage genommen [...]. So lange die Gewichte in beyden Wage=Schaalen gleich sind; so stehet die Wage inne, und kan auf keine Seite einen Ausschlag geben. Soll der Ausschlag erfolgen; so muß dem Gewichte auf der einen Seite etwas zugeleget werden. Die Wage stellet in diesem Gleichnisse die Seele vor, und die Gewichte sind auf die Bewegungs=Gründe zu deuten. [...] Nehmlich so lange die beyden Gewichte gleich sind, wäre kein Grund vorhanden, warum die Wage vielmehr zur Rechten, als zur Lincken einen Ausschlag geben solte. Und gleichergestalt verhält sichs mit dem Willen. So lange von beyden Theilen die Bewegungs=Gründe gleichgewichtig sind, wäre kein Grund vorhanden, warum man vielmehr das eine, als das andere erwehlete. [...] Es schicket sich aber das Gleichniß von der Wage deswegen sehr wohl hieher, weil der Wille oben erkläret worden durch eine Neigung gegen die Sache vermöge des Guten, das wir in ihr wahrnehmen [...]. Denn diese Redens=Art ist genommen von einem Cörper, der durch eine Kraft von der senckrechten Linie gegen die

Diese Leute [mit den phlegmatischen Seelen] können mit den Körpern
verglichen werden, die viel Masse und Trägheit besitzen, aber wenig lebendige Kraft. Ihre Seele ist, so viel man durch die Erfahrung entdecken
kan, immer in dem Zustande der Gleichgültigkeit, oder des Gleichgewichts, oder bekommt doch selten einen mercklichen Ausschlag.[265]

Solche kontextuellen und assoziativen Verknüpfungen sorgen dafür,
daß sich die Segelboot-Metapher im Anschluß an Meier als Chiffre
für den dynamischen Diskurs über die Leidenschaften gebrauchen
läßt. Bei Plitt entscheiden die affektivischen Konnotationen des Bildes die im Titel der Abhandlung gestellte Frage, welchen Grad an
Deutlichkeit eine Erkenntnis haben müsse, um lebendig zu sein, von
vornherein zugunsten des Verworrenen oder gar Dunklen. Der ikonographische Gehalt der Metapher ersetzt den Umweg über die Prägnanz, den eine mechanische Demonstration der Kräfte dunkler,
verworrener und klarer Vorstellungen erfordert hätte.

Später setzt Plitt das metaphorisch Insinuierte dann in mehreren
Schritten argumentativ und in Beispielen auseinander. Diese erweitern im Vergleich zu Meier das Spektrum der thematisierten Begierden und Abneigungen um Phänomene, die im gnoseologischen
System noch unterhalb der Leidenschaften liegen. Instinktive Sympathien und Antipathien, die Macht der Gewohnheit, unerklärliche
Stimmungen samt ihrer Folgen sowie all jene Handlungen, deren Beweggründe dem Menschen kaum in vagen Ahnungen zu Bewußtsein
gelangen und oftmals ihrer vernünftigen Einsicht sogar widersprechen, sollen die Wirkkraft des Dunklen belegen. Dabei öffnet sich,
von Plitt nicht benannt, ein Spalt zwischen Erfahrung und gnoseolo-
gischer Theorie. Die Existenz dunkler Erkenntnisse des Guten oder
Bösen, die Plitt für unser irrationales Handeln verantwortlich macht,
kann lediglich aus den rätselhaften Taten und Seelenzuständen selbst
als ihren vermeintlichen Wirkungen geschlossen werden:

Es passiert häufig, daß wir von diesem oder jenem solche Worte zu
hören bekommen: Gerade bin ich höchst vergnügt (traurig), und ich
weiß nicht *warum?* Wer das Prinzip des zureichenden Grundes kennt,

---

Horizontal=Linie auf der einen Seite geneiget wird: welches auch bey dem Ausschlage
der Wage geschiehet [...]. Unerachtet nun freylich dieses Wort eine besondere Bedeutung haben muß, wenn es von der Seele gebraucht wird, weil die Begriffe der cörperlichen Dinge sich vor sie nicht reimen; so hebet doch dieses nicht die Aehnlichkeit auf
zwischen demjenigen, was in der Seele zu finden, und dem cörperlichen, als welche der
Grund der Benennung ist.« Wolff, *Deutsche Metaphysik*, § 509 f.; vgl. auch Leibniz,
Nouveaux Essais, II, 21, § 40.
265 Meier, *Theoretische Lehre von den Gemüthsbewegungen überhaupt*, § 123.

weiß, daß nichts ohne zureichenden Grund ist. Also muß auch jene außergewöhnliche Vergnügtheit oder Traurigkeit einen Grund haben. Er besteht nicht in der klaren Erkenntnis, noch viel weniger in der deutlichen, anderenfalls nämlich wüßte der Mensch in dieser Situation, warum er vergnügt oder traurig ist, folglich besteht der Grund in der dunklen Erkenntnis.[266]

Die dunkle Erkenntnis tritt in Plitts Argumentation an die Leerstelle des *je ne sais quoi*, weil »nichts ohne zureichenden Grund« geschieht. Als metaphysisches Äquivalent für die logische Kategorie des Grundes erfüllt sie die gleiche Funktion wie der Begriff der Kraft. Über eine Erkenntnis, von der der Erkennende nichts weiß und die nur als Ursache anderweitig unerklärlicher Handlungen hypostasiert wurde, kann in Baumgartenscher Terminologie nicht mehr ausgesagt werden, als daß sie lebendig ist; streng genommen wäre »lebendige Kraft« die einzige ehrliche Bezeichnung für das unbekannte Wirkende. Abgesehen von der Unmöglichkeit, unbewußte Vorstellungen wie die hier angenommenen empirisch nachzuweisen, ist Plitts These von der Stärke des Dunklen im Rahmen der Gnoseologie nicht belegbar, denn eine völlig dunkle, dem Bewußtsein entzogene Erkenntnis läßt sich weder als anschauliche *(intuitiva)* gegen die tote Spekulation ausspielen noch als prägnante auf die Zahl ihrer Merkmale hin analysieren. Trotzdem beschreitet Plitt – wenig überzeugend – beide Wege, um die Möglichkeit eines dunklen Lebens der Erkenntnis *a priori* zu beweisen.[267]

Ohne es zu wollen, treibt Plitt die Baumgartensche Gnoseologie über ihre Grenzen hinaus. Die von Leibniz mit seiner Methode zur Schätzung der lebendigen Kraft eingeführte empiristische Denkfigur zeitigt in der Psychologie eine Umkehrung der Argumentationsrichtung, die bei Baumgarten von der Erkenntnis zur Rührung, bei Plitt dagegen von dieser zu jener fortschreitet. Konsequent verfolgt, hätte Plitts Ansatz dazu führen können, eine Theorie der dunklen Erkenntnis auf der Basis ihrer Wirkungen zu entwickeln; deren Stärke hätte dann die Voraussetzung dafür geboten, die Merkmalsfülle der unbewußten Vorstellung abzuschätzen. Obgleich dies nur indirekt

---

266 »Accidit persaepe vt haec verba ab hoc vel illo audiamus: Maxime iam sum laetus (tristis) & nescio *cur?* Qui principium rationis sufficientis callet scit nihil esse sine ratione sufficiente. Hinc & extraordinaria illa vel laetitia vel tristitia debet habere rationem. In cognitione clara non habet, multo minus in distincta, alias enim sciret eiusmodi homo cur vel laetus sit vel tristis, ergo rationem habet in cognitione obscura.« Plitt, *Meditationes*, § 22 [Hervorh. im Orig.]. Die gleiche Argumentation findet sich auch schon in § 18.

267 Ebd., § 30.

geschieht – Plitt geht, um seine empirisch gewonnenen Prämissen erkenntnistheoretisch halten zu können, von der logischen Möglichkeit
merkmalsreicher dunkler Erkenntnisse aus – kann Plitts Abhandlung
als ein Versuch gewertet werden, Psychologie nach dem Muster der
Experimentalphysik als eine Psychologie der Wirkungen zu betrei-
ben. Rührung dient dieser neuen Seelenkunde als Ausgangspunkt zu
einer empirischen Rekonstruktion der Erkenntnistheorie, deren Paradigma die vollkommen dunkle Erkenntnis, das Unbewußte ist.

Die Entdeckung der dunkleren Seelenregionen als Gegenstand der
Psychologie, die von Wolff über Baumgarten bis hin zu Meier und
Plitt kontinuierlich vorangetrieben wird, spiegelt sich in der imaginären Ausgestaltung der Theorie der lebendigen Erkenntnis wider:
Anhand der jeweils bevorzugten Konkretisierungen des mechanischen
Modells läßt sich nachvollziehen, wie das Interesse der Philosophen
sich vom Klaren zum Dunklen hin verschiebt. Auf diskursiver wie auf
bildlicher Ebene wandelt sich gemeinsam mit der Klarheit der thematisierten Vorstellungen auch der Charakter der Leidenschaften, als
deren Auslöser sie angesehen werden.

Rückblickend lassen sich in den untersuchten Texten von Leibniz,
Baumgarten, Meier und Plitt zwei Typen von Metaphern unterschei-
den.[268] Der erste ist charakteristisch für Leibniz und bestimmt als
»Hintergrundmetaphorik« (Blumenberg)[269] Baumgartens Theorie des
Begehrungsvermögens. Paradigma dieses Typs ist die Uhrwerkmeta-
pher, hinzu tritt das eben erwähnte Bild der Waage. In beiden Fällen

---

268 Der Begriff der Metapher wird an dieser Stelle in einem verhältnismäßig weiten Sinne
     gebraucht. Gemeint sind sowohl Bilder, die (auch auf der Basis von Vergleichen) zur
     Illustration abstrakter Theoreme herangezogen werden (z. B. Plitts Segelbootmeta-
     pher) als auch Erklärungsmodelle auf der Basis konkreter Funktionszusammenhänge,
     die aufgrund irgendwelcher signifikanter Analogien zum erklärungsbedürftigen
     Gegenstand ausgewählt wurden (z. B. das Uhrwerkmodell oder das Strommodell als
     unterschiedliche Anwendungsfälle des Kraftmaßes mv^2). Die letztgenannte Art qua-
     lifiziert sich als metaphorisch sowohl durch ihre Uneigentlichkeit (physische stehen
     für hypostasierte psychische Zusammenhänge) als auch durch ihre Herkunft: Über-
     lieferte Metaphern im engeren Sinne aus der Rhetorik, der Philosophie, der Affek-
     tenlehre etc. werden zu mechanischen Modellen transformiert.
269 Hans Blumenberg versteht unter Hintergrundmetaphorik (oder auch »implikativen
     Modellen«) den impliziten Gebrauch von Metaphern, die »auch dort im Spiele sein«
     können, »wo ausschließlich terminologische Aussagen auftreten, die aber ohne Hin-
     blick auf eine Leitvorstellung, an der sie induziert und ›abgelesen‹ sind, in ihrer um-
     schließenden Sinneinheit gar nicht verstanden werden können.« (Blumenberg,
     Paradigmen, S. 16, S. 86, S. 69.) Die mechanische Metaphorik, an der Baumgartens
     Theorie der lebendigen Erkenntnis sich orientiert, wird durch sein Terminologisie-
     rungsverfahren zugleich in den Hintergrund gedrängt und zur Schau gestellt.

handelt es sich um mechanische Instrumente, die unter Ausnutzung von Schwerkraft (Pendel, Hebelwaage) und Elastizität (Stahlfeder) präzise berechenbare, zweckorientierte Mikrobewegungen vollführen; die Uhrwerk-Metapher ist spätestens seit Descartes Bestandteil der philosophischen Anthropologie. Unter den zweiten, von Meier in die Psychologie der lebendigen Kraft eingeführten Typ fallen die Wind- und Wassermetaphern: Der gewaltig dahinbrausende Strom und das Segelboot, das den Zufällen von Wetter und hoher See ausgesetzt ist. Diese Bildlichkeit ist in den mechanischen Diskurs nicht weniger gut zu integrieren als die der Maschinen; sie schließt indessen ganz andere assoziative Welten auf. Es handelt sich um eine Mechanik der Naturgewalten, die zwar vermöge der Kalkulation dem Menschen nutzbar gemacht werden können, deren Gefügigkeit aber immer wieder auf dem Spiel steht. Nur in begrenztem Maße sind die Winde dem Seereisenden förderlich, im Hintergrund der Segelbootmetapher droht stets der Schiffbruch, Kanäle und Staudämme sind nicht ohne die Gefahr ihrer Überflutung imaginierbar.[270] Meiers Bildlichkeit, so könnte man sagen, nimmt das verheerende Potential der Leidenschaften ernst; nur so läßt sich ihre produktive Kraft unter Beweis stellen. Dagegen suggeriert das Uhrwerkmodell, das die Begehrungskraft in Gestalt eines monofunktionalen Instruments experimentell isoliert, die Kontrollierbarkeit der Gemütsbewegungen sowie die genaue Meßbarkeit ihrer Wirkungen (und man kann sich vorstellen, wie Wolff, der die Geschwindigkeit des Denkens anhand eines fließenden Gewässers erläutert, mit einer Lupe bewaffnet am Ufer steht und Wasserteilchen zählt[271]). Leibniz und Baumgarten konstruieren gleichsam ein Affektmodell *en miniature*, das sich bei Meier zu einer raumgreifenden und unübersichtlichen, im einzelnen nicht »deutlich« zu repräsentierenden Szenerie auswächst.[272] Evozierten die mechanischen Präzisionsinstrumente die Vorstellung einer exakt definierenden und deduzierenden

---

270 Vgl. dazu Blumenbergs Analyse der Schiffbruchmetapher (ders., *Schiffbruch mit Zuschauer, passim*).

271 S. o., S. 110-112.

272 Das Meeresrauschen figuriert bei Leibniz als Inbegriff des Verworrenen, dessen Elemente – die Geräusche der einzelnen Wogen – Teile des akustischen Gesamteindrucks *(petites perceptions)* sind, sich als solche aber nicht isolieren und wiedererkennen lassen (vgl. Leibniz, *Principes de la nature*, § 13). Hans Adler hat das Bild als eine zentrale Metapher der »Gnoseologie der Prägnanz« erkannt (ders., *Die Prägnanz des Dunklen*, S. 113). Zur biblisch inspirierten Tradition dieses aquatischen Motivs der Unerkennbarkeit vgl. Alain Corbin, *Le territoire du vide. L'occident et le désir du rivage (1750-1840)*, Paris 1988, S. 11-20.

Philosophie, die über Ursachen und Wirkungen eindeutig Rechenschaft abzulegen versteht, so rufen Meiers aquatische Modelle im Gegenteil eine ikonographische Tradition auf, zu der u. a. das odentheoretische Konzept der schönen Unordnung sowie verschiedene Ausprägungen der Rhetorik und Poetik des Erhabenen gehören.[273] Mit dem Hervortreten der mechanischen Metaphorik aus dem Hintergrund der scheinbar abstrakten Baumgartenschen Terminologie in den Vordergrund der Meierschen Experimentalseelenlehre, wo sie sowohl der Erklärung und Veranschaulichung als auch der Heuristik dient und wo ihrem Verweisungspotential freier Lauf gelassen wird, vollzieht sich an ihr ein grundlegender Wandel. Er läßt sich bestimmen als Übergang von einer Affektenlehre, der es primär um die sittliche Funktionalisierung und Kanalisierung der Leidenschaften ging, zu einer ästhetischen Pathologie, die sich mit »angenehmem Grauen« an ihrer ungezügelten Wirksamkeit labt. Das Baumgartensche Uhrwerk verhält sich zu Meiers reißendem Strom wie die tote zur lebendigen Kraft.

---

273 Vgl. hierzu auch Kap. 4.5.

4. Sulzers empfindsame Theorie der »ästhetischen Kraft«

Durch Sulzer erhält die Psychologie der Rührung eine sensualistische Wendung, die auch für Herders ästhetische Frühschriften maßgeblich bleiben wird. Die ästhetische Kraft zu rühren, das Dunkle und die mechanische Theorie der lebendigen Kraft treten dabei in ein neues Zuordnungsverhältnis. Ausschlaggebend für Sulzers Neukombination dieser Theorieelemente sind neben der verstärkten Einbeziehung sinnlicher Wahrnehmung und ihrer organischen Voraussetzungen in die Psychologie und Ästhetik eine Neuinterpretation der Seelenvermögen sowie eine schärfere Profilierung des spezifisch ästhetischen Beitrags zur Sittlichkeit. Baumgartens Konzept der lebendigen Erkenntnis wird bei Sulzer einerseits zu einer Unterkategorie innerhalb einer allgemeineren Theorie der ästhetischen Bewegungskraft, andererseits zum Gegenstand *Psychologischer Betrachtungen über den sittlichen Menschen*.[1]

Anders als Baumgarten präsentiert Sulzer seine ästhetische und psychologische Theorie nicht in Form eines geschlossenen, von Beginn an gleichsam in fertiger Rüstung glänzenden Systems, sondern in einer Folge aufeinander Bezug nehmender Aufsätze, in denen er seine Themen und Konzepte tentativ entwickelt. Nur die *Allgemeine Theorie der schönen Künste* suggeriert durch die alphabetische Ordnung ihrer Artikel eine gewisse Abgeschlossenheit der als Lemmata gewählten Begriffe, ohne sich allerdings – und darin ist lange Zeit eine Hauptschwäche des Werks gesehen worden – zu einem einheitlichen System zu verfestigen.[2] Mit diesem offenen und eklektischen Philosophieverständnis mag es zusammenhängen, daß Sulzer zwar explizitermaßen in vielen Punkten auf Wolff und Baumgarten rekurriert, den Gebrauch ihrer Termini und Definitionen aber auf ein Mindestmaß beschränkt. Dies gilt auch für den Begriff der lebendigen Erkenntnis, der dem Sinn nach für Sulzers Werk zentral ist, als Bezeichnung jedoch nicht auftritt. Vielmehr entwirft Sulzer unter den generelleren Stichworten Stärke, Kraft oder Ener-

---

1 Sulzers *Psychologische Betrachtungen über den sittlichen Menschen* erschienen zum ersten Mal 1769 auf französisch in der *Histoire de l'Académie Royale des Sciences et des Belles-Lettres de Berlin*, auf deutsch in SVS I, S. 282-306. Da der Aufsatz im Vergleich zu Sulzers früheren psychologischen und ästhetischen Beiträgen zum Thema ›lebendige Erkenntnis‹ keine wesentlich neuen Aspekte bringt, werde ich hier nicht näher auf ihn eingehen.

2 Vgl. hierzu die Skizze von Sulzers methodologischem Selbstverständnis in Wolfgang Riedels Aufsatz *Erkennen und Empfinden. Anthropologische Achsendrehung und Wende zur Ästhetik bei Johann Georg Sulzer*, in: *Der ganze Mensch. Anthropologie und Literatur im 18. Jahrhundert. DFG-Symposion 1992*, hrsg. von Hans-Jürgen Schings, Stuttgart/Weimar 1994 (= Germanistische Symposien. Berichtsbände 15), S. 410-439, hier S. 425-427.

gie verschiedene Erklärungsmodelle für Rührung, deren Wandel in unmittelbarem Zusammenhang mit seiner changierenden Auffassung der Seelenvermögen steht.

Sulzers frühere Überlegungen zum Gegenstand sind sämtlich in psychologischen Abhandlungen zu finden. Erst nachdem Sulzer seine letztgültige Konzeption der Seele und ihrer Tätigkeit erarbeitet hat (in den *Anmerkungen über den verschiedenen Zustand, worinn sich die Seele bei Ausübung ihrer Hauptvermögen, nämlich des Vermögens, sich etwas vorzustellen, und des Vermögens zu empfinden, befindet*, erstmals 1763 in französischer Sprache erschienen), entstehen der Aufsatz *Von der Kraft (Energie) in den Werken der schönen Künste* (erstmals 1765), der Artikel *Kraft* in der *Allgemeinen Theorie der schönen Künste* und die bereits erwähnten *Psychologischen Betrachtungen über den sittlichen Menschen* (1769), die Rührung ausdrücklich als Anliegen der Ästhetik bzw. der Sittenlehre verhandeln.

Die Sinne bilden durchweg einen Referenzpunkt für Sulzers Theorie der Rührung. In den späteren Schriften treten sie jedoch, verglichen mit der Rolle, die sie für die früheren psychologischen Aufsätze spielen, in den Hintergrund. Auf der Basis der Cartesischen Sinnesphysiologie erarbeitet Sulzer zunächst eine Körper und Seele gleichermaßen einbeziehende Theorie der Empfindung, die auch Ansätze zu einer sensualistischen Ästhetik umfaßt, um schließlich den sinnlichen Aspekt im *Kraft*-Artikel der *Allgemeinen Theorie der schönen Künste* wieder auszublenden. Am Ende wird der psychologisch-ästhetische Empfindungsbegriff nur noch *analog* zum sinnesphysiologisch-psychologischen definiert; der Sinnesreizung selbst spricht Sulzer an der ästhetischen Kraft keinen Anteil mehr zu. In direkter Auseinandersetzung mit Sulzers frühen Schriften wird Herder in seinen *Kritischen Wäldern* (1769) zu einem ähnlichen Resultat gelangen: Der Versuch, Sulzers sinnesphysiologischen Ansatz für eine qualitative Empfindungslehre nutzbar zu machen, führt schließlich zur Demontage des mechanischen Modells.

4.1. Mechanik der Sinneseindrücke: Sulzer und Descartes

Sulzers erster Beitrag zur Theorie der Rührung ist die *Untersuchung über den Ursprung der angenehmen und unangenehmen Empfindungen*.[3] Hauptgegenstand des Aufsatzes bildet das Vergnügen, dessen wesentliche Bedingung Rührung ist. Allerdings gibt Sulzer keine eindeutige Definition des Rührungsbegriffs, sondern beläßt ihn, gemäß der Baumgartenschen Tradition, in der etwas unscharf bestimmten Position zwischen *enérgeia* und *enárgeia*, Leben und Lebhaftigkeit, *vis motrix* und *robur*.

Das anthropologische Fundament der *Untersuchung* bildet eine Seelenkonzeption, die auf die schulphilosophische Unterscheidung zwischen Vorstellungskraft und Begehrungsvermögen zugunsten einer einzigen denkenden Kraft verzichtet. Angenehme Empfindungen entspringen aus der freien Tätigkeit der Seele, unangenehme Empfindungen entstehen, wenn diese Tätigkeit durch ein Hindernis eingeschränkt wird. Beide Empfindungstypen können sich über mehrere Grade des Vergnügens und Mißvergnügens bis hin zur Leidenschaft steigern. Aus diesem Prinzip leitet Sulzer sowohl intellektuelle als auch sinnliche und moralische Vergnügungen ab – in welcher Weise, wurde bereits gezeigt.[4] Wie Baumgartens *cognitiones vivae* sind die angenehmen und unangenehmen Empfindungen »durchgehends die Bewegungsgründe unsrer Handlungen«[5], die der Mensch sich durch Selbsterkenntnis zunutze machen kann: Wer die Triebfedern seines Handelns kennt und bewußt einzusetzen vermag, entledigt sich der »Knechtschaft der Natur und wird zu einem freyen Weltbürger«.[6]

Ein zweites Beschreibungskriterium der Empfindungen, das ebenfalls für ihre Bestimmung als rührende in Betracht kommt, ist ihre »Stärke«, »Empfindlichkeit« oder »Lebhaftigkeit«. Rein intellektuelle Ideen oder Erinnerungen beispielsweise rühren infolge ihrer mangelnden Lebhaftigkeit weniger als aktuelle Sinneswahrnehmungen.[7] Die Lebhaftigkeit verstärkt das Angenehme oder Unangenehme einer Empfindung, ohne für sich genommen in einem unmittelbaren Ver-

---

3 Vgl. hierzu auch Kap. 2.5.1.
4 Ebd.
5 Sulzer, *Untersuchung*, S. 52.
6 Ebd.
7 Ebd., S. 63.

hältnis zum Begehren oder Handeln zu stehen. Sulzers Überlegungen
zur Stärke der Empfindung sind entscheidend für seinen späteren Begriff der ästhetischen Kraft. Sie liefern die physikalische Grundlage
für eine sinnesphysiologische Neufassung der Theorie von den verworrenen und dunklen Vorstellungen, mit der Sulzer in der *Untersuchung* das Vergnügen der Seele am Sinnlichen erklärt. In späteren
Aufsätzen wird er sie dann zur Begründung der Wirkungen dunkler
Triebe sowie zur Erläuterung seiner neuen Auffassung der Seelenvermögen hinzuziehen.

Sulzers Sinnesphysiologie ist ihrer Herkunft nach Teil des mechanischen Modells von der Welt und vom Menschen, das Descartes u. a.
in seiner Schrift *Le monde, ou Le traité de la lumière* und dem unmittelbar daran anschließenden *Traité de l'homme* entwickelte. Das Cartesische Modell reduziert alles Ausgedehnte auf Korpuskeln einer
einzigen Materie, die sich allein durch ihre Größe, Figur, Anordnung
und Bewegung voneinander unterscheiden.[8] Jede Sinneswahrnehmung ist Resultat eines Zusammenpralls; aus der Art der Bewegung,
die das anstoßende Materieteilchen den Teilchen der Nervenfasern
mitteilt, erklären sich sämtliche haptischen, olfaktiven, akustischen
und visuellen Qualitäten.

Da die physikalischen Interaktionen zwischen Gegenständen und
Sinnesorganen – namentlich was Lichtempfindungen betrifft – unserer
Erfahrung inkommensurabel sind, schickt Descartes seiner Theorie
eine grundsätzliche Erwägung voraus, die diese Inkommensurabilität
nicht als Schwäche des Modells, sondern als methodisch mitzureflek-
tierende Bedingung jeglicher Wahrnehmung erscheinen läßt: Die Gegenstände außer uns und die Vorstellungen, die wir von ihnen haben,
sind sich nicht notwendigerweise ähnlich. Sie stehen zueinander vielmehr, wie Worte zu Dingen, in einem konstanten und einigermaßen
verläßlichen, aber arbiträren, d. h. keine substantielle Verwandtschaft
implizierenden Verhältnis.[9] Von dieser Regel ausgenommen sind eine

---

8 Vgl. dazu Rainer Spechts Darstellungen in R. Specht, *Innovation und Folgelast. Beispiele aus der neueren Philosophie- und Wissenschaftsgeschichte*, Stuttgart-Bad Cannstatt 1972 (= *Problemata* 12), S. 109-113 sowie in *René Descartes. Mit Selbstzeugnissen
und Bilddokumenten dargestellt von Rainer Specht*, hrsg. von Kurt Kusenberg, Reinbek bei Hamburg 1966 (= rowohlts monographien 117), S. 95-105. Zur Vorgeschichte
und Rezeption des Cartesischen Modells sowie zu seiner Spezifik im Vergleich mit
verwandten Entwürfen (auf die es hier im einzelnen nicht ankommt) vgl. die klassische
Darstellung von Marie Boas, *The Establishment of the Mechanical Philosophy*.

9 Descartes, *Le monde où Le traité de la lumiere* [[1]1664], in: *DAT* XI, S. 1-118, hier
S. 3-6.

Anzahl von Eigenschaften, die wir so wahrnehmen, wie sie in den Gegenständen tatsächlich vorkommen. Auf der Prämisse, daß Ausdehnung, Figur und Bewegung anders als Licht, Farbe, Klang, Geruch, Geschmack, Wärme, Festigkeit etc. wirkliche und irreduzible Attribute der Körper sind[10], beruht, wie Rainer Specht bemerkt hat, der Wahrheitsanspruch der Cartesischen Physik.[11]

Mit Bezug auf John Locke, der Descartes folgte, setzte George Berkeley dieser Sichtweise eine noch radikalere Theorie entgegen. Locke hatte in Anlehnung an Robert Boyle Figur und Bewegung »primary qualities«, die übrigen Eigenschaften der Materie »secondary qualities« genannt.[12] Nach Berkeley sind primäre wie sekundäre Qualitäten nichts anderes als Vorstellungen der Seele (ideas), die nur unter einander, nicht aber im Verhältnis zu äußeren Gegenständen Ähnlichkeiten aufweisen können.[13] Die Wahrnehmungsmodi der einzelnen Sinne sind so unterschiedlich, daß man nicht behaupten kann, sie bezögen sich auf identische äußere Gegenstände. Unsere Begriffe von Ausdehnung, Figur und Bewegung z. B. scheinen zwar objektive Sachverhalte zu bezeichnen, die verschiedenen Sinnen zugänglich sind. Faktisch handelt es sich jedoch um sprachliche Abstraktionen und Analogien, die zwischen heterogenen Sinnesdaten – z. B. zwischen »visible figure and extension« (Farbe) und »tangible figure and extension« – vermitteln.[14]

Berkeley und Descartes gehören zu den wichtigsten Gewährsleuten für Foucaults These vom epistemologischen Bruch um 1650. Die Wissenschaften des »klassischen Zeitalters« relegieren das Analogiedenken laut Foucault als Quelle des Verworrenen und Chimärischen ins Reich der Dichter, Träumer und Verrückten. An Stelle globalisierender Analogisierung verlangt die Ordnung des Wissens von nun an die präzise und ins einzelne gehende Bestimmung von Identität und

10 Vgl. z. B. Descartes, Les principes de la philosophie (traduction française) [¹1647], in: DAT IX.II, I, § 48; I, §§ 65-71; ders., Regulae ad directionem ingenii [¹1684/1701], in: DAT X, XII, S. 412 f., S. 418-420.

11 Vgl. Rainer Specht, René Descartes (1596-1650), in: Descartes, Philosophische Schriften in einem Band. Mit einer Einführung von Rainer Specht und »Descartes' Wahrheitsbegriff« von Ernst Cassirer, Hamburg 1996, S. XXXII.

12 Vgl. John Locke, An Essay Concerning Human Understanding, Book II, Chap. VIII.

13 George Berkeley, A Treatise Concerning the Principles of Human Knowledge [¹1710], hrsg. von Jonathan Dancy, Oxford/New York 1998, § 9.

14 Ders., A New Theory of Vision [¹1709], in: The Works of George Berkeley Bishop of Cloyne, hrsg. von A. A. Luce and T. E. Jessop, ND d. Ausg. London 1948-1957, London 1964, Bd. I, S. 141-239, § 49.

Differenz.[15] Hinsichtlich der Relation von physischem Sinneseindruck und psychischer Empfindung erbrachte Descartes diese Detail-
lierungsleistung nur ansatzweise; seine Intention im *Traité de la
lumière* mag vor allem darin gelegen haben, die »psychische Realität«
als unerheblich für die Erforschung der physikalischen einzuklam-
mern. Mit Rainer Specht kann man Descartes' Sinnesphysiologie als
Teil seiner großen Innovation, der Zwei-Substanzen-Theorie beschreiben, deren Interpretation, Vervollständigung und Kritik dem
18. Jahrhundert als »Folgelast« oblag.[16] Nicht nur Berkeleys Theorie
des Sehens, sondern auch die gesamte Diskussion um das Molyneux-
Problem[17] bis hin zu Herders synästhetischer Sprachursprungstheo-
rie[18] läßt sich in diesem Sinne interpretieren: Wer im 18. Jahrhundert
über die Sinne philosophierte, reagierte direkt oder indirekt auf die
von Descartes aufgeworfene Frage, ob und auf welcher Abstraktions-
ebene Gemeinsamkeiten zwischen den Gegenständen und unseren
Vorstellungen bestehen, und inwieweit die »Sprachen« der verschiedenen Sinnesorgane ineinander übersetzbar sind. Auch Sulzers *Untersuchung über den Ursprung der angenehmen und unangenehmen
Empfindungen* verhandelt Aspekte dieses Problemkomplexes, zu
dem neben dem Thema des sinnlich Angenehmen und Unangenehmen auch die Stärke der Sinneseindrücke gehört.

Descartes konkretisierte seine These von der grundsätzlichen
Unähnlichkeit zwischen Physik und Psychologie der Sinneswahr-

---

15 Foucault, *Les mots et les choses*, S. 72-74. Foucault rekurriert u. a. auf die hier ange-
    führten Werke Berkeleys sowie auf Descartes' programmatische Warnung vor den Ge-
    fahren des Analogiedenkens in den *Regulae ad directionem ingenii*, ebd., S. 65-72. De-
    scartes' *Regulae* bilden einen Grundpfeiler der Foucaultschen Epochenkonstruktion.
16 Vgl. dazu Specht, *Innovation und Folgelast*, insbes. S. 11-18, 59-67 (zur Theorie von
    Innovation und Folgelast) und 129-135 (zur Cartesischen Physik).
17 William Molyneux hatte 1692 in einem Brief an Locke die Frage aufgeworfen, ob ein
    Blindgeborener, der gelernt hätte, tastend einen elfenbeinernen Würfel von einer
    Kugel zu unterscheiden, nach Erlangung seines Augenlichts in der Lage wäre, die-
    selben Körper sehend und ohne Zuhilfenahme des Tastsinns zu bestimmen. Nach
    Locke formulierten u. a. Berkeley, Leibniz, Condillac und Diderot Thesen zur Lö-
    sung des Problems. Vgl. dazu John W. Davis, *The Molyneux Problem*, in: *Journal of
    the History of Ideas* 21 (1960), S. 392-408 sowie William R. Paulson, *Enlightenment,
    Romanticism, and the Blind in France*, Princeton 1987, insbes. S. 21-71.
18 Herder vertrat die These, daß die Signifikanten der »Sprache des Ursprungs«, sofern
    sie keine Nachahmungen von Naturklängen sind oder unmittelbar von der mecha-
    nischen Sprache der Leidenschaften abstammen, durch synästhetische Übertragun-
    gen zustandekommen, die der Zusammenfluß aller Sinnesdaten im *sensorium
    commune* ermöglicht. Das Gehör übernimmt die Rolle eines »mittleren Sinnes«, in
    dessen Idiom haptische, optische und olfaktive Empfindungen spontan übersetzt
    werden (vgl. Herder, *Abhandlung über den Ursprung der Sprache*, S. 743-746).

nehmungen, indem er unterschiedliche Modalitäten der Wirkung von Teilchen auf Sinnesnerven mit Bezeichnungen von Wahrnehmungsqualitäten korrelierte. So führte er z. B. die vier Geschmacksrichtungen salzig, sauer, süß und scharf auf die Bewegungen von Nervenfasern der Zunge zurück, die auf vier verschiedene Arten gereizt werden können. Salzteilchen stechen separat in die Poren der Zungenhaut, Säurepartikel fließen schräg in sie hinein und verletzen dabei die zartesten Zungenfasern, süße Flüssigkeiten gleiten sanft über die Zunge hinweg, Alkohol dringt tief in die Poren und setzt dort seine Wirkung durch heftige Teilchenbewegung fort.[19] Zu solchen modalen Variationen – für die Geschmacksqualität ist offenbar der Aufprallwinkel der Teilchen von besonderer Bedeutung – kommen quantitative Differenzen, die für die Seele entweder unmittelbar als solche erfahrbar werden oder ebenfalls in Qualitäten umschlagen. Lust und Schmerz etwa können auf identischen, nur in ihrer Stärke unterschiedenen Materieeinwirkungen beruhen[20]; die Intensität des Lichteinfalls kann sich auf die Größe der wahrgenommenen Bilder auswirken.[21] In anderen Fällen erfährt die Seele die Stärke des Eindrucks als solche: Je heftiger die bewegten Luftpartikel auf das Ohr prallen, desto lauter hört die Seele das Geräusch[22]; die mechanische und die psychische Größe verhalten sich zueinander proportional.

Aus Berkeleys Sicht stellte sich das Problem komplexer dar. Da Berkeley von jeder Realität jenseits der Sinneserfahrung absah (in *A New Theory of Vision*) bzw. ihre Existenz leugnete (u. a. in *A Treatise Concerning the Principles of Human Knowledge*), konzentrierte sich seine Aufmerksamkeit auf das Verhältnis zwischen den Daten der verschiedenen Sinnesorgane. Wenn die Wahrnehmungswelten der einzelnen Sinne einander inkommensurabel sind, müssen bereits Begriffe wie ›Stärke‹ oder ›Lebhaftigkeit‹ als Analogiekonstruktionen verstanden werden. Die Rede von der Intensität haptischer, optischer, akustischer und olfaktiver Wahrnehmungen entspricht keiner gemeinsamen Erfahrungsrealität, sondern beruht auf einer gottgegebenen, aber arbiträren Bezeichnungsrelation, die dem Menschen durch Erfahrung geläufig wird. Die physiologisch beschreibbare bzw. im Rahmen mechanischer Modelle imaginierbare Wirkung der Materie auf das Sinnesorgan, z. B. die Projektion von Lichtstrahlen auf die

---

19 Descartes, *Traité de l'homme*, S. 146.
20 Ebd., S. 143 f.
21 Vgl. ders., *La Dioptrique* [¹1637], in: *DAT* VI, S. 79-228, hier S. 146.
22 Ders., *Traité de l'homme*, S. 150 f.

Retina, verstand Berkeley als einen Gegenstand des Tastsinns (»tangible figures projected by tangible rays on a tangible retina«[23]), der mit dem eigentlichen Gegenstand der visuellen Wahrnehmung, bestehend aus Farben, Licht und Schatten, nicht identisch ist. Trotz ihrer grundsätzlichen Unähnlichkeit können diese visuellen und haptischen Abbildungen sich proportional zueinander verhalten – wie im allgemeinen »the most different and heterogeneous things in nature may, for all that, have analogy, and be proportional each to other.«[24] Sulzer erhebt diese Möglichkeit zur Regel. Wie Descartes schickt er seiner sinnesphysiologischen Erörterung eine Grundsatzthese voran, die aber im Unterschied zur Cartesischen Vorüberlegung nicht die Unähnlichkeit, sondern die proportionale Analogie zwischen Nervenbewegungen und Vorstellungen zum Normalfall deklariert[25]:

> Dieses vorausgesetzt, muß man in den Eindrücken, welche die Werkzeuge leiden, die Ursache, oder wenn man will, die Analogie, oder auch die Veranlassung der sinnlichen Empfindungen der Seele suchen. Ich sage also, daß jede solche Empfindung durch eine Bewegung der Nerven des Körpers verursacht wird, und nehme zum Grundsatze an: *daß die Seele ohne eine analogische Bewegung in den Nerven der Sinne keine sinnlichen Empfindungen habe.* Damit ich auch alle Dunkelheit von diesem Grundsatze entferne, so erkläre ich mich noch über das Wort *analogisch.* Es enthält *zuerst:* daß die Lebhaftigkeit oder die Stärke der Empfindung in der Seele allzeit der Stärke der Bewegung in den Nerven proportionirt ist; *zweytens:* daß, so mannichfaltig und zusammengesetzt diese Bewegung ist, eben so mannichfaltig und zusammengesetzt auch die Empfindungen seyn müssen, so, daß die geringste Verschiedenheit zwischen der einen und der andern Berührung eines Sinns auch zugleich eine proportionirte Verschiedenheit in den Empfindungen der Seele hervorbringt.[26]

---

23 Berkeley, *The Theory of Vision Vindicated and Explained* [¹1710], in: ders., *The Works*, Bd. I, S. 249-279, hier S. 268, § 50.

24 Ebd., S. 269, § 53.

25 Sulzers Standpunkt entspricht ungefähr der Position Christian Wolffs, der Descartes zwar in der Reduktion sämtlicher Sinnesreize auf mechanische Körpereigenschaften folgte, grundsätzlich jedoch von der Ähnlichkeit zwischen Sinneswahrnehmungen und Gegenständen ausging. Ähnlich wie Sulzer nimmt Wolff an, daß sich die Stärke der Empfindung (bei ihm gleichgesetzt mit Klarheit) proportional zur Stärke des Sinneseindrucks sowie zur Geschwindigkeit der Nervenbewegung verhält (gemeint sind dabei die Nerven im Gehirn, in denen sich parallel zu den Empfindungen der Seele »materielle Ideen« abzeichnen), vgl. Wolff, *Psychologia rationalis*, insbes. §§ 91-95, §§ 125 f., § 136.

26 Sulzer, *Untersuchung*, S. 54 [Hervorh. im Orig.].

Die Tatsache, daß Sulzer es für nötig befindet, sich »über das Wort *analogisch*« genauer zu äußern, zeigt, ganz im Sinne Foucaults, welcher Präzisionsanspruch den Gebrauch dieses vorbelasteten Ausdrucks im 18. Jahrhundert begleitete. Sulzer stellt sich diesem Anspruch und beschränkt die Geltung seines Analogiegesetzes vorsichtig auf Stärke und Mannigfaltigkeit der Bewegung. Gleichwohl ist unverkennbar, daß der Optimismus, mit dem Sulzer das Projekt der Seelenphysik in Angriff nimmt, an die übergeordnete Gedankenfigur der Körper-Seele-Analogie geknüpft ist. Deshalb richtet sich die Emphase des zitierten Absatzes anders als bei Descartes und Berkeley auf die prinzipielle Möglichkeit, seelische analog zu körperlichen Vorgängen zu beschreiben.

Nach der Formulierung seines Empfindungsgesetzes führt Sulzer aus, wie die Bewegung in den Sinnesnerven zustande kommt: Wie in Descartes' *Le monde* wird jeder Sinn durch Eindrücke jeweils adäquater Materieteilchen gereizt; die »in den Nerven erregte Bewegung muß der Gewalt des Stoßes, den die Materie verursacht, proportionirt seyn«.[27] Die Analogie zwischen Sinnesreiz und Apperzeption wird also um eine zweite Proportion zwischen Korpuskelstoß und Nervenbewegung erweitert, die zwar genausowenig wie die erste je gemessen wurde – es handelt sich um ein hypothetisches Modell –, sich aber aus den Gesetzen der Mechanik und den Auffassungen der zeitgenössischen Nervenphysiologie schließen läßt. Der Unterschied zwischen den beiden postulierten Relationen liegt darin, daß die erste, zwischen Körper und Seele vermittelnde, notgedrungen spekulativ bleibt und in ihrem Anspruch auf Allgemeingültigkeit die Cartesische Toleranzgrenze für Analogisierungen überschreitet, während die zweite mit den naturwissenschaftlichen Prämissen der Zeit übereinstimmt.

Die Heftigkeit, mit der Materie auf die Sinnesrezeptoren prallt, ist für Sulzer wie für Descartes eine Funktion ihrer Masse und Geschwindigkeit. Im *Traité de la lumière* hatte Descartes seine Formel zur Schätzung der Kraft bzw. Bewegungsquantität dazu verwendet, sein Teilchenmodell in bezug auf Luft und Feuer auszudifferenzieren, indem er die »Flüssigkeit« beider Elemente auf die Geschwindigkeit ihrer Korpuskelbewegung und die zersetzende Wirkung des Feuers darüber hinaus auf dessen größere Partikel zurückführte.[28] Dieselbe

---

27 Ebd., S. 56.
28 Descartes, *Le monde*, S. 8 f., S. 15 f. Über die Kraft der Feuer-Partikel heißt es: »Je dis aussi que leur mouvement est tres-prompt & tres-violent: car estant si petites que la veuë ne nous le sçauroit faire distinguer, elles n'auroient pas tant de force qu'elles ont pour agir contre les autres corps, si la promptitude de leur mouvement ne recompensoit le défaut de leur grandeur.« (Ebd., S. 8.) Und weiter: »il ne faut pas

Partikelbewegung aber, die Gegenstände zu verbrennen vermag, ist nach Descartes auch für die menschlichen Wärme- und Lichtempfindungen zuständig.[29] Sie teilt sich den Korpuskeln der Sinneswerkzeuge auf die gleiche Weise mit, wie eine Kugel die andere ins Rollen bringt oder, als Geschoß, ihr Ziel zerstört:

> il est certain que nous ne sçaurions sentir aucun corps, s'il n'est cause de quelque changement dans les organes de nos sens, c'est à dire s'il ne remuë en quelque façon les petites parties de la matiere dont ces organes sont composez. Ce que peuvent bien faire les objets qui ne se presentent pas toujours, pourveu seulement qu'ils ayent assez de force: car s'ils y corrompent quelque chose, pendant qu'ils agissent, cela se peut reparer aprés par la Nature, lors qu'ils n'agissent plus.[30]

Die Lichtteilchen, die auf das Auge wirken, »comme pour le chasser hors de sa place«[31], gehorchen also in jeder Hinsicht den gewohnten mechanischen Gesetzen, weswegen Descartes, »afin de rendre par ce moyen mon discours plus intelligible«[32], sich fliegender Kugeln als Beispiel- und Anschauungsmaterial für seine Theorie des Lichts bedient.[33] An ihnen läßt sich z. B. auch zeigen, wie die Kraft der Lichtpartikel durch Widerstände oder Rückenwind gebremst bzw. gesteigert werden kann – es ist nicht schwer, daraus ihre Wirkung aufs Auge abzuleiten:

> Enfin la force de la Lumiere est non seulement plus ou moins grande en chaque lieu, selon la quantité des rayons qui s'y assemblent, mais elle peut aussi estre augmentée ou diminuée par les diverses dispositions des corps qui se trouvent aux lieux par où elle passe. Ainsi que la vitesse d'vne bale ou d'vne pierre qu'on pousse dans l'air, peut estre augmentée par les vents qui soufflent vers le mesme costé qu'elle se meut, & diminuée par leurs contraires.[34]

In einem Aufsatz über die Funktion der Metapher für die physikalische Optik hat Geoffrey N. Cantor anhand englischer Quellen gezeigt, daß nicht nur die korpuskelmechanische Theorie des Lichts, sondern

---

seulement prendre garde à la vitesse du mouvement, mais aussi à la grosseur des parties; & [...] ce sont les plus petites, qui font les corps les plus liquides, mais [...] ce sont les plus grosses, qui ont le plus de force pour brûler, & generalement pour agir contre les autres corps.« (Ebd., S. 15.)

29 Ebd., S. 9 f.
30 Ebd., S. 21 f.
31 Ebd., S. 97.
32 Ebd., S. 102.
33 Vgl. hierzu auch Descartes' Theorie des Sehens in *La Dioptrique*, deren Anschauungsmodell das *jeu de paume* darstellt (vgl. insbes. Discours I u. II, m. Abb.).
34 Descartes, *Le monde*, S. 103.

auch der Vergleich von Lichtteilchen mit Projektilen und insbesondere mit Kanonenkugeln im 18. Jahrhundert geläufig war. Während Staub- und Sandmetaphern hinzugezogen wurden, um die Winzigkeit und Vielzahl der Lichtpartikel zu illustrieren, diente die ballistische Metaphorik zur Illustration ihrer Geschwindigkeit und motivierte schließlich auch Fragen nach ihrer Masse und Wucht. Je nach Kontext wurde bald die Ähnlichkeit, bald der Gegensatz zwischen Lichtteilchen und Kanonenkugeln akzentuiert. Unvereinbarkeiten zwischen Metapher und Gegenstand – insbesondere die Beobachtung, daß die zerstörerische Wirkung der Lichtkorpuskeln angesichts ihrer hohen Geschwindigkeit die Wucht von Kanonenkugeln eigentlich übertreffen müßte – provozierten Experimente zu den mechanischen Eigenschaften des Lichts, lieferten aber schließlich auch Argumente für die Kritiker des Korpuskelmodells.[35]

Johann Gottlob Krüger, der die Cartesische Sinnesphysiologie für einen philosophischen Roman hielt[36], ihre mechanischen Prinzipien allerdings großenteils übernahm, konzipierte die Kraft der Materiekorpuskeln in Leibnizschen Kategorien und glaubte, auf diese Weise die Stärke von Sinnesempfindungen berechnen zu können. Im 1743 erstmals publizierten zweiten Teil seiner *Naturlehre* vertrat er wie nach ihm Sulzer die These vom proportionalen Verhältnis zwischen Nervenbewegung und Empfindung, das er analog zu physikalischen Proportionalitäten verstand und als Ursache-Wirkung-Relation bestimmte.[37] Die Stärke der Empfindung machte er einerseits von der Nervenspannung, andererseits von der Gewalt der Körper abhängig, deren Berührung die elastischen Nervenhäute in Schwingung versetzt.[38] Je nachdem, ob die

---

35 Geoffrey N. Cantor, *Weighing Light: The Role of Metaphor in Eighteenth-Century Optical Discourse*, in: *The Figural and the Literal. Problems of Language in the History of Science and Philosophy, 1630-1800*, hrsg. von Andrew Benjamin, Geoffrey N. Cantor und John R. R. Christie, Manchester 1987, S. 124-146. Zur Sand-Metaphorik S. 134 f., zur ballistischen Metaphorik S. 135-139.

36 Johann Gottlob Krüger, *Naturlehre*, Teil II, § 11.

37 Ebd., § 315. Krügers Vergleich mit den Proportionen zwischen heterogenen Größen in der Physik bezieht sich auf seine These, daß jede Empfindung eine proportionale Bewegung im Körper hervorbringt (§ 40). – Anders als Sulzer war Krüger kein konsequenter Wolffianer, sondern vertrat bezüglich der Commercium-Problematik eine influxionistische Position. Im Zentrum von Krügers Schriften steht der Nachweis, daß Körper und Seele wechselseitig auf einander einwirken. Vgl. hierzu auch Kap. 2.3.1.

38 Im Vergleich zu Sulzer legt Krüger im folgenden mehr Wert auf die Teilchengeschwindigkeit (z. B. die Luftbewegung beim Atemholen oder das schnelle Zittern der Luft bei hohen Tönen, *Naturlehre*, Teil II, § 317) sowie vor allem auf die Elastizität der Nervenhäute. Ausgehend von der Annahme, daß die Nerven verschiedener Menschen von Natur aus unterschiedlich stark gespannt sind (Krüger spricht von ihrem

Empfindung durch einen Druck oder einen Stoß ausgelöst wird,
entspricht ihre Lebhaftigkeit dem Produkt von Masse und Geschwindigkeit oder dem Produkt von Masse und dem Quadrat der Geschwindigkeit der einwirkenden Materieteilchen:

> Es sei die eine Empfindung = S die andere = s, die Gewalt des einen Cör-
> pers, der sie hervorbringt = V des andern = v. Die Spannung des Nervens
> im ersten Falle = T, im andern = t: so ist S : s = VT : vt. Wenn nun T = t:
> so verhält sich S : s = V : v. Das ist: die Lebhaftigkeiten der Empfindun-
> gen verhalten sich, wie die Kräfte der Cörper, von welchen sie hervorge-
> bracht werden, wenn die Spannungen der Nerven gleich groß sind. [...]
> Allein, man muß darauf acht haben, ob er [der Cörper] seine Würkung
> blos durch einen Druck oder durch einen Stoß verrichtet. Das ist, ob er
> eine todte oder lebendige Kraft habe. Ist das erste, so muß man seine
> Masse mit seiner Geschwindigkeit: wenn aber das letzte wäre, die Masse
> mit dem Quadrate seiner Geschwindigkeit multipliciren, wenn man die
> Grösse seiner Gewalt zu bestimmen verlangt.[39]

Sulzer möchte das Leibnizsche Kraftmaß mv^2 dazu nutzen, »die verschiedne Stärke der Bewegung in den verschiednen Sinnen gegen
einander abzumessen« und auf diese Weise »die Proportion der Empfindlichkeit für jede Art von sinnlicher Empfindung« zu bestimmen.[40]
Dazu erscheint es ihm nötig, von der Dauer der Sinneseindrücke zu abstrahieren und lediglich die »augenblickliche Empfindung« zu betrachten, die eine einmalige Berührung des Sinnesorgans durch ein einziges
Teilchen in der Seele hervorruft.[41] Sulzer nennt sie, wohl in Analogie
zum Leibnizschen Bewegungsmoment, das »Moment der Empfindung« und beschreibt die physischen Ursachen der Empfindungsmo-
mente als »Stöße« oder »Schläge«, in denen sich »nichts als der Grad
der Bewegung unterscheiden [läßt], wodurch sie mehr oder weniger

---

»Tonus« und vergleicht diesen mit dem musikalischen »Ton« von Saiteninstrumen-
ten), entwirft er eine vollständige nervenphysiologische Temperamentenlehre (ebd.,
§§ 322-328; zum Tonus-Begriff s. o., S. 87). Auch zahlreiche Krankheiten sind Krüger zufolge auf »Verstimmungen« des Nerventonus zurückzuführen (vgl. ebd., § 329
u. ö.). Der Abschnitt zur Nervenphysiologie der Sinne mündet in eine Theorie der
angenehmen und unangenehmen Empfindungen, die Ulrich Gaier als »eine physiologische Ästhetik« bezeichnet hat (vgl. Gaier, Stellenkommentar zu Herders Auseinandersetzung mit Baumgartens *Aesthetica* [*Plan zu einer Ästhetik*], in: *HW* I, S. 1258).
Sie basiert allerdings nicht auf Kategorien wie Lebhaftigkeit oder Leben, sondern auf
der Faßlichkeit der mathematischen Proportionen zwischen unterschiedlich schnell
schwingenden Nervenhäuten (vgl. Krüger, *Naturlehre*, Teil II, § 333 u. ö.).

39 Krüger, *Naturlehre*, Teil II, § 316.
40 Sulzer, *Untersuchung*, S. 56.
41 Ebd., S. 57.

stark werden«.[42] Wären uns Masse und Geschwindigkeit der anstoßenden Materieteilchen bekannt, nimmt Sulzer an, dann könnten wir ihre Kraft und folglich auch die Lebhaftigkeit berechnen, mit der ihr Eindruck auf die Seele wirkt.

Schon Descartes hatte im Zusammenhang mit seiner Lehre von den drei Elementen Feuer, Luft und Erde, deren Mischungen er allen irdischen Körper zugrunde legte, Vermutungen über Größe, Gewicht und Geschwindigkeit der Partikel angestellt, die den verschiedenen Sinnesorganen des Menschen adäquat sind. Der gröbste Sinn, der nur durch die stärksten Reize gerührt werden kann, ist laut Descartes der Tastsinn, gefolgt vom Geschmack: Die Fasern der Zungennerven »peuuent estre mûs par de moindres actions, que ceux qui ne seruent que pour l'attouchement en general«.[43] Zusammen mit dem etwas feineren Geruchssinn sind Tastsinn und Geschmack irdische Sinne; das Element Erde mit seinen großen, langsam bewegten Teilen überwiegt in den Körpern, die sie zu rühren vermögen:

> Le sens de l'*odorat* depend aussi de plusieurs petits filets [...] qui ne different en rien des nerfs qui seruent à l'attouchement & au goust, sinon qu'ils ne sortent point hors de la concauité de la teste qui contient tout le cerueau, & qu'ils peuuent estre mûs par des parties terrestres encore plus petites que les nerfs de la langue, tant à cause qu'ils sont vn peu plus déliez, comme aussi à cause qu'ils sont plus immediatement touchez par les objets qui les meuuent.[44]

Es folgen das Gehör, erregbar durch die mittelgroßen und mäßig bewegten Partikel des Elements Luft, und schließlich das sinnliche Pendant des (mit dem irdischen Feuer nicht identischen) Feuer-Elements, das Gesicht, »meu par des actions si peu sensibles, comme sont celles que ie prens icy pour les *couleurs*.«[45]

Die Erfahrung zeigt, so befindet Sulzer, daß die Lebhaftigkeit unserer Sinnesempfindungen »mit der groben Beschaffenheit« der entsprechenden Sinnesnerven oder »der ihnen zusagenden Materien in Proportion« stehen: »Das Gesicht bringt die schwächsten und das Gefühl die stärksten Empfindungen hervor«.[46] Deshalb müssen Vergnügungen der gröberen Sinne die der feineren stets übertreffen, und

---

42 Ebd., S. 58 f.
43 Descartes, *Traité de l'homme*, S. 145.
44 Ebd., S. 147 f. [Hervorh. im Orig.]. Descartes' Elementenlehre steht im *Traité de la lumière*, insbes. S. 23-29.
45 Descartes, *Traité de l'homme*, S. 153 [Hervorh. im Orig.].
46 Sulzer, *Untersuchung*, S. 60.

umgekehrt ist nur der Sinn des Gefühls in der Lage, Schmerzempfin-
dungen zu verursachen. *A priori* wäre das empirisch Gegebene mit
Hilfe des Ausdrucks mv^2 zu beweisen, unter der Voraussetzung freilich, daß präzise Daten über Masse und Geschwindigkeit der jeweiligen Materiepartikel zur Verfügung stünden:

> Wären wir nur im Stande die Massen der Materien jedes Sinns, und die
> Geschwindigkeit ihres Stoßes anzugeben, so könnten wir auch die
> Proportionen von der Lebhaftigkeit der Empfindung, welche die Sinne
> erwecken, geometrisch bestimmen. Man setze z. B. die specifischen Mas-
> sen des Lichts und des Schalls verhielten sich wie m zu M, und ihre Ge-
> schwindigkeit, wie V zu v; so würde sich die Lebhaftigkeit des Gesichts
> zur Lebhaftigkeit des Gehörs, wie V^{2}m : v^{2}M verhalten.[47]

Sulzers sinnesphysiologische Theorie der Rührung bleibt indessen
nicht beim Empfindungsmoment stehen. Im Gegenteil dient die Isolation des einzelnen Eindrucks nur dazu, eine Berechnungsgrundlage
für die Kraft der Aggregate von Sinnesreizen zu präparieren, die wahr-
nehmungspsychologisch den Normalfall bilden. Deren Kraft entspricht der Summe der Kräfte ihrer Elemente, so daß die Lebhaftigkeit
einer Vorstellung der Zahl der sie konstituierenden Empfindungsmo-
mente proportional ist. Je mehr Nerven von der aufprallenden Materie berührt oder von einem einzigen stark bewegten Nerv durch ein
Sympathie-Phänomen in Mitleidenschaft gezogen werden, desto stärker ist die Empfindung.[48]

Auf diese Weise bindet Sulzer das physiologische Modell mit Hilfe
seines Analogiegesetzes zurück an Baumgartens Theorie der Stärke
prägnanter und extensiv klarer Perzeptionen. Die Nervenphysiologie
macht ein Konzept der Merkmalsfülle denkbar, das nicht länger auf die
Möglichkeit der logischen Zergliederung gegebener Vorstellungen rekurrieren muß, sondern die Vielfalt der Details aus ihrer materiellen
Genese ableiten kann. Damit rückt das Dunkle nicht als Erkanntes,
sondern als mechanisch Produziertes in den Horizont des Erklärbaren.
Was sich in der Seele vorfindet, ist Ergebnis berechenbarer physikalischer Vorgänge. Der Grad an Klarheit, mit dem die Seele sich ihrer Vorstellungen bewußt ist, erscheint nicht als Eigenschaft der Gegenstände
bzw. ihrer Repräsentationen, die akkurate Entsprechungen korpuskel-
mechanischer und physiologischer Abläufe (analoge »Rasterfiguren«[49])

---

47 Ebd., S. 61.
48 Ebd., S. 70 f.
49 Vgl. Specht in: Descartes, *Philosophische Schriften*, S. XXIX f.

sind, sondern als eine Funktion der psychischen Aufmerksamkeit.[50] Verworrenheit und Dunkelheit sind bei Sulzer Phänomene der – mehr oder weniger angenehmen – Reizüberflutung:

> Die Seele sieht sich von unzählig viel Seiten zugleich angegriffen; sie weiß nicht, wo sie ihre Aufmerksamkeit am ersten hinwenden soll. Ist nun die Empfindung an sich selbst angenehm, und überschreitet sie in diesen Umständen einen gewissen Grad der Stärke nicht; so setzt sie die Seele in ihren allerangenehmsten Zustand, den man [...] *holde Wehmuth* nennt. Sind aber die Bewegungen der Nerven zu heftig, so sieht man von selbst, daß dieser Zustand in Ohnmacht und in gänzliche Unempfindlichkeit ausarten muß; die Empfindung mag übrigens an sich selbst angenehm, oder schmertzhaft seyn. Denn da in diesem Falle die Seele von einer unendlichen Menge Empfindungen zugleich und heftig angegriffen wird, so ist es ihr unmöglich, das Geringste darinn zu unterscheiden; sie geräth also in Verwirrung und in einen Zustand dunkler Vorstellungen.[51]

Die Argumentationsrichtung verläuft – nicht unähnlich wie bei Meier und Plitt – von der Bewegung zur Erkenntnis: Je heftiger oder ausgedehnter der Korpuskelstoß, desto mehr Nerven werden tangiert, desto lebhafter und komplexer ist die Empfindung, desto größer die Überforderung der Seele, desto »dunkler« ihr Gesamtzustand. Umgekehrt trägt die Lebhaftigkeit der Empfindung, die ja proportional zu ihrer Dunkelheit sein muß, zu jener anderen, handlungsauslösenden Stärke bei, die Baumgarten als ›Leben‹ der Erkenntnis bezeichnet hatte: Sinnliche Vergnügungen erwecken »starke und gefährliche Leidenschaften [...], die zuweilen sogar in Wuth ausarten: welches bey der Lebhaftigkeit dieser Vergnügungen nicht anders seyn kann.«[52] Für diesen Vorgang kann Sulzer in der *Untersuchung* noch kein ausgefeiltes mechanisches Modell bieten; das Baumgartensche ist bereits in den Dienst der Lebhaftigkeit getreten. Was bleibt, ist die Cartesische Wind-Metaphorik,

---

50 Dies ist auch in der Leibnizschen Monadologie der Fall, aber aus anderen Gründen: Die Monade ist *immer schon* Spiegel der Welt; sie ist sich aber ihrer Perzeptionen nur zu einem geringen Anteil bewußt. Sulzers entscheidende Neuerung ist, daß er die dunklen Vorstellungen nicht als im voraus gegebene latente verhandelt, sondern als sinnlich erworbene. Meier, der sich vor ihm dem Dunklen eingehender beschäftigt hat, betrachtet ebenfalls den Erkenntniserwerb, beschränkt sich aber dabei auf sprachlich erlangte Erkenntnis und lokalisiert die Dunkelheit als einen Aspekt der Prägnanz im sprachlichen Ausdruck. Die Leibnizsche metaphysische und wenig erfahrungspsychologische Dimension der Prägnanz als Eigenschaft der Monade selbst spielt weder für Sulzer noch für Meiers ästhetische (und poetologische) Theorie eine große Rolle.

51 Sulzer, *Untersuchung*, S. 72 f. [Hervorh. im Orig.].

52 Ebd., S. 74 f.

die im Zusammenhang mit der Stärke der Empfindung genau wie das Kraftmaß mv^2 in ein empirisches Datum übersetzt wird, an anderer Stelle jedoch, Erotik evozierend und auf den Passus über die Gefahr sinnlicher Leidenschaften vorausweisend, ihren alten poetischen Charakter beibehält. Ihre doppelte Verwendung suggeriert noch einmal – wie das Strömen der Lebensgeister bei Descartes, das Umschlagen von Licht in Feuer bei Baumgarten und die geballte Kraft der körnigten Rede bei Meier – die physikalische Überbrückbarkeit des Spalts zwischen Erkenntnis und Rührung sowie zwischen *res extensa* und *res cogitans*. Wer sich im Sommer wollüstig kühlenden Lüften hingibt, schwebt in Gefahr, dabei den Boden unter den Füßen zu verlieren wie der Robert mit dem Regenschirm; durch Poren und Nervenkanäle bläst der betörende Windstoß geradewegs in die Segel, die das Schiff unserer Begierden und Tätigkeiten am Laufen halten:

> Auch kann man den Unterschied, den die Anzahl der gerührten Nerven in der Größe des Vergnügens hervorbringt, sogar empfinden. Wenn man in schwülen Sommertagen, wo der ganze Körper erhitzt ist, eine frische Luft auf die Hand bläst, so ist das schon ein sehr angenehmes Gefühl; aber wie nichts ist es gegen die süße Wollust, die uns die Abkühlung des ganzen Körpers verursacht![53]

> Was ist doch das Vergnügen, das uns die Farben des Regenbogens machen, gegen dasjenige gerechnet, das uns die Harmonie erweckt? Und wie schwach ist doch das Vergnügen über das schönste Concert, in Vergleichung mit demjenigen, das ein weit gröberer Sinn verursacht? Die Vergnügungen der feinern Sinne gleichen hierinn einem sanften Zephyr, und die Vergnügungen des Gefühls einem ungestümen Winde, dem sich nur mühsam widerstehen läßt.[54]

Erst in einem späteren Aufsatz, den Wolfgang Riedel als eine »Theorie der Fehlleistungen avant la lettre« bezeichnet hat[55], gelingt es Sulzer, die in der *Untersuchung* noch fehlende mechanische Verbindung zwischen dunklen Vorstellungen und Handlungen herzustellen und das von Meiers Schüler Plitt begonnene Projekt dergestalt zu einem Abschluß zu bringen. Konsequenter als dieser verhandelt Sulzer in seiner *Erklärung eines psychologischen paradoxen Satzes* (erstmals 1759) Ausfälle der bewußten psychischen Kontrollinstanzen im Alltagsleben als ein Problem der Erfahrungsseelenkunde: Die empirische Beobachtung, *Daß der Mensch zuweilen nicht nur ohne Antrieb und*

---

53   Ebd., S. 71.
54   Ebd., S. 60.
55   Riedel, *Erkennen und Empfinden*, S. 419.

ohne sichtbare Gründe sondern selbst gegen dringende Antriebe und überzeugende Gründe handelt und urtheilet, gibt Anlaß zu der Frage, welche »verborgene Kraft« in solchen Augenblicken die Herrschaft des Willens und der Vernunft unterläuft.[56] Natürlich liegt auch hier die Antwort beim *je ne sais quoi* der dunklen Vorstellungen, Empfindungen, Urteile, Begierden und Abneigungen[57], deren Kräfte, wie Sulzer annimmt, »allezeit die Oberhand über das Bestreben des Willens erhalten«: Die dunklen Ideen haben »mehr Gewalt über uns als die klaren und deutlichen«.[58] Im Vergleich zu Plitt, der die Kraft des Verworrenen, aber Klaren aus erkenntnistheoretischen Gründen über die des Dunklen gestellt hatte, räumt Sulzer dem Dunklen damit eine noch größere Macht über den Menschen ein; was er in der *Untersuchung* anhand der Sinneswahrnehmung für die Empfindung gezeigt hatte, wird nun unterschiedslos auf den gesamten Bereich des Erkennens, Urteilens, Empfindens und Begehrens appliziert.

Grundlage für diese neue Systematik, die Empfindungen, Erkenntnisse und Begierden nach dem Grad ihrer Bewegkraft ordnet und dabei lebendige Kraft an Dunkelheit, Unbeweglichkeit an das Deutliche koppelt, ist dasselbe nervenphysiologische Modell wie in der *Untersuchung*, nur verkehrt sich die Richtung der psycho-physischen Einwirkung. Jede Operation der Seele, so Sulzer, ruft eine nervliche Erregung hervor. Die Zahl der betroffenen Nerven hängt von der Detailfülle, folglich von der Verworrenheit der Vorstellung ab. Wenn sich die Aufmerksamkeit auf ein einziges Vorstellungselement konzentriert, wird auch nur ein einziger Nerv erschüttert. Im Stande der Verwirrung dagegen kann die Nervenbewegung so umfassend ausfallen, daß sie sich vom Gehirn aus zu den Brustnerven fortpflanzt, »und dieß ist der Augenblick, in welchem die Vorstellung die Empfindung hervorbringt.«[59] Deren Sitz und zugleich das handlungsauslösende Organ ist das Zwerchfell, das von den *médecin-philosophes* der Schule von Montpellier, Théophile Bordeu und Louis de Lacaze, zur Dignität eines zweiten nervösen Zentrums neben dem Gehirn erhoben worden war.[60] Konkurriert eine dunkle Vorstellung mit einer

---

56 Sulzer, *Erklärung eines psychologischen paradoxen Satzes,* S. 106.
57 Ebd., S. 108.
58 Ebd., S. 110 f.
59 Ebd., S. 113.
60 Die ersten einschlägigen Schriften von Lacaze und Bordeu erschienen in den Jahren 1748 (Lacaze, *Specimen novi medicinae conspectus*) und 1752 (Bordeu, *Recherches anatomiques sur la nature et le fonctionnement des glandes*); vgl. dazu Herbert Dieckmann, *Théophile Bordeu und Diderots »Rêve de d'Alembert«,* in: *Romanische*

deutlichen, kann es geschehen, daß die dunkle sozusagen hinter dem
Rücken der anderweitig beschäftigten Aufmerksamkeit die Nerven
des Zwerchfells in Aktion setzt und zur ungewollten Handlung führt:

> Wenn sich also zwo Vorstellungen zu gleicher Zeit einfinden, so wirket
> die dunkle gar nicht auf den Verstand, sondern führet unmittelbar zur
> Empfindung, da indessen die andere den Verstand wenigstens auf etliche
> Augenblicke beschäfftiget; und eben in diesen Augenblicken bemächti-
> get sich die dunkle Vorstellung der Seele, und bringt die Handlung her-
> vor. Es ist nicht möglich, daß die langsame Wirkung der deutlichen
> Ideen die schnelle Wirkung der dunkeln Ideen verhindere, und auf diese
> Weise überraschet oft die Empfindung die Vernunft.[61]

Forschungen 52 (1938), S. 55-122, hier S. 107 f.; Deprun, *La philosophie de l'inquiétude*, S. 81-92 sowie Baasner, *Der Begriff ›sensibilité‹ im 18. Jahrhundert*, S. 249-255.
Deprun charakterisiert die Rolle des epigastrischen Nervenzentrums in der französischen Aufklärung von Lacaze, Bordeu und Buffon bis hin zu Condorcet und Diderot als »centre [...] des forces obscures, de tout ce que la raison devra assimiler et
discipliner.« Deprun, *La philosophie de l'inquiétude*, S. 89.
61 Sulzer, *Erklärung eines psychologischen paradoxen Satzes*, S. 115.

4.2. Psychomachia (I). Eine christliche Seelenallegorie und ihre preußische Neufassung

Wie schon der Pietist Baumgarten stellt sich Sulzer in seiner *Erklärung eines psychologischen paradoxen Satzes* die Konkurrenz von Licht und Schatten in der Seele als einen Machtkampf vor. Zu Recht hat Hans Adler Baumgartens Rede von der »Stärke« *(robur)*, vom *regnum tenebrarum* (Reich der Finsternis) und vom *regnum lucis* (Reich des Lichts) »in einem der Politik analogen Sinne als ›Herrschaft‹« verstanden[62]: Licht und Finsternis, Wille und sinnlicher Appetit, Fleisch *(caro)* und Vernunft *(ratio)* bekriegen einander bei Baumgarten wie die Tugenden und Laster in der *Psychomachia* des Prudentius, einem allegorischen Kurzepos, das die inneren Zerwürfnisse des sündigen Christen in einer Serie nicht selten blutrünstiger Zweikämpfe und Schlachten zwischen Gut und Böse versinnbildlicht.[63] Über den Krieg zwischen Willen und sinnlicher Begierde heißt es in Baumgartens *Metaphysica*:

> Unter den Beweggründen, von denen ich zum Wollen und Nichtwollen bestimmt werde, sind immer auch sinnliche Reize. Wenn gewisse mit den Beweggründen gemeinsam auftretende sinnliche Reize zum Gegenteil dessen antreiben, was die Beweggründe bestimmen, entsteht (eine Unstimmigkeit) EIN KAMPF ZWISCHEN DEM UNTEREN UND DEM OBEREN BEGEHRUNGSVERMÖGEN (zwischen dem sinnlichen und dem vernünftigen Begehren, zwischen Fleisch und Vernunft).[64]

Und bei Prudentius:

> Schreckliche Kämpfe wüten, sie wüten im Innern unseres Herzens, und die zwieschichtige Natur des Menschen erzittert im ungleichen Kampf. Denn der Leib, aus Erde gebildet, erdrückt den Geist; dieser aber, durch reinen Hauch erschaffen, erglüht im dunklen Kerker des Herzens und

---

62 Adler, *Die Prägnanz des Dunklen*, S. 94.

63 Zur pietistischen Rezeption der Psychomachie-Vorstellung vgl. Michael Reiter, *Pietismus*, in: *Die Seele. Ihre Geschichte im Abendland*, hrsg. von Gerd Jüttemann u. a., Weinheim 1991, S. 198-213. Reiter präsentiert und bespricht eine anonyme (wohl auf Johann Samuel Stryk zurückgehende) pietistische Fabel vom Beginn des 18. Jahrhunderts, in der Tugenden die von Sünden besetzte Seele erobern.

64 »Inter motiua, quibus ad nolendum volendumue determinor, semper sunt stimuli. Quodsi quidam stimuli motiuis socii ad oppositum illi impellant, ad quod motiua determinant, oritur (dissensus) LUCTA FACULTATIS APPETITIVAE INFERIORIS ET SVPERIORIS (appetitus sensitiui & rationalis, carnis & rationis).« Baumgarten, *Metaphysica*, § 693 [Hervorh. im Orig.].

wehrt sich, stark gefesselt, gegen die Sünde. Licht und Finsternis kämpfen mit verschiedenen Geistern, entgegengesetzte Kräfte leben in unserem zwiespältigen Wesen[.][65]

In laisierter Form kehrt dieselbe Allegorie bei Sulzer wieder[66] – verbunden mit strategischen Überlegungen, die das Dunkle ernst nehmen, um seine Kräfte im Sinne der Selbstbefreiung des aufgeklärten Subjekts zu vereinnahmen. Vorurteile, heimliche und unerklärliche Neigungen, zwanghafte Triebe und Blockaden sind

> Feinde, die im Hinterhalte verborgen liegen: man wird von ihnen geschlagen, und sieht nicht, wo die Schläge herkommen. Ebendeßwegen ist es unmöglich, sich geradezu gegen sie zu wehren. Der Mensch wird immer ein Sclave seiner Leidenschaften und seiner Vorurtheile bleiben, so lange er ihnen weiter nichts als die Vernunft entgegen zu setzen weiß. [...] Sie stehen in den dunkeln Gegenden der Seele, wo man ihre feindlichen Bewegungen und listigen Unternehmungen nicht eher gewahr wird, bis es zu späte ist, sich dagegen zu setzen, und eben dieses verschaffet ihnen fast immer einen unfehlbaren Sieg.[67]

Vor dem Hintergrund der Tatsache, daß sich Sulzer 1759 in Preußen, Preußen aber mitten im Siebenjährigen Krieg befand, gewinnt die alte, ihrer religiösen Inbrunst beraubte Allegorie ein neues Relief: Sie wird lesbar als sedimentierte Alltagserfahrung eines Universalgelehrten, der sich nicht nur dem Studium des eigenen Seelenhaushalts verpflichtet sah, sondern auch an den naturwissenschaftlichen, technischen und politischen Fragen seiner Zeit Anteil nahm. Die Militarisierung Preußens einschließlich der forcierten Aufrüstungsmaßnahmen Friedrichs II. vor dem Siebenjährigen Krieg muß in allen Bereichen des öffentlichen Lebens spürbar gewesen sein und zeitigte ihr Echo auch in den Themen der gelehrten Welt. Die entsprechenden Jahrgänge

---

65 »Feruent bella horrida, feruent / ossibus inclusa, fremit et discordibus armis / non simplex natura hominis; nam uiscera limo / effigiata premunt animum, contra ille, sereno / editus adflatu, nigrantis carcere cordis / aestuat, et sordes arta inter uincla recusat. / spiritibus pugnant uariis lux atque tenebrae, / distantesque animat duplex substantia uires«. *Die Psychomachie des Prudentius*, lat./dt., eingeführt u. übers. von Ursmar Engelmann OSB, Basel/Freiburg/Wien 1959, S. 88-91. Vgl. dazu Gal. 5, 17: »Denn das Fleisch gelüstet wider den Geist, und den Geist wider das Fleisch; dieselbigen sind widereinander, daß ihr nicht tut, was ihr wollet«.

66 Meiers Anweisungen zur Eroberung wie zur Verteidigung des Gemüts in der *Theoretischen Lehre von den Gemüthsbewegungen überhaupt* lassen sich der religiösen und der rhetorischen Tradition gleichermaßen zuordnen (ebd., §§ 162 f., § 197, § 201, § 203, §§ 210 f.).

67 Sulzer, *Erklärung eines psychologischen paradoxen Satzes*, S. 117.

der *Histoire de l'Académie Royale des Sciences et Belles Lettres*, in der zahlreiche Schriften Sulzers erstmals erschienen, tragen ein unverhohlen militaristisches Frontispiz (Abb. 1). In den 50er und frühen 60er Jahren wurden der Akademie eine ganze Reihe kriegstheoretischer und ballistischer Arbeiten zur Prüfung vorgelegt[68]; Sulzer selbst, der den wöchentlichen Sitzungen seit 1747 beiwohnte, präsentierte am 11. September 1755 eine physikalische Abhandlung mit dem Titel *Nouvelles expériences sur la résistance que souffre une balle de fusil en passant par l'air.*[69] Wie sich noch zeigen wird, stellt die kriegerische Allegorie des Verhältnisses zwischen epigastrischem und zerebralem Nervenzentrum auch in Sulzers psychologischen Schriften der Jahre um 1760 keineswegs die einzige ihrer Art dar; zur Kriegsallegorie treten empirische (medizinische, physikalische und psychologische) Beobachtungen aus der militärischen Sphäre.

Daß in diesem Umfeld auch das verborgene Homerische Potential von Baumgartens mechanischer Rührungskonzeption zu weiterer Entfaltung gelangt, ist nicht verwunderlich. Für Sulzer verbanden sich die nervenphysiologischen und psychologischen Anwendungen der Formel zur Schätzung der lebendigen Kraft organisch mit den eigenen ballistischen Studien. Moses Mendelssohn wird, darin wenige Jahre später von Sulzer imitiert, die »Energie« des fliegenden Pfeils uminterpretieren zur »lebendigen Kraft« moderner Bomben und Kanonenkugeln. Auf diese Weise verwandelt sich die traditionelle poetische Allegorie des Kampfes um die Seele in ein psychologisches Modell, das nicht nur versinnlichen, sondern auch erklären soll. Es vermag sowohl die verschiedenen Abstraktionsniveaus der Theorie der lebendigen Kraft als auch das Maschinenvokabular der alten Leibnizschen und Baumgartenschen Seelenmodelle zu integrieren. Wenige Hinweise sollen genügen, um die begriffs- und metapherngeschichtlichen Voraussetzungen dieser Überblendung von mechanischer und psychomachischer Bildlichkeit anzudeuten.

Man kann die Funktion des mechanischen Diskurses für die Wissenschaften des 18. Jahrhunderts als die einer *lingua franca* beschrei-

---

68 In den Registern der Académie Royale des Sciences et Belles Lettres de Berlin zähle ich zwischen 1753 und 1764 elf Titel mit offensichtlichem Bezug zu Artillerie oder Kriegskunst, vgl. *Die Registres der Berliner Akademie der Wissenschaften (1746-1766). Dokumente für das Wirken Leonhard Eulers in Berlin. Zum 250. Geburtstag*, hrsg. und eingeleitet von Eduard Winter, Berlin 1957.

69 Sulzer, *Nouvelles expériences sur la résistance que souffre une balle de fusil en passant par l'air*, in: *Histoire de l'Académie Royale des Sciences et Belles Lettres, Année 1755*, Berlin 1757, S. 104-116. Vgl. auch Winter, *Die Registres der Berliner Akademie*, S. 216.

Abb 1.
Frontispiz der *Histoire de l'Académie Royale des Sciences et Belles Lettres, Année* 1755, Berlin 1757.

ben, mit deren Hilfe Erkenntnisse verschiedenster Disziplinen ineinander übersetzbar sind. Dies gilt auch für das Verhältnis zwischen
Psychologie und Kriegskunst. Der Gedanke des Gleichgewichts etwa,
der uns die Seelenkonzeptionen Baumgartens und Meiers auf die Hintergrundmetapher der Waage hatte beziehen lassen, ist im 18. Jahrhundert eines der tragenden Konzepte für die politische Wissenschaft.
Freiheit, Gemeinsamkeit und Gleichberechtigung der europäischen
Staaten schienen im zeitlichen Kontext der Utrechter Verhandlungen
(1713/14) ein System der »präponderierenden Mächte« vorauszusetzen, »zwischen denen ein zwar stets gefährdetes, aber auch immer
wieder ausbalanciertes politisches Kräfteverhältnis bestand«.[70] Wenngleich die politische Verwendung des Gleichgewichtsmotivs bis ins 15.
Jahrhundert zurückzuverfolgen ist, »besteht in der Forschung weitgehende Einigkeit, daß die Gleichgewichtsidee ihren Kulminationspunkt
in der Wendung gegen die Kriege Ludwigs XIV. am Ende des 17. und
im frühen 18. Jahrhundert erreichte«.[71] In Anbetracht der machtpolitischen Einfärbung, die der mechanische Begriff des Gleichgewichts
durch diesen Gebrauch erfuhr, kann bereits Baumgartens seelisches
aequilibrium als Ergebnis einer Überlagerung der Maschinen- und der
Psychomachie-Metaphorik gelesen werden.

Technisch gesehen reicht die Affinität zwischen Krieg und Maschine
in die Antike zurück, die zuerst und vor allem Theater- und Belagerungsmaschinen kannte.[72] Die antiken Maschinenbegriffe (att. μηχανή,
dor. μαχανά, lat. *machina*) betonten »die Bewegung und den Effekt,
Funktionen, die eng mit der Nebenbedeutung ›täuschen‹ verbunden
sind.«[73] Diese Bedeutungsaspekte hielten sich bis ins 18. Jahrhundert
hinein[74] und verbanden sich mit dem jüngeren Projekt einer rationalen,
auf mechanischen Grundsätzen basierenden Kriegswissenschaft.[75]

---

70 Vgl. Heinz Duchhardt, *Gleichgewicht der Kräfte, Convenance, Europäisches Konzert. Friedenskongresse und Friedensschlüsse vom Zeitalter Ludwig XIV. bis zum
    Wiener Kongreß*, Darmstadt 1976 (= Erträge der Forschung 56), S. 70.

71 Ebd., S. 68 f. Duchhardt weist auch auf die mechanische Herkunft des Schlagworts
    hin und gibt einen Abriß der einschlägigen Quellen- und Forschungsliteratur zum
    Thema (ebd., S. 68-76).

72 Vgl. Wilhelm Schmidt-Biggemann, Art. *Maschine*, in: *Historisches Wörterbuch der
    Philosophie*, hrsg. von Joachim Ritter und Karlfried Gründer, Bd. V, Darmstadt
    1980, Sp. 790.

73 Ebd.

74 Ebd., Sp. 791.

75 Carl von Clausewitz, der den mechanistischen Kriegstheorien ein organizistisches,
    »Geist« und »Gemüt« der Kämpfenden verstärkt berücksichtigendes Konzept gegenüberstellte, schreibt polemisch über die Vorgeschichte seines eigenen Ansatzes:
    »Später versuchte es die Taktik, in den Mechanismus ihrer Zusammenfügungen den

Friedrich der Große verfolgte das Ideal einer »methodische[n], den Zufall und die Leidenschaften ausschließende[n] Regelhaftigkeit kriegerischer Unternehmungen«[76], in denen das disziplinierte Heer als eine
»kunstvolle und vollkommene Maschine«[77] agieren sollte. In seinem
Lehrgedicht *L'art de la guerre* vergleicht er, eine Cartesische Metapher
für den menschlichen Körper aufgreifend, militärische Truppeneinhei-
ten *(corps)* mit den hydraulischen Maschinen, die die kunstvollen Brunnenanlagen des Gartens von Versailles mit Seine-Wasser versorgen:

> Des troupes qu'on rassemble en formidables corps
> Les derniers des soldats composent les ressorts;
> Ces ressorts agissants, ces membres de l'armée
> D'un mouvement commun la rendent animée.
>
> C'est ainsi, pour fournir aux superbes jets d'eaux
> Que Versailles renferme en ces vastes enclos,
> Qu'à Marli s'éleva cette immense machine
> Qui rend la Seine esclave, et sur les airs domine;
> Cent pompes, cent ressorts à la fois agissants
> Pressent dans des canaux les flots obéissants,
> Jusqu'à la moindre roue a sa tâche marquée;
> Qu'une soupape cède, ou faible ou détraquée,
> La machine s'arrête, et tout l'ordre est détruit.
> Ainsi, dans ces grands corps que la gloire conduit,
> Que tout soit animé d'un courage docile;
> La valeur qui s'égare est souvent inutile,
> Des mouvements trop prompts, trop lents, trop incertains,
> Font tomber les lauriers qu'avaient cueillis vos mains.[78]

Charakter einer allgemeinen, auf die Eigentümlichkeiten des Instrumentes gebauten
Disposition zu legen, welcher freilich schon auf das Schlachtfeld führte, aber nicht
zu freier Geistestätigkeit, sondern mit einem durch Formation und Schlachtordnung
zu einem Automat umgeschaffenen Heer, welches, durch das bloße Kommandowort
angestoßen, seine Tätigkeit wie ein Uhrwerk abwickeln sollte.« Clausewitz, *Vom
Kriege* [¹1832], Berlin 1998, S. 100.

76 Bernhard R. Kroener, *Einleitung*, in: ders. (Hrsg.), *Europa im Zeitalter Friedrichs des
Großen. Wirtschaft, Gesellschaft, Kriege*, München 1989 (= Beiträge zur Militärgeschichte 26), S. 11.

77 Friedrich der Große, *Die Generalprinzipien des Krieges und ihre Anwendung auf die
Taktik und Disziplin der Preußischen Truppen* (1748), zit. nach Werner Hahlweg
(Hrsg.), *Klassiker der Kriegskunst*, Darmstadt 1960, S. 175.

78 Ders., *L'Art de la guerre, Poëme*, in: *Œuvres de Frédéric le Grand*, Bd. X, Berlin
1849, S. 223-274, hier S. 228. Descartes vergleicht im *Traité de l'homme* den menschlichen Körper mit den Brunnenanlagen der königlichen Gärten. Die Wirkung der
Lebensgeister gleicht in ihrer Mechanik der des Quellwassers, dessen Kräfte die barocken Architekten in den Dienst ingeniöser Maschinen gestellt haben: »à mesure
que ces esprits entrent ainsi dans les concauitez du cerueau, ils passent de là dans les
pores de la substance, & de ces pores dans les nerfs; [...] ils ont la force de changer la

Friedrichs Bild vereinigt das mechanische Heeresmodell auf ingeniöse Weise mit der iatromechanischen Konzeption des menschlichen Körpers als hydraulische Maschine[79], die zugleich zum Sinnbild einer ebenso zweckrationalen wie ästhetischen Disziplinierung bzw. Kanalisierung der Affekte wird (»Qui rend la Seine esclave et sur les airs domine« / »Que tout soit animé d'un courage docile«). Von hier ist es nicht mehr weit zu Meiers und Sulzers bald hydraulischen, bald militärischen Seelenallegorien, die allerdings die Kräfte von Wasser, Wind und Leidenschaft gerade in ihren ungezügelten, »zu schnellen« und »zu unsicheren« Bewegungen vorführen.

---

figure des muscles en qui ces nerfs sont inserez, & par ce moyen de faire mouuoir tous les membres. Ainsi que vous pouuez auoir veu, dans les grottes & les fontaines qui sont aux jardins de nos Roys, que la seule force dont l'eau se meut en sortant de sa source, est suffisante pour y mouuoir diuerses machines, & mesme pour les y faire ioüer de quelques instrumens, ou prononcer quelques paroles, selon la diuerse disposition des tuyaux qui la conduisent.« Descartes, *Traité de l'homme*, S. 130.

79 Vgl. hierzu Sergio Moravia, *From »homme machine« to »homme sensible«. Changing 18th-Century Models of Man's Image*, in: Journal of the History of Ideas 39 (1978), S. 45-60 sowie Lawrence, *The Nervous System and Society*, insbes. S. 24.

4.3. Experimente zur seelischen Kriegskunst in Mendelssohns *Rhapsodie*

Zwei Jahre nach dem Erscheinen von Sulzers *Erklärung eines psychologischen paradoxen Satzes* formuliert Moses Mendelssohn in seiner *Rhapsodie oder Zusätze zu den Briefen über die Empfindungen* einen neuen Beitrag zur Problematik der psychischen Bewegungskraft in erkenntnistheoretischen Kategorien – ein Unterfangen, das im Hinblick auf das Dunkle die Sulzersche sinnesphysiologische Lösung nur unterbieten kann. Mendelssohn verzichtet denn auch im Gegensatz zu Sulzer auf eine Erklärung der ganz und gar dunklen seelischen Kräfte und beschränkt sich auf den Bereich des Anschaulichen. Dennoch ist sein Versuch hier von Interesse, nicht zuletzt, weil Sulzer ihm auf metaphorischer wie auf konzeptioneller Ebene einige Anregungen für die Weiterentwicklung seiner eigenen Theorie verdankt: Sulzer wird seine letztgültige Konzeption der Empfindung inklusive ihrer ballistischen Illustration aus zwei zuvor von Mendelssohn entworfenen Szenerien synthetisieren.

Mendelssohns erklärtermaßen mechanisches Modell der lebendigen Erkenntnis (die bei ihm wieder mit den Baumgartenschen Begriffen bezeichnet wird)[80] gleicht in wesentlichen Punkten dem Meierschen: Die Wirksamkeit der Erkenntnis hängt, so rekonstruiert Mendelssohn die mechanische Funktion aus Masse und Geschwindigkeit, von der in ihr enthaltenen Quantität an Triebfedern bzw. Bewegungsgründen, von der Quantität unserer Einsicht (entsprechend den Baumgartenschen Kriterien Deutlichkeit, Gewißheit, Wahrheit etc.) und von der Geschwindigkeit ab, mit der die betreffende Entscheidung durchdacht werden kann.[81] Sinnliche Vorstellungen sind merkmalsreich und, soweit sie klar sind, auch mit einem Male ohne

---

80   »Man nennet die Kraft der Erkenntniß, die wirklich zur Ausübung kömmt, nach der Analogie der Benennungen in der Mechanick, eine *lebendige Kraft*; die aber durch den Widerstand in ihrer Thätigkeit gehemmt wird, nennet man eine *todte Kraft*. [...] Warum sind die *Triebfedern* so oft mächtiger als die *Bewegungsgründe*? – Ferner, was thun die *Fertigkeiten* zur Sache? Wie kann eine spekulative Erkenntniß durch anhaltende Übung pragmatischer, eine *todte Kraft* durch die Fertigkeit zu einer *lebendigen Kraft* werden? [...] Ich werde suchen, die Gewalt der Triebfedern, vermittelst einer Hypothese, mathematisch zu bestimmen, und aus dieser genauern Bestimmung eine Menge von psychologischen Erscheinungen zu erklären«. Mendelssohn, *Rhapsodie*, S. 156 [Hervorh. im Orig.].

81   Ebd., S. 157.

Anstrengung zu überblicken, während jede logische Schlußfolgerung
Zeit in Anspruch nimmt und dem Denkenden selten anders als ab-
schnittweise präsent sein kann. Darum rührt die anschauende Erkenntnis stärker als die symbolische; Gewohnheit, Übung und die
Konkretion von theoretisch Erkanntem können die Geschwindigkeit
und mithin auch die lebendige Kraft der Erkenntnis steigern.[82] Soweit
bewegt Mendelssohn sich in Baumgartens und Meiers Bahnen. Bis
hin zum Wortlaut an Sulzers kriegerischer Allegorisierung des Dunklen orientiert ist dagegen die strategische Metaphorik, die das Erörterte veranschaulichen soll:

> Die Vorstellungen der Vernunft sind der Seele nicht immer gegenwärtig.
> [...] Hingegen ist das Sinnliche, ohne die geringste Anstrengung, immer
> gegenwärtig, und reizet ohne Unterlaß; daher es den Sinnen leicht wird,
> die Seele in einem unachtsamen Augenblicke, wenn die Vernunft gleich-
> sam abwesend ist, zu überraschen, und sich ihrer zu bemeistern.[83]

Die Rede von der ständigen Gegenwart des »Sinnlichen« bezieht sich
hier nicht auf sinnlich, also undeutlich Vorgestelltes, sondern wörtlich
auf die aktuellen Wahrnehmungen der Sinnesorgane. Schon Christian
Wolff hatte die Beobachtung, daß »nicht allein ohne, sondern gar
wider den Willen der Seele hin und wieder Bewegungen in unserem
Leibe erfolgen, wenn wir etwas sehen oder hören«, durch eine
Schlachtfeld-Szene illustriert:

> Z. E. Es ist einer gewohnet vor dem Schiessen zu erschröcken. Er stehet
> weit hinter dem Stücke, und bedencket, daß die Kugel, die vornen her-
> aus gehet, ihn nicht treffen kan. Er begreift, daß, wenn auch gleich
> durch einen unvermutheten Unglücks=Fall das Stücke zerspringen
> solte, er doch so weit davon weg sey, daß es ihm keinen Schaden thun
> kan. Er lacht sich selber aus, daß er sich vor dem Schusse gefürchtet, und
> nimmet ihm vor jetzund dergleichen nicht zu thun: allein kaum höret er
> den Schuß; so fähret er auf, hebet die Hände in die Höhe und setzet die
> Füsse zurücke.[84]

Wolff führt die Unbelehrbarkeit seines schreckhaften Protagonisten
auf einen reflexartigen, rein physiologischen Ablauf zurück: Der
Mann fährt auf, hebt die Hände und macht Anstalten zu fliehen, weil
der Lärm der Detonation in den Gehörnerven eine Bewegung verursacht, die sich auf den ganzen Körper überträgt. Daß die Seele an

---

82 Ebd., S. 157-163.
83 Ebd., S. 158, Anm.
84 Wolff, *Deutsche Metaphysik*, § 778.

einer Reaktion beteiligt sein könnte, die gegen den manifesten Willen
des Handelnden geschieht, steht für Wolff an dieser Stelle nicht zur
Diskussion.[85] Für Mendelssohn dagegen dient dasselbe Exempel in
erweiterter Form als Beleg für die Konkurrenz zwischen Anschauung
und Vernunft:

> Mancher fährt vor Schrecken in die Höhe, wenn ein Geschütz abge-
> brannt wird, ob er gleich schußfrey stehet, und auch vorher bedacht hat,
> daß er keinen Schaden nehmen könne. Ein anderer ist vollkommen ver-
> sichert, daß das Pulver sich unter einer luftleeren Glocke nicht entzün-
> den läßt, und gleichwohl weigert er sich, dem Versuche beizuwohnen.
> Warum? [...] Die Ueberzeugung, daß keine Gefahr vorhanden, gründet
> sich auf einen Vernunftschluß, die Furcht aber auf eine fast anschauende
> Erkenntniß. Der Vernunftschluß ist überzeugender, allein die anschau-
> ende Erkenntniß ist lebhafter und schneller; sie äußert daher eine stär-
> kere Gewalt auf das Begehrungsvermögen, und bringt in dem Körper
> willkührliche Bewegungen hervor.
>
> Und eben deswegen entsetzt man sich nicht mehr, wenn man öfter Ge-
> schütz hat abfeuern sehen; denn die Gewohnheit kann es dahin bringen,
> daß das Urtheil, *die Kugel wird mich nicht treffen*, eben so schnell ent-
> stehet, als die Idee der Gefahr, die durch den entsetzlichen Knall erregt
> wird; daher muß die Furcht verschwinden.[86]

Mendelssohns Beispiele, die aufgrund ihrer rhetorischen und mechanischen Hintergründe mehrfach überdeterminiert sind, bilden das
Verhältnis von Theorie, Anschauung und lebendiger Kraft auf verschiedenen Ebenen ab. Sie führen irrationale Ängste von Menschen
vor, die sich wider besseres Wissen vom Augenschein trügen lassen,
bis durch hinlängliche Erfahrung rationale Erkenntnis und Sinneseindruck in Übereinstimmung gebracht worden sind. Beim zweiten Fall,
dem physikalischen Vakuum-Experiment, ist dieser psychologische
Effekt intendiert: Eine mögliche Funktion des Versuchs ist der anschauliche Nachweis eines intellektuell nachvollziehbaren, aber
schwer zu imaginierenden Phänomens, des luftleeren Raums.[87] Na-

---

85 In der *Philosophia practica universalis* macht Wolff die lebendige (d. h. handlungsge-
nerierende) Erkenntnis davon abhängig, daß sinnliche Erfahrung *(experientia)*, Einbildungskraft *(imaginatio)* und Verstand *(intellectus)* zusammenstimmen (vgl. Wolff,
Philosophia practica universalis, Bd. II, § 323 u. ö.).

86 Mendelssohn, *Rhapsodie*, S. 158 f.

87 Zur Geschichte, Epistemologie und Ikonographie von Luftpumpenexperimenten
vgl. Steven Shapin/Simon Schaffer, *Leviathan and the Air-Pump*, Princeton 1985
(über Robert Boyle, Thomas Hobbes und das Verhältnis von Wissenschaft und Öf-
fentlichkeit in der zweiten Hälfte des 17. Jahrhunderts) sowie Werner Busch, *Joseph
Wright of Derby. Das Experiment mit der Luftpumpe. Eine heilige Allianz zwischen*

turwissenschaftlichen Laien, so steht zu vermuten, soll hier ein Sachverhalt nahegebracht werden, der ihrer lebensweltlichen Erfahrung
fremd ist. Insofern hat das Experiment in Mendelssohns kleiner Geschichte die gleiche illustrative und persuasive Funktion wie die Geschichte selbst in Mendelssohns Text[88]:

> die *anschauende Erkenntniß*. Wir erlangen diese, wenn wir die abgeson-
> derten Begriffe auf einzelne, bestimmte und wirkliche Begebenheiten
> zurückführen, und die Anwendung derselben aufmerksam beobachten.
> Wie durch diesen Kunstgriff das Leben der Erkenntniß vermehret werde,
> ist leicht zu begreifen. In der Anwendung der allgemeinen Schlüsse auf
> besondere Fälle, übersehen wir alle Verbindungen und Folgen der allge-
> meinen Begriffe gleichsam mit einem Blicke, die wir in der Absonderung
> nur nach und nach überdenken konnten.[89]

Über seine wissenschaftliche und didaktische Funktion hinaus war das
öffentlich präsentierte Experiment im 18. Jahrhundert eine gesellschaftliche Institution, die ihre Attraktivität nicht zuletzt dem Nervenkitzel
verdankte, den die oftmals scheinbar heiklen Versuchsanordnungen
auslösten; das Spiel mit getäuschten und erfüllten Erwartungen, mit
überraschenden, erschreckenden oder ästhetisch faszinierenden Effek-
ten befriedigte je nach Vorbildung und Interesse des Publikums neben
dem Bildungshunger auch die Lust am Neuen und Wunderbaren.[90] Aus

---

Wissenschaft und Religion, Frankfurt/Main 1986 (u. a. zur Popularisierung von Luftpumpenexperimenten in England in der zweiten Hälfte des 18. Jahrhunderts).

88 In diesem Sinne erklärt Wolff in seiner *Deutschen Physik* die Funktion des Experiments: »Die *Mathematici* haben viele Wahrheiten erwiesen, die in Erklärung der
Natur einen gar grossen Nutzen haben. Damit nun diejenigen, deren Werck es nicht
ist die Mathematick zu lernen, auch dieselben verstehen lerneten und überhaupt alle
inne würden, daß sie mit der Erfahrung übereinstimmen, und als sichere Gründe in
Erklärung der Natur sich gebrauchen lassen; so habe ich auch, eben wie von andern
zugeschehen pfleget, dergleichen nützliche Sätze durch tüchtige Versuche bestetiget.
Ich habe schon anderswo erinnert, daß Versuche auch als Proben anzusehen sind, da-
durch man die erwiesene Wahrheiten mehrerer Gewisheit halber *examiniret*.« Wolff,
*Vernünfftige Gedancken Von den Würckungen der Natur, Den Liebhabern der Wahr-
heit Mitgetheilet (Deutsche Physik)*, in: *WGW*, 1. Abt. dt. Schr., Bd. VI, ND d. Ausg.
Halle ¹1723, Hildesheim/New York 1981, Vorrede, fol. 6r. [Hervorh. im Orig.]. –
Bezüglich der etwas anderen epistemologischen Situation in der englischen mechani-
schen Philosophie des späteren 17. Jahrhunderts hat Steven Shapin die persuasive
Funktion des Experiments und seiner schriftlichen bzw. graphischen Reproduktion
untersucht, vgl. Shapin/Schaffer, *Leviathan and the Air-Pump*, insbes. S. 22-79.

89 Mendelssohn, *Rhapsodie*, S. 163.

90 Gaston Bachelard hat den sinnlichen Reiz naturwissenschaftlicher Experimente eindrücklich als Bestandteil ihrer »mondänen« gesellschaftlichen Funktion im 18. Jahrhundert geschildert und daran seine These exemplifiziert, daß die »erste Erfahrung«
ein erhebliches, den vorwissenschaftlichen Geist bestimmendes Erkenntnishindernis

der Sicht des gelehrten Beobachters ist daher das physikalische Experiment mit dem Schießpulver zugleich ein psychologisches und ästhetisches (es erfüllt für Mendelssohns Studien einen ähnlichen Zweck wie die Schaubühne), dessen Erfolg nicht nur beweisen kann, daß unter der Glasglocke ein Vakuum erzeugt wurde, sondern u. a. auch zeigt, welches Maß an wiederholt angewandter sinnlicher Konkretion notwendig ist, bis die emotionale Akzeptanz bei den Zuschauern das Niveau der rationalen erreicht hat. Physikalische und psychologische Versuchsbedingungen sind identisch, denn sie gehorchen denselben Grundgesetzen der menschlichen Erkenntnis.[91]

---

darstellt: »En essayant de revivre la psychologie des observateurs amusés, nous allons voir s'installer une ère de facilité qui enlèvera à la pensée scientifique le *sens du problème*, donc le nerf du progrès.« (Bachelard, *La formation de l'esprit scientifique. Contribution à une psychanalyse de la connaissance objective* [[1]1938], Paris 1983, S. 29 [Hervorh. im Orig.]; über das Erkenntnishindernis der ersten Erfahrung und das Pittoreske vgl. S. 23-54.) Mendelssohns Beobachtung, die ebenfalls in Alltagserfahrungen gegründete Spontanreaktionen mit den reflektierteren Verhaltensweisen der Eingeweihten vergleicht, weist auf dieselbe Erkenntnisproblematik hin, allerdings mit dem Fernziel, die wissenschaftlich unbrauchbare Energie des ersten Eindrucks sittlich und ästhetisch nutzbar zu machen. – Zum theatralischen Charakter öffentlicher Experimente im 18. Jahrhundert und ihrer Affinität zu den Ästhetiken des Erhabenen und Wunderbaren vgl. auch Simon Schaffer, *Natural Philosophy and Public Spectacle in the 18th Century*, in: *History of Science* 21 (1983), S. 1-43 *(passim)*. Mit Blick auf die medizinische Forschung im späten 18. Jahrhundert thematisiert Schaffer auch die (in diesem Fall ernüchternden) Befunde von Experimentatoren, die erklärten, aus ihren Versuchen mehr über die Psyche der Versuchspersonen als über die physischen Wirkungen der getesteten Therapieverfahren gelernt zu haben (ebd., S. 13).

91 Hier zeigt sich die genetische Abhängigkeit der Erfahrungsseelenkunde von der Experimentalphysik noch von einer anderen als der methodologischen und modellgeschichtlichen Seite: Publikumsreaktionen und ihre Protokollierung sind wesentlicher Bestandteil einer experimentellen Praxis, die auf den sozialen Konsens als unabdingbares Wahrheitskriterium angewiesen ist (vgl. dazu Shapin/Schaffer, *Leviathan and the Air-Pump*, insbes. S. 39, S. 55-60); deshalb müssen Versuchsprotokolle, ähnlich wie juristische, stets auch auf die Psychologie der Augenzeugen hin gelesen werden. – Eine etwas andere Version dieser diskursiven Verzahnung von empirischer Physik und Psychologie läßt sich im Anschluß an eine von Bachelard bemerkte Genretradition des wissenschaftlichen Lehrbuchs rekonstruieren: Populärwissenschaftliche Literatur im 18. Jahrhundert ist »im täglichen Leben verwurzelt« und nimmt sich der »Interessen und natürlichen Sorgen« ihrer Leser an. Polycarpe Poncelet z. B. widmet in seinem Buch über den Donner von 1769 »tout un chapitre, qui se trouve être le plus long du livre [...] à des Réflexions sur la frayeur que cause le tonnerre. Il distingue quatre types de craintes qu'il analyse dans le détail. Un lecteur quelconque a donc quelques chances de trouver dans le livre les éléments de son diagnostic.« (Bachelard, *La formation de l'esprit scientifique*, S. 25.) Sowohl Shapins Grundlagenforscher, der sich in Erwartung kompetenter Leser auf die Zeugenschaft eines erlesenen Fachpublikums beruft, als auch Bachelards empathischer Popularautor rechnen mit Beobachtern, die das beschriebene physikalische Geschehen nicht als anonyme und

Die von Mendelssohn fruchtbar gemachten Beziehungen zwischen Experimentalphysik und Erfahrungsseelenkunde erstrecken sich indessen über den situativen Zusammenhang hinaus auch auf das Anschauungsmaterial selbst: Schießpulver und Kanonenkugeln gehören sowohl zum Inventar der rhetorischen und psychologischen Kriegsmetaphorik als auch zum Experimentierstoff der Kräftemechanik. In den Augen Leonhard Eulers z. B. ist die Artillerie ein Teil der angewandten Mathematik.[92] Seine *Neuen Grundsätze der Artillerie* (1745), eine annotierte Übersetzung der 1742 erschienenen *New Principles of Gunnery* von Benjamin Robins, behandeln »theils die Kraft des Pulvers, theils die Geschwindigkeit, welche dadurch einer Kugel eingedruckt wird« und stellen »Untersuchungen über den Wiederstand der Luft« und den sich daraus für das Projektil ergebenden Geschwindigkeitsverlust an.[93] Das erste Kapitel *Von der Gewalt des Schiess-Pulvers* beschreibt ein dem Mendelssohnschen recht ähnliches »sehr bekanntes Experiment«[94], bei dem zur Erforschung eines bei der Explosion austretenden *fluidum elasticum*[95] Schießpulver unter einer luftleer gepumpten Glasglocke entzündet wird. Andere Experimente, bei denen Fragen der Geschwindigkeit im Vordergrund stehen, verwenden

---

neutrale Instanzen, sondern als konkrete, psychologisch involvierte und mehr oder weniger abstraktions- und reflexionsfähige Personen erleben. Für psychologisch interessierte Gelehrte wie Mendelssohn und Sulzer boten die diversen Formen wissenschaftlicher Publizistik daher ein ergiebiges Beobachtungsfeld.

92　Vgl. Leonhard Euler, *Neue Grundsätze der Artillerie. Aus dem Englischen des Herrn Benjamin Robins übersetzt und mit vielen Anmerkungen versehen. Mit vier ballistischen Abhandlungen*, hrsg. von Friedrich Robert Scherrer, in: *Leonhardi Euleri opera omnia*, hrsg. von Ferdinand Rudio, Adolf Krazer u. a., 2. Ser., Bd. XIV, Leipzig/Berlin 1922, Vorrede, S. 3–9.

93　Ebd., S. 7 f. Die Originalversion der Robinsschen Abhandlung steht auch in: Benjamin Robins, *Mathematical Tracts*, London 1761, Bd. I, S. 1-153.

94　Ebd., S. 49. Robins und Euler verweisen auf eine von Francis Hauksbee in den *Philosophical Transactions* von 1704/1705 veröffentlichte Beschreibung des Experiments; eine weitere findet sich in den *Expériences de physique* von Pierre Polinière (Paris 1709, S. 204-207). Es ist gut vorstellbar, daß Mendelssohn tatsächlich einer Vorführung des als klassisch geltenden Versuchs beigewohnt hat, zumal sich die Berliner Akademie im Besitz einer Luftpumpe befand und zu besonderen Gelegenheiten Experimente vor Publikum präsentierte (vgl. Adolf Harnack, *Geschichte der Königlich Preussischen Akademie der Wissenschaften zu Berlin*, Bd. I.I: *Von der Gründung bis zum Tode Friedrich's des Großen*, ND d. Ausg. Berlin 1900, Hildesheim/New York 1970, S. 185, S. 370).

95　Zur Boyleschen Theorie von der Elastizität der Luft (die Euler für identisch mit dem geheimnisvollen *fluidum* hält) vgl. Shapin/Schaffer, *Leviathan and the Air-Pump*, insbes. S. 49-55; über die Persistenz dieser Theorie im 18. Jahrhundert und über den Gebrauch von Kanonen zur Desinfektion der Atmosphäre vgl. Alain Corbin, *Le miasme et la jonquille*, S. 11, S. 111-118.

komplette militärische Geschütze. Kontrovers diskutiert wird etwa die
Frage, wieviel Zeit vergeht, bis der Pulvervorrat für einen Schuß vollständig in Flammen aufgegangen ist: Robins geht davon aus, daß »alles
Pulver von der Ladung sich entzünde, ehe die Kugel merklich von ihrer
Stelle verrückt worden«[96], während Euler die benötigte Zeitspanne
größer einschätzt und sie als einen wesentlichen Faktor für die Heftigkeit der »forttreibende[n] Kraft« veranschlagt.[97] Eine der Szenerien,
mit deren Hilfe Georg Friedrich Meier in der *Theoretischen Lehre von
den Gemüthsbewegungen* das Umschlagen von Erkenntnis in Leidenschaft demonstriert, ersetzt Licht und Lupe durch Funken und Pulver-
faß, um die wunderbare Verwandlung von *nitor* in *ardor* einprägsam
zur Schau zu stellen. Wie Robins betont Meier die hohe Geschwindigkeit der Entzündung: Die Detonation dient als Modell für die blitzar-
tige Geburt des Schreckens. Einmal mehr folgen physikalische und
psychische Kräfte denselben Gesetzen.

> Gleichwie sich ein Funcken Feuer, in einer unmercklichen Zeit, durch
> einen grossen Hauffen Pulver verspreitet, und denselben in einem Au-
> genblicke gantz in Flammen setzt; so kan sich eine klare Vorstellung in
> einem Augenblicke durch die gantze Seele ausbreiten, sie durch und
> durch erleuchten, und alle Erkenntnißkräfte fast in einem Augenblicke
> aufwecken, und alsdenn entsteht die Leidenschaft in einer unmerckli-
> chen Zeit. Auf die Art pflegt der Schreck zu entstehen.[98]

Die psychologische Applikation der Schießpulver-Metaphorik besitzt
eine Parallele oder, wenn man will, eine Vorgeschichte in der Physiologie. Georges Canguilhem hat in seiner medizinhistorischen Untersuchung zum Begriff des Reflexes im 17. und 18. Jahrhundert gezeigt,
daß der Reflex-Begriff sowohl dem Wort als auch der Sache nach auf
den englischen Arzt und Naturphilosophen Thomas Willis (1621-
1675) zurückgeht. Im Unterschied zu Descartes konzipierte Willis die
Lebensgeister nicht korpuskelmechanisch analog zu Wind oder Wasser, sondern verglich sie in Anknüpfung an die zeitgenössische Che-
mie und Pyrotechnik mit Licht und Feuer. Die nervliche Übertragung
von Sinnesreizen gleicht nach Willis der Transmission und, im Falle
des Reflexes, der optischen Reflexion von Lichtstrahlen. Durch den
Kontakt mit schwefel- oder nitrithaltigem Blut chemisch angereichert
und von den zündschnurartigen Nervenfasern an den Ort der auszu-

---

96 Euler, *Neue Grundsätze der Artillerie*, S. 73.
97 Ebd., S. 88 f.
98 Meier, *Theoretische Lehre von den Gemüthsbewegungen überhaupt*, § 75.

führenden Bewegung transportiert, bewirken die Lebensgeister in den Muskeln eine Explosion, die der Detonation von Schießpulver bzw. der plötzlichen Freisetzung komprimierter Luft ähnelt. Auf diese Weise wird Empfindungs- in Bewegungsenergie umgesetzt; innerhalb kürzester Zeit kommt es zur Entladung gewaltiger Kräfte, die dazu ausreichen, Muskelbewegungen der nötigen Stärke auszulösen.[99] Die Nähe der Willisschen Theorie zu den Metaphorisierungen Meiers und Mendelssohns ist evident: Funktion des Modells ist in allen drei Fällen die Plausibilisierung von Vorgängen, bei denen physische bzw. psychische Sinneseindrücke plötzlich und ohne bewußte Willensanstrengung Handlungen auszulösen scheinen. Erklärungsbedürftig ist die energetische Transformationsleistung, die den Übergang vom Reiz zur Aktion ermöglicht.

Hatten Robins und Euler, Meier und Willis die Kräfte des Schießpulvers gleichsam in abstracto diskutiert, so versetzen Mendelssohns Beispiele den Leser auf den Kriegsschauplatz selbst und lehren ihn praktisch, auf welche Weise das Waffenarsenal der Leidenschaften unschädlich gemacht werden kann: Wer sich wissentlich »schußfrey« stellt, muß sich vom Lärm der Geschütze nicht irre machen lassen, und die Gefahr des Dynamits ist zu bannen, indem man dem zündenden Funken von vornherein das nährende Medium entzieht, das explosive Gemisch also vorsichtig aus seinem habituellen Kontext isoliert und der abstrahierenden Betrachtung des Wissenschaftlers unterwirft. Je schneller man dies zu leisten vermag, desto besser, denn die Arbeit des Minenentschärfers vollzieht sich stets im Wettlauf mit den Zufällen, die in Sekundenschnelle zur tödlichen Entladung schlummernder Kräfte führen können. Die Defensive begegnet den feindlichen Einschüchterungsversuchen mit intellektueller Überlegenheit.

Umgekehrt – und hier leistet Mendelssohn endlich explizit die metaphorische Synthese von rhetorischer und mechanischer Ballistik, die sich bislang nur als imaginativer Hintergrund des Diskurses über Rührung konstruieren ließ – ist es die Aufgabe der Redner und Dichter, sich aktiv in das Kampfgetümmel zu stürzen und mit ihren eigenen Waffen Furcht, Schrecken und viele weitere Affekte zu verbreiten. Ihre Geschosse sind altmodischer, aber in ihrer Sphäre nicht minder wirksam als Kanonenkugeln und Schießpulver:

> Hier zeigt sich der unschätzbare Nutzen der schönen Wissenschaften in der Sittenlehre, nicht nur für gemeine Köpfe, die für die Tiefe der De-

---

99 Vgl. Georges Canguilhem, *La formation du concept de réflexe aux XVIIᵉ et XVIIIᵉ siècles*, Paris 1955, insbes. S. 60-66 sowie S. 177-181.

monstration zu seichte sind; sondern so gar für den Weltweisen selbst, wenn er kein Mittel versäumen will, die todte Erkenntniß der Vernunft zum wahren sittlichen Leben zu erwecken. Die göttliche *Beredsamkeit* weis nicht nur eine größere Menge von Bewegungsgründen ans Licht zu bringen; sondern sie verwandelt alle Triebfedern in durchdringende Pfeile, und taucht sie in den bezaubernden Nektar, den die Göttin Suada, wenn ich mich so poetisch ausdrücken darf, von ihrer Mutter, der Venus, empfangen. Die *Geschichte* verwandelt die allgemeinen Grundsätze in Beyspiele, und zeigt uns die Anwendung der abgesonderten Begriffe auf wahrhafte Begebenheiten der Natur. [...] Endlich die *Dichtkunst*, die *Malerey* und *Bildhauerkunst* [...] zeigen uns die Regeln der Sittenlehre in erdichteten und durch die Kunst verschönerten Beyspielen, wodurch abermals die Erkenntniß belebt, und jede trockene Wahrheit in eine feuerige und sinnliche Anschauung verwandelt wird.[100]

Mit Mendelssohns *Rhapsodie* erreicht die ästhetische Theorie der lebendigen Kraft eine neue poetische Qualität. Metaphern und Exempel transzendieren ihre heuristische und rhetorische Funktion, um als Ausdrucksmittel einer philosophischen Essayistik mit eigenen literarischen Form- und Stiltraditionen komplexe und zum Teil weniger sachlich als ästhetisch motivierte Verweisungszusammenhänge auszubilden. Dadurch werden sie in größerem Ausmaß beredt. Mendelssohns vielschichtige psychologisch-physikalische Versuchsanordnung zum Thema Anschaulichkeit etwa bereichert die Argumentation um eine methodologische Reflexion, die ihren Gegenstand gleichermaßen im Hinblick auf Physik, Sittenlehre, Psychologie und Ästhetik beleuchtet, ohne dabei den diskursiven Rahmen der psychologischen Abhandlung (der im übrigen nur einzelne Teile der *Rhapsodie* bestimmt) zu durchbrechen. Vordergründig sind der kleine Exkurs über öffentliche Vakuum-Experimente, die Ausarbeitung der ballistischen Rührungsmetaphorik und die Demonstration des Zusammenhangs zwischen Physik und Psychologie nichts als ein empirischer Beleg für die Persuasionskraft sinnlicher Wahrnehmung. Die Souveränität, mit der Mendelssohn hier verschiedene Funktionen bildhafter Rede ineinanderblendet, verdankt sich jedoch in nicht unerheblichem Maße der teils spröden und dunklen, teils langatmigen und überexpliziten Vorarbeiten Wolffs, Baumgartens und Meiers, die in den Grenzen ihres Paragraphenstils verschiedene Verwendungsarten des Exempels, der Allusion, der topischen Metapher und des mechanischen Erklärungsmodells erprobt hatten. Das kreative Denken mit Metaphern

---

100 Mendelssohn, *Rhapsodie*, S. 164 [Hervorh. im Orig.].

und Modellen ist ein intertextuelles Spiel, dem sich mit jedem weiteren Intertext, der zugleich das gegebene Repertoire kanonisiert und
das Verweisungsspektrum erweitert, eine Welt neuer theoretischer
und literarischer Möglichkeiten eröffnet. Sulzers *Anmerkungen über
den verschiedenen Zustand, worinn sich die Seele bey Ausübung ihrer
Hauptvermögen, nämlich des Vermögens, sich etwas vorzustellen, und
des Vermögens zu empfinden, befindet* (1763), die, wie ich zeigen
werde, auf einer ebenso naheliegenden wie geistreichen Lektüre der
Mendelssohnschen *Rhapsodie* basieren, bilden einen weiteren gelun-
genen Beitrag zu diesem Spiel.

4.4. Empfindungslehre als Psychologie des Schmerzes (Descartes, Mendelssohn, Sulzer)

Sulzers Aufsätze der 1750er Jahre entwarfen eine Psycho-Physik, bei der die Seele als partiell erleuchtete Black box in einem physiologischen Schaltbild fungiert. Input und Output (Sinnesreize und Handlungen) sind physikalisch meßbare Größen, aufgrund derer sich mutmaßen läßt, was an den Schnittstellen und dazwischen geschieht. In den 60er Jahren gewinnt die Wissenschaft der Seele als solche wieder verstärkt an Eigenleben. Akzentuiert wird nicht mehr die proportionale Analogie zwischen mechanischen Vorgängen in den Sinnesorganen und Vorstellungen der Seele, sondern die analoge Struktur körperlicher und seelischer Befindlichkeiten. Die Kontiguität zwischen Körper und Seele, die Sulzers erste Theorie des Empfindens inspiriert hatte, tritt in den Hintergrund zugunsten ihrer strukturalen Similarität. Ergebnis ist eine neue Definition der Empfindung, die der Sinneswahrnehmung nicht mehr quantitativ – in ihrer Intensität und Ausdehnung –, sondern in ihrer Funktionsweise analog ist. Die Grenzerfahrung, an der Sulzer sein neues Konzept entwickelt, ist die physische Schmerzempfindung bzw., als ihr psychologisches Korrelat, die Todesangst.

Der Empfindungsbegriff hatte in der *Untersuchung* von 1751/52 eine doppelte Bedeutung. Zum einen bezeichnete er den Akt und das Datum der sinnlichen Wahrnehmung (im Gegensatz etwa zu den Repräsentationen von Einbildungskraft und Gedächtnis), zum anderen trat er zusammen mit den Attributen »angenehm« oder »unangenehm« auf und bezog sich auf das positive oder negative Affiziertsein der Seele durch alle Arten von Sinnesempfindungen und Vorstellungen. Bereits in der *Erklärung eines psychologischen paradoxen Satzes* (1759) bemühte Sulzer sich darum, beide Empfindungskonzepte zu einem einzigen verschmelzen zu lassen, indem er Empfindung als eine Reizung der Brustnerven und des Zwerchfells definierte, die sowohl durch Vorstellungen als auch durch Sinneswahrnehmungen bewirkt werden kann. Der Nachteil dieses Modells liegt in seinem rein physiologischen Charakter. Es bahnt zwar einen Weg vom Vorstellen zum Handeln, kennt jedoch keinen genuin psychischen Zustand des Gerührtseins. Empfindungen solcher Art gleichen jener *sensibilité*, die Diderot als »qualité dominante des êtres médiocres« verunglimpfte[101];

---

101 »Mais qu'est-ce qu'un être sensible? Un être abandonné à la discretion du diaphragme. Un mot touchant a-t-il frappé l'oreille? un phénomène singulier a-t-il

sie haben mit der schulphilosophischen Theorie von *voluptas* und *taedium*, Begehren und Verabscheuen, die für den Empfindungsbegriff der *Untersuchung* fundamental war, nicht mehr als den Handlungsbezug gemein.[102] Sulzers sensualistische Empfindungsdefinition von 1759 muß daher entweder als eine bloß partielle verstanden werden – in diesem Falle bliebe das Nebeneinander verschiedener psychologischer und physiologischer Konzepte bestehen –, oder sie erklärt diejenigen Teile der *Untersuchung über den Ursprung der angenehmen und unangenehmen Empfindungen*, die sich auf die freie (d. h. angenehme) oder gehinderte (d. h. unangenehme) Tätigkeit der Seele beziehen, für ungültig. Es kann daher nicht überraschen, daß Sulzer in einem weiteren Aufsatz, den *Anmerkungen über den verschiedenen Zustand, worinn sich die Seele bey Ausübung ihrer Hauptvermögen, nämlich des Vermögens, sich etwas vorzustellen, und des Vermögens zu empfinden, befindet* (1763), eine dritte Theorie der Empfindung vorschlägt, die in ihrer Einfachheit und Multifunktionalität in der Lage ist, die bisherigen zu integrieren. Diese Theorie blieb für Sulzer die letztgültige. Daß er sie 1773 und ein weiteres Mal 1775 einer Preisfrage der *Académie Royale des Sciences et des Belles-Lettres de Berlin* als Prämisse zugrundelegte, sorgte zudem für die Popularisierung und Kanonisierung der Hypothese: Die bloße Formulierung der Fragestellung nötigte die Teilnehmer des philosophischen Wettbewerbs, darunter auch Herder, Oetinger und Johann August Eberhard, der schließlich den Preis davontrug, sich mit Sulzers Begrifflichkeit auseinanderzusetzen.[103]

---

frappé l'œil? et voilà tout à coup le tumulte intérieur qui s'élève, tous les brins du faisceau qui s'agitent, le frisson qui se répand, l'horreur qui saisit, les larmes qui coulent, les soupirs qui suffoquent, la voix qui s'interrompt, l'origine du faisceau qui ne sait ce qu'il devient; plus de sang-froid, plus de raison, plus de jugement, plus de justice, plus de ressource.« Diderot, *Le rêve de d'Alembert*, in: ders., *Œuvres complètes*, Bd. VIII, o.O. 1971, S. 55-162, hier S. 136 f. Zu Diderots Bordeu-Rezeption, die sich im Auftreten des fiktiven Docteur Bordeu in der *Lettre à d'Alembert* reflektiert, vgl. Dieckmann, *Théophile Bordeu und Diderots »Rêve de d'Alembert« (passim)*, Baasner, *Der Begriff ›sensibilité‹*, S. 268-283 und Deprun, *La philosophie de l'inquiétude*, S. 90 f.

102 Baasner sieht in der Hinzuziehung der *sensibilité physique* zur Begründung unwillkürlicher Aktionen durch die Ärzte von Montpellier eine Parallele zur materialistischen Philosophie: »das ›jugement‹ als autonome Instanz wird in seiner Bedeutung reduziert« (vgl. ders., *Der Begriff ›sensibilité‹*, S. 252 f.). Dem Wolffianer Sulzer hätte diese Assoziation zweifellos mißfallen.

103 Vgl. Marion Heinz, *Sensualistischer Idealismus*, S. 109-111. Heinz referiert Sulzers Theorie (ebd., S. 113-117) und geht ausführlich auf die verschiedenen Fassungen der Herderschen Abhandlung *Vom Erkennen und Empfinden der menschlichen Seele* ein (ebd., S. 118-173).

Sulzers neues Seelenmodell sieht zwei Vermögen vor, die in der Seele abwechselnd oder fast gleichzeitig wirksam sind: ein Empfindungs- und ein Vorstellungsvermögen. Tatsächlich bezeichnet aber der alte Vermögensbegriff diese Konzeption, die ja aus einem monistischen See- lenmodell (entwickelt in der *Untersuchung* von 1751/52) hervorgegan- gen ist, nur unzureichend. Die wesentliche psychische Instanz, die zur Ausübung der beiden Vermögen lediglich ihre Einstellung wechselt, ist die Aufmerksamkeit. Sie richtet sich bei Ausübung des Empfindungs- vermögens auf den Seelenzustand selbst, bei Ausübung des Vorstel- lungsvermögens dagegen auf ein in ihr repräsentiertes Anderes. Die Seele perzipiert dabei das stärker Beachtete stets deutlicher als alles, was ihrer Aufmerksamkeit entzogen ist – insofern sind auch Klarheit und Deutlichkeit keine Qualitäten der perzipierten Gegenstände, sondern immer Resultate des je aktuellen Erkenntnisprozesses.[104] Da die Ope- rationen des Empfindens und des Vorstellens, abgesehen von ihrem un- terschiedlichen Fokus, die gleiche psychische Instanz beanspruchen, redet Sulzer statt von zwei Vermögen auch von zwei »Zuständen« der Seele. Ein dritter Zustand, die Betrachtung *(contemplation)*, hält »zwi- schen diesen beyden das Mittel«; er tritt ein, wenn Vorstellung und Empfindung so rasch auf einander folgen, daß weder die Vorstellung deutlich noch die Empfindung allzu heftig werden kann.[105]

Die Akzentuierung der Aufmerksamkeit und ihrer Bedeutung für den Klarheitsgrad der Erkenntnis ist schon in der *Erklärung eines psy- chologischen paradoxen Satzes* aufgefallen, wo sie dazu diente, die Ko- existenz verschiedener dunkler, klarer und deutlicher Perzeptionen in der Seele und ihre oftmals widersprüchlichen Wirkungen zu erläutern. In den *Anmerkungen* wird dieser Gedanke radikalisiert und motiviert eine neue Aufteilung der Seele, deren tragende Differenz nicht mehr die Leibnizsche Unterscheidung zwischen der Perzeption und dem Übergang von einer Perzeption zur nächsten, d. h. zwischen Erkennen und Begehren, sondern die zwischen einem »bei sich« und einem

---

104 Eine vergleichbar zentrale Rolle spielt die Aufmerksamkeit in Condillacs *Essai sur l'origine des connoissances humaines.* Condillac macht sie nicht nur für den unter- schiedlichen Bewußtheitsgrad der menschlichen Wahrnehmungen verantwortlich, sondern auch für die *liaisons* zwischen den Ideen, von denen das Denken insgesamt bestimmt wird (Condillac, *Essai sur l'origine des connoissances humaines*, insbes. S. 10-19). – Über die Abhängigkeit klarer bzw. deutlicher Erkenntnis von der Auf- merksamkeit vgl. auch Baumgarten, *Metaphysica*, §§ 529 f. sowie §§ 625-638.

105 Sulzer, *Anmerkungen über den verschiedenen Zustand, worinn sich die Seele bey Ausübung ihrer Hauptvermögen, nämlich des Vermögens, sich etwas vorzustellen und des Vermögens zu empfinden, befindet*, in: *SVS* I, S. 225-243, hier S. 236.

»außer sich« der Seele ist. Spuren des älteren schulphilosophischen Modells bleiben allerdings erhalten: Der Empfindungszustand umfaßt gleichermaßen das Lust-Unlustprinzip und das Vermögen, zu begehren und zu verabscheuen[106]; »Empfindung« wird als Synonym von »Rührung« verwendet.[107] Auch in Sulzers Theorie der ästhetischen Kraft wird die Empfindung die traditionelle Funktion des Begehrungsvermögens übernehmen. Dieses implizierte seinerseits schon bei Baumgarten und Meier einen gesteigerten Subjektbezug: Sowohl was die Qualität der Erkenntnis selbst betrifft, die am wirksamsten ist, wenn sie durch Erfahrung am eigenen Leibe bestätigt wird, als auch betreffs der zukünftigen Vorstellung, die nur dann Gegenstand starker Begierden werden kann, wenn der Begehrende sich für sich selbst etwas von ihr erhofft, sahen die Hallenser den persönlichen Bezug des Erkennenden zum Erkenntnisgegenstand stets als eine Voraussetzung für die Stimulation des Begehrungsvermögens an.[108] Allein aus der

---

106 Sulzers historische Bedeutung für die Psychologie ist immer wieder darin gesehen worden, daß er mit seiner Unterscheidung von »Vorstellung« und »Empfindung« die Kantsche Dreivermögenslehre vorbereitet habe (vgl. Anton Palme, *J. G. Sulzers Psychologie und die Anfänge der Dreivermögenslehre*, Diss. Berlin 1905, S. 75-77; Anna Tumarkin, *Der Ästhetiker Johann Georg Sulzer*, S. 80-85; Hans Wili, *Johann Georg Sulzer. Persönlichkeit und Kunstphilosophie*, Diss. Freiburg, CH/St. Gallen 1945; Heinz, *Sensualistischer Idealismus*, S. 114-117). Mit einem ähnlichen Argument wie die genannten hat Wolfgang Riedel, der Sulzer allerdings als Vorläufer Schopenhauers und Freuds, nicht als Wegbereiter Kants inszeniert, dessen Leistung als »ein[en] folgenreiche[n] Schritt – zu einem dichotomisch-disjunktiven Denkmodell« beschrieben: »Sulzer ›erfindet‹ die Empfindung als das Andere der Vernunft.« (*Erkennen und Empfinden*, S. 416.) Solche Konstruktionen verdecken m. E. die Tatsache, daß bereits Christian Wolff eine systematische Zweiteilung der Seele in ein Vorstellungs- und ein Begehrungsvermögen vornahm. Zwischen diesen beiden stehen, systematisch als Teile des Begehrungsvermögens abgehandelt, Lust und Unlust (vgl. Wolff, *Psychologia empirica*, §§ 509). Natürlich ist es richtig, daß die Ausübung des Begehrungsvermögens bei Wolff an Erkenntnis geknüpft ist – meine Darstellung verfolgt ja gerade die Genese alternativer Modelle, die diese Abhängigkeit auflösen oder umkehren. Sulzers folgenreiche Innovation aber liegt nicht in der Zwei- oder Dreiteilung der Seele als solcher (die erwähnten drei »Zustände« sind auch mit den Kantschen Vermögen nicht deckungsgleich), sondern in der Unterscheidung subjekt- und objektbezogener Aufmerksamkeit, die nun für die Definition von Empfindung und Vorstellung ausschlaggebend wird. Mir erscheint diese Differenzierung wichtig, weil die Inszenierung Sulzers als Erfinder des Gefühls symptomatisch ist für die Nichtbeachtung, die den Affekttheorien des früheren 18. Jahrhunderts durch die Forschung zuteil geworden ist.

107 Vgl. Sulzer, *Anmerkungen über den verschiedenen Zustand*, S. 227, S. 231.

108 So schreibt z. B. Meier in den *Anfangsgründen* über das Leben der Erkenntnis: »Eine Sache mag noch so schön seyn, wenn sie uns gar nichts angeht, wenn wir dadurch nicht volkommener werden, wenn wir dieselbe gar nicht in unsern Besitz bekommen können, und wenn wir von derselben gar nicht die geringsten Vortheile zu hoffen haben; so denken wir, es kan alles wahr seyn, was geht es aber uns an?« Bd. I, S. 433.

deutschen schulphilosophischen Tradition ist die Umorganisation der Seelenvermögen nach dem Kriterium der Ich- bzw. Objektwahrnehmung indessen nicht zu erklären. Sulzer selbst erläutert sie in Analogie zu einer Systematik der Sinnesorgane, die der Cartesischen eine zentrale Anregung verdankt.

»Was *Descartes* gesagt hat, das der Schmerz nicht in der Nadel liege, die ihn hervorbringt, das gilt von allen Gegenständen, die eine gewisse Empfindung in der Seele erwecken. Nicht den Gegenstand empfindet man, sondern sich selbst.«[109] Sulzer zitiert hiermit das Paradigma, anhand dessen Descartes seine These von der grundsätzlichen Unähnlichkeit zwischen den Gegenständen und unseren Empfindungen exemplifiziert hatte.[110] Schmerz ist für Descartes ein Extremfall, der besonders eindrücklich zeigt, was für alle Sinneswahrnehmungen gilt:

> Le seul mouuement dont vne espée coupe quelque partie de nostre peau nous fait sentir de la douleur, *sans nous faire sçauoir pour cela quel est le mouuement ou la figure de cette espée. Et il est certain que l'idée que nous auons de* cette douleur n'est pas moins differente du mouuement qui la cause, ou de celuy de la partie de nostre corps que l'espée coupe, que sont les *idées que nous auons des* couleurs, des sons, des odeurs ou des gousts. C'est pourquoy... on peut conclure que nostre ame est de telle nature que les seuls mouuements de quelques corps peuuent aussi bien exciter en elle tous ces diuers sentiments, *que celuy d'vne espée y excite de la douleur.*[111]

Descartes' generalisierende »Epoché«, die den Sinnen pauschal die Möglichkeit adäquater Objekterkenntnis abspricht, entfällt bei Sulzer. Allein der Tastsinn, dem als einzigem Schmerzerfahrungen zugänglich sind, fühlt »sich selbst« und wird damit zum physischen Korrelat des Empfindungsvermögens. Ihm entgegengesetzt fungiert das Sehen analog zum Vorstellen; die Gesetze der Optik stimmen mit denen des analytischen Denkens überein: Wie das Auge, »um ein ganz deutliches Bild zu erhalten, einige Bemühung anwenden muß«, so arbeitet »bey dem innern Sehen der Seele« die gegenstandsbezogene Aufmerksamkeit.[112] Explikativ überschneidet sich diese Analogisierung von Sinnesorganen und Seelenvermögen weitgehend mit den älteren Theorien von der Bewegkraft des Verworrenen. Die sinnesphysiologisch herge-

---

109 Sulzer, *Anmerkungen über den verschiedenen Zustand*, S. 229 [Hervorh. im Orig.].
110 S. o., Kapitel 4.1.
111 Descartes, *Principes*, IV, § 197 [Hervorh. im Orig.]. Vgl. ders., *Traité de la lumiere*, S. 5 f.
112 Sulzer, *Anmerkungen über den verschiedenen Zustand*, S. 227.

leitete Gegenüberstellung von gegenstands- und selbstbezogener Aufmerksamkeit ist in erkenntnistheoretischen Termini reformulierbar:

> Man kann so gar sagen, daß die Stärke der Empfindung allemal dem Grade der Verwirrung, die in den Vorstellungen herrschet, gemäß ist [...]. Ueberhaupt rühren die Gegenstände, die wir durch den Sinn des Gesichtes bemerken, weniger als diejenigen, die wir durch das Gehör kennen lernen, und diese weniger, als diejenigen, die vermittelst der übrigen, noch gröbern Sinne auf die Seele wirken. Die Ursache davon ist, daß die Vorstellungen, welche das Sehen hervorbringt, weniger verworren sind [...]. Die sichtbaren Gegenstände stellen sich dem Verstande so deutlich dar, daß er ihre Gestalt, ihre Größe, ihre Farbe und den Ort, wo sie sind, unterscheiden kann. Die Gegenstände des Gehörs stellen sich sehr verworren dar; man weiß nicht einmal recht, wo der Eindruck herkömmt; der Gegenstand selbst ist verborgen. Bey dem Geruche verschwindet das, was die Empfindung hervorbringt, gänzlich, man fühlet nur auf die allerverworrenste Art seine Wirkung.[113]

Weil die auf die »gröberen Sinne« wirkenden Gegenstände schwer lokalisierbar sind, bleibt der perzipierenden Seele nichts anderes übrig, als sich auf die Modifikationen ihres eigenen Selbst zu konzentrieren. Gehör und Geruch wirken in dieser Hinsicht genau wie jene in der *Erklärung eines psychologischen paradoxen Satzes* beschriebenen Vorstellungen, die in den dunklen Regionen der Seele lauern, um den Ahnungslosen in einem günstigen Augenblick zu ungewollten Handlungen zu zwingen.[114] Auf diese Weise komplettiert der Fund eines sinnlichen Äquivalents für die dunklen Vorstellungen und ihre Kräfte Sulzers psycho-physische Analogiekonstruktion. Gegen Ende des Aufsatzes werden beide Teile der Gleichung noch einmal in der Metapher des unsichtbaren Pfeils kondensiert, die mittlerweile nicht mehr

---

113   Ebd., S. 230.
114   Diese Gleichung ist allerdings forciert, denn Sulzer unterschlägt hier den wichtigsten »gröberen Sinn«, den Tastsinn. Berkeley hatte im *Essay towards a New Theory of Vision* gezeigt, daß wir gerade in unserer Raumerfahrung von der Mithilfe des Tastens und des Körpergefühls abhängig sind. Von der Schwierigkeit, in ihren Wirkungen wahrgenommene Gegenstände zu orten, kann nur im Hinblick auf Fernsinne (Geruch und Gehör, nach Berkeley auch und gerade Gesicht) gesprochen werden. Condillac spricht dem Tastsinn sogar die entscheidende Leistung zu, dem sich konstituierenden Subjekt die Differenz zwischen Ich und Nicht-Ich zu erschließen: Während Empfindungen des Gesichts-, Gehör-, Geruchs- und Geschmackssinnes für sich genommen lediglich als Modifikationen des Selbst erfahrbar sind, ermöglicht die Zuhilfenahme des Tastsinns die Projektion von Sinnesdaten auf äußere Gegenstände und ihre Bestimmung als deren Qualitäten. (Vgl. Condillac, *Traité des sensations* [¹1754], in: ders., *Œuvres philosophiques*, Bd. I, S. 224-314, seconde partie: »Du toucher, ou du seul sens qui juge par lui-même des objets extérieurs«, S. 251-274.)

nur rhetorische, sondern auch physiologische, ästhetische und psychologische Konnotationen trägt:

> Wir empfinden das Verlangen, oder den Abscheu, ohne zu wissen, warum; wir werden von Kräften in Bewegung gesetzt, die wir nicht kennen. Es ist also nicht möglich, ihnen geradezu zu widerstehen. Wir fühlen die Wunde, ohne den Pfeil zu sehen, der uns verwundet hat.[115]

Paradigma für das Empfinden ist der Schmerz auch, wenn es um den Übergang vom Erkennen zum Empfinden geht – ein Übergang, den Sulzer in den 50er Jahren, wie Meier und Baumgarten, nur auf bildlicher Ebene verhandelt hatte. Im Reich der Sinne ist uns das Umschlagen von Anschauung in Gefühl bekannt als Blendungserfahrung. Was in der rhetorischen Theorie Metaphorik war – der »Zwang«, die persuasive Kraft des Glanzes (nitor), – rückt im Rahmen von Sulzers Anthropologie des movere in den Bereich des Eigentlichen. Sinnliche und psychische Vorgänge sind nicht nur mit den gleichen Kategorien beschreibbar und können einander aufgrund ihrer Ähnlichkeit erhellen, sondern sie involvieren auch die gleiche Wahrnehmungsinstanz, die Aufmerksamkeit, die beim Fühlen weg vom Gegenstand auf das schmerzende Sinnesorgan selbst gelenkt wird:

> So lange es der Stärke des Auges angemessen ist, sieht man ohne die geringste Beschwerlichkeit; man fühlet das sinnliche Werkzeug, welches gerührt wird, nicht; man ist bloß mit dem Gegenstande, den man sieht, beschäfftiget. So bald das Licht zu stark ist, rühret es das Auge auf eine ihm beschwerliche Art; es fühlet sich geblendet und die Seele bemerket nicht mehr bloß den Gegenstand, den sie vor sich hat, sondern sie empfindet auch den Zwang, der dem Werkzeuge des Sehens angethan wird. Der Glanz des Lichts rühret die Augennerven dergestalt, daß sich das Sehen in Fühlen verwandelt.[116]

Die vitale Bedrohung, die sich dem Organismus durch den leiblichen Schmerz kundtut, war schon von Moses Mendelssohn als ein Grenzfall und eine Herausforderung für die ästhetische Theorie der Rührung erkannt worden, und zwar im Zusammenhang mit den vermischten Empfindungen. Zu deren Erklärung hatte Mendelssohn unterschieden zwischen dem Vergnügen, das die Seele grundsätzlich an jedem Vorstellungsakt als solchem empfinden muß, und dem Vergnügen oder Mißvergnügen, das ihr der vorgestellte Gegenstand bereitet. Die Annehmlichkeit oder Unannehmlichkeit einer Vorstellung be-

---

115 Sulzer, *Anmerkungen über den verschiedenen Zustand*, S. 241 f.
116 Ebd., S. 231.

mißt sich danach, ob für die perzipierende Seele die subjektive Beziehung auf ihre eigene Erkenntnistätigkeit oder die objektive auf den Gegenstand überwiegt.[117] Beim Schmerz erübrigt sich diese Unterscheidung, denn Subjekt und Objekt der Vorstellung fallen zusammen. Deshalb ist der Schmerz schlechthin unangenehm. Zu differenzieren ist diese Regel nur dann, wenn der Schmerz nicht das Subjekt der Vorstellung selbst betrifft, sondern ein Lebewesen außer ihm. In Anwendung auf diesen speziellen Fall erhält Mendelssohns Gegenüberstellung von subjektiver und objektiver Beziehung einen Sinn, der Sulzers Theorie des Erkennens und Empfindens sehr nahe kommt: »Empfindsame Gemüter« sympathisieren mit den leidenden Geschöpfen und beziehen deren Schmerz auf sich. Dadurch, daß sie das Leiden fremder Lebewesen als ihr eigenes wahrnehmen, ist es ihnen unmöglich, Vergnügen an der Vorstellungstätigkeit zu finden; der beobachtete Schmerz ist in seiner Wirkung mit dem leibhaftig erlebten identisch. Anders bei den weniger empfindsamen Seelen, die sich aufgrund ihrer Distanzfähigkeit auch am Anblick fremden Leides delektieren können:

> Rohe Gemüther, die mit andern Wesen nicht so leicht mitfühlen, können sich an Schauspielen vergnügen, in welchen ihre Mitgeschöpfe leiden, und elend sind. Thiergefechte, Folterbänke, Irrhäuser, blutige Schaugerüste u. d. g. locken sie in der Natur weit stärker, als die rührendste Geschichte in der Nachahmung [...]. Wenn nur der Zuschauer nicht empfindsam genug ist, mit dem leidenden Wesen zu sympathisiren; wenn er nicht in seinem Nebengeschöpfe sich selbst fühlet, sondern roh genug ist, was nicht er selbst ist, in eine gewisse Entfernung von sich zu setzen; so ist er sehr geschickt, das Objektive von dem Subjektiven zu trennen, und das Leiden seiner Nebengeschöpfe, daran er zumal nicht Schuld ist, mit einer Art von Wohlgefallen anzuschauen.[118]

Mendelssohns Modell, entworfen als Baustein einer Theorie des Mitleids im Anschluß an den Trauerspiel-Briefwechsel, wird durch Sulzer generalisiert und verliert seine gesellschaftlichen Implikationen. Sulzer verlagert das intersubjektive Verhältnis, das bei Mendelssohn durch das sympathetische Mitleiden entsteht, in die Seele des einzelnen, dessen persönliche Anteilnahme am Vorstellen bzw. am Vorgestellten, ganz gleich, ob es sich um eigene oder fremde Erfahrungen handelt, für die Rubrizierung der Seelentätigkeit als Empfindung ausschlaggebend ist. Der »kollektive Körper« nervenphysiologisch in-

---

117 Mendelssohn, *Rhapsodie*, S. 130.
118 Ebd., S. 131-133.

spirierter Empfindsamkeits- und Moraltheorien[119] fungiert als Modell
für die Individualpsychologie und geht restlos in ihr auf.

Der Abschnitt über die schmerzhaftangenehmen Empfindungen
und die weiter oben besprochene Textpassage zur lebendigen Erkenntnis stehen in Mendelssohns *Rhapsodie über die Empfindungen*
unverbunden. Scheinbar hat das sympathetische Leiden des empfindsamen Betrachters von Tiergefechten und blutigen Schaugerüsten mit
den Befürchtungen des physikalischen Laienpublikums nichts zu tun:
Das erste Beispiel soll, ganz im Sinne der wenig später publizierten
Sulzerschen Abhandlung, den Unterschied zwischen Gegenstands-
und Subjektbezug verdeutlichen, während es beim zweiten um die
Kraft der anschauenden Erkenntnis geht. Für Sulzer illustrieren beide
Formen öffentlichen Spektakels denselben Sachverhalt, die subjektive
Natur des Empfindens. Das beweist seine alternative Deutung der
von Mendelssohn ins Gespräch gebrachten Bomben-Szenerie, die
Sulzer in Analogie zu Mendelssohns Vakuum-Experiment ebenfalls
als eine experimentelle schildert: Vor versammeltem Publikum wird
aus einem Mörser ein beinahe vertikaler Schuß abgegeben, um An-
stiegs- und Falldauern des Projektils zu bestimmen. Während des
Falls schlägt die beobachtende Aufmerksamkeit der Zuschauer um in
Angst; die Sorge um das vermeintlich bedrohte Selbst tritt als psychologisches Äquivalent an die Stelle real oder sympathetisch gefühlter
physischer Schmerzen und lenkt totalisierend die Aufmerksamkeit
vom wissenschaftlichen Gegenstand ab:

> Ich war vor einigen Jahren bey Versuchen mit dem Bombenwerfen zu-
> gegen. Der Mörser war fast scheitelrecht (vertical) gerichtet; die Bombe
> sollte nicht weit vor dem Platze, wo die Zuschauer stunden, niederfallen,
> und man beobachtete die Zeit des Steigens und die Zeit des Fallens. Die
> Zuschauer belustigten sich ganz ruhig damit, der Bombe nachzusehen, so
> lange sie stieg; man bemerkte den Augenblick, da sie zu steigen aufhörte,
> man sah sie nach und nach hernieder sinken, ein jeder war bloß mit die-
> sem Gegenstande beschäfftiget, als man auf einmal schreyen hörte: *Sie*
> *kömmt auf uns zu.* Die Ideen, die dieses erregte, machten der Betrach-
> tung dieses Gegenstandes plötzlich ein Ende; ein jeder dachte bloß an
> sich selbst; der eine lief rechts, der andere links, um der Gefahr zu entge-
> hen. Diese Begebenheit ist ein Bild dessen, was allemal geschieht, wenn

---

119 Zum Zusammenhang zwischen Moralphilosophie, Gesellschaftstheorie und Nervenphysiologie und zur Parallelisierung von physiologischer und sozialer »Sympathie« in der Schottischen Aufklärung vgl. Lawrence, *The Nervous System and*
Society, insbes. S. 31-34.

der Geist des Menschen aus dem Zustande der Betrachtung in den Zustand der Empfindung übergeht.[120]

Sobald die Kugel den Scheitelpunkt ihrer Bahn überschritten hat, verhält sie sich wie das Leibnizsche Pendel bei seinem Fall: Sie akkumuliert Kräfte, mit denen sie ihr eigenes oder ein diesem entsprechendes Gewicht zu ihrer ursprünglichen Höhe hinaufbefördern könnte, Kräfte, die gemeinhin zu zerstörerischen und tödlichen Zwecken genutzt werden. Ein einziger Satz genügt, um eine imaginative Beziehung zwischen diesen Kräften und den Beobachtern herzustellen; die lebendige Kraft der Bombe verwandelt sich in psychische Bewegungsenergie und treibt das zuvor in stille Betrachtung versunkene Publikum in die Flucht.

Physikalische und psychologische Vorgänge sind in Sulzers Beispiel detailliert aufeinander abgestimmt. Die präzise Beschreibung der Versuchsanordnung einschließlich der Zuschauerposition sowie der Bahn des Flugkörpers suggerieren, daß die räumliche und zeitliche Koordination der Ereignisse mechanischer Notwendigkeit gehorcht: Kann es Zufall sein, daß sich der Umschwung im Verhalten des Publikums just einige Augenblicke nach der Kehrtwende des Projektils vollzieht? Ist nicht anzunehmen, daß Angst und Fluchtbewegungen gar nicht einsetzen *können*, bevor die Bombe ihre Fallgeschwindigkeit auf ein »merkliches« Maß beschleunigt, das Stadium der bloßen *sollicitations* also überschritten hat? Die Flugkurve, auf deren Zeitstruktur die Experimentatoren besonderes Augenmerk richten, löst die Publikumsreaktion nicht nur aus, sondern bildet zugleich auch ihre innere Dynamik ab.

---

120 Sulzer, *Anmerkungen über den verschiedenen Zustand*, S. 232 [Hervorh. im Orig.]. Von einem solchen Versuch berichtet auch Euler: »Ich beruffe mich hierbey auf viele Experimente, welche der sel. General GÜNTHER zu St. Petersburg A. 1727 in Beyseyn verschiedener Mitglieder der dasigen Academie, unter welchen ich mich auch befunden, hat anstellen lassen. Unter andern wurde dazu ein Stück, dessen Seele 7 7/10 Englische Schuh lang war, gebraucht, und aus demselben mit verschiedenen Ladungen Vertical-Schüsse gethan. Man bemerkte jedes mahl die Zeit nach einem Pendulo, innerhalb welcher die Kugel nach dem Schuß wieder herunter fiel: und aus derselben hat der Herr BERNOULLI die Geschwindigkeit berechnet, mit welcher die Kugel aus dem Stück getrieben worden.« Euler, *Neue Grundsätze der Artillerie*, S. 91 f. Die erwähnten Berechnungen Daniel Bernouillis erschienen unter dem Titel »De motu corporum sursum proiectorum, vbi ad calculum reuocantur experimenta ab Excellentiss. Dno Günthero cum tormentis instituta« als vierter Teil der *Dissertatio de actione fluidorum in corpora solida et motu solidorum in fluidis* in den *Commentarii Academiae Scientiarum Imperialis Petropolitanae*, Bd. II ad annum 1727, Petersburg 1729, S. 329-342.

Damit fungiert der physikalische Versuch, wie schon bei Mendelssohn, in einem als erfahrungspsychologisches Beobachtungsfeld und als Anschauungs- bzw. Erklärungsmodell. Wie Mendelssohns Zuschauer, die ihre Sinne nicht durch Reflexionswissen zu überzeugen vermögen, verhält sich auch Sulzers Publikum situationsinadäquat. Ebensowenig wie jene vertraut es der Berechenbarkeit der experimentellen Ereignisse. Der geschützte und emotionsfreie Raum der Wissenschaft hat sich um den empfindsamen Beobachter noch nicht geschlossen; das Experiment droht vielmehr, sich in einen gefährlichen Ernstfall zu verwandeln, der das unvoreingenommene Studium ausschließt.[121]

Diese Labilität der experimentellen Situation, deren Kehrseite die psychische Labilität der Zuschauer ist, läßt verschiedene Erklärungen zu. Eine erste lokalisiert das physikalische Bombenexperiment realgeschichtlich in einem offenen Kontinuum von Theorie und Praxis, Gelehrtenstube und Schlachtfeld. Nach der Wissenschaftssystematik des 18. Jahrhunderts gehört die Ballistik sowohl zur Mathematik als auch zur Kriegstechnologie, sie interessierte Wissenschaft und Militär in gleichem Maße. Die Experimentalphysiker entdeckten in den Zeughäusern bewährte Apparaturen zur Beschleunigung von Wurfgeschossen. Umgekehrt dienten ihre Berechnungen den Artilleristen zur Verfeinerung der Waffentechnik.[122] Friedrich der Große – um beim

---

121 Einen solchen Ernstfall schildert Sulzer wenig später in seinem Aufsatz *Von dem Bewußtseyn und seinem Einflusse in unsre Urtheile* (1764): Einer seiner Bekannten habe beim Abschießen einer Flinte das Unglück gehabt, »daß er durch ein abgesprungenes Stück Flinte, welche zersprang, sehr hart verwundet wurde. Die Hirnschale war ganz zerschmettert, und ein Theil des Gehirnes selbst auf der Seite der Stirne wurde nebst einem Stücke der Hirnschale mit fortgerissen. [...] Nach seiner Genesung erzählte er seinen Freunden, daß er, als er von seiner tödtlichen Ohnmacht wieder ein wenig zu sich selbst gekommen, Winseln und Wehklagen über ein sich ereignetes Unglück gehört, aber nicht den geringsten Verdacht gehabt habe, daß dasselbe ihn betroffen hätte. Er hatte in diesem Augenblicke nicht die geringste Kenntniß von seinem äußern Zustande, er wußte nicht, wo er war«. (Sulzer, *Von dem Bewußtseyn und seinem Einflusse in unsre Urtheile*, in: *SVS* I, S. 199-224, hier S. 209.) Sulzers Erklärung dieses Vorfalls entspricht der am Schmerz orientierten Theorie der Empfindung aus den *Anmerkungen*: »Alles, was von antreibenden Kräften in der Seele vorhanden ist, war durch die dunkle auf den gefährlichen Zustand des Körpers sich beziehende sinnliche Empfindung gleichsam gefesselt.« (Ebd., S. 215.)

122 Vgl. in diesem Sinne die Hoffnungen Eulers: »Wenn man aber die höhere Mathematik zu Hülfe nimmt, so ist man im Stande, so wohl die wahre Kraft des Pulvers, als die wahre Bewegung der Kugeln, auf das genauste zu bestimmen; und da auf diesen zweyen Puncten die fürnehmste Wissenschafft der Artillerie beruhet, so können daraus auch die übrigen dahin gehörigen Stücke auf eine gründliche Art erkläret, und in ihr völliges Licht gesetzet werden. Ja wenn auch gleich ein bloßer Mathematicus aus Mangel einer hinlänglichen Erfahrung nicht im Stande ist, aus dieser Erkenntniß allen Nutzen zu ziehen, so ist doch kein Zweifel, ein erfahrener Artillerist werde diesen Ab-

Beispiel Preußens zu bleiben – bemühte sich aufgrund seiner Erfahrungen im ersten Schlesischen Krieg (1740-42) um eine Reformierung seines Geschützarsenals. Er hielt die traditionelle Artillerie für zu schwerfällig und gab die Anfertigung größerer Mengen leichter Kanonen in Auftrag.[123] In diesem Zusammenhang führte der Feuerwerksmeister und Kapitän Ernst Friedrich v. Holtzmann eine Reihe baulicher Innovationen ein, die im Laufe des Siebenjährigen Krieges zum Teil wieder abgeschafft und durch Neukonstruktionen schwereren Kalibers ersetzt wurden.[124] Wissenschaft, Waffentechnik und Kriegserfahrung mußten dabei zusammenwirken; Preußens militärische Aktivitäten und Friedrichs Innovationsgeist schufen – stets vor dem Hintergrund des »Ernstfalls« – immer wieder Anlässe zu Waffenproben und ihrer theoretischen Reflexion. Sulzers Psycho-Ballistik spielt mit den Assoziationen an den realen Krieg, die sein Versuchsaufbau wecken muß.

Auch anhand der publizierten Literatur zur Ballistik läßt sich die Spannweite dieser Disziplin zwischen Theorie und Praxis leicht nachvollziehen: Das Spektrum reicht von den rein mathematischen Erwägungen eines Euler über Experimente in Kooperation mit dem Militär wie die von Benjamin Robins und Bernard Belidor[125] bis hin zu anwendungsorientierten Handbüchern mit praktischen Hinweisen und Tabellen zum Gebrauch im Felde.[126] Ein eigenes Genre bilden die Sammlungen physikalischer Experimente, die zur Konstruktion von Laborapparaten anleiten und dem Privatgelehrten das Nachstellen bekannter Versuchsabläufe ermöglichen – auch hier sind, gleichsam in reduziertem Maßstab, Beschreibungen ballistischer und pyrotechnischer Experimente zu finden.[127] Sulzer selbst stellte im Rahmen seiner

gang leicht ersetzen, und eine solche ihm mitgeteilte Erkenntniß in allen Umständen mit Vorteil anzuwenden wissen.« Euler, *Neue Grundsätze der Artillerie*, S. 4.

123 Vgl. Rolf Wirtgen, *Das Feldgeschützmaterial der preußischen Armee zwischen 1740 und 1786*, in: *Die Bewaffnung und Ausrüstung der Armee Friedrichs des Großen. Eine Dokumentation aus Anlaß seines 200. Todesjahres*, hrsg. von J. Niemeyer und A. Wirtgen, S. 51-69.

124 Ebd.

125 Bernard Belidor, *Le bombardier françois, ou Nouvelle méthode de jetter les bombes avec précision*, Paris 1731. Zu Robins s. o., S. 259, Anm. 92-94.

126 Vgl. z. B. Henning Fr. Graf von Gräveniz, *Akademische Abhandlung von der Bahn der Geschützkugeln*, Rostock 1764.

127 Vgl. z. B. das Vakuum-Experiment mit Schießpulver in Pierre Polinières *Expériences de physique* (s. o., S. 259, Anm. 94). In seinen *Physico-Mechanical Experiments* beschreibt Francis Hauksbee einen Versuch »concerning the quantity of Air produced from a certain quantity of Gun-powder fired in Common Air.« Francis Hauksbee, *Physico-Mechanical Experiments On Various Subjects*, ND. d. Ausg. London 1719 m. einer Einf. von Duane H. D. Roller, New York/London 1970 (= The Sources of Science 90), S. 104-109.

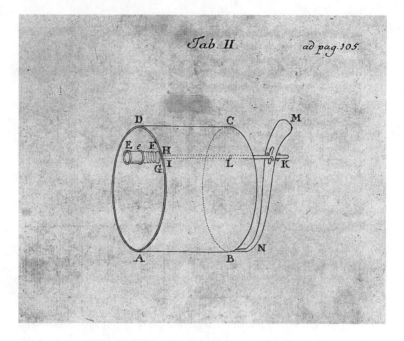

Abb. 2.
Konstruktionsskizze für ein Luftdruckgewehr aus
Johann George Sulzers *Nouvelles expériences sur la résistance que
souffre une balle de fusil en passant par l'air, in: Histoire de l'Académie
Royale des Sciences et Belles Lettres, Année 1755*, Berlin 1757, S. 214.

Forschungen zum Widerstand von Luft und Wasser Experimente mit
einem eigens verfertigten Luftdruckgewehr an (Abb. 2), dessen
Bauprinzip er den *Expériences de physique* von Pierre Polinière ent-
nommen haben könnte: Im Zusammenhang mit Experimenten zur
Elastizität der Luft gibt dieser die Bauanleitung zu einer »Canne« oder
»Arquebuse à vent«, die ganz ähnlich wie das Sulzersche Gerät funk-
tioniert (Abb. 3).[128] Die Konstruktion aus Barometer, Luftpumpe und
Abschußrohr, der man, wie Polinière empfiehlt, die äußere Form einer
Muskete geben kann, hat den großen Vorteil, in privatem Rahmen
vergleichsweise gefahrlos betrieben werden zu können. Anders als die
gebräuchlichen Feuerwaffen erlaubt sie überdies, die aufgewandte Ener-

---

128 Polinière, *Expériences de physique*, S. 125-134, planche 3, fig. 25-38.

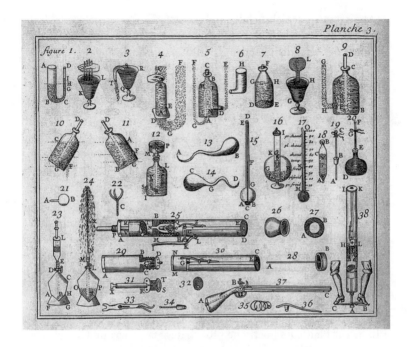

Abb. 3.
Fig. 25-38: Konstruktionsskizzen für eine *canne* oder *arquebuse à vent*
aus Pierre Polinières *Expériences de physique*, Paris 1709, Planche 3.

giemenge (»Elastizität der komprimierten Luft«) aufs Genaueste zu
kalkulieren – Sulzer verspricht sich davon Daten zur Bestätigung oder
Korrektur Robinsscher Theorien.[129] Vom Ablauf her sind seine Versuche identisch mit dem öffentlichen Bombenexperiment aus den *Anmerkungen über den verschiedenen Zustand*: »Ayant chargé le fusil, je
l'ai placé dans la position verticale, & j'ai observé les tems que la balle
restoit dans l'air après l'explosion«.[130] Als Feld psychologischer Beobachtungen ist der Versuch in dieser verfeinerten Version dennoch ungeeignet. Was die Experimente mit Kanonen und Schießpulver für den
Physiker Sulzer disqualifiziert – die beängstigende Unkontrollierbar-
keit der wirkenden Kräfte – begründet für den Psychologen gerade
ihre Attraktivität.

---

129 Sulzer, *Nouvelles expériences*, S. 104 f.
130 Ebd., S. 106.

Mentalitätsgeschichtlich kann das von Sulzer beschriebene plötzliche Umschlagen von Betrachtung in Angstempfindung in den großen Kontext des abendländischen Zivilisationsprozesses gestellt und im Sinne Richard Alewyns als Symptom einer Übergangsperiode zwischen einem »Zeitalter der Angst« und einem »Zeitalter ohne Angst« interpretiert werden. Technische Naturbeherrschung und der Sieg des rationalen über ein magisches Weltbild entreißen

> dieser Wildnis [des primitiven Menschen] langsam und mühsam relativ entzauberte und damit angstfreie Reviere, die sich allmählich ausdehnen, bis umgekehrt, zum mindesten in der abendländischen Welt, der Raum der Angst auf wenige entlegene Nester geschrumpft ist.[131]

Im Zeitalter der Aufklärung, nimmt Alewyn an, führt die Beschleunigung dieses Rationalisierungsprozesses nicht zu einer kontinuierlichen Verringerung des Angstpotentials, sondern zu einer Phase der seelischen Ambivalenz, die durch das Umschlagen von Angst in Anziehung gekennzeichnet ist.[132] Im plötzlichen Stimmungswechsel bei den Zuschauern des Bombenexperiments vollzöge sich eben dieses Changieren zwischen Schaulust und Angst in zeitlicher Spreizung. Wissenschaft bleibt, solange sie die Funktion öffentlichen Schauspiels erfüllt, zur Hälfte im poetischen Reich des Staunens und Gruselns befangen, das für den Aufklärer die Welt der Magie beerbt; Erkenntnis und Leidenschaft partizipieren gleichermaßen am unabgeschlossenen Projekt der Entzauberung.

Eine dritte Deutungsperspektive, die Alewyns These ergänzt, betrifft ebenfalls den »mondänen« Status der Wissenschaft im 18. Jahrhundert. Wenn es stimmt, daß physikalische Experimente mindestens für das nicht- oder halbprofessionelle Publikum (dem Sulzer angehört) gewisse ästhetische Bedürfnisse befriedigten, könnte die zeitgenössische ästhetische Theorie einen Kommentar zu Mendelssohns und Sulzers Psychologie des Bombenexperiments bereithalten und diese sich umgekehrt als ein Statement zur Ästhetik lesen lassen. Ästhetische und wissenschaftliche Schauspiele wären gleichermaßen als Antworten auf die psychische Verfaßtheit zu begreifen, der Sulzer durch den Entwurf des Bombenspektakels als Seelenmodell zur Darstellung verhalf.

---

131 Richard Alewyn, *Die Lust an der Angst*, in: ders., *Probleme und Gestalten. Essays* [¹1974], Frankfurt/Main 1982, S. 307-330, hier S. 312.
132 Ebd., S. 313.

4.5. Psychomachia (II).
Der Lukrezsche Topos des *Suave mari magno* und seine Umformung zu einem Seelenmodell

Das Verhältnis von Lust und Schrecken in der Ästhetik des 18. Jahrhunderts ist eines der Lieblingsthemen der Literaturwissenschaft; es gehört zur Geschichte der Tragödientheorie ebenso wie zu der des Erhabenen.[133] In Verbindung mit der Tendenz, Ästhetik als historische Quelle und zugleich als traditionellen diskursiven Ort der Anthropologie zu begreifen, haben in diesem Zusammenhang schon länger auch nicht-literarische Formen öffentlichen Spektakels die Aufmerksamkeit der Forschung erregt, sofern sie im 18. Jahrhundert den Gegenstandsbereich ästhetischer Reflexionen bildeten. Zu den dergestalt literaturwissenschaftlich erschlossenen Genres gehören einerseits erhabene Naturschauspiele wie Katarakte oder Gebirgslandschaften, andererseits Veranstaltungen wie Stierkämpfe oder öffentliche Exekutionen, an denen der Mensch beunruhigenderweise ein grausames Ergötzen findet.[134] Solche Formen sozial kodierten Vergnügens verwischen die Grenze des vermeintlich autonomen ästhetischen Raums in mehrfacher Hinsicht: Sie scheinen auf dieselbe Bedürfnisstruktur zugeschnitten zu sein wie bestimmte Werke der Dichtkunst, werden – so es sich um menschengemachte Inszenierungen handelt – zum Teil

---

133 Vgl. stellvertretend für zahlreiche Einzelstudien die umfassenden Darstellungen von Christian Begemann, *Furcht und Angst im Prozeß der Aufklärung. Zu Literatur und Bewußtseinsgeschichte des 18. Jahrhunderts*, Frankfurt/Main 1987 und Zelle, *Angenehmes Grauen*.

134 Vgl. die genannten Arbeiten von Begemann und Zelle *(passim)*; außerdem Nicolson, *Mountain Gloom and Mountain Glory*; Begemann, *Erhabene Natur. Zur Übertragung des Begriffs des Erhabenen auf Gegenstände der äußeren Natur in den deutschen Kunsttheorien des 18. Jahrhunderts*, in: *DVjs* 58 (1984), S. 74-110; Zelle, *Strafen und Schrecken. Einführende Bemerkungen zur Parallele zwischen dem Schauspiel der Tragödie und der Tragödie der Hinrichtung*, in: *Jahrbuch der deutschen Schillergesellschaft* 28 (1984), S. 76-103; Michel Delon, *La Mort du Gladiateur. Un débat esthétique et moral au siècle des Lumières*, in: *Leib-Zeichen. Körperbilder, Rhetorik und Anthropologie im 18. Jahrhundert*, hrsg. von Rudolf Behrens und Roland Galle, Würzburg 1993, S. 185-196. In ihrem umfangreichen Beitrag zur Geschichte des Blicks hat Barbara Stafford die Gemeinsamkeiten und Affinitäten ästhetischer und medizinischer Visualität im 18. Jahrhundert untersucht (Barbara M. Stafford, *Body Criticism. Imagining the Unseen in Enlightenment Art und Medicine* [¹1991], Cambridge/London ²1993) – zweifellos gehören medizinische Kuriositätenkabinette und anatomische Theater mit zu den hier thematisierten öffentlichen Spektakeln des Schreckens.

von vergleichbaren ethischen Wirkungsabsichten getragen und weisen
intern ästhetische Gestaltungsmerkmale auf.[135]

Ein *locus classicus* für die beschriebene Thematik ist der Lukrezsche »Topos des ›Suave mari magno‹«[136]. Gemeint sind die Verse zu
Beginn des zweiten Buchs von *De rerum natura*, in denen Lukrez die
Wonne des Weisen beim Anblick bedrohlicher Seestürme, Schlach-
tengetümmel und gesellschaftlicher Machtkämpfe preist:

> Wonnevoll ist's bei wogender See, wenn der Sturm die Gewässer
> Aufwühlt, ruhig vom Lande zu sehn, wie ein andrer sich abmüht,
> Nicht als ob es uns freute, wenn jemand Leiden erduldet,
> Sondern aus Wonnegefühl, daß man selber vom Leiden befreit ist.
> Wonnig auch ist's ohn' eigne Gefahr die gewaltigen Schlachten,
> Die durch das Blachfeld toben im Kriege, mit Augen zu schauen.
> Doch nichts Süßeres gibt's als die heiteren Tempel zu hüten,
> Welche die Lehre der Weisen auf sicheren Höhen errichtet.
> Ruhevoll kannst du von dort auf das Treiben der andern herabsehn,
> Wie sie da schweifen und irren, den Pfad zum Leben zu finden,
> Wie das Talent wetteifert, wie Adelsstolze sich streiten,
> Wie sie bei Tag und bei Nacht mit erheblicher Mühsal streben,
> Aufzusteigen zum Gipfel der Macht und den Staat zu beherrschen![137]

Es ist darauf hingewiesen worden, daß besonders zahlreiche Belege für
das Auftreten des Topos im 18. Jahrhundert zu finden sind[138], und es
liegen mehrere Untersuchungen zu den unterschiedlichen Interpretationen vor, die er in diesem Zeitraum erfahren hat.[139] Baxter Hatha-

---

135 Carsten Zelle sieht die Ausdehnung ästhetischer Reflexion auf nicht-künstlerische
Gegenstände als Folge einer »Emotionalisierung der Kunsttheorie«, die er in England und Frankreich um 1700, in Deutschland um 1740 beginnen läßt: Im Verbund
mit der »Ausprägung einer reflexiven, inneren Empfindungsweise« führte sie »zur
Auflösung der ehemals scharf markierten Differenz von Kunst und Wirklichkeit als
eines Kriteriums poetologischer Begriffsbildung. [...] Die Kunsttheoretiker waren
vor die Aufgabe gestellt, statt des regelgeleiteten Wohlgefallens an der Darstellung
das emotionale Vergnügen an dem Dargestellten selbst zu erklären.« Zelle, *Angenehmes Grauen*, S. 76.
136 Die Formulierung stammt aus Carsten Zelles Aufsatz *Schiffbruch vor Zuschauer*, in:
Jahrbuch der deutschen Schillergesellschaft 34 (1990), S. 289-316, hier S. 289.
137 Lukrez, *Von der Natur*, übers. von Hermann Diels, München 1991, S. 89. Vgl. dazu
Hans Blumenbergs Interpretation in *Schiffbruch mit Zuschauer*, S. 28-30.
138 Vgl. Baxter Hathaway, *The Lucretian »Return upon ourselves« in 18th-Century
Theories of Tragedy*, in: *PMLA* 62 (1947), S. 672-689, hier S. 675.
139 Vgl. neben den genannten Arbeiten von Hathaway, Blumenberg und Zelle Michel
Delons Aufsätze *Naufrages vus de loin: Les développements narratifs d'un thème
Lucrétien*, in: *Rivista di Letteratura moderne et comparate*, n. s., 41 (1988), S. 91-119
und *Le bonheur négatif selon Bernardin de Saint-Pierre*, in: *Revue d'Histoire Littéraire de la France* 89 (1989), S. 791-801. Alain Corbin hat die lebensweltlichen Er-

way führt die Konjunktur des Topos auf die empfindsame Kritik an der
»self-love psychology« eines Hobbes oder Mandeville zurück.[140] Ohne
daß es den Lukrez-Lesern des 18. Jahrhunderts notwendig erschienen
wäre, die Textstelle aus *De rerum natura* auf ihren immanenten Sinn
hin zu befragen, provozierte diese, so Hathaway, vor dem Hintergrund
möglicher Interpretationen im Sinne der fragwürdig gewordenen
»egoistischen« Anthropologie Einspruch und alternative Deutungsver-
suche. Der Vorstellung, ein Weiser könnte sich tatenlos am Leid seiner
Artgenossen delektieren, wurden verschiedene Erklärungen des unbe-
zweifelbaren Vergnügens an tragischen Sujets entgegengesetzt, die den
Menschen moralisch vor dem Sadismus-Verdacht retten sollten. Zu
diesen Erklärungen gehören Theorien des Erhabenen als einer Form
des Enthusiasmus angesichts des Großen und Wunderbaren[141], Theorien der »vermischten Empfindungen«, die beim Tragödienpublikum
sowohl Mitleidsgefühle als auch Freude über die eigene Sicherheit
am Werk sehen[142], und Theorien, die wie Du Bos das Vergnügen am
Schrecklichen gerade nicht in die Distanz zwischen Betrachter und
Gegenstand, sondern in die emotionale Aktivität selber setzen.[143]

Die von Sulzer beschriebenen Bombenversuche haben mit dem
Lukrezschen Modell sowohl die kriegerische Sphäre als auch die
Konfiguration von Sicherheit und Gefahr, Wissen und leidenschaftli-
chem Irrtum gemein. Sie unterscheiden sich jedoch von der Szene in
De rerum natura durch die psychische Dynamik, die den geschilderten Publikumsreaktionen unterstellt wird: Die Gefühle der Sicherheit
und des Bedrohtseins sind bei Sulzer nicht räumlich und personal dis-
soziiert, sondern folgen zeitlich aufeinander. »Man denket an einen
Gegenstand, und den Augenblick darauf [...] bemerket man bey sich
selbst den Eindruck, den er auf uns machet.«[144] Betrachtung und leidenschaftliche Selbsterfahrung sind Zustände, die zwar schnell mit
einander abwechseln können, sich aber nicht vermischen, so wie eine
Kanonenkugel nicht zugleich steigt und fällt. In dieser Hinsicht ist die

fahrungen geschildert, die zur Ästhetik des Schiffbruchs im 18. Jahrhundert die Ku-
lisse abgaben: »Le naufrage constitue alors la forme la plus banale de l'accident.«
Corbin, *Le territoire du vide*, insbes. S. 265-281, hier S. 265.

140 Hathaway, *The Lucretion »Return«*, S. 674 f. Vgl. hierzu auch Zelle, *Angenehmes
Grauen*, S. 171-186.

141 Ebd., S. 675 f.

142 Ebd., S. 676-678.

143 Ebd., S. 679.

144 Sulzer, *Anmerkungen über den verschiedenen Zustand*, S. 236 f. (zum dritten Seelenzustand, der *contemplation*).

Sulzersche Seele, so sehr sie auch an psychoanalytische Seelenkonzeptionen erinnern mag, ungeteilt.

Ähnlich wie Hathaway, der von Du Bos' Lukrez-Lektüre bemerkte, daß sie den entscheidenden Lukrezschen »Return upon Ourselves«, die befriedigende Reflexion des Betrachters auf seine eigene Sicherheit, zugunsten einer Steigerung der emotionalen Intensität unterdrücke, hat Michel Delon Diderots Version des Topos im *Salon de 1767* als eine partizipatorische charakterisiert:

> le philosophe subvertit la coupure traditionnelle entre la mer et la terre ferme, le naufrage et le spectacle. Désormais les spectateurs sont agités de contradictions, comparables à celle des passagers en détresse dont certains parviennent jusqu'au rivage. Le narrateur, secoué par son rêve, verse »des larmes réelles«. Loin de se réjouir de ne pas être partie prenante du drame, il y participe autant qu'il le peut. La situation ne sert plus à marquer une séparation, mais au contraire la force d'un sentiment qui réunit les êtres malgré la distance. [...] Entrer dans la toile, participer au naufrage: la valorisation de l'émotion impose l'échange entre l'ici et l'ailleurs. Le sage n'est plus celui qui s'abstrait, mais celui qui s'implique.[145]

Delons Lektüre könnte ebensogut auf die Erklärung des *Suave mari magno*-Topos gemünzt sein, die Sulzer selbst im Artikel *Leidenschaften* der *Allgemeinen Theorie der schönen Künste* vorschlug. Laut Sulzer fühlt der Betrachter »eines fürchterlichen Sturms, eines gefährlichen Auflaufs, einer hitzigen Schlacht und dergleichen mehr« das gleiche wie die unmittelbar Betroffenen, wenn auch in geringerem Grade: Wir nehmen »Antheil an allem, was sie empfinden; wir leiden gern mit ihnen, bestreben uns sie zu retten, arbeiten und schwitzen vom bloßen Zuschauen, wie sie selbst«.[146] Den Grund für das Vergnügen, das wir aus diesem Mitleiden ziehen, sieht Sulzer im Streben der menschlichen Seele nach Wirksamkeit:

> Der erste Grundtrieb unsers ganzen Wesens ist die Begierde, Kräfte zu besitzen, und sie zu brauchen. Dieser Trieb findet bey jeder leidenschaftlichen Bewegung seine Nahrung, so lange nicht eine gänzliche Catastrophe uns der Würksamkeit beraubet, oder sie völlig hemmet.[147]

Nicht zufällig erinnert diese Begründung an eine Stelle aus der *Untersuchung über den Ursprung der angenehmen und unangenehmen Empfindungen*. Sulzer hatte dort die menschliche Seele mit einem Fluß

---

145 Delon, *Naufrages vus de loin*, S. 104 f.
146 Sulzer, Art. *Leidenschaften. (Schöne Künste)*, *SATh* III, S. 233 f.
147 Ebd., S. 234.

verglichen, »der so lange ruhig fortfließt, als sein Lauf durch nichts ge-
stört wird; der aber anschwillt und tobt, sobald man seinem Strome
einen Damm entgegen setzt«.[148] Das ungehinderte Fließen sollte der
freien und folglich angenehmen Tätigkeit der Seele beim Denken oder
in leidenschaftlicher Erregung entsprechen. In den *Anmerkungen über
den verschiedenen Zustand* übernimmt die Bombe diese metaphorische Funktion; ihre ununterbrochene, aber gekrümmte Flugbahn veranschaulicht sowohl die Kontinuität der seelischen Beteiligung als
auch den Umschwung der Seelenzustände. Abgesehen von der mechanischen Referenz, die beide Metaphern teilen, verweisen sie auch auf
einen gemeinsamen poetischen Horizont: Auf die Lukrezschen Szenerien der Lust und des Grauens, an deren psychologischer Deutung
sich Generationen von Schriftstellern versucht hatten.

Die Ästhetiken Sulzers und Meiers sind, ebenso wie die Diderots,
Ästhetiken des Involviertseins. In der Aufhebung des Schnitts, der das
Lukrezsche wie später das Kantsche Subjekt vom ästhetischen Ge-
genstand trennt, unterscheidet sich die hier unter der Bezeichnung
›Rührung‹ verhandelte Kategorie von der des Erhabenen. Zu einem
ästhetischen Konzept wird sie durch eine andere Zäsur: durch die Isolierung der erwünschten Leidenschaft aus lebensweltlichen Kontexten.
Diese Zäsur besteht aber nicht in einem Repräsentations- oder Distanz-
Verhältnis. Deswegen ist das physikalische Experiment, bei dem ›echte‹
Bomben genauso fliegen wie im ›echten‹ Krieg, eine geeignete Chiffre
für die ästhetische Situation. Der exemplarische Wert von Schiffbrüchen
und Schlachten für die Theorie der Rührung liegt nicht darin, daß sie visuelle Auslöser von Affekten sein können, sondern darin, daß sie geeignete Modelle für eine innere Dynamik abgeben. Die von Meier und Sulzer geschilderten Flüsse und Geschütze stehen für lustvolle und Aus-
schließlichkeit beanspruchende mentale Bewegungen. Sie verhalten sich
also spiegelbildlich zu Diderots Subversion der Grenze zwischen Lein-
wand und Betrachter: Sulzer begibt sich nicht ins Schlachtgetümmel, er
introjiziert die Schlacht und erreicht damit den gleichen Effekt wie Diderot. Ich werte die in den vergangenen Abschnitten beschriebene
Suche nach einem nicht-erkenntnistheoretischen Erklärungsmodell für
den Übergang von der lebhaften Vorstellung zur Rührung als Ausdruck
des Anliegens, ein Unmittelbarkeitsbedürfnis theoretisch zu fassen, das
sich mit der Zuschauerposition nicht zufriedengibt. Ziel ist eine Überwindung der Grenze zwischen Innen und Außen, die anders als reale
Schiffbrüche und reale Schlachten die Körperhülle nicht verletzt.

---

148 Ders., *Untersuchung*, S. 12 (s. o., S. 120, für das ausführliche Zitat).

4.6. Sulzers Theorie der »ästhetischen Kraft«

Anhand des Aufsatzes *Von der Kraft (Energie) in den Werken der schönen Künste* (1765), in dem Sulzer auf die psychologischen Theoreme seiner früheren Schriften unmittelbar Bezug nimmt, läßt sich die Kontinuität zwischen Erfahrungsseelenkunde und Ästhetik auch im engeren theoretischen Rahmen der Sulzerschen Akademie-Vorlagen plausibilisieren: Basierend auf der Einteilung der Seelenzustände in Nachdenken, Betrachtung *(contemplation)* und Bewegung bzw. Empfindung *(emotion)* entwirft Sulzer hier ein System ästhetischer Kräfte, das zum Teil eine schlichte Reformulierung des zwei Jahre zuvor im Bombengleichnis bildlich Vermittelten darstellt.

Sulzer führt seinen Kraft- bzw. Energie-Begriff unter Berufung auf Horaz ein, der in seiner vierten Satire »acer spiritus et vis in verbis et rebus« unter die notwendigen Attribute der Dichtkunst im emphatischen Sinne zählte.[149] Damit ist die Herkunft des in Frage stehenden Terminus aus der klassischen, rhetorisch fundierten Poetik angedeutet, und die Bestimmung der schönen Künste als Mittel, »die Lehren der Philosophie dem Gemüthe mit einer Kraft einzudrücken, dergleichen die nackte Wahrheit niemals hat«, um Einbildungskraft und Herz »nach dem erhabenen Ziele zu lenken, welches uns die Philosophie vorgesetzt hat«[150], weist in die gleiche Richtung. Ähnlich wie Tesauro und Baumgarten paßt Sulzer nun die überlieferten rhetorischen *vires* seinem dreiteiligen Seelenmodell an. Grundsätzlich, das ergibt sich schon aus dem praktischen Fernziel sittlicher Beeinflussung, steht die Energie im Dienste des *movere*, während die anderen dichterischen Tugenden, Vollkommenheit und Schönheit, sich den beiden übrigen *officia*, *docere* und *delectare*, zuordnen lassen:

> Die Vollkommenheit, die wir an einer Sache wahrnehmen, heißt uns darüber nachdenken, die Schönheit reißt uns zur Beschauung oder Betrachtung derselben fort und die Energie bringt die Bewegung hervor.[151]

---

149 Ders., *Von der Kraft (Energie) in den Werken der schönen Künste*, in: *SVS* I, S. 122-145, hier S. 122, Anm. – Doris Bachmann-Medick geht in ihrer Arbeit über Moralphilosophie und Ästhetik in der Popularphilosophie des 18. Jahrhunderts am Rande auf Sulzers Energie-Begriff ein und sieht ihn im Kontext verwandter Konzepte bei Garve, Feder, Engel u. a. Sie betont zu Recht den Handlungsbezug der ästhetischen Energie, trägt aber zur Eluzidation des Begriffs wenig bei (Bachmann-Medick, *Die ästhetische Ordnung des Handelns*, S. 64-72).
150 Sulzer, *Von der Kraft*, S. 123.
151 Ebd., S. 124.

Dieselbe rhetorische Trias dient anschließend als Topik für die Unterscheidung diverser Arten von Energie. Drei Verfahren der Bewegungserzeugung sind vorstellbar: Die plötzliche Unterbrechung einer Gedankenfolge, die durch das Umspringen der Aufmerksamkeit vom äußeren Gegenstand auf die Befindlichkeit des Subjekts bewirkt wird, die verstärkte Lebhaftigkeit, die die Seele im Zustand der Kontemplation erhält, wenn sie einer herausragenden Schönheit ansichtig wird, und die unmittelbare Erregung der Leidenschaften durch die Provokation von Begierde und Abscheu.

Das zweite und das dritte Verfahren sind dem Baumgarten-Leser als ›Lebhaftigkeit‹ und ›Leben‹ der Erkenntnis, dem Rhetoriker als *enárgeia* und *enérgeia* bekannt. In bezug auf die schönen Gegenstände der Kontemplation ist von jenen »vielsagenden, alles erschöpfenden Wörter[n]« die Rede, »die man niemals vergißt«, von jenen »glänzenden Ausdrücke[n], die den Gegenständen, welche sie abmahlen, das Leben geben«.[152] Sulzer nennt als Beispiele Rembrandts Landschaftsgemälde, »welche uns in die Gegend selbst, die sie vorstellen, zu versetzen scheinen«[153], sowie Homers Schlachtszenen, die dem Leser den Eindruck vermitteln, »von dem Glanze der Waffen geblendet« zu werden und »das Geräusch« zu vernehmen, »welches sie verursachen, wenn der Held fällt.«[154] Glanz und sinnliche Vergegenwärtigung sind die traditionellen Leistungen der *enárgeia*, und auf die versinnlichende Funktion der Prägnanz (der »vielsagenden Wörter«) wurde schon im Hinblick auf Baumgarten ausführlich eingegangen.[155]

Der dritte Typ Energie, die besondere Stärke der Musik und der Bühnenkünste[156], wirkt nicht primär auf das Vorstellungs-, sondern auf das Begehrungsvermögen. Er bringt »die wahren Bewegungskräfte der Seele« hervor und führt sie »von der Empfindung zur Handlung«[157], er wirkt »ohne allen Schein von Mittelursachen, wie solches bey sinnlichen Empfindungen geschieht« oder setzt allenfalls verworrene Ideen voraus.[158] Zur anschaulichen Schönheit verhält sich die leidenschaftliche Energie wie Feuer zu Licht. Sulzer illustriert die Überlegenheit des Bewegenden im Vergleich zum lediglich Schönen mittels eines doppelten Bildes, das Glanz-, Schießpulver- und Kriegsmetaphorik vereinigt:

---

152 Ebd., S. 128.
153 Ebd.
154 Ebd., S. 129.
155 S. o., S. 135 f. sowie Kap. 3.2.2.
156 Ebd., S. 137-139.
157 Sulzer, *Von der Kraft*, S. 136.
158 Ebd., S. 136.

Zuweilen erreget ein einziges zu rechter Zeit ausgesprochenes Wort, gleich einem in Pulver geworfenen Funken, einen erschrecklichen Aufruhr in der Seele, und zwingt sie, eine lange Reihe angenehmer Ideen fahren zu lassen und die allerverdrüßlichsten an ihre Stelle zu setzen.*)

*) Ich will nur ein einziges Beyspiel anführen, um zu zeigen, wie weit die Energie eines Wortes gehen könne. Da Hannibal an dem Hofe des Königes Antiochus war, musterte dieser Fürst seine Kriegesheere, um die Macht, womit er die Römer anzufallen willens war, sehen zu lassen. Nachdem er dem Cartaginensischen Feldherrn den Reichthum der goldenen und silbernen Fahnen, die Menge der mit Sicheln bewaffneten Wagen, die thürmetragenden Elephanten, und endlich seine wegen der Kostbarkeit der Harnische und der ganzen Rüstung ungemein glänzende Reuterey gezeiget hatte, fragte er mit vielem Stolze den Hannibal, ob er wohl glaubte, daß dieses für die Römer genug seyn würde. Worauf dieser antwortete: ob gleich die Römer unter allen Völkern des Erdbodens die geizigsten sind, so glaube ich doch wohl, daß sie sich damit begnügen werden.[159]

Sulzers Fußnote, die scheinbar nur eine Anekdote zur verbalen Potenz Hannibals erzählt, greift inhaltlich zugleich den rhetorischen *ornatus*-Diskurs auf und läßt Hannibal seine kriegerische Absicht, das *flectere*, gegen die Prunksucht des Antiochus ins Feld führen, so daß der energetischen Schießpulver-Metapher des Haupttextes in der Fußnote ihr enargetisches Pendant, der Glanz, von vornherein besiegt gegenübersteht.[160]

Die erstgenannte Art von Energie, die Sulzer als plötzliche Unterbrechung des Denkens bestimmt, ist die geringste von allen: Sie trägt zur Annehmlichkeit des Kunstwerks bei, weckt und unterhält die Aufmerksamkeit des Rezipienten, steht aber nicht in unmittelbarem Bezug zur Schönheit oder Sittlichkeit. Ihren Beitrag zur Psychagogik leistet sie in erster Linie auf struktureller Ebene; *dispositio* und *elocutio* sind in diesem Sinne energetisch, wenn sie abwechslungsreich gestaltet sind und für den Hörer oder Leser Überraschungen bereithalten. In der Redekunst und in der Musik können Wechsel des Tonfalls bzw. der Tonart, unvorhersehbare Tonhöhenunterschiede, unerwartete Übergänge, ungewöhnliche Wendungen und Wortfügungen, Pausen und dynamische Differenzierungen energetisch wirken. In der Dichtkunst fällt dar-

---

159 Ebd., S. 141 f.
160 Die Zusammenstellung von Glanz und Kraft der Rede im Bild strahlender und wirkungsvoller Waffen begegnet auch schon in der antiken Rhetorik, vgl. Quintilian, *Institutio*, VIII, 3, 2 und 3, 6.

über hinaus der gesamte Bereich des Neuen, Besonderen, Seltsamen und Wunderbaren unter diesen Energietypus.

Die psychische Dynamik, die durch ästhetische Gegenstände solcher Art ausgelöst wird, gleicht derjenigen, die Sulzer zuvor beim Publikum des öffentlichen Bombenexperiments beobachtet hatte: Eine einzige Vorstellung genügt, um uns von einem Zustand, in dem »wir unsere Existenz und unsere Persönlichkeit gewissermaßen vergessen«, in einen anderen zu versetzen, in dem wir »an uns selbst und an die Umstände denken, in welchen wir uns befinden.«[161] »Diese Veränderung wird allemal von einer stärkern oder schwächern *Bestürzung* begleitet, welche Bewegung hervorbringt.«[162] Wenngleich Sulzer sich zur Erläuterung u. a. des Beispiels eines Unglücklichen bedient, der aus einer »glückliche[n] Zerstreuung« wieder »zu sich selbst« und seinen Bekümmernissen gebracht wird[163], scheint, mindestens im Reich der Ästhetik, das Ergötzliche an der plötzlichen Bewegung zu überwiegen: Das Vergnügen, das sie bereitet, ist neben der Belebung der Aufmerksamkeit das einzige Verdienst, das dieser Form der Energie zugesprochen werden kann.[164]

Trotz der relativen Geringschätzung, die Sulzer dem Plötzlichen und Überraschenden als energetischer Kategorie entgegenbringt, ist deren Integration in die ästhetische Theorie, verstanden als eine philosophische Disziplin mit dem Anspruch, Phänomene der künstlerischen Praxis nicht nur zu beschreiben, sondern auch zu erklären, theoriegeschichtlich von Belang. Weder Baumgarten noch Meier hatten für die Eigendynamik der Sprache im Sinne einer zeitlichen Struktur und ihrer affektdramaturgischen Disposition, geschweige denn für

---

161 Sulzer, *Von der Kraft*, S. 125.
162 Ebd. [Hervorh. im Orig.].
163 Ebd. Im *Kraft*-Artikel der *Allgemeinen Theorie der schönen Künste* wird Sulzer diesen Energietypus aus dem rhetorischen Dreierschema (*docere – delectare – movere*), das seiner Einteilung der ästhetischen Kräfte zugrundeliegt, ausgliedern, um ihn separat unter dem Stichwort der »zufälligen Kräfte« abzuhandeln. An seine Stelle tritt, im Einklang mit der Wolffschen Tradition, das Vergnügen an der Vollkommenheit (vgl. Art. *Kraft. [Schöne Künste]*, SATh III, S. 61 f.). Vollkommenheit wird auf diese Weise als Mittel zum Zweck dem ästhetischen Hauptanliegen, der Rührung, untergeordnet. Auch Meier hatte bereits so argumentiert, identifizierte jedoch anders als Sulzer im Rahmen der Ästhetik Schönheit und Vollkommenheit.
164 Sulzer, *Von der Kraft*, S. 126 f. – Eine vergleichbare Kraft schreibt Sulzer dem musikalischen Rhythmus zu: Durch die beständige Wiederholung eines akustischen Eindrucks kann beim Hörer die Aufmerksamkeit stimuliert und eine gegebene Empfindung über einen längeren Zeitraum hinweg unterhalten werden. Zur kräftemechanischen Erklärung, die der Autor der *Allgemeinen Theorie der schönen Künste* für dieses Phänomen findet, s. u., S. 323.

die effektvolle Organisation musikalischer Formelemente Interesse
gezeigt. Im poetologischen Diskurs war diesen asemantischen Aspekten von Rede und Dichtung im Zuge der Longin-Rezeption vermehrt
Rechnung getragen worden; namentlich Bodmer und Breitinger hatten sich um Sulzers erste Art der Energie sowohl hinsichtlich des
Wunderbaren als auch hinsichtlich des Redeflusses verdient gemacht.
Neu sind indessen das psychologische Fundament, das diese kompo-
sitorischen Parameter bei Sulzer erhalten, sowie ihre Parallelisierung
mit dem ballistischen Experiment zur lebendigen Kraft, die sich durch
die sachliche Überschneidung des Kraft-Aufsatzes mit den zwei Jahre
älteren *Anmerkungen* über die Seelenzustände des Vorstellens und
Empfindens ergibt. Das Baumgartensche mechanische Modell wird
im Sinne einer reinen Bewegungskurve interpretiert, die einen psy-
chisch und künstlerisch realisierten dynamischen Ablauf wiedergibt.
So schwingt auch in Sulzers ästhetischem Kraftbegriff ein mechanischer Unterton mit. Er eröffnet einerseits einen neuen theoretischen
Zugriff auf die ›musikalische‹ Dimension der Sprache (ihre zeitliche
Gestaltung sowie ihre lautliche Aktualisierung) und erlaubt andererseits die Deutung des Bombenexperiments aus den *Anmerkungen* als
ein ästhetisches Vergnügen, dessen anthropologische Basis der gleiche
Durst nach dem Plötzlichen und Wunderbaren ist, den nach Sulzer
auch die phantastischen Episoden der Odyssee befriedigen.[165]

Die Unterschiede zwischen psychologischer und ästhetischer Empfindungslehre liegen vor allem in der Bewertung und Akzentuierung
der diversen auf die Seele einwirkenden Kräfte. Nicht umsonst hatte
Sulzer in den psychologischen Schriften sinnesphysiologische Modelle
zum Ausgangspunkt für seine Konzeptionen der Empfindung ge-
wählt: Ziel war eine Theorie der Seele, die sowohl den verschiedenen
Modalitäten des Erkennens als auch dem Angenehmen und Unangenehmen, den Affekten und sämtlichen Zwischenzuständen Rechnung
tragen sollte. Zunächst schien das nach mechanischen Prinzipien ab-

---

165 In der *Allgemeinen Theorie der schönen Künste* werden die »musikalischen«
Aspekte der Rede u. a. in den Artikeln *Lebendiger Ausdruck. (Redende Künste)* und
Lebhaft. (Schöne Künste) behandelt. ›Lebendiger Ausdruck‹ bezeichnet den leidenschaftlichen Ausdruck, sofern er durch den Klang (oder auch den ›Ton‹ und ›Fall‹)
der Rede erreicht wird; Sulzer selbst schreibt dem lebendigen Ausdruck »den Charakter der Musik« zu, weswegen sich »der Geschmack desselben auch nach den
Grundsätzen des Ausdruks der Musik richten« muß (*SATh* III, S. 163). Unter ›Lebhaftigkeit‹ fallen sowohl Aspekte der *enárgeia* als auch dynamische Eigenschaften
von Dichtung und Musik. Sulzer spricht von »einer innern oder eigenthümlichen
würkenden Kraft der Dinge«, identisch mit ihrem »Leben«, die sich schnell und mit
Feuer äußert (ebd., S. 164).

strahierte ›Empfindungsmoment‹ aufgrund seiner Einfachheit sowie seiner Fähigkeit, zwischen Körper und Seele zu vermitteln, ein geeignetes Grundelement für solch eine umfassende Konstruktion abzugeben. Später trat der einzelne Sinneseindruck mit seinen energetischen Eigenschaften zugunsten eines sinnesphysiologischen Funktionsprinzips in den Hintergrund. Hatte Condillac die These formuliert, daß »[l]e jugement, la réflexion, les desirs, les passions, etc., ne sont que la sensation même qui se transforme différemment«[166], so läßt sich Sulzers spätere Seelenlehre als eine funktionalistische Weiterentwicklung dieser These begreifen, als ein Versuch nämlich, alle seelischen Operationen in Analogie zum Funktionieren der Sinne zu beschreiben und dabei das Condillacsche Projekt, das sich auf Erkenntnistheorie beschränkte, um eine Analyse der Leidenschaften und ihrer Vorstufen zu ergänzen.

Nachdem Sulzer sein letztgültiges Seelenmodell am Leitfaden der Sinne entwickelt hat, relativiert er nun deren Bedeutung für die Ästhetik. Im Aufsatz *Von der Kraft* figuriert zwar die Energie der auditiven und visuellen Gegenstände als eine Komponente des dritten, unmittelbar auf das Begehrungsvermögen wirkenden Energietyps, und die vormals detailliert begründete energetische Überlegenheit des Auditiven bleibt nicht unerwähnt.[167] Es wird jedoch deutlich, daß die natürliche Wirkkraft der Sinneseindrücke angesichts des Kräftepotentials, das sich aus den Möglichkeiten künstlerischer Gestaltung ergibt, beinahe unerheblich ist. Entscheidend für die rührende Wirkung der Musik sind nicht mehr oder minder starke Einzeltöne, sondern simultane und sukzessive Tonkombinationen; nicht der isolierte Aufprall von Lichtteilchen auf das Auge ist geeignet, Affekte zu erregen, sondern der Anblick des menschlichen Körpers in seiner Gestalt, seinen Zügen, seiner Stellung und seinen Bewegungen.[168] Daher schneidet auch die Dichtkunst, ohne sich an einen Sinn im besonderen zu richten, in Konkurrenz mit Musik und bildender Kunst durchaus gut ab: Sie borgt und verdichtet Ideen aller Sinnesorgane und verbindet die sinnlichen Vorstellungen mit intellektuellen Wirkstrategien.[169]

Kaum anders verhält es sich in Sulzers *Allgemeiner Theorie der schönen Künste*. Die Sinne dienen entweder *per analogiam* zur Veranschau-

---

166 Condillac, *Traité des sensations*, S. 222.
167 Sulzer, *Von der Kraft*, S. 137 f.
168 Ebd., S. 137-139.
169 Ebd., S. 140-143.

lichung des Empfindungsbegriffs[170] oder sie strukturieren, ähnlich wie im Aufsatz *Von der Kraft*, als ein mediales Differenzierungsmittel Passagen einzelner Artikel.[171] Sulzers Ästhetik, so wie sie in der *Allgemeinen Theorie* präsentiert wird, ist keine sensualistische Ästhetik im strengen Sinne.

Nichtsdestoweniger setzt Sulzer das Ziel der schönen Künste in die Erzeugung von Empfindungen. Die sinnliche Ergötzung ist dabei nur eine Vorstufe zur eigentlich künstlerischen Sphäre[172], ein Zusatz, der zur Verfeinerung des Geschmacks und der Sitten beitragen kann[173], oder ein »Nebenmittel«, durch das die sprachlich vermittelten Vorstellungen »eine Beykraft, oder einen stärkern Nachdruk« erhalten.[174] Wichtiger ist die ethische Beeinflussung des Menschen durch die Kultivierung seelischer Vorlieben und Abneigungen. Dazu sollen kurzfristig psychische Empfindungen erregt werden, die sich schließlich durch Habitualisierung zu moralischen verfestigen und einen bleibenden Einfluß auf das Handeln ausüben:

> In moralischem Sinn ist die Empfindung ein durch öftere Wiederholung zur Fertigkeit gewordenes Gefühl, in so fern es zur Quelle gewisser innerlichen oder äußerlichen Handlungen wird. So sind Empfindungen der Ehre, der Rechtschaffenheit, der Dankbarkeit, Eindrüke, die gewisse Gegenstände so oft auf uns gemacht haben, daß sie, wenn ähnliche Gegenstände wieder vorkommen, schnell in uns entstehen, und sich als herrschende Grundtriebe der Handlungen äußern. [...] So wie Philosophie, oder Wissenschaft überhaupt, die Erkenntniß zum Endzwek hat, so zielen die schönen Künste auf Empfindung ab. Ihre unmittelbare Würkung ist, Empfindung im psychologischen Sinn zu erweken; ihr letzter Endzwek aber geht auf moralische Empfindungen, wodurch der Mensch seinen sittlichen Werth bekommt.[175]

Die Einbindung des Empfindungskonzepts aus den psychologischen Schriften in die *Allgemeine Theorie der schönen Künste* impliziert

---

170 »Wir schreiben jedem Gegenstand des Geschmaks eine ästhetische Kraft zu, in sofern er vermögend ist eine Empfindung in uns hervorzubringen. Was in körperlichen Dingen Geschmak und Geruch ist, das ist die ästhetische Kraft in den Gegenständen, die die Künste den innern Sinnen darbieten.« Ders., Art. *Kraft*, SATh III, S. 61. Vgl. auch Sulzers konkrete Anwendungen dieses allgemeinen Parallelismus: Ebd.; Art. *Empfindung. (Schöne Künste)*, SATh II, S. 54 f.; Art. *Künste. (Schöne Künste)*, SATh III, S. 91; Art. *Rührend. (Schöne Künste)*, SATh IV, S. 122.

171 Vgl. z. B. Art. *Künste*, SATh III, S. 91 f.

172 Ebd., S. 72.

173 Ebd., S. 73.

174 Ebd., S. 91.

175 Ebd., Art. *Empfindung*, SATh II, S. 54.

einen verstärkt normativen Gestus, der ebenso mit dem Bemühen um eine systematische, ethisch fundierte Ästhetik wie mit dem enzyklopädischen Anspruch des Werks zusammenhängt. Sulzer sucht seine persönlichen Theoreme mit den Kategorien traditioneller Poetiken in Einklang zu bringen und verzichtet daher vielerorts zugunsten überlieferter Formeln auf den Entwurf neuer Erklärungsmodelle.[176] Neben Artikeln, die sich, vergleichbar den psychologischen Aufsätzen der 50er und 60er Jahre, durch theoretische Experimentierfreudigkeit auszeichnen – besonders erwähnenswert ist hier der Artikel *Rhythmus* –, stehen andere, wie etwa die bereits zitierten Artikel über *Empfindung* und *Kraft*, denen ausgedehntere Vorarbeiten zugrundeliegen und die daher eher den Charakter apodiktischer, vom heuristischen Prozeß abstrahierter *Summae* tragen.

Diese Uneinheitlichkeit im Denk- und Schreibstil äußert sich auch in einer schwankenden Haltung gegenüber der Kategorie der Rührung selbst. Empfindungen, Leidenschaften, innere Bewegungen und die ihnen korrespondierenden ästhetischen Kräfte tragen in Sulzers Wörterbuch die Signaturen der unterschiedlichen Diskurse und Traditionen, aus denen sich ihre Theorien speisen, und entsprechend divergent fällt in den einzelnen Artikeln ihre Bewertung aus. Für den Rhetoriker oder Musiktheoretiker bildet das Ziel des *movere* die fraglos akzeptierte Ausgangsbasis der Lehre von den effizientesten Mitteln (z. B. in den Artikeln *Begeisterung, Leidenschaften, Pathos; Pathetisch, Rührende Rede, Tact, Ton. [Redende Künste]*); aus psychologischer Perspektive erweist sich jede seelische Bewegung, sofern sie nicht übermäßig ist, als angenehm, und der forschende Blick konzentriert sich auf die Wirkweise der Kräfte (z. B. in den Artikeln *Begeisterung, Bewegung, Empfindung, Lebhaft, Leidenschaften, Rhythmus, Ton. [Redende Künste]*). Aus der Sicht des Ästhetikers auf der Suche nach einem universalen, anthropologisch und sittlich be-

---

176 Beispielsweise ersetzen häufig traditionelle rhetorische Feuer-Metaphern den Umweg über komplexe Erklärungsmodelle. So beschreibt Sulzer im Artikel *Empfindungen*, wie wir »unser eigenes Herz« an das des Odendichters legen, »damit es von derselben Empfindung gerührt und von demselben Feuer entflammt werde« (*SATh* II, S. 57), und im Artikel *Rührende Rede* steigert sich die Erregung der Zuhörer von der »Gärung« in den Gemütern und der »erhitzten« Einbildungskraft bis hin zum »heftigsten Feuer« (*SATh* IV, S. 126). Im Artikel *Kraft* werden »dem Vollkommenen, Schönen und Guten anziehende, oder antreibende, und den entgegengesetzten Eigenschaften zurüktreibende Kräfte« zugeschrieben (*SATh* III, S. 62), ohne daß diese Anleihen aus der Mechanik den Status vereinzelter Metaphern überstiegen und zu einem Erklärungsmodell ausgearbeitet würden.

gründeten System, das eine möglichst große Bandbreite gängiger Positionen integrieren soll, erscheinen diese Positionen differenzierungsbedürftig, weil sie für sich genommen wertneutral sind und den angenommenen ethischen Normen potentiell zuwiderlaufen. Die Aufwertung beispielsweise, die im *Kraft*-Artikel die Kategorie der Vollkommenheit erfährt[177], unterstreicht den Erkenntnisaspekt zu Ungunsten des Begehrungsvermögens und öffnet zugleich die auf sensualistischem Wege gewonnene Theorie der Empfindung wieder in Richtung auf ein rationalistisches Verständnis des Schönen. Das Vergnügen an der Vollkommenheit fördert das Streben nach Wahrhaftigkeit und übt dergestalt Verstand und gesellschaftliche Tugend in einem.[178] Auch sind es in erster Linie sittliche Überlegungen, die Sulzer dazu veranlassen, in den Artikeln *Empfindungen, Künste; Schöne Künste* und *Rührend* die sanften Gemütsbewegungen gegenüber den heftigeren zu akzentuieren und in jedem Fall vor einem Übermaß zu warnen: Zweck der Schönheit sei es von Natur her, »das rauhe Wesen, das eine übertriebene Selbstliebe und stärkere Leidenschaften geben, mit Lieblichkeit« zu mäßigen, um den Menschen »aus dem Staub empor« zu heben und ihn »dem Adel höherer Wesen« zu nähern.[179] Einmal für zartere Gefühle sensibilisiert, werden nicht nur die »gröbern Empfindungen«, sondern auch »die sanften Eindrüke« im Menschen »würksam«[180] und können »in besondern Fällen als ein Mittel gebraucht werde[n], ihn unwiderstehlich zu seiner Pflicht zu reizen«.[181] Allerdings muß all dies »unter der beständigen Führung der Vernunft« geschehen, denn die »verfeinerte Sinnlichkeit kann gefährliche Folgen haben«:

> Die abentheuerlichen Ausschweifungen der verliebten, oder politischen, oder religiösen Schwärmereyen, der verkehrte Geist fanatischer Sekten, Mönchsorden und ganzer Völker, was ist er anders, als eine von Vernunft verlassene und dabey noch übertriebene feinere Sinnlichkeit. Und auch daher kommt die sybaritische Weichlichkeit, die den Menschen zu einem schwachen, verwöhnten und verächtlichen Geschöpfe macht. Es ist im Grunde einerley Empfindsamkeit, die Helden und Narren, Heilige und verruchte Bösewichter bildet.[182]

---

177 S. o., S. 287, Anm. 163.
178 Sulzer, Art. *Kraft, SATh* III, S. 62 f.
179 Art. *Künste; Schöne Künste, SATh* III, S. 73.
180 Ebd.
181 Ebd., S. 90.
182 Ebd., S. 78 f.

Ähnlich warnt Sulzer im Artikel *Empfindungen* vor den äußersten Graden von Schmerz und Lust, Abscheu und Zärtlichkeit. Die allzu heftigen Leidenschaften rauben dem Menschen die »würksame Kraft«, die durch den sanften Reiz eigentlich in Gang gesetzt werden sollte.[183] Und nicht zuletzt kann gerade das Übermaß an zarter Rührung, indem es uns mit angenehmen Empfindungen verwöhnt, zur weichlichen Wollust führen, statt »überlegene Vernunft, Stärke des Geistes und Herzens, Standhaftigkeit und Größe einzuflössen.«[184]

Mit ihrer uneinheitlichen Bewertung der Rührung spiegelt die *Allgemeine Theorie der schönen Künste* einen Zwiespalt wider, der nicht nur Sulzers Werk, angefangen mit der *Untersuchung über den Ursprung der angenehmen und unangenehmen Empfindungen*, sondern auch das diskursive Phänomen ›Empfindsamkeit‹ insgesamt durchzieht. Diverse Gesamtdarstellungen, von Charles Mauzis *L'idée du bonheur au 18ᵉ siècle* und Jean Depruns *La philosophie de l'inquiétude en France au 18ᵉ siècle* bis hin zu Gerhard Sauders *Empfindsamkeit*, haben diesem inneren Gegensatz Rechnung getragen. Für einen überzeugten Eklektiker, dessen Lebenswerk nicht in einem radikalen Systementwurf, sondern in einer alphabetisch sortierten *Allgemeinen Theorie* mündet, ist ein solcher Befund angemessen: Weder in den philosophischen Versuchen der 50er und 60er noch im Anfang der 70er Jahre vorläufig abgeschlossenen Enzyklopädie-Projekt läßt Sulzer sich dazu verleiten, Widersprüche zu verdecken, wo sie aus sachlichen Gründen unvermeidbar scheinen. Eine der großen Qualitäten seiner Arbeiten ist im Gegenteil, daß an ihnen Unvereinbarkeiten sichtbar werden.

---

183   Art. *Empfindungen, SATh* II, S. 56.
184   Art. *Rührend, SATh* IV, S. 122.

5. Zur historischen Mechanik des Gefühls: Johann Gottfried Herder

Ein Leser, der sich wie der Romanist Jean-Pierre Richard auf das Sammeln und Katalogisieren literarischer Sinneserfahrungen verlegte, hätte in Herder einen dankbaren Gegenstand: Herders *monde sensible* ist gleichermaßen vielfältig und charakteristisch. Dem philosophischen Projekt, ästhetische Kategorien auf ihre sinnliche Provenienz hin zu analysieren, programmatisch umrissen im *Vierten Kritischen Wäldchen*[1], korrespondiert ein immenser Reichtum traditioneller wie persönlich geprägter Bezeichnungen für sinnliche, affektive und imaginative Qualitäten. Mühelos ließe sich aus Herders Schriften ein repräsentatives Glossar der Wirkungsästhetik extrahieren, das nicht zuletzt sämtliche Spielarten der Rührung und inneren Bewegung umfassen würde. Sie reichen vom »Affekt, der im Anfange stumm, inwendig eingeschlossen, den ganzen Körper erstarrete, und in einem dunkeln Gefühl brausete,«[2] über »ein sanftes *Hinwallen* und *Zerschmelzen* bei angenehmen Gegenständen«[3] bis hin zum »*Zorn* im ersten Anfall, ein zum Widerstande sich regendes Kriegsheer«[4]; vom poetischen Flug, der »wie die Strauße dem Boden des Wahren treuer« bleibt[5], über die Einbildungskraft, die »auf beide Seiten weiter hinschweben« kann[6], bis hin zur Leidenschaft in den Oden der Handlung:

> sie schwingt sich auf, wirbelt sich oben, und läßt sich wieder herunter: sie regte den Ozean des Herzens auf, fuhr im Triumph Neptuns auf seinen Wellen, und besänftigte sein Brausen: oder sie fängt in der größten Hitze an, und sinkt herunter: sie fliegt, wie die Schwalbe[.][7]

---

1 Zur analytischen Methode in Herders ästhetischen Frühschriften vgl. Hans Dietrich Irmscher, *Zur Ästhetik des jungen Herder*, in: *Johann Gottfried Herder. 1744-1803*, hrsg. von Gerhard Sauder, Hamburg 1987 (= *Studien zum 18. Jahrhundert* 9), S. 43-76, hier S. 50-53, speziell zum *Vierten kritischen Wäldchen* S. 55-61, sowie unter philosophiegeschichtlicher Perspektive Robert Norton, *Herder's Aesthetics and the European Enlightenment*, Ithaca/London 1991, insbes. S. 11-50, speziell zum *Vierten kritischen Wäldchen* S. 157 f. und S. 183-186.

2 Herder, <*Von der Ode. Dispositionen, Entwürfe, Fragmente*>, in: *HW* I, S. 57-99, hier S. 88.

3 Ders., *Vom Erkennen und Empfinden der menschlichen Seele. Bemerkungen und Träume. 1778*, in: *SWS* VIII, S. 165-235, hier S. 186 [Hervorh. im Orig.].

4 Ebd., S. 172 [Hervorh. im Orig.].

5 Ders., *Über die neuere deutsche Literatur. Zwote Sammlung von Fragmenten. Eine Beilage zu den Briefen, die neueste deutsche Literatur betreffend. 1767*, in: *HW* I, S. 261-365, hier S. 291.

6 Ders., *Kritische Wälder oder Betrachtungen, die Wissenschaft und Kunst des Schönen betreffend, nach Maßgabe neuerer Schriften. Erstes Wäldchen, Herrn Leßings Laokoon gewidmet*, in: *HW* II: *Schriften zur Ästhetik und Literatur 1767-1781*, hrsg. von Gunter E. Grimm, Frankfurt/Main 1993, S. 57-245, hier S. 137.

7 Ders., *Von der Ode*, S. 93.

Zu den bewegenden Wirkungen der Künste gehört bei Herder das
»Einbeben« und »Hineinzittern« musikalischer Töne in Nerven und
Seele[8] ebenso wie »die höchsten Donner der Beredsamkeit« und die
»mächtigsten Schläge der Dichtkunst«, die »Herzen durchbohrt und
Seelen umwälzet«[9]; das »Beugen und Heben der Brust und des Knies«
einer Statue, das »die Gewalt hat, unsre Seele in die nämliche sympathetische *Stellung zu versetzen*«[10], wie die Affektbegeisterung der
Ode, die »einen Menschen mit allen 3 Enden des Gefühls bestürmen,
und bis zur Raserei anfeuren« kann.[11] Entsprechend weit gefächert ist
das Spektrum der Metaphern, die Rührung bald in der Sprache der
Elemente als überspringenden Funken, mitreißenden Strom oder
Sturm des Affekts, bald kriegerisch als Stoß oder Verwundung, bald
organologisch im Bild der mitschwingenden Saite veranschaulichen.[12]

Solche Differenzierungen allein Herders emotionalistischem Über-
schwang zuzuschreiben, wäre verfehlt: Sie sind in mehrfacher Hinsicht
Umsetzungen theoretischer Grundanliegen. Gegenüber Baumgarten
klagte Herder die Anbindung ästhetischer Reflexion an die historische
und empirische Kritik der Künste ein[13]; mit Blick auf Sulzers mechanistische Empfindungslehre reklamierte er die Ergänzung quantitativer
Kategorien um eine Lehre von den sinnlichen Qualitäten.[14] Im Zentrum der Polemik gegen Friedrich Just Riedel, dessen *Theorie der schönen Künste und Wissenschaften* Herder im *Vierten Kritischen Wäldchen*
als negative Folie für seinen eigenen Ästhetik-Entwurf verwendet, steht
die Empörung über eine Form der Theoriebildung, die persönliche
ästhetische Erfahrung durch die Reproduktion unverstandener Terminologie ersetzt. Gemeinsamer Fluchtpunkt dieser Beanstandungen ist
die Forderung nach Konkretion, Nuancierung und Empirie.

---

8 Ders., *Viertes Kritisches Wäldchen*, S. 354, S. 348.

9 Ders., *Abhandlung über den Ursprung der Sprache*, S. 707.

10 Ders., *Plastik. Einige Wahrnehmungen über Form und Gestalt aus Pygmalions bil-
dendem Traume*, in: *HW* IV: *Schriften zu Philosophie, Literatur, Kunst und Altertum
1774–1787*, hrsg. von Jürgen Brummack und Martin Bollacher, Frankfurt/Main 1994,
S. 243-326, hier S. 301 [Hervorh. im Orig.].

11 Ders., *Von der Ode*, S. 67.

12 Zur Funken- und Feuer-Metaphorik vgl. z. B. ders., *Über die neuere deutsche Literatur*, S. 244; *Abhandlung über den Ursprung der Sprache*, S. 698. Die Metapher des
reißenden Stroms ist eine Leitmetapher der Fragmente *Von der Ode*, vgl. S. 79, S. 91,
S. 93, S. 98. Zur Stoß- und Pfeil-Metaphorik s. u., Kap. 4.2. Das Modell der sympathetisch mitschwingenden Saite bestimmt u. a. den Anfang der *Abhandlung über den
Ursprung der Sprache* (S. 697-708); zur Sturm-Metapher vgl. ebd., S. 699.

13 Herder, *Begründung einer Ästhetik*, S. 659 f.; S. 692-694.

14 Ders., *Viertes Kritisches Wäldchen*, S. 341.

Für die Theorie der Rührung impliziert Herders empiristische Ästhetik-Vision eine ganze Reihe neuer Unterscheidungskriterien. Im Einklang mit rhetorischen, theologischen und sensualistischen Theoremen hatten sich Baumgarten und Sulzer auf die Frage nach dem Grad affektiver bzw. sinnlicher Erregung spezialisiert: Persuasion und Bekehrung schienen nicht anders als das Vergnügen der Sensualisten von bestimmten Affektstufen abzuhängen, deren Unter- bzw. Überschreitung den ins Auge gefaßten sittlichen Zielen abträglich sein mußte. Herders radikal anthropologische Perspektive erweitert demgegenüber die Relevanz phänomenaler Deskription. Die bereits von Sulzer in den Diskurs über Rührung eingeführte Systematik der Sinnesorgane mit ihrer je spezifischen Reizbarkeit wird bei Herder qualitativ ausdifferenziert und um eine menschheitsgeschichtliche sowie ontogenetische Konstruktion ergänzt. Baumgartens mechanischem Modell, das Sulzer in Anlehnung an Descartes für seine sinnesphysiologische Theorie der Rührung nutzbar gemacht hatte, fällt damit eine neue Funktion zu: Es dient Herder zur Explikation ästhetischer Diskontinuitäten in der Geschichte der Künste.

5.1. Gefühl

Herders unvollendete, dem Gehalt nach in die *Kritischen Wälder* ein-
gegangene Kritik der Baumgartenschen *Aesthetica* widmet im An-
notat zu Baumgartens § 22 dem »sinnlichen Leben der Erkenntnis«
eine lapidare Bemerkung: »wenn dies vom *Leben* des Willens unterschieden wird: siehe, so ists das unentwickelte Gefühl. Wohin haben
alle die Umkreise geführt«.[15] Die »Umkreise« führen zurück zu den
Worten, mit denen Herder seinen detaillierten Absatzkommentar der
Aesthetica einleitet und den Weg seiner eigenen ästhetischen Theorie
anthropologisch als Weg von der Empfindung zur Erkenntnis, von
der Finsternis zum Licht angibt:

> So wie das Denken nicht das 1ste am Menschen ist: so auch nicht die
> schöne *Erkenntnis* der Anfang der Ästhetik. Der Mensch, das Tier, *emp-*
> *findet* erst; *dunkel sich selbst*; denn lebhaft sich selbst; und Lust und
> Schmerz dunkel in sich; denn *Lust und Schmerz* klar außer sich; und
> jetzt *erkennt* er erst. Eben so auch die subjektive Ordnung des Schönen
> zu untersuchen.[16]

Aus der sechsten und letzten von Baumgartens »Schönheiten der Erkenntnis« macht Herder den dunklen, nicht erkenn-, sondern fühlbaren Ausgangspunkt der ästhetischen Reflexion; eine Kehrtwendung,
die er auf ontologisch-gnoseologischer Ebene bereits einige Jahre
zuvor in seinem Kant gewidmeten *Versuch über das Sein* vollzogen
hatte. Die Seinsgewißheit erweist sich in diesem »metaphysische[n]
Exercitium«[17] als »der erste, sinnliche Begriff« des Menschen[18]; an die
Stelle des Cartesischen *cogito ergo sum* tritt die emphatische Formel
»*Ich fühle mich! Ich bin!*«[19] Aufgrund der Dunkelheit und Unzergliederlichkeit dieser Ur-Erfahrung kann der Begriff des Seins Herder
zufolge nicht bewiesen werden, besitzt jedoch gerade als sinnlicher
die größte, angeborene Überzeugungskraft[20] – dieselbe *vis viva*, die

---

15 Ders., *Begründung einer Ästhetik*, S. 675 [Hervorh. im Orig.].
16 Ebd., S. 670 [Hervorh. im Orig.].
17 Ders., *Versuch über das Sein*, in: *HW* I, S. 9-21, hier S. 9.
18 Ebd., S. 19.
19 Vgl. Herder, *Zum Sinn des Gefühls*, in: *HW* IV, S. 233-242, hier S. 236 [Hervorh. im Orig.].
20 *Versuch über das Sein*, S. 11. Bei Herder steht mithin die Einsicht in die Unmöglichkeit, die Kraft des Dunklen auf seine vermeintliche Merkmalsfülle zurückzuführen,
am Beginn des philosophischen Unterfangens – Sulzer hatte diese (in den Schriften
Meiers und Plitts nicht durchschaute) Problematik durch die sinnesphysiologische

dann in der Baumgarten-Kritik als ›Leben‹ oder Selbstgefühl zum
»Anfang der Ästhetik« deklariert wird.

Hans Adler hat gezeigt, daß Herder hiermit »das gnoseologisch
Dunkle von der Peripherie ins Zentrum der Philosophie versetzt«.[21]
Der Schritt, die Seinsgewißheit aus der Zuständigkeit des Denkens zu
befreien und dem Gefühl zu unterstellen, bedeutet, der Natur des
Menschen als Mittelwesen zwischen Tier und Gottheit gerecht zu
werden, und steht insofern paradigmatisch für Herders Projekt einer
»Einziehung der Philosophie auf Anthropologie«.[22] Wenn die Um-
kehrung des Verhältnisses von Erkenntnis und Gefühl im Rahmen
der Ästhetik als eine naheliegende Konsequenz aus Baumgartens und
Sulzers Bemühungen erscheinen mag, so erhält doch zugleich die
Ästhetik selbst als *scientia cognitionis sensitivae* bzw. als Wissenschaft
des Gefühls[23] einen neuen, zentralen Status innerhalb der Philosophie, den sie nur der erkenntnistheoretischen Radikalität von Herders
»Kopernikanischer Wende« verdankt.[24]

Ähnlich wie der Begriff der Kraft, zu dem er gewissermaßen komplementär steht, ist der Begriff des Gefühls bei Herder polyvalent:
Seine theoretische Leistungsfähigkeit liegt nicht zuletzt darin, daß er
immer wieder als neuer und doch identischer Anfangs- und Endpunkt
argumentativer »Umkreise« eingesetzt werden kann.[25] ›Gefühl‹ be-

---

Interpretation des Ausdrucks mv² gelöst, s. o., S. 242. Zur philosophischen Vorgeschichte von Herders Theorie des Seins bei Wolff, Baumgarten, Crusius und Kant
vgl. Heinz, *Sensualistischer Idealismus*, S. 1-25.

21 Adler, *Prägnanz des Dunklen*, S. 61.

22 Herder, <*Wie die Philosophie zum Besten des Volks allgemeiner und nützlicher wer-
den kann*>, in: HW I, S. 101-134, hier S. 132. Vgl. hierzu Gaier, *Versuch über das
Sein. Überblickskommentar*, ebd., S. 844-850, hier S. 848 sowie Inka Mülder-Bach,
Im Zeichen Pygmalions, S. 50-58.

23 In Herders Kritik der Baumgartenschen *Aesthetica* heißt es: »Aesthetices finis non
est perfectio sed *scientia* cognitionis sensitivae. Wenn ich schon cognitio sensitiva vor
Gefühl annehme« (Herder, *Begründung einer Ästhetik*, S. 670). Im *Vierten Kritischen Wäldchen* bemerkt Herder ausdrücklich, daß »die Ästhetik, ihrem Namen zufolge, eben die Philosophie des Gefühls sein sollte« (S. 294, vgl. auch S. 298).

24 Der Vergleich der »auf Anthropologie eingezogenen« Philosophie mit dem Ko-
pernikanischen Weltbild stammt von Herder selbst (vgl. ders., *Philosophie zum Besten des Volks*, S. 134).

25 So z. B. in der *Abhandlung über den Ursprung der Sprache*, in der das Gefühl als
synästhetisches Verbindungsglied sowie als Prinzip der mechanischen Sprache der
Leidenschaft zwischen Sinnesreizen, Leidenschaften und sprachlichem Ausdruck
vermittelt und dergestalt einen Knoten bildet, mit dessen Hilfe Herder die menschliche Natur als ein »Gewebe zur Sprache« (S. 750) darstellen und zugleich die verschiedenen Stränge seiner Argumentation verknüpfen kann.

zeichnet sowohl die dunkle Selbstwahrnehmung, die am Anfang der Individualentwicklung steht und den Menschen seiner Existenz versichert, als auch das *sensorium commune* des Erwachsenen, in dem die Daten sämtlicher Sinnesorgane zusammenfließen.[26] Diese sind ihrerseits nichts als späte Ausdifferenzierungen des ursprünglichen »Pflanzengefühls«.[27] Im engeren Sinne steht ›Gefühl‹ auf dieser Entwicklungsstufe für den Tastsinn und seine Wahrnehmungen[28], kann sich aber auch auf innere Empfindungen einschließlich der Leidenschaften beziehen.[29] Wesentlich für alle Interpretationen des Begriffs ist das Kriterium der gnoseologischen Dunkelheit, die das Gefühl von der Sphäre der Erkenntnis abgrenzt und seine Persuasionskraft begründet.

Als ein Synonym für ›Rührung‹ kann Herders Begriff des Gefühls hier nur insofern in Anspruch genommen werden, als er innerhalb der ästhetischen Theorie die Funktion einer mit Bewegung assoziierten Wirkungskategorie erfüllt. Dies ist tatsächlich der Fall, und zwar auch über die bereits nachgewiesene Identifikation mit Baumgartens ›lebendiger Erkenntnis‹ hinaus. Daß Herder sich, anknüpfend an Condillacs sensualistische Erkenntnistheorie, Sulzers sinnesphysiologische Ästhetik und Lessings medientheoretischen Vergleich von Malerei und Dichtkunst im *Laokoon* um eine ästhetische Rehabilitierung des Tastsinns bemühte, ist bekannt: Im *Vierten Kritischen Wäldchen* sowie in den diversen Arbeiten zur Plastik geht es u. a. darum, die Bildhauerei als eine genuin haptische Wahrnehmungswelt zu profilieren.[30] Durch die Statue hindurch, die sich wie Pygmalions Geliebte zu

---

26 Vgl. ders, *Abhandlung über den Ursprung der Sprache*, S. 743 f.

27 Ebd., S. 745; S. 749 sowie zum Ausdruck ›Pflanzengefühl‹: ders., *Viertes Kritisches Wäldchen*, S. 274.

28 Vgl. in diesem Sinne z. B. S. 294-299 des *Vierten Kritischen Wäldchens* und S. 746-748 der *Abhandlung über den Ursprung der Sprache*.

29 Z. B. Herder, *Abhandlung über den Ursprung der Sprache*, S. 746.

30 Da dieser Aspekt der Herderschen Ästhetik in jüngster Zeit mehrfach Gegenstand literaturwissenschaftlicher Untersuchungen geworden ist, muß er hier nicht in extenso verhandelt werden; stattdessen sei verwiesen auf Adler, *Die Prägnanz des Dunklen*, S. 101-125; Robert Norton, *Herder's Aesthetics*, insbes. S. 203-232; Helmut Pfotenhauer, *Gemeißelte Sinnlichkeit. Herders Anthropologie des Plastischen und die Spannungen darin*, in: ders., *Um 1800. Konfigurationen der Literatur, Kunsttheorie und Ästhetik*, Tübingen 1991, S. 79-102; ders., *Anthropologische Ästhetik und Kritik der ästhetischen Urteilskraft oder Herder, Schiller, die antike Plastik und Seitenblicke auf Kant*, ebd., S. 201-220; Georg Braungart, *Leibhafter Sinn. Der andere Diskurs der Moderne*, München 1995 (= Studien zur deutschen Literatur 130), S. 55-107; Mülder-Bach, *Im Zeichen Pygmalions*, S. 49-102. Vgl. zu Herders *Plastik* außerdem die zu Unrecht wenig beachtete Werkmonographie von Bernhard Schweitzer: *J. G. Herders »Plastik« und die Entstehung der neueren Kunstwissen-*

beleben scheint, erfährt der Tastende laut Herder seine eigene beseelte Körperlichkeit. Als Tastsinn wird das Gefühl dabei zum Sinn für Kraft. Es vermittelt den Eindruck des Lebens und der Tätigkeit, den die scheinbar beseelte Plastik ihrem Liebhaber in einem sympathetischen Gewaltakt am eigenen Leib zu spüren gibt:

> Eben das ist das so ungemein *Sichere* und *Feste* bei einer Bildsäule, daß, weil sie *Mensch* und ganz *durchlebter Körper* ist, sie *als Tat*, zu uns spricht, uns festhält und durchdringend unser Wesen, das ganze Saitenspiel Menschlicher Mitempfindung wecket.
> Ich weiß nicht, ob ich [...] es *Statik* oder *Dynamik* nennen soll, was da von Menschlicher Seele in den Kunstkörper *gegossen, jeder Biegung, Senkung, Weiche, Härte*, wie auf einer Waage *zugewogen*, in jeder lebt und beinahe die Gewalt hat, unsre Seele in die nämliche sympathetische *Stellung zu versetzen*. Jedes Beugen und Heben der Brust und des Knies, und wie der Körper ruht und wie in ihm die Seele sich darstellt, geht stumm und unbegreiflich in uns hinüber: wir werden mit der Natur gleichsam verkörpert oder diese mit uns beseelet.[31]

Auf der Ebene des ausdifferenzierten Sinnesorgans Gefühl wiederholt sich also das »Sichere« der lebendigen Seinserfahrung, das Herder auf ontologischer Ebene dem Gefühl als der Instanz dunkler Selbstwahrnehmung zugesprochen hatte. Wenn er daher in seiner Studie zur Plastik von 1778 ein System entwirft, das den Sinnen »*Gesicht, Gehör, Gefühl*« die Gegenstände »*Fläche, Ton, Körper*« und die Medien »*Raum, Zeit* und *Kraft*« zuordnet, entspricht dies einer doppelten Auffassung der Relation von Kraft und Gefühl: Zum einen ist das Gefühl aufgrund seiner physiologischen Beschaffenheit zur Wahrnehmung grober Körperlichkeit prädestiniert und erfährt in der direkten Begegnung mit seinen Gegenständen deren Widerstand als eine Krafteinwirkung, von der die Einbildungskraft halluzinatorisch auf Leben schließt.[32] Zum anderen rühren die Gegenstände des Gefühls am hef-

---

schaft. *Eine Einführung und Würdigung*, Leipzig 1948 (= Kleine Bücherei zur Geistesgeschichte 13).

31 Herder, *Plastik*, S. 300 f. [Hervorh. im Orig.]. Vgl. hierzu Mülder-Bach, *Im Zeichen Pygmalions*, insbes. S. 87-93.

32 Vgl. zum Verständnis des Haptischen als Widerstand auch die Interpretation von Irmscher, der anläßlich der Skizze *Vom Sinn des Gefühls* Herders Modell von »Attraktion und Repulsion«, »Impuls und Widerstand«, »Anziehung und Zurückstoßung, Aktion und Reaktion« untersucht. (Hans Dietrich Irmscher, *Aus Herders Nachlaß*, in: *Euphorion* 54 [1960], S. 281-294, hier S. 290-294.) Marion Heinz beschreibt anhand desselben Texts zusammenfassend das Gefühl bei Herder »als die durch das Wirken der Vorstellungskraft im Zusammenhang mit anderen Vorstellungskräften gebildete Grenze, durch die die Sphäre der einen Kraft von der der an-

tigsten, weil sie dem perzipierenden Subjekt am dunkelsten bleiben; folglich sind sie »stark«[33] – ihre Kraft ist die »Überzeugungskraft« aus dem *Versuch über das Sein* oder auch Baumgartens ›sinnliches Leben‹.

deren getrennt ist. Das Gefühl ist daher zugleich nach außen gewendete Erfahrung des Widerstandes und damit Erfahrung des Nicht-Ich.« (Heinz, *Sensualistischer Idealismus*, S. 104.)

33 Herder, *Vom Sinn des Gefühls*, S. 287.

5.2. Kraft und Energie

Angesichts des avancierten Forschungsstandes sowie angesichts der Komplexität und Multifunktionalität des Herderschen Kraft-Begriffs kann in diesem Rahmen von einer umfassenden und allgemeinen Erörterung desselben abgesehen werden: Daß Herder Kraft-Konzeptionen aus den verschiedensten Disziplinen und Diskursen synthetisiert, ist von verschiedener Seite bemerkt und auch im einzelnen dargelegt worden.[34] Demgegenüber scheint es noch immer gewinnbringend, Herders konkreten Wortgebrauch in speziellen Texten zu untersuchen, denn weder schöpft Herder das Bedeutungspotential seines Terminus allerorten aus, noch haben die bisherigen Untersuchungen dieses wirklich zur Gänze erfaßt. Namentlich der Anteil rhetorischer Begrifflichkeit an Herders Sprachtheorie ist – offensichtlich aufgrund des traditionellen, in der Forschung der letzten 20 Jahre überzeugend widerlegten irrationalistischen Herder-Bildes – zu wenig beachtet worden. Im folgenden geht es deshalb nur um die ästhetischen Kraft-Konzeptionen im *Ersten* und *Vierten kritischen Wäldchen*, die sich aus rhetorischen, ontologischen, psychologischen und mechanischen Begriffstraditionen speisen.

5.2.1. *Enérgeia, enárgeia* und die Macht der Götter: Herders *Erstes Kritisches Wäldchen*

5.2.1.1. Rhetorik und Metaphysik: Dichtung als Vorstellungskraft

Das *Erste kritische Wäldchen* ist im wesentlichen eine detaillierte Kritik von Lessings *Laokoon.* Dessen Schwachpunkt liegt nach Herder im reduktionistischen Dichtungsbegriff, der sich aus der Beschränkung der Dichtung auf das Medium Zeit sowie aus der Überführung medientheoretischer Prämissen in ästhetische Normen ergibt. Die

---

34 Robert T. Clark zerlegt Herders Begriff in metaphysische, physikalische und biologische Komponenten (Robert T. Clark, *Herder's Conception of »Kraft«,* in: *PMLA* 57 [1942], S. 737-752); Hugh B. Nisbet kommt auf neun verschiedene Quellendiskurse (Hugh B. Nisbet, *Herder and the Philosophy and History of Science,* Cambridge 1970, S. 8-16). Nisbet konzentriert sich auf die naturwissenschaftlichen Aspekte des Begriffs (ebd., *passim*); zur philosophischen Tradition vgl. Norton, *Herder's Aesthetics,* S. 141-154 (zu Wolff, Locke und Condillac) sowie Heinz, *Sensualistischer Idealismus, passim* (vor allem zu Kant und zur deutschen Schulphilosophie).

These, daß Malerei als Raumkunst nur Koexistentes, Dichtung als eine Zeitkunst dagegen nur sukzessive Gegenstände und folglich Handlungen darstellen könne, weil zwischen Zeichen und Bezeichnetem ein »bequemes Verhältnis«[35] herrschen müsse, beruht in Herders Augen auf einem Vergleich unvergleichbarer Bezeichnungsrelationen. Während das Koexistieren der Zeichen für die Malerei die »Natur der Kunst« und den »Grund der malerischen Schönheit« ausmache, sei die Sukzessivität der sprachlichen Zeichen nichts als eine äußere Bedingung für das Gelingen von Kommunikation, keinesfalls also »der Mittelpunkt ihrer Wirkung.«[36] Kern dieses Arguments ist die Unterscheidung zwischen natürlichen und künstlichen Zeichen: Im Falle der Malerei ist »die Verbindung der Zeichen mit der bezeichneten Sache [...] in den Eigenschaften des Bezeichneten selbst gegründet«, im Falle der Dichtung sind die Zeichen konventionell und deshalb in der Art ihrer Verknüpfung nicht an eine bestimmte Struktur des Signifikats gebunden.[37]

Um diesem argumentativen Defekt abzuhelfen, empfiehlt Herder zum einen die Ausdehnung des Vergleichs auf die Musik, die sich als temporales Pendant zur bildenden Kunst seines Erachtens besser eignet als die Dichtung[38], zum anderen die Einführung der Aristotelischen Unterscheidung zwischen *érgon* und *enérgeia*, denn »alle [...] Teilunterschiede, die er [Lessing] angibt, laufen doch endlich auf diesen Hauptunnterschied [sic] hinaus.«[39] Beides findet Herder präfiguriert in den 1744 erschienenen *Three Treatises* von James Harris.[40]

Der *Treatise the First: Concerning Art* definiert Kunst als ein Verhältnis von Ursache und Wirkung und setzt die letztere »*Either in some Energy, or in some Work.*«[41] Ausschlaggebend für die Rubrizierung der

---

35 Vgl. zu Lessings Theorie des bequemen Verhältnisses Karlheinz Stierle, *Das bequeme Verhältnis. Lessings »Laokoon« und die Entdeckung des ästhetischen Mediums*, in: *Das Laokoon-Projekt. Pläne einer semiotischen Ästhetik*, hrsg. von Gunter Gebauer, Stuttgart 1984, S. 23-58, hier insbes. S. 39-45.

36 Herder, *Erstes kritisches Wäldchen*, S. 193.

37 Ebd., S. 192.

38 Ebd., S. 193.

39 Ebd., S. 139. Inka Mülder-Bach nimmt im Gegensatz zu Herder bereits von Lessings Handlungsbegriff an, er sei von Aristoteles inspiriert, greife aber nicht auf die *Rhetorik*, sondern auf die *Poetik* zurück und akzentuiere folglich die dramatische Komponente des Aristotelischen *enérgeia*-Begriffs (vgl. dies., *Im Zeichen Pygmalions*, S. 134 ff.).

40 Ebd., S. 216-218.

41 James Harris, *Three Treatises. The First Concerning Art. The Second Concerning Music, Painting, and Poetry. The Third Concerning Happiness*, London 1744, S. 44 [Hervorh. im Orig.].

Künste ist, wie bei Lessing, ihr Verhältnis zu Zeit und Raum. Ästhetische Produkte, die sich in einer Sukzession von Teilen verwirklichen, sind »a *Motion* or an ENERGY«; bestehen ihre Teile dagegen gleichzeitig (»*all at once*« oder »*co-existent*«), so heißen sie »a WORK, or *Thing done*«.[42] Das Entscheidende an dieser Differenz liegt jedoch weder für Harris noch für Herder in der Relation zwischen Zeichen und Medium – was zählt, ist der Aspekt der Finalität und Verwirklichung. Gleich am Beginn des *Ersten Wäldchens* steht ein stilistischer Vergleich zwischen Winckelmann und Lessing, der die noch inexpliziten Beschreibungskategorien *érgon* und *enérgeia* eindrücklich vorführt:

> Winkelmanns Styl ist wie ein Kunstwerk der Alten. Gebildet in allen Teilen, tritt jeder Gedanke hervor, und stehet da, edel, einfältig, erhaben, vollendet: *er ist.* Geworden sei er, wo oder wie er wolle, mit Mühe oder von selbst, in einem Griechen, oder in Winkelmann; genug, daß er durch diesen auf einmal, wie eine Minerva aus Jupiters Haupt dastehet und ist. Wie also an dem Ufer eines Gedankenmeeres, wo auf der Höhe desselben der Blick sich in den Wolken verliert: so stehe ich an seinen Schriften, und überschaue. [...]
> Leßings Schreibart ist der Styl eines Poeten, d. i. eines Schriftstellers, nicht der gemacht hat, sondern der da machet, nicht der gedacht haben will, sondern uns vordenkt, wir sehen sein Werk *werdend*, wie das Schild Achilles bei Homer. Er scheint uns die Veranlassung jeder Reflexion gleichsam vor Augen zu führen, stückweise zu zerlegen, zusammen zu setzen; nun springt die Triebfeder, das Rad läuft, ein Gedanke, ein Schluß gibt den andern, der Folgesatz kommt näher, *da* ist das Produkt der Betrachtung [...] sein Buch ein fortlaufendes Poem [...], aber immer unstet, immer in Arbeit, im Fortschritt, im Werden.[43]

Das Beispiel zeigt, daß in Herders Sicht der ontologische Status einer Kunstgattung, verstanden als ihre sukzessive bzw. simultane Seinsweise (d. h. als *enérgeia* bzw. *érgon*), keine stilistische Norm impliziert: Kunstkritische Prosa kann unabhängig von ihrer sprachlichen, also energetischen Natur werkhafte Züge tragen. Ähnliches gilt, wie sich noch erweisen wird, für das Verhältnis von ontologischem Status und Medialität. Gegen Lessing beharrt Herder also in mehrfacher Hinsicht auf der Kontingenz dichterischer Bezeichnungsrelationen.

Die Trennung ontologischer, medialer und poetologisch-normativer Argumentationsebenen, die Herders historistisches Dichtungsverständnis erfordert, ist bei James Harris zumindest ansatzweise verwirk-

---

42 Ebd., S. 32 f. [Hervorh. im Orig.].
43 Herder, *Erstes kritisches Wäldchen*, S. 67 f. [Hervorh. im Orig.].

licht: Im zweiten Aufsatz *A Discourse on Music, Painting, and Poetry*, der die Künste mit Blick auf ihre Medien und Gegenstände vergleicht, spielt das Aristotelische Thema des ersten Aufsatzes keine Rolle mehr. Auch die poetologischen Konsequenzen, die Harris schließlich aus den medialen Voraussetzungen der Künste zieht, sind im Vergleich zu Lessings These vom »bequemen Verhältnis« vorsichtig und tragen der von Herder eingeklagten Unterscheidung zwischen natürlichen und künstlichen Zeichen Rechnung. Neben die Einteilung künstlerischer Medien in Farbe und Figur (Malerei) einerseits und Klänge und Bewegungen (Musik/Dichtung) andererseits tritt eine zweite, die der Dichtung das »Medium of *Compact*«, der Malerei das »Medium of *Nature*« zuweist.[44] Malerei eignet sich, so Harris, am besten zur Nachahmung von Gegenständen, die primär durch Figur und Farbe charakterisiert sind, vermag also Handlungen und Leidenschaften nur in bedingtem Maße darzustellen, wohingegen die Dichtung aufgrund der Konventionalität ihrer Zeichen sowohl ausgedehnte Handlungszusammenhänge als auch innere Zustände des Menschen, d. h. »*Characters, Manners, Passions, and Sentiments*« zu vermitteln in der Lage ist.[45]

Aus den Darstellungsmöglichkeiten, die der Dichtkunst aufgrund der Konventionalität ihrer Zeichen zukommen, bezieht sie ihre sittlichen Verdienste: »*Characters, Manners, Passions, and Sentiments*« betreffen den Menschen persönlich und vermögen ihn daher zu rühren.[46] An diesem Punkt verläßt Harris den Boden der Nachahmungstheorie und leitet über zu seiner alternativen Wesensbestimmung der Musik. Deren *Efficacy, Force* oder *Power* bestehe nicht in ihrer Fähigkeit zur Nachahmung, sondern zur Rührung: »There are Sounds to make us *chearful*, or *sad*; *martial*, or *tender*; and so of almost every other Affection, which we feel.«[47] In ihrer Fähigkeit, unmittelbar oder über die sympathetische Verbindung zwischen Ideen und Affekten auf die Seele des Menschen zu wirken, gleichen sich Dichtung und Musik. Vereinigt entfalten sie ihre größte Macht.[48]

Herders Vorschlag zur medialen Klassifikation der Künste berücksichtigt zuallererst die Konventionalität des sprachlichen Zeichens. Raum und Zeit werden der bildenden Kunst respektive der Musik zugeordnet; das Medium der Dichtung wird, genau wie später das der Plastik, neu bestimmt als Kraft:

44 Harris, *Three Treatises*, S. 57, S. 77 [Hervorh. im Orig.].
45 Ebd., S. 61-64, S. 83 f. [Hervoh. im Orig.].
46 Ebd., S. 85 [Hervorh. im Orig.].
47 Ebd., S. 96 [Hervorh. im Orig.].
48 Ebd., S. 96-103.

Ließe sich nicht das Wesen der Poesie auch auf einen solchen Hauptbegriff bringen, da sie durch willkürliche Zeichen, durch den Sinn der Worte auf die Seele wirkt? Wir wollen das Mittel dieser Wirkung *Kraft* nennen: und so, wie in der Metaphysik *Raum, Zeit* und *Kraft* drei Grundbegriffe sind, wie die mathematischen Wissenschaften sich alle auf einen dieser Begriffe zurückführen lassen; so wollen wir auch in der Theorie der schönen Wissenschaften und Künste sagen: die Künste, die *Werke* liefern, wirken im Raume; die Künste, die durch Energie wirken, in der Zeitfolge; die schönen Wissenschaften, oder vielmehr die einzige schöne Wissenschaft, die Poesie, wirkt durch *Kraft*.[49]

Wie Marion Heinz dargelegt hat, verwendet Herder die Begriffstrias Raum – Zeit – Kraft in Anlehnung an Kant und Crusius. Bei Crusius sind Raum, Zeit und Kraft »Teilbegriffe des Begriffs der realen oder vollständigen Möglichkeit«; bei Kant sind sie Prinzipien der realen Verbindung der Dinge und gehören gemeinsam mit dem Sein in die Klasse der unauflöslichen Begriffe. Herders unedierte Notizen zu Humes *Enquiry Concerning Human Understanding* bezeugen, daß sein Verständnis dem Kantschen folgt. Die Unzergliederlichkeit der Begriffe Raum, Zeit und Kraft ist in Herders Sicht genau wie die des Seinsbegriffs auf ihre sinnliche Provenienz zurückzuführen.[50]

Der von Heinz beschriebenen philosophischen Filiation gemäß wäre Herders Kraft-Begriff als realontologisches Pendant zum logischen Begriff der Kausalität zu verstehen. Für die Interpretation der *Kritischen Wälder* ist damit jedoch wenig gewonnen – zu fragen bleibt nach den konkreten Funktionen, die ›Kraft‹ innerhalb der ästhetischen Reflexion erfüllt. Meines Erachtens ist die Attraktivität des Kraft-Begriffs für Herder wie vordem für Baumgarten und Sulzer in erster Linie in seiner Prägnanz zu sehen.[51] Das Ziel der Begriffsanalyse kann also nicht darin bestehen, den zweifellos intendierten Bedeutungsreichtum des Terminus als Vagheit zu disqualifizieren oder

---

49 Herder, *Erstes kritisches Wäldchen*, S. 194 [Hervorh. im Orig.].
50 Vgl. Heinz, *Sensualistischer Idealismus*, S. 16 f.
51 In diesem Sinne bezeichnet Ulrich Gaier den Kraft-Begriff in Herders Terminologie als einen »bequemen« Begriff, »weil er für ihn selbst [Herder] und die Zeitgenossen kosmologische, physikalische, chemische, physiologische, psychologische und moralische Anwendung hat und es damit ermöglicht, Analogien zwischen all diesen Bereichen zu entwerfen und auf ihre pragmatische Brauchbarkeit als ›Gesetze‹ zu überprüfen. Es ist ein Bild, das mehr Zusammenhänge zu schaffen erlaubt als andere Bilder, das inhaltlich so wenig sachadäquat ist wie sie, aber aufgrund seiner Analogisierungsleistung vernünftiger und zugleich göttlicher und humaner.« (Gaier, *Poesie oder Geschichtsphilosophie?* S. 8.) Zu Gaiers Interpretation des Begriffs ›bequem‹ s. o., S. 54.

durch Definitionen zu reduzieren. Angestrebt ist vielmehr eine Lektüre, die Vieldeutigkeit als Potential begreift und erkundet, wie dieses
Potential im einzelnen genutzt wird.[52] Friedhelm Solms hat die These vertreten, Herder differenziere sau-
ber zwischen den Begriffen ›Kraft‹ und ›Energie‹, weil ihm im Gegen-
satz zu Sulzer und anderen ihre unterschiedliche Herkunft bewußt
gewesen sei: Mit ›Energie‹ sei *enérgeia* im Gegensatz zu *érgon*, mit
›Kraft‹ dagegen »die eine ›Grundkraft der Seele, sich Vorstellungen zu
verschaffen‹« gemeint.[53] Hinsichtlich der Textpassage, in der Herder
seinen Kraft-Begriff einführt, überzeugt diese Deutung. Der konven-
tionelle Sinn der sprachlichen Zeichen wird metaphorisch umschrieben als »die Seele, die den artikulierten Tönen einwohnet«. Sprache
erscheint dergestalt als Spiegelbild des Menschen, auf dessen Seele sie
wirkt und dessen Körper (das Ohr) ebensowenig wie der Sprachkör-
per an der Kommunikation beteiligt ist. Unter der Voraussetzung, daß
die Seele als Vorstellungskraft aufgefaßt wird, kann die Seele des Wortes (der »Sinn«) ebenfalls nichts anderes als Vorstellungskraft sein:

> Bei der Poesie aber [...] ist das Natürliche in den Zeichen, z. E. Buchsta-
> ben, Klang, Tonfolge, zur Wirkung der Poesie wenig oder nichts: der
> Sinn, der durch eine willkührliche Übereinstimmung in den Worten liegt,
> die Seele, die den artikulierten Tönen einwohnet, ist alles. [...] die Poesie,
> wirkt durch [...] *Kraft*, die einmal den Worten beiwohnet, durch Kraft,
> die zwar durch das Ohr geht, aber unmittelbar auf die Seele wirket.[54]

Andere Textstellen desselben *kritischen Wäldchens* belegen allerdings,

---

52 Nisbet, der Herders Kraft-Begriff auf einer ungewöhnlich breiten Materialbasis untersucht hat, beschreibt die Funktion des Terminus zutreffend als synthetisch, ver-
stellt sich aber aufgrund seiner positivistischen Perspektive die Möglichkeit, Herders
Argumentationsbewegungen zu folgen und auf ihre Leistung im Bereich der Ästhetik hin zu begreifen. Die Einsicht, daß die »plenitude of important associations [...]
renders the concept virtually valueless in scientific contexts as a description of natural phenomena« (*Herder and the Philosophy and History of Science*, S. 16), hätte
auch dazu führen können, ein Herder angemesseneres Wertesystem als das naturwissenschaftliche zu wählen.

53 Friedhelm Solms, *Disciplina aesthetica. Zur Frühgeschichte der ästhetischen Theorie
bei Baumgarten und Herder*, Stuttgart 1990 (= Forschungen und Berichte der Evangelischen Studiengemeinschaft 45), S. 191. Ähnlich schreibt Stierle, Kraft sei in Herders *Erstem kritischen Wäldchen* »nicht die Dynamis der Bewegung selbst, sondern
die Bewegung der Phantasie, die die Wörter in Gang setzen«, bemängelt aber im
Gegensatz zu Solms, daß Herder »die Differenz zwischen Kraft und Energie nicht
entschieden genug« kläre, um »der mehrfachen Dialektik von Sukzession und Simultaneität« gerecht zu werden, »aus der sich die Dialektik von Werk und sprachlicher
Handlung aufbaut«. (Stierle, *Das bequeme Verhältnis*, S. 48.)

54 Herder, *Erstes kritisches Wäldchen*, S. 193 f. [Hervorh. im Orig.].

daß diese Interpretation Herders Konzeption über die Gebühr vereinfacht. Nur mit Hilfe eines semantisch polyvalenten Kraft-Begriffs nämlich, der die Verwechslung und Identifikation mit *enérgeia* nicht ausschließt, läßt sich Poesie als die Universalkunst kennzeichnen, für die Herder sie hält. Schon der unmittelbar folgende Textabschnitt läßt neben Solms' Interpretation eine zweite, rhetorische zu, die an der konsequenten Trennung von ›Kraft‹ und *enérgeia* zweifeln läßt.

Nachdem Herder Lessings zweistellige Relation von Raum und Zeit, Malerei und Poesie durch eine dreistellige ersetzt hat, greift er die zentrale Thematik des *Laokoon* auf, die Frage, »welche Gegenstände [...] diese poetische Kraft besser an die Seele bringen« kann, »Gegenstände, des Raums, koexistierende Gegenstände, oder Gegenstände der Zeitsukzessionen?«[55] Herders Antwort räumt der Dichtkunst ein Spektrum an Möglichkeiten ein, das die Gebiete von Malerei und Musik ausnahmslos umschließt. Es zeigt sich, daß das Medium Kraft – und diesbezüglich ist es angemessen, ›Kraft‹ mit ›Repräsentation‹ zu übersetzen – die Medien Raum und Zeit in sich reproduziert: »das Wesen der Poesie ist Kraft, die *aus dem Raum*, (Gegenstände, die sie sinnlich macht) in der Zeit (durch eine Folge vieler Teile zu Einem poetischen Ganzen) wirkt«.[56] Die Raumdimension wird sprachlich durch anschauende Erkenntnis erschlossen, die Zeitdimension vor allem »durch die Schnelligkeit, durch das Gehen und Kommen« oder auch die »Melodie der Vorstellungen«, in denen sich nach und nach das vollkommene Ganze der Rede äußert.[57] In psychologischen Termini entspräche der poetischen Raumwirkung das Vermögen der Seele, Vorstellungen hervorzubringen, der Zeitwirkung das Vermögen, von einer Vorstellung zur nächsten überzugehen. Herders Formulierungen suggerieren jedoch nicht nur, daß die dichterische ›Kraft‹ auch *enérgeia* ist, eine Gleichsetzung, die das Leibnizsche Seelenmodell sicherlich zuläßt, sondern stellen dem energetischen Kraftaspekt mit Anspielung auf Baumgarten außerdem einen en*a*rgetischen gegenüber. Stichworte wie »Detailreichtum« und »Vor-Augen-Führen« öffnen den metaphysischen Diskurs hin auf einen rhetorischen[58]:

---

55 Ebd., S. 194.
56 Ebd., S. 196 [Hervorh. im Orig.].
57 Ebd., S. 195.
58 Ulrich Gaier vergleicht diesen Aspekt des Herderschen Kraft-Begriffs mit Breitingers »Vergegenwärtigungs-Magie« und betont im Gegensatz zu dessen *ut-pictura-poiesis*-Maxime die synthetische Leistung Herders, der »die poetische Kraft, als Musik und Malerei synthetisierend, über beide hinaus« hebt. (Gaier, *Herders Sprachphilosophie*, S. 69 f.)

Sie [die poetische Kraft] wirkt im *Raume*: dadurch, daß sie ihre ganze Rede *sinnlich* macht. Bei keinem Zeichen muß das Zeichen selbst, sondern der Sinn des Zeichens empfunden werden [...]. Erste Art der anschauenden Erkenntnis. Sie bringt aber auch jeden Gegenstand gleichsam sichtlich vor die Seele, d. i. sie nimmt so viel Merkmale zusammen, um mit Einmal den Eindruck zu machen, der Phantasie ihn vor Augen zu führen, sie mit dem Anblicke zu täuschen: zweite Art der anschauenden Kenntnis, und das Wesen der Poesie. Jene Art kann jeder lebhaften Rede, die nicht Wortklauberei oder Philosophie ist: diese Art der Poesie allein zukommen und macht ihr Wesen, *das sinnlich Vollkommene in der Rede.* Man kann also sagen, daß das erste Wesentliche der Poesie wirklich eine *Art von Malerei, sinnliche Vorstellung* sei. Sie wirkt *in der Zeit*: denn sie ist *Rede*. Nicht bloß *erstlich*, so fern die Rede *natürlicher* Ausdruck ist [...]; sondern vorzüglich, indem sie [...] in der Abwechselung teils, teils in dem Ganzen, das sie durch die Zeitfolge erbauet, energisch wirket. Das erste hat sie auch mit einer andern Gattung der Rede gemein; das letzte aber, daß sie [...] Eines Ganzen fähig sei, dessen Teile sich nach und nach äußern, dessen Vollkommenheit also energesieret – dies macht sie zu einer Musik der Seele[.][59]

Sämtliche bisher genannten Schattierungen des Begriffsfeldes Kraft/ Energie sind zum Verständnis der zitierten Textpassage notwendig. Ihr Ziel ist eine Rekonstruktion der Baumgartenschen Dichtungsdefinition. Am Vollkommenheitsprädikat, das diese impliziert, kann Herder die Überlegenheit des *enérgeia*-Begriffs gegenüber Lessings Begriff der Sukzession demonstrieren: *Enérgeia* bedeutet tätige Verwirklichung oder Vervollkommnung. Gemeinsam mit der Baumgartenschen Version von *enárgeia* (extensive Klarheit, Lebhaftigkeit), die Vor-Augen-Führen im Rahmen des Poetischen als sinnliche Vollkommenheit konzeptualisiert, vermag die Aristotelische Kategorie Lessings medientheoretische Perspektive mit der prägnanten, d. h. freizügigen und doch konzisen Definition von Dichtung als »vollkommen sinnliche Rede« in Einklang zu bringen. Es wird sich erweisen, daß Herder mit Hilfe des *enérgeia*-Begriffs auch eine Synthese von Rührungs- und Vollkommenheitsästhetik erreicht, die ohne Rückgriff auf die traditionelle Wolffsche Kategorie des Vergnügens am Vollkommenen sämtliche Formen und Abstufungen sinnlicher und leidenschaftlicher Bewegung zu integrieren vermag.

---

59 Ebd. [Hervorh. im Orig.].

5.2.1.2. Herder und die Kunst des Bogenschießens:
Pandarus und Apollon

Parallel zur semiotischen Argumentation, die gegen Lessings Eng-
führung von Zeichenstruktur, Medium, Gegenstand und Stil die Ar-
bitrarität sprachlicher Zeichen und die daraus resultierende mediale
Universalität der Dichtung ins Feld führt, verläuft im *Ersten kriti-*
schen Wäldchen ein weiterer thematischer Strang, der poetische Kraft
als spezifischen Gegenstand der Dichtung verhandelt. Kraft figuriert
in diesem Zusammenhang nicht als integrierende Superinstanz, sondern als theoretische Alternative zu Raum und Zeit. Anhand einer
Relektüre der von Lessing zur Diskussion gestellten Homer-Passagen
gelingt es Herder, das visuelle Paradigma der anschauenden Erkenntnis auf eine Dichtungstheorie des Gefühls hin zu überschreiten. Dies
impliziert, ähnlich wie bei Meier und Sulzer, eine Überwindung der
Grenze zwischen Kunstwerk und Rezipienten.

Im zwölften Abschnitt des *Laokoon* vergleicht Lessing Malerei und
Dichtung bezüglich ihrer Fähigkeit, unsichtbare Wesen und Handlungen als solche kenntlich zu machen. Der Dichter, so Lessing, könne von
unsichtbaren Göttern und ihren Taten in einer Weise berichten, die der
Einbildungskraft die Freiheit lasse, »sich die Personen der Götter und
ihre Handlungen so groß, und über das gemeine Menschliche so weit
erhaben zu denken, als sie nur immer will.«[60] Der Maler hingegen
müsse unsichtbare Szenen entweder symbolisch in Nebel hüllen oder
die Götter in größerem Maßstab darstellen als ihre Umgebung, wodurch »diese höhern Wesen, die bei dem Dichter groß waren, auf der
Fläche des Künstlers ungeheuer« wirkten.[61] Herder nimmt diese Beobachtung zum Anlaß einer Reflexion über die Frage, ob tatsächlich, wie
Lessing suggeriert, »die alle natürliche Maße weit überschreitende
körperliche Größe ein Charakter der homerischen Götter« sei[62] und ob
deren räumliche Ausdehnung prinzipiell einen angemessenen poetischen Gegenstand ausmache. Beide Fragen werden negativ beantwor-
tet. Homers Anliegen und darüber hinaus die genuine Sphäre epischer
Imagination sei, vorausgesetzt, daß solche Eigenschaften dem Charakter der jeweiligen Gottheit überhaupt entsprechen, nicht ihre Größe,

---

60 Gotthold Ephraim Lessing, *Laokoon: oder über die Grenzen der Malerei und Poe-*
    sie. Erster Teil, in: ders., *Werke und Briefe in zwölf Bänden*, Bd. V.II, hrsg. von Wil-
    fried Barner, Frankfurt/Main 1990, S. 11–206, hier S. 103.

61 Ebd.

62 Herder, *Erstes kritisches Wäldchen*, S. 174.

sondern ihre Macht. Diese äußere sich am handgreiflichsten in ihren
Taten, den Wirkungen und Zeugnissen übernatürlicher Körperkräfte.
Jupiter etwa fordert im achten Gesang der *Ilias* die übrigen Götter und
Göttinnen zu einer Art himmlischem Tauziehen auf, um ihnen seine
Überlegenheit zu beweisen; an anderer Stelle wägt sein mächtiger Arm
Griechen und Trojaner auf der Waage des Schicksals. Minerva ergreift
einen ungeheuren Stein, um »den langstreckigen Mars« damit nieder-
zuwerfen.[63] Nur indirekt, meint Herder, kann aus solchen Kraftproben
die Physis der Götter erschlossen werden:

> Homer gab uns keinen Einzigen der Götter gemalet: so auch nicht ihre,
> »alles natürliche Maß übersteigende Größe:« er zeigt uns ihre Natur in
> Wirkung, in Bewegung.[64]

> Ferner: Größe ist niemals Hauptzweck des Dichters, um aus ihr Stärke
> zu folgern; sondern nur immer da, um dem Bilde der Macht und Hoheit
> nicht zu widersprechen.
> Kann diese also durch andre Merkmale erkannt werden, um so gefälli-
> ger dem Dichter: und welches ist ein besseres Kennzeichen von Hoheit,
> als Macht in der Wirkung, Schnelligkeit in der Bewegung?[65]

Nicht zuletzt aufgrund der martialischen Konkretion dieser göttlichen
Körperkräfte läßt sich in Herders Rede von der »Natur in Wirkung, in
Bewegung« unschwer ein Anklang an die Homer-Interpretation der
Aristotelischen *Rhetorik* vernehmen. Die beschriebene tätige Manife-
station übernatürlicher Mächte ist *enérgeia* im metaphysischen wie im
rhetorischen Sinne – und sie erinnert entfernt an den mechanischen
Grundsatz, Kräfte nach Maßgabe ihrer Wirkung zu berechnen.
    Deutlicher wird diese zweifache Allusion in Herders Kommentar
zum 16. Abschnitt des *Laokoon*. Ausgehend von Lessings These,
»Gegenstände, die aufeinander, oder deren Teile aufeinander folgen«,
hießen »überhaupt Handlungen«, folglich seien »Handlungen der eigentliche Gegenstand der Poesie«, mündet Herders Kritik auch hier,
analog zu seinen Ausführungen über Poesie und Raum, in eine alternative Homer-Lektüre, die den Begriff der Kraft bzw. *enérgeia* gegen
Lessings Handlungskonzept stark macht. Das erste Argument trifft
die Gleichsetzung von Sukzession und Handlung:

> Der Begriff des Sukzessiven ist zu einer Handlung nur die halbe Idee: es
> muß *ein Sukzessives durch Kraft* sein: so wird Handlung. Ich denke mir

---

63   Ebd., S. 178 f.
64   Ebd., S. 177.
65   Ebd., S. 182.

ein in der Zeitfolge wirkendes Wesen, ich denke mir Veränderungen, die durch die Kraft einer Substanz auf einander folgen: so wird *Handlung*. Und sind Handlungen der Gegenstand der Dichtkunst, so wette ich, wird dieser Gegenstand nie aus dem trocknen Begriff der Sukzession bestimmt werden können: *Kraft* ist der Mittelpunkt ihrer Sphäre.[66]

Der hier zugrundegelegte Kraft-Begriff ist abermals der psychologische. Herder bindet Handlung im Sinne der Aristotelischen Ethik und Psychologie an die Tätigkeit eines Vorstellungs- und Strebevermögens und impliziert dabei die Verknüpfung sukzessiver Teilmomente zu einem zielgerichteten Ganzen.[67] In diesem Sinne betrachtet er Handlung als den einzigen und notwendigen Gegenstand des Homerischen Epos. Wenn Lessing dagegen meine, Homer, dem es stellenweise »nur um das bloße Bild zu tun« sei, würde in solchen Fällen die Diskrepanz zwischen sprachlicher Sukzessivität und imaginativer Simultaneität dadurch kompensieren, daß »die Teile [...], die wir in der Natur neben einander sehen, in seinem Gemälde *eben so natürlich* aufeinander folgen, *und mit dem Flusse der Rede gleichsam Schritt halten*«, nehme er wesentliche Episoden des Epos für Resultate eines überflüssigen Kunstgriffs.[68] Weder komme es Homer jemals auf »das bloße Bild« an, noch sei ihm daran gelegen, aus medientheoretischen Erwägungen »das Koexsististierende seines Vorwurfs in ein Konsekutives zu verwandeln«[69]: »Homer ist immer fortschreitend in Handlungen, weil er *damit fortschreiten muß*, weil alle diese Teilhandlungen Stücke seiner ganzen Handlung sind, weil er ein epischer Dichter ist.«[70] Herders Auffassung vom Epos führt ins Zentrum seiner Theorie der poetischen Kraft, die sich nun einmal mehr als die Kraft der poetischen Gegenstände, der besungenen Helden und Götter herausstellen wird.[71] Ein Blick in die *Abhandlung über den Ursprung der Sprache* vermag diesen Zusammenhang zu erhellen.

---

66 Ebd., S. 196 [Hervorh. im Orig.].

67 »Verschiedene Auftritte der Natur kommen mir vor Augen: einzeln: tote: einander nachfolgend: sehe ich Handlung?« (Ebd.) Zu Aristoteles s. o., S. 182. Vgl. zu diesem Kritikpunkt Herders sowie zu Lessings Handlungsbegriff auch Mülder-Bach, *Im Zeichen Pygmalions*, S. 131-137.

68 Herder, *Erstes kritisches Wäldchen*, S. 203; Lessing, *Laokoon*, S. 122 [zit. nach Herder; Hervorh. im Orig.].

69 Herder, *Erstes kritisches Wäldchen*, S. 204; Lessing, *Laokoon*, S. 134 [zit. nach Herder].

70 Herder, *Erstes kritisches Wäldchen*, S. 206 [Hervorh. im Orig.].

71 Bereits Hans Dietrich Irmscher hat den Kraft-Begriff im *Ersten kritischen Wäldchen* mit Herders Religionspsychologie in Zusammenhang gebracht, ohne dabei die rhetorische Komponente des Begriffs zu unterschlagen, vgl. ders., *Zur Ästhetik des jungen Herder*, S. 72 f.

Die These von der sprachgenetischen Vorgängigkeit der Verben im Vergleich zu den Substantiven bildet eines der fruchtbaren Momente in Herders *Abhandlung*, denn auf ihr basiert sowohl die berühmte Urszene mit dem blökenden Schaf einschließlich ihrer »otozentrischen« Deutung[72] als auch die Mythos- und Literaturtheorie, die Herder von seiner hypothetischen »Sprache des Ursprungs« ableitet. Verben bezeichnen Handlungen; sie sind die »*ersten Machtelemente*« der Sprache, weil der sprachschöpfende Mensch der Vorzeit sich von der bewegten und durch die Bewegung tönenden Natur um ihn her am nächsten betroffen fühlte.[73] Die animistische Phantasie des Wilden ließ ihn hinter jeder Bewegung ein empfindendes Wesen vermuten. So bevölkerte sich die Natur mit wirkenden Göttergestalten:

> Indem der Mensch aber alles auf sich bezog: indem alles mit ihm zu sprechen schien, und würklich für oder gegen ihn handelte: indem er also mit oder dagegen Teil nahm, liebte oder haßte, und sich alles menschlich vorstellte [...] Da wurde alles menschlich, zu Weib und Mann personifiziert: überall Götter, Göttinnen, handelnde, bösartige oder gute Wesen! der brausende Sturm; und der süße Zephyr, die klare Wasserquelle und der mächtige Ozean – ihre ganze Mythologie liegt in den Fundgruben, den Verbis und Nominibus der alten Sprachen [...]. Die Gefühle sind ihm zusammengewebt: was sich beweget, lebt: was da tönet, spricht – und da es für oder wider dich tönt, so ists Freund, oder Feind: Gott oder Göttin: es handelt aus Leidenschaften, wie du![74]

Die Sprachen der Wilden reflektieren deren mythische Weltsicht; sie bestehen aus personifizierten Verben, die, untrennbar verwoben mit den Empfindungen der Sprecher, von den »*Taten*, Handlungen, Begebenheiten« der belebten Natur erzählen.[75] Als ein Reservoir leidenschaftlicher und phantastischer Redefiguren ist für Herder die Sprache des Ursprungs nichts anderes als Poesie und Epos, eine Quelle der Psychologie und der Mythologie in einem.

> Denn was war diese erste Sprache als eine Sammlung von Elementen der Poesie? Nachahmung der tönenden, handelnden, sich regenden Natur! [...] Die Natursprache aller Geschöpfe vom Verstande in Laute gedich-

---

72 So die Formulierung von Jürgen Trabant (*Herder's Discovery of the Ear*, in: *Herder Today. Contributions from the International Herder Conference, Nov. 5-8, 1987, Stanford, California*, hrsg. von Kurt Mueller-Vollmer, Berlin/New York 1990, S. 345-366, hier S. 363 ff.).

73 Herder, *Abhandlung über den Ursprung der Sprache*, S. 736 f.

74 Ebd., S. 738.

75 Ebd., S. 762 [Hervorh. im Orig.].

tet, in Bilder von Handlung, Leidenschaft und lebender Einwürkung! Ein Wörterbuch der Seele, was zugleich Mythologie und eine wunderbare Epopee von den Handlungen und Reden aller Wesen ist! Also eine beständige Fabeldichtung mit Leidenschaft und Interesse![76]

Wenn Herder den Ursprung des Epos in die animistische Naturerfahrung des Wilden setzt, wird verständlich, warum Handlung im Aristotelischen Sinne für ihn bald »der Körper«, bald »die Seele« der Homerischen Epen ist[77] und der Gedanke an komponierte Bilder und strategische Kunstgriffe ihm abwegig erscheint. Primär in Herders literarischer Anthropologie ist nicht die unbewegte Anschauung, die erst im nachhinein mit der Sukzessivität der Sprache vereinbart werden müßte, sondern die Erfahrung wirkender, d. h. energischer Sukzessivität selbst, die aus sich heraus Sprache als das ihr adäquate Erkenntnis-, Ausdrucks- und Kommunikationsmedium gebiert.

Für die physische und emotionale Dimension dieser Erfahrung findet die *Abhandlung* zwei Typen sprachlicher Äquivalente. Abgesehen von den Tropen und Figuren, die Herder der ungezähmten Einbildungskraft der Menschheit im Kindesstadium zuschreibt, gewährleistet ein mechanisches, Menschen und Tieren gemeinsames Empfindungsgesetz, daß »*ein empfindsames Wesen, das keine seiner lebhaften Empfindungen in sich einschließen kann [...] selbst ohne Willkür und Absicht jede in Laut äußern muß.*«[78] Diese »Töne der Natur« die »*auch die Elemente aller Rührung werden*«[79], liefern den Urhebern der ersten Sprachen das Signifikantenmaterial, sofern dieses nicht Produkt der Mimesis sein kann. Das *Erste kritische Wäldchen* komponiert im Rahmen der Epos-Theorie ein anderes Modell rührender Rede, das statt auf der Sprache der Leidenschaft auf einer metaphorischen Inszenierung des Kraft- bzw. Energiebegriffs beruht.

Sinnbild der Homerschen »Energie« ist der Bogen des Pandarus. Lessing kennt kein »ausgeführteres, täuschenderes Gemälde als das vom Pandarus, wie er auf Anreizen der Minerva den Waffenstillestand bricht, und seinen Pfeil auf den Menelaus losdrückt«.[80] Herder liest dieselbe Episode als ein Exempel für Kraft, ohne dabei auf Lessings illusionistische These zu verzichten. *Enárgeia*, deren Theorie sich bei Lessing am Paradigma des Visuellen orientierte, wird zu einem Ver-

76 Ebd., S. 740.
77 Ders., *Erstes kritisches Wäldchen*, S. 208 f.
78 Ders., *Abhandlung über den Ursprung der Sprache*, S. 698 [Hervorh. im Orig.].
79 Ebd., S. 705 [Hervorh. im Orig.].
80 Lessing, *Laokoon*, S. 111.

fahren haptischer Täuschung umgedeutet. Dadurch wirkt ihr rührender Effekt stärker. Theoretisch muß zwar nach wie vor die anschauende Einbildungskraft zwischen dem Text und den Empfindungen des
Rezipienten vermitteln.[81] Auf metaphorischer Ebene aber suggeriert
Herder einen gewalttätigen Übergriff textueller »Machtelemente«, die
nicht nur die Einbildungskraft, sondern auch unmittelbar den Körper
affizieren. Indem Homer die Entstehungsgeschichte der Waffe in die
Schlachtbeschreibung integriert, spannt er gleichsam den Bogen zum
Schuß auf den Zuhörer:

> Ich brauche also den Wagen der Juno, und den Zepter des Agamemnon,
> und den Bogen des Pandarus *nicht weiter* kennen zu lernen, als sie in die
> Handlung mit eingeflochten, *mitwirken sollen* auf meine Seele. Darum
> also höre ich die Geschichte des Bogens, nicht damit mir diese *statt*
> Gemälde sei; sondern um einen Begriff von seiner Stärke, von der Macht
> seiner Arme, mithin von der Kraft seiner Sehne, seines Pfeils, seines
> Schusses zum Voraus in mich zu pflanzen [...]. die Stärke, die Kraft [...]
> und nicht die Gestalt des Bogens, gehört zum Gedichte: sie, und keine
> andre Eigenschaft, soll hier energisch mitwirken, daß wir, wenn nachher
> Pandarus abdrückt, wenn nachher die Senne schwirrt, der Pfeil trifft –
> um so mehr den Pfeil empfinden. Dieser Energie zufolge, die in einem
> Gedichte das Hauptwerk ist, erlaubt sich Homer, aus der Schlacht auf
> die Jagd zu spazieren, und die Geschichte des Bogens zu dichten [...]
> wobei wir nicht durch sukzessive Töne malerisch, sondern in jedem
> Tone *energisch* getäuscht werden, daß wir *zusammen fahren* sollen,
> wenn endlich ein solcher Bogen trifft.[82]

Wie sich bereits am Beispiel der Kraftproben von Jupiter und Minerva
gezeigt hat, werden Herder zufolge Kraftempfindungen nicht über die
optische Wahrnehmung, sondern durch Bewegung und Tätigkeit vermittelt. Das Sinnesorgan hierfür ist das Gefühl: Über die Kraft des fliegenden Pfeils unterrichtet die Schmerzempfindung oder, wenn ein Ziel
außer uns getroffen wird, das sympathetische Zusammenfahren. Nur
aus dem Charakter und der Heftigkeit solcher physischen und psychischen Effekte kann der Philosoph die Kraft der Dichtung schätzen:

> Wenn ich eins von Homer lerne, so ists, daß Poesie energisch wirke: nie
> in der Absicht, um bei dem letzten Zuge ein Werk, Bild, Gemälde (ob-

---

81 »Malerei wirket durch Farben und Figuren fürs Auge: Poesie, durch den Sinn der
    Worte auf die untern Seelenkräfte, vorzüglich die Phantasie. Da nun die Handlung
    der Phantasie immer ein Anschauen genannt werden mag; so kann auch die Poesie,
    so fern sie derselben einen Begriff, ein Bild anschauend macht, füglich eine Malerin
    für die Phantasie genannt werden«. Ders., *Erstes kritisches Wäldchen*, S. 215.
82 Ebd., S. 206 f. [Hervorh. im Orig.].

wohl sukzessive) zu liefern, sondern, daß schon während der Energie die ganze Kraft empfunden und <gefühlt> werden müsse. Ich lerne von Homer, daß die Wirkung der Poesie nie aufs Ohr, durch Töne, nicht aufs Gedächtnis, wie lange ich einen Zug aus der Sukzession behalte, sondern auf meine Phantasie wirke; von hieraus also, sonst nirgendsher, berechnet werden müsse.[83]

In wenigen Sätzen verbinden sich hier *enérgeia*, *enárgeia* und fühlbare Körperkraft mit dem mechanischen Prinzip, Kräfte nach ihren Wirkungen zu bestimmen, zu einem einzigen poetologischen Kraft-Begriff. Es scheint, als wären Zeitstruktur, Bewegkraft und die objektive Potenz des Dargestellten verschiedene Seiten derselben Sache. Diese Konvergenz auf eine bloße Äußerlichkeit zu reduzieren – auf die lautlichen, semantischen und wortgeschichtlichen Überschneidungen zwischen Kraft, *enérgeia* und *enárgeia* –, griffe m. E. zu kurz.[84] Abgesehen von der Baumgarten-Sulzerschen Tradition, an die Herder anknüpfen konnte, entsprach der Begriffscluster offensichtlich einer realen Leseerfahrung. Herders Homer-Lektüren wirken jedenfalls nicht angestrengt und sind am Leitfaden der diversen Kraft-Konzeptionen durchaus nachzuvollziehen. Der Wortknoten wäre so gesehen ein »bequemes« Darstellungsmittel für eine komplexe und nicht-kontingente Relation von Werkeigenschaften.[85] Den zuletzt zitierten Sätzen beispielsweise korrespondiert eine Beobachtung Herders an Homers *Ilias*, die unabhängig von ihrer argumentativen Funktion Plausibilität aus der Hingabe bezieht, mit der Herder analysiert und nach treffenden Metaphern für Textfiguren sucht. Erst im nachhinein stellt sich deren Übereinstimmung mit Herders theoretischer These heraus.

Gegenstand der Analyse ist auch hier das Bogenschießen. Zu Beginn der Ilias werden die Achaier von einer Seuche heimgesucht, inszeniert als Angriff Apollons. Herders (wie zuvor Lessings) Aufmerksamkeit gilt der Beschreibung des zornigen Gottes, der mit geschulterten Waffen vom Olymp herabsteigt und das Heer der Griechen neun Tage lang unter Beschuß nimmt (I, 43-53). Schon Lessing hatte die Episode als Beispiel für Homers »fortschreitende Manier« hinzugezogen und an

---

83 Ebd., S. 214.
84 Nisbet schreibt in diesem Sinne über Herders Kraft-Begriff: »The principal function it performs is to unite different areas of his [Herder's] experience and thought. The gaps which it is used to bridge are at times so wide that the resulting synthesis can be called little more than verbal, a mere papering over of gulfs which threaten to gape open again at the slightest probing.« Nisbet, *Herder and the Philosophy and History of Science*, S. 15 f.
85 S. o., S. 309, Anm. 51.

ihr die Unmöglichkeit demonstriert, dem dichterischen Sujet im Medium der bildenden Kunst gerecht zu werden:

> So weit das Leben über das Gemälde ist, so weit ist der Dichter hier über dem Maler. [...] Der Hauptvorzug ist dieser, daß uns der Dichter zu dem, was das materielle Gemälde aus ihm zeiget, durch eine ganze Gallerie von Gemälden führet.[86]

Herder schließt sich diesem Urteil an und verknüpft es mit der ebenfalls Lessing geschuldeten These von der Unübersetzbarkeit Homers. Die »natürliche« Wortfolge der griechischen Sprache, die »erst mit dem Dinge, und dann mit seinen Zufälligkeiten bekannt« mache[87], sei in den modernen Sprachen nicht realisierbar, bilde aber einen wesentlichen Zug des Homerschen Stils. Bei Herder wird der Ausdruck »runde Räder, eherne, achtspeichichte«, anhand dessen Lessing diese grammatikalische Besonderheit des Griechischen exemplifiziert hatte, zur Metapher für eine generellere stilistische Eigenschaft Homers, die über das syntaktische Verhältnis von Subjekt und Prädikat hinaus seine Erzähltechnik charakterisiert. Das »rollende Bild« oder »Kreisbild« kann als eine Spezialform der »fortschreitenden Manier« verstanden werden. Statt durch die Anordnung vieler Einzelzüge zu einem Gemälde den Fluß der Narration zu unterbrechen, läßt Homer »gleichsam Zug nach Zug« auseinanderfallen; »er schreitet mit jedem Beiworte weiter«.[88] Signifikante Züge des Dargestellten werden dabei dem Zuhörer durch Wiederholung präsent gehalten. Auf diese Weise fügen sich Handlungen und deskriptive Details zu einem sukzessiven Ganzen, das in jedem Augenblick als Ganzes wirkt. Während die »ausgemalte Schilderei« im Moment ihrer Vollendung immer schon verklungen ist[89], wird das Rollbild der Sprache als *enérgeia* gerecht: Es erreicht sein Ziel, die illusionistische und rührende Wirkung, mit jeder Umdrehung von neuem. Herders Beschreibungssprache schmiegt sich dieser Bildstruktur mimetisch an:

> Der zornige Apollo steigt vom Olympus: ergrimmt: Köcher und Bogen auf der Schulter – ist das Bild aus? Nein! es rollt fort, aber um die schon gelieferten Züge uns im Auge zu erhalten, scheint es die folgenden bloß aus den vorigen zu entwickeln. Köcher und Bogen auf der Schulter? Ja! die Pfeile *erklangen* auf der Schulter. *Ergrimmt* stieg Apollo nieder? Ja!

---

86 Lessing, *Laokoon*, S. 110.
87 Ebd., S. 133; Herder, *Erstes kritisches Wäldchen*, S. 186.
88 Ebd.
89 Ebd., S. 187 [Hervorh. im Orig.].

sie erklangen auf der Schulter des *Zornigen*! Er *stieg nieder* – er *ging*? sie
klangen also mit jedem Tritte *des Ganges*. Nun ist Homer da, wo er ausging: er schritt fort, indem er zurücktrat: er hat jeden vergangnen Zug er-
neuert: noch haben wir das Ganze vor Augen. Auf eben die Art rollet er
sein Bild weiter. [...] Nun ist der Gehende die Schiffe vorbei, weit vorbei,
er sitzt, er schnellet einen Pfeil – *trifft* er, so ist das Bild zu Ende; aber
noch muß es nicht zu Ende sein. Das Bild des klingenden Bogens wäre
alsdenn verloren: es wird erst wieder erweckt – *fürchterlich also erklingt*
der silberne Bogen; nun faßt der Pfeil, der erste, der andre, Tiere, Hunde,
Menschen, Scheiterhaufen flammen: so flogen die Pfeile des Gottes neun
Tage durch das Heer – – jetzt ist das Gemälde zu Ende: der Gott, Bogen,
Pfeil, die Wirkung derselben, alles ist vor Augen: kein Zug verloren; keine
Farbe mit einem vorbeifliegenden Worte weggestorben: er weckte jede zu
rechter Zeit wiederholend wieder auf: das Bild rollet zirkelnd weiter.[90]

Der Gestus der Überbietung, mit dem Herder das Lessingsche »Fortschreiten« (das ja seinerseits ein Gegenentwurf zur »toten« Statik des
Schilderns sein will) durch ein »Rollen« beschleunigt und – unausge-
sprochenermaßen – um die Assoziation der lebendigen, sich beim
Fortrollen akkumulierenden Kraft bereichert, repliziert die imma-
nente Steigerung, die bei Homer und in Herders eigenem Text durch
wiederholende Häufung erzeugt wird. Dieselbe Überbietungsrheto-
rik, die darin besteht, dem Gegner das Unterschätzen eines zur Diskussion stehenden Kraft- und Geschwindigkeitsmaßes vorzuwerfen,
charakterisierte den Leibnizschen Diskurs über die lebendige Kraft.

Wie der Pfeil des Pandarus, so werden auch Apollos flammende
Schüsse von Herder in eine metapoetische Allegorie des *movere* um-
gewendet.[91] Homers Wiederholungsstrategie verfolgt, so suggerieren

---

90 Ebd., S. 188 [Hervorh. im Orig.].
91 Die Jungianerin Marie-Louise von Franz erwähnt die hier diskutierte Episode der
    Ilias im Rahmen eines Kapitels zum Thema »Projektion und Projektil« (in: Marie-
    Louise von Franz, *Spiegelungen der Seele. Projektion und innere Sammlung in der*
    Psychologie C. G. Jungs, München 1988, S. 29-36, hier S. 33). Franz zeigt anhand
    biblischer, altvedischer, griechischer und indischer Textbeispiele sowie unter Einbe-
    ziehung ethnologischer und psychoanalytischer Quellen, daß eine »der wohl ältesten
    Symbolisierungen der Projektion [...] diejenige des Projektils, genauer genommen
    des magischen Pfeiles oder Geschosses« ist, »das andere Menschen schädigt. Die äl-
    teste, beinahe auf der ganzen Welt verbreitete Erklärung von Krankheitsursachen ist
    diejenige eines Projektils, das den Menschen zum Guten oder Bösen trifft. [...] Aber
    auch die bösen, schädigenden Worte von Menschen werden als Pfeile bezeichnet.«
    (Ebd., S. 30 f.) Damit bestätigt Franz aus psychoanalytischer bzw. anthropologischer
    Perspektive die These, daß die ästhetische Theorie der Rührung mit der prämoder-
    nen Medizin bzw. ihren funktionalen Äquivalenten in der Sphäre der Magie sowohl
    eine Problemstellung (die des Einflusses) als auch einen Typ der Metaphern- bzw.
    Modellbildung teilt.

Herders Metaphern, das gleiche Ziel wie der unausgesetzte Beschuß
des griechischen Heeres; die Rhetorik des Epos bedient sich der Kraft
ebenso wie der temporalen Struktur ihres martialischen Gegenstands,
um die Seele des Rezipienten zu erobern:

> der Erste der Dichter [...] webt wiederholende Züge ein, die zum zwei-
> tenmal das Bild tiefer einprägen, eindrücken, und einen Stachel in der
> Seele zurück lassen, wie Eupolis, der Komödienschreiber, von dem
> größten Redner Griechenlandes, dem Perikles, sagte. Die Manier der
> Komposition seiner Bilder gleicht der Sprechart des Ulysses, dessen
> Worte wie die Schneeflocken flogen, das ist, wie Plinius sagt, crebre, as-
> sidue, large. Er läßt keinen Stein unbewegt, um zum Ziele zu treffen,
> und seine Pfeile sind, wie die des Philoktets *wiederkommend*.[92]

Die Zweischneidigkeit der Wiederholungsfigur, bei der jeder Schuß
einerseits eine ästhetische Wirkung eigenen Rechts ist – eine in sich
vollkommene Handlung, die ihr Ziel in sich selbst trägt –, andererseits
aber eine bereits gegebene Wirkung fortsetzt und verstärkt, reflektiert
den Aspekt des Werkhaften *(érgon)*, den Herder der Dichtung trotz
ihrer Sukzessivität nicht absprechen kann. Aus der Überlagerung
dieser beiden Aspekte ergibt sich ein neues wirkungsästhetisches
Konzept der Vollkommenheit, dem die – gleichwohl beibehaltene –
architektonische Metaphorik letztlich nicht mehr angemessen ist.
Wenn es heißt, »das Ganze jeder Gedichtart« sei »als eine Art von
Gemälde, von Gebäude, von Kunstwerke zu betrachten, wo alle Teile
zu ihrem Hauptzwecke, dem Ganzen mitwirken sollen«, so ist dieser
Haupzweck, den Herder in bezug auf das Epos als »hohe wunderbare
Illusion« bestimmt[93], anders als bei der schönen Architektur nicht
durchweg Anschauung. Dichterische Illusion im Falle der Homer-
schen Kampf-Episoden ist haptisch und dynamisch: Sie ist Rührung.
Zu einem »Hauptzwecke [...] mitwirken« bedeutet also an dieser
Stelle, zur Vollkommenheit bewegten Involviertseins beizutragen.

Indem Herder Homers zirkelnden Stil am Ende folgerichtig mit
musikalischen Wiederholungsstrukturen vergleicht, affirmiert er sowohl den Aristotelischen als auch den mechanischen Bezug seines poetischen Kraft-Begriffs. Musik und Dichtung teilen die Schwierigkeit,
trotz der Vergänglichkeit ihrer akustischen Zeichen dauerhaft zu wirken – Homer löst dieses Problem, indem er sich eines musikalischen
Mittels bedient. Was Herder am Bild schwingender Saiten erläutert[94],

---

92 Herder, *Erstes kritisches Wäldchen*, S. 189 [Hervorh. im Orig.].
93 Ebd., S. 210.
94 »Jedes Bild Homers ist eine musikalische Malerei: der gegebene Ton zittert noch eine

sollte Sulzer wenig später, passend zur Rad-Metaphorik des *Ersten kritischen Wäldchens*, anhand einer Kreisel-Metapher reformulieren:

> Die Empfindung folget den Gesetzen der Bewegung. Der Kreisel, den der Knabe in Bewegung gesetzt hat, drehet sich eine kurze Zeit, und fällt hin; wenn seine Bewegung anhaltend seyn soll, so muß der Knabe von Zeit zu Zeit durch wiederholte Schläge ihm neue Kraft geben. [...] Hieraus sehen wir, daß nur die fortgesetzte Wiederholung gleichartiger Eindrüke die Kraft habe, diselbe gleichartige Empfindung eine Zeitlang zu unterhalten. Und hierin liegt der Grund der wunderbaren Würkung des Rhythmus[.][95]

Herder, dem an literaturgeschichtlicher Konkretion mindestens so viel gelegen war wie an den vermeintlichen mechanischen Naturgesetzen der Seele, hätte sich mit einem solchen Modell *in abstracto* nicht zufrieden gegeben – verglichen mit den mechanischen Modellen behalten rhetorische Metaphern und Beobachtungen an Werken in seinen Texten letztlich die Oberhand. Allerdings verleiht der mechanische Hintergrunddiskurs der überlieferten Metaphorik vielerorts eine Plastizität und Suggestivität, die der rhetorischen Tradition ohne diese subkutane Aktualisierung verwehrt bliebe.

Dies gilt natürlich auch für die Metaphern des Bogenschießens. Herder überträgt das Setting der Sulzerschen Bombenszenerie zurück in den literarischen Kontext, aus dem sie stammt, und versucht zugleich die historischen Verstehenskategorien wieder herzustellen, die Sulzer an seine moderne Erfahrungswelt adaptiert hatte. Die Abfolge der Ereignisse und die psycho-physische Reaktion ist bei beiden Modellen die gleiche: Auf eine Phase der Anschauung folgt, sobald das Projektil einschlägt, eine Phase der Empfindung, der Schreck oder das Zusammenfahren. Während sich nun Sulzers Erzählung auf einen präzisen zeitgenössischen Kontext bezog – die psycho-historische Spezifik des öffentlichen physikalischen Experiments ließ sich unschwer rekonstruieren –, verweist Herder den ästhetischen Sinn für »wunderbare, rührende *Begebenheiten*«[96] in die Welt des Homerischen Epos. Homer »ist ein Dichter voriger Zeiten«, näher an der »*tönenden, handelnden Natur*« der *Abhandlung über den Ursprung der Sprache*[97] als

---

Weile in unserm Ohre: will er ersterben; so tönt dieselbe Saite, der vorige Ton kommt verstärkt wieder; alle vereinigen sich zum Vollstimmigen des Bildes.« Ebd., S. 190.

95 Sulzer, Art. *Rhythmus; Rhythmisch. (Redende Künste; Musik; Tanz)*, *SATh* IV, S. 98 f.

96 Herder, *Erstes kritisches Wäldchen*, S. 209 [Hervorh. im Orig.].

97 Ders., *Abhandlung über den Ursprung der Sprache*, S. 763 [Hervorh. im Orig.]. Von den Griechen heißt es: »Bei den Wilden von Nordamerika z. B. ist noch alles belebt:

an der halb entzauberten, die das Publikum wissenschaftlicher Bombenexperimente mit »angenehmem Grauen« betrachtet. Wenngleich Herder sich der Relativität dieser historischen Distanzierung bewußt war – er selbst erkannte in seinem Aufsatz *Vom Erkennen und Empfinden der menschlichen Seele* von 1778 noch den modernen physikalischen Begriff der lebendigen Kraft (und eine Reihe anderer) als Resultat animistischer Projektion[98] – ist sie für das Verständnis des *Ersten kritischen Wäldchens* wichtig.[99] Die anhand der *Ilias* beobachteten Strukturen tragen für Herder die Signatur einer menschheitsgeschichtlichen Epoche, die das Wunderbare und Rührende in Göttergeschichten, nicht etwa in den experimentell replizierbaren Manifestationen mechanischer Kräfte sucht. Deshalb sind das Zepter des Agamemnon (»ein uraltes, königliches, göttliches Zepter! Der Begriff soll wirken«[100]), der Wagen der Juno (»Der Wagen ist zusammen: die Energie also vollendet: ich rufe nochmals aus: prächtig! göttlich! königlich! und lasse Juno und Minerva kutschieren«[101]) und das Schild des Achilles (»Bei jeder Figur, die Vulkan aufgräbt, bewundere ich den schaffenden Gott, bei jeder Beschreibung der Maße und der Fläche erkenne ich *die Macht* des Schildes, das dem Achilles *wird*«[102]) zur Illustration des Herderschen Kraft-Begriffs unverzichtbar. Der mechanische Kräftediskurs trägt zur Prägnanz dieses Begriffs bei, plausibilisiert den Zusammenhalt der diversen Begriffskomponenten und gewährleistet vor allen Dingen die Kontinuität zwischen einer Dichtungstheorie, der es auf den immateriellen Sinn der Zeichen ankommt, und einer Ästhetik, die sich programmatisch der Sinnesphysiologie verschrieben hat.[103]

---

jede Sache hat ihren Genius, ihren Geist, und daß es bei Griechen und Morgenländern eben so gewesen, zeugt ihr ältestes Wörterbuch und Grammatik – sie sind wie die ganze Natur dem Erfinder war, ein Pantheon! ein Reich belebter, handelnder Wesen!« Ebd., S. 738.

98 S. u., S. 345.

99 Nicht zuletzt steht die Historisierung der Homerschen Ästhetik in direktem Zusammenhang mit Herders Skepsis gegenüber zeitlosen poetologischen Normen, wie er sie an Lessings *Laokoon* kritisierte, vgl. dazu insbes. den 18. Abschnitt des *Ersten kritischen Wäldchens* (S. 209-214). Joe K. Fugate, dem zufolge »Herder's rejection of the supreme authority of Homer is one of the major points in which he opposes Lessing«, stellt den Aspekt des Relativismus ins Zentrum seiner Lektüre der *Kritischen Wälder*. Vgl. Joe K. Fugate, *The Psychological Basis of Herder's Aesthetics*, The Hague/Paris 1966 (= Studies in Philosophy 10), hier S. 126.

100 Ebd., S. 207.

101 Ebd., S. 208.

102 Ebd. [Hervorh. im Orig.].

103 Zur sinnesphysiologischen Programmatik des *Vierten kritischen Wäldchens* unter Einbeziehung der späteren Schrift *Vom Erkennen und Empfinden der menschlichen Seele* vgl. Solms, *Disciplina aesthetica*, S. 193-241.

5.2.2. Herders *Viertes Kritisches Wäldchen*

5.2.2.1. Mechanische Perspektive: Herders Theorie des Kolossalischen

Am Anfang des *Vierten kritischen Wäldchens* steht das dunkle Gefühl des Seins, aus dem heraus sich, von Sinnesempfindungen wie von Stößen in Gang gesetzt, die Kräfte des menschlichen Organismus entfalten. Im Laufe der Subjektentwicklung verfeinert sich die grobe haptische Empfindung, bis Gefühl, Gesicht und Gehör zu separaten Sinnesorganen mit je eigenen Gesetzmäßigkeiten geworden sind. Die Stoß-Metapher signalisiert, daß äußere wie innere Sinne mechanischen Prinzipien unterworfen sind. Sie bilden und vervollkommnen sich in einem komplexen Widerspiel von Tun und Leiden, aktiven und passiven Kräften:

> Noch empfindet der zum Säuglinge gewordene Embryon alles in sich; in ihm liegt alles, was er auch außer sich fühlet. – Bei jeder Sensation wird er, wie aus einem tiefen Traume geweckt, um ihn, wie durch einen gewaltsamen Stoß an eine Idee lebhafter zu erinnern, die ihm seine Lage im Weltall jetzt veranlasset. So entwickeln sich seine Kräfte durch ein Leiden von außen; die innere Tätigkeit des Entwickelns aber ist sein Zweck, sein inneres dunkels Vergnügen, und eine beständige Vervollkommnung sein selbst.[104]

Nur im ersten Stadium der menschlichen Entwicklung besitzen sämtliche Empfindungen die Stärke und Qualität gewaltsamer Stöße. In ihrer kulturell und ontogenetisch ausgereiften Form haben sich die Sinnesorgane auch bezüglich ihrer Sensibilität ausdifferenziert. Wie schon Sulzer attestiert Herder ihnen umgekehrt proportional zu ihrem intellektuellen Potential verschiedene Grade der Reizbarkeit. Das Gefühl, das dem Menschen Zugang zur Welt der Körper verschafft, ist der erste, dunkelste und am heftigsten rührbare Sinn; »es regt unsre Saiten stark, aber kurz, und springend«.[105] Das Gehör ist in mancher Hinsicht der »mittlere Sinn«[106], klarer als das Gefühl, aber weniger deutlich als der Sinn für die Oberfläche, das Gesicht. Töne »würken durch eine Erschütterung, durch eine sanfte Betäubung [...]; die Lichtstrahlen aber fallen, als goldne Stäbe, nur stille auf unser Ge-

---

104 Herder, *Viertes kritisches Wäldchen*, S. 274.
105 Ders., *Abhandlung über den Ursprung der Sprache*, S. 748.
106 Ebd.

sicht, ohne uns zu stören und zu beunruhigen.«[107] Entwicklungsge-
schichtlich ist das Gesicht nach Herder der jüngste der Sinne, deren
sukzessive Ausprägung bei Individuen ebenso wie bei ganzen Völkern mit einer Abnahme sinnlicher Erregbarkeit und einer sich
verfeinernden Disposition zur intellektuellen Erkenntnis einhergeht.
In dem Maße, in dem die Künste an diesem Prozeß partizipieren,
wird die Intensität ihrer Wechselwirkung mit den Sinnen und Leidenschaften geschwächt. So ist z. B. die Ode das »erstgeborne Kind
der Empfindung, der Ursprung der Dichtkunst«.[108] Am Ende der Literaturgeschichte steht dagegen das kalte Lehrgedicht:

> Des eigentlichen Dichters Trieb ist *Wut*; seine Worte Pfeile; sein Ziel das
> ganze Herz; dies ist das göttliche Unaussprechliche der Dichtkunst. Ge-
> mildert ist sein Zweck Rührung; und sein Trieb Aufweckung – Noch
> mehr geschwächt heißt sein Stachel Vergnügen; und seine Absicht, die
> Neigung zu gefallen. Die entfernteste uneigentliche Triebfeder ist
> *Grundsatz*, und sein Endzweck *Nutzen*; der selbst im Lehren, Trösten,
> noch bloß ein entferntes Mittel bleibt. – [109]

Herders lineares Geschichtsmodell, dem zufolge ästhetische Produk-
tion mit den Pfeilen des dunklen und leidenschaftlichen Gefühls an-
hebt und in die bestenfalls anschauliche Lehre mündet, vermag dank
seines sinnesphysiologischen Fundaments auch Phänomene zu integrieren, die auf den ersten Blick mit der Konkurrenz zwischen Sinnlichkeit und Intellekt in keinem Verhältnis zu stehen scheinen. Zu
diesen Phänomenen gehört die kolossalische Plastik. Schon im *Ersten
kritischen Wäldchen* hatte Herder angedeutet, Lessings These, »daß
die alten Meister [...] das Kolossalische, das sie öfters ihren Statuen er-
teilten, aus dem Homer entlehnet haben«[110], könne ihn nicht befriedigen – zumal ja seiner Ansicht nach nicht die räumliche Ausdehnung,
sondern die Kraft der Götter das bevorzugte Sujet der Homerschen
Epen ausmachte.[111] Im Hinblick auf die Plastik, die Herder als eine ursprünglich dem Gefühl gewidmete, erst mit der Zeit dem nur noch
imaginär tastenden Auge angepaßte Kunst betrachtete, stellt sich die

---

107 Ders., *Viertes kritisches Wäldchen*, S. 292.
108 Ders., *Von der Ode*, S. 78.
109 Ebd., S. 92 f. [Hervorh. im Orig.]. Vgl. zu Herders Theorie der Ode Bertold Heiz-
     mann, *Ursprünglichkeit und Reflexion. Die ›poetische Ästhetik‹ des jungen Herder
     im Zusammenhang der Geschichtsphilosophie und Anthropologie des 18. Jahrhun-
     derts*, Frankfurt/Main 1981 (= Europäische Hochschulschriften, Reihe 1: Deutsche
     Sprache und Literatur 373).
110 Lessing, *Laokoon*, S. 106, Anm. 3.
111 Herder, *Erstes kritisches Wäldchen*, S. 182 f.

Frage nach dem Verhältnis von Raum und Kraft von neuem. Herder entwirft zwei Erklärungen des Kolossalischen. Die erste unterstellt analog zur Substitution des Gefühls durch das Auge die Substituierbarkeit von Kraft durch Ausdehnung. Die zweite transformiert das religionspsychologische Denkmodell, das zuvor zur Begründung poetischer Energie diente, in eine historische Theorie der visuellen Wahrnehmung. Ich beginne mit der zweiten Erklärung.

Im *Vierten kritischen Wäldchen* schließt sich der Reigen der Sinne, durch deren mehr oder minder verzerrenden Filter Herder im griechischen oder orientalischen Kostüm die Welt des Altertums auf sich einwirken läßt. Im *Ersten kritischen Wäldchen* spürte er tastend den übernatürlichen Kräften der Homerischen Götter nach, in der *Abhandlung über den Ursprung der Sprache* lauschte er den vorbeistreichenden und ihn durch Taten beeindruckenden Naturwesenheiten. Nun begegnet er der verzauberten Umwelt sehend und gewahrt »Riesenfiguren, übernatürliche Ungeheuer.«[112] Da Herders Theorie zufolge das Auge nur unter Mithilfe des Tastsinns und erst nach langer Übung Körper und Entfernungen zu erkennen und einzuschätzen lernt, »sind wir in den ersten Urteilen, ohne gnugsame Erfahrung, bei allem was Erscheinung ist, Irrtümern über die Größe ausgesetzt – die ins Gigantische laufen müssen.«[113] Kinder und junge Völker finden aus diesem Grund besonderen Geschmack am Wunderbaren. Mit zunehmender Erfahrung und Gewohnheit stellt sich dann das »Maß der Wahrheit« ein.[114] Sinne, Einbildungskraft und forschender Intellekt geraten ins Gleichgewicht. Wo dies nicht zur rechten Zeit geschieht, bleibt die ästhetische Entwicklung auf der Stufe des Märchenhaften stehen. Herders Beispiel für eine solche vorzeitige Geschmacksverhärtung sind die Ägypter mit ihren »überkolossalischen« Bildsäulen: »Verliebt in die Gebäude des Unermeßlichen gaben sies also auch ihrer Kunst, und nun, da es Gesetz und Gewohnheit wurde: so blieb freilich diese Kindheit des Volks ewig.«[115]

Die ersten visuellen Eindrücke gleichen laut Herder den haptischen, insofern sie, bevor der Mensch ihre Distanz zu erfassen gelernt hat, »unmittelbar auf seinem Auge« zu liegen scheinen.[116] Deshalb wirken die ersten optischen Reize in ihrer scheinbar gigantischen Ausdehnung wie Stöße auf das Auge:

---

112 Ders., *Viertes kritisches Wäldchen*, S. 331.
113 Ebd.
114 Ebd., S. 332.
115 Ebd., S. 333.
116 Ebd., S. 320.

Und so gut diese überstarken Eindrücke ihrem ersten Stoße nach waren, um aufzuwecken, um ewigen Ton zu geben; so hinderlich sind sie, wenn wir nicht in den Jahren unsrer zweiten Erziehung sie, bis auf jede Kleinigkeit stimmen und zurechtordnen wollen.[117]

Auf der These vom haptischen Ursprung des Gesichtssinns, der sein erstes Bild als einen Stoß erfährt, basiert auch das andere Modell, das Herder zur Erklärung des Kolossalischen konstruiert. Es steht im Verhältnis zum eben beschriebenen unter veränderten Vorzeichen: Nicht mehr der alles überschätzende, sondern der desillusionierte Mensch wird zum Urheber dieses weniger extremen Tpys kolossalischer Plastiken. Wer »die erste Zeit der Betäubung« überwunden und die scheinbare »Riesengestalt« in der richtigen Entfernung lokalisiert hat, muß sich laut Herder nach der »volle[n] Gestalt« der gefühlten Körper zurücksehnen, neben denen ihm das Gesehene »nichts als eine unvöllige magre Fläche, nichts als ein schmächtiges Bild« zu sein scheint.[118] Rechnerisch ist dieser Kraftverlust leicht nachzuvollziehen. Wenn Kraft als Produkt aus Masse und Geschwindigkeit (oder Beschleunigung) bestimmt wird und Körpermasse potenzierte Flächenmasse ist, muß die Kraft, mit der ein Gegenstand auf das Auge wirkt, der Kraft, die derselbe Gegenstand auf das Gefühl ausübt, stets unterlegen sein:

> Der Abfall zwischen beiden [Gefühl und Gesicht] aber muß ursprünglich so merklich sein, als die Proportion eines ganzen völligen Gefühls zu einer zwar deutlichern, aber ungleich schwächern und gleichsam kleinlichern Empfindung eines Bildes; so merklich also als die Quantität eines Körpers zur Fläche: als ein Apollo im Belvedere zu einem im Kupferstich.[119]

Was also lag für den Griechen näher, als die fürs Auge bestimmten Statuen derart zu vergrößern, daß ihre sichtbaren Flächen den Massen der gewohnten fühlbaren Körper entsprachen? Indem sie die Proportionen des Dargestellten nach Maßgabe einer wahrnehmungspsychologischen Regel manipulieren, sind die kolossalischen Plastiken der Griechen gewissermaßen perspektivische Darstellungen, die sich an mechanischen statt an optischen Gesetzen orientieren:

> Was war also zu tun, um diese erste stärkere Empfindung zu ersetzen? um sich noch mit dem Auge etwas von dem innigen Eindruck zu geben, den die tiefe Wohllust des Gefühls vorher so unaussprechlich gefühlt

---

117 Ebd., S. 332.
118 Ebd., S. 327 f.
119 Ebd.

hatte? Man mußte der Erscheinung gleichsam das Kleinliche nehmen, das sie jetzt vors Auge hatte, und voraus in ihrer Völligkeit nicht gehabt hatte: man mußte die Masse so vor das Gesicht vergrößern und verstärken, daß sie am Eindruck der Kraft gleich würkte, die sich voraus durchs Gefühl offenbarte. *Und so ward die Bildhauerkunst Kolossalisch[.]*[120]

Anders als die mechanistische Sinnesphysiologie Descartes' und Sulzers, die hier einer historischen Problemstellung adaptiert wird, beruht Herders Mechanik des Kolossalischen letztlich auf einer psychologischen Konstruktion. Nicht der Aufprall elementarer Massepartikel, sondern die phantasierte Masse stillstehender Oberflächen verursacht die Lebhaftigkeit des visuellen Eindrucks. Spricht Herder vom »mächtige[n] Eindruck« der kolossalischen »Masse«, die dem Auge »ihr Bild, ihre Figur [...] zuwirft«[121], so beschreiben diese ballistischen Formulierungen keinen sinnesphysiologischen, sondern einen imaginativen Effekt. Das Auge tastet und empfindet Stöße, weil die Einbildungskraft Gefühl simuliert. Das mechanische Modell, auf das Herder anspielt, um seine Theorie des Kolossalischen zu plausibilisieren, ist demnach bei ihm nicht mehr Bestandteil einer konsequent mechanistischen Sinnesphysiologie, die sich durch einen klare, mittels proportionaler Analogisierung überschreitbare Grenze vom Psychischen absetzen ließe. Im Gegenteil betrachtet Herder die Grenze zwischen Körper und Seele von vornherein als labil. Ihre korrekte Funktion vermögen die Sinne ihm zufolge nur aufgrund einer komplexen lernbaren Interaktion zu erfüllen, die von mentalen Operationen unterstützt wird. Obwohl die Wirkung des Kolossalischen eher ein Problem der Lebhaftigkeit als ein Problem der Leidenschaft bzw. ihrer Vorstufen ist, hat Herders mechanische Analogie auf metaphorologischer Ebene mehr Ähnlichkeit mit Sulzers Bombengleichnis als mit seiner früheren Methode zur Berechnung des Empfindungsmoments. Die Formel zur Schätzung der lebendigen Kraft steht bei Herder für einen integralen psycho-physischen Zusammenhang. Folglich ist die Übertragungsrelation nicht deckungsgleich mit dem Verhältnis von Körper und Seele. Herder beschränkt sich nicht auf die Projektion physikalischer Sachverhalte ins Immaterielle, sondern konstruiert eine strukturelle Analogie – mit der Besonderheit, daß die Elemente (konkret: die fühlbaren Masseteilchen) des zu erklärenden Gegenstands mit denen des Modells partiell übereinstimmen.[122]

---

120 Ebd. [Hervorh. im Orig.].
121 Ebd., S. 329.
122 Walter D. Wetzels hat dieses Ineinandergreifen von mechanischen und geistigen

5.2.2.2. Silberpfeile und eherne Panzer: Herders *Musikalische Monadologie*

Die zentrale Argumentationsfigur des *Vierten kritischen Wäldchens* ist der Nachweis erfahrungs- und erkenntnismäßiger Einbußen durch Entfremdung. Dasselbe kulturkritische Argument, das Riedels *Theorie der schönen Künste und Wissenschaften* trifft, dient auch als Erklärungsmodell für die Geschichte der Künste im allgemeinen, die im großen und ganzen eine Verfallsgeschichte ist, sowie für einige spezielle, durch Disproportionalitäten gekennzeichnete ästhetische Phänomene. Grundlage der Kritik ist die bereits im *Ersten kritischen Wäldchen* vertretene These von der natürlichen Übereinstimmung der Künste mit den Leidenschaften und mit den Eigenschaften bestimmter Sinnesorgane. Wenn sich dieser Zusammenhang in der ästhetischen Praxis oder in ihrer Metasprache löst, gerät Theorie zu Spekulation; die Künste verspielen ihre Wirkungsmöglichkeiten. Damit geht die sittliche Relevanz des Ästhetischen verloren. Kunst entfernt sich aus ihren angestammten gesellschaftlichen Zusammenhängen[123], Ästhetik verkommt zur »Modephilosophie«.[124] Beide Tendenzen werden von Herder als Lebensverlust registriert[125]:

Prinzipien in Herders Philosophie treffend als Integrationsleistung beschrieben: »Gerade Herders analogisches Denken, das ständig Bezüge, Zusammenhänge, Ähnlichkeiten, Affinitäten – reale und eingebildete – aufspürt oder herstellt, arbeitet unentwegt an der Integration des Mechanischen in das Organische, in das Geistige, ja in das Moralische [...]. Proportionen, Verhältnisse, Ähnlichkeiten, Abhängigkeiten, Übergänge: das sind die Stichworte für die Herdersche Synthese alles Mechanischen, Organischen, Geistigen und Moralischen.« Walter D. Wetzels, *Herders Organismusbegriff und Newtons Allgemeine Mechanik*, in: Sauder (Hrsg.), *Johann Gottfried Herder*, S. 177-185, hier S. 181 f.

123 Diesen Aspekt verfolgt Herder ausführlich in seiner Preisschrift *Ueber die Wirkung der Dichtkunst auf die Sitten der Völker in alten und neuen Zeiten* von 1778 (in: HW IV, S. 149-214), die sich eng an John Browns *A Dissertation on the Rise, Union, and Power, the Progressions, Separations, and Corruptions, of Poetry and Music* (1763) anlehnt.

124 Herder, *Viertes kritisches Wäldchen*, S. 250.

125 In der Preisschrift *Ueber die Wirkung der Dichtkunst auf die Sitten der Völker in alten und neuen Zeiten* heißt es besonders prägnant: »So lange ein Mensch noch unter Gegenständen der Natur lebt und diese ihn ganz berühren, je mehr er Kind dieser lebendigen, kräftigen, vielförmigen Mutter ist, [...] oder sich im ersten Spiele mit seinen Mitbrüdern, ihren Abdrücken und seinen Nebenzweigen auf einem Baume des Lebens freuet; je mehr er ganz auf diese wirkt und sie ganz auf sich wirken läßt [...]: da *lebt*, da *wirkt* die Dichtkunst [...]. je mehr Kunst an die Stelle der Natur tritt und gemachtes Gesetz an die Stelle der lautern Empfindung [...]: wo man sich Sinne und Gliedmaßen stümmelt, um die Natur nicht zu fühlen [...]; wie ist da ferner Poesie, wahre, wirkende Sprache der *Natur* möglich? Lüge rührt nicht [...].

Du lerntest alles aus Büchern, wohl gar aus Wörterbüchern: schlafender Jüngling, sind die Worte, die du da liesest und Litterarisch verstehen lernest, die lebenden Sachen, die du sehen solltest? [...] Die Wut, von schönen Künsten zu reden, hat insonderheit Deutschland angegriffen [...]. Und wie lernen wir die Begriffe des Schönen? wie, als aus Büchern? [...] Nun hat man eine Menge von Wörtern im Munde, von deren keinem man die Sache gesehen [...]. alle diese Worte, sind sie bei dir in dem Augenblicke, da du sie herlallest, dasselbe, was sie bei den Künstlern waren, die sie ihren Werken einflößten? was sie bei den gerührten Betrachtern waren, die sie lebendig vom Kunstwerk abrissen, und gleichsam erfanden? [...] – tote, entschlafne Letternseele, bei dir dasselbe?[126]

In den Abschnitten des *Vierten kritischen Wäldchens*, die Herder dem Gehör widmet, vermischen sich Musik- und Wissenschaftskritik. Zum einen hat die Musik der Gegenwart ihre Empfindungsbasis verloren, zum anderen hat sich die Wissenschaft kompensatorisch an deren Stelle gesetzt und »eine tote Folge toter Regelmäßigkeiten« zur Gewohnheit werden lassen[127]:

Diese Musik der Alten war nichts, was unsre ist: sie war lebende tönendere Sprache. [...] Die kältern gründlichen Deutschen haben sie zur Wissenschaft erhoben [...]. Bei der Griechischen Musik war harmonisch wissenschaftliche Kunst nichts; und lebendiger Ausdruck alles. Aus der Sprache der Leidenschaft geboren, blieb sie dieser ewig getreu[.][128]

Der Irrtum, dem Herder den vermeintlichen Niedergang der Tonkunst zuschreibt, ähnelt der frühzeitigen Geschmacksverhärtung, die seiner Ansicht nach im alten Ägypten zur kolossalischen Plastik geführt hat. »Gesetz und Gewohnheit« lenken ab vom natürlichen Maß der Dinge.[129] Die argumentative Parallele erstreckt sich auch auf die konkreten ästhetischen Folgen, die Herder mit normativem Rigorismus verbindet. Was er an der zeitgenössischen Musiktheorie – namentlich an Rameaus Harmonielehre – kritisiert, ist die Überbewertung des Zusammenklangs im Verhältnis zum Einzelton, oder in Herders mechanischer Metaphorik: die Bevorzugung des Tonaggregats im Verhältnis zum »innerlichen Moment Eines Tones«.[130] Ak-

Die wahre Posie ist tot, die Flamme des Himmels erloschen und von ihren Wirkungen nur ein Häufchen Asche übrig.« S. 156 f. [Hervorh. im Orig.].
126 Ders., *Viertes kritisches Wäldchen*, S. 304 f.
127 Ebd., S. 359.
128 Ebd., S. 364 f.
129 Ebd., S. 333.
130 Ebd., S. 358.

korde irritieren Herders ästhetisches Empfinden durch dieselbe dis-
proportionierte Massivität wie kolossalische Bildsäulen.

Herders Verachtung des Klanglichen richtet sich gegen die barocke
Polyphonie ebenso wie gegen jede Form des Tonsatzes, die harmonische Zusammenhänge gegenüber melodischer Expressivität privilegiert;
sie betrifft sowohl die traditionelle mathematische Proportionslehre als
auch die moderne physikalische Akustik. Im Zentrum dieser Kritik
steht ein grundsätzliches und letztlich metaphysisches Argument, das
durch physikalische Tatsachen nur sehr unzureichend gedeckt ist: Alle
herkömmlichen Theorien der Musik und des Gehörs beziehen sich
nach Herder auf zusammengesetzte Schälle oder Tonrelationen. Innerlich hörbar und psychologisch wirksam seien indessen nur einfache
Töne, die sich zum diffusen Schall oder Geräusch so verhielten wie die
Monade zum Körper.[131] Das Verwirrende – oder wenn man will, die
Unschärfe – der Herderschen Argumentation liegt darin, daß sie das
Verhältnis von Einzelton und Schall bzw. von Monade und Körper
analog auf verschiedenen Ebenen abhandelt, die sich nicht schlüssig zur
Deckung bringen lassen.

Ein erster, sinnesphysiologischer und zugleich gehörpsychologi-
scher Argumentationsstrang geht von der These aus, daß der physikalische Schall durch die Hörwerkzeuge zum immateriellen Ton geläutert
wird, um dann als solcher die Seele zu erreichen. Die »bewegte Luft-
welle«, die das Außenohr erreicht, ist ein »Körper« im Vergleich zum
»Mathematische[n] Punkt«, der am Ende des Läuterungsprozesses den
inneren Sinn erschüttert:

> Physik und Mathematik [...] erklären nichts [...] vom Tone des Ästheti-
> schen Gefühls selbst [...]. In dem Körper, der ihn erregt, in dem Medium
> der Luft, die ihn fortwirbelt, in dem äußerlichen Ohre, das ihn empfängt
> und läutert, ist er Schall, eine bewegte Luftwelle, ein Körper. Wie er nun
> aber das Einfache, gleichsam der hörbare Punkt wird, den ich in meinem
> Innern empfinde, den ich Ton nenne und vom Schalle so deutlich unter-
> scheide, weiß ich das? und ist dieser einfache fühlbare Ton ein Gegen-
> stand der Physik? so wenig als der Mathematische Punkt.[132]

---

131 »Und wenn nun die ganze Kraft der Musik nur *eigentlich aus lauter solchen einzelnen, ersten Momenten bestehen kann*, so wie ein Körper nicht anders, als in einfachen Monaden; wenn es wahr ist, daß *ein Aggregat von Tönen nicht könne erkannt
und erklärt werden, wenn die materiellen Bestandteile des Aggregats nicht kennbar,
nicht erklärlich sind*: so wird es immer die natürliche Folge bleiben, daß *aus Verhält-
nissen und Proportionen* sich durchaus *das Wesen, die Art und die Würkung* der
Musik nicht erklären lasse«. Ebd., S. 341 f. [Hervorh. im Orig.].
132 Ebd., S. 337.

Herders »hörbarer Punkt« hängt theoriegeschichtlich zweifellos mit
Sulzers »Empfindungsmoment« zusammen[133] – seine konkrete argumentative Funktion ist jedoch eine ganz andere. Während Sulzer das
Empfindungsmoment als operative Einheit konstruiert hatte, die eine
Grundlage für quantitative Berechnungen bilden sollte, ohne als isolierte empirisch nachweisbar sein zu müssen, hält Herder den hörbaren
Punkt für den einzigen adäquaten Gegenstand auditiver Wahrnehmung. Räumliches Neben- und zeitliches Nacheinander über-
steigen ihm zufolge die genuine Erfahrungsdimension des Gehörs. Um
dessen innige »feine Nerve [...], die die Nachbarin des Geistes ist«[134], zu
berühren, genügt ein einfacher, verfeinerter Stoß, die akustische Monade. Sie ist Resultat einer gleichsam mystischen Reinigungsprozedur;
was sie psychologisch wirksam macht, ist die Übereinstimmung ihrer
Quasi-Immaterialität mit der Immaterialität der Seele.[135] Diese Sichtweise, die viel näher an Herders metaphysischer Sprachauffassung ist,
als es die vordergründige sinnesphysiologische Ausrichtung des *Vierten kritischen Wäldchens* zunächst vermuten läßt, entkräftet jede quantitativ orientierte Musiktheorie und Tonpsychologie. Wenn nur »die
ursprüngliche einfache Macht einer einzelnen unmittelbaren Sensation
[...] ohne Verbindung und Folge, uns so tief erschüttern, so innig rühren, so gewaltsam bewegen« kann[136], wird die Qualität zum einzigen sinnvollen Beschreibungskriterium des Tons – und sie wird es nur
unter der Voraussetzung, daß dem einfachen Ton des inneren Ohrs
sämtliche zu Herders Zeit bekannten akustischen Eigenschaften abge-
sprochen werden. Betrachtet man den Ton als Schwingungsfolge, so erfährt man laut Herder nicht mehr von seinem hörbaren Wesen, als man
vom Körper weiß, wenn man die Geschwindigkeit seiner Bewegung

---

133 Nisbet hat darüber hinaus auf die Verwandtschaft der Herderschen Auffassung von
     Materie mit dem Atomismus des Mathematikers und Astronomen Ruggiero Giu-
     seppe Boscovich hingewiesen, der die kleinsten Einheiten der Materie mit mathema-
     tischen Punkten gleichsetzte, vgl. Nisbet, *Herder and the Philosophy and History of
     Science*, S. 128 f. u. ö.
134 Herder, *Viertes kritisches Wäldchen*, S. 356.
135 »Ohne daß ich eine Metaphysische Hypothese im Vorrat hätte, um durch sie die
     Physik zernichten zu wollen, ists offenbar, daß alle äußern Schraubengänge und
     selbst das Tympanum im Ohr nicht eigentlich Werkzeug der *Empfindung* sein kön-
     nen. Sie sind da, den Schall zu reinigen, zu verstärken, zu modifizieren; sie sind eine
     kleine Welt, die aus dem, was bisher bloßes Geräusch, bloße Luftundulation war,
     den Ton nur erst zubereiten und gleichsam schmieden [...]. So bald aus dem Körper,
     dem Schalle, eine einfache Linie, der Ton, geworden: so verschwindet er ihm tief in
     die Seele«. Ebd., S. 342 [Hervorh. im Orig.].
136 Ebd., S. 339.

kennt.[137] Sukzessivität, die Herder im *Ersten kritischen Wäldchen* noch als angestammtes Medium der Musik betrachtet hatte, erscheint nun als eine zufällige und unspezifische Äußerlichkeit des musikalischen Tons:

> Die erste Schwingung der Saite gibt schon den ganzen Ton, der auf das Ohr würkt, und alle folgenden Schwingungen tun nichts, als ihn unterhalten, nichts, als ihn jedes Moment durch einen wiederholten Schlag der Luft erneuren. Wie? die Sukzession dieser Schläge, die Quantität dieser homogenen Erneurungen ist die Ton? Kann sie, als solche, etwas vom Ersten, Innern, Einfachen desselben erklären? [...] Alle Sensationen aller Sinne geschehen durch eine Wiederholung von Schlägen; des Lichts im Auge, der Geruchausflüsse im Geruch, der Luftschwingungen im Ohre – diese Wiederholung von Schlägen aber erklärt die je die ursprüngliche Sensation eines Sinnes? Gilt sie nicht in allen Sinnen so viel, als ob sie nur ein Einziger fortgesetzter Stoß wäre?[138]

Ebenso verhält es sich mit den Obertönen, die Herder als geräuschhafte Nachklänge grober Saiten betrachtet. Rameau und d'Alembert, deren Harmonielehren auf der Obertontheorie basieren, ignorieren in Herders Augen den Elementarton zugunsten eines nichtssagenden Tonkomplexes. Da Herder die Partialtöne mit seinem favorisierten Parameter, der Klangfarbe oder Tonqualität, nicht in Zusammenhang bringt, scheinen sie ihm für die Empfindungslehre unerheblich zu sein[139]:

> Die harmonischen Töne sind Nachklänge, und was tun sie zur ersten Intonation des Vergnügens oder Mißvergnügens? Zudem, woher käme es, daß einzelne Töne, die alle dieselben Nachklänge haben, nicht auch *alle*

---

137 Ebd., S. 338.

138 Ebd.

139 Friedhelm Solms sieht in Herders Polemik gegen die Obertontheorie eine intuitive Antizipation der modernen musikpsychologischen These, »daß das Ohr keine Fourier-Analyse der Schallwelle treibt, sondern daß die Nervenzellen des Corti-Organs von dem komplexen Schallsignal als ganzem erregt werden können«, und »daß sich die zeitliche Periodisierung eines komplexen Schallsignals weitgehend im Nervenimpulsmuster abbildet« (Solms, *Disciplina aesthetica*, S. 224). Abgesehen von der Frage nach dem wissenschaftlichen Ertrag solcher Thesen kann ich Solms hier schon deshalb nicht folgen, weil er die Abhängigkeit des Herderschen Ton-Begriffs von seinem philosophischen Anliegen nicht berücksichtigt. Die musikalische Monade ist ein theoretisches Konstrukt, das der »zeitlichen Periodisierung« des Tons ebensowenig gerecht wird wie dem Obertonspektrum. Neben der ästhetischen Präferenz für das Einfache (die Melodie) im Vergleich zum Komplexen (der Harmonie) und dem Projekt, die Wirkung des Tons analog zur immateriellen Wirkung des Worts zu konstruieren, gehört Herders Monadenkonzeption zu den Resultaten seines analytischen Ästhetik-Programms (s. o., S. 297, Anm. 1).

gleich gefallen? nicht auch *allen* gleich gefallen? [...] woher daß einige mit denselben Nachklängen, ihrem ersten Antone nach, völlig widrig sein können? und denn überhaupt, was kann doch ein bloß Verhältnis in der Sensation erklären, das erst späte, kalte, eine von der Sensation ganz verschiedne Folge derselben ist? Das erste Moment der Empfindung ist so unteilbar, als der Ton, den es würkte, was wollen hier spätere Nachklänge sagen?[140]

Bereits an dieser Stelle sprengt die Argumentation ihre gehörpsychologischen Grenzen. Rameau, d'Alembert und ihren Vorgängern experimentelle Ungenauigkeit (die ausschließliche Verwendung »grober Saiten« zur Grundlegung der Obertonlehre[141]) vorzuwerfen, wäre unnötig, wenn allein der gereinigte innere Ton zur Diskussion stünde. Tatsächlich geht es aber hier wie schon im *Ersten kritischen Wäldchen* und in der Theorie der kolossalischen Plastik um eine anthropologisch fundierte Theorie der Künste, die keinen kategorialen Schnitt zwischen körperlichen und seelischen Realitäten zuläßt. Deshalb müssen psychologische, physikalische (d. h. auch physiologische) und historische Untersuchungsebenen unter einander durchlässig sein; im Idealfall sind Elemente und Kategorien von einer Ebene auf die andere übertragbar. Sehr deutlich tritt diese analogische Denkstruktur an Herders Auffassung von den Tonqualitäten zutage, die sich an Edmund Burkes physiologischer Ästhetik orientiert.

Ausgangspunkt ist hier wiederum das bekannte mechanische Modell der Sinnesphysiologie aus Descartes' *Le monde*: Nerven, vorgestellt als vibrationsfähige Saiten, werden von Materieteilchen in Bewegung gesetzt. Descartes hatte angenommen, daß die Verschiedenheit der perzipierten Sinnesreize von den Modalitäten der jeweiligen Korpuskelstöße abhängig ist. Die Pointe seiner Theorie bestand in der These von der Unvergleichbarkeit physiologischer und psychischer Realitäten: Aus den wahrgenommenen Qualitäten läßt sich die Mechanik des Eindrucks nicht rekonstruieren; physikalische Abläufe und ihre seelischen Repräsentationen sind einander unähnlich. Schon Krüger und Sulzer hatten den Cartesischen Grundsatz durch die Hypothese aufgeweicht, Korpuskelstöße und Empfindungen verhielten

---

140 Herder, *Viertes kritisches Wäldchen*, S. 340 [Hervorh. im Orig.].

141 »*Rameau* nimmt eine grobe Saite und schlägt darauf; die Saite ist noch so grob und wenig Elastisch, daß sie ihrem Hauptton hinten nach Nachtöne gibt. Sie ist also das Mittel zwischen Schall und Ton: sie gibt nicht so eine konfuse Menge von Tönen, daß ihr Laut ein Geräusch; sie ist aber auch nicht so fein und so gespannt, daß ihr Laut einfacher Silberton sein könnte«. Ebd., S. 345 [Hervorh. im Orig.].

sich im Hinblick auf ihre Stärke analog zu einander. Herder dehnt
diesen Analogieschluß nun mit Burke auf die sinnlichen Qualitäten
des Wahrgenommenen aus und nimmt auf diese Weise das Cartesische Argument vollständig zurück:

> Der *Schall*, als Körper, oder sein Element, der *Ton*, als Linie, trifft also
> seine Saite im Spiele des Gehörs; in dieser oder jener Richtung? homo-
> gen, oder nicht? darauf beruhet das *Widrige* oder gleichsam *Glatte* des
> Tons. *Widrig* ist der, der in seine Nerve in einer so ungleichartigen Rich-
> tung hineinzittert, daß alle Fasern gegen einander in eine so widernatür-
> liche Bewegung geraten, als wenn die Nerve zerspringen wollte. Denn
> entsteht ein stechendes, ein zerreißendes Gefühl, oder wie es uns weiter
> vorkomme. [...] *Angenehm* ist der Ton, der die Nerve in ihren Fasern
> homogen und also harmonisch berührt, und durchwallet [...]. Die Nerve
> wird homogen *angestrengt*, und die Fibern auf einmal mehr gespannet;
> oder sie wird *erschlaffet*, und die Fibern fließen allmählich, wie in eine
> sanfte Auflösung über. Jenes ist dem Gefühl gleichartig, was wir in der
> Seele *Gefühl des Erhabnen* nennen; das letzte ist *Gefühl des Schönen*,
> Wohllust. Sehet daraus entspringt die Haupteinteilung der Musik in
> *harte* und *weiche* Schälle, Töne und Tonarten – und dies zeigt die Ana-
> logie des ganzen allgemeinen Gefühls in Körper und Seele, so wie sich
> in ihm alle Neigungen und Leidenschaften offenbaren.[142]

Viel unmittelbarer als Burke selbst, auf dessen *Philosophical Enquiry
into the Origin of our Ideas of the Sublime and Beautiful* die Verbindung des Erhabenen und Schönen mit der Anspannung bzw. Er-
schlaffung von Nervenfasern zurückgeht[143], konstruiert Herder die
Verbindung zwischen Empfindungen und Nervenbewegungen über
analoge qualifizierende Adjektive. Der »widrige« Ton resultiert aus
einer »widrigen« Bewegung, der »zerreißende« wird in einer beinahe
»zerreißenden« Nervenfaser lokalisiert. Mit solchen Parallelismen
behauptet Herder über die Transparenz sprachlicher Bezeichnungen
hinaus auch die genaue Übereinstimmung auditiver Empfindung mit
einer physikalischen Realität, die – so ließe sich mit Berkeley argu-
mentieren – allenfalls Auge und fühlende Hand verifizieren könnten,
lägen die zarten Nervenfasern nicht außerhalb ihrer Wahrnehmungs-
sphäre.[144] Entgegen der analytischen Ausrichtung des *Vierten kriti-*

---

142 Ebd., S. 348 f. [Hervorh. im Orig.].
143 Vgl. Burke, *A Philosophical Enquiry*, 4. Teil.
144 Genau dieses Argument führt Moses Mendelssohn unter Berufung auf Berkeley
     gegen die mechanische Philosophie der Sinne ins Feld: »Was weiß das Gehör von
     Organ, von Fasern, von Saft, von Schwingungen? überhaupt von Raum, Materie,
     und Bewegung? Alle diese Begriffe haben die Menschen den Fingerspitzen und den

schen Wäldchens, die nicht zuletzt dazu führt, daß Herder die punkt-
artigen Gegenstände des »feinen« Gehörs gegen die aggregathaften
Gegenstände des »groben« Gefühls ausspielen kann, erscheint diese
Stelle nur vor dem Hintergrund von Herders synthetischem Gefühls-
begriff plausibel. Die Vermittlung zwischen den Daten verschiedener
Sinne entspricht genau der Funktion, die Herder in der *Abhandlung
über den Ursprung der Sprache* dem Gefühl als *sensus communis* zuspricht. Auf der These, daß »[a]llen Sinnen [...] Gefühl zum Grunde«
liegt und »dies [...] den verschiedenartigsten Sensationen [...] ein so
inniges, starkes, unaussprechliches Band« gibt, basiert die Theorie des
synästhetischen Sprachursprungs ebenso wie die Beobachtung, daß
die Worte »Duft, Ton, süß, bitter, sauer u.s.w. tönen [...], als ob man
fühlte«.[145]

Wie schon angedeutet, beschränkt Herder seine Polemik gegen die
Privilegierung des Tonaggregats nicht auf den Bereich der Gehör-
physiologie und -psychologie. Sie steht vielmehr im Kontext einer
größeren ästhetischen Debatte über das Verhältnis von Melodie und
Harmonie. Diese musiktheoretische Auseinandersetzung, mit der
Herders persönliches Anliegen zu verschmelzen scheint, kann im weiteren Sinne als ein Ausläufer der *Querelle des anciens et des modernes*
verstanden werden. In Deutschland sind es vor allem Musiktheoretiker wie Scheibe, Quantz und Krause, die in den mittleren Jahrzehnten
des 18. Jahrhunderts gegen die »gothische« Kontrapunktik des Spät-
barock den »galanten« oder »empfindsamen« Stil proklamieren. Komplexe Harmonik und Polyphonie gelten als »verworren«, »gearbeitet«
oder »gelehrt«; kantable, sparsam begleitete Melodik wird zum Inbegriff des Rührenden und Natürlichen.[146] In Frankreich machen sich
Rousseau, Grimm und Diderot im Rahmen der *Querelle des bouffons*
zu emphatischen Vertretern des Melodieprinzips.[147] Vor allem Rous-

Augen zu verdanken. Den Schall in solche Merkmale auflösen, heißt im Grunde nichts
anders, als ihn mit Fingern greifen, oder mit Augen sehen wollen.« Vgl. Mendelssohn,
Die Bildsäule. Ein psychologisch-allegorisches Traumgesicht [¹1784], in: ders., *Gesammelte Schriften. Jubiläumsausgabe*, hrsg. von Alexander Altmann u. a., Berlin/Stutt-
gart-Bad Cannstatt 1929 ff., Bd. VI.I: *Kleinere Schriften*, bearb. von A. Altmann, m.
einem Beitrag von Fritz Bamberger, Stuttgart-Bad Cannstatt 1981, S. 74-87, hier S. 80.

145 Herder, *Abhandlung über den Ursprung der Sprache*, S. 743-746.

146 Vgl. Eggebrecht, *Das Ausdrucks-Prinzip im musikalischen Sturm und Drang*, S. 76-78.

147 Vgl. zur *Querelle des bouffons* an erster Stelle Denise Launay, *La Querelle des Bouffons. Texte des pamphlets avec introduction, commentaires, index*, 3 Bde., Genf 1973.
Zur Musikästhetik im Umkreis der *Encyclopédie* vgl. Béatrice Didier, *La musique
des Lumières. Diderot – »L'Encyclopédie« – Rousseau*, Paris 1985, zur *Querelle des
bouffons* vor allem S. 41-59 und S. 175-201.

seaus musikalische Schriften – namentlich das *Dictionnaire de musique*
und die *Lettre sur la musique françoise* – sind für Herders musikästhe-
tisches Projekt vorbildhaft, denn sie verbinden auf kompetente Weise
Musikkritik mit anthropologischer Reflexion.[148] Herders Rameau-
Kritik ist im großen und ganzen eine überspitzte Reproduktion
Rousseauscher Positionen.[149]

Auslöser der *Querelle des bouffons* waren bekanntlich die Auf-
führungen einer italienischen Buffo-Operntruppe an der Pariser
Opéra. Rousseau und seine Parteigänger sahen in den komischen In-
termezzi die Verwirklichung eines Ideals der Natürlichkeit und Expressivität, dem in ihren Augen die *Tragédies lyriques* Lullys und
Rameaus widersprachen. Zur Grundfigur der Auseinandersetzung
wurde die Gegenüberstellung italienischer und französischer Stiltraditionen, die Rousseau auf klima- bzw. kulturbedingte Eigenschaften
der beiden Sprachen zurückführte und – besonders im *Essai sur l'origine des langues* – in den Kontext gesellschaftstheoretischer Überlegungen stellte. Der Dualismus zwischen Sprachen des Südens und
Sprachen des Nordens, Leidenschaft und Bedürftigkeit, vokalischen
(folglich musikalischen) und konsonantischen Lautstrukturen, der
Rousseaus Musik- und Sprachauffassung insgesamt charakterisiert,
besitzt seinen zeitgenössischen Anknüpfungspunkt in den konkurrie-
renden Operntraditionen, ist aber zugleich unlösbar verknüpft mit
den kulturkritischen Grundzügen der Rousseauschen Philosophie.[150]

Entscheidend für Herders Kritik am klanglichen Denken ist Rousseaus historische Interpretation des zeitgenössischen Stilgegensatzes:
Die italienische Musik speist sich aus einer Sprache, die ähnlich wie
die griechische auf ein goldenes Zeitalter der Menschheitsgeschichte
zurückverweist, während die französische mit den Spuren moderner
Selbstentfremdung und Verrohung behaftet ist.[151] Herder betont die

---

148 Herder nennt Rousseau mit Blick auf das *Dictionnaire de musique* »einen so aus-
     nehmenden Vorgänger« der Sulzerschen *Allgemeinen Theorie der schönen Künste
     und Wissenschaften*, die zu diesem Zeitpunkt angekündigt, aber noch nicht erschie-
     nen war (Herder, *Viertes kritisches Wäldchen*, S. 390).

149 Soweit ich sehe, hat dieser Zusammenhang bisher in der Herder-Forschung keine
     Beachtung gefunden.

150 Vgl. hierzu Jean Starobinskis Einführung zu Rousseaus *Essai sur l'origine des lan-
     gues*, in: Jean-Jacques Rousseau, *Œuvres complètes*, Bd. V: *Écrits sur la musique, la
     langue et le théâtre*, hrsg. von Bernard Gagnebin, Marcel Raymond u. a., o.O. [Paris]
     1995 (= Bibliothèque de la Pléiade 416), S. CLXV–CXCVII.

151 Die elaborierteste Fassung dieser Problematik steht im *Essai sur l'origine des langues*,
     der jedoch erst lange nach der Entstehung der *Kritischen Wälder* erschien (1781).
     Die *Lettre sur la musique françoise* enthält einen ausführlichen Vergleich zwischen
     italienischer und französischer Sprache (in: Rousseau, *Œuvres complètes*, Bd. V,

Ausdifferenzierung der Sinne sowie die Dissoziation von Leidenschaften und Verstand, Rousseau macht das Prinzip der Repräsentation verantwortlich für die dezentrierte Subjektivität der Neuzeit.[152] Konsens besteht darüber, daß massive Klanglichkeit in der Musik einen modernitätsspezifischen Mangel sinnlichen Feingefühls supplementiert.[153] So führt Herder die altägyptischen Gesetze über die Zusammenhänge zwischen Musik und Sittlichkeit, die musikalischen Welterklärungsmodelle der Pythagoräer und die Platonischen Theorien zur Funktion der Musik im Staat auf die empfindlicheren Sinnesorgane der Alten zurück. Im Gegensatz zu den Orientalen und Griechen, deren Wahrnehmung in ihrer Intensität der haptischen Sensibilität Blindgeborener gleiche, sei das Gehör des modernen, visuell ausgerichteten Menschen abgestumpft und für die zarten Eindrücke elementarer Töne taub geworden:

> Der Blindgeborne hat ein ungleich tieferes Gefühl für die ersten Momente des Wohllauts, als der zerstreute Sehende, den tausend äußere Flächenbilder von seinem innern Sinn des Tongefühls abrufen. [...] So die einfachern, innigern, minder zerstreuten Alten. Von Jugend auf an die wahren Akzente der Natur gewohnt; von Jugend auf lieber tiefern Eindrücken, als überhinrauschenden Bildern offen, fühlten sie, wo wir, wir in alle Welt Zerstreuten, durch Abstraktionen und tausend andre Dinge am Gefühl geschwächten, nichts fühlen. Die erste Nerve des Gehörs ist also gleichsam toter: sie hörten Elemente des Tons, wo wir nur das Aggregat der Töne, Schall, hören.[154]

Die Schwäche des Gehörnervs wird auf Seiten der Klangproduktion durch inhomogene »schwere Massen« kompensiert, und zwar nicht

---

S. 287-328). Über die Zuordnung der Harmonik zu den Sprachen des Nordens und der Melodie zu denen des Südens vgl. den Artikel *Harmonie* im *Dictionnaire de musique* (ebd., S. 603-1191, hier S. 850 f.); zum Sprechgesang der Griechen im Vergleich mit der französischen Sprache vgl. den Artikel *Opéra* (ebd., S. 949-951).

152 Vgl. hierzu Verf. [Caroline Mattenklott], *Vom ›Song-Feast‹ zum Gesamtkunstwerk: Arbeitsteilung und ihre Kritik in der Ästhetik der Aufklärung*, in: *Musik/Revolution*, FS Georg Knepler zum 90. Geburtstag, hrsg. von Hanns-Werner Heister, Bd. II, S. 15-34, hier insbes. S. 19-25 und S. 29-33.

153 »Comment le Musicien vient-il à bout de produire ces grands effets? Est-ce à force de contraster les mouvements, de multiplier les accords, les notes, les parties? Est-ce à force d'entasser desseins sur desseins, instrumens sur instrumens? Tout ce fracas, qui n'est qu'un mauvais supplément où le génie manque, étoufferoit le chant loin de l'animer, et détruiroit l'intérêt en partageant l'attention.« (Rousseau, *Lettre sur la musique françoise*, S. 304 f.) Im Artikel *Harmonie* des *Dictionnaire de musique* heißt es, die »organes durs et grossiers« der nordischen Völker seien »plus touchés de l'éclat et du bruit du Voix, que de la douceur des accens et de la Mélodie des inflexions« (S. 851).

154 Herder, *Viertes kritisches Wäldchen*, S. 352.

nur im Bereich der musikalischen Komposition, sondern bereits beim
Sprechen, das bei den Völkern des Altertums, wie gegenwärtig nur
noch bei den Italienern, ein Singen war.[155] Bei den rauheren Völkern
des Nordens vermag das Ohr die fliegenden Geräuschklumpen nicht
mehr zu reinigen.[156] Sie prallen auf die Körperoberfläche und werden
dort als grobe haptische Reize registriert, statt geläutert bis ins Innen-
ohr und von dort zur Seele vorzudringen:

> Das grobe Gefühl hat die Natur gleichsam zum Zaune unsres körperli-
> chen Daseins gemacht: es ist auf die Oberfläche unsrer Exsistenz, wie
> ein zartes Wachs ausgegossen [...]. Das Ohr ist der Seele am nächsten –
> eben weil es ein *inneres* Gefühl ist. Der Schall, als Körper betrachtet,
> berühret nur die äußerlichen Organe des Gehörs, wo dies noch äußerli-
> ches allgemeines Gefühl ist. [...] Daher also der große unvergleichbare
> Unterschied zwischen Schall und empfindsamen Tone: jener würkt nur
> aufs Gehör, als ein äußeres Gefühl; dieser durchs innere Gefühl auf die
> Seele.[157]

Schon Rousseau imaginierte die verschmähte Klangfülle der *Tragédie
lyrique* als physische Masse und Ausdehnung. Die »tauben« und
schwerfälligen, künstlich verstärkten und beschleunigten Konsonan-
ten der französischen Sprache erhöhen nicht nur den Geräuschanteil
der Melodie, sondern lassen den Gesang selbst die ungestalte Härte
eines polternden Steinbrockens annehmen:

> Premierement, le défaut d'éclat dans le son des voyelles obligeroit d'en
> donner beaucoup à celui des notes, et parce que la langue seroit sourde,
> la Musique seroit criarde. En second lieu, la dureté et la fréquence des
> consones forceroit à exclure beaucoup de mots, à ne procéder sur les au-
> tres que par des intonations élémentaires, et la Musique seroit insipide et
> monotone; sa marche seroit encore lente et ennuyeuse par la même rai-
> son, et quand on voudroit un peu presser le mouvement, sa vitesse res-
> sembleroit à celle d'un corps dur et anguleux qui roule sur le pavé.[158]

Polyphonie und überladene Harmonik ersetzen die rührende Wirkung der Musik durch seelenlosen Lärm; die Multiplikation der Töne
gleicht den überladenen gothischen Lettern, die – ähnlich wie Herders kolossalische Bildsäulen – großen Raum mit wenig Sinn anfüllen.
Tote Gelehrsamkeit tritt an die Stelle energischer Kantabilität:

---

155 Ebd., S. 353.
156 Ebd.
157 Ebd., S. 355 f. [Hervorh. im Orig.].
158 Rousseau, *Lettre sur la musique françoise*, S. 292.

La Musique avec toute cette maussade parure resteroit languissante et sans expression, et ses images, dénuées de force et d'énergie, peindroient peu d'objets en beaucoup de notes, commes ces écritures gothiques, dont les lignes remplies de traits et de lettres figurées, ne contiennent que deux ou trois mots, et qui renferment très-peu de sens en un grand espace. L'impossibilité d'inventer des chants agréables obligeroient les Compositeurs à tourner tous leurs soins du côté de l'harmonie, et [...] au lieu d'une bonne Musique, ils imagineroient une Musique sçavante; pour suppléer au chant, ils multiplieroient les accompagnements [...]. ils croiroient faire de la Musique et ils ne feroient que du bruit.[159]

Selbst die Qualität der Singstimme bemißt sich, so Rousseau, in Frankreich nach ihrer Lautstärke, dem *Corps-de-voix* (›Stimmkörper‹), wohingegen für die Italiener Reinheit und Flexibilität der Stimme ausschlaggebend sind:

Les Voix ont divers degrés de force ainsi que d'étendue. Le nombre de ces degrés que chacune embrasse porte le nom de *Corps-de-Voix* quand il s'agit de force; et de *Volume*, quand il s'agit d'étendue. [...] Ainsi, de deux Voix semblables formant le même Son, celle qui remplit le mieux l'oreille et se fait entendre de plus loin, est dite avoir plus de *Corps*. En Italie, les premières qualités qu'on recherche dans les Voix, sont la justesse et la flexibilité: mais en France on exige surtout un bon *Corps-de-Voix*.[160]

Schließlich richtet sich auch Rousseaus Kritik an Rameau gegen dessen Kompositionspraxis und Harmonielehre gleichermaßen.[161] Die traditionelle französische Satztechnik und der Versuch, harmonische Fortschreitungen aus der experimentell erforschten Obertonreihe abzuleiten, erscheinen als zwei Seiten derselben Sache. Wie Brenno Boccadoro gezeigt hat, baut Rousseau im *Dictionnaire de musique* Giuseppe Tartinis neoplatonischen, großenteils hermetischen *Trattato di musica* strategisch als theoretische Alternative zur Rameauschen Harmonielehre auf.[162] Tartini, der ausgehend von Beobachtungen über Kombinationstöne den Kreis zum universalen Modell der Harmonik erklärt, figuriert in Rousseaus (vielfach inkonsistenter) Darstellung als Verfechter einer primär melodieorientierten Theorie der Mehrstimmigkeit.[163] In seinem Tartini-Referat erwähnt Rousseau auch den Be-

---

159 Ebd., S. 293.
160 Ders., *Dictionnaire de musique*, Art. *Corps-de-voix*, S. 745 [Hervorh. im Orig.].
161 Zur persönlichen Gegnerschaft zwischen Rousseau und Rameau vgl. Starobinskis *Introduction* zum *Essai sur l'origine des langues*, insbes. S. CLXVII-CLXXI.
162 Vgl. Brenno Boccadoro, *Tartini, Rousseau et les Lumières*, in: Rousseau, *Œuvres complètes*, Bd. V, S. 1694-1711.
163 »M. Rameau fait engendrer les Dessus par la Basse; M. Tartini fait engendrer la Basse

griff der *Monade harmonique*. Gemeint ist der einzelne Oberton, der als »Unité composante« zum Gesamtkomplex des »Son plein« bzw. der »Unité composée« beiträgt.[164] Für Herders Vision einer »*Musikalische[n] Monadologie*«[165] könnte dieser Passus, obwohl Tartinis System als solches im *Vierten kritischen Wäldchen* keine weiteren Spuren hinterlassen hat, eine Anregung geliefert haben.

Herders Musikästhetik basiert auf mechanischen Prinzipien, aber sie betreibt faktisch eine Depotenzierung des mechanistischen Denkens.[166] Wann immer in Herders Darstellung die Kraft ästhetischer Reize mechanisch verstärkt wird, handelt es sich um Aberrationen: Um Disproportionen auf Seiten der ästhetischen Produkte, die durch Verschiebungen im System der Sinne entstehen oder solche nach sich ziehen. Aus dem *Vierten kritischen Wäldchen* lernen wir, daß der Pfeil des Pandarus nur als imaginärer seine volle Wirkung entfaltet. Was für den Wortkörper zutrifft, der gleichsam im Ohr hängen bleiben muß, um seine Seele, den Sinn, dem Verständnis des Rezipienten preiszugeben, gilt ebenso für den musikalischen Ton. Daraus folgt, daß der quantifizierende Blick auf dem Gebiet der Ästhetik nicht nur unzureichend ist, sondern auch das Eigentliche, die »innere Masse«[167], übersieht. Sie verhält sich zur äußeren wie Silber zu Eisen. Von der Wucht der Sulzerschen Kanonenkugeln gelangt Herder zurück zur klassischen Eleganz schwereloser Silberpfeile:

> Das eine Volk spricht eherne Panzer von Worten; das andre mit feinern Sprachwerkzeugen tönet Silberwellen, die durch feinere Hörorgane zu

---

par les Dessus: celui-ci tire l'*Harmonie* de la Mélodie, et le premier fait tout le contraire. Pour décider de laquelle des deux Écoles doivent sortir les meilleurs ouvrages, il ne faut que savoir lequel doit être fait pour l'autre, du Chant ou de l'Accompagnement.« Rousseau, *Dictionnaire de musique*, Art. *Harmonie*, S. 846 [Hervorh. im Orig.]. Vgl. dazu Boccadoro, *Tartini*, S. 1706.

164 Rousseau, *Dictionnaire de musique*, Art. *Systeme*, S. 1084.

165 Herder, *Viertes kritisches Wäldchen*, S. 359.

166 Zu einer ähnlichen Einschätzung des *Vierten kritischen Wäldchens* gelangt Nisbet, der Herders Position von 1769 als »relatively mechanistic« beschreibt (*Herder and the Philosophy and History of Science*, S. 89) und an anderer Stelle präzisierend hinzufügt, Herder habe bereits im *Vierten kritischen Wäldchen* am Wert der mechanischen Physik für die Ästhetik zu zweifeln begonnen (ebd., S. 133). Nisbet sieht das *Vierte kritische Wäldchen* als Wendepunkt in Herders Einschätzung der Mechanik: »Thus his later attempts to apply mathematics to the subjective world were no longer physical, or rather physiological, as in 1769, but purely analogical« (S. 89), und »[f]rom this time onwards [...], the psychology of feeling tends to replace mechanical analysis for Herder [...]; thenceforth, he consistently attacks mechanistic theories of nature.« (S. 133.)

167 Herder, *Viertes kritisches Wäldchen*, S. 339.

silbernen Pfeilen geschmiedet, die Seele durch Töne, wie durch einfache Punkte treffen.[168]

Schall ist kein Ton, sondern ein Aggregat von Tönen, ein Bund Silberpfeile. Diese müssen, es sei auf welche Weise gesondert, die Luft enger eingeschlossen, die Saite fester gespannt werden, bis unter allen sich ein Ton fixiert. Der ist alsdenn ein Pfeil aus dem großen Bunde, was Körper war, ist die feinste Linie der Berührung geworden: denn ist er Musikalisch.[169]

Hiermit hat das mechanische Modell der Prägnanz, kondensiert in der Formel zur Berechnung der lebendigen Kraft, für die Ästhetik ausgedient. Fülle, Verworrenheit und die »groben« haptischen Reize sind erkenntnistheoretisch rehabilitiert. In den schönen Künsten werden sie jedoch nur mit erheblichen Einschränkungen geduldet. Dichtung berührt, aber die Flugbahn ihrer Pfeile führt durch die Seele. Selbst in der angestammten Sphäre des Taktilen, der Plastik, muß die Hand ihre fühlende Tätigkeit an das Auge und die Einbildungskraft abtreten. Sobald Musik aufgrund ihrer Klangfülle und Verworrenheit vor allem die äußeren Sinne (d. h. in Herders Verständnis den Tastsinn) für sich einzunehmen scheint, hat sie ihre mächtigste Bewegkraft, die »innere Masse«, schon eingebüßt. Ähnlich wie bei Sulzer bildet auch in Herders *Kritischen Wäldern* die Sinnesphysiologie letztlich ein Durchgangsstadium. Wahrnehmungsmechanismen können Aspekte ästhetischer Wirkung veranschaulichen – zu erklären vermögen sie dagegen allenfalls Devianzen. Wer nach den wahren Kräften der schönen Künste fragt, wird auf das Erkenntnispotential literarischer Metaphern zurückverwiesen. Deren Leistung besteht nicht in der Kohärenz und der quantitativen Exaktheit physikalischer Modelle, sondern in der sinnlichen Evidenz der Qualitäten.

Trotz des Geltungsverlusts, den die mechanische Sinnesphysiologie in Herders Theorie der Rührung erleidet, bleibt die Leibnizsche Theorie der lebendigen Kraft in den *Kritischen Wäldern* ein argumentatives Referenzmodell. Bezüglich des *Ersten kritischen Wäldchens* wurde bereits auf den Überbietungsgestus hingewiesen, mit dem Herder den *enérgeia*-Begriff gegen Lessings Konzept der Sukzession profiliert. Die Gegenüberstellung von Ton und Schall im *Vierten Wäldchen* basiert auf einer vergleichbaren Rhetorik und nutzt überdies die bewährten Metaphern des Lebendigen und Toten. Ihre Zuordnung

---

168 Ebd., S. 353.
169 Ebd., S. 355 [Hervorh. im Orig.].

erfolgt jedoch nach den Prinzipien der Zwei-Substanzen-Theorie, nicht nach dem Begriffsgebrauch der Kräftemechanik. Lebendig und wirkend ist für Herder das Unausgedehnte, die Seele oder Monade; tot ist das Zusammengesetzte, der Körper. Unter diesen Bedingungen verkehrt sich die mathematische Relation zwischen lebendiger Kraft und Quantität. Bislang war Potenzierung in doppelter Hinsicht die charakteristische Gedankenfigur des Kraft-Diskurses gewesen: Zum einen erschien es unbestreitbar, daß sich Kraft durch die Erhöhung von Masse und Geschwindigkeit steigern läßt, zum anderen hatte Leibniz sein Kraftmaß selbst im Vergleich zum Cartesischen als Potenz angegeben. Im *Kurzen Beweis eines wichtigen Irrtums* heißt es, »lebendige und tote Kraft, Geschwindigkeit und Bewegungstendenz« verhielten »sich zu einander wie Linie und Punkt oder wie Ebene und Linie«, d. h. »die lebendigen Kräfte gleicher Massen« verhielten »sich nicht wie die Geschwindigkeiten, sondern wie die Quadrate der Geschwindigkeiten«.[170] Herder, der den musikalischen Ton bald als mathematischen Punkt, bald als Linie im Verhältnis zum Schall-Körper bestimmt, und der – im Hinblick auf die kolossalische Plastik – die Supplementierung des Körpers durch potenzierte Flächen als ästhetische Aberration empfindet, wählt dieselbe geometrische Veranschaulichung wie Leibniz, invertiert aber das zugrundegelegte Wertesystem. An dessen höchster Stelle steht der kleinste Wert, der »einfache Punkt« oder die »feinste Linie«. Die Theorie der musikalischen Monade, deren »innere Masse« die äußerliche Quantität des Ton-Aggregats überwiegt, entwertet das sinnesphysiologische Modell der Prägnanz nur mit dem Ziel, Leibniz' metaphysischen Prägnanz-Begriff in Analogie zur Mechanik zu rekonstruieren.

Daß die Wirkung akustischer Phänomene, deren mechanische Natur im 18. Jahrhundert evident und vergleichsweise gut erforscht zu sein schien, bei Herder in Analogie zu einer metaphysischen Kategorie, der Monade, erklärt werden kann, hängt nicht zuletzt mit einem veränderten Bewußtsein von der Geltung physikalischer Theorien zusammen. Bereits Herders Frühschriften akzentuieren die subjektive Genese des Kraft-Begriffs, der als Resultat einer animistischen Projektion kenntlich wird. In der dritten und letzten Fassung der Schrift *Vom Erkennen und Empfinden der menschlichen Seele*

---

170 »Est autem potentia viva ad mortuam vel impetus ad conatum ut linea ad punctum vel ut planum ad lineam. Et quemadmodum circuli non sunt ut diametri, sed ut quadrata diametrorum, ita potentiae vivae corporum aequalium non sunt ut celeritates, sed ut quadrata celeritatum.« Leibniz, *Brevis demonstratio*, lat. S. 121, dt. S. 252.

(1778) appliziert Herder diese Sichtweise auch auf den physikalischen Begriff der Kraft und deutet eine Reihe weiterer mechanischer Termini als Produkte analogischen Denkens:

> Je mehr wir indeß das große Schauspiel würkender Kräfte in der Natur sinnend ansehn, desto weniger können wir umhin, überall *Aehnlichkeit mit uns* zu fühlen, alles mit unsrer Empfindung zu beleben. Wir sprechen von Würksamkeit und Ruhe, von eigner oder empfangener, von bleibender oder sich fortpflanzender, todter oder lebendiger Kraft völlig aus unsrer Seele. *Schwere* scheint uns ein Sehnen zum Mittelpunkte, zum Ziel und Ort der Ruhe: *Trägheit* die kleine Theilruhe auf seinem eignen Mittelpunkte, durch Zusammenhang mit sich selbst: *Bewegung* ein fremder Trieb, ein mitgetheiltes fortwürkendes Streben, das die Ruhe überwindet, fremder Dinge Ruhe störet, bis es die Seinige wieder findet.[171]

Infolge der Einsicht in ihr anthropogenes und mithin irreduzibel analogisches Wesen verliert die Mechanik ihren Status als unanfechtbare Leitdisziplin der Humanwissenschaften. Wenn mechanische Kategorien nichts als die objektivierte Selbsterfahrung des empfindenden Menschen sind, hat es die Physik der Seele nicht mit einfachen, sondern mit doppelten Analogiekonstruktionen zu tun. Die heuristischen Analogien, mit deren Hilfe Wolff und seine Schüler unter Aufwendung komplizierter Vorsichtsmaßnahmen aus einem mechanischen ein psychologisches Vokabular zu formen begannen, wären in Wirklichkeit Rückübertragungen ursprünglich psychologischer Konzepte. Newtons System, ein Epos über »*Liebe* und *Haß* der Körper« und über die anziehende und abstoßende »*Seele der Welt*«[172], ist daher in Herders Augen nicht weniger poetisch als die Leibnizsche Monadologie. Physikalische und psychologische Erfindungen unterscheiden sich, sofern sie neu und kühn sind, in nichts von denen des Dichters. Der Wahrheitsanspruch wissenschaftlicher und poetischer Erkenntnis verdankt sich gleichermaßen dem gottgegebenen Erkenntnisvermögen des Menschen, der alles nur analogisch nach dem Modell seiner selbst zu begreifen vermag und dem nichts anderes übrigbleibt, als sich diesem Weg anzuvertrauen:

---

171 Herder, *Vom Erkennen und Empfinden*, S. 169 [Hervorh. im Orig.]. Dieser Reflexionsstand charakterisiert bereits den *Encyclopédie*-Artikel *Force* von 1757: »Nous sommes fort enclins à croire qu'il y a dans un corps en mouvement un effort ou énergie, qui n'est point dans un corps en repos. La raison pour laquelle nous avons tant de peine à nous détacher de cette idée, c'est que nous sommes toûjours portés à transférer aux corps inanimés les choses que nous observons dans notre propre corps.« *Encyclopédie*, Art. *Force*, S. 111.

172 Herder, *Vom Erkennen und Empfinden*, S. 169 f. [Hervorh. im Orig.].

So ward *Newton* in seinem Weltgebäude wider Willen ein Dichter, wie *Buffon* in seiner Kosmogonie, und *Leibnitz* in seiner prästabilirten Harmonie und Monadenlehre. Wie unsre ganze Psychologie aus Bildwörtern bestehet, so wars meistens *Ein* neues Bild, *Eine* Analogie, *Ein* auffallendes Gleichniß, das die grösten und kühnsten Theorien gebohren. Die Weltweisen, die gegen die Bildersprache deklamiren, und selbst lauter alten, oft unverstandnen Bildgötzen dienen, sind wenigstens mit sich selbst sehr uneinig. [...] Ich [...] laufe nach Bildern, nach Aehnlichkeiten, nach Gesetzen der Uebereinstimmung zu Einem, weil ich kein andres Spiel meiner denkenden Kräfte [...] kenne, und glaube übrigens, daß *Homer* und *Sophokles*, *Dante*, *Shakespeare* und *Klopstock* der Psychologie und Menschenkänntniß mehr Stoff geliefert haben, als selbst die *Aristoteles* und *Leibnitze* aller Völker und Zeiten.[173]

---

173 Ebd., S. 170 f. [Hervorh. im Orig.].

6. Schlußbemerkung:
Zur Kritik mechanischer Erklärungsmodelle bei Johann Joseph Kausch

Wann der ästhetische Diskurs über Rührung beginnt, ist schwer zu sagen: Zu vielfältig und verzweigt sind die Traditionen, aus denen er sich speist. Die Begründung der philosophischen Ästhetik durch Baumgarten ist aus germanistischer Perspektive eine bequeme, sicherlich nicht willkürliche Grenze – für sie spricht die radikale Umprägung rhetorischer Begrifflichkeit, ihre Verschmelzung mit ontologischen, erkenntnistheoretischen, anthropologischen, und wie man gesehen hat, auch theologischen und mechanischen Kategorien zu einer eigenständigen ästhetischen Terminologie. Der Vorgang des Bewegens *(movere)*, den die Rhetorik technisch zu bewerkstelligen lehrte, ohne ihn erklären zu müssen, wird durch seine Einbindung in die Philosophie zu einem anthropologischen Problem, das nach Lösungsversuchen verlangt. Hierauf reagieren Theoretiker wie Meier, Sulzer, Mendelssohn und Herder. Breitingers *Critische Dichtkunst* mit ihrem berühmten Kapitel »Von der hertzrührenden Schreibart« erschien 1740, beinahe gleichzeitig mit den beiden Werken, in denen Baumgarten seinen Begriff der lebendigen Erkenntnis entwickelt, der *Metaphysica* (1739) und der *Ethica philosophica* (1740). Versteht man die in der unvollendeten *Aesthetica* von 1750 angedeutete Rührungstheorie als eine logische Konsequenz aus den *Meditationes philosophicae* von 1735 und den Neuerungen der Arbeiten von 1739 und 1740, so kann man unter Berufung auf Breitingers Poetik den Beginn des Theoretisierens über Rührung im Jahr 1740 ansetzen.

Aus musikwissenschaftlicher, romanistischer und anglistischer Sicht wäre die Periodisierungsfrage allein deshalb ganz anders zu beantworten, weil der Gegenstand andere Konturen annähme. Mechanische Erklärungsmodelle für die Wirkung der Musik auf den Menschen sind im Rahmen der Medizin und der mechanistischen Philosophie schon viel früher erfunden worden; zu fragen wäre hier, ab wann (und aufgrund welcher Kriterien) sinnvollerweise von ästhetischen Theorien und von Rührung im Sinne des 18. Jahrhunderts gesprochen werden kann. Aber auch die dichtungstheoretisch ausgerichtete ästhetische Reflexion in England und Frankreich vollzieht sich nicht in derselben schulmäßigen und systematischen Form wie in Deutschland. Es gibt weder einen englischen noch einen französischen Baumgarten; die Bereiche der literarischen Kritik und des Theoretisierens über das Wesen der Künste hängen enger zusammen und schließen sich bruchloser an die Traditionen des 17. Jahrhunderts an. Wenige englische oder französische Abhandlungen sind daher in ihrem theoretischen Gestus mit den ausführlichen und komplizierten Erklärungsversuchen der Wolffianer vergleichbar. Nicht zuletzt die

Schwierigkeiten, die sich aus solchen Divergenzen ergeben, haben dazu geführt, daß die vorliegende Studie nicht das durchgängig komparatistische Profil angenommen hat, das ursprünglich geplant war. Ähnliche Probleme stellen sich, wie z. B. der Periodisierungsvorschlag von Delons Ideengeschichte der Energie (1770-1820) zeigt, für die Frage nach dem Ende des ästhetischen Diskurses über Rührung. Für Deutschland bildet Kants *Kritik der Urteilskraft*, selbst für die Musikästhetik, eine plausible Zäsur – auch wenn die Kantische Ästhetik, wie gezeigt werden konnte, gegen ihre vordergründige Polemik diverse Konzepte der Bewegung und Rührung in sich aufnimmt. Die Rolle, die einzelne Aspekte und Varianten der Rührungstheorie bei Schiller und in der romantischen Ästhetik spielen, wäre dementsprechend noch zu untersuchen – ein Perspektivwechsel vom Werk zur Wirkung und zum Thema der inneren Bewegung könnte zweifellos auch hier die Akzentuierung anderer Gruppierungen und Traditionen befördern. Statt einen Ausblick in diese Richtung zu versuchen, möchte ich abschließend auf einen Traktat eingehen, der den mechanistischen Diskurs über Rührung zu einem Ende führt, ohne dabei – wie Kant – die Wirkungskategorie Rührung aus der Ästhetik zu entlassen. Der Autor, Johann Joseph Kausch, ist nicht nur ein Kritiker des mechanistischen Denkens, sondern kann auch als ein erster Historiker der Rührungstheorie bezeichnet werden.[1]

Johann Joseph Kausch, Doktor der Arzneiwissenschaft und Weltweisheit, studierte bis 1773 in Halle und wirkte anschließend als Medizinalrat im schlesischen Militsch. Neben medizinischen Monographien und Lexikonartikeln publizierte er auch eine »Poetische Blumenlese« unter dem Titel *Schlesisches Bardenopfer*, einen Roman sowie verschiedene Abhandlungen zur Politik und zur Ästhetik, darunter eine *Psychologische Abhandlung über den Einfluß der Töne und ins besondere der Musik auf die Seele; nebst einem Anhange über den unmittelbaren Zwek der schönen Künste* (1782). Kauschs zentrales Anliegen in diesem Aufsatz ist der Nachweis, daß die Wirkungen der Musik sich allein durch Wohlgefallen und Ideenassoziation begründen lassen. Auch der Körper werde durch Töne nur mittelbar affiziert:

---

1 Mit der Entscheidung für das Kriterium des »Historischwerdens« einer Diskussion zur Abgrenzung eines Untersuchungszeitraums folge ich Carsten Zelle, der Sulzers *Allgemeine Theorie der schönen Künste* zum Endpunkt seiner Untersuchung über die Ästhetik des Schrecklichen wählt: »Das Historischwerden der Ästhetik des Schrecklichen in Sulzers ästhetischem Wörterbuch, in dem die drei Konzeptionen des Schreckens – bibliographisch erfaßt – nebeneinanderstehen, markiert das Ende der hier vorgelegten Betrachtung.« Zelle, *Angenehmes Grauen*, S. XV.

Musikalische Wendungen lösen nach Kausch Assoziationen aus, die zu Gemütsbewegungen mit ihren körperlichen Symptomen führen; außerdem können bestimmte Tonempfindungen durch eine Art Reflex (der jedoch das Mitwirken der Seele impliziert) unwillkürliche physische Reaktionen hervorrufen.[2] Abgesehen von den üblichen historischen Belegen zur Wirkkraft der Musik und von der ausführlichen Begründung der assoziationspsychologischen Ausgangsthese (die u. a. eine Verteidigung der Batteuxschen Nachahmungstheorie gegen Sulzer und Beattie enthält[3]), nimmt die Widerlegung kursierender mechanischer Modelle den größten Raum der Abhandlung ein.

Von den musiktheoretischen Traktaten über die Macht der Töne, von denen in Kapitel 2.3.2. die Rede war, unterscheidet sich Kauschs Abhandlung zum einen durch die strikte Ablehnung des mechanistischen Denkens, zum anderen durch den gewandelten Referenzhorizont: Die Autoren, gegen die Kausch seine musikalische Assoziationspsychologie profiliert, sind nicht mehr Platon, Pythagoras und Kircher, sondern Herder, Webb, Sulzer, Harris und Beattie. Die Theorien von Medizinern wie Joseph-Louis Roger diskutiert Kausch nur en passant. Zielscheibe seiner Kritik sind Vertreter einer modernen europäischen Ästhetik, die er zum Teil als bedeutende und überlegene Denker verehrt.[4] Sie disqualifizieren sich in seinen Augen nicht, wie für Roger die Griechen und die Esoteriker des späten 17. Jahrhunderts, durch eine längst obsolete Weltsicht. Vielmehr versteht Kausch seine Kritik als Ausdruck eines Generationen- und Epochenwechsels, der sich mit der nahenden Jahrhundertwende ankündigt. Das aufklärerische 18. Jahrhundert ist für Kausch ein Jahrhundert des Rationalismus, »ein Jahrhundert, wo man alles erklären wollte, wo man jede Thatsache, die den Begriffen der Vernunft entgegen war, schlechterdings läugnete; [...] wo man [...] zu erwarten schien, die

---

2   Johann Joseph Kausch, *Psychologische Abhandlung über den Einfluß der Musik auf die Seele; nebst einem Anhange über den unmittelbaren Zwek der schönen Künste*, Breslau 1782, S. 33, S. 162 f.

3   Ebd., S. 103-126. Kausch kommt zu dem Schluß, daß die »Rührung der Tonkunst [...] mit der Nachahmung derselben parallel« läuft, ebd., S. 115.

4   Kausch schreibt: »Meine Gegner gehören durchgängig zu den Philosophen dieses spekulativen Zeitalters, und sind Männer von so entschiedenen Verdiensten, daß ich es nicht läugnen kann, daß mich bei dieser Widerlegung ein bischen Kleinmut anwandelt.« (Ebd., S. 127.) Zahlreiche Gedanken der Abhandlung sind erklärtermaßen von Sulzer übernommen, und Herder, dessen »kraftvoller Ausdruk über den gewöhnlichen Gang der philosophischen Beredtsamkeit oft hinweg, bis in die höhere Sphäre des Blendenden« steige, ist ganz offensichtlich Kauschs stilistisches Vorbild (ebd., S. 128).

Natur müßte den Machtsprüchen des Verstandes huldigen«.[5] Gegen
diese vernunftherrliche Erklärungswut habe »[d]ieses Jahrhundert,
welches nun zu Ende gehet, [...] zwei Sekten in seinen lezten Jahrze-
henden zur Welt gebracht.«[6] Die eine, weiterhin nach Erklärungen
strebende, sei um das Sammeln empirischer Fakten bemüht und ge-
stehe ihre Unwissenheit ein, sobald ihre Theorien an Grenzen
stießen. Die zweite deklariere Fakten zu Naturgesetzen, um einerseits
die Mühe des Erklärens zu vermeiden, andererseits das Unbegreifli-
che nicht leugnen zu müssen. Die erste »Sekte« sieht Kausch vor
allem im Bereich der Medizin vertreten – man könnte an philosophische Ärzte wie Krüger und Unzer denken –, die andere »sowohl in
den spekulativen als praktischen Wissenschaften« (gedacht ist wohl
u. a. an Hutchesons *moral sense*-Theorie).[7] Überflüssig zu sagen, daß
Kausch vor allem mit den empirischen Medizinern sympathisiert.

Bezeichnend für Kauschs kritischen Blick auf das 18. Jahrhundert
ist sein Gebrauch des Begriffs ›mechanisch‹. Wie schon den frühen
Kritikern der Korpuskularphilosophie erscheint ihm das mechanistische Denken als Inbegriff jener überkommen Erklärungswut, die
Lücken in der wissenschaftlich erschlossenen Welt durch Spekulation
zu schließen versucht. ›Mechanisch‹ werden daher in Kauschs Abhandlung zunächst alle Erklärungen für die rührende Wirkung der
Musik genannt, hinter denen eine uneingestandene intellektuelle Verlegenheit zu vermuten ist. Einen »mechanischen Einfluß« anzunehmen, bedeutet, eine »willkürliche Hypothese« aufzustellen[8]: »Blos
der Fall, daß keine andere Erklärung genugthuend ist, kann uns be-
rechtigen, einen neuen Grundsaz, einen *mechanischen Einfluß* anzunehmen.«[9] Damit wird ›mechanischer Einfluß‹ zu einem Synonym
für die okkulten Kräfte, die Boissier de Sauvages und der Zedler als
»physische Einflüsse« bezeichnet und den mechanischen gegenübergestellt hatten.

Daß sich Kausch indessen nicht nur gegen abergläubische Abstru-
sitäten wendet (»Niemand wird sagen: daß im Kuß, im Händedruk
eine sympathetische Kraft verborgen liege. Denn itzt thun diese
Dinge nichts; itzt thun sie Wunder«[10]), zeigt seine detaillierte Auseinandersetzung mit den Theorien von Herder, Webb und Sulzer. Ge-

5 Ebd., S. 166.
6 Ebd.
7 Ebd., S. 166 f.
8 Ebd., S. 40.
9 Ebd., S. 38 [Hervorh. im Orig.].
10 Ebd., S. 63.

genstand der Herder-Kritik ist die mechanistische Mitleidstheorie aus der *Abhandlung über den Ursprung der Sprache*: Herder hatte das tierische Nervensystem mit einem Saiteninstrument verglichen, das durch die Empfindungslaute der Artgenossen in sympathetische Spannung gerät. »Das Unwiderstehliche dieses Mitgefühls«, erläutert Kausch, »beweise es, daß es sich auf einen mechanischen Ursprung gründe.«[11] Sein Gegenargument ist die Macht der Assoziationen, die »eben so unaufhaltsam auf uns wirken«[12]: »Auch das vernunftlose Thier bewegt nicht der physische Ton der leidenden Natur, sondern die Nebenideen, die dadurch wache werden.«[13] Daß die *Abhandlung über den Ursprung der Sprache* in Abschnitten, die Kausch in einem Atemzug mit der mechanischen Mitleidstheorie zitiert, ebenfalls eine Theorie der wirksamen »Nebenideen« enthält, übersieht Kausch dabei genauso wie die Tatsache, daß Herder gar nicht den Anspruch erhebt, mit seiner (nur als ein Teilargument der *Abhandlung* verständlichen) These von den tierischen Empfindungslauten die Wirkungen der Musik zu erklären.

Kauschs Kritik an Daniel Webb richtet sich gegen sämtliche Erklärungsmodelle, die auf dem Vergleich zwischen Nerven und gespannten Saiten basieren und die, wie Kircher, Boissier de Sauvages und Roger, von den Vibrationen anorganischer Gegenstände analog auf den menschlichen Körper schließen. Bereits im ersten Kapitel seiner Abhandlung hatte Kausch betont, »daß der Thierkörper nicht federkräftig ist, wie Mauern, Säulen und Gläser.«[14] Da die Nerven überdies »weder gespannt noch blos« auf unserer Körperoberfläche lägen, sei ein unmittelbarer Einfluß der »feinen Semitonien des Tonkünstlers« auf sie undenkbar.[15] Die Erschütterungen, die die »rauschenden Instrumente in einer Ouvertüre« oder der »Pauken= und Trompetenschall« einer Festmusik in Kirchengewölben und zweifellos auch in der menschlichen »Maschine« hervorrufen können, liegen nach Kausch außerhalb der Sphäre des Rührenden: »Diese Erschütterung mag wohl keinen andern Einfluß auf unsere Empfindungen haben, als die Erschütterung der Stürme, der Meereswellen, der Canonenschüsse auf sie haben kann.«[16]

---

11 Ebd., S. 131.
12 Ebd.
13 Ebd., S. 65.
14 Ebd., S. 34.
15 Ebd., S. 143 f.
16 Ebd., S. 144.

Die Sulzer-Kritik schließlich, die sich auf den Artikel *Musik* der *Allgemeinen Theorie der schönen Künste* bezieht, umfaßt vier weitere physiologische Argumente. Erstens bestreitet Kausch die Geltung des Sympathie- bzw. *consensus*-Prinzips (wir kennen es aus Sulzers *Erklärung eines psychologischen paradoxen Satzes*), demzufolge sich nervliche Erregungen von einem Körperteil, etwa dem Gehörnerven, auf andere, z. B. die Magenregion, übertragen können. Für Kausch ist dieses Prinzip wissenschaftlich überholt; nur auf dem Umweg über die Seele könne ein wechselseitiger Einfluß zwischen Körperorganen stattfinden.[17] Zweitens dürfe von den körperlichen Symptomen der Leidenschaften nicht auf die Erregbarkeit von Leidenschaften durch Manipulationen des Körpers geschlossen werden: »Zorn macht Röthe, aber Röthe nicht Zorn.«[18] Drittens sei der von Sulzer angenommene Einfluß der Musik auf den Blutkreislauf als eine Folge seelischer Erregung zu betrachten. Und viertens, damit fällt auch die sinnesphysiologische Theorie der lebendigen Kraft der Kritik des Naturwissenschaftlers zum Opfer, sei Sulzers Systematisierung der Sinne nach dem Grad ihrer Rührbarkeit unhaltbar: Der Geschwindigkeit von Licht und Schall nach zu urteilen, müsse die Kraft des Lichts die des Schalls weit übertreffen und nicht umgekehrt.

> Hat es wohl auch mit dem Gedanken seine Richtigkeit: daß das Ohr, weil sein Element die Luft ist, viel tauglicher sei, als das Auge, dessen Element das Licht ist, seine Rührungen auf die leidenschaftlichen Nerven zu verbreiten? Mir scheint es nicht. Aus der Mechanik wissen wir, daß die Kraft eines Stoßes jenes Moment seie, welches entstehet, wenn die Masse mit der Geschwindigkeit multipliziret wird; wir wissen aber, daß die Geschwindigkeit des Lichts die Geschwindigkeit des Schalles unendlich übertrift; Es ist also gar nicht entschieden: daß das Moment der Kraft von Seiten des Ohres, jenes Moment von Seiten des Auges, wenn vom Schalle und nicht vom Sturme die Rede ist, übertreffe. Ein geringes Licht schadet oft den nicht unbedekt da liegenden Sehenerven.[19]

Mithin hat Kausch sämtliche physiologischen Modelle, die im Laufe des 18. Jahrhunderts zur Erklärung der leidenschaftlichen Wirkungen der Musik kursierten, demontiert. Was übrigbleibt, ist zum einen die Überzeugung von der Wirkmacht der Musik, mit dem topischen (von mir in bezug auf Herder erwähnten) Verweis auf die heftigeren Affekte der Griechen. Zum anderen hält sich die Mechanik in Kauschs

---

17 Ebd., S. 149-155.
18 Ebd., S. 154.
19 Ebd., S. 155 f.

psychologischem Vokabular. Ob Kauschs Assoziationspsychologie nicht letztlich auf ein mechanistisches Seelenmodell zurückgeht, wäre mit Blick auf Locke zu diskutieren. Auf jeden Fall scheint die Erfahrung des Gerührtwerdens auch für Kausch nicht anders als in mechanischen Metaphern beschreibbar zu sein. Ganz selbstverständlich ist immer wieder davon die Rede, daß »die sympathetische[n] Springfedern« oder die »fröhlichen Fibern« des Herzens in Bewegung gesetzt werden[20], daß der Sinn der Worte den »Springfedern, womit sie die Saiten unseres Herzens erschüttern [...] eine größere Ausdehnung« oder »Schnellkraft« verleihe[21] oder daß »Gedankenmasse [...] das Materiale zu jeder Arbeit, zu jeder Energie des Schöngeistes« sei.[22] Mit der Entscheidung gegen mechanische Erklärungsmodelle versinken die mechanisierten rhetorischen Metaphern wieder im Repertoire der Überlieferung. Die Bedeutung, die sie als terminologische Bausteine einer Physik der Seele trugen, haben sie eingebüßt.

Kausch beschließt seine Kritik der mechanistischen Rührungstheorie mit einem Zitat aus Rousseaus *Essai sur l'origine des langues*, in dem er seine assoziationspsychologische These präfiguriert sieht. Gegen nervenphysiologische Erklärungen für die Wirkung der Musik vertritt Rousseau die Auffassung, daß unsere lebhaftesten Empfindungen auf intellektuelle und moralische Eindrücke zurückzuführen sind, zu denen sich die Sinneswahrnehmungen nur als »Gelegenheitsursachen« *(causes occasionelles)* verhalten. Er exemplifiziert diese Annahme u. a. an dem berühmten Phänomen des Tarantismus, einer in mediterranen Regionen verbreiteten Praxis, die Folgen von Tarantelstichen durch bestimmte, den Patienten zum Tanzen reizende Musikstücke (die Tarantella) zu kurieren. Daß der Erfolg dieser Therapie von der Wahl der richtigen, auf das jeweilige Tarantelopfer individuell abgestimmten Melodie abhängt, nimmt Rousseau als ein Indiz für die kulturelle, »moralische« Bedingtheit der musikalischen Wirkung:

> On cite en preuve du pouvoir physique des sons la guerison des piquures des Tarentules. Cet exemple prouve tout le contraire. Il ne faut ni des sons absolus ni les mêmes airs pour guérir toux ceux qui sont piqués de cet insecte, il faut à chacun d'eux des airs d'une mélodie qui lui soit connüe et des phrases qu'il comprenne. Il faut à l'Italien des airs italiens, au Turc il faudroit des airs Turcs. Chacun n'est affecté que des accens qui lui sont familiers; ses nerfs ne s'y prêtent qu'autant que son esprit les

---

20 Ebd., S. 55, S. 46.
21 Ebd., S. 169.
22 Ebd., S. 179.

y dispose: il faut qu'il entende la langue qu'on lui parle pour que ce qu'on lui dit puisse le mettre en mouvement. Les cantates de Bernier ont, dit-on, guéri de la fiévre un musicien françois; elles l'auroient donnée à un musicien de toute autre nation.[23]

Auch der Musikethnologe Gilbert Rouget, der in seiner Studie *La musique et la transe* von 1980 die vermeintlichen musikalischen Tarantel- therapien als getarnte Besessenheitsrituale interpretiert, sieht in Rous- seaus Theorie die richtige Antwort auf die Frage nach dem »étrange mécanisme« (Jean Rouch), dem Auslösemechanismus musikalisch be- dingter Trancezustände.[24] Rouget führt die beiden Erklärungsmodelle, die Rousseau unter den Bezeichnungen *action morale* und *action physique* einander gegenüberstellt, als zwei theoretische Grundrich- tungen der Musikanthropologie ein. Nach wie vor, so läßt sich seiner Darstellung entnehmen, konkurrieren in der Ethnologie physiologi- sche und psychologische Ansätze zur Klärung des Verhältnisses zwi- schen Musik und Trance. Angeregt von der Tatsache, daß bestimmte Lichteffekte epileptische Anfälle auslösen können, wurden noch in den 60er Jahren dieses Jahrhunderts Laborexperimente durchgeführt, die belegen sollten, daß Trommelschläge in rascher Abfolge ebenfalls epilepsieähnliche Reaktionen provozieren. Obwohl, wie Rouget nach- weist, die Resultate dieser Experimente als äußerst bescheiden zu be- werten sind – bei einigen Versuchspersonen konnte ein Zucken des linken Augenlides registriert werden – fand die neurophysiologische Hypothese Anklang und wurde in den folgenden Jahren von einigen Forschern als Faktum übernommen.[25] Auch in Berichten aus der eth- nologischen Feldforschung kehrt die These vom »physischen« oder »mechanischen« Einfluß wieder.[26]

Daß Rouget es für nötig befindet, den jahrhundertealten Streit über mechanische und moralische Einflüsse unter Berufung auf Rousseau zu revitalisieren, spricht dafür, den Newtonschen Erkennt- nisverzicht, für dessen Beherzigung in der Ästhetik Kausch sich ein- setzt, nicht als definitiv zu werten. Wenn das Problem der Rührung und ihres »seltsamen Mechanismus« in der Ästhetik an Relevanz ver- loren hat, so scheint es für die Anthropologie seine Aktualität zu be-

---

23 Rousseau, *Essai sur l'origine des langues où il est parlé de la mélodie et de l'imitation musicale*, in: ders., *Œuvres complètes*, Bd. V, S. 371-429, hier S. 418; vgl. Kausch, *Psy- chologische Abhandlung*, S. 157 f.

24 Rouget, *La musique et la transe*, S. 309.

25 Ebd., S. 314-324.

26 Ebd., S. 325-337.

wahren. Im Dialog mit dieser Disziplin ließen sich vielleicht auch weitere Aufschlüsse über die mentalitätsgeschichtliche und psychologische Tiefendimension des Verlangens nach Rührung gewinnen: Ist die Ästhetik der Rührung Ausdruck einer Sehnsucht nach Trance?[27]

---

27 »Après une longue éclipse, celle-ci [la tradition poétique de la *mania*] vient de faire, il y a quelques années à peine, sa réapparition en compagnie, bien entendu, de la musique et sous forme d'un slogan publicitaire de taille: la *Beattles-mania* [sic]. [...] Bien sûr, le mot ne veut ici rien dire de plus que ›folie‹. Son emploi n'en est pas moins significatif, et révélateur d'une certaine recherche – ou d'une certaine nostalgie – de la transe. Tradition savante? Tradition populaire? Jonction des deux? C'est ce qui reste à savoir.« Ebd., S. 433.

Literaturverzeichnis

Siglen

DAT René Descartes, *Œuvres*, hrsg. von Charles Adam und Paul Tannery, 11 Bde., nouvelle présentation, Paris 1974-1986.

SWS Johann Gottfried Herder, *Sämmtliche Werke*, hrsg. von Bernhard Suphan, 33 Bde., Berlin 1877-1913.

HW Johann Gottfried Herder, *Werke in zehn Bänden*, hrsg. von Martin Bollacher u. a., Frankfurt/Main 1985 ff.

LGP Gottfried Wilhelm Leibniz, *Die philosophischen Schriften*, hrsg. von C. I. Gerhardt, 7 Bde., ND d. Ausg. Berlin 1875-1890, Hildesheim/New York 1978.

SATh Johann George Sulzer, *Allgemeine Theorie der schönen Künste in einzelnen, nach alphabetischer Ordnung der Kunstwörter aufeinanderfolgenden, Artikeln abgehandelt* [1771-1774], ND d. 2. vermehrten Aufl. Leipzig 1792-1799, 4 Bde. u. Registerbd., m. einer Einleitg. von Giorgio Tonelli, Hildesheim 1967-1970.

SVS Johann George Sulzer, *Vermischte philosophische Schriften. Zwei Teile in einem Band*, ND d. Ausg. Leipzig 1773-1781, Hildesheim/New York 1974.

WGW Christian Wolff, *Gesammelte Werke*, hrsg. von Jean École u. a., Hildesheim/New York 1965 ff.

Quellen

Adelung, Johann Christoph, *Grammatisch=kritisches Wörterbuch der Hoch-deutschen Mundart, mit beständiger Vergleichung der übrigen Mundarten, besonders aber der Oberdeutschen* [¹1774-1786], 2. vermehrte u. verbesserte Ausg., 4 Bde., Leipzig 1798.

Albrecht, Johann Wilhelm, *Tractatus physicus de effectibus musices in corpus animatum*, Leipzig 1734.

Aristoteles, *Ars rhetorica*, hrsg. von Rudolfus Kassel, Berlin 1976.

- *Ethica nicomachea*, hrsg. von I. Bywater, Oxford ¹⁴1962.

- *Metaphysik*, gr./dt., in der Übers. von Hermann Bonitz, neu bearb., m. Einleitg. u. Komm. hrsg. von Horst Seidel, gr. Text in der Ed. von Wilhelm Christ, 2 Bde., Hamburg 1978-1980 (= Philosophische Bibliothek 307/308).

- *Die Nikomachische Ethik*, übers. u. hrsg. von Olof Gigon, vollst. Ausg. nach dem Text der 2., überarb. Aufl. d. Artemis-Verlags Zürich/München 1967, München ⁶1986.

- *Physik. Vorlesung über Natur*, gr./dt., übers., m. einer Einleitg. u. Anm. hrsg. von Hans Günter Zekl, 2 Bde., Hamburg 1987-1988 (= Philosophische Bibliothek 380/381).

- *Poetik*, gr./dt., übers. u. hrsg. von Manfred Fuhrmann, Stuttgart 1982 (= Reclams Universal-Bibliothek 7828).

- *Rhetorik*, übers., m. einer Bibliographie, Erläuterungen u. einem Nachw. von Franz G. Sieveke, München 1980 (= UTB 159).

- *Über die Seele*, gr./dt., m. Einleitg., Übers. (nach W. Theiler) u. Komm. hrsg. von Horst Seidl, gr. Text in der Ed. von Wilhelm Biehl und Otto Apelt, Hamburg 1995 (= Philosophische Bibliothek 476).

Avison, Charles, *An Essay on Musical Expression*, London 1753.

Bach, Carl Philipp Emanuel, *Versuch über die wahre Art das Clavier zu spielen. Erster und zweiter Teil*, ND d. 1. Aufl. Berlin 1753 und 1762, hrsg. von Lothar Hoffmann-Erbrecht, ⁶Wiesbaden 1986.

Baumgarten, Alexander Gottlieb, *Aesthetica*, ND d. Ausg. Frankfurt 1750 (Bd. I) bzw. Frankfurt 1758 (Bd. II), Hildesheim 1961.

- *Ethica philosophica* [¹1740], ND d. Ausg. Halle ³1763, Hildesheim 1969.

- *Meditationes de nonnullis ad poema pertinentibus. Philosophische Betrachtungen über einige Bedingungen des Gedichtes*, lat./dt., hrsg. u. übers. von Heinz Paetzold, Hamburg 1983.

- *Metaphysica* [¹1739], ND d. Ausg. Halle ⁷1779, Hildesheim 1963.

- *Sciagraphia Encyclopaediae philosophicae*, hrsg. von Johann Christian Foerster, Halle 1769.

- *Texte zur Grundlegung der Ästhetik*, lat./dt., übers. u. hrsg. von H. R. Schweizer, Hamburg 1983.

- *Theoretische Ästhetik. Die grundlegenden Abschnitte aus der »Aesthetica« (1750/58)*, lat./dt., übers. u. hrsg. von H. R. Schweizer, Hamburg ²1988.
- *Die Vorreden zur Metaphysik*, hrsg., übers. und kommentiert von Ursula Niggli, Frankfurt/Main 1999.

Baumgarten, Siegmund Jacob, *Auslegung des Briefes Jacobi*, Halle 1750.
- *Unterricht vom rechtmäßigen Verhalten eines Christen, oder Theologische Moral, zum academischen Vortrag ausgefertiget* [¹1738], Halle ³1744.

Beattie, James, *Essay on Poetry and Music, as they Affect the Mind*, London 1779.

Belidor, Bernard, *Le bombardier françois, ou Nouvelle méthode de jetter les bombes avec précision*, Paris 1731.

Berkeley, George, *A Treatise Concerning the Principles of Human Knowledge* [¹1710], hrsg. von Jonathan Dancy, Oxford/New York 1998.
- *The Works of George Berkeley Bishop of Cloyne*, hrsg. von A. A. Luce and T. E. Jessop, 9 Bde., ND d. Ausg. London 1948-1957, London 1964.

Bernouilli, Daniel, *Dissertatio de actione fluidorum in corpora solida et motu solidorum in fluidis*, in: *Commentarii Academiae Scientiarum Imperialis Petropolitanae*, Bd. II ad annum 1727, Petersburg 1729, S. 304-342, Bd. III ad annum 1728, Petersburg 1732, S. 214-229, Pars Quarta: »De motu corporum sursum proiectorum, vbi ad calculum reuocantur experimenta ab Excellentiss. Dno Günthero cum tormentis instituta«, Bd. II, S. 329-342.

Brown, John, *Dissertation on the Rise, Union, and Power, the Progressions, Separations, and Corruptions, of Poetry and Music. To which is prefixed, The Cure of Saul. A Sacred Ode*, London 1763.

Burke, Edmund, *A Philosophical Enquiry into the Origin of our Ideas of the Sublime and Beautiful* [¹1757], in: *The Writings and Speeches of Edmund Burke*, hrsg. von Paul Langford, Bd. I: *The Early Writings*, hrsg. von T. O. McLoughlin u. James T. Boulton, Oxford 1997, S. 185-320.

Cicero, Marcus Tullius, *De oratore. Über den Redner*, lat./dt., übers. u. hrsg. von Harald Merklin, Stuttgart ²1991 (= Reclams Universal-Bibliothek 6884).
- *Orator*, lat./dt., hrsg. von Bernhard Kytzler, 3., durchges. Aufl., München/Zürich 1988.

Clausewitz, Carl von, *Vom Kriege* [¹1832], Berlin 1998.

Cochius, [Leonhard], *Untersuchung über die Neigungen, welche den von der Königl. Akademie der Wissenschaften zu Berlin für das Jahr 1767. ausgesetzten Preiß erhalten hat. Nebst andern dahin einschlagenden Abhandlungen*, Berlin 1769, S. 1-90.

Condillac, Étienne Bonnot de, *Œuvres philosophiques*, hrsg. von Georges Le Roy, 3 Bde., Paris 1947-1951.

Descartes, René, *Œuvres*, hrsg. von Charles Adam u. Paul Tannery, 11 Bde., nouvelle présentation, Paris 1974-1986.
– *Philosophische Schriften in einem Band. Mit einer Einführung von Rainer Specht und »Descartes' Wahrheitsbegriff« von Ernst Cassirer*, Hamburg 1996.
Diderot, Denis, *Œuvres complètes*, hrsg. von Roger Lewinter, 15 Bde., o.O. 1969-1973.
Diderot, Denis/d'Alembert, Jean le Rond (Hrsg.), *Encyclopédie, ou Dictionnaire raisonné des sciences, des arts et des métiers, par une société de gens de lettres*, 35 Bde., ND d. Ausg. Neuchâtel 1751-1780, Stuttgart-Bad Cannstatt 1966-1967.
Du Bos, [Jean-Baptiste], *Réflexions critiques sur la poésie et sur la peinture* [[1]1719], 3 Bde., Dresden 1760.

Engel, Johann Jakob, *Schriften*, 12 Bde., ND d. Ausg. Berlin 1801-1806, Frankfurt/Main 1971.
Euler, Leonhard, *Neue Grundsätze der Artillerie. Aus dem Englischen des Herrn Benjamin Robins übersetzt und mit vielen Anmerkungen versehen. Mit vier ballistischen Abhandlungen* [[1]1745], hrsg. von Friedrich Robert Scherrer, in: *Leonhardi Euleri opera omnia*, hrsg. von Ferdinand Rudio, Adolf Krazer u. a., 2. Ser., Bd. XIV, Leipzig/Berlin 1922.

Felmer, Martinus, *Dissertatio theologica de efficacia S. Scripturae natvrali et svpernatvrali (praes.: S. J. Baumgarten)*, Halle 1742.
Friedrich der Große, *Œuvres de Frédéric le Grand*, 15 Bde., Berlin 1846-1850.

Gräveniz, Henning Fr. Graf von, *Akademische Abhandlung von der Bahn der Geschützkugeln*, Rostock 1764.

Hahlweg, Werner (Hrsg.), *Klassiker der Kriegskunst*, Darmstadt 1960.
Hanslick, Eduard, *Vom Musikalisch-Schönen. Ein Beitrag zur Revision der Ästhetik der Tonkunst*, unveränderter ND d. 16. Aufl., Wiesbaden [20]1980.
Harris, James, *Three Treatises. The First Concerning Art. The Second Concerning Music, Painting, and Poetry. The Third Concerning Happiness*, London 1744.
Hauksbee, Francis, *Physico-Mechanical Experiments On Various Subjects [...]* [[1]1709], ND d. Ausg. London [2]1719 m. einer Einf. von Duane H. D. Roller, New York/London 1970 (= The Sources of Science 90).
Herder, Johann Gottfried, *Abhandlung über den Ursprung der Sprache. Text, Materialien, Kommentar*, hrsg. von W. Proß, München/Wien o.J.
– *Werke in zehn Bänden*, hrsg. von Martin Bollacher u. a., Frankfurt/Main 1985 ff.
– *Frühe Schriften 1764-1772*, hrsg. von Ulrich Gaier, in: *HW*, Bd. I, Frankfurt/Main 1985.

– *Schriften zur Ästhetik und Literatur 1767-1781*, hrsg. von Gunter E. Grimm, in: *HW*, Bd. II, Frankfurt/Main 1993.
– *Schriften zu Philosophie, Literatur, Kunst und Altertum 1774-1787*, in: *HW*, Bd. IV, hrsg. von Jürgen Brummack und Martin Bollacher, Frankfurt/Main 1994.
– *Sämmtliche* Werke, hrsg. von Bernhard Suphan, 33 Bde., Berlin 1877-1913.
Hobbes, Thomas, *Leviathan. Authoritative Text, Backgrounds, Interpretations*, hrsg. von Richard E. Flathman u. David Johnston, New York/London 1997 (A Norton Critical Edition).
Homer, *Ilias*, aus dem Gr. von Johann Heinrich Voß, Nachw. von Viktor N. Jarcho, Leipzig [12]1988.

Kant, Immanuel, *Kritik der Urteilskraft*, in: ders., *Werkausgabe*, hrsg. von Wilhelm Weischedel, 12 Bde., Bd. X, Frankfurt/Main [10]1989 (= stw 57).
Kausch, Johann Joseph, *Psychologische Abhandlung über den Einfluß der Musik auf die Seele; nebst einem Anhange über den unmittelbaren Zwek der schönen Künste*, Breßlau 1782.
Kircher, Athanasius, *Neue Hall= und Thon=Kunst/ Oder Mechanische Gehaim=Verbindung der Kunst und Natur [...]*, ND d. Ausg. Nördlingen 1684, Hannover 1983.
Klopstock, Friedrich Gottlob, *Gedanken über die Natur der Poesie. Dichtungstheoretische Schriften*, hrsg. von Winfried Menninghaus, Frankfurt/Main 1989.
Krüger, Johann Gottlob, *Naturlehre. Zweyter Theil, welcher die Physiologie, oder Lehre von dem Leben und der Gesundheit der Menschen in sich fasset. Nebst Kupfern und vollständigem Register. Dritte vermehrte und verbesserte Auflage*, Halle 1763.
– *Versuch einer Experimental=Seelenlehre*, Halle/Helmstedt 1756.

Leibniz, Gottfried Wilhelm, *Hauptschriften zur Grundlegung der Philosophie*, hrsg. von Ernst Cassirer, 2 Bde., Hamburg [3]1966 (= Philosophische Bibliothek 107/108).
– *Die philosophischen Schriften*, hrsg. von C. I. Gerhardt, 7 Bde., ND d. Ausg. Berlin 1875-1890, Hildesheim/New York 1978.
– *Mathematische Schriften*, hrsg. von C. I. Gerhardt, 7 Bde., ND d. Ausg. Berlin/Halle 1849-1863, Hildesheim 1962.
– *Sämtliche Schriften und Briefe*, unter d. Leitg. von Kurt Müller hrsg. von der deutschen Akademie der Wissenschaften zu Berlin, 6. Reihe: *Philosophische Schriften*, hrsg. von der Leibniz-Forschungsstelle der Universität Münster, Bd. VI, bearb. von André Robinet u. Heinrich Schepers, Berlin 1962.
– *Specimen dynamicum*, lat./dt., hrsg. u. übers. von Hans Günter Dosch u. a., Hamburg 1982 (= Philosophische Bibliothek 339).
Leidenfrost, Johann Gottlob, *De motibus corporis humani qui fiunt in proportione harmonica praesertim crisibus et febribus [...]*, Halle 1741.

Lessing, Gotthold Ephraim, *Werke und Briefe in zwölf Bänden*, hrsg. von Wilfried Barner u. a., Frankfurt/Main 1985 ff., Bd. V.II, hrsg. von Wilfried Barner, Frankfurt/Main 1990.

Lessing, Gotthold Ephraim/Mendelssohn, Moses/Nicolai, Friedrich, *Briefwechsel über das Trauerspiel*, hrsg. von Jochen Schulte-Sasse, München 1972.

Locke, John, *An Essay concerning Human Understanding*, hrsg. von Peter H. Nidditch, Oxford 1975.

Lukrez, *Von der Natur*, übers. von Hermann Diels, München 1991.

Luther, D. Martin, *Werke. Kritische Gesamtausgabe. Die Deutsche Bibel*, Bd. VII, ND d. Ausg. Weimar 1931, Graz 1968.

Meier, Georg Friedrich, *Anfangsgründe der schönen Wissenschaften*, 3 Bde., ND d. Ausg. Halle 1754-1759, Hildesheim/New York 1976.
– *Beweis: daß keine Materie dencken könne* [[1]1742], Halle [2]1751.
– *Theoretische Lehre von den Gemüthsbewegungen überhaupt*, ND d. Ausg. Halle 1744, Frankfurt/Main 1971.

Mendelssohn, Moses, *Ästhetische Schriften in Auswahl*, hrsg. von Otto F. Best, Darmstadt [3]1994.
– *Gesammelte Schriften. Jubiläumsausgabe*, hrsg. von Alexander Altmann u. a., Berlin/Stuttgart-Bad Cannstatt 1929 ff., Bd. VI.I: *Kleinere Schriften*, bearb. von A. Altmann, m. einem Beitrag von Fritz Bamberger, Stuttgart-Bad Cannstatt 1981.

Merian, [Johann Bernhard], *Réflexions philosophiques sur la ressemblance*, in: *Histoire de l'Académie Royale des Sciences et Belles Lettres, Année 1751*, Berlin 1753, *Classe de philosophie spéculative*, S. 30-56.

Michaelis, Johann David, *De l'influence des opionions sur le langage et du langage sur les opinions*, hrsg. von Helga Manke, ND d. Ausg. Bremen 1762, Stuttgart-Bad Cannstatt 1974 (= Grammatica universalis 9).

Muratori, Lodovico Antonio, *Della perfetta poesia italiana* [[1]1706], hrsg. von Ada Ruschioni, 2 Bde., Milano 1971-1972.

Newton, Isaac, *Mathematische Prinzipien der Naturlehre*, hrsg. von J. Ph. Wolfers, ND d. Ausg. Berlin 1872, Darmstadt 1963.
– *Philosophiæ naturalis principia mathematica*, in: ders., *Opera quæ exstant omnia*, 5 Bde., ND d. Ausg. von Samuel Horsley, London 1779-1785, Stuttgart-Bad Cannstatt 1964.

Nicolai, Ernst Anton, *Die Verbindung der Musik mit der Artzneygelahrtheit*, ND d. Ausg. Halle 1745, m. einem Nachw. von Christoph Schwabe, Kassel u. a. 1990 (= Bibliotheca musica-therapeutica 2).

Platon, *Werke in acht Bänden*, gr./dt., Sonderausgabe, hrsg. von Gunther Eigler, Bd. V: *Phaidros, Parmenides, Briefe*, bearb. von Dietrich Kurz, gr. Text von Léon Robin u. a., dt. Übers. von Friedrich Schleiermacher u. Dietrich Kurz, Darmstadt 1990.

Plitt, Johann Jacob, *Meditationes Philosophicae de vita cognitionis ab eius claritate, veritate et certitudine non necessario pendente [...]*, Halle 1747.

Polinière, Pierre, *Expériences de physique*, Paris 1709.

Pouilly, [Louis Jean] Levesque de, *Théorie des sentimens agréables*, ND d. Ausg. Genf 1747, Genf 1971.

Prudentius, *Die Psychomachie des Prudentius*, lat./dt., eingeführt u. übers. von Ursmar Engelmann OSB, Basel/Freiburg/Wien 1959.

Quintilianus, Marcus Fabius, *Institutionis oratoriae libri XII. Ausbildung des Redners. Zwölf Bücher*, lat./dt., hrsg. u. übers. von Helmut Rahn, 2 Bde., Darmstadt ²1988.

Robins, Benjamin, *Mathematical Tracts*, 2 Bde., London 1761.

Roger, Joseph-Louis, *Traité des effets de la musique sur le corps humain* [lat. Version ¹1758], übers. u. annotiert von Étienne Sainte-Marie, Paris/Lyon 1803.

Rousseau, Jean-Jacques, *Œuvres complètes*, hrsg. von Bernard Gagnebin, Marcel Raymond u. a., o.O. [Paris] 1959 ff., Bd. V: *Écrits sur la musique, la langue et le théâtre*, o.O. [Paris] 1995 (= Bibliothèque de la Pléiade 416).

Sarbiewski, Maciej Kazimierz, *De acuto et arguto sive Seneca et Martialis*, in: ders., *Wykłady poetyki (Praecepta poetica)*, lat./poln., hrsg. und übers. von Stanisław Skimina, Wrocław/Kraków 1958 (= Biblioteka pisarzów polskich, Ser. B, Bd. 5), S. 1-41.

Sartre, Jean-Paul, *Qu'est-ce que la littérature?* [¹1948], Paris 1991 (= collection folio/essais 19).

Sauvages, François Boissier de la Croix de, *Dissertation où l'on recherche comment l'air, suivant ses différentes qualités, agit sur le corps humain*, Bordeaux 1754.

Shaftesbury, Anthony Earl of, *Characteristics of Men, Manners, Opinions, Times, etc.*, 2 Bde., hrsg. von John M. Robertson, Gloucester, Mass. 1963.

Sulzer, Johann George, *Allgemeine Theorie der schönen Künste in einzelnen, nach alphabetischer Ordnung der Kunstwörter aufeinanderfolgenden, Artikeln abgehandelt* [¹1771-1774], ND d. 2. vermehrten Aufl. Leipzig 1792-1799, 4 Bde. u. Registerbd., m. einer Einleitg. von Giorgio Tonelli, Hildesheim 1967-1970.

– *Nouvelles expériences sur la résistance que souffre une balle de fusil en passant par l'air*, in: *Histoire de l'Académie Royale des Sciences et Belles Lettres, Année 1755*, Berlin 1757, S. 104-116.

– *Vermischte philosophische Schriften. Zwei Teile in einem Band*, ND d. Ausg. Leipzig 1773-1781, Hildesheim/New York 1974.

Tesauro, Emanuele, *Il Cannochiale Aristotelico*, ND d. Ausg. Turin 1670, hrsg. u. eingeleitet von August Buck, Bad Homburg v. d. H./Berlin/Zürich 1968 (= Ars poetica. Texte 5).

Unzer, Johann August, *Neue Lehre von den Gemüthsbewegungen, mit einer Vorrede vom Gelde begleitet von Herrn Johann Gottlob Krügern*, hrsg. von Carsten Zelle, Halle 1995 (= Schriftenreihe zur Geistes- und Kulturgeschichte: Texte und Dokumente).

Webb, Daniel, *Ästhetische Schriften*, ND d. Ausg. von 1761, 1762 u. 1769 m. einer einleitenden Abhandlung von Ingrid Kerkhoff, München 1974 (= Theorie und Geschichte der Literatur und der schönen Künste, Texte und Abhandlungen 23).

– *Observations on the Correspondence between Poetry and Music*, London 1769.

– *Remarks on the Beauties of Poetry*, London 1762.

Winter, Eduard (Hrsg.), *Die Registres der Berliner Akademie der Wissenschaften (1746-1766). Dokumente für das Wirken Leonhard Eulers in Berlin. Zum 250. Geburtstag*, Berlin 1957.

Wolff, Christian, *Gesammelte Werke*, hrsg. von Jean École u. a., Hildesheim/New York 1965 ff.

– *Der Anfangs=Gründe aller Mathematischen Wissenschaften Anderer Theil [...]* [¹1710], in: *WGW*, I. Abt. dt. Schr., Bd. XIII, ND d. neuen, verbesserten u. vermehrten Ausg. Halle 1757, Hildesheim/New York 1973.

– *Cosmologia generalis* [¹1731], in: *WGW*, II. Abt. lat. Schr., Bd. IV, hrsg. von Jean École, ND d. Ausg. Frankfurt/Leipzig ²1737, Hildesheim 1964.

– *Discursus praeliminaris de philosophia in genere. Einleitende Abhandlung über Philosophie im allgemeinen. Historisch-kritische Ausgabe*, übers. u. hrsg. von Günter Gawlick u. Lothar Kreimendahl [Vorrede zur *Philosophia rationalis sive logica*, ¹1728], Stuttgart-Bad Cannstatt 1996 (= Forschungen und Materialien zur deutschen Aufklärung: Abt. 1, Texte 1).

– *Gesammelte kleine philosophische Schriften*, in: *WGW*, 1. Abt. dt. Schr., Bd. XXI.I-VI, ND d. Ausg. Halle ¹1736-1740, Hildesheim/New York 1981.

– *Horæ subsecivæ Marburgenses II*, in: *WGW*, II. Abt. lat. Schr., Bd. XXXIV.II, ND d. Ausg. Frankfurt/Leipzig ¹1731-1732, hrsg. von Jean École, Hildesheim/Zürich/New York 1983.

– *Oratio de Sinarum philosophia practica – Rede über die praktische Philosophie der Chinesen* [1726], übers., eingeleitet und hrsg. von Michael Albrecht, lat./dt., Hamburg 1985 (= Philosophische Bibliothek 369).

– *Philosophia practica universalis methodo scientifica pertractata. Pars posterior, praxin complectens [...]*, in: *WGW*, II. Abt. lat. Schr., Bd. XI, ND d. Ausg. Frankfurt/Leipzig ¹1739, Hildesheim/New York 1979.

- *Psychologia empirica* [¹1732], in: *WGW*, II. Abt. lat. Schr., Bd. V, ND d. Ausg. Frankfurt/Leipzig ²1738, hrsg. von Jean École, Hildesheim 1968.
- *Psychologia rationalis* [¹1734], in: *WGW*, II. Abt. lat. Schr., Bd. VI, ND d. Ausg. Frankfurt/Leipzig ²1740, hrsg. von Jean École, Hildesheim/New York 1972.
- *Vernünfftige Gedancken von Gott, der Welt und der Seele des Menschen, auch allen Dingen überhaupt (Deutsche Metaphysik)* [¹1720], in: *WGW*, 1. Abt. dt. Schr., Bd. II, ND d. Ausg. Halle ¹¹1751, hrsg. von Charles A. Corr, Hildesheim/Zürich/New York 1983.
- *Der vernünfftigen Gedancken von Gott, der Welt und der Seele des Menschen, auch allen Dingen überhaupt, anderer Theil, bestehend in ausführlichen Anmerckungen (Anmerkungen zur deutschen Metaphysik)* [¹1724], in: *WGW*, I. Abt. dt. Schr., Bd. III, hrsg. von Charles A. Corr, ND d. Ausg. Frankfurt/Main ⁴1740, Hildesheim/Zürich/New York 1983.
- *Vernünftige Gedanken von den Kräften des menschlichen Verstandes und ihrem richtigen Gebrauche in Erkenntnis der Wahrheit (Deutsche Logik)* [¹1712], in: *WGW*, 1. Abt. dt. Schr., Bd. I, hrsg. u. bearb. von H. W. Arndt, Hildesheim 1965.
- *Vernünfftige Gedancken Von den Würckungen der Natur, Den Liebhabern der Wahrheit Mitgetheilet (Deutsche Physik)*, in: *WGW*, 1. Abt. dt. Schr., Bd. VI, ND d. Ausg. Halle ¹1723, Hildesheim/New York 1981.
- *Vernünfftige Gedancken von der Menschen Thun und Lassen, zu Beförderung ihrer Glückseligkeit (Deutsche Ethik)* [¹1720], in: *WGW*, I. Abt. dt. Schr., Bd. IV, ND d. Ausg. Frankfurt/Leipzig 1733, hrsg. von Hans Werner Arndt, Hildesheim/New York 1976.

Zedler, Johann Heinrich, *Grosses vollständiges Universal-Lexikon aller Wissenschaften und Künste*, 64 Bde., ND d. Ausg. Halle/Leipzig 1732-1750, Graz 1961-1964.

Forschungsliteratur

Aarsleff, Hans, *The Tradition of Condillac: The Problem of the Origin of Language in the Eighteenth Century and the Debate in the Berlin Academy before Herder*, in: ders., *From Locke to Saussure. Essays on the Study of Language and Intellectual History*, Minneapolis 1982, S. 146-209.

Abrams, M. H., *The Mirror and the Lamp: Romantic Theory and the Critical Tradition* [¹1953], London u. a. 1971.

Adler, Hans, *Die Prägnanz des Dunklen. Gnoseologie – Ästhetik – Geschichtsphilosophie bei Johann Gottfried Herder*, Hamburg 1990 (= Studien zum 18. Jahrhundert 13).

Albrecht, Michael, *Die Tugend und die Chinesen. Antworten von Christian Wolff auf die Frage nach dem Verhältnis zwischen Religion und Moral*, in: *WGW, Materialien und Dokumente*, Bd. XXXI: *Nuovi studi sul pensiero di Christian Wolff*, hrsg. von Sonia Carboncini und Luigi Cataldi Madonna, Hildesheim u. a. 1992, S. 239-262.

Alewyn, Richard, *Die Lust an der Angst*, in: *Probleme und Gestalten. Essays* [¹1974], Frankfurt/Main 1982, S. 307-330.

Altmann, Alexander, *Moses Mendelssohns Frühschriften zur Metaphysik*, Tübingen 1969.

Arndt, Hans Werner, *Einführung des Herausgebers*, in: *WGW*, 1. Abt. dt. Schr., Bd. II: *Vernünftige Gedanken von den Kräften des menschlichen Verstandes und ihrem richtigen Gebrauche in Erkenntnis der Wahrheit (Deutsche Logik)* [¹1712], hrsg. u. bearb. von H. W. Arndt, Hildesheim 1965, S. 7-102.

– *Rationalismus und Empirismus in der Erkenntnislehre Christian Wolffs*, in: Schneiders (Hrsg.), *Christian Wolff 1679-1754*, S. 31-47.

Arno Forchert, *Vom »Ausdruck der Empfindung« in der Musik*, in: *Das musikalische Kunstwerk. Geschichte – Ästhetik – Theorie*, FS Carl Dahlhaus zum 60. Geburtstag, hrsg. von Hermann Danuser u. a., Laaber 1988, S. 39-50.

Assfahl, Gerhard, *Vergleich und Metapher bei Quintilian*, Stuttgart 1932.

Baasner, Michael, *Der Begriff ›sensibilité‹ im 18. Jahrhundert. Aufstieg und Niedergang eines Ideals*, Heidelberg 1988 (= Studia Romanica 69).

Bachelard, Gaston, *La formation de l'esprit scientifique. Contribution à une psychanalyse de la connaissance objective* [¹1938], Paris 1983.

Bachmann-Medick, Doris, *Die ästhetische Ordnung des Handelns. Moralphilosophie und Ästhetik in der Popularphilosophie des 18. Jahrhunderts*, Stuttgart 1989.

Baeumler, Alfred, *Das Irrationalitätsproblem in der Ästhetik und Logik des 18. Jahrhunderts bis zur Kritik der Urteilskraft* [¹1923], ND d. 2., durchges. Ausg. Tübingen 1967, Darmstadt 1975.

Barker-Benfield, G.-J., *The Culture of Sensibility: Sex and Society in Eighteenth-Century Britain*, Chicago/London 1992.

Barry, Kevin, *Language, Music and the Sign. A Study in Aesthetics, Poetics and Poetic Practice from Collins to Coleridge*, Cambridge u. a. 1987.

Bätschmann, Oskar, *Einführung in die kunstgeschichtliche Hermeneutik. Die Auslegung von Bildern* [¹1984], 3., durchges. Aufl., Darmstadt 1988.

Begemann, Christian, *Erhabene Natur. Zur Übertragung des Begriffs des Erhabenen auf Gegenstände der äußeren Natur in den deutschen Kunsttheorien des 18. Jahrhunderts*, in: *DVjs* 58 (1984), S. 74-110.

– *Furcht und Angst im Prozeß der Aufklärung. Zu Literatur und Bewußtseinsgeschichte des 18. Jahrhunderts*, Frankfurt/Main 1987.

Behrens, Rudolf, *Problematische Rhetorik. Studien zur französischen Theoriebildung der Affektrhetorik zwischen Cartesianismus und Frühaufklärung*, München 1982 (= Reihe Rhetorik 2).

Bender, Wolfgang, *Rhetorische Tradition und Ästhetik im 18. Jahrhundert: Baumgarten, Meier und Breitinger*, in: Zeitschrift für deutsche Philologie 99 (1980), S. 481-506.

Benning, Hildegard, *Ut Pictura Poesis – Ut Musica Poesis. Paradigmenwechsel im poetologischen Denken Klopstocks*, in: *Klopstock an der Grenze der Epochen*, hrsg. von Kevin Hilliard und Katrin Kohl, m. Klopstock-Bibliographie 1972-1992 von Helmut Riege, Berlin/New York 1995, S. 80-96.

Bergmann, Ernst, *Die Begründung der deutschen Ästhetik durch Alexander Gottlieb Baumgarten und Georg Friedrich Meier. Mit einem Anhang: Meiers ungedruckte Briefe*, Leipzig 1911.

Bezold, Raimund, *Popularphilosophie und Erfahrungsseelenkunde im Werk von Karl Philipp Moritz*, Würzburg 1984 (= Epistemata 14).

Bien, G., Art. *Praxis, praktisch I*, in: *Historisches Wörterbuch der Philosophie*, hrsg. von Joachim Ritter und Karlfried Gründer, Bd. VII, Basel 1989, Sp. 1277-1287.

Bilger, Stefan, *Üble Verdauung und Unarten des Herzens. Hypochondrie bei Johann August Unzer (1727-1799)*, Würzburg 1990.

Bissinger, Anton, *Zur metaphysischen Begründung der Wolffschen Ethik*, in: *Christian Wolff 1679-1754. Interpretationen zu seiner Philosophie und deren Wirkung. Mit einer Bibliographie der Wolff-Literatur*, hrsg. von Werner Schneiders, Hamburg ²1986 (= Studien zum 18. Jahrhundert 4).

Blumenberg, Hans, *Beobachtungen an Metaphern*, in: *Archiv für Begriffsgeschichte* 15 (1971), S. 161-214.

– *Licht als Metapher der Wahrheit. Im Vorfeld der philosophischen Begriffsbildung*, in: *Studium generale* 10 (1957), S. 432-447.

– *Paradigmen zu einer Metaphorologie*, in: *Archiv für Begriffsgeschichte* 6 (1960), S. 7-142.

– *Schiffbruch mit Zuschauer. Paradigma einer Daseinsmetapher* [¹1979], Frankfurt/Main ⁴1993.

Boas, Marie, *The Establishment of the Mechanical Philosophy*, in: *Osiris* 10 (1952), S. 412-541.

Bornscheuer, Lothar, *Rhetorische Paradoxien im anthropologiegeschichtlichen Paradigmenwechsel*, in: *Rhetorik* 8 (1989), S. 13-42.

Braungart, Georg, *Leibhafter Sinn. Der andere Diskurs der Moderne*, München 1995 (= Studien zur deutschen Literatur 130).

Busch, Werner, *Joseph Wright of Derby. Das Experiment mit der Luftpumpe. Eine heilige Allianz zwischen Wissenschaft und Religion*, Frankfurt/Main 1986.

Campe, Rüdiger, *Affekt und Ausdruck. Zur Umwandlung der literarischen Rede im 17. und 18. Jahrhundert*, Tübingen 1990 (= Studien zur deutschen Literatur 107).

– *Vor Augen Stellen. Über den Rahmen rhetorischer Bildgebung*, in: Gerhard Neumann (Hrsg.), *Poststrukturalismus. Herausforderung an die Literaturwissenschaft* (DFG-Symposion 1995), Stuttgart/Weimar 1997, S. 208-225.

Canguilhem, Georges, *La formation du concept de réflexe aux XVIIe et XVIIIe siècles*, Paris 1955.

Cantor, Geoffrey N., *Weighing Light: The Role of Metaphor in Eighteenth-Century Optical Discourse*, in: *The Figural and the Literal. Problems of Language in the History of Science and Philosophy, 1630-1800*, hrsg. von Andrew Benjamin, Geoffrey N. Cantor und John R. R. Christie, Manchester 1987, S. 124-146.

Carboncini, Sonia/Cataldi Madonna, Luigi (Hrsg.), *Nuovi studi sul pensiero di Christian Wolff*, in: *WGW, Materialien und Dokumente*, Bd. XXXI, Hildesheim/Zürich/New York 1992.

Carnochan, Walter B., *Confinement and Flight. An Essay on English Literature of the Eighteenth Century*, Berkeley u. a. 1977.

Cassirer, Ernst, *Die Philosophie der Aufklärung* [[1]1932], m. einer Einleitg. von Gerald Hartung u. einer Bibliographie d. Rezensionen von Arno Schubbach, Hamburg 1998 (= Philosophische Bibliothek 513).

Casula, Mario, *La metafisica di A. G. Baumgarten*, Milano 1973.

Chouillet, Jacques, *Diderot, poète de l'énergie*, Paris 1984.

– *La formation des idées esthétiques de Diderot, 1745-1763*, Paris 1973.

Clark, Robert T., *Herder's Conception of »Kraft«*, in: *PMLA* 57 (1942), S. 737-752.

Corbin, Alain, *Le miasme et la jonquille. L'odorat et l'imaginaire social. XVIIIe-XIXe siècles* [[1]1982], o.O. [Paris] 1986 (= collection Champs 165).

– *Le territoire du vide. L'occident et le désir du rivage (1750-1840)*, Paris 1988.

Corr, Charles E., *Christian Wolff's Distinction between Empirical and Rational Psychology*, in: *Akten des II. internationalen Leibniz-Kongresses*, hrsg. von Kurt Müller u. a., Bd. III: *Metaphysik – Ethik – Ästhetik – Monadenlehre*, Wiesbaden 1975 (= Studia Leibnitiana Supplementa 14), S. 195-215.

Cowart, Giorgia J., *Sense and Sensibility in Eighteenth-Century Musical Thought*, in: *Acta musicologica* 56 (1984), S. 251-266.

Dahlhaus, Carl, *Die Idee der absoluten Musik* [^{1}1978], Kassel u. a. ^{2}1987.
- *Musikästhetik*, Laaber ^{4}1986 (= Musik-Taschen-Bücher, Theoretica 8).

Danuser, Hermann u. a. (Hrsg.), *Das musikalische Kunstwerk. Geschichte – Ästhetik – Theorie*, FS Carl Dahlhaus zum 60. Geburtstag, Laaber 1988.

Daremberg, Charles, *Histoire des sciences médicales. Comprenant l'anatomie, la physiologie, la médicine, la chirurgie et les doctrines de pathologie générale*, 2 Bde., ND d. Ausg. Paris 1870, Graz 1974.

Davis, John W., *The Molyneux Problem*, in: *Journal of the History of Ideas* 21 (1960), S. 392-408.

Delon, Michel, *Le bonheur négatif selon Bernardin de Saint-Pierre*, in: *Revue d'Histoire Littéraire de la France* 89 (1989), S. 791-801.
- *L'idée d'énergie au tournant des Lumières (1770-1820)*, Paris 1988.
- *La mort du gladiateur. Un débat esthétique et moral au siècle des Lumières*, in: *Leib-Zeichen. Körperbilder, Rhetorik und Anthropologie im 18. Jahrhundert*, hrsg. von Rudolf Behrens und Roland Galle, Würzburg 1993, S. 185-196.
- *Naufrages vus de loin: Les développements narratifs d'un thème Lucrétien*, in: *Rivista di Letterature moderne et comparate*, n. s. 41 (1988), S. 91-119.

Denby, David J., *Sentimental Narrative and the Social Order in France, 1760-1820*, Cambridge u. a. 1994 (= Cambridge Studies in French 47).

Deprun, Jean, *La philosophie de l'inquiétude en France au XVIIIe siècle*, Paris 1979.

Dessoir, Max, *Geschichte der neueren deutschen Psychologie*, ND d. Ausg. Berlin ^{2}1902, Amsterdam 1964.

Didier, Béatrice, *La musique des Lumières. Diderot – »L'Encyclopédie« – Rousseau*, Paris 1985.

Dieckmann, Herbert, *Das Abscheuliche und das Schreckliche in der Kunsttheorie des 18. Jahrhunderts*, in: *Die nicht mehr schönen Künste. Grenzphänomene des Ästhetischen*, hrsg. von Hans Robert Jauß, München 1968 (= Poetik und Hermeneutik 3), S. 271-317.
- *Studien zur europäischen Aufklärung*, München 1974 (= Theorie und Geschichte der Literatur und der schönen Künste, Texte und Abhandlungen 22).
- *Théophile Bordeu und Diderots »Rêve de d'Alembert«*, in: *Romanische Forschungen* 52 (1938), S. 55-122.
- *Die Wandlung des Nachahmungsbegriffs in der französischen Ästhetik des 18. Jahrhunderts*, in: ders., *Studien zur europäischen Aufklärung*, S. 275-311.
- *Zur Theorie der Lyrik im 18. Jahrhundert in Frankreich, mit gelegentlicher Berücksichtigung der englischen Kritik*, in: ders., *Studien zur europäischen Aufklärung*, S. 327-371.

Dockhorn, Klaus, *Affekt, Bild und Vergegenwärtigung in der Poetik des Barock*, in: *Göttingische gelehrte Anzeigen* 225 (1973), S. 135-156.

– *Macht und Wirkung der Rhetorik. Vier Aufsätze zur Ideengeschichte der Vormoderne*, Bad Homburg u. a. 1968 (= Republica Literaria 2).

– *Die Rhetorik als Quelle des vorromantischen Irrationalismus in der Literatur- und Geistesgeschichte* [1944], in: ders., *Macht und Wirkung der Rhetorik*, S. 46-95.

– *Rhetorik und germanistische Literaturwissenschaft in Deutschland*, in: *Jahrbuch für internationale Germanistik* 3.1 (1971), S. 168-185.

– *Wordsworth und die rhetorische Tradition in England* [1944], in: ders., *Macht und Wirkung der Rhetorik*, S. 9-45.

Draper, John W., *Aristotelian Mimesis in Eighteenth-Century England*, in: *PMLA* 36 (1921), S. 372-400.

Duchesneau, François, *La physiologie des Lumières. Empirisme, Modèles et Théories*, The Hague/Boston/London 1982 (= Archives internationales d'histoire des idées 95).

Duchhardt, Heinz, *Gleichgewicht der Kräfte, Convenance, Europäisches Konzert. Friedenskongresse und Friedensschlüsse vom Zeitalter Ludwig XIV. bis zum Wiener Kongreß*, Darmstadt 1976 (= Erträge der Forschung 56).

Dürbeck, Gabriele, *Einbildungskraft und Aufklärung. Perspektiven der Philosophie, Anthropologie und Ästhetik um 1750*, München 1998 (= Studien zur deutschen Literatur 148).

Dwyer, John, *Virtuous Discourse: Sensibility and Community in Late Eighteenth-Century Scotland*, Edinburgh 1987.

Dyck, Joachim, *Tichtkunst. Deutsche Barockpoetik und rhetorische Tradition. Mit einer Bibliographie zur Forschung 1966-1986*, 3., erg. Aufl., Tübingen 1991 (= Rhetorik-Forschungen 2).

École, Jean, *En quels sens peut-on dire que Wolff est rationaliste?* In: *Studia Leibnitiana* 11 (1979), S. 45-61.

Eggebrecht, Hans Heinrich, *Das Ausdrucks-Prinzip im musikalischen Sturm und Drang*, in: ders., *Musikalisches Denken: Aufsätze zur Theorie und Ästhetik der Musik*, Wilhelmshaven 1977 (= Taschenbücher zur Musikwissenschaft 46), S. 69-111.

Ehrard, Jean, *Histoire des idées et histoire littéraire*, in: *Problèmes et méthodes de l'histoire littéraire. Colloque 18 novembre 1972*, hrsg. von der Société d'histoire littéraire de la France, Paris 1974, S. 68-88.

– *Opinions médicales en France au XVIIIe siècle. La peste et l'idée de contagion*, in: *Annales. Économies – Sociétés – Civilisations* 12 (1957), S. 46-59.

Engfer, Hans-Jürgen, *Von der Leibnizschen Monadologie zur empirischen Psychologie Wolffs*, in: *WGW, Materialien und Dokumente*, Bd. XXXI: *Nuovi studi sul pensiero di Christian Wolff*, hrsg. von Sonia Carboncini und Luigi Cataldi Madonna, Hildesheim/Zürich/New York 1992, S. 193-215.

Fabre, Jean, *Lumières et Romantisme, Énergie et Nostalgie, de Rousseau à Mickiewicz*, Paris 1963.

Finsen, Hans Carl, *Evidenz und Wirkung im ästhetischen Werk Baumgartens. Texttheorie zwischen Philosophie und Rhetorik*, in: *DVjs* 70 (1996), S. 198-212.

Fischer-Lichte, Erika, *Der Körper als Zeichen und Erfahrung. Über die Wirkung von Theateraufführungen*, in: *Theater im Kulturwandel des 18. Jahrhunderts. Inszenierung und Wahrnehmung von Körper – Musik – Sprache*, hrsg. von E. Fischer-Lichte u. Jörg Schönert, Göttingen 1999 (= Das achtzehnte Jahrhundert Supplementa 5), S. 53-68.

Formigari, Lia, *Sulla genesi del concetto di espressione. Il Settecento inglese*, in: *Revue internationale de Philosophie* 59 (1962), S. 101-115.

Foucault, Michel, *L'archéologie du savoir* [¹1969], o.O. [Paris] 1994.

– *Histoire de la folie à l'âge classique* [¹1972], o.O. [Paris] 1989 (= collection tel 9).

– *Les mots et les choses. Une archéologie des sciences humaines* [¹1966], o.O. [Paris] 1992 (= collection tel 166).

Franke, Ursula, *Kunst als Erkenntnis. Die Rolle der Sinnlichkeit in der Ästhetik des Alexander Gottlieb Baumgarten*, Wiesbaden 1972 (= Studia Leibnitiana Supplementa 9).

Franz, Marie-Louise von, *Spiegelungen der Seele. Projektion und innere Sammlung in der Psychologie C. G. Jungs*, München 1988.

Franzen, W./Georgulis, K., Art. *Entelechie I*, in: *Historisches Wörterbuch der Philosophie*, hrsg. von Joachim Ritter, Bd. II, Basel 1972, Sp. 506 f.

Frye, Northrop, *Towards Defining an Age of Sensibility* [¹1956], in: *Eighteenth-Century English Literature: Modern Essays in Criticism*, hrsg. von James L. Clifford, New York 1959, S. 311-318.

Fugate, Joe K., *The Psychological Basis of Herder's Aesthetics*, The Hague/Paris 1966 (= Studies in Philosophy 10).

Fullenwider, Henry F., *The Loving Arrow: Pointed Diction in God's Word*, in: *Rhetorica* 8 (1990), S. 255-274.

Gaier, Ulrich, *Herders Sprachphilosophie und Erkenntniskritik*, Stuttgart-Bad Cannstatt 1988 (= problemata 118).

– *Poesie als Metatheorie. Zeichenbegriffe des frühen Herder*, in: *Johann Gottfried Herder 1744-1803*, hrsg. von Gerhard Sauder, Hamburg 1987 (= Studien zum 18. Jahrhundert 9), S. 202-224.

– *Poesie oder Geschichtsphilosophie? Herders erkenntnistheoretische Antwort auf Kant*, in: *Johann Gottfried Herder. Geschichte und Kultur*, hrsg. von Martin Bollacher, Würzburg 1994, S. 1-17.

Geyer-Kordesch, Johanna, *Die Psychologie des moralischen Handelns. Psychologie, Medizin und Dramentheorie bei Lessing, Mendelssohn und Friedrich Nicolai*, masch. Diss., Amherst 1977.

Grande, Carlo del, *L'Allegoria della nave*, in: *Studi in onore di Lorenzo Bianchi*, hrsg. von Mario Pensa und Horst Rüdiger, Bologna 1960, S. 61-70.

Gruenter, Rainer (Hrsg.), *Das weinende Saeculum*, Colloquium der Arbeitsstelle 18. Jahrhundert, Heidelberg 1983 (= Beiträge zur Geschichte der Literatur und Kunst des 18. Jahrhunderts 7).

Gueroult, Martial, *Leibniz. Dynamique et métaphysique* [¹1934], Paris 1967.

Günthers, Hans R. G., *Psychologie des deutschen Pietismus*, in: *DVjs* 4 (1926), S. 144-176.

Harkin, Maureen, *MacKenzie's »Man of Feeling:« Embalming Sensibility*, in: *ELH* 61 (1994), S. 317-340.

– *Smith's »The Theory of Moral Sentiments:« Sympathy, Women, and Emulation*, in: *Studies in Eighteenth-Century Culture* 24 (1995), S. 175-190.

Harnack, Adolf, *Geschichte der Königlich Preussischen Akademie der Wissenschaften zu Berlin*, Bd. I.I: *Von der Gründung bis zum Tode Friedrich's des Großen*, ND d. Ausg. Berlin 1900, Hildesheim/New York 1970.

Hathaway, Baxter, *The Lucretian »Return upon ourselves« in Eighteenth-Century Theories of Tragedy*, in: *PMLA* 62 (1947), S. 672-689.

Heinz, Marion, *Sensualistischer Idealismus. Untersuchungen zur Erkenntnistheorie des jungen Herder (1763-1778)*, Hamburg 1994 (= Studien zum achtzehnten Jahrhundert 17).

Heizmann, Bertold, *Ursprünglichkeit und Reflexion. Die ›poetische Ästhetik‹ des jungen Herder im Zusammenhang der Geschichtsphilosophie und Anthropologie des 18. Jahrhunderts*, Frankfurt/Main 1981 (= Europäische Hochschulschriften, Reihe 1: Deutsche Sprache und Literatur 373).

Hinrichs, Carl, *Preußentum und Pietismus. Der Pietismus in Brandenburg-Preußen als religiös-soziale Reformbewegung*, Göttingen 1971.

Hirsch, Emanuel, *Geschichte der neuern evangelischen Theologie im Zusammenhang mit den allgemeinen Bewegungen des europäischen Denkens*, Bd. II: *Die neuen philosophischen und theologischen Anfänge in Deutschland*, Gütersloh ⁴1968.

Irmscher, Hans Dietrich, *Aneignung und Kritik naturwissenschaftlicher Vorstellungen bei Herder*, in: *Texte, Motive und Gestalten der Goethezeit*, FS Hans Reiss, hrsg. von John L. Hibberd und H. B. Nisbet, Tübingen 1989, S. 33-63.

– *Aus Herders Nachlaß*, in: *Euphorion* 54 (1960), S. 281-294.

– *Beobachtungen zur Funktion der Analogie im Denken Herders*, in: *DVjs* 55 (1981), S. 64-97.

– *Zur Ästhetik des jungen Herder*, in: *Johann Gottfried Herder. 1744-1803*, hrsg. von Gerhard Sauder, Hamburg 1987 (= Studien zum 18. Jahrhundert 9), S. 43-76.

Jacob, Joachim, *Heilige Poesie. Zu einem literarischen Modell bei Pyra, Klopstock und Wieland*, Tübingen 1997 (= Studien zur deutschen Literatur 144).

Jäger, Michael, *Die Ästhetik als Antwort auf das kopernikanische Weltbild. Die Beziehungen zwischen den Naturwissenschaften und der Ästhetik Alexander Gottlieb Baumgartens und Georg Friedrich Meiers*, Hildesheim/Zürich/New York 1984 (= Philosophische Texte und Studien 10).

Jammer, Max, *Concepts of Force. A Study in the Foundations of Dynamics*, Cambridge/Mass. 1957.

Kaiser, Gerhard, *Klopstock. Religion und Dichtung*, Kronberg/Ts. [2]1975.

– *Pietismus und Patriotismus im literarischen Deutschland. Ein Beitrag zum Problem der Säkularisation*, Frankfurt [2]1973.

Katz, Ruth/Hacohen, Ruth, »*Ut musica poesis:*« *The Crystallization of a Conception Concerning Cognitive Processes and »Well-Made Worlds*«, in: Hermann Danuser u. a. (Hrsg.), *Das musikalische Kunstwerk. Geschichte – Ästhetik – Theorie*, FS Carl Dahlhaus zum 60. Geburtstag, Laaber 1988, S. 17-37.

Kaulbach, F., Art. *Bewegung I*, in: *Historisches Wörterbuch der Philosophie*, hrsg. von Joachim Ritter, Bd. I, Basel 1971, Sp. 864-869.

Käuser, Andreas, *Physiognomik und Roman im 18. Jahrhundert*, Frankfurt/Main 1989 (= Forschungen zur Literatur- und Kulturgeschichte 24).

Kemmans, A., Art. *Evidentia, Evidenz*, in: Gert Ueding (Hrsg.), *Historisches Wörterbuch der Rhetorik*, Bd. III, Tübingen 1996, Sp. 33-47.

Kerkhoff, Ingrid, *Einleitung*, in: Daniel Webb, *Ästhetische Schriften*, ND d. Ausg. von 1761, 1762 u. 1769 m. einer einleitenden Abhandlung von Ingrid Kerkhoff, München 1974 (= Theorie und Geschichte der Literatur und der schönen Künste, Texte und Abhandlungen 23), S. VII-LXXIII.

Kluxen, W., Art. *Analogie I*, in: *Historisches Wörterbuch der Philosophie*, hrsg. von Joachim Ritter, Bd. I, Basel 1971, Sp. 214-227.

Knobloch, Eberhard, *Analogie und mathematisches Denken*, in: *Berichte zur Wissenschaftsgeschichte* 12 (1989), S. 35-47.

Kondylis, Panajotis, *Die Aufklärung im Rahmen des neuzeitlichen Rationalismus* [[1]1981], München 1986.

Koschorke, Albrecht, *Körperströme und Schriftverkehr. Mediologie des 18. Jahrhunderts*, München 1999.

Košenina, Alexander, *Anthropologie und Schauspielkunst. Studien zur ›eloquentia corporis‹ im 18. Jahrhundert*, Tübingen 1995 (= Theatron 11).

Koyré, Alexandre, *Form the Closed World to the Infinite Universe*, Baltimore 1957.

Kroener, Bernhard R. (Hrsg.), *Europa im Zeitalter Friedrichs des Großen. Wirtschaft, Gesellschaft, Kriege*, München 1989 (= Beiträge zur Militärgeschichte 26).

Kümmel, Werner Friedrich, *Musik und Medizin. Ihre Wechselbeziehungen in Theorie und Praxis von 800 bis 1800*, München 1977 (= Freiburger Beiträge zur Wissenschafts- und Universitätsgeschichte 2).

Lachmann, Renate, *Die Zerstörung der schönen Rede. Rhetorische Tradition und Konzepte des Poetischen*, München 1994 (= Theorie und Geschichte der Literatur und der schönen Künste, N. F., Reihe A, Bd. 8).

Langen, August, *Der Wortschatz des deutschen Pietismus*, Tübingen [2]1968.

Launay, Denise, *La Querelle des Bouffons. Texte des pamphlets avec introduction, commentaires, index*, 3 Bde., Genf 1973.

Lawrence, Christopher, *The Nervous System and Society in the Scottish Enlightenment*, in: *Natural Order. Historical Studies of Scientific Culture*, hrsg. von Barry Barnes u. Steven Shapin, Beverly Hills/London 1979, S. 19-40.

Leinkauf, Thomas, *Mundus combinatus. Studien zur Struktur der barocken Universalwissenschaft am Beispiel Athanasius Kirchers SJ (1602-1680)*, Berlin 1993.

Linn, Marie-Luise, *A. G. Baumgartens »Aesthetica« und die antike Rhetorik*, in: *DVjs* 41 (1967), S. 424-443.

Lovejoy, Arthur, *The Great Chain of Being. A Study of the History of an Idea* [[1]1936], Cambridge 1966.

Luserke, Matthias, *Die Bändigung der wilden Seele. Literatur und Leidenschaft in der Aufklärung*, Stuttgart/Weimar 1995 (= Germanistische Abhandlungen 77).

Maier-Petersen, Magdalene, *Der »Fingerzeig Gottes« und die »Zeichen der Zeit«. Pietistische Religiosität auf dem Weg zu bürgerlicher Identitätsfindung, untersucht an Selbstzeugnissen von Spener, Francke und Oetinger*, Stuttgart 1984 (= Stuttgarter Arbeiten zur Germanistik 141).

Malek, James S., *The Arts Compared. An Aspect of Eighteenth-Century British Aesthetics*, Detroit 1974.

Man, Paul de, *Epistemologie der Metapher*, vom Verf. autorisierte Übers. von Werner Hamacher, in: *Theorie der Metapher*, hrsg. von Anselm Haverkamp, Darmstadt 1983, S. 414-437.

Marshall, David, *The Surprising Effects of Sympathy: Marivaux, Diderot, Rousseau, and Mary Shelley*, Chicago/London 1988.

Martens, Wolfgang, *Literatur und Frömmigkeit in der Zeit der frühen Aufklärung*, Tübingen 1989 (= Studien und Texte zur Sozialgeschichte der Literatur 25).

Mattenklott, Caroline, *Vom ›Song-Feast‹ zum Gesamtkunstwerk: Arbeitsteilung und ihre Kritik in der Ästhetik der Aufklärung*, in: *Musik/Revolution*, FS Georg Knepler zum 90. Geburtstag, hrsg. von Hanns-Werner Heister, Bd. II, S. 15-34.

– s. unter Torra-Mattenklott, Caroline.

Mauzi, Robert, *L'idée du bonheur dans la littérature et la pensée françaises au XVIIIe siècle* [[1]1960], Paris [4]1969.

– *Thèmes et antinomies du bonheur dans la pensée du XVIIIe siècle*, in: *Bulletin de la Société française de Philosophie* 65 (1970), S. 121-143.

Menninghaus, Winfried, *»Darstellung«. Friedrich Gottlob Klopstocks Eröffnung eines neuen Paradigmas*, in: *Was heißt »Darstellen«?* Hrsg. von Christian L. Hart Nibbrig, Frankfurt/Main 1994, S. 205-226.

– *Dichtung als Tanz – Zu Klopstocks Poetik der Wortbewegung*, in: *Comparatio* 2.3 (1991), S. 129-150.

– *Nachwort*, in: Friedrich Gottlieb Klopstock, *Gedanken über die Natur der Poesie. Dichtungstheoretische Schriften*, hrsg. von W. Menninghaus, Frankfurt/Main 1989.

Meuthen, Erich, *Selbstüberredung. Rhetorik und Roman im 18. Jahrhundert*, Freiburg im Breisgau 1994 (= Rombach Wissenschaft – Reihe Litterae 23), S. 96-101.

Möller, Hans-Jürgen, *Musik gegen »Wahnsinn«. Geschichte und Gegenwart musiktherapeutischer Vorstellungen*, Stuttgart 1971.

Möller, Uwe, *Rhetorische Überlieferung und Dichtungstheorie im frühen 18. Jahrhundert. Studien zu Gottsched, Breitinger und G. Fr. Meier*, München 1983.

Moravia, Sergio, *From »homme machine« to »homme sensible«. Changing Eighteenth-Century Models of Man's Image*, in: *Journal of the History of Ideas* 39 (1978), S. 45-60.

Mülder-Bach, Inka, *Im Zeichen Pygmalions. Das Modell der Statue und die Entdeckung der »Darstellung« im 18. Jahrhundert*, München 1998.

Müller, Ingo Wilhelm, *Iatromechanische Theorie und ärztliche Praxis im Vergleich zur galenistischen Medizin (Friedrich Hoffmann – Pieter van Foreest, Jan van Heurne)*, Stuttgart 1991 (= Historische Forschungen 17).

Müller, Lothar, *Die kranke Seele und das Licht der Erkenntnis. Karl Philipp Moritz' Anton Reiser*, Frankfurt/Main 1987.

Neubauer, John, *The Emancipation of Music from Language: Departure from Mimesis in Eighteenth-Century Aesthetics*, New Haven/London 1986.

Nicolson, Marjorie Hope, *The Breaking of the Circle. Studies in the Effect of the »New Science« upon Seventeenth-Century Poetry*, Evanston 1950.

– *Mountain Gloom and Mountain Glory: The Development of the Aesthetics of the Infinite* [[1]1959], New York [2]1963.

– *Science and Imagination* [[1]1956], ND d. Ausg. von 1962, Ithaca/New York 1976.

– *Voyages to the Moon*, New York 1960.

Niggl, Günter, *Zur Säkularisation der pietistischen Autobiographie im 18. Jahrhundert*, in: *Prismata. Dank an Berhard Hanssler*, hrsg. von Dieter Grimm u. a., Pullach 1974, S. 155-172.

Nisbet, Hugh B., *Herder and the Philosophy and History of Science*, Cambridge 1970.

Nivelle, Armand, *Kunst- und Dichtungstheorien zwischen Aufklärung und Klassik*, Berlin 1960.

Norton, Robert, *Herder's Aesthetics and the European Enlightenment*, Ithaca/London 1991.

Palme, Anton, J. G. *Sulzers Psychologie und die Anfänge der Dreivermögenslehre*, Diss. Berlin 1905, S. 75-77.

Paulson, William R., *Enlightenment, Romanticism, and the Blind in France*, Princeton 1987.

Peursen, Cornelis-Anthonie van, *Ars inveniendi im Rahmen der Metaphysik Christian Wolffs. Die Rolle der ars inveniendi*, in: *Christian Wolff 1679-1754. Interpretationen zu seiner Philosophie und deren Wirkung*, hrsg. von Werner Schneiders, 2., durchges. Aufl., Hamburg 1986 (= Studien zum achtzehnten Jahrhundert 4), S. 66-88.

Pfotenhauer, Helmut, *Literarische Anthropologie. Selbstbiographien und ihre Geschichte am Leitfaden des Leibes*, Stuttgart 1987 (= Germanistische Abhandlungen 62).

– *Um 1800. Konfigurationen der Literatur, Kunsttheorie und Ästhetik*, Tübingen 1991.

Pikulik, Lothar, »*Bürgerliches Trauerspiel*« *und Empfindsamkeit*, Köln/Graz 1966.

Plett, Heinrich F., *Rhetorik der Affekte. Englische Wirkungsästhetik im Zeitalter der Renaissance*, Tübingen 1975 (= Studien zur englischen Philologie, N. F. 18).

Poppe, Bernhard, *Alexander Gottlieb Baumgarten. Seine Bedeutung und Stellung in der Leibniz-Wolffschen Philosophie und seine Beziehungen zu Kant. Nebst Veröffentlichung einer bisher unbekannten Handschrift der Ästhetik Baumgartens*, Diss. Münster, Borna/Leipzig 1907.

Poser, Hans, *Die Bedeutung der Ethik Christian Wolffs für die deutsche Aufklärung*, in: *Theoria cum praxi. Zum Verhältnis von Theorie und Praxis im 17. und 18. Jahrhundert. Akten des internationalen Leibnizkongresses, Hannover, 12. bis 17. November 1977*, Bd. I, Wiesbaden 1980 (= Studia Leibnitiana Supplementa 19), S. 206-217.

– *Die Bedeutung des Begriffs* ›*Ähnlichkeit*‹ *in der Metaphysik Christian Wolffs*, in: *Studia Leibnitiana* 11 (1979), S. 62-81.

– *Pietismus und Aufklärung – Glaubensgewißheit und Vernunfterkenntnis im Widerstreit*, in: *Aufklärung und Erneuerung. Beiträge zur Geschichte der Universität Halle im ersten Jahrhundert ihres Bestehens (1694-1806)*, hrsg. von Günter Jerouschek und Arno Sames, Hanau/Halle 1994, S. 170-182.

Pott, Martin, *Aufklärung und Aberglaube. Die deutsche Frühaufklärung im Spiegel ihrer Aberglaubenskritik*, Tübingen 1992 (= Studien zur deutschen Literatur 119).

Poulet, Georges, *Les métamorphoses du cercle* [¹1961], Paris 1979 (= collection Champs 76).
– *Le sentiment de l'existence et le repos*, in: *Reappraisals of Rousseau. Studies in Honor of R. A. Leigh*, hrsg. von Simon Harbey u. a., Manchester 1980, S. 37-45.

Reiter, Michael, *Pietismus*, in: *Die Seele. Ihre Geschichte im Abendland*, hrsg. von Gerd Jüttemann u. a., Weinheim 1991, S. 198-213.
Ricken, Ulrich, *Sprache, Anthropologie, Philosophie in der französischen Aufklärung. Ein Beitrag zur Geschichte des Verhältnisses von Sprachtheorie und Weltanschauung*, Berlin 1984 (= Sprache und Gesellschaft 18).
Riedel, Wolfgang, *Erkennen und Empfinden. Anthropologische Achsendrehung und Wende zur Ästhetik bei Johann Georg Sulzer*, in: *Der ganze Mensch. Anthropologie und Literatur im 18. Jahrhundert. DFG-Symposion 1992*, hrsg. von Hans-Jürgen Schings, Stuttgart/Weimar 1994 (= Germanistische Symposien. Berichtsbände 15), S. 410-439.
Ritschl, Albrecht, *Geschichte des Pietismus*, Bd. II: *Der Pietismus in der lutherischen Kirche des 17. und 18. Jahrhunderts*, 1. Abt., Bonn 1884.
Ritter, Joachim, *Vorwort*, in: ders. (Hrsg.), *Historisches Wörterbuch der Philosophie*, Bd. I, Basel 1971, S. V-XI.
Ritter, Joachim/Gründer, Karlfried (Hrsg.), *Historisches Wörterbuch der Philosophie*, Basel 1971 ff.
Roach, Joseph R., *The Player's Passion. Studies in the Science of Acting*, Newark u. a. 1985.
Rogerson, Brewster, *The Art of Painting the Passions*, in: *Journal of the History of Ideas* 14 (1953), S. 68-94.
Rothschuh, Karl E., *Konzepte der Medizin in Vergangenheit und Gegenwart*, Stuttgart 1978.
Rouget, Gilbert, *La musique et la transe. Esquisse d'une théorie générale des relations de la musique et de la possession* [¹1980], durchges. u. erw. Ausg., o.O. [Paris] 1990.

Sauder, Gerhard, *Empfindsamkeit – sublimierte Sexualität*, in: *Empfindsamkeiten*, hrsg. von Klaus P. Hansen, Passau 1990, S. 167-177.
– *Empfindsamkeit*, Teil I: *Voraussetzungen und Elemente*, Stuttgart 1974.
Schaffer, Simon, *Natural Philosophy and Public Spectacle in the Eighteenth Century*, in: *History of Science* 21 (1983), S. 1-43.
Schildknecht, Christiane, *Philosophische Masken. Literarische Formen der Philosophie bei Platon, Descartes, Wolff und Lichtenberg*, Stuttgart 1990.
Schings, Hans-Jürgen, *Melancholie und Aufklärung. Melancholiker und ihre Kritiker in Erfahrungsseelenkunde und Literatur des 18. Jahrhunderts*, Stuttgart 1977.
– *Der mitleidigste Mensch ist der beste Mensch. Poetik des Mitleids von Lessing bis Büchner*, München 1980.

Schirra, Norbert, *Die Entwicklung des Energiebegriffs und seines Erhaltungskonzepts. Eine historische, wissenschaftstheoretische, didaktische Analyse*, Frankfurt/Main 1991 (= Reihe Physik 8).

Schloemann, Martin, *Siegmund Jacob Baumgarten. System und Geschichte in der Theologie des Überganges zum Neuprotestantismus*, Göttingen 1974 (= Forschungen zur Kirchen- und Dogmengeschichte 26).

Schmidt, Horst-Michael, *Sinnlichkeit und Verstand. Zur philosophischen und poetologischen Begründung von Erfahrung und Urteil in der deutschen Aufklärung. Leibniz, Wolff, Gottsched, Bodmer und Breitinger, Baumgarten*, München 1982 (= Theorie und Geschichte der Literatur und der schönen Künste 63).

Schmidt, Martin, *Wiedergeburt und neuer Mensch. Gesammelte Studien zur Geschichte des Pietismus*, Witten 1969 (= Arbeiten zur Geschichte des Pietismus 2).

Schmidt-Biggemann, Wilhelm, Art. *Maschine*, in: *Historisches Wörterbuch der Philosophie*, hrsg. von Joachim Ritter und Karlfried Gründer, Bd. V, Darmstadt 1980, Sp. 790-802.

– *Maschine und Teufel. Jean Pauls Jugendsatiren nach ihrer Modellgeschichte*, Freiburg/München 1975.

Schmitt, Wolfgang, *Die pietistische Kritik der Künste. Untersuchungen über die Entstehung einer neuen Kunstauffassung im 18. Jahrhundert*, Diss. Köln 1958.

Schneiders, Werner, *Naturrecht und Liebesethik. Zur Geschichte der praktischen Philosophie im Hinblick auf Christian Thomasius*, Hildesheim/New York 1971 (= Studien und Materialien zur Geschichte der Philosophie 3).

Schrader, Wolfgang H., *Sympathie und Sentiment*, in: *Empfindsamkeiten*, hrsg. von Klaus P. Hansen, Passau 1990, S. 33-42.

Schrimpf, Hans Joachim, *Karl Philipp Moritz*, Stuttgart 1980.

– *Das »Magazin zur Erfahrungsseelenkunde« und sein Herausgeber*, in: *Zeitschrift für deutsche Philologie* 99 (1980), S. 161-187.

Schröder, Gerhart, *Logos und List. Zur Entwicklung der Ästhetik in der frühen Neuzeit*, Königstein/Ts. 1985.

Schueller, Herbert M., *»Imitation« and »Expression« in British Music Criticism in the Eighteenth Century*, in: *Musical Quarterly* 34 (1948), S. 544-566.

Schweitzer, Bernhard, *J. G. Herders »Plastik« und die Entstehung der neueren Kunstwissenschaft. Eine Einführung und Würdigung*, Leipzig 1948 (= Kleine Bücherei zur Geistesgeschichte 13).

Schweizer, Hans Rudolf, *Ästhetik als Philosophie der sinnlichen Erkenntnis. Eine Interpretation der »Aesthetica« A. G. Baumgartens mit teilweiser Wiedergabe des lateinischen Textes und deutscher Übersetzung*, Basel/Stuttgart 1973.

Seidel, Wilhelm, *Die Nachahmung der Natur und die Freiheit der Kunst. Zur Kritik deutscher Musiker an der Ästhetik von Charles Batteux*, in: *Von Isaac bis Bach. Studien zur älteren deutschen Musikgeschichte*, FS Martin Just zum 60. Geburtstag, hrsg. von Frank Heidelberger u. a., Kassel u. a. 1991.

– *Zwischen Immanuel Kant und der musikalischen Klassik. Die Ästhetik des musikalischen Kunstwerks um 1800*, in: *Das musikalische Kunstwerk. Geschichte – Ästhetik – Theorie*, FS Carl Dahlhaus zum 60. Geburtstag, hrsg. von Hermann Danuser u. a., Laaber 1988, S. 67-84.

Shapin, Steven/Schaffer, Simon, *Leviathan and the Air-Pump*, Princeton 1985.

Solms, Friedhelm, *Disciplina aesthetica. Zur Frühgeschichte der ästhetischen Theorie bei Baumgarten und Herder*, Stuttgart 1990 (= Forschungen und Berichte der Evangelischen Studiengemeinschaft 45).

Specht, Rainer, *Innovation und Folgelast. Beispiele aus der neueren Philosophie- und Wissenschaftsgeschichte*, Stuttgart-Bad Cannstatt 1972 (= *Problemata* 12).

– *René Descartes (1596-1650)*, in: Descartes, *Philosophische Schriften in einem Band. Mit einer Einführung von Rainer Specht u. »Descartes' Wahrheitsbegriff« von Ernst Cassirer*, Hamburg 1996, S. XV-XL.

– *René Descartes. Mit Selbstzeugnissen und Bilddokumenten dargestellt von Rainer Specht*, hrsg. von Kurt Kusenberg, Reinbek bei Hamburg 1966 (= rowohlts monographien 117).

Stafford, Barbara M., *Body Criticism. Imagining the Unseen in Enlightenment Art und Medicine* [[1]1991], Cambridge/London [2]1993.

Starobinski, Jean, *L'invention de la liberté*, Genf 1987.

Stemme, Fritz, *Die Säkularisation des Pietismus zur Erfahrungsseelenkunde*, in: *Zeitschrift für deutsche Philologie* 72 (1953), S. 144-158.

Stenzel, Jürgen, »*Si vis me flere*« – »*Musa iocosa mea*«. *Zwei poetologische Argumente in der deutschen Diskussion des 17. und 18. Jahrhunderts*, in: *DVjs* 48 (1974), S. 650-671.

Stierle, Karlheinz, *Das bequeme Verhältnis. Lessings »Laokoon« und die Entdeckung des ästhetischen Mediums*, in: *Das Laokoon-Projekt. Pläne einer semiotischen Ästhetik*, hrsg. von Gunter Gebauer, Stuttgart 1984, S. 23-58.

Strack, Friedrich, *Selbst-Erfahrung oder Selbst-Entsagung? Goethes Deutung und Kritik des Pietismus in »Wilhelm Meisters Lehrjahre«*, in: *Verlorene Klassik? Ein Symposium*, hrsg. von Wolfgang Wittkowski, Tübingen 1986, S. 52-78.

Szondi, Peter, *Die Theorie des bürgerlichen Trauerspiels im 18. Jahrhundert. Der Kaufmann, der Hausvater und der Hofmeister* [[1]1973], hrsg. von Gert Mattenklott, m. einem Anh. über Molière von Wolfgang Fietkau, in: Szondi, *Studienausgabe der Vorlesungen*, hrsg. von Jean Bollack u. a., Bd. I, Frankfurt/Main 1979.

Torra-Mattenklott, Caroline, *Die Seele als Zuschauerin. Zur Psychologie des ›movere‹*, in: *Theater im Kulturwandel des 18. Jahrhunderts. Inszenierung und Wahrnehmung von Körper – Musik – Sprache*, hrsg. von E. Fischer-

Lichte u. Jörg Schönert, Göttingen 1999 (= Das achtzehnte Jahrhundert Supplementa 5), S. 91-108.

– s. unter Mattenklott, Caroline.

Trabant, Jürgen, *Herder's Discovery of the Ear*, in: *Herder Today. Contributions from the International Herder Conference, Nov. 5-8, 1987, Stanford, California*, hrsg. von Kurt Mueller-Vollmer, Berlin/New York 1990, S. 345-366.

Tumarkin, Anna, *Der Ästhetiker Johann Georg Sulzer*, Frauenfeld/Leipzig 1933.

Ueding, Gert (Hrsg.), *Historisches Wörterbuch der Rhetorik*, Tübingen 1992 ff.

Van Sant, Ann Jessie, *Eighteenth-Century Sensibility and the Novel: The Senses in Social Context*, New York 1993.

Verweyen, Theodor, *»Halle, die Hochburg des Pietismus, die Wiege der Anakreontik«. Über das Konfliktpotential der anakreontischen Poesie als Kunst der »sinnlichen Erkenntnis«*, in: *Zentren der Aufklärung I: Halle. Aufklärung und Pietismus*, hrsg. von Norbert Hinske, Heidelberg 1989 (= Wolfenbütteler Studien zur Aufklärung 15), S. 209-238.

Vila, Anne C., *The Sensible Body: Medicine and Literature in Eighteenth-Century France*, Diss. Baltimore 1990.

Wade, Ira O., *A Favorite Metaphor of Voltaire*, in: *The Romanic Review* 26 (1935), S. 330-334.

Wegmann, Nikolaus, *Diskurse der Empfindsamkeit. Zur Geschichte eines Gefühls in der Literatur des achtzehnten Jahrhunderts*, Stuttgart 1988.

Weinrich, Harald, *Hans Blumenberg, Paradigmen zu einer Metaphorologie* (Rezension), in: *Göttingische Gelehrte Anzeigen* 219 (1967), S. 170-174.

Wetzels, Walter D., *Herders Organismusbegriff und Newtons Allgemeine Mechanik*, in: *Johann Gottfried Herder 1744-1803*, hrsg. von Gerhard Sauder, Hamburg 1987 (= Studien zum 18. Jahrhundert 9), S. 177-185.

Wili, Hans, *Johann Georg Sulzer. Persönlichkeit und Kunstphilosophie*, Diss. Freiburg (CH), St. Gallen 1945.

Wirtgen, Rolf, *Das Feldgeschützmaterial der preußischen Armee zwischen 1740 und 1786*, in: *Die Bewaffnung und Ausrüstung der Armee Friedrichs des Großen. Eine Dokumentation aus Anlaß seines 200. Todesjahres*, hrsg. von J. Niemeyer und A. Wirtgen, S. 51-69.

Zelle, Carsten, *»Angenehmes Grauen«. Literaturhistorische Beiträge zur Ästhetik des Schrecklichen im 18. Jahrhundert*, Hamburg 1987 (= Studien zum achtzehnten Jahrhundert 10).

– *Die doppelte Ästhetik der Moderne. Revisionen des Schönen von Boileau bis Nietzsche*, Stuttgart/Weimar 1995.

- *Nachwort*, in: Unzer, Johann August, *Neue Lehre von den Gemüthsbewe-gungen, mit einer Vorrede vom Gelde begleitet von Herrn Johann Gottlob Krügern*, hrsg. von C. Zelle, Halle 1995 (= Schriftenreihe zur Geistes- und Kulturgeschichte: Texte und Dokumente), S. 70-99.
- *Schiffbruch vor Zuschauer*, in: *Jahrbuch der deutschen Schillergesellschaft* 34 (1990), S. 289-316.
- *Strafen und Schrecken. Einführende Bemerkungen zur Parallele zwischen dem Schauspiel der Tragödie und der Tragödie der Hinrichtung*, in: *Jahrbuch der deutschen Schillergesellschaft* 28 (1984), S. 76-103.